新时代 北京卷

教育文库

首都师大附中

沈　杰◎主编

中国言实出版社

图书在版编目(CIP)数据

十年磨一剑：首都师大附中的学科建设与人才培养 /
沈杰主编. -- 北京：中国言实出版社，2024.8.
ISBN 978-7-5171-4899-9

Ⅰ. G632.3

中国国家版本馆CIP数据核字第2024RL7749号

十年磨一剑：首都师大附中的学科建设与人才培养

责任编辑：王君宁
责任校对：王建玲

出版发行：中国言实出版社

地　　址：北京市朝阳区北苑路180号加利大厦5号楼105室
邮　　编：100101
编辑部：北京市海淀区花园北路35号院9号楼302室
邮　　编：100083
电　　话：010-64924853（总编室）　010-64924716（发行部）
网　　址：www.zgyscbs.cn　　电子邮箱：zgyscbs@263.net

经　　销：新华书店
印　　刷：徐州绪权印刷有限公司
版　　次：2024年12月第1版　　2024年12月第1次印刷
规　　格：710毫米×1000毫米　　1/16　　44印张
字　　数：740千字

定　　价：148.00元
书　　号：ISBN 978-7-5171-4899-9

本书主编简介

　　沈杰，首都师范大学附属中学党委书记，首都师范大学附属中学教育集团总校长。首批北京市中小学特级校长，正高级教师，数学特级教师。教育部基础教育教学指导委员会数学教学指导专委会主任委员，教育部教材研究所学术指导委员会委员，首都基础教育发展研究院院长。享受国务院政府特殊津贴。曾荣获全国模范教师、北京市优秀基层党组织书记、北京市先进工作者等称号。公开发表教育教学论文百余篇，主持多项国家级、市级教育教学课题研究，研究成果获国家级基础教育教学成果奖。

　　围绕落实立德树人根本任务，秉持守正、开放、创新三大发展理念，她倡导办负责任、有内涵、有温度的"成达教育"，构建首都师大附中"成德达才"育人体系，学校办学品质、影响力稳步提升，为国家培养了一大批品学兼优的创新人才。

文库编委会

主　任：顾明远

编　委：（以下按姓氏笔画排序）

本书编委会

主　编：沈　杰

副主编：卢青青　杜君毅　王　盛

编　委：（以下按姓氏笔画排序）

总　序

党的二十大报告中指出，"高质量发展是全面建设社会主义现代化国家的首要任务"、"教育、科技、人才是全面建设社会主义现代化国家的基础性、战略性支撑。必须坚持科技是第一生产力、人才是第一资源、创新是第一动力，深入实施科教兴国战略、人才强国战略、创新驱动发展战略，开辟发展新领域新赛道，不断塑造发展新动能新优势"。为深刻领会以习近平同志为核心的党中央作出这一战略部署的深义和赋予教育的新使命新任务，加快建设教育强国，加快推进教育高质量发展，展示新时代我国基础教育的发展变革和取得的重大成就，中国言实出版社策划、出版了"新时代教育文库"丛书。

进入新时代以来，教育系统全面贯彻党的教育方针，落实立德树人根本任务，培养德智体美劳全面发展的社会主义建设者和接班人；促进教育公平、提升教育质量，加快推进教育现代化，办好人民满意的教育。教育的中国特色更加鲜明，教育面貌正在发生格局性变化。新时代以来，我国教育普及水平实现了历史性跨越，更好地保障了人民受教育的机会；教育服务能力稳步提升，为国家重大战略实施和经济社会发展提供了强大的人才和智力支撑；教育改革开放持续深化，服务全民终身学习的教育体系进一步完善。"新时代教育文库"丛书记录了、见证了基础教育事业的发展变革，对研究我国基础教育具有一定的史料价值。

本丛书选题视野开阔，立意深远。丛书以地区分卷，入选学校办学特色鲜明、教学教研成果突出，既收录了办学者、管理者高水平的理论研究创新成果，也收录了一线教师对课堂教学的真实感悟案例，收录了一线管理者的成功经验总结，这些，对基础教育工作者、研究者具有一定的参考价值。

　　是为序。

著名教育家，中国教育学会名誉会长、北京师范大学资深教授

2022 年 12 月

十年砺剑，再赴新程

2024 年，首师大附中迎来了 110 周年校庆。"首师大附中"是一个响亮的名字，这名字背后有一辈辈附中人百年间躬身笃行的静水流深，有新一代附中人十年来薪火承继的抱本怀真。"首师大附中"是一面育人的旗帜，自 1914 年以"成达中学"为名建校以来，我校始终秉持"正志笃行，成德达才"的育人理念，肩负起培育青年、成就国运的使命担当。

百年兴业经风雨，十年砺剑赴新程。在加快推进教育现代化、建设教育强国、办好人民满意的教育的新时代背景下，学校领导班子更加重视对校园生命的人文关怀，创造性地提出"守正、开放、创新"的发展理念，确立学校的发展目标为"办国内领先、国际一流的中学教育"，阐释了成达教育的丰富内涵，并明确要办负责任、有内涵、有温度的成达教育，逐渐开辟了一条既符合首都基础教育现实、又能够满足未来发展需求的学校特色发展之路。值此 110 周年校庆之际，附中人梳理最近十年间学科建设的经历，以回顾促沉淀，最终汇聚为眼前的这本书。这本书是一份礼物，献给 110 岁华诞的附中和为续写她的辉煌而耕耘于此的全体附中同仁；这本书是一座桥梁，为附中人向"成达教育"更高峰的探索提供依托，为附中人与教育界同仁的交流、探讨搭设通路。

在成达教育中，课程、教师、学生三位一体，不可分割，走进成达教育，我们也可以依循着这三条脉络。

课程建设

"秉纲而目自张，执本而末自从。"强大的课程体系犹如一座灯塔，为学生的成长和发展指引着方向，是塑造优质教育的核心工程。我们始终贯彻通过成达四修课程体系，提升学生综合素养，通过通修夯实学科基础、选修激发兴趣潜能、精修促进个性发展、研修形成自主能力，实现学生的"全面发展"与"学有特长"相统一。近年来，各学科组发挥优势，各显神通，围绕人文与社会、数学与科学、艺术与技术、实践与创新、体育与健康五大领域，构建了渐进式四修课程。其中科技创新课程引领前沿、人文艺术课程陶冶情操、社会实践课程培养责任担当、跨文化交流课程拓展国际视野，素养导向、精细打磨的特色课程体系为学生提供了更加广阔的发展空间，实现全员育人、全程育人和全方位育人。

教师发展

"百年大计，教育为本；教育大计，教师为本。"卓越的师资力量是强校之基。教师作为学科知识的传递者、学生成长的引路人，是形成学校发展的核心竞争力；凝心聚力的学科组建设更是提升教学质量、推动教学创新的关键基石。近年来我们坚持开展基于成达教育的新教师职前培训，引领青年教师熟知学校教育理念，为教师生涯奠定良好基础。学科组内通过师徒结对实现薪火相传，资深教师倾心相授，引领年轻人迈出踏实稳健的教学第一步。我们还引领全校教师通过由青蓝工程、领军工程和卓越工程组成的成达教师发展培养体系强基固本，提升教师专业能力，促进教师师德师风建设和专业发展，完善教师管理机制，打造了一支理念先进、师德高尚、业务精湛、勇于创新的教师队伍。

学生成长

"国以才立，政以才治，业以才兴"。在办学实践中，我们始终从培养学生核心素养出发，结合时代发展需求，持续调整和优化育人目标，重视学生的全面发展与个性发展、博识通达与学有专长、人文素养与科学素养相统一。我们坚持五育并举、融合育人，构建了具有附中特色的"成达五育育人体系"，旨在培养学生具有仁爱之心、睿智之脑、健康之体、发现之眼和创造之手，助力学生成德达才。在当今复杂而深刻的时代背景下，我们更是以培育具有科学家精神的创新型人才为目标，打造成达思维课堂，这一以促进学生高阶思维能力发展为核心目标的新型课堂形态，担负着活化知识与发展思维的双重使命。在成达思维课堂的滋养下，一批批眼界开阔、德才兼备、心怀家国的附中青年正成为时代的中坚力量。

归结而言，首师大附中成达教育的本质是将"人"的培养放在核心位置，遵循教育规律和人才成长规律，立足灵魂的唤醒而非知识的堆砌。附中的课程以思维发展为导向，融合天地之道与艺术之美，帮助学生成为旧有知识的主人，进而在未来成为新知识的创造者。附中的教师们不断丰厚和锤炼自我，以人格与学养之火点亮学生心灵，照拂学生前行，他们是有幸福能量的人，是学生们生活和学问的榜样。

在教育集团蓬勃发展的当下，成达教育正随着附中的壮大而走向更多京城学子。历经多年发展，首都师大附中教育集团已经形成以本部为核心，辐射门头沟、海淀、大兴、昌平、通州、房山、朝阳等"17校+1集团"的格局，涵盖小学至高中各个学段，通过资源共享、师资交流、管理互通等方式，推动区域教育优质均衡发展。我们还承担了对口支援青海、贵州等教育薄弱地区的责任，通过选派优秀教师支教、开展教师培训、捐赠教学设备等方式，帮助受援学校提高办学实力，让成达教育走向祖国的大江南北。与此同时，首师大附中注重加强与香港圣士提反女子学校、美国捷门棠学校等港澳、国际知名学校的交流与合作，持续引进国际先进的教育理念和教学方法，以此促进成达教育接续百又十年的光辉历程，向更高质量、更具国际化的方向迈进！

沈　杰

首都师范大学附属中学党委书记、教育集团总校长

写在前面

在时间的长河里，十年或许只是一瞬，但对于首都师大附中而言，2014 至 2024 这十年，却是一段波澜壮阔的教育航程。在校党委的正确领导下，首都师大附中坚持以习近平新时代中国特色社会主义思想为指导，全面贯彻党的教育方针，认真落实立德树人根本任务，我们坚守"正志笃行，成德达才"的育人理念，倡导负责任、有内涵、有温度的成达教育，追求高品位、高质量、高素质的教育成果。这十年，我们以卓越创新文化为引领，不断提高办学品位，打造学校精神高地，实现文化强校目标。这十年，我们见证了无数教育梦想的启航与实现，感受了知识与创新带来的力量与震撼。这十年，是师生们共同奋斗的十年，是汗水与智慧交织的十年，更是学科兴校在校园里熠熠生辉的十年。

首都师大附中始终坚持以学科建设为核心，通过构建四修课程体系，即基础通修、兴趣选修、专业精修和自主研修，实现了学科的全面和特色发展。这一体系不仅夯实了学生的学科基础，还激发了学生的潜能志趣，促进了个性发展，并形成了自主能力。本书旨在总结、反思这十年来各学科组的发展和取得的成绩，通过每个组对近十年发展过程的梳理总结，一方面记录宝贵经验和成果，与附中人、教育同行共享；另一方面也希望附中的各个学科组能够相互借鉴、取长补短，期望达成"百花齐放、百家争鸣"的"学科兴校"大策略，并以此为契机引发大家对未来附中发展路径的共同探讨。

语文学科——语以启智　文以化人

首都师大附中语文教研组秉承"巧持笔墨书奇语，精耕诗文育英才"的教育理念，十年来在沈杰书记"学科兴校"的引领下，厚积薄发，谱写教育华章。团队汇聚 40 位教师，特级、高级教师占比过半，硕博学历教师超六成，积极承担市区级科研课题，近三年斩获 40 余项教学成果。课程建设上，以"四三二一"体系为依托，构建四修课程，涵盖基础通修、兴趣选修、自主研修、专业精修，致力于学生全面而个性的发展。语文教研组以培养社会责任感、实践能力、创新精神为核心，致力于培育具有家国情怀的创新人才，通过四修课程体系，注重广度与深度的结合，开展了多种创意学科活动，如辩论表演赛、朗诵比赛等，致力于学科课程网络化，给学生提供了丰富的精神养料。在语文的天地里，附中语文组孜孜不倦，与学子同行，共赴知识的海洋，追求生命的丰厚。

数学学科——数理精蕴　学以致用

首都师大附中数学教研组秉承"正志笃行、成德达才"的办学理念，十年来以立德树人为根本，深化课程改革，构建递进式四修课程体系，培养学生核心素养，并在分层走班教学中取得了显著成效。团队汇聚特级教师与名校硕博学历教师，市区级骨干教师占比高。数学教研组积极参与科研与教学改革，课程建设融合国家课程与校本特色，涵盖基础通修、专业精修、自主研修、兴趣选修，满足学生个性化发展需求。教师专业化成长迅速，学生在数学竞赛中屡获佳绩，团队教研辐射全区乃至全国，共同绘制数学教育的辉煌篇章。

英语学科——成达铸"英"才　妙"语"谱华章

首都师大附中英语教研组以"正志笃行、成德达才"为育人理念，深化教学理念与行为转变。十年砥砺，开发并实施了英语学科四修课程体系，即 4S 课程体系，包括 Skill-focused courses、Selective courses、Specialized courses 和 Self-learning courses，形成了具有首都师大附中特色的英语课程体系和教学组织模式，实现英语学科核心素养的全面培养。团队由 39 位专职教师组成，其中特级、正高级教师领衔，市区级骨干聚集。英语教研组通过丰富的活动激发学生英语学习的兴趣，培养学生综合素养。英语教研组教研辐射广泛，与集团校深度融合，共享资源，促进教育公平，共同绘制英语教育的辉煌篇章。

物理学科——格物致理　笃行启智

物理教研组十年砥砺，以提升物理教育质量为己任，取得卓越成就。团队建设上，汇聚资深名师与新锐力量，通过专业培训与学术研讨，提升教学科研水平，培养出多位市区级影响力名师。课程建设方面，构建四修课程体系，融合新理念，优化教学内容，满足学生个性化学习需求。实验室建设取得突破，与高校合作引进先进设备，提升实验教学质量。物理教研组以集体智慧推动学生实践能力和创新意识的培养，为物理教育的发展贡献力量。

化学学科——化理精微　学贯自然

化学教研组秉承"为党育人、为国育才"理念，十年来在立德树人根本任务的指引下，深化素质教育，实施"四三二一"教学改革，取得显著成就。团队由 23 位教师组成，包括特级、高级教师及多名区级教研员，硕博学历教师占比高，教学经验丰富。他们以团结合作、资源共享的精神，致力于课程教学改革，更新教育理念，转变育人方式，致力于培养全面发展的学生。教研组在教师发展、课程建设等方面成绩斐然，为培育学有所长的学生贡献力量，展现了化学教育的活力与魅力。

生物学科——生生不息　物格致和

首都师大附中生物教研组秉承"生命为本，启智立新"的教育理念，十年来在党的教育方针指引下，致力于培养学生的生物学科核心素养。团队由23位教师组成，包括特级、高级教师及区级教研员，他们以"五动"教学法激发学生探索生命奥秘的热情。课程建设上，构建了四修课程体系，融合现代技术，打造创新互动的教学模式。教师发展方面，与高校合作，共享资源，提升专业能力。学生成长上，设立英才班，参与国内外竞赛，屡获佳绩，拓宽视野。生物教研组如生命之树，根深叶茂，培养出一批批具有创新精神和科学素养的未来之星。

历史学科——历阅千载　史实求真

历史教研组十年砥砺前行，秉承"正志笃行、成德达才"的教育理念，致力于培养学生的学科核心素养。团队由15位教师组成，94%以上拥有硕博学位，100%毕业于双一流院校，75%以上担任区级教研职务，专业素养深厚。课程建设上，打造四修课程体系，坚持实践导向，综合培养，激发学生历史学科兴趣。教师发展方面，注重专业成长，发扬工匠精神，教研并重。学生成长上，通过研学活动、特色社团，提升学生历史素养，促进学生多元发展。历史教研组如肌体细胞，灵动深刻，为附中历史教育注入不竭动力，培育一代又一代的历史传人。

地理学科——地舆载物　理在广博

地理教研组十年来秉承"正志笃行，成德达才"理念，以实践求真知，以创新谋发展。团队由专业教师组成，知识功底扎实，教学能力过硬。课程建设上，构建了四修课程体系，引入前沿地理知识，运用现代技术，打造高效课堂，注重地理实践力与区域认知能力培养。教师发展方面，多位教师成为市区级学科带头人，积极参与课题研究，提升教学水平。学生成长上，通过实践活动，培养学生综合思维和人地协调观念。地理教研组以创新精神，引领海淀地理教育改革，为学生铺设宽广学习之路，为社会进步筑基。

政治学科——政启十年　治铸未来

政治教研组十年来秉承"为党育人、为国育才"理念，牢记习近平总书记对思政课教师提出的"六要"标准，勇毅前行。团队由15位教师组成，94%以上拥有硕博学位，100%毕业于双一流院校，75%以上担任区级教研职务，专业素养深厚。课程建设上，打造四修课程体系，坚持实践导向，综合培养，激发学生政治学科兴趣。教师发展方面，注重专业成长，发扬工匠精神，教研并重。学生成长上，通过研学活动、特色社团，提升学生政治素养，促进学生多元发展。政治教研组以创新精神，引领海淀政治教育改革，为学生铺设宽广学习之路，为社会进步筑基。

艺术学科——育人以美　"艺"彩纷呈

首都师大附中艺术教研组十年来秉承"正志笃行、成德达才"的教育理想，以"以美立校、以乐育人"为美育宗旨，致力于引领学生树立正确的审美观念。团队由20余位专业艺术教师组成，涵盖音乐、美术、舞蹈、书法等领域，为艺术教育提供坚实师资。课程建设上，丰富艺术四修课程体系，打造非遗特色艺术课程，构建成达思维课堂。学生成长上，各类艺术社团蓬勃发展，屡获国际、国家级奖项，促进了学生艺术素养和创造力的发展。艺术学科组以创新精神，引领艺术教育改革，为学生铺设宽广学习之路，为社会进步筑基。

体育学科——以体育人　成德达才

体育教研组十年来秉承"无体育，不成达"的教育理念，以课程建设为主线，构建了"成达阳光体育"校本课程体系，涵盖10门选修课和9个体育社团，致力于培养学生健康、阳光、自信和坚毅的气质。团队以研究、课程、社团等八大项目为推动力，取得多个课题立项、论文和著作发表、教学比赛屡获佳绩的成就。此外，学生在篮球等领域斩获全国冠军，男子篮球队积极申报金奥运动队。体育教研组致力于提升学生体育素养，为培养德智体美劳全面发展的社会主义建设者和接班人贡献力量。

信息学科——学思悟践　科技拓新

首都师大附中信息科技教研组十年砥砺，秉承"科技引领未来，创新驱动发展"的教育理念，致力于培养学生的创新精神和实践能力。团队由7位专职教师和2位兼职教师组成，均具备深厚的学科背景和丰富的教学经验。课程建设上，形成了涵盖基础通修、兴趣选修、专业精修和自主研修的四修课程体系，融合STEAM教育和创客教育，拓宽学生视野。教师发展方面，教研组荣获海淀区学科教研基地称号，教师在教学竞赛中屡获佳绩。学生成长上，注重学生的个性化、特色化发展，响应国家"强基计划"，注重志趣培养。学生信息素养和创新能力显著提升，尤其在信息学奥林匹克竞赛中表现突出。信息科技教研组的教育辐射力不断增强，照亮青少年的科技梦想之路。

国际部——国在我心　际遇风云

首都师大附中国际部十年来秉承"立德树人"的教育理念，在中美合作办学项目中开设了中国普通高中课程、美国高中课程、美国大学先修课程和特色校本课程等，为学生提供了国际化的教育平台，培养了13届具有国际视野的学生。团队由20余位专业教师组成，涵盖英语、科学、文科等领域，为学生提供坚实的师资基础。课程建设上，融合中外课程，实现14门国外大学先修课程的本土化，并开发托福、SAT等校本课程。教师发展方面，多次在市区级论文、教学设计、课堂实录等比赛中获得骄人成绩。学生成长上，托福平均成绩105分，SAT平均分1461分，升学结果整体优异。教育辐射上，通过中美高中合作办学项目、国际中文教育项目等，扩大学校在世界舞台上的影响力。展望未来，国际部将继续培养具有家国情怀、国际视野的优秀人才。

首都帅大附中的学科发展是学校教育质量提升的重要体现。我们自豪于所取得的成就，更感激每一位参与者的辛勤付出与不懈努力。展望未来，我们将继续秉承探索未知、启迪智慧、培育未来的使命，不断推动学科理念与教育实践的深度融合。我们将持续优化教学理念，丰富课程内容，拓宽学生视野，为师生们提供更加广阔的舞台和更加优质的学习资源。我们希望通过这本书，全面展示各学科组的发展成果，为未来的教育实践提供参考和启示，共同推动首都师大附中的学科兴校战略向更高层次发展。

在首都师大附中 110 年校庆之际，我们汇集了这 13 个学科组的十年发展，以此书作为献礼，愿其成为教育航程中的一盏明灯，照亮前行的道路，启迪未来的智慧。

目　录

语以启智　文以化人

一、学科理念：承千年文脉，铸语文之魂 …………………………………………… 004

二、备课团队：合力同筑梦，交流促创新 …………………………………………… 006

三、课程建设：激思维之泉，绽创新之花 …………………………………………… 009

四、教师发展：砺能力之锋，启智慧之光 …………………………………………… 031

五、学生成长：尊个性之异，育人才之盛 …………………………………………… 042

六、教育辐射：扬文化之帆，拓视野之疆 …………………………………………… 054

附：语文教研组十年大事记 ………………………………………………………… 059

数理精蕴　学以致用

一、首师大附中数学教研组简介 …………………………………………………… 063

二、课程建设　别具匠心 …………………………………………………………… 069

三、教师成长　浇灌爱心 …………………………………………………………… 090

四、团队教研　教学定心 …………………………………………………………… 102

五、成绩卓著　家长放心 ·· 112

附：数学教研组十年大事记 ·· 118

成达铸"英"才　妙"语"谱华章

一、英语教研组简介 ·· 123

二、学科理念：深化理解，引领学科前行 ································ 125

三、课程建设：精心打造，铸就课程精品 ································ 126

四、课堂风采：精彩纷呈，展现教学魅力 ································ 130

五、教师发展：专业成长，铸就教育精英 ································ 146

六、学生成长：全面培养，点亮未来之星 ································ 153

七、教研辐射：引领创新，共筑教研高地 ································ 159

附：英语教研组十年大事记 ·· 163

格物致理　笃行启智

一、物理教研组简介 ·· 169

二、学科理念：凝心聚力，共谱育人新篇 ································ 169

三、课程建设：求真务实，彰显学科特色 ································ 171

四、课堂风采：有声有色，生活皆是物理 ································ 191

五、教师发展：青蓝互促，成就卓越教师 ································ 194

六、学生成长：金石为开，培育科技英才 ································ 207

七、教研辐射：资源共享，福泽远山边疆 ································ 214

附：物理教研组十年大事记 ·· 216

化理精微　学贯自然

一、理念领航，宏微结合 ·· 221

二、异彩纷呈，共聚成达 ……………………………………… 223

三、群英加成，厚积薄发 ……………………………………… 248

四、党建铸魂，学科育人 ……………………………………… 264

五、化里化外，启智润心 ……………………………………… 266

附：化学教研组十年大事记 ………………………………… 268

生生不息　物格致和

一、学科理念：生命为本，启智立新 ……………………… 271

二、教师团队：博学好思，善教爱生 ……………………… 273

三、课程体系：全面发展，学有所长 ……………………… 288

四、交流合作：辐射引领，众行致远 ……………………… 320

五、实践资源：探索生命，寓教于实 ……………………… 329

附：生物教研组十年大事记 ………………………………… 338

历阅千载　史实求真

一、学科立校　树魂立根：打磨历史特色教研品牌 ……… 344

二、素养本位　个性多元：打造历史四修课程体系 ……… 345

三、实践导向　综合培养：历史综合实践课程体系 ……… 352

四、精于教育　工匠精神：教学研究与教师专业成长 …… 374

五、学生主体　自立自新：历史社团的创建与发展 ……… 381

六、多元发展　专业引领：学生素养的培育与深化 ……… 388

附：历史教研组十年大事记 ………………………………… 394

地舆载物　理在广博

一、以百年校史为文化基因，坚守创新学科理念 ………… 397

二、以协同发展为主导思想，发展壮大教师队伍 ·················· 398

三、以教学改革为创新平台，多维建设课程资源 ·················· 400

四、以研修实践为生长基点，全面锻炼教师能力 ·················· 407

五、以多彩活动为舞台，赋能添力协同育人 ····················· 413

六、以支部建设为引领，坚定教师育人初心 ····················· 427

七、荣誉成绩催人奋进，实现个人成就团队 ····················· 431

附：地理教研组十年大事记 ································· 434

政启十年　治铸未来

一、发展理念：谋今思远"源动力" ··························· 439

二、教育教学：创新求实"行动力" ··························· 440

三、学术科研：精益求精"推动力" ··························· 477

四、教师成长：薪火相传"凝聚力" ··························· 485

五、社会责任：辐射带动"影响力" ··························· 490

附：政治教研组十年大事记 ································· 494

育人以美　"艺"彩纷呈

一、集思广益：组织管理体系全 ···························· 497

二、保驾护航：支持保障有力度 ···························· 497

三、异彩纷呈：实施途径多样化 ···························· 505

四、百花齐放：艺教工作成效显 ···························· 512

五、扬帆远航：教师发展谱新篇 ···························· 517

六、美美与共：辐射示范起作用 ···························· 528

附：艺术教研组十年大事记 ································· 530

以体育人　成德达才

一、学科理念：以体育人，砺志铸魂 ·················· 539

二、教师发展：教以潜行，百花齐放 ·················· 541

三、课程建设：博学拓新，实践育人 ·················· 547

四、课堂风采：因材施教，创新引领 ·················· 550

五、学生社团：多元发展，全面育人 ·················· 556

六、党建引领：智慧共享，德行共铸 ·················· 573

附：体育教研组十年大事记 ······················ 575

学思悟践　科技拓新

一、学科理念 ···································· 580

二、课程建设 ···································· 584

三、课堂风采 ···································· 588

四、教师发展 ···································· 595

五、学生成长 ···································· 596

六、教研辐射 ···································· 602

附：科技中心十年大事记 ························ 603

国在我心　际遇风云

一、党建引领促发展 ······························ 608

二、业务精深勇攀登 ······························ 612

三、勠力同心铸栋梁 ······························ 643

四、国际舞台放光彩 ······························ 653

附：国际部十年大事记 ·························· 672

语以启智　文以化人

有一个世界，这里有《论语》的春风化雨、润物无声，也有《呐喊》的开启民智、时代先锋；这里有《诗经》《楚辞》的自然天成、醉人芬芳，也有唐诗宋词的壮美风光、万种情思。"巧持笔墨书奇语，精耕诗文育英才"，这里是首都师大附中语文教研组的一方天地。从凸显语文课程文化贯通古今的特征，到关注文化的整体性和复杂性，再到提高学生独立自主进行正确价值判断的能力，语文人和附中一起厚积薄发，走过了艰辛而荣耀的非凡十年，谱写出一篇篇教育教学高质量发展的似锦华章。

首师大附中语文教研组现为海淀区中学语文学科教研基地，全组共40位教师，其中特级教师1人，高级教师占比40%以上，50%以上的教师为市区级学科带头人、骨干教师，60%以上具有名校硕博学历，目前承担着5个市区级的科研课题，近三年，学科组取得了40余项教学科研成果。组内青年教师来自北京大学、清华大学、北京师范大学、中国人民大学等"双一流"高校，学历都在硕士及以上，涉及古代文学、现当代文学、外国文学、古代汉语、文字学等专业研究方向。优秀的青年教师们为学科组注入了新鲜的血液，也成为学科组未来发展的中坚力量。

在百余年的薪火相传中，语文学科在继承和创新中发展壮大。2014年4月，教育部印发了《关于全面深化课程改革落实立德树人根本任务的意见》；尤其是伴随着2017版各科课程标准的颁布，作为一所京城百年知名学府，首师大附中充分认识到落实"立德树人"根本任务的重要性、紧迫性。我们结合校情，在历经百年、内涵丰富的"成德达才"核心育人目标指导下，从2014级新生开始实施"四三二一"教育教学综合改革方案。内容涉及课程设置、管理体制、育人模式、运行机制等多个方面，在全面贯彻党的教育方针，践行社会主义核心价值观，落实立德树人根本任务中，突出学生的社会责任感、创新精神、实践能力。借助"四三二一"课程体系，首师大附中语文教研组不断致力于开发建设具有语文学科特色的课程体系。课程板块包括以传统的篇章教学为主导，精细规划每个模块的学习任务的"基础通修"；立足古今，力求贯通学问与生活，培养学生语文学习兴趣、启迪智慧的"兴趣选修"；培养学生读写习惯，鼓励学生博览群书，并搭建自主交流平台的"自主研修"；以及邀请专家举办讲座，指导学生参加竞赛，发表作品，开阔眼界的"专业精修"。四修课程依据附中学子不浮躁、不盲从的特点，追求高品位、高质量，通过专题式、沉浸式、综合性的学习，让每个孩子实现全面而有个性发展、自主发展和可持续发展。此外，我们还借助学校慕课平台建设了数百课时的自主研修课程，致力于学科课程网络化，给学生提供更加丰富的精神养料。

　　百年校庆以来，附中依托百年学府的深厚文化底蕴，在"守正、开放、创新"的三大学校发展理念指导下，在国家"立德树人"思想引领下，在学校"成德达才"核心育人目标指导下，借助"四三二一"课程体系，潜心立德树人，在新时代倡导办负责任、有内涵、有温度的成达教育，其本质就是将"人"的培养放在核心位置，遵循教育规律和人才成长规律，培养正志笃行、成德达才、胸怀天下、家国担当的创新人才。附中语文组始终把培养学生的社会责任感、实践能力、创新精神当作主要任务，把提升学生的语文核心素养当作根本任务。语文连接着生命的广博，在语文学科四修课程中，视野的开阔，知识的求索，都是为了迈向更加丰厚的人生。本色语文在字里行间滋养着学生，"巧持笔墨书奇语，精耕诗文育英才"，这里有附中语文的一方天地，我们孜孜不倦，与附中学子一路同行。

一、学科理念：承千年文脉，铸语文之魂

（一）和合

"和合"是附中语文组的性格。语文组的辉煌十年是在"切磋琢磨、和合聚力"的美好工作氛围中走过的。一直以来，语文组以营造"和合聚力"的教研组氛围为原则，现40位教师，人人和睦；6个备课组，组组和美。语文组的任务，就是每一个人的任务；每一个人的难题，都是全组人的难题。

在教研组长田云老师的带领下，师傅有"四带"——带德、带才、带教、带研；徒弟有"四勤"——脑勤、口勤、腿勤、手勤。组内的老教师们乐于分享、慷慨指点；青年教师们畅所欲言、积极争鸣。不论是国家级的"微课展示"，还是北京市"启航杯"大赛，无论是海淀区"风采杯"，还是学校"正志杯"，老教师都毫无保留地帮青年教师打磨课堂。他们取长补短备教材，交流共享备学情，在这样一个乐于交流分享的团队中，每次的集体备课都是愉悦的思维碰撞，每次的语文活动都是齐心的创意设计。道之所存，师之所存，附中语文组在青蓝相继中不断壮大。

（二）精守

"精守"是附中语文人的操守。我们守的是课堂，守稳课堂、精守课堂是语文教学的生命线。

语文组立足于附中"成达思维课堂"理念，以"人人名师"为目标。全组教师聚焦核心素养，不断研究教学理论和模式，精于教材解读、教学设计、教学活动，打磨优质精品课堂，构建语文课程体系与四修课程体系建设，课程内容从中华文明古老的孔孟之道到现代文化生活，注重广度与深度的结合，借助慕课平台建设自主研修微课，致力于学科课程网络化，给学生提供丰富的精神养料；不断培育研究型教师团队，开展一系列教学研究活动，通过磨课、赛课、评课，邀请资深专家交流探讨等途径，提升语文组教学水平，努力构建具有附中特色的研究型教研组，让语文人成长为自觉发展、充分发展、找到职业幸福感并且拥有自己品牌的教育人，实现附中语文人的卓越成长。

（三）革新

"革新"是附中语文人的追求。首都师大附中百余年的薪火相传中，语文

学科在继承和革新中发展壮大。国家"立德树人"思想出台，学校"成德达才"核心育人目标确立，"四三二一"课程体系提出，语文组唯有不断创新，才能跟上时代和学校的发展步伐。

革新教学理念。附中语文组依据新课标和学校发展理念，开展写作教学序列化和读写一体化教学等主题式、专题式、贯通式课程；疫情期间，不断优化线上线下融合式教学模式，在"分层推进、差异发展、多向贯通、多元融合"原则的引领下，基于学生不同的认知风格、能力水平、兴趣爱好等因素持续不断地推进分层教学；进行"以多元特色评价促进阅读效果达成"的探索研究，逐步构建起科学的多元评价体系；关注学生的身心发展，贴合当下学生特点，设计形式多样的创意作业、创设学生微课讲堂等多种学科活动，促进学生思维品质培养和思维能力提升，为学生成长助力，拔节成长。

拓新特色课程。在学校四修课程框架体系的引领下，语文教研组紧跟时代潮流，学习特色课程理论，将基础通修与兴趣选修课程相结合，利用组内"社团"丰富的优势，开发特色课程。"无题"诗社、灼华汉服社、记者团、辩论社、快哉话剧社、紫竹文学社六大社团为学生的全面发展提供广阔平台，为其专业发展提供专业指导。开设"媒介素养课程""戏剧教育课程""品评《红楼梦》"等北京市、海淀区特色课程，坚持"无课程不特色、无特色不自主"，引导学校以课程为核心，凝练办学特色，形成特色课程群，用"特色课程"筑牢学科品牌。

（四）唤醒

"唤醒"是附中语文人的理想。教育是一朵云推动另一朵云，一个灵魂唤醒另一个灵魂。作为一所百年名校，首都师大附中始终将"人"的培养放在核心位置。工作中，语文学科组用"生命教育"践行育人理念，生命教育是立足生命的一种"全人教育"，是始终将"人"的培养放在核心位置，是对"教育的本质就是生命教育"的深刻认知，是附中语文人在学校成达教育理念的引领下不浮躁、不盲从、不功利的育人实践。

语文组开展《为生命而读——中学语文阅读教学的人本化探索》，在"人与自然篇——生命的观照与律动""人与社会篇——生命的抉择与自处""人与自我篇——生命的自立与觉知"三个篇章中，或带领学生发掘微观生灵的生命哲学与自然探索的人文关怀，唤醒中学生对生命的好奇心与敬畏感；或史诗般展现红军强师的长征突围和革命先驱的智勇较量，激发中学生的逆境商与报国情；或阐述唐僧师徒四人何以自渡成佛、孙悟空何以开悟成神，引导学生肯定自我价值，绽放自励青春；或构建一条从"红楼"到自身，从阅读理解到书写表达的阶梯式通道，师生间真挚的交流与分享间，问答言笑间，是一个灵魂在唤醒另一个灵魂，"生命教育"得以在其中更好地实现。

引导学生在"为生命而读"的旅程里深度挖掘文学作品的内在价值，于人与自然、社会和自我的对话中，让生命走向丰盈。

二、备课团队：合力同筑梦，交流促创新

语文教研组在整体规划中形成协调运转、目标一致的壮大队伍，同时以备课组为核心的各年级团队也体现出语文教研组百花齐放、共育英才的良好风貌。

（一）初中团队：踏实笃行志　勤勉绘辉煌

初一语文备课组是一个勤勉实干、协作共进的集体。其备课理念体现在"促膝交流"中，在备课组长欧阳苗老师的带领下，他们群策群力、互学共进，或谈得失、或抒感想，精诚团结、其乐融融。组内的老教师经验丰富、乐于分享，拟定了"内容、语言、风度、感染力"四维评价标准；青年教师思维活跃、勇于创新，提出了"必答、选答、抢答"三步活动方案。他们取长补短备教材，交流共享备学情——初一语文备课组闪耀着团结的光芒。

"语文沃土瑰宝藏，课堂高效真情扬。"在备课组长刘萍老师的带领下，初二语文组着力打造高效语文课堂——立足文本精细讲，内外勾连拓展广；初二语文组也用心构建真情语文课堂——挥洒灵感任翱翔，参与课堂心欢畅。在这

样一个乐于交流分享的团队中，每周的集体备课是愉悦的思维碰撞，教师们已在名著阅读、作文导写、新闻实践等诸多模块摸索出科学可行的课程体系；每次的语文活动则是齐心的创意设计，教师们在绝活展示、论文答辩、知识竞赛中为学生播撒文学火种。团结分享，积极探索，初二语文组耕耘语文沃土，步履不停。

初三备课组是一个肩负特殊使命的备课组，在中考来临之际，备课组长孟庆芬老师带领着组内成员们埋头苦干，将备课组团结奉献、使命担当的特点展现得淋漓尽致。备课组的任务，就是每一个人的任务；每一个人的难题，都是全组人的难题。他们随时在备课，随处在研讨，随地在答疑。教师们精诚团结，积极认领负责的知识板块。教师们智慧高效，一周之内，教学资料便已十分充足。一个团结、智慧、高效的备课组，正在以饱满的精神、昂扬的斗志，迎接新中考的挑战！

（二）高中团队：研精求卓越　创新绘蓝图

高一语文备课组的 7 位教师在周明鉴老师的带领下共同组成了这个认真务实，精研奋进的集体。他们向每一节课要质量，精雕细琢，反复打磨。教材研究深入透彻，记叙文序列有实招，议论文序列有谱系，做法扎实，内容丰富。同时他们积极挖掘校内外优秀资源，在主题读写、名著阅读上做足功夫，启智润心。这个集体既有附中语文人积淀数十年的精神传承，又有新课改、新课标、新教材背景下鲜明的时代印记。

高二语文备课组在王闲老师的带领下积极钻研新教材，践行新教法。备课组教师们协同合作，为学生提供了完整的单元学案，任务单元内容信息丰富、贴合学情，既有课堂的任务聚焦，亦有课后的写作运用。同时他们充分发挥团队能量，精研求实，将议论文写作视野拓展、思维纵深的路径走实走新，坚持践行"教—学—评"一体化的教学理念，利用教学中的"基本问题"提高教学效率，减轻师生负担。备课组青年力量蓬勃，思维活跃，有力地推进各项教学任务的高效开展。

高三语文备课组精诚团结、踏实肯干，在张怀民老师的带领下他们秉持着"同心勠力，共同进步"的备课理念，在备课中各抒己见、建言献策，以新课程标准为指导思想，充分发挥备课组的作用，扎扎实实制订高三复习计划。古诗文成册、典型试题成册、学法指导成册、学生作文合集成册，凡是学生所需

均是他们研究之处，急学生所急，想学生所想。"团结协作"之外，"勇于承担"也是高三语文备课组的代名词。备课组每位教师都开发一个或多个专题，为全组教师制定更具体的教学计划和复习学案，让教学能够真正落到实处，课课有收获。并且备课组还为区教研作了很多贡献。高三语文组能够立足于高考，着眼于学情，既仰望星空又脚踏实地。

三、课程建设：激思维之泉，绽创新之花

语文是一门学习语言与文字运用的基础性学科。以语言文字为载体，培养学生的思维、审美与创造能力，提升文化素养和精神境界，传承中华民族的优秀传统文化。在国家"立德树人"思想引领下，在学校"成德达才"核心育人目标指导下，借助"四三二一"课程体系，附中语文组始终把培养学生的社会责任感、实践能力、创新精神当作主要任务，把提升学生的语文核心素养当作根本任务。

（一）四修课程体系建设：固本培元　润泽心灵

首师大附中语文教研组围绕语文学科核心素养，以国家课程的高质量校本实施为基础、精品特色校本课程的开发为补充，构建起"基础通修＋兴趣选修＋专业精修＋自主研修"的四修课程体系。

语文连接着生命的广博，引领学生迈向更加丰厚的人生。从中华文明古老的孔孟之道到现代文化生活，语文四修课程体系注重广度与深度的结合，体现语文学科的独特魅力与本色。

首都师大附中语文学科四修课程体系

课程板块	基础通修	兴趣选修	专业精修	自主研修
板块特色	以传统的篇章教学为主导，精细规划每个模块的学习任务	立足古今，贯通学问与生活，培养学生语文学习兴趣、启迪智慧	邀请专家开展讲座，指导学生参加竞赛，发表作品，开阔眼界	培养学生读写习惯，鼓励学生博览群书，并搭建自主交流平台
优秀课例	先秦诸子选读《幼学琼林》选读《呐喊》导读词境举隅——《人间词话》导读	走近民国才女名著跨媒介赏析走近《红楼梦》品读《聊斋志异》临水照花张爱玲	《四世同堂》《雷雨》《边城》《红岩》《平凡的世界》	李山《诗经》导读莫砺锋《杜甫诗歌鉴赏》叶嘉莹《人间词话》导读

1. 基础通修

基础通修为国家课程方案的必修部分。以传统篇章教学为主导，精细规划、整合模块，贴近学情、提高效率，不同学段之间内容呼应，构建特色知识网络。

高中年级：高一，必修1—4；高二，选择性必修上、中、下；高三，高考专题复习。

初中年级：初一，七年级上下册教材、语文读本；初二，八年级上下册教材、语文读本；初三，九年级上下册教材、语文读本、中考专题复习。

2. 兴趣选修

兴趣选修课程立足古今，贯通学问与生活，培养学生语文学习兴趣、启迪智慧，包括校本选修、个性化语文活动课程。语文组的兴趣选修课程既有《论语》走进生活，让古典鲜活；也能带领学生在《诗经》中探寻华夏先民的情感世界；更有品读《聊斋志异》感受命运的曲折离奇……溯源文化探寻诗意天地，光影舞台体验戏剧人生，选修课程联结生命的广博，引领学生迈向更加丰厚的人生。

校级兴趣选修课表

课程名称	开课教师	课程名称	开课教师
《〈诗经〉中的爱情》	马刚玉	《品读〈聊斋志异〉》	李晨
《高中记叙文写作指导》	马刚玉	《〈孟子〉讲读》	李艳峥
《词境举隅——〈人间词话〉导读》	邓文卓	《中国古代知识分子的追求》	张怀民
《走近民国才女》	田云	《〈幼学琼林〉选读》	戚东华
《戏如人生》	刘燕立	《〈论语〉与生活》	卢吉增
《中外著名影视欣赏》	齐良钺	《临水照花张爱玲》	潘霞
《语言文字应用》	江红霞	《媒体与社会》	夏飞

课程名称	开课教师	课程名称	开课教师
《品鉴〈故事新编〉》	李蔚	《〈论语〉导读》	杨梦醒
《走近〈红楼梦〉》	李蔚	《名著跨媒介赏析》	樊雨婷
《〈呐喊〉讲读》	李艳峥		

高中各年级兴趣选修课及活动

年级	兴趣选修	兴趣选修之活动
高一	1. 高中记叙文写作指导 2. 走近民国才女 3. 中外著名影视欣赏 4. 名著跨媒介赏析 5. 媒体与社会	主题演讲 国学早读 名著改编微电影
高二	1. 戏如人生 2. 语言文字应用 3. 品鉴《故事新编》 4. 走近《红楼梦》 5. 品读《聊斋志异》 6. 中国古代知识分子的追求 7. 临水照花张爱玲	诗歌朗诵比赛 同读一本书 学生讲坛
高三		专家讲座

初中各年级兴趣选修课及活动

年级	兴趣选修	兴趣选修之活动
初一	1. 趣说汉字 2. 话剧创作 3. 主持技巧 4. 学会讲故事 5. 语文中的传统文化	1. 我为诗文狂——诗配画、赛诗会、"我最喜欢的一首诗"交流汇报 2. 汉字听写大赛——慧眼识珠、浪里淘沙 3. 话剧表演 4. 故事会：故事续编、故事新编 5. 小小主持人大赛 6. "我爱我家"征文赛
初二	1. 填词、古体诗创作 2. 微型小说创作 3. 导游人生 4. 音乐剧创作 5. 君子人格 6. 新闻创作 7. 演讲与口才 8. 论说的艺术	1. 我为诗文狂——编班歌、姓名诗、诗文改编、自编诗歌展示交流 2. 心灵的声音——校园演讲赛 3. "我是小导游"大赛 4. 内涵小说征文赛
初三	1. 戏剧的创作 2. 精神小屋——周国平的哲思、培根思想启示 3. 辩论的魅力与技巧	1. 创意戏剧赛 2. 辩论赛

兴趣选修课

3.专业精修

专业精修课程旨在让学生在某一专题领域走向"精""深"，既要有专业知识的拓展提升，更要有专业学养的纵深发展。语文组专业精修课程包括国家选修课之校本化课程，竞赛指导，专家、作家、学者走进校园。一场场讲座、一次次盛宴，辅以教师们的精心指导，同学们在"叶圣陶杯""希望杯"屡获大奖、多篇学生作品在正式刊物发表。

高中专业精修课程表

年级	专业精修课程
高一	1.中国现代诗歌散文专题阅读；2.《论语与生活》； 3.《诗经》选读；4.《幼学琼林》选读；5.作文竞赛指导
高二	1.中国古代诗歌散文专题阅读；2.中国文化经典研读；3.先秦诸子选读； 4.《呐喊》导读；5.《孟子》讲读；6.词境举隅——《人间词话》导读； 7.作文竞赛指导
高三	1.《孟子》导读；2.作文竞赛指导

初中专业精修课程表

年级	专业精修课程
初一	1.诗意青春——诗词品鉴、新月诗苑、泰诗选辑，校园诗歌创作 2.科幻王国——科幻小说选读，童话创作 3.对联创作 4.名著阅读——《西游记》《鲁滨孙漂流记》《海底两万里》《骆驼祥子》

年级	专业精修课程
初二	1. 实用语法 2. 小说世界——四大名著、短篇小说选读、科幻小说创作 3. 古诗词文化意象 4. 名著阅读——《三国演义》《水浒传》《红岩》《朝花夕拾》《论语》
初三	1. 戏剧天地——元剧欣赏、莎剧赏鉴 2. 名著中的典型人物 3. "博雅课堂"——《红楼梦》《四世同堂》导读及话剧表演

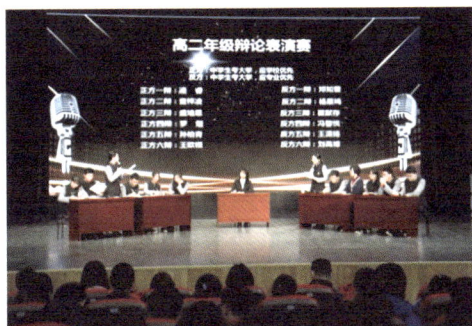

辩论赛、名家讲座、朗诵比赛、话剧表演

《红楼梦》《四世同堂》话剧表演

4. 自主研修

自主研修课程旨在培养学生读写习惯，鼓励学生博览群书，并搭建自主交流平台进行交流展示。自主研修课程的自主性体现在：课程时间自主、课程内容自主、课程形式自主。

语文组自主研修包括学生自主研修阅读、传统文化课程和慕课平台课程。

一个人的阅读史就是他的精神成长史，语文组与图书馆联合打造《初高中分级阅读书目》，为学生的阅读课添彩。圈点批注＋任务阅读＋主题阅读＋专题探究＋知识竞赛＋论文答辩，名著的六步阅读法让学生层层深入。

教师们积极开展多种创意学科活动，同时借助慕课平台建设自主研修微课，致力于学科课程网络化，给学生提供丰富的精神养料。慕课平台是课堂教学的有效延伸和补充；无论是业界的学术大咖，还是教师录制的名著阅读或者直升衔接课，都让自主研修从口头变成了实际。平台上可讲、可问、可评、可留痕。

高中自主课程表

年级	自主研修内容	自主研修之慕课
高一年级	《巴黎圣母院》《老人与海》《三国演义》《平凡的世界》《欧也妮·葛朗台》	刘强《论语》导读 李山《诗经》导读 段启明《三国演义》鉴赏
高二年级	《红楼梦》《四世同堂》《雷雨》《边城》《红岩》	张汝伦《论语》精读 莫砺锋《杜甫诗歌鉴赏》 叶嘉莹《人间词话》导读 温儒敏、钱理群《鲁迅文学作品导读》 温儒敏、杨联芬《沈从文与〈边城〉》
高三年级	高考名著阅读	高考语文知识点讲解

初中自主课程表

年级	自主研修内容	自主研修之慕课
初一年级	1. 名著阅读专题论文 2. 博识课：重阳节吟诗赏花、国子监走近科举、故宫对联里的奥秘、恭王府求福探秘赏传奇 3. 社团：校园文学社（旭日东升、绿苑撷英、橙色花开），校园记者站，汉服社	蒙曼《唐诗的人文精神》 叶嘉莹《人间词话》导读 朱彦民《中国记忆·书法》 沈鸣鸣《中国记忆·诗词曲赋》 许建平《西游记》导读 张蓉芳《鲁滨孙漂流记》导读 刘晓舟《骆驼祥子》导读 李山《诗经》导读

续表

年级	自主研修内容	自主研修之慕课
初二年级	1.名著阅读专题论文 2.博识课： 宣南博物馆·文化探源 鲁迅博物馆·不一样的鲁迅 陶然亭公园·与君一陶然，一花一世界 孔孟之乡·儒家文化 江南水乡·书院文化 3.社团：演讲社	任海霞《简单议论文写作指导》 张汝伦《论语》导读 杨梦醒《朝花夕拾》导读 侯会《水浒传》鉴赏 温儒敏《老舍文学作品导读》 张媛《红岩》导读 段启明《三国演义》鉴赏
初三年级	1.名著阅读专题论文 2.博识课：西安文化探源 3.社团：辩论社	卢吉增共读《论语》 何杰《品析名篇学写作》

语文连接着生命的广博，在语文学科四修体系课程中，视野的开阔，知识的求索，都是为了迈向更加丰厚的人生。本色语文在字里行间滋养着学生，"巧持笔墨书奇语，精耕诗文育英才"，这里有附中语文的一方天地，我们孜孜不倦，与附中学子一路同行。

（二）特色课程建设：千帆竞发　百舸争流

十年来，语文学科组立足"特色办学，课程为本"，持续推进特色课程和跨学科课程建设。我们将"生命教育"理念融汇特色课程建设，创造以育人为核心、以阅读为起点的"全人教育"模式，学生在全程参与式学习和浸润式体验中自我省察，收获个性化的生命感悟，从相互交流中发现可能性、创造新意义，培养中学生独立思考、协作配合、应对挑战的能力，提升附中学子的生命品质与价值。

1.语文生命教育课程：有"温度"有"刻度"的生命思考

顾明远先生说：教育的本质就是生命教育。生命教育的追求不仅仅是"活着"，而是以提升生命品质和价值为宗旨，为个体终身生命成长奠基。"语文生命教育课程"从2016年开始实施，本着"立足当下，着眼未来"的生命教育观，将生命教育与语文学科融合，带领学生从不同角度理解生命教育。

该课程充分利用一切教育资源和教育技术，为学生提供灵活的、开放的学习环境，建设以育人为核心、以阅读为依托的语文课程。课程共分现象认知阶段、情感体验阶段、生命感悟阶段、生命观形成阶段等四个阶段，涵盖高一（上）至高三（上）学段，分别对应不同的学习内容、辅助资源和学习方式，符合学生认知发展规律和各阶段教学文本的特点。

语文生命教育阅读课程群

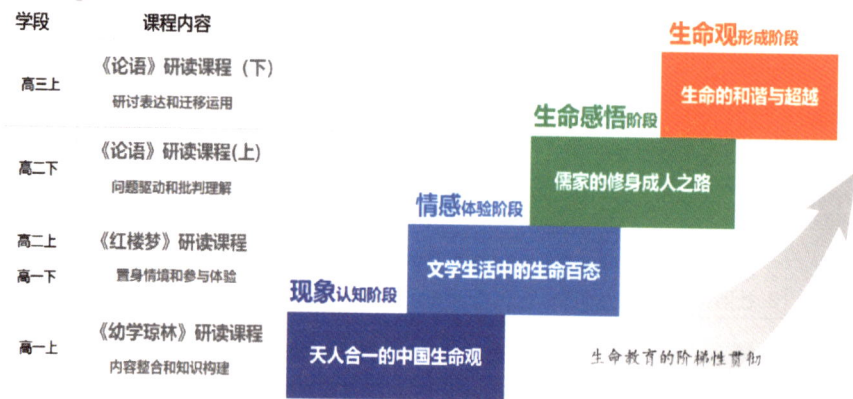

学段	课程内容
高三上	《论语》研读课程（下） 研讨表达和迁移运用
高二下	《论语》研读课程（上） 问题驱动和批判理解
高二上 高一下	《红楼梦》研读课程 置身情境和参与体验
高一上	《幼学琼林》研读课程 内容整合和知识构建

生命观形成阶段
生命的和谐与超越

生命感悟阶段
儒家的修身成人之路

情感体验阶段
文学生活中的生命百态

现象认知阶段
天人合一的中国生命观

生命教育的阶梯性贯彻

语文生命教育课程体系

在高一（上）至高三（上）的每个学段开展每周一次的生命教育阅读课程，并利用慕课平台，组织学生在周末进行文化视频拓展课程的自主学习。形成阅读课程与拓展课程的主次搭配、双线并举。

课程设计遵循整本书阅读的合理阅读门径，依照"准备—阅读—反思"的阅读阶段，和"整体—局部—整体"的阅读过程，将每个课程阶段分为四个环节：作品概览课程、深入研读课程、自主探究课程、总结课程。

以教师引领和学生自主学习为主要方式，并根据学生的学习能力、各学段的学习要求和教学文本的内容特点，有层级地安排各阶段教学方式。在教学的四个阶段中，第一阶段以教师引领为主要教学方式，第二阶段采取教师引领与学生自主学习相结合的教学方式，第三、第四阶段以学生自主学习为主，整体呈现为由教师引领到学生自主学习的过渡，从而落实学生从被动接受到主动学习的学习模式转化，帮助学生完成生命教育主题阅读课程的深度学习。

每阶段内容均分为著作概览、生命探究（自然生命、社会生命、精神生命）、生命哲思、生命感悟、生命自觉五个板块。

通过近三年的教学实践，本课程实施效果良好，通过教师引领，学生自学能力和创造力明显提高，学生对于生命的思考逐步加深，灵魂得以滋养，生命教育课程得以落实。

所录制的《论语》《红楼梦》超星慕课平台线上课程高二年级共有494人

选课，学生观看率95%以上。本课程获得了年级学生的高度评价。在学期的几次大考中，学生在《论语》板块的得分率显著提升。

在整个学习过程中，学生会及时分享交流，相互融通。比如，薛嘉羽同学的《〈论语〉中的友与朋》、王广山同学的《子贡与现实生活》、赵涵同学的《〈论语〉中的〈诗经〉》、王之韵同学的《"合和"文化》等专题小讲座激发大家的兴趣与研讨。

学生讨论交流

我们惊喜地看到学生们有"温度"有"刻度"的生命思考：

亲爱的朋友，我们已经许久未见了，听闻你最近因为考试失利而感觉人生也失去了希望。正巧我在研读《论语》时受到了一些启发，希望能与你分享并帮助你摆脱困扰。首先，孔子曾说："知之者不如好之者，好之者不如乐之者。"这句话强调了爱好和兴趣在人们学习中起到至关重要的作用。你不妨将考试失利的悲伤转化为前进的动力，找寻自己在学习中的乐趣。因为只有真心喜爱学习，才能够将要学的东西扎实掌握。不仅是学习，生活也是如此，相信你能发现人生中的乐趣并感受生命的意义。其次，孔子在《论语·卫灵公》中曾说："人无远虑，必有近忧"，这句话告诉我们，看问题应从长远着眼，不能被近患所困。人生不应该只被成绩定义，一次考试的失利绝对说明不了什么。你可以给自己定下一个目标，放下眼前的悲伤，有方向、有计划地继续勇往直前，用不懈的奋斗来感受生命真正的希望与美好。以上就是我对你的困扰提出的建议，希望你能够相信自己，不断努力，发现生命中的光芒，祝愿你一切安好。

——高二　付雨佳

语文组在"语文生命教育课程"多年教学实践基础之上，整理成果，于2023年出版了《为生命而读》系列丛书。

《为生命而读》系列丛书

《为生命而读——中学语文阅读教学的人本化探索》（初中部分）选取了九部列入教育部中小学生阅读指导目录（初中段）的文学作品进行细读精析，旨在引领中学生读者在整本书的阅读中研讨深思、拓宽视野、体悟生命。全书共分为三个篇章："人与自然篇——生命的观照""人与社会篇——生命的抉择""人与自我篇——生命的自立"。根据初中生阅读习惯，本书每一篇章又分为读思讲堂、读思旅伴、读思飞扬与读思墨涌四个阅读板块。

《为生命而读——中学语文阅读教学的人本化探索》（高中部分）围绕高中语文必读书目《红楼梦》开展主题性阅读指导与分享，分为"人与自然篇——生命的律动""人与社会篇——生命的自处""人与自我篇——生命的觉知"三大篇章。遵循着"生命教育"的理路，六小节内部皆设有红楼讲堂、博雅讲堂、当代之声、笔落抒怀四个板块。

该课程发挥学科育人特色，以名著阅读开启学生的生命教育，以多元评价加深学生的生命体悟，以科学体系提升学生的生命觉知，充盈学生的生命力量。

2. 语文戏剧综合实践进阶课程：有"展示舞台"更有"成长平台"

高中语文戏剧综合实践进阶课程是首都师大附中语文教研组总结高中语文戏剧课程教学经验，依托学校话剧社团的合作探索，着眼于中国学生发展核心素养、语文核心素养的提升，运用"教育戏剧"的相关知识和方法，设计出的戏剧知识建构—剧本精读—剧评写作—表演实践的系列化综合实践进阶课程。课程将附中语文组始终探索的"生命教育"理念融汇其中，创造以育人为核心、以阅读为起点的"全人教育"模式，学生在全程参与式学习和浸润式体验中自我省察，收获个性化的生命感悟，从相互交流中发现可能性、创造新意义，培养中学生独立思考、协作配合、应对挑战的能力，提升附中学子的生命品质与价值。课程坚持立德树人、五育并举，努力构建德智体美劳全面培养的教育体系，为学生终身发展和幸福成长奠基。

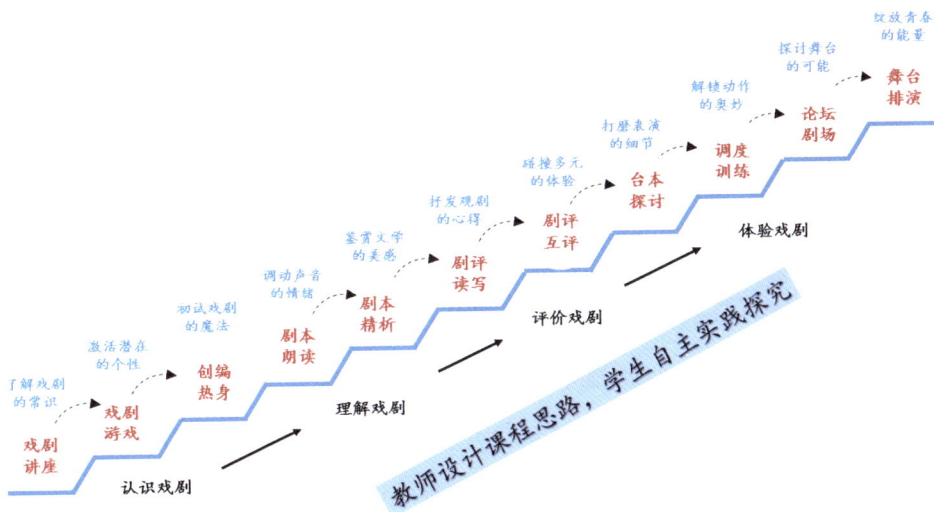

高中语文戏剧综合实践进阶课程图示

该课程基于高中语文戏剧课程教学经验，依托学校话剧社团的合作探索，着眼于中国学生发展核心素养、语文核心素养的提升，运用"教育戏剧"的相关知识和方法，设计出戏剧知识建构—剧本精读—剧评写作—表演实践的系列化综合实践进阶课程。

"高中语文戏剧综合实践进阶课程目标"之学生发展核心素养

文化基础
- 1. **人文底蕴**：学习戏剧基本知识，阅读古今中外优秀戏剧作品，借助人文知识更好地认识社会、理解人生，丰富审美体验，增强人文积淀和审美情趣。
- 2. **科学精神**：在体验性、开放性的戏剧表演等实践活动中，增强判断力和决策力，培养勇于探究、批判质疑的理性精神。

自主发展
- 1. **学会学习**：在戏剧综合实践活动中，激活自主学习兴趣，遵循进阶式课程遴选学习方式、进行过程性评价，培养乐学善学、勤于反思的良好习惯。
- 2. **健康生活**：在戏剧文学阅读和戏剧表演中更好地认识自我、发展身心、规划人生。在不同的人生体验中培养健全人格，学会自我管理、珍爱生命。

社会参与
- 1. **责任担当**：阅读中国优秀戏剧作品，体会中华文化的核心思想和人文精神，形成国家认同，养成正确的价值取向，运用戏剧传播承担社会责任。
- 2. **实践创新**：在戏剧综合实践活动中体验合作与沟通，激活观察与分析社会人生等潜在能力，培养问题解决、适应挑战等实践能力和创新意识。

"高中语文戏剧综合实践进阶课程目标"之语文核心素养

语言建构与运用
- 1. **积累与语感**：精读古今中外优秀的戏剧文学作品，理解欣赏作品的语言表达。
- 2. **交流与语境**：在剧本改编、同伴角色探讨、话剧排演交流等过程中，根据不同语言情景和不同的对象，进行得体表达与交流，增强语言运用能力。

思维发展与提升
- 1. **实证与推理**：在体验性、探究性的戏剧活动中，调动联想和想象培养，增强形象思维能力，丰富对现实生活的感受和理解。
- 2. **批判与发现**：在鉴赏话剧、撰写剧评等戏剧学习任务中，辨识分析文学现象，运用批判性思维审视戏剧文字作品，有理有据地表达自己的观点并阐释发现。

审美鉴赏与创造
- 1. **体验与感悟**：在剧本精读中，根据剧本不同的艺术表现方式，多个角度欣赏作品，获得审美体验，认识作品的美学价值，发现作者独特的艺术创造。
- 2. **欣赏与评价**：感受不同剧本的语言、形象和情感之美，丰富人生体验，提升审美情趣和品味。

文化传承与理解
- 1. **意识与态度**：在中外优秀戏剧作品的学习中，加深对中国传统文化与人文精神的理解，提升文化自信，增强文化认同；理解多样文化，吸收人类文化精华。
- 2. **关注与参与**：在剧本改编和创作活动中，积极参与新时代精神的传播与交流，增强应对挑战的综合能力、责任意识与使命担当。

高中语文戏剧综合实践进阶课程目标

　　课程借鉴"教育戏剧"的理念与方法，不仅将戏剧作为课程的学习对象和目标成果，更将其作为一种教育手段，通过在课堂中巧妙化用戏剧元素，引领、助力学生在戏剧实践活动中开展语文学科学习。课程通过"情境再现"启蒙学生的开放精神与辩证思维，通过"故事编织"让枯燥的文史知识、时代背景富有情景性与趣味性，通过"论坛剧场"让学生在戏剧情境中探讨、解决成长中的真实问题。引领学生跨越出单一学科领域，将戏剧与语文、史地、艺术甚至自然科学进行学科统整，实现以戏剧为媒介的多层次学习体验，在落实德育、促进美育的过程中实现个人能力的完善。课程的实施效果较好，具体成效有如下三点：

其一，加深学生对于戏剧相关知识的理解，切实提升核心素养。学生在全方位体验戏剧的过程中领略戏剧艺术之美，从相互交流中发现可能性、创造新意义，提高中学生语言表达、独立思考、协作配合、应对挑战的能力。提升语文学科素养的同时，培养具有审美鉴赏能力的健全人格，鼓励其自我意识的建立和完善，培养正确的世界观、人生观和价值观。

高中语文戏剧综合实践进阶课程实施阶段学生活动剪影

其二，学生在戏剧体验全过程中收获了丰富多元的体验。以话剧《雷雨》的舞台排演为例，学生在反馈中表达了真实感受，其中包括对语文核心素养中语言建构与运用、审美鉴赏与创造能力的提升，更加深了学生对团队协作的深刻理解，对克服困难的不懈追求，对实现自我的不懈追求，真正实现了综合素养的提升。

其三，引领学生在公共空间表达时代强音，生成辐射效应。学生在整个过程历经剧本朗读、舞台调度、剧评写作、舞台排演等多个环节，学生在合作中培养创造力、表达能力、胆量和社会参与能力，排练过程中两组同学并肩作战，在合作中收获成长与能量。这一批学生很多同时参与了学校的话剧社团、学生会、团委等组织，他们愿意在更广阔的公共空间表达时代强音，成为附中成达少年的代表。

学生体会：

我很喜欢戏剧课的学习氛围，在其他同学表演时，我们都会有意识地相互学习、欣赏，同学老师们私下里也会给予我许多指导。在每一遍片段排练结束后，都会听到掌声。这种鼓励是极其让人振作的。在一起排练是件非常幸福的事。

——高二（8）班　王铭婕

3. 经典名著校本化课程：听说演写展书香，阅读之乐韵悠长

在普通高中语文新课改的背景下，对《论语》和《红楼梦》的深入学习，与四个方面的语文学科核心素养（语言建构与运用、思维发展与提升、审美鉴赏与创造、文化传承与理解）的培养，以及多个学习任务群（整本书阅读与研讨，语言积累、梳理与探究，文学阅读与写作，思辨性阅读与表达，中华传统文化经典研习等）的实施关联紧密，符合语文新课改的教学指导方向。

本课程通过人物赏析、主题辨析、思辨性讨论等学习内容，引导学生形成正确的审美意识、健康向上的审美情趣与鉴赏品位，获得逻辑思维、辩证思维和创造思维的发展，以及深刻性、批判性和独创性等思维品质的提升。

《论语》全书共20篇492章，以语录体为主，叙事体为辅，较为集中地体现了孔子及儒家学派的政治主张、伦理思想、道德观念及教育原则等。本课程讲授内容覆盖《论语》全本，以篇为单位，对论语20篇中的重难点条目进行细致的梳理，关注核心词，基本句意理解和多重含义辨析，引导学生落实基础理解，把握论语的基本观念。课程设置为每篇4课时，共80课时，并配有校本练习。

《红楼梦》作为中国古典四大名著之一，描绘了封建贵族世家的人生百态，展现了真正的人性美和悲剧美，是一部从各个角度展现中国古代社会世态百相的史诗性著作。本课程以对《红楼梦》主要人物的品评赏析为授课内容，引导学生深入理解和探究《红楼梦》中的主要人物形象及其深刻内涵。课程设置为8课时，并配有导学案和拓展阅读资料。

本课程内容全面，体系清晰，难度适宜，与本学年教学中的《论语》和

《红楼梦》整本书阅读配合进行，立足于高二年级学生对《论语》尚未通读梳理、对《红楼梦》人物理解尚不深刻的具体学情，为同学们的自读学习提供可靠的支撑和点拨，为高三阶段针对《论语》和《红楼梦》开展的专题化学习打下坚实的基础。

在课程的实施过程中，学生以整本书阅读、线上看课学习、笔记记录、课堂学生展示、线上平台师生交流以及线下答疑为主要学习方式。

邓文卓
2020-03-23 09:55

置顶　秦的行为合乎"礼"么？谈谈你的认识。

《左传》重视"礼"。秦晋围郑是因为其"无礼"，晋文公认为进攻秦军是"不仁""不知""不武"，因而被古人赞为"有礼"。那么秦先于晋联合围郑，后又"与郑人盟"，秦的行为合乎"礼"么？谈谈你的认识。要求自圆其说，150字左右。

吕渊博
2020-03-24 14:43

我认为是符合"礼"的。首先要明确一点，这里所讨论的"礼"是战时之礼，并不是大家常说之"礼"。郑国曾对文公无礼，但这并不能成为秦晋围郑的理由，不然此事本身便不符合礼了，这只是为了扩张领土而寻找的借口罢了。乱世纷争的时代，战时之礼应运而生，而符合统治者整体利益的行为准则便是礼，秦先与晋围赵是为了扩大疆土，后与郑人盟是意识到了危机，为了守住疆土。两者没有本质区别，都是为了本国的利益，而只要维护了本国的利益那就是符合"礼"的。

潘婧
2020-03-24 11:53

我认为秦的行为是合乎"礼"的最低标准。首先，"礼"讲究"言而有信"，秦国在与晋结盟且在要一起攻打郑国的时候背信弃义，反与郑盟，这自然是不合"礼"的。其次，在秦晋开始攻打之前就有了间隙，晋也曾失信于秦，《论语》中有"以德报德，以直报怨"，从后文可知，秦在弃盟的时候就告诉了晋文公这件事，而且没有暗算晋国，这是合乎"礼"的。然后，秦国出兵只是为了在晋国"捞上一笔"，而没有实质性的作用，而且之前善待重耳只是为了利，可见秦国与晋国之交本来就是为了谋利，而双方都深知这件事，所以他们的结盟本就没有重礼。最后，春秋争霸就是战争，战争上没有礼仪可言，何况秦国没有暗算晋国已是可贵，所以我认为秦国的行为合乎"礼"的最低标准。

每课思考题下的师生互动

教师录制《论语》精读课程共 80 课时，《红楼梦》人物品评课程共 8 课时，皆配以每课校本练习及拓展研读资料。

∧　第1章 《红楼梦》专题阅读指导

1.1 《红楼梦》人物品评之薛宝钗（马刚玉录制 2月19日）　　①　95%

1.2 《红楼梦》人物品评之王熙凤（吴冰录制 2月20日）　　①　95%

1.3 《红楼梦》人物品评之贾探春（王闲录制 2月21日）　　①　95%

1.4 《红楼梦》人物品评之贾宝玉（戚东华录制 2月25日）　　①　97%

1.5 《红楼梦》人物品评之晴雯（邓文卓录制 2月26日）　　①　97%

1.6 《红楼梦》人物品评之刘姥姥（田云录制 2月27日）　　①　97%

1.7 《红楼梦》人物品评之林黛玉（夏飞录制 3月4日）　　①　97%

1.8 《红楼梦》人物品评之袭人（吴冰录制 3月5日）　　①　97%

慕课平台课程列表（学生观看率均在 95％ 以上）

学生在课程学习过程中，完成名著阅读小论文写作并集结成册，完成"学生讲堂"线上课程录制。

∧ 第6章 《红楼梦》之学生讲坛

6.1 1班 李林霖 《袭人宝钗比较谈》　　❶ ✓ 97%
6.2 2班 李晨潇 《从人物的首次出场探析人物形象》　❶ ✓ 95%
6.3 3班 马钰雯 《花落残荷听雨声——评〈红楼梦〉龄官一角》　❶ ✓ 95%
6.4 4班 尹申 《续写部分的合理性与超越性》　❶ ✓ 91%
6.5 5班 薛嘉羽 《浅探红楼梦中人物姓名之暗藏寓意》　❶ ✓ 91%
6.6 6班 刘羿杉 《稀世"真"宝玉的蒙尘——看甄贾宝玉》　❶ ✓ 89%
6.7 7班 王之韵 《潇湘寂处祭香消——心赏潇湘妃子林黛玉》　❶ ✓ 87%
6.8 8班 卫奕铭 《贾宝玉女性观点探究》　❶ ✓ 89%
6.9 9班 刘禹博 《诗请词意中的宝钗》　❶ ✓ 80%
6.10 10班 张文博 《从宝钗扑蝶看薛宝钗人物形象》　❶ ✓ 91%
6.11 11班 郭兆玖 《蘅芷清芬——借蘅芜苑论薛宝钗》　❶ ✓ 85%
6.12 12班 盛晓雪 《红楼小人物评说：平儿之"平衡"》　❶ ✓ 87%

网络平台"学生讲堂"录制课程列表

学生经典名著论文集

学生学习《论语》精读课程体会众多。

随着线上《论语》解读课的开启，我打开了一扇通往先秦时代圣贤思想的大门。听老师们娓娓道来，在那个战火纷飞的年代，孔子与他的弟子们的故事。颜渊、闵子骞的品德，宰我、子贡的言语，冉有、季路的政事，以及子游、子夏的文学无一不给我留下了深刻的印象。《论语》的解读，不仅为我们未来的高考打下了基础，也让我们对于为人处世的方式有了新的看法和改变。

——高二（10）班　查欣怡

4. 成达少年媒介素养教育课程：属于北洼路 33 号的新闻天地

21 世纪以来，在专家学者们的译介、研究和传播下，媒介素养教育首先在我国的大学出现并不断发展。如今，媒介素养教育逐渐进入了我国中小学教育的视野中。媒介素养旨在培养出具有较好的媒介批判能力、能充分利用媒介资源完善自我并参与社会发展的优质公民，这与首都师大附中成达教育的育人理念是一致的。

本课程依据普通高中语文课程标准，结合学校育人理念和课程原则，遵循媒介素养教育课程理念，综合制定了本课程的实施理念与原则：

普通高中语文课程标准	首师大附中育人理念和课程原则	媒介素养教育课程理念
坚持立德树人，增强文化自信，充分发挥语文课程的育人功能	基础通修、兴趣选修、专业精修和自主研修的四修课程体系	要有中国的特色，要融入中国优秀传统文化
以核心素养为本，推进语文课程深层次的改革	尊重个性差异和注重因材施教的两项育人原则	根据国情，采取保护主义和赋权主义相结合为价值取向
加强实践性，促进学生语文学习方式的转变	让每一位学生都"成德达才"的核心目标	做到与时俱进，不断创新，以人为本
注重时代性，构建开放、多样、有序的语文课程		

成达少年媒介素养教育课程实施理念与原则

1. 加强系统性，紧扣语文核心素养，切实落实任务群要求
2. 注重实践性，符合学生"成德达才"的可持续发展要求
3. 体现时代性，凸显中国特色，充分发挥语文学科育人功能

成达少年媒介素养教育课程实施理念与原则

本课程目标对标语文学科核心素养以及对应的四个任务群的学习要求，高效落实媒介素养提升的层次目标，切实提升学生的媒介素养，助力学生的长远发展。

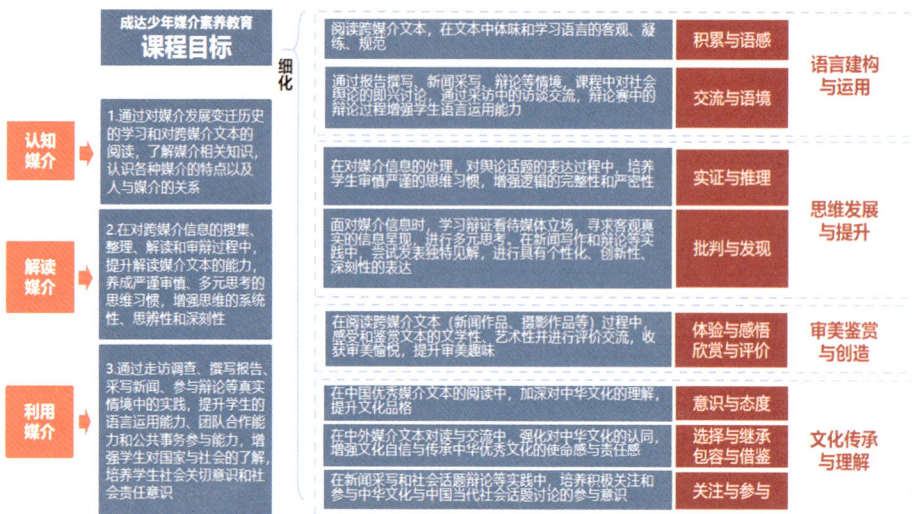

成达少年媒介素养教育课程目标细化呈现

成达少年媒介素养教育课程在高一（上）阶段实施的主要方式为项目式学习，通过运营媒体平台项目，调动学生学习的主动性、自觉性。典型的教与学过程表现为知识／现象／技巧讲授、学生实践、成果输出、评价反馈和沉淀固化知识／技能五部分：

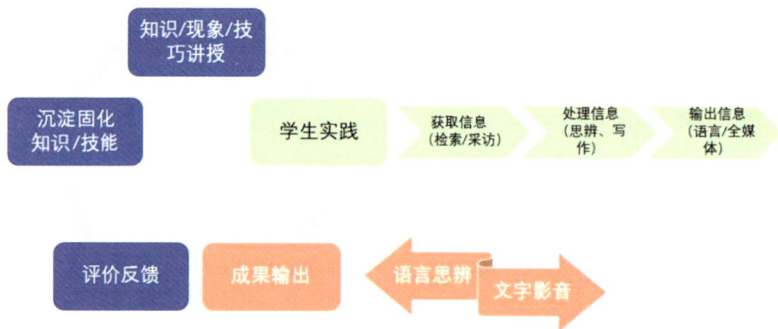

成达少年媒介素养课程高一（上）阶段典型教与学过程

教师适时适量地对学生进行新闻、摄影技巧等知识性讲授，提升媒介素养，为学生开展实践探索打牢基础。在项目完成过程中，学生利用课堂和课下时间，充分讨论交流，合作探究，采写或拍摄与当代文化相关方向的报道内容，依托首都师大附中"北洼路 33 号"媒体平台展示并协助完善平台，根据平台及时反馈进行讨论反思，深化认识和能力。

成达少年媒介素养教育课程在高一（下）阶段实施的主要方式为案例式教学。典型的教与学过程表现为课程总起、案例分析、进阶思考、小组探究四部分：

| （一）课程总起 | （二）案例分析 | （三）进阶思考 | （四）小组探究 |
| 引起兴趣 明确目标 | 启迪思考 归纳总结 | 理论介绍 认知提升 | 团队合作 有效输出 |

成达少年媒介素养课程高一（下）阶段典型教与学过程

借助案例式教学，学生得以在真实情境中审辨媒介信息，深刻认识不同媒介与我们的现实生活之间的紧密联系。在进阶思考部分，教师引入与案例现象相关的传媒文化理论，帮助同学们对相关问题形成更为全面和深入的认识。借助小组合作与研讨，学生得以完成更有挑战性的任务，在交流碰撞中输出对相关问题的认识，学生学习的自主权也得到充分的保障。

在学习该课程相关内容后，通过对学生进行学科素养的提升、课程对未来学业发展的影响及在该领域进一步学习与探索的意愿等方面的调查发现，课程极大提高了学生对新闻报道的理解与分析能力、口语表达能力、逻辑批判与创新思维、分析与解决问题的能力、团队协作意识和能力、对社会公众话题的讨论和公共事务的参与能力以及对中华优秀文化的理解与认同。

此外，大部分同学表示希望进一步学习新闻传播方面的相关知识，也有一部分同学表达了对以后从事新闻传播和法律相关职业的想法和意愿，由此可见该课程的学习对学生未来学业的发展产生了一定的积极影响。

于我而言，贯穿高一学年的媒介素养课给我许多成长，我们一群中学生开始关心"环保抗议""中国离婚率""乡村振兴"等字样，疫情相关的讨论也让我这个生活相对富裕的孩子感受到了疫情期间人们真实的苦难。开阔眼界的同时，辩论还让我感受到了责任与热爱，进而开始参与辩论赛。辩论无疑让更多的人听到了中学生的声音。在一次次的交锋中，一次次的推敲与质疑中，我们的观念与思维不断地深入，最终向世界发出我们的声音。为理性、批判、宽容和同情心，为远离无知和麻木，为免于恐惧和匮乏，为自由及平等。

——2020 级在校生　舒灏宸

5.初中红色经典阅读课程：语文课程思政，春风化雨润心

红色经典作品激发历史与时代的强音，将历史记忆与现实语境的冲击张力映射到"红色经典"作品教学中。依据中考名著阅读的书单，以及学生名著阅读的实际学情，本课程体系选取了《红星照耀中国》《红岩》《钢铁是怎样炼成的》三部红色经典作品进行具体解读。三部作品建构起科学化、可行性的红色经典阅读体系。

基于整本名著阅读中学生养成的阅读能力，进一步建构学生的阅读体系，培养综合能力，该课程迈出单本名著阅读教学模式，充分借鉴语文教学中的专题教学方法，开发名著阅读的进阶式课程。

从单本名著到多本名著，教师整体把握名著文本特点，建立名著之间的内在联系，通过引入相关资料、深度阅读、对比联读、分享交流的过程，通过探寻名著之间在背景、人物、体裁等方面的特质，建立它们之间的联系，培养学生"辐射—聚合"的思维方式，课程教学中的梯度也给予学生更广阔的提升空间。

在课程体系的建设上，采用录播视频与配套练习相结合的方式。录播课是将每本书按照一定体例确定为五个研究专题，每个专题下设置三个子专题，三个子专题之间存在能力等级的差异，适应不同水平学生的学习，学生可以根据自己的情况，选择相应等级的视频学习，并在教师的逐步引导下，完成整部书的深入阅读。最后，从体系整体的角度，建立三本书之间的比较阅读，确立五个专题，设置录播课与练习册。

初中红色经典阅读课程体系

时间	课程内容	成果形式	承担人
2020.9—2021.1	《钢铁是怎样炼成的》专题录播课 1.走近《钢铁是怎样炼成的》准备专题： （1）如何选择版本（2）作者故事（3）文学价值大讨论 2.了解《钢铁是怎样炼成的》故事专题： （1）读懂故事情节（2）抓住关键事件（3）情节安排巧分析 3.相遇《钢铁是怎样炼成的》人物专题： （1）保尔是如何炼成的（2）冲突对立中的人物群像（3）阅读"钢铁"人物的方法 4.走入《钢铁是怎样炼成的》环境专题： （1）书中隐形的社会环境（2）书中烘云托月的自然环境（3）探秘那些重复出现的场景 5.解读《钢铁是怎样炼成的》主题专题： （1）书中的那些名言（2）解密"钢铁"之题（3）"钢铁精神"的时代意义	录播视频	刘萍 王微 张萍萍 周璇 徐圣洁

续表

时间	课程内容	成果形式	承担人
2021.3—2021.7	《红星照耀中国》专题录播课 1.《红星照耀中国》作品专题： （1）《红星照耀中国》的历史背景（2）斯诺和《红星照耀中国》（3）纪实性文学阅读策略 2.《红星照耀中国》人物专题： （1）闪耀的"红星"（2）领袖人物和红军将领的革命之路（3）《红星照耀中国》里的小人物 3.红军专题： （1）解密红军（2）得道多助失道寡助——红白两军对比（3）《红星照耀中国》中的艺术力量 4.长征专题： （1）《红星照耀中国》里的长征纪实（2）长征中的重要事件（3）长征精神内涵和历史价值 5.《红星照耀中国》价值专题： （1）《红星照耀中国》的价值探讨（2）图说《红星照耀中国》（3）"红星"精神的现代价值	录播视频	刘萍 王微 张萍萍 周璇 徐圣洁
2021.9—2022.1	《红岩》专题录播课 1.了解《红岩》背景专题： （1）《红岩》时代背景考（2）《红岩》人物原型考（3）《红岩》成书历程考 2.解读《红岩》人物专题： （1）《红岩》的英雄成长史（2）《红岩》中的女性人物（3）《红岩》中的叛徒形象 3.梳理《红岩》情节专题： （1）穷凶极恶还是浩气凛然？——《红岩》中的人性交锋（2）不堪一击还是坚如磐石？——《红岩》中的心理交锋（3）苟活于世还是视死如归？——《红岩》中的信仰交锋 4.赏析《红岩》写法专题： （1）《红岩》中的典型环境（2）《红岩》中的壮美诗歌（3）《红岩》中的精彩特写 5.解读《红岩》主题专题： （1）《红岩》的题目密码（2）《红岩》的精神力量（3）《红岩》的跨界艺术与当代价值	录播视频	刘萍 王微 张萍萍 周璇 徐圣洁
2022.3—2022.6	三部名著比较阅读专题录播课 1.原型和虚构——《钢铁是怎样炼成的》和《红岩》比较阅读 2.纪实和虚构——红色经典中小说和纪实文学的阅读方法 3.革命者是如何"炼成"的——红色经典英雄人物成长探究 4.中外红色经典中的"信仰"——《钢铁是怎样炼成的》和《红岩》比较阅读 5.我们为什么要读红色经典？——红色经典的现代价值	录播视频	刘萍 王微 张萍萍 周璇 徐圣洁

　　录播视频是通过充分的学生调研，结合备课组教师的研讨后，共同确定讲解角度，就作品中最典型、最具有代表性的问题进行专题研读。视频中教师有的放矢的精心指导，能够激发学生的阅读兴趣，帮助学生在阅读前调整心态，确立阅读的重点或方法。

　　与录播视频配套的专题练习册，对每本作品从写作背景、人物塑造、情节构建、艺术成就等方面进行多角度命题，涵盖作品的每个章节，帮助学生深刻解读文本，捕捉阅读的关键点，促进阅读能力的增强，以点带面，完成学生对整本书内容的切实掌握和对主题情感的深入理解。

目前，50 份课程资源已上传至首都师大附中慕课平台，供初中三个年级的学生使用。刘萍老师《初中名著阶梯助读之〈红岩〉》由北京教育出版社出版，张萍萍老师《如何阅读〈钢铁是怎样炼成的〉》由北京师范大学出版社出版，目前已在全国发售使用。课程实施效果良好。

其一，引导中学生语文学科核心素养和学生发展综合素养的提升。学生在红色经典阅读课程体系中实现了阅读能力、表达能力、写作能力和研究能力的提升。红色经典表现的家国情怀、社会责任感和理想信念，其追求和创造的超越一己之利的高远艺术境界，是最宝贵的文学遗产。红色经典中以审美方式呈现的"历史镜鉴"弥足珍贵，中学生在红色经典中汲取宝贵的精神营养，借由红色经典阅读体系，学生的抗挫能力等综合素养得以提升，爱国情怀更加浓厚。

其二，激活红色经典阅读资源生命力，实现红色经典阅读体系的建设。本课程选取了《红星照耀中国》《红岩》《钢铁是怎样炼成的》三部红色经典作品进行解读，三部作品三位一体，互有异同，固化成一套贯通中外、体裁多样、内容丰富的红色经典阅读体系，实现学生对共产党人的抗争历史和精神信仰形成深刻理解，感受中外红色经典形成的不同美学风格。学生感受到红色经典的生命力，开始通过写作输入感受与启发，在"书香燕京"北京市阅读指导活动和"叶圣陶杯"作文大赛的获奖情况显著提升；学生红色经典名著阅读小论文汇编的成果等也在网络报刊发表。

其三，健全红色经典阅读的效果评价体系。围绕立德树人根本任务，课程为中学生精心设计红色经典阅读书目，科学制订阅读计划，并对其阅读过程进行全面评价。红色经典阅读的铸魂育人效果需要长期积累才能更好显示出来。在初中生范围内推广红色经典阅读，既要用阅读量、学案完成度、读书心得等显性指标考核成效，更要用个人行为规范和精神素养的提高等隐性指标考核整体性成效。通过学生的课后反馈，我们发现视频课程配套练习完成情况良好；读后感集、研究论文集已有结集；相关活动表现、创意性作业表现（小报制作或文创产品等）别出心裁，体现了学生的思考与匠心，也推动了效果评价体系的完善。

语文教研组始终将"人"的培养放在核心位置，在特色课程的设计与实施中，致力于将学生培养成为自觉践行社会主义核心价值观、具有高度社会责任感、才能通达的创新人才，让每位学生都能全面而有个性地发展。

四、教师发展：砺能力之锋，启智慧之光

（一）教师课堂风采：文墨飘香润心田

课堂是师生的主阵地，它关联着师生教与学的绝大部分时间。在这里教师循循善诱，学生思维驰骋，共同成就一节节魅力课堂。语文组教师在一日日平凡的课堂中勤奋耕耘，在教学相长中，在助力学生成长的同时，教师也在不断收获教育硕果。

1. 影响力：教师卓著成绩与课堂风采

语文组教师积极为集团分校做经验分享，助力分校发展，辐射力与影响力不断加强。十年来，语文教研组共承担各级公开课200余节，其中国家级公开课30余节，市区级公开课百余节，不断开拓教学领域、创新教学方法、发掘教学深度，形成"附中语文名片"。

有的教师成长为教学名师、特级教师、正高级教师。有的教师获得各级赛课奖项，如获得由教育部、国家语委主办的"迦陵杯·诗教中国"诗词讲解大赛全国一等奖，北京市教师基本功大赛一等奖，京教杯大赛一等奖。在组内老教师的引领下，青年教师迅速成长，在"启航杯""风采杯""正志杯"等各类比赛中收获重要奖项。

语文组教师不仅在教学、科研上有持续成长，在文学创作方面也取得优异成绩。比如有的教师加入中国作家协会、中国诗歌学会、中国书法家协会，也带动了语文教学的多面发展。

欧阳苗老师在讲授《孤独之旅》一课时，在梳理小说情节的基础上，细读文本，通过对人物语言和典型动作的分析，深入人物内心世界，体会人物情感的变化。课上教师运用置换、补写、朗读、想象等方式，充分调动学生的阅读体验，带领学生行走在小说的字里行间，师生在与小说人物产生共鸣中，体会到磨难对成长的积极作用。

张萍萍老师在《你好，尼摩艇长——〈海底两万里〉专题阅读》一课中，通过海底历险地图回顾全书，头像设计呈现人物理解，关键词金字塔分析法激发思维碰撞，科幻小说的阅读意义画龙点睛。活动驱动下的课堂，拥有真正的活力；小组合作激发思维碰撞，是最美的课堂生成；学生的真实阅读体验，更是无法替代。举重若轻，名著阅读，当如是。

潘霞老师的《破阵子·为陈同甫赋壮词以寄之》一课，带领同学们领略了诗词中粗犷豪爽的军营生活，紧张激烈的战斗场景。通过这些豪壮的场景，潘老师带领同学们看到了骁勇善战，斗志昂扬的将士；感受了有壮志豪情，想要报效家国的词人情怀；也体会到辛弃疾豪中浸郁不沉郁，壮中隐悲不陷悲的词风。

李蔚老师在写作教学中，抓住半命题作文的特点，引导学生在审题环节中，利用导语中的关键词语进行深入分析。在凸显主题的同时，把握半命题作文的补题原则，设计出一个准确、新颖作文题目，完成审题。

马刚玉老师创造性讲授现代小说《荷花淀》。相对于主题美、情节美、景物美和细节美，作品中简洁传神、富有个性的人物语言是更大的亮点。马刚玉老师采用评点式教学，将评点作为探究人物的主要方法，营造了一个用文字、声音、情感和想象构筑起来的诗意的语文世界。

张怀民老师在《儒道互补：庄子无为》一课中，充分运用选修课教学中专题化研究阅读方法，重传统文化经典研习，将儒家和道家文化相融合，使学生能够围绕作品，展开交流讨论，就传统文化的历史价值、时代意义和局限等问题，畅所欲言，表达自己的看法。课程符合新课标的要求，也结合了学生实际情况。

王闲老师在区级公开课《"落后分子"的成长》一课中，从"落后分子"这一话题切入，运用读写结合的方法，引领学生思考《小二黑结婚》中二诸葛、三仙姑落后的原因，发掘"落后"表象背后的"苦难"，从而领会鲁迅所言启迪民智之重要性，理解中国革命的伟大意义，体会中国革命文学的革命乐观主义。

王庆超老师从《复活》中的"矛盾"出发，引导学生分析"矛盾"背后所体现的作家对俄国社会的批判、对复活俄国人民的渴望，感受作家深刻的历史使命感与责任感，同时引导学生从单篇精读拓展到小说阅读中"矛盾分析法"的运用，实现了阅读思维品质的提升。

常规课堂教学常抓不懈。2023届语文备课组，把学生的"学"放在第一位，为了呈现一堂高质量的复习课，他们既研究数据能看到的问题，更深入发掘潜藏在学生答案背后的思维问题；为挑选一道合适的例题，他们阅读万字的资料；为寻求一种有效的讲法，他们随时随地教研、时时刻刻反思，几易其稿，才站在讲台上。理念目标求同，方法策略可异，形成了各美其美、美美与共的课堂：成达班注重思维的提升、思想的提升，发挥优秀学生的带动作用；创新班提升学生能力，设计层进式的学习任务；求实班狠抓落实，激发学生学习的兴趣。

这个和合共生、温暖前行的团队，在2023年学校首批优秀备课组评选中，以其"精研高效、成绩优异"，获评优秀备课组。

2. 传承性："正志杯"青年教师基本功大赛足迹

首都师大附中"正志杯"青年教师基本功大赛旨在展现优秀青年教师风采，激发青年教师"重视教学基本功，提升课堂创新力"，促进青年教师专业成长，同时促进学校课堂教学研究，营造浓厚的教研氛围。语文教研组青年教师入职后形成师徒结对，恰借助"正志杯"的平台对青年教师进行教学大练兵。

历年来语文组积极参与"正志杯"比赛，在赛课中狠抓课堂教学硬功夫，在教研组集体磨课中汲取教学滋养，组内通过这种形式集中力量储备和培养了一批优秀的青年教师力量。

2020年12月，以"聚焦思维发展，优化育人课堂"为主题的"正志杯"青年教师基本功大赛顺利举行，语文组青年教师以"正志杯"为契机，孜孜不辍，创设精彩的思维课堂；语文组全体出谋划策，听课分享，实现组内的并肩成长。

夏飞老师勇于挑战西方现代诗歌教学的新领域，从意象出发，引领学生进入文本深处，以意蕴为结，唤起学生个性化感悟，教学设计兼顾诗意品赏与思维提升，实现了诗歌课与思维课的双结合。刘畅老师从学生问题出发，引领学生通过作者笔下的三个荷塘，体会作者对内心宁静的三次追寻，并打通文本内容和生活内容，让《荷塘月色》这篇经典课文迸发出新的活力。王闲老师通过搭设多个学习台阶，引领学生借助文字触摸历史，对百年前包身工的非人遭际和包身工制度的残忍黑暗进行深度思考，使学生在认识"苦难"的基础上，体悟祖国和人民的伟大"新生"。

参赛感悟：

　　一部好的戏剧作品会带领学生穿越时空，收获多样的人生体验。作为莎士比亚的传世经典，《哈姆莱特》走进中学语文课堂，它的现实价值更值得被关注和挖掘。同学们循着"生存还是毁灭"的独白感受丹麦王子经历人生苦难时的抉择，是默然忍受生命暴虐的毒箭，还是挺身反抗人世无涯的苦难，或是一了百了清算自己的生命？哈姆莱特在看似延宕的行动中用崇高的理性做出了正确的选择——肩负责任，挺身反抗。学生在课堂中不仅是戏剧的旁观者，更是人生抉择的体验者。这部作品告诉学生，应抛下默然无为的躺平摆烂，更应警惕清算生命的一意孤行，面对青春的困惑应该如哈姆莱特一样，意识到责任未尽，更要勇毅前行。这正是这节语文课承载的"生命教育"的价值。

——2023年"正志杯"综合一等奖　徐圣洁

作者在《背影》中用质朴的笔触书写父子深情。本课有三个教学环节：体会父子的隔膜、探寻隔膜的消解、我的隔膜与消解。文中的"背影"和"泪水"两个意象浓缩着丰富的生命体验，成为学生理解作者心境的抓手。课文中朱自清和父亲寡言、别扭的关系，是种典型的中国式父子关系，也是很多青春期学生与家长关系的写照。课上引入了父母填写的问卷，激发学生从文本走向生活——尝试与父母和解，不要等到无可弥补再去理解父母的局限，怀念的温情。这部作品的育人价值在于，激活学生的情感体验，尝试消解与家人的隔阂。愿学生能够理解爱、回应爱、回馈爱。感谢学校提供"正志杯"的舞台，感谢语文组大家庭的悉心指导，让我在附中的沃土中快乐而纯粹地成长。

——2024年"正志杯"综合一等奖　马利欣

自2016年首届"正志杯"教师基本功大赛起，语文组参赛教师共获得7次综合一等奖，斩获创新思维课堂、粉笔字优胜、优秀作业设计等单项奖30余项，"正志杯"真正成为青年教师的成长助推器与绝佳的展示窗口。

（二）教师科研成果：文韵深研育英才

教师科研，作为教育领域的一项重要活动，旨在提升教师的教学水平、推动学科发展，并为学生的全面发展提供坚实支撑。附中语文组教师们通过深入研究学科前沿理论，探索教育实践中的新问题，不断积累教学经验和智慧。其中多人获得学校教科研一等奖，获得海淀区教育优秀成果奖。这不仅有助于教师个人专业成长，更能为教育事业的整体进步贡献力量。以下是语文教研组教师们近十年的教科研成果：

1. 专著出版

序号	时间	出版著作	出版社	著作方式	作者
1	2023	名师教我学习作（上下册）	语文出版社	编	张怀民、董守红、吴冰
2	2023	为生命而读——中学语文阅读教学的人本化探索（初中 高中）	首都师范大学出版社	编	田云、董守红、夏飞、宁立超、徐圣洁等
3	2023	教学关键问题解析丛书：基于核心素养的高中语文教学关键问题解析	高等教育出版社	著	周明鉴
4	2023	《红岩》多样化阅读指导手册	北京师范大学出版社	编	周明鉴、舒迟、张京宇
5	2022	跟名师读经典:《红楼梦》	云南教育出版社	著	卢吉增
6	2022	捡拾生活的诗意	河北教育出版社	著	卢吉增
7	2021	名师学堂·高中语文同步写作	北京理工大学出版社	编委	田云
8	2022	语文思维发展型课堂	中国人民大学出版社	编委	周明鉴
9	2018	《给青年的十二封信》（导读）	人民文学出版社	专著	潘霞
10	2021	从前有座拼音山	山东人民出版社	主编	潘霞
11	2021	初中名著阶梯助读（七年级上册）	北京教育出版社	分册主编	董守红
12	2021	初中名著阶梯助读（七年级下册）	北京教育出版社	分册主编	刘萍
13	2021	初中名著阶梯助读（七年级下册）	北京教育出版社	分册主编	张萍萍
14	2021	初中名著阶梯助读（七年级下册）	北京教育出版社	分册主编	于浩渺
15	2021	初中名著阶梯助读（七年级下册）	北京教育出版社	分册主编	徐圣洁
16	2021	名师学堂·初中语文同步写作	北京理工大学出版社	分册主编	田甜甜
17	2020	如何阅读《钢铁是怎样炼成的》	北京师范大学出版社	编	张萍萍、张灵璐
18	2019	《人类群星闪耀时》阅读课	河北教育出版社	著	周明鉴
19	2017	古典诗歌教与学	江苏凤凰美术出版社	著	卢吉增
20	2017	初中写作读本	清华大学出版社	编	刘桃、金艳峰、潘晓娟
21	2016	情感的光泽	知识产权出版社	编	时昂、关敏、胡爱民

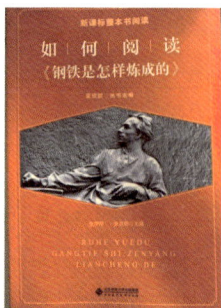

2. 论文发表

序号	时间	论文名称	书刊名/奖项	作者
1	2024	析阅读之理，授阅读之法	中学语文教学	卢吉增
2	2023	基于核心素养的微写作命题研究——以近九年北京卷微写作试题为例	语文教学与研究	刘畅
3	2022	《树和天空》教学设计	中学语文教学	卢吉增
4	2022	别开生面的成长	甘肃日报	卢吉增
5	2022	《红岩》：在熟悉中探寻深刻	万象	周明鉴
6	2022	大概念统整下的高三大单元复习教学	语文学习	周明鉴
7	2021	"豆芽抗压实验"失败之后	班主任	吕奇
8	2021	以读悟情，因情悟"梦"——《梦游天姥吟留别》教学设计	课堂内外	吕奇
9	2021	《藤野先生》(第二课时)教学设计	中学语文教学	徐圣洁
10	2021	初高中语文衔接课程初探	中国民族教育	孙伟、白雪
11	2021	基于专题教学背景下的《念奴娇·赤壁怀古》教学设计	课堂内外	吕奇
12	2021	事物说明文写作教学活动设计——以八年级上册第五单元为例	语文建设	董守红、徐圣洁
13	2021	不学礼　无以立——《论语》"礼"专题教学设计	散文百家·新语文活页	吕奇
14	2021	课文尚需"篇篇读"——对"大概念大单元教学"的认知与反思	中学语文教学	任海霞、管然荣
15	2021	回望父亲	中学语文教学	武智
16	2021	古礼树人　涵养品性——古代礼仪育人实践研究	中国民族教育	杨梦醒、孙伟
17	2020	纸上得来终觉浅，绝知此事要躬行——以博识为例，浅谈语文活动课的设计	北京市首届教师"基本功与智慧"教育教学研究成果三等奖	吕春丽
18	2020	《论语》整本书阅读的思考与实践	中学语文课程标准解读	卢吉增

序号	时间	论文名称	书刊名/奖项	作者
19	2020	"学"贵有"疑" "教"重释"疑"	中学语文教学	任海霞
20	2020	《短歌行》诗解新探与用典拾零	作家天地	杨梦醒
21	2020	《苏武传》第二课时——以"称谓分析法"品读史笔	课外语文	杨梦醒
22	2020	认识小说的虚构与情节	中国校园文学	卢吉增
23	2019	汉服选修课的理想与现实	华夏节令——传承传统节日	杨梦醒
24	2019	新中考改革下的古代诗歌复习策略研究	新班主任教育名家	田甜甜
25	2019	整本书阅读教学的实践策略	语文建设	来凤华
26	2019	读书是语文教师的"本"	基础教育课程	来凤华
27	2018	读出命题作文的隐性语义信息	语文天地	杨梦醒
28	2018	在议论文写作训练中提升思维能力	中学语文教学	任海霞
29	2018	子弟书"满汉兼"语言特点简析	俗文化研究集	潘霞
30	2018	《论语》整本书阅读的思考与实践	入选人大复印资料中学语文教与学（高中）	卢吉增
31	2018	《论语》整本书阅读的思考与实践	中学语文教学	卢吉增
32	2018	四种策略突破读后感写作困境	语文教学与研究	杨梦醒
33	2017	"网络+"时代的经典阅读	时代教育	卢吉增
34	2017	"博识"里的大课堂	北京教育（普教版）	任海霞
35	2017	得"意"不忘"言"	中学语文教学	任海霞
36	2017	有效提高学生逻辑思维能力是治疗长阅读沉疴的一剂良药	北京市课程教材实验论坛	宁立超
37	2016	教育即倾听	基础教育论坛	林丹
38	2016	语文"翻转课堂"应该缓行	中学语文教学	任海霞
39	2016	基于初中语文阅读能力提升的圈点批注读书法研究	聚焦课堂学法导航	董守红
40	2015	作文教学学习动机激发之我见	北京市基础教育科学研究论文三等奖	吕春丽
41	2015	语文课程人文性的哲学视域	齐鲁师范学院学报	吕春丽
42	2014	孩子，请给我充分的理由	班主任	邓文卓
43	2014	整合学科教学，构建大学科课程	基础教学参考	董守红
44	2014	浅谈初三阅读教学小结课的有效策略	散文百家·新语文活页	董守红
45	2013	小处切入：教学设计的科学选择	中学语文教学	任海霞

序号	时间	论文名称	书刊名/奖项	作者
46	2013	散步	海淀区课改新教学实录 教学设计与评析汇编	董守红
47	2013	阅读教学：遵路识斯真《装在套子里的人》 教学实录	中学语文教学	田云、 郑晓龙
48	2013	"变式教育"在班主任工作实践中的艺术应用 （节选）	基础教育论坛	张萍萍

（三）教师课题成果：文海探航启新思

语文教研组教师在教学科研的同时积极参与课题研究，着力提升教学科研能力。课题旨在通过系统的研究和实践，挖掘语文教学的创新点，推动语文学科的发展，为学生的全面发展奠定坚实基础。

2022年9月，首都师大附中语文教研组组长田云老师作为核心成员参与了李卫东老师于2022年4月主持的教育部重点课题"以基本问题为支点重构语文教学内容"。田云老师在附中组建了"教育部重点课题子课题分队"，带领吴冰、刘畅、徐圣洁、王闲几位教师在高一年级尝试推进了《乡土中国》的阅读构型研究，随着子课题中期汇报的结束，课题组进入对其他"整本书阅读"的思考和探索中，最终选定聚焦于以基本问题为支点的《论语》教学研究，并运用于教学实践当中。

课题的成果孕育出语文教研组主题为"以基本问题为支点重构语文教学内容——以《论语》教学为例"的大型教研活动，首都师大附中教育集团成员校语文组的教师们到场参加，教育人才"组团式"帮扶专家顾问委员会沈杰委员对口联系的贵州五所高中校和附中援青的青海玉树二中的语文教师也在线上进行"云观摩"。

　　首都师大附中语文组吴冰老师带来的现场教学观摩课《"忠道"之思——〈论语〉专题阅读》。吴老师带领学生循着"读章句解'忠道'""慕先贤思'忠道'""叩己心明'忠道'"和"观当下行'忠道'"四个环节，探索"忠道"的丰富内涵和独特价值。课程结束后，语文组徐圣洁老师和吴冰老师对"'忠恕之道'——以基本问题为支点的《论语》专题教学"两个优秀课例进行说课展示。随后，语文教研组组长田云老师用更为提纲挈领的专题汇报，系统展示了语文组在"以基本问题为支点重构《论语》教学"上的研究和实践历程。

　　本次语文组集体教研活动面向首都师大附中集团校全体语文教师，同时通过"云观摩"的方式增进北京与贵州、青海三地教师间的互动与学习，各集团校与帮扶校的教师们在线上线下共研共进，聚智前行，赋能未来。

其他参与课题剪影

课题参与者	课题名称
田云	全国教育科学规划领导小组办公室课题"以大概念为支点的语文单元教学内容重构与实施策略研究"
	北京市教育科学规划领导小组办公室课题"'双减'背景下促进学生自主学习的教学探索与实践"
	北京市教育学会学术委员会课题"中学语文优秀教师专业成长叙事研究——以海淀为例"
	海淀区教育科学"十三五"规划重点关注课题"初中学生作文现状分析及策略研究"
张萍萍	北京市教育学会"十三五"教育科研课题"中国古典名著阅读教学有效性的行动研究"
	中国教育学会"十三五"教育科研规划课题"中国经典名著阅读指导有效性的研究与实践"
	北京市海淀区教育科学"十三五"规划重点课题"基于语文核心素养的初中生名著阅读指导策略实践研究"
卢吉增	北京教育学会"十三五"规划课题"初中学生作文现状分析及策略研究"
	北京"十二五"规划课题"基于学校文化的校本阅读课程开发与研究"
周明鉴	北京市教育科学"十四五"规划2021年学青年专项课题"高中语文教学中学术资源教学转化的路径、方法的实践研究"（CDCA21144）
董守红	海淀区教育规划课题"基于语文核心素养的跨学科任务群教学策略研究"
	海淀区教育科学规划课题"利用作文思维图引导学生写作的有效策略研究"
潘霞	海淀区教育科学规划课题"利用作文思维图引导学生写作的有效策略研究"
刘萍	海淀区教育规划课题"以读导写教学实践研究"
姜晓艳	海淀区教育教学"十三五"规划课题"中学作文仿写教学策略研究"
吕春丽	海淀区教育科学"十三五"规划群体课题"中小学阅读素养提升实践研究"中的"海淀区中小学阅读素养提升二期项目"

五、学生成长：尊个性之异，育人才之盛

（一）学生成果：深耕细作，成绩斐然

1. 历年高考语文高分段名单

在全体语文人的共同努力下，在初高中语文教学一贯制的推动下，我校语文学科在中、高考中屡获佳绩，学生语文单科个人成绩、平均成绩在海淀区排名靠前，更为学生的语言能力、思维水平、审美情趣与文化理解和传承打下了扎实的基础。

历年高考语文高分段名单

年份	姓名	分数	录取学校
2016 届	李泊萱	137	浙江大学
	王恺琳	136	清华大学
	潘静怡	136	北京林业大学
	徐悦	135	中国人民大学
	颜秉玥	134	北京大学
	窦雨童	134	北京大学
	保超楠	133	北京大学
	杨雪晨	133	南京大学
	王霄汉	133	南开大学
2017 届	蒋晓倩	136	北京大学
	姚佳炜	135	北京大学
	刘宽	130	北京大学
	杨明宜	135	北京大学
	王鹤丹	136	北京大学
	王若颖	135	北京大学
	张婧雯	136	香港中文大学
2018 届	刘思羽	135	清华大学
	秦楚凝	136	上海外国语大学
2019 届	郭祐嘉（北京市语文状元）	143	中国人民大学
	柳茁野	133	北京大学
	安启东	135	北京大学
	杜灵漪	133	北京大学
	尹艺婷	120	北京大学
2020 届	王羽凝	132	北京大学
	张家宜	134	清华大学
	隋雨芊	133	北京外国语大学
	王靖茹	133	中国人民大学
	张恺	131	北京大学
	张佳宜	134	清华大学
2021 届	程思璇	132	北京大学
	李尚格	131	北京大学
	胡佳蕾	130	清华大学
	康笑茹	130	中国政法大学
	刘铮	133	清华大学
	杨婧	130	北京大学

续表

年份	姓名	分数	录取学校
2022 届	王欧槿	143	清华大学
	李卉洁	133	中国人民大学
	马钰雯	135	中央财经大学
	冯海洋	129	北京大学
	郭默志	132	中国人民大学
	邓知蕾	132	北京大学
	任佳悦	134	中国人民大学
	李一航	132	复旦大学
	张润心	133	北京师范大学
	王之韵	131	四川大学
	王玉溪	134	中央财经大学
	盛培恩	131	北京大学医学部
	任瑞宁	131	香港大学
	李心悦	130	南京大学
	王友潇	130	香港大学
	高语非	131	北京外国语大学
2023 届	杨爱雯	130	香港科技大学
	王泊岩	133	中国人民大学

2. 重要作文赛事获奖名单

语文组着力培养学生的写作能力，鼓励学生积极投稿。在"希望杯""叶圣陶杯""书香燕京"等多项重要作文比赛中，附中学生取得了优异的成绩。

重要作文赛事获奖名单

赛事名称	获奖学生	奖项
第十四届"希望杯"全国作文大赛总决赛	沈疏桐、蒋婧桐	特等奖
	王汀、蔡桐、吴悠	一等奖
"叶圣陶杯"作文大赛	殷圣航、王若颖、徐霈然、马兰馨、李佳清、张婧扬、陈熙诺、李海悦	一等奖
	武一博、刘善予、刘语佳、杨雯迪、董伊诺等	二等奖
全国中学生科普科幻作文大赛	易雪菲	二等奖
北大"创新作文"大赛	王若颖	特等奖
书香燕京征文	马智勋、马思宇、贾雨萌等	一等奖
"致中国梦·中国青少年公益梦想"征文	袁子朝、尹晗越、刘胤孚	十佳奖

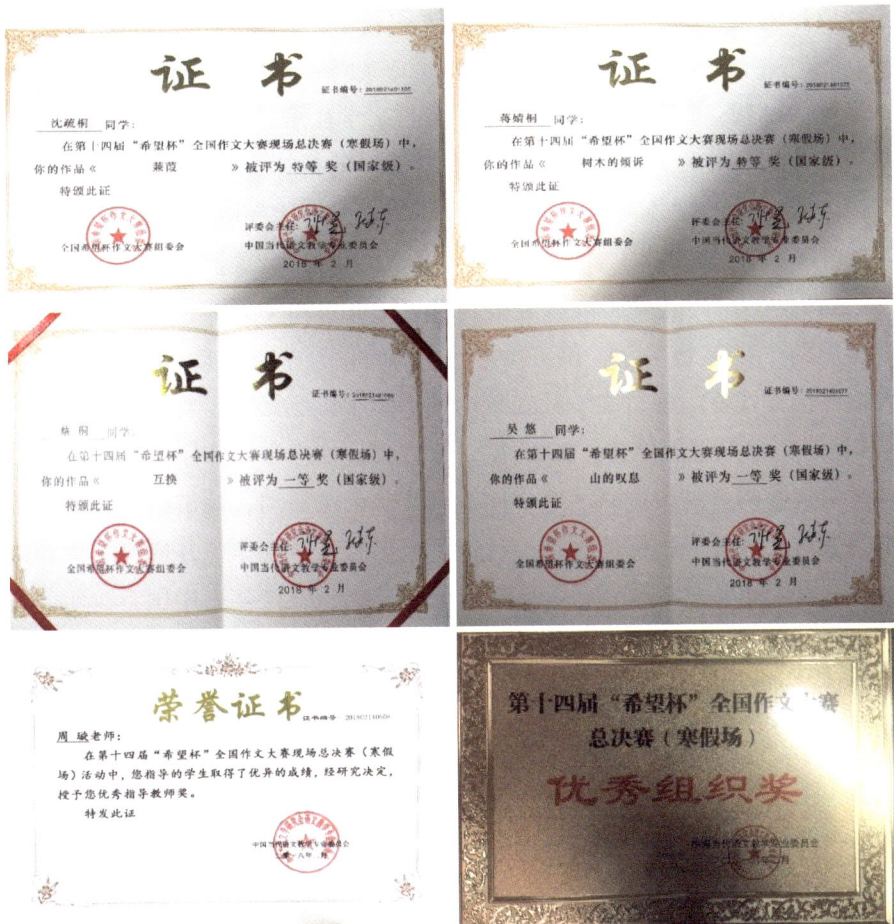

（二）多元发展：特色活动，广阔平台

1.兴趣社团助力专业发展

首师大附中语文教研组教师依托学校兴趣社团机制，组建了紫竹文学社、灼华汉服社、辩论社、记者团、快哉话剧社等五大语文学科社团，为学生的全面发展提供了更广阔的平台，为其专业发展提供了更专业的指导。

（1）紫竹文学社。

首师大附中紫竹文学社成立于1989年11月，是首都师大附中传统社团，被评为A级社团，现任指导教师为卢吉增老师，现有社员70余人。紫竹文学社以助力学生发展为宗旨，关爱并指导学生文学阅读与写作，提升学生文学兴趣与技法，促进学业发展与专业拓展，培养学生高雅趣味与品格，助力书香校园建设。社团已形成一套完整的以征文活动、文学鉴赏、文学创作和互评反思为主要内容的"三个一"文学研讨提升体系，即"一人一作、一作一评、一作多改"。

辛勤的耕耘，收获了丰硕的成果。紫竹文学社培养出了一些颇具写作特长的学生小作家，让爱好文学的同学找到了温暖的精神家园。截至2024年，社员在国家级、省市级各类比赛中获得特等奖、一等奖30余人。社员在《中国校园文学》《中国青年报》《北京日报》《北京青年报》《短篇小说》《东方少年》《天天读写》《意林》《爱阅读》等报刊发表了百余篇（首）作品。紫竹文学社连续多届的"在春天写诗"和"我为烈士写封信"征文活动，深受学生欢迎，优秀稿件推荐发表。紫竹文学社在校内外产生了广泛影响，曾被中国作家协会《中国校园文学》重点推介。2022年，紫竹文学社应中国作家协会、中国校园文学邀请，参与"乡村振兴·文学同行"文学公益活动，社员编辑戴晗旭接受电视台采访，并被多种媒体报道。社员积极参与文学创作，并取得了优异的成绩：社员袁子朝、尹晗越、刘胤孚在"致中国梦·2022年度中国青少年公益梦想计划"活动中，荣获"致中国梦·健坤青少年公益梦想人十佳"称号。全国人大常委会原副委员长、中国关心下一代工作委员会主任顾秀莲，中宣部原副部长、中国关工委常务副主任胡振民为获奖者颁奖。社员夏依菲荣获第二届中国校园文学年度优秀奖；社员李凌好的作品《南城有只鸭》在《短篇小说》上发表。

（2）灼华汉服社。

首都师大附中灼华汉服社创建于 2012 年，现任指导教师为杨梦醒老师。现有社员 70 人，社团骨干 10 人。汉服社自 2016 年起试创新"汉服＋"模式，以衣冠服饰为起点，以"琴棋书画诗酒茶歌"艺术熏陶为外延，以弘扬传统文化为最终目标，让同学们在校园中体验完整的传统文化生活。社团在校内评选定级中，多次获得 A 级；在汉服北京"北萌计划"评选中入围中学核心社团。

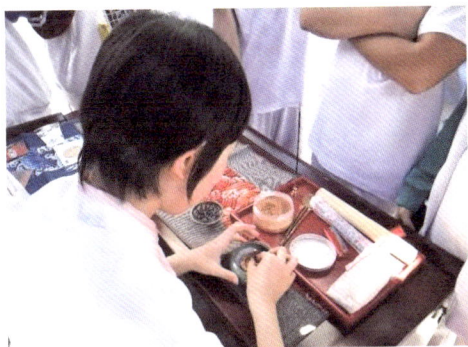

（3）辩论社。

首都师大附中 ABN 辩论社成立于 2017 年，现任指导教师为夏飞老师，现有社员 60 余人。ABN 是"above the noise"的缩写，意为"喧嚣之上"，这也体现了辩论队不迷信权威，不人云亦云的精神品质。

辩论社每年通过举办新生赛的方式选拔优秀辩手进入校级辩论队。五年来，队内训练逐渐走向系统化、规范化。队员以结成小组的形式自主进行日常训练，充分调动队内每一位辩手的能动性，以高年级辩手带领低年级辩手为原则的赛后复盘训练更是促进了队内各年龄层级的辩手共同成长。近年来，辩论社获得的荣誉有：2018 年天津"白马杯"季军、2018 年第二届海淀区中学生辩论赛十六强、2020 年"联合会杯"北京赛区季军、2020 年第二届全国中学生华语辩论锦标赛全国第十名、2021 年第七届北京市中小学生辩论赛高中组季军、2021 年第七届京津冀中小学生辩论赛八强、2021 年第五届火花京津冀地区中学生华语辩论赛季军、2022 年第六届火花京津冀地区中学生华语辩论赛亚军、2022 年第八届京津冀中小学生辩论赛高中组季军等。

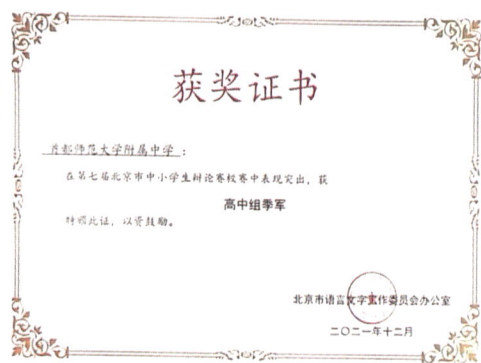

（4）记者团。

首都师大附中学生记者团成立于 2016 年 9 月，现任指导教师为周璇老师。记者团下设新闻中心、青春基地、秘书处三个机构，是全校最权威的学生媒体组织。记者团秉承"对学校负责，为学生服务"的理念，从学生视角，发出附中声音。在日常工作中，记者团通过公众号"北洼路 33 号"，传递实时资讯，刊登新闻稿件，发布图文推送。

什么？首都师大附中竟然设置了棋牌桌？！
北漳语33号
以全文

辉煌跑道——背后的故事
阅读全文

"但见奔星劲有声"——记高二年级鲁迅专题辩论赛
北漳语33号
1人听过

什么？首都师大附中竟然设置了棋牌桌？！

近日，首都师大附中的操场北侧，五张"棋牌桌"闪亮登场。其中，两张桌子分别绘制围棋和中国象棋的棋盘。三张桌子除了棋盘外，还有可拆卸且可翻转成移动的围棋子和中国象棋子。在清晨，午后的阳光照射下，翡翠色的棋牌桌椅变得光泽鲜亮。正对主席台的位置也尤其引人注目。午休时间，各年级的同学们围坐在桌旁，五彩的校服使操场北方更添几抹彩虹般的亮色。

黄叶纷纷飘落，秋意已深，在2023年的这个秋天，学校里新落成了一道亮丽的风景。一抹太黄色静静卧在地上，一阵风吹过，片片黄叶落下，这个秋天多了一分别致，这便是上周刚投入使用的辉煌跑道。

鲁迅先生作为中华民族"民族魂"的代表，他刚正不阿，以笔扫千军的身影深深地印在了同学们的心中，大家在翻开《朝花夕拾》的第一页时，感慨"横眉冷对千夫指，俯首甘为孺子牛"的奉献精神时，看到"觉醒年代"那个趴在地上的写作的身影时一次次地与鲁迅相识。他的文章也作为教材中重要的一部分，影响着一代又一代的青年学子。近期，高二年级对《呐喊》及鲁迅先生进行了深入地学习和了解，语文组老师组织同学们就"中学语文教材应该/不应该降低鲁迅作品的比重"展开了一场精彩绝伦的辩论赛。

（5）快哉话剧社。

首都师大附中快哉话剧社成立于2020年9月，现任指导教师为徐圣洁老师。"一点浩然气，千里快哉风"，在快哉话剧社，有一群热爱戏剧的附中学子在用创作与表演，传播戏剧文化，带领同学们感受戏剧的独特魅力。与此同时，快哉君们也在舞台上收获着多样的人生体验，养成从容自信、纯正昂扬的浩然之气，品味成长的快意。话剧社的经历也让许多同学找寻到并坚定了自己的戏剧梦想。

快哉话剧社成立的两年里，社员开展剧本朗读累计四场，完成剧评写作40余篇，这些活动充分调动社员对戏剧的兴趣与认知，提升戏剧审美鉴赏能力。在舞台演出方面，改编剧目《到海边去》《逐梦》《爱由心"声"》、原创剧目《以青春之名》《玛卡巴卡寻踪记》等，先后登上团代会、初高三入境仪式、五四表彰、毕业典礼等学校大型活动的舞台。

2. 学科活动激发学习兴趣

语文学科活动在提升学生的语文能力、激发学生的学习兴趣、培养学生的团队合作精神和沟通能力、拓宽学生的文化视野以及促进学生的全面发展等方面具有重要意义。各年级备课组围绕"听说读写"的基本语文能力，在不断打磨中形成了独具特色的语文学科活动。

（1）"绝活"传文化。

"我有绝活"是历年初一语文学科的保留活动。学生在成达厅的舞台上表演各自的语文绝活，弘扬传统文化，展示个性风采，感悟语文之美。

（2）辩论展风采。

阅读有深度有难度的名著，教师不妨带领学生"读明白，想深刻，讲通透"，有体系、有梯度地进行阅读指导和评价。高二语文备课组指导学生们就"中学语文教材应该／不应该降低鲁迅作品的比重"这一辩题展开激烈的辩论。经过了寒假的《呐喊》整本书的阅读和近两周的课上学习，最终通过辩论的形式，将同学们的思考进行提升和总结。百年前，鲁迅先生为毁坏铁屋、激励猛士的呐喊之声，正于今日之附中青年身上收到阵阵回响。

（3）演绎悟内涵。

对于阅读内容的创造性演绎，一直是学生喜爱且生动有效的评价方式。语文组围绕初高中语文必读名著，开展了《红楼梦》舞台剧表演、《钢铁是怎样炼成的》演读等活动。活动激发了学生的创新意识，增强了学生的审美体验，加深了学生对名著的理解与体悟。

（4）诗歌寄情怀。

> # 我为英雄写赞歌
>
> 古往今来，多少仁人志士用青春与生命为祖国的繁荣谱写壮丽的诗篇。他们之中，有名垂青史的伟人，用智慧点亮历史的星空；有为国捐躯的烈士，用骨血铺就前进的道路；还有默默无闻的凡人，用汗水浇筑发展的基石。他们都是我们时代的英雄。祖国的发展繁荣，离不开英雄的拼搏奉献；人民的幸福安宁，离不开英雄的慷慨付出。
>
> 你想对英雄说些什么？请拿起手中的笔，用**诗歌**的形式书写你对英雄的赞歌！

"读写不分家"，写作无疑是阅读效果最重要的评价和反馈。初一语文备课组结合课本内容，开展"我为英雄写赞歌"的诗歌创作活动。学生用诗歌形式讴歌他们心目中的英雄人物，既训练了精练表达的能力，又培育了爱国主义情怀。高一语文组结合时令，开展了"秋之韵"摄影暨三行诗活动，观察秋之美景，品味秋日情韵。

安睡在黄金上的银杏果
是盛夏的衣冠冢
是青春的涅槃生

——陈晨

摄影：赖昱鑫

秋日的阳光洒在袄夹上为他镶上金边
岁月流年又在谈笑间消逝
而我用相片定格这一瞬间

——黄雯萱

（5）话剧演精神。

为了让学生更好体会多样的艺术形式，2023届语文备课组在高二期末时间紧张的情况下进行了课本剧展演，让学生改编课本剧，自导自演。学生们呈现了一场精彩的演出。

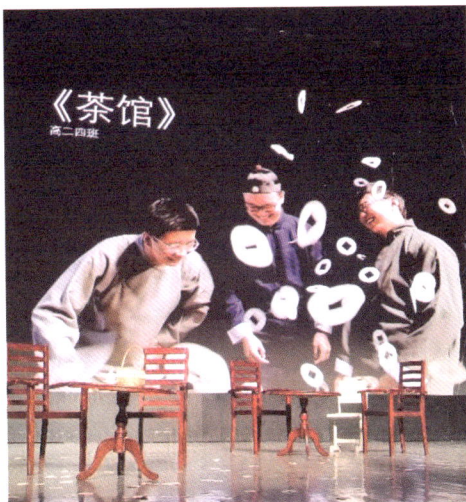

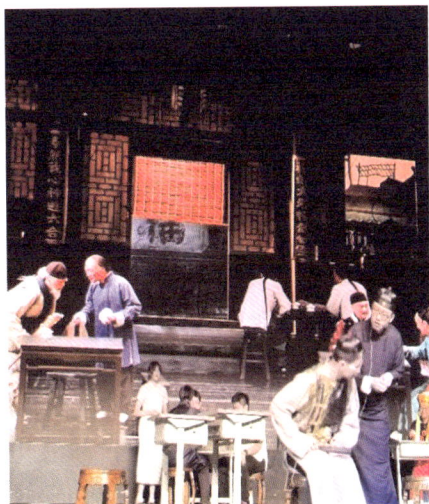

六、教育辐射：扬文化之帆，拓视野之疆

（一）集团校交流和研修活动

为了全面贯彻"资源共享、集中优势、保留特色、科学整合、协同创新、优质发展"六条基本原则，从 2014 年 9 月份开始，我校本部、通州分校、二附中、北校区、永定分校、石景山分校、昌平分校、育鸿分校、房山分校等 16 所分校共同开展联合教研活动，旨在促进集团各成员校间的深度融合，切实提高课堂教学效率、提升科研水平，助力教师成长。校际交流的主要内容包括教师培养、学法指导和尖子生培养、集团大教研等三大方面。

教师培养方面，本部田云老师、董守红老师、张怀民老师、孟庆芬老师等多位教师都曾到分校进行听评课活动，助力分校青年教师的发展。学法指导和尖子生培养方面，语文组教师每周到昌平分校、朝阳分校、育鸿分校等上课，帮助分校进行尖子生培养。分校学生还可以通过慕课平台，学习语文组教师录制的《论语》《红楼梦》等课程。

集团联合教研立足于"三课"（课堂教学、课程建设、课题研究）确立研究主题，在学校建立健全集团大教研制度的基础上，形成了本学科自己的教研特色：

①每学期每位教师至少要开一次校级以上的公开课，课后备课组进行教学研讨；

②以备课组为单位，每学期开发或者丰富完善一门校本课程；

③实行拜师制度，师徒结对，促进新教师成长；

④每学期至少邀请一位语文教育专家进校开展讲座，提升全体教师专业素质和教学水平；

⑤发挥本部辐射作用，与附中教育集团各校共同发展，使引领辐射作用最大化。

（二）学科三大基地校建设经验

首师大附中语文组是人教社教材编审人员科研基地、首师大教育硕士实习基地，还是海淀区学科基地。作为三大基地成员，教师们积极发挥辐射影响。

田云、周明鉴、江红霞、张怀民、董守红、潘霞、孟庆芬、吕春丽、林丹等多位教师，作为海淀区教研核心组成员，都曾多次承担海淀区出题、教材教法分析讲座、观摩课等任务。从 2013 年到 2023 年，语文组共承担各级公开课200 余节，其中国家级公开课 30 多节，市区级公开课百余节。刘萍老师、董守红老师、张萍萍老师等多次承担国培课程研究课和讲座。张萍萍老师在第十二届"人教杯"名著阅读专家研讨暨教学观摩活动中做专题发言（2018），应教育部课程教材研究所邀请给其项目校 1000 余位教师做"统编八下第四单元演讲单元深度活动设计"专题报告。应北京教育学院邀请，为顺义区教研组长专题培训等项目做讲座数次。

2018 年 11 月，语文组承办"面向 2020 高考语文改革·现代文阅读暨名著阅读考查高峰论坛"，为来自北京大学语文教育研究所、首都师范大学基础教育课程中心、人民教育出版社中语室、《中学语文教学》杂志社的多位北京高考命题组专家、各区县教研员、特级教师提供了会议支持与服务。

2019 年 3 月，我校语文组承办海淀区区级研修课，孟庆芬、于浩渺两位教师为海淀区教师呈现了两节精彩的观摩课。2019 年 4 月，语文组承办海淀区新任教师培训活动，刘萍、徐圣洁两位教师为海淀区新任教师展示了两节精彩的写作研修课。2019—2023年，刘萍老师为区教研做了散文、文言文教学交流讲座；2023年在海淀区新教师培训中完成一节《阿长与山海经》区级观摩课。2019年10月，语文组承办北京市高三名著阅读研讨会，来凤华、武智两位教师为来自北京市各区县的80余位教研员及骨干教师呈现了两节精彩的观摩课。2018年3月，孟庆芬、董守红、吕春丽、潘霞等四位教师，在区级教研活动中承担了初三年级作文升格策略讲座。2020年12月，潘霞、卢吉增两位教师为海淀区教师呈现了初三诗歌单元观摩课。2021年3月—5月，董守红、潘霞两位教师，在海淀区教师进修学校进行了初三议论文、散文、小说复习策略的讲座。2021年12月，杨梦醒老师深入田野调查，完成了《乡土中国》区级观摩课，深受好评。2022年3月，潘霞老师以热点ChatGPT为写作话题，完成一节作文区级观摩课。2023—2024年，张怀民老师为区教研做了写作和高三二轮复习的交流讲座；完成了高三期中期末两次试卷讲评课。2024年为通州校区高三教师做了高考复习方面的讲座。教师们用心备课，认真打磨，受到区教研员和其他学校教师们的高度认可。

2020年11月，语文组承办高中教育教学研讨会，高一高二的学生配合来自全国各地的6位教师共同呈现了6节精彩的课程。2021年4月，语文组承担了来自深圳市龙华实验区6位领导教师的研修活动，就学科建设、课程设置、新教材使用、思维课堂等话题与深圳龙华高级中学教育集团高中部徐莉主任，观澜中学刘武明主任，龙华区教育科学研究院附属学校胡红老师进行了深入交流，吴冰、王闲、张萍萍三位教师为来访教师呈现了三节精心设计的观摩课。2021年5月，语文组主办"基于核心素养的初高中语文整本书阅读"研讨活动，夏飞、白雪、来凤华、张萍萍等4位教师呈现了4节精彩的整本书阅读课。2023年3月，语文组承担的"国培计划"河北省初中语文骨干教师新课标培训活动，张萍萍、刘萍两位教师为来自河北省的100余位初中语文骨干教师呈现了两节精彩的示范课，展现了附中语文组的风采，增进我校和他校的交流，取得了良好反响。

网课期间，我校语文教师积极承担北京市、海淀区"空中课堂"课程录制任务，田云、张萍萍、刘萍、孟庆芬、潘霞、王梅、任海霞、卢吉增、江红霞、武智、董守红、周明鉴、杨梦醒、田甜甜、吕奇等教师为北京市、海淀区"空中课堂"录制了累计20多节视频课，在全市乃至全国范围内影响广泛。

我校教师参与"空中课堂"课程录制

教师姓名	课程名称	课程类型
张萍萍	《背影》《白杨礼赞》《如何阅读散文》《应有格物致知的精神》《庆祝奥林匹克运动复兴25周年》	北京市"空中课堂"
刘萍	《昆明的雨》《语言要连贯》	北京市"空中课堂"
孟庆芬	《学写游记之写活所游》	北京市"空中课堂"
潘霞	《〈中国人失掉自信力了吗〉的论证方法》	北京市"空中课堂"
王梅	《写作：论证要合理——论证逻辑的周密严谨》《写作：论证要合理——论证方法的恰当丰富》	北京市"空中课堂"
任海霞	《学写游记之有序情理》（一）（二）	海淀区"空中课堂"
卢吉增	《〈论语〉整本书阅读》（一）（二）（三）《现代诗的鉴赏与创作》（上）（下）	海淀区"空中课堂"
潘霞	《〈出师表〉中的君臣之义》	海淀区"空中课堂"
吕奇	《林教头风雪山神庙》	海淀区"空中课堂"
江红霞	《〈红楼梦〉中的中秋节》	海淀区"空中课堂"
武智	《〈论语〉专题复习》	海淀区"空中课堂"
刘萍	《着意原资妙选材》	海淀区"空中课堂"
田云	《戏剧单元教材教法分析》《高三期中期末〈红楼梦〉板块讲评》	海淀区"空中课堂"
张怀民	《高考议论文写作中的类比分析》	海淀区"空中课堂"
卢吉增	《析文本、重方法、写规范》《中考真题强化练习》	中国教育电视台国家电视"空中课堂"频道
董守红	《议论文阅读的论点概括》	海淀区"空中课堂"
田甜甜	《观点确定与论据的使用——以〈敬业与乐业〉为例》《说明文中的科学元素》	国家中小学网络云平台北京市"空中课堂"
周明鉴、江红霞、董守红、杨梦醒	《文言文阅读初稿衔接课》，共8节	海淀区"空中课堂"

　　我校语文组教师还与中国教育网络电视台深入合作。自2015年起，卢吉增老师为教育部远程教育网、歌华有线、北京教委数字学校、中国教育报电视台"同上一堂课"栏目录制了累计20余节课程。于浩渺老师也为中国教育电视台录制课程，为打通优质教学资源与偏远地区薄弱学校的连接，助力教育均衡发展作出了贡献。

　　另外，附中语文组还多次承办"全国部分大学附中教学协作体"年会的接待工作。"协作体"年会历时一周，共有8所全国大学附中参会，4个学科32

节课的教学展示活动。我校语文教研组马刚玉、田云、杨梦醒、夏飞、徐圣洁、吴冰、卢吉增等多位教师都曾参会，他们在年会上展示了附中语文人的风采，受到各大附中教师们的一致赞扬。

（三）假期支教与公益活动

语文组教师们热心公益。2023年6月，我校组织教师们赴贵州支教，语文组教师们踊跃报名。在贵州支教期间，教师们与当地教师完成了同课异构等课程。

2018年，语文组张萍萍老师被北京市志愿服务指导中心和首都图书馆评为北京市"阅读北京，悦享好书"青少年经典导读活动书香领读者，被北师大聘为庆阳市基础教育质量提升协同创新计划"中学语文素养植根工程"项目实践指导教师，还前往革命老区甘肃庆阳三次，做研究课、听评课、做讲座（2018年）。她用语文人的热忱，将爱阅读的种子播撒到老区。同时附中语文组在"国培项目"上发热发光，2023年夏飞、王闲两位教师为来自贵州、福建、内蒙古等地的教师做国培研究课，教师们纷纷表示，一节课所获得的信息带来巨大的冲击，渴望日后还有更多机会交流。

语文教研组辉煌十年，如白驹过隙，却留下深刻印记。十年磨一剑，我们砥砺前行，以勤勉之姿，筑梦语文殿堂。回首过往，我们坚守初心，以文字为媒，传承文化精髓；我们勇于创新，以教研为翼，探寻教学新境。

"学如逆水行舟，不进则退。"我们深知教研之路无止境，故始终秉持求真务实之精神，不断探索、不断进步。十年间，我们收获了累累硕果，不仅在教学成果上屡创佳绩，更在学术研究上取得了突破性进展。

展望未来，我们将继续秉承"合力共建，交流创新"之理念，携手并进，共绘语文教研新篇章。我们相信，在全体同人的共同努力下，语文教研组的明天将更加辉煌灿烂。

"路漫漫其修远兮，吾将上下而求索。"让我们以十年为新的起点，继续在语文教研的道路上砥砺前行，为传承和发扬中华文化贡献我们的智慧和力量。

附：语文教研组十年大事记

2014 年，首都师范大学附属中学迎来"百年华诞"。语文组在这一年，有了自己的专业教室——国学教室。

2015 年，首师大附中语文教研组围绕语文学科核心素养，以国家课程的高质量校本实施为基础，精品特色校本课程的开发为补充，构建起"基础通修 + 兴趣选修 + 专业精修 + 自主研修"的四修课程体系。

2018 年，我校多名学生在"希望杯"征文比赛中获奖，中国当代语文教学专业委员会为我校颁发了"希望杯"优秀组织奖。

2018 年 3 月，我校成为海淀作协"小作协基地"，同年 9 月，我校成为海淀区中学语文学科教研基地。

2019 年，中国当代语文教学专业委员会授予我校"叶圣陶杯写作教学先进单位"荣誉称号。

2019 年高考，我校郭祐嘉同学在马刚玉老师指导下以 143 分的优异成绩，成为北京市语文学科状元。

2020 年，疫情来临，语文组初高中教师们录制完成了国家平台线上文化经典名著《论语》《红楼梦》《红岩》《钢铁是怎样炼成的》整本书阅读视频课程。该课程在校慕课平台播放，对疫情期间及其之后的语文学习起到重要作用。

2022 年，我校"生命教育"课程体系搭建完成，同时，正式出版《为生命而读——中学语文阅读教学的人本化探索（初中高中）》。

2022 年至 2023 年，我校媒介素养课程、戏剧课程先后被评为北京市特色课程。

2023 年 5 月，我校三名学生获得"致中国梦·健坤青少年公益梦想人十佳"称号，全国人大常委会原副委员长、中国关心下一代工作委员会主任顾秀莲为获奖者颁奖。学生的公益梦想创意由中央电视台拍摄成片。我校获得由《中国校园文学》杂志社与温州市瓯海区人民政府联合颁发的优秀组织奖。我校语文组重视对学生知行合一的教育，在对学生进行文学与公益的教育之路上不断前行。十年来，教育效果和影响持续提升。

数理精蕴　学以致用

一、首师大附中数学教研组简介

（一）教研组概况

首师大附中数学教研组于 2018 年被评为海淀区中学数学学科基地，现有专职教师 35 人，其中特级教师 2 人，高级职称教师 22 人；市级学科带头人、骨干教师 3 人，区级学科带头人、骨干教师 15 人；1/3 的教师为海淀区兼职教研员，2 人受聘为"双一流"学校数学科学学院指导教师。

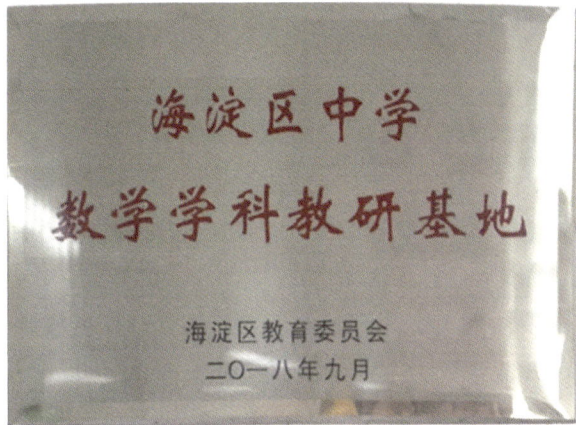

（二）创科研型团队，培养研究型教师

1. 建设研究型教研组，促进教师专业成长研究

2020 年 10 月教研组长黄凤圣老师在以《向课堂要质量、以研究提质量、靠内功增质量、用微课轻负担、用改革促提升》为主题的教研组会上，分享了教研组项目"进阶作业及配套微视频"开展与具体进度，希望借助本项目的开展，学生通过高中数学课程的学习，能获得进一步学习以及获得未来发展所必需的数学基础知识、基本技能、基本思想、基本活动经验，提高从数学角度发现和提出问题、分析问题、解决问题的能力。2021 年 3 月在以《教研、科研助力教师能力提升》为主题的教研组会上，黄老师又一次提出了新的教研组项目——《核心素养下基于项目式学习的中学数学校本课程的开发与研究》，本课题旨在探索本校在校本课程开发中的优点和不足，对中学数学项目式课程出现的问题进行思考和改进，为本校数学校本课程体系提供经验基础和参考

案例。

2. 汇聚智慧，齐建思维课程理论体系

2021年初，数学组学科主任黄凤圣老师召开了以"教研、科研助力教师能力提升"为主题的教研组会，会上黄老师分享了带领全组老师编写《核心素养下数学思维课堂的构建》一书的设想，其中包含了数学学科中思维课程的基本理念和特征以及基于思维品质的教学设计案例。

3. 校际交流，磨砺深度思维课堂

参加"2020年高中教育教学研讨会"进行课例展示的姚晖老师在以"聚焦思维发展 优化育人课堂"为主题的教研组会上分享了自己公开课准备的心路历程，姚老师从"立意—选题—备课—实施"几个角度分享了自己磨课过程的体会。姚老师指出，本次选题有四个意图：（1）初步建立运算问题处理方式的整体认识观念；（2）理解对几何对象的认识既是实现代数化的基础，又是确定运算思路、优化代数运算的基础；（3）初步理解运算策略选择在优化运算流程上的意义；（4）通过本节设计，为教师提供一种课堂评价的方式，即依据明确的能力水平等级选配例题或习题。继而姚老师展示了课例中的活动示例，通过分析学生在解题过程中的思路和运算问题，提炼思路，形成方法，引发了教师们思维的碰撞和深入的探讨。

2020年11月，由清华大学继续教育学院举办的"国培计划"研修活动在我校举行，数学组姚璐老师对湖南师大附中展示了一堂优质的公开课——《全概率公式》。精彩的情景引入，起点低，立意高，精妙高效，从特殊到一般，完整揭示解概率背后的思维过程，既是教法也是学法。这堂课不仅共鸣了学生，也牵动着听课教师，引发了全场思维的碰撞和深入的思考。

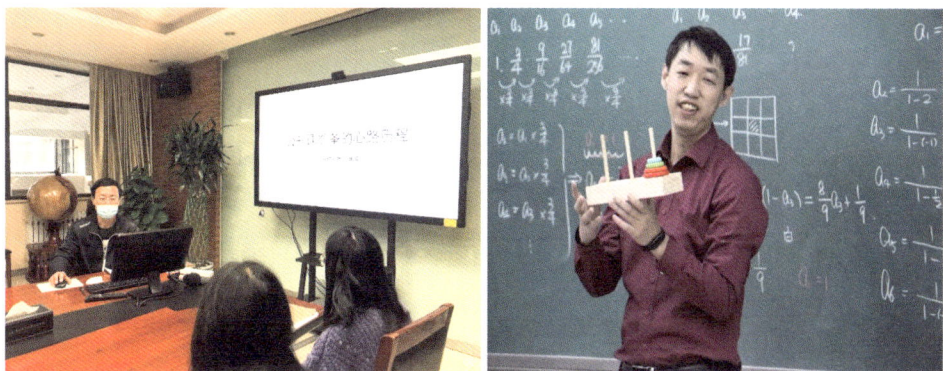

4. 校内切磋，创设精彩思维课堂

2020年12月，"正志杯"青年教师基本功大赛顺利举行，数学组的青年教师们把握着每个契机磨砺自己，展示自己。

张楠老师：在她的数学课上，简单的点线配合一个又一个开放性的问题拨动起每个孩子的心弦。积极地思考、踊跃地发言，活跃的课堂里，她的灵犀一点，大智慧就在那数形之间。让学生学会知识、学会方法，更是学会思考、学会克服困难。提升学科核心素养，立足学生的长远发展，实践的道路上她一直向前！

姚璐老师：通过"汉诺塔"这一数学游戏，引领学生发现生活中的数列问题。通过枚举和归纳，得到"汉诺塔"数列通项的合理猜想，并体会利用递推思想，发现"汉诺塔"数列的内在规律，对上述猜想进行严格的数学证明。本节课"润物无声"，学生在游戏中潜移默化地学习数学，逐步提升数学建模、数据分析、逻辑推理等数学学科核心素养。

王硕老师：本课核心思路为引导学生通过观察、对比，归纳出解题策略，并借助学生自己计算出的结果，进行猜想并证明，培养了学生直观想象、抽象概括和逻辑推理的能力。以上设计以数学问题为明线、思维发展为暗线、创设适当数学情境，发挥学生主体、教师主导的双主体作用，落实四基、发展四能，渗透了数学核心素养。

（三）建合作学习型备课组，提升教师专业素养

备课组是学校实施教学管理、开展教学研究活动的基层组织，是发挥教师集体力量、解决教学问题、深化课程改革的重要组织形式，是学校加强校本研修、提升教师专业素养的主要平台，下以2020届高三备课组为例介绍首师大附中数学备课组特色。

1. 树立"一盘棋"思想，形成强大的工作合力

备课组要有"一盘棋"的工作计划，起到纽带的作用，调动教师们的积极性。非常重视集体备课是数学组的优良传统，数学组在教研组长的带领下一直是一盘棋，面对课标内容以及题型题量的变化，从高二起，就联合高中组的所有教师，重新编纂了《高三练习（上、下）》，并且交由智学网录入。疫情期间，在智学网上布置作业，学生随交，教师随判，问题反馈给学生之后，系统会推送答案帮学生改错。教师根据正答率在网上直播答疑，便捷而高效。

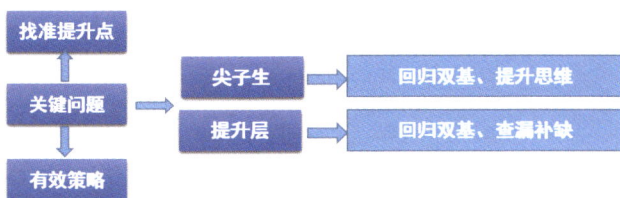

2. 集体备课，集思广益，群策群力

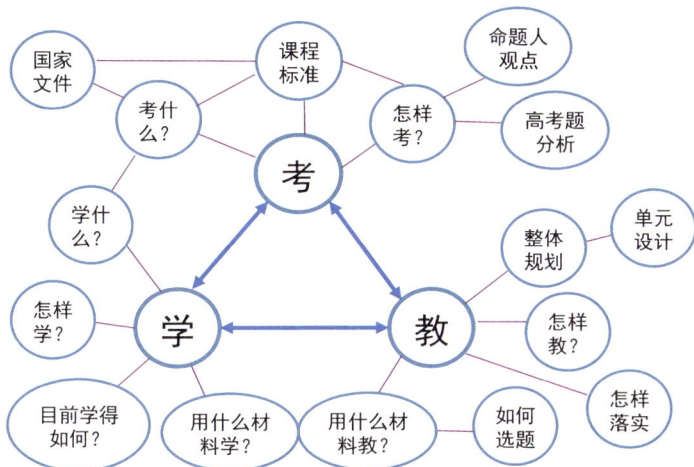

（1）分工学习。

①认真研读《2017 年普通高中数学学科教学与评价指导意见》并与 2019 年《考试说明》逐一比对，梳理变化，明确每一个知识点的要求，便于及时根据区里要求、学生特点，应对变化。

②梳理高考题，理解命题的四个原则，找到高考考查的知识点和落脚点。

③认真阅读任子朝先生、王雅琪老师发表的关于高考命题思想的文章，通过分析专家的观点，把握高考方向，研究如何在复习备题中体现四基四能六个数学核心素养。

（2）集体讨论。

始终立足以下维度：

①落实基础知识、解决基本问题、掌握基本方法。

②基于对学生学习水平的估计，深化对单元核心概念及其联系的理解。

③揭示核心概念蕴含的数学思维方法，每单元的数学思维特征。

④开放性问题、大阅读量问题激发学生思考，提高学生研究问题、解决问题的能力，发展学生思维。

（3）形成决议、合作执行。

工作日历

	星期日	星期一	星期二	星期三	星期四	星期五	星期六
	周末作业		答疑+小练习or培优	早读		大练习	
11月第1周	3	4	5	6	7	8	9
		上午答疑	期中考试			上课（年级课表）	
11月第2周	10	11	12	（夏老师）13	14	15	16
		直线方程与两条直线间的关系2	圆2	椭圆1	历史自主3	椭圆2+3	双曲线1
		语文自主4	政治自主4	化学自主2	学生会		上课
	本周答疑	语文/地理	数学/政治	英语/生物	化学/历史	物理	
11月第3周	17	18	19	（红红）20	21	22	23
	朝阳	双曲线2	抛物线1	抛物线2+曲线与方程	直线与圆锥曲线1	直线与圆锥曲线2+试卷讲评	直线与圆锥曲线3
		全体教师会	英语讲座	数学练习（夏老师）		家长会	上课
	本周答疑	语文/生物	英语/政治	数学/物理	化学/历史/地理		
11月第4周	24	25	26	（庆庆）27	28	29	30
	庆庆	直线与圆锥曲线4	直线与圆锥曲线5	结束解析几何	点线面关系1		
		语文自主5	数学自主5	英语自主5	化学自主3	月考（红红）	
	本周答疑	语文/生物	数学/政治	英语/物理	化学/历史/地理		
12月第1周	1	2	3	（韩老）4	5	6	7
	韩老	平行1	平行2	垂直1+2	几何体1	几何体2+空间向量1	空间向量1
				月考讲评课表			上课
	本周答疑	语文/历史	数学/化学	英语/物理	地理/生物	政治	
12月第2周	8	9	10	（常子）11	12	13	14
	常子	空间向量3	空间向量4	运动变化1+2	试卷讲评	结束立体几何+计数原理1	
		语文练习	数学练习（红红）	英语练习		地理	听力机考
	本周答疑	语文/生物	数学/化学	英语/物理	政治/历史	地理	
12月第3周	15	16	17	（华华）18	19	20	21
	华华	排列1	排列组合1	组合1+二项式定理1	二项式定理2		
		语文自主6	数学自主6	英语自主6	化学自主1	月考（庆庆）	
	本周答疑	语文/生物	数学/政治	英语/物理	化学/地理/历史		
12月第4周	22	23	24	（夏老师）25	26	27	28
	夏老师	统计1	统计2	统计3+概率1	概率2	概率3+4	概率5
				月考讲评课表			上课
	本周答疑	语文/生物	数学/化学	英语/物理	地理/政治	历史	
2020年1月	29	30	31	1	2	3	4
	红红	概率6	结束概统	元旦	期末复习		上课
		语文	地理自主3		物理自主4		
	本周答疑	语文/生物	数学/地理		英语	政治/化学/历史	
	5	6	7	（红红）8	9	10	11
	庆庆		期末复习再考一套（韩老）				上课
	本周答疑	语文/生物	数学/地理	英语/物理	政治/历史	化学	
	12	13	14	15	16	17	18
			期末考试			讲评课表	

（四）重青年教师培养，夯实教研组发展后劲

青年教师是教研组的后备力量，其成长关系到学校的未来和发展。为了促进青年教师在教学实践、教学方法等方面主动积极钻研，引导青年教师快速健康成长，教研组开展了一系列培训。

1. 业务水平测试

为了促进青年教师不断提高自身教育教学能力和专业理论素养，学校开展了青年教师解题能力大赛。数学组青年教师积极参与，各尽其才，充分展现了自身素质，显示了良好的专业技能水平。

2. 改进不足，挖掘特色

每位青年教师都有自己的教学风格，但还不突出。学校通过青年教师展示课、汇报课，反复听课、评课、磨课等，认真研究他们的特点，改进不足，助其特色教学。

王一老师作为青年教师的代表，从"研读教材、确定教学目标、学情分析、确定教学过程、试讲完善"五个角度细致分享了自己参与新教师公开课展

示的备课历程。周素裹老师对王一老师的课给予了高度的肯定——"王一老师的课《解一元一次方程——合并同类项与移项》，结构型板书逻辑清晰。从实际出发建模，得到了新的方程结构，观察新旧方程的差异和联系，寻找转化的机会，移项合并同类项，系数化一，步步有联系，步步有考量，步步有依据。例题设计起点低，立意高，精妙高效；从特殊到一般，完整揭示解方程背后的思维过程；从一个到一类，既是教法也是学法。教师语言干净利落，亲切入耳；学生表达自信准确，高度参与，让人不禁浮想联翩，过三年，这班孩子会怎样？"

　　"一个人可以走得很快，但一群人可以走得更远"，在这个集体中，有丰富的教研活动，有团结奋进的备课组，有经验丰富的老教师，有怀揣着梦想的青年教师。正因为有这个集体，才让怀揣着共同育人目标的我们有机会一起分享，一起交流，共同研讨，共同进步。

　　十年来，在学校的大力支持下，数学组教师队伍不断发展，课程建设不断完善，科研成果日渐丰富，学生成绩令人欣喜。

二、课程建设　别具匠心

　　党的十八大明确提出"把立德树人作为教育的根本任务"，党的十九大进一步强调"落实立德树人根本任务，发展素质教育"，党的二十大报告明确提出"要落实立德树人根本任务，培养德智体美劳全面发展的社会主义建设者和接班人"。首都师大附中秉承"正志笃行、成德达才"的办学理念，为提升学生核心素养，全面深化课程改革，促进学生个性发展，坚持走以课程建设为核心的内涵式发展之路。附中课程建设的总目标是以国家课程的高质量校本化实施为基础、精品特色校本课程的开发为补充，以落实学科核心素养作为学校课程建设的宗旨，以递进式的四修课程体系为框架结构，以满足不同潜质学生的发展需求，促进学生自主发展、全面而有个性发展和可持续发展，进而培养学生自信坚毅的品格和责任担当意识、勇于探索精神、团队合作精神、自主学习能力、动手实践能力、创新思维能力，同时促进教师专业化发展。递进式四修课程体系的搭建为每一位学生的发展考虑，从学生的内在需求出发，以激发学生志趣为核心，兼顾学生的全面发展和学有特长，为学生的每一步发展搭设台阶。

（一）数学组四修课程

按照学校总体发展要求，数学教师们认真研讨四修课程体系，结合数学学科的核心素养，开发了或正在开发丰富的课程。

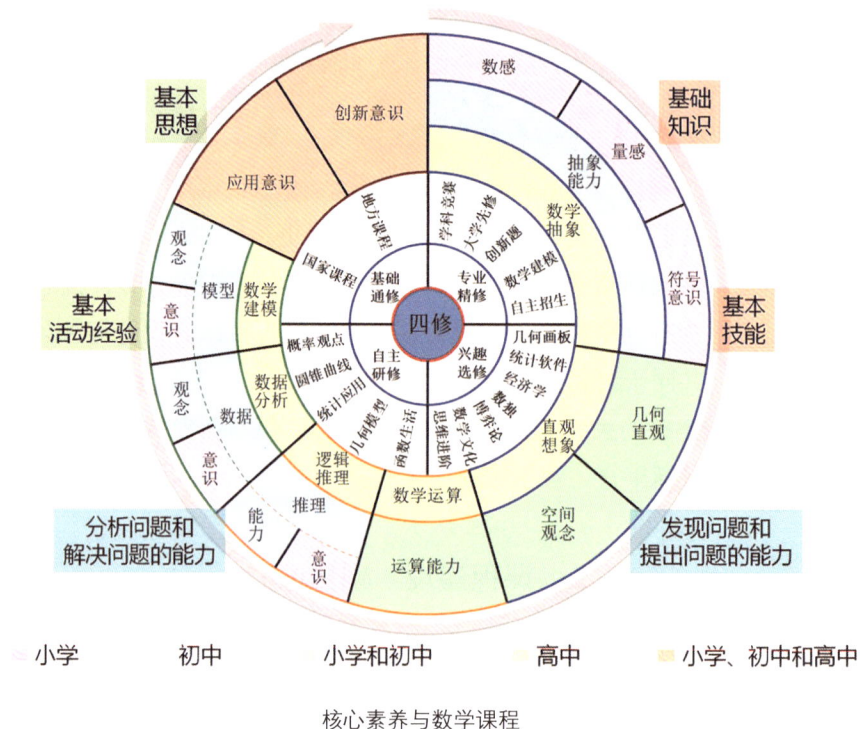

核心素养与数学课程

1.基础通修课程

数学组以海淀区学科基地建设为契机，以四修课程体系为框架，在基础通修课程系列中，严格按照国家课程标准的要求，将国家课程和地方课程整合，面向初一到高三全体学生开设，以夯实学科基础为目标，提升学生数学成绩。并充分利用信息技术手段，借助智学网、慕课平台，配合传统课堂教学，提高课堂效率，实现高效课堂。中学阶段各年级的孩子都有其认知和情感特点，因此老师们有的放矢，研究了各个年级学生重点要落实的能力，有针对性地提升学生的核心素养。

初一、高一起始年级阶段，是学生摸索学习方法和形成良好学习习惯的黄金时期，也是小初衔接、初高中衔接、普高衔接问题最突出的年级。初一、高一备课组联合，把教学重心放在整体把握运算教学、提高学生运算能力上。一方面，运算能力是数学核心能力之一，学会用数学的思维看待世界，运算能力必不可少。另一方面，整体把握数学会使教师站在中学数学山峰之巅，鸟瞰数学全局，这样就有了大视野、全局观，在总揽全局之下，教学之阡陌交通就有了更清晰的认识，有助于实现教学整体效率的提高。通过对运算课程典型案例的研究以及对学生运算能力的追踪调查，数学组在整体把握运算主线的前提下，进一步挖掘了运算教学的教学价值，分析、研究了小初衔接、初高中衔接、普高衔接中的数学问题，并为进一步提升学生的运算能力和数学素养做了有益的尝试。在探索过程中，教师们初步形成了一些特色课例，例如左丽华《整式的加减》，姚璐《实数指数幂及其运算》，李洋《二元一次方程组》，周素裹《二元一次方程组的解法》等。

初二、高二年级的学生相对于起始年级进入了相对成熟期，在这个阶段如果教育和训练得法、适当，学生的思维水平会得到很大的提高，思维能力将会进一步发展。为了抓好"成熟期"这一段极其宝贵的黄金时期，初二和高二备课组在教学中重点通过变式教学和问题串设计来提升学生的思维能力。初二年级教师们根据教学或学习的需要，遵循学生的认知规律，精选了一些可用多种思路完成的典型题，便于学生不拘常规，勇于创新，找到更多"思维点"，培养学生创新能力和创新意识。高二年级教师对有效性课堂提问从教学法角度、学生心理学角度进行了一些探究，不断地在教学实践中摸索并及时总结经验，比较系统地总结了数学课堂教学有效性的影响因素、数学有效的情境创设策略。

初三、高三年级作为即将面临中高考的年级，如何引导学生把握积极的数学学习心理，增强数学教学的吸引力，调动学生学习数学的积极性和创造性，是该年级数学教学迫切需要解决的问题。初三年级教师精心为学生设计导学案，从学习目标、学法指导、资源链接、课前预习、课堂探究和课后练习六个板块对学生进行指导，形成了一种问题式的指导优化学生学习与发展的导学方案。并对自主学习，合作展示，当堂检测，课后练习等方面的有效性进行了深入的研究。高三年级通过研究考试说明和考试大纲，结合高三各阶段复习特点、高三各阶段学生心理特点，探索适合高三复习的各种教学模式，并从学生的角度出发，通过对学生学习方式的研究，建立了教与学的反馈系统。

此外，高中数学课程整合以国家必修与必选课程的校本化实施为设计依据，一方面研究适合学生学习基础的模块教学顺序，另一方面研究如何从高中三年整体出发在学科内部进行深度整合。整体地把握高中数学课程，是理解高中数学课程的基点。在高中数学课程中，函数思想、运算思想、几何思想（把握图形的能力）、算法思想、统计和随机思想等，贯穿于高中数学课程始终，它们构成了高中数学的基本脉络。这些思想之间联系密切，像一张无形的网，把高中数学课程的所有内容有机地联系起来，抓住了这张网，就可以更好地掌握数学课程，了解数学课程的实质，从而提高学习的效率。具体整合方案如下：

高一数学整合方案

时间	第一学段	第二学段	第三学段	第四学段
上课内容	1.校本课程：一次、二次函数 2.《必修5》(3.2)不等式的解法 3.《必修1》 第一章：集合 第二章：函数概念与基本初等函数 I	1.《必修4》 第一章：基本初等函数 II（三角函数） 第二章：平面上的向量 第三章：三角恒等变换 2.《必修5》 第二章：解三角形	1.《必修5》 第二章：数列 第三章：不等式 2.《必修2》 第二章：解析几何初步	1.《选修2—1》 第二章：圆锥曲线与方程 2.《选修2—2》 第二章：推理与证明 3.《必修3》 第一章：算法初步
整合内容	1.开学加入校本课程：一次、二次函数及《必修5》(3.2)不等式的解法 2.整体把握高中运算线索，在指数及其运算和对数及其运算中，通过梳理运算体系，帮助学生真正理解运算法则，进而体现普高衔接	1.将《必修1》第二章：函数应用作为学生研究性学习内容 2.将三角函数及其应用放在同一学段，将平面向量的应用与三角恒等变换和解三角形糅合	1.《必修2》第二章：解析几何初步 2.《必修5》3.3线性规划放在《必修2》2.1直线之后	1.将《选修2—1》第二章：圆锥曲线与方程在解析几何初步之后讲完 2.推理与证明 3.算法

续表

时间	第一学段	第二学段	第三学段	第四学段
整合目的	1.高一以函数为教学主线,以学生初中熟悉的一次、二次函数为载体,初步树立函数思想,建立函数、方程、不等式的关系 2.整体把握高中运算	1.进一步树立数学应用意识 2.学生对三角函数的两个作用——函数和解三角形有一个全面的认识,同时,学生在经历用平面向量推导两角差的余弦公式、正弦定理、余弦定理的过程中,体会出由于向量具有几何和代数的属性,所以起到了沟通代数、几何、三角量的工具性作用	一方面,函数、方程都是刻画规律的数学模型,需要结合不同的内容不断地加深对它们的理解。另一方面,学生建立起方程与曲线之间的联系后,便初步具有了解析思想,更利于建立区域上的点与不等式的解的一一对应关系	1.在坐标法的统领下,从直线与方程、圆与方程到圆锥曲线与方程,分层递进、螺旋上升地展开内容,使学生理解坐标法的基本思想,体会坐标法的作用和解析思想 2.通过合情推理与演绎推理的学习,让学生了解数学结论发现过程也是数学的重要内容,从而形成对数学较为完整的认识。同时有助于发展数学思维能力,提高学生的数学素养 3.算法思想可以很好地培养学生的逻辑推理能力。一个算法,实际上就是一种构造性的证明或论证
整合效果	1.通过对二次函数、二次方程、二次不等式的联系的认识,初步树立了用函数的观点"看待"方程、不等式,使后面学习函数的零点等问题十分顺利 2.通过运算线索的梳理,学生对运算的理解有所加深 3.通过初高中内容的整合,学生体会到初高中知识、学习方法、学习习惯的异同,从而促进学生发展,提高教学效益	体会到向量是如何沟通代数、几何、三角的,向量应用意识较强,一部分学生自觉地将向量作为解决问题的工具	初步理解解析思想,同时体会到"代数是有序逻辑,几何是直观逻辑"	1.通过《轨迹问题的研究》《类比在解析几何中的应用》等研究性学习,提高了学生发现问题、研究问题、解决问题的能力 2.通过对算法的学习,强调解决问题的通性通法,而不去关注解决问题的特殊技巧

高二数学整合方案

时间	第一学段	第二学段	第三学段	第四学段
上课内容	1.《必修2》 第一章:立体几何初步 2.《选修2—1》 第三章:空间中的向量与立体几何	1.《必修3》 第二章:统计 第三章:概率 2.《选修2—3》 第一章:计数原理 第二章:概率 第三章:统计案例	1.《选修2—2》 第一章:导数及其应用 2.《选修2—1》 第一章:常用逻辑用语	1.《选修2—2》 第三章:数系的扩充与复数的引入 2.《选修4》 参数方程与极坐标几何证明选讲
整合内容	以立体几何为载体,进一步认识研究几何问题的两个重要方法,培养学生解决几何问题的能力	以培养统计和随机思想为教学主线	无	前面所学内容的拓展

续表

时间	第一学段	第二学段	第三学段	第四学段
整合目的	几何把数学所特有的逻辑思维和形象思维有机地结合起来。几何思想主要体现在把握图形的能力。借助几何这个载体，可以培养学生的逻辑推理能力。同时，向量作为研究几何的工具，能够帮助学生进一步体会如何用代数方法研究几何问题	概率、统计在小学和初中就有相应课程，随机思想与传统的数学思想有较大的不同。有的方法看起来不难，但是理解起来还是有困难的。所以通过整合，教学中用大量的具体案例来帮助学生理解，体会数据处理的过程和思想	一方面，数学中研究函数主要是研究函数的变化特征。在高中的研究分两个阶段：第一阶段，用运算的性质研究单调性；第二阶段，用导数的性质研究单调性。另一方面，函数与方程、数列、不等式、线性规划、算法、导数及其应用，包括概率统计中的随机变量等，都有着密切的联系。用函数（映射）的思想去理解这些内容，是非常重要的一个出发点。反过来，通过对这些内容的学习，可以加深对函数思想的认识	就内容来说并不难，但是，需要认真深入地体会其中蕴涵的思想，这些思想对学生今后的学习和工作有很大用处
整合成果	高一暑假作业：与通用技术结合，完成几何模型的制作	高二研究性学习：统计报告	无	无

高三数学整合实施情况：

高三备战高考，在时间安排上需紧跟海淀区的进度。高三备考阶段的复习资料基本实现校本化自主设计编排，课上使用数学组多年研发积累的复习资料，课下配有相应练习资料《首师大附中高三数学一百练》，更加符合附中学生认知水平和复习难度，极大提高学生备考效率。

在全组教师的共同努力下，紧密围绕"六位一体"的课程整体创新，数学学科逐渐形成了自己的校本化整合特色，具体体现在如下四个方面。

第一，科学性与教学的有效性相结合。

数学学科的整合以整体把握高中教学为目的，课程设置中的一条主线是函数思想。高一课程设置中的函数与方程、数列、不等式、线性规划、算法，以及高二课程设置中的导数及其应用、概率统计中的随机变量等，都与函数有着密切的联系。用函数（映射）的思想去理解这些内容，是非常重要的一个出发点。另一条主线是运算，运算是数学学习的一个基本内容，运算对象的不断扩展是数学发展的一条重要线索。从数的运算到字母运算，是运算的一次跳跃。从数的运算到向量运算，是运算的又一次跳跃。在高中数学课程中，有几部分内容集中地介绍了指数运算、对数运算、三角函数运算、向量运算（包括平面向量和空间向量）、复数运算、导数运算，等等。运算的学习，为学生今后进一步学习其他数学运算，体会数学运算的意义以及运算在建构数学系统中的作用，奠定了扎实的基础。

第二，学科间的课程整合。

分科教学有着诸多的好处，但也存在明显的弊端，很容易造成学科的割裂。课程建设中应注意弥补学科之间的割裂，突出学科的整合。此外，学科的割裂不利于学生通感的形成，而创新灵感往往孕育于通感，从这一角度来讲，也需要加强学科间的整合，开阔学生眼界与思维，促进创新能力的培养。

第三，培养算法思想。

算法思想是贯穿高中课程的一条主线。算法思想就是指按照一定的步骤，一步一步去解决某个问题的程序化思想。在数学中，计算一个函数值、求解一个方程、证明一个结果等，都需要有一个清晰的思路，一步一步地去完成，这就是算法的思想、程序化的思想。高中阶段提高学生算法能力，培养算法思想尤为重要。

第四，立体几何与通用技术整合。

立体几何强调空间观念的建立和空间想象能力的培养，引入合情推理，突出几何直观，在大量实际背景，直观操作和感受的基础上，引导学生归纳、概括出若干定理，目的是让学生感受公理化思想，了解证明的含义。本章给出的 4 个公理、9 个定理中只有 4 个性质定理需要证明，其余 4 个判定定理只需通过直观感知、操作确认，归纳得出。所以在教学中应该遵循"直观感知—操作确认—思辨论证—度量计算"的认识过程展开知识内容。充分利用"观察""思考""探究"等栏目，使学生在高一暑假完成几何模型。

以数学为主线的数学、信息技术、通用技术的整合课程

整合科目	整合的内容	具体内容要求
《数学必修3》第一章：算法初步	算法与程序框图（数学）和程序设计中的算法结构（信息）整合	算法概念
		绘制程序框图
		三种基本逻辑结构（顺序、选择、循环）
		用程序设计语言实现三种控制结构
《信息技术选修1》算法与程序设计	基本算法语句（数学）与程序设计语言初步（信息）整合	理解模块化程序设计的基本思想
		学习调试、运行程序的方法
		学习面向对象程序设计语言的思想方法
	中国古代算法案例（数学）和算法与问题解决（信息技术）整合	解析法与问题解决
		穷举法与问题解决
		查找、排序与问题解决
		递归法与问题解决
		中国古代算法案例程序实现

续表

整合科目	整合的内容	具体内容要求
《数学必修3》统计与概率	统计（数学）与网页设计及因特网应用（信息）整合	随机抽样
		用样本估计总体
《信息技术选修3》网络技术应用		变量相关性
		利用网络进行问卷调查，完成数据的统计与分析
《数学必修2》第一章：立体几何初步	立体几何初步（数学）与结构设计（通技）整合	空间几何体的构成要素及结构特征
		空间几何体的表面积与体积计算
《通用技术必修2》结构设计		绘制几何体三视图
		完成几何体模型制作

2. 专业精修课程

数学学科专业精修课程包含四个系列：数学竞赛系列课程、大学先修系列课程、数学建模系列课程、自主招生系列课程。

数学竞赛系列课程，旨在培养数学学科创新拔尖人才，共分为五个子系列：数学竞赛拓展类课程，主要是高中内容的深化和延伸，旨在培养学生的学习兴趣，拓展学生的数学视野，提升学生的综合能力，评估学生的学科潜力；数学竞赛知识类课程，主要介绍高中数学联赛及后续更高级别比赛中用到的数学知识，如平面几何、初等数论、组合数学、不等式等知识，丰富学生的数学工具；数学竞赛模拟类课程，旨在提升学生的解题能力以及数学知识的综合运用能力；数学竞赛进阶类课程，旨在为进入全国数学奥林匹克及更高平台的学生提供指导和帮助；AMC数学竞赛系列课程，为参加AMC比赛的学生提供专业指导，为有志于申请国外高校的学生提供更多的机会和平台。

大学先修系列课程，包含微积分、线性代数、概率论三门课程。利用中国大学先修课程网络教学平台，结合本校及周边大学的教师资源，线上和线下教学结合，给部分学有余力的学生提供更广阔的学习空间。

数学建模系列课程，旨在培养学生运用数学工具解决生活中的问题的能力，为学生在北京市数学知识应用竞赛、国际数学建模挑战赛等各级各类建模竞赛中提供指导。

自主招生系列课程，旨在为学生通过大学自主招生考试提供专业指导，以获得更多选择机会。

专业精修课程

系列名称		校本课程名称	授课教师	授课对象
学科竞赛	初中系列	基础知识	吴哲 蒋永刚 邵海磊	初中学生
		竞赛拓展		初中学生
		初高中衔接		初中学生
	高中系列	基础知识	胥庆 黄凤圣 姚璐 王道兴 孙浩然	高一、高二学生
		平面几何		高一、高二学生
		数论		高一、高二学生
		代数		高一、高二学生
		组合数学		高一、高二学生
		综合训练		高一、高二学生
		进阶课程	姚璐	进入 CMO 的同学
	AMC 系列	AMC	张蕊、郑亚琴	高一、高二学生
大学先修	微积分	微积分	姚璐	高一、高二学生
	线性代数	线性代数	姚璐	高一、高二学生
	概率论	概率论	李洋	高一、高二学生
数学建模	数学建模	数学建模	涂丹	高一、高二学生
自主招生	自主招生	自主招生选讲	姚璐	高三学生
创新题	创新题	创新题 解题策略	胥庆、黄凤圣 姚璐	高三学生

以数学竞赛课程为例，简单介绍一下相关情况：

全国高中数学联合竞赛即全国中学生数学奥林匹克竞赛（预赛），是由中国数学会举办的面向全国高中生的数学竞赛，已经成为现阶段中国最大规模的高中数学竞赛。多年来，首师大附中数学竞赛团队对该竞赛进行分析研讨，构建了具有学校特色的数学竞赛课程体系，积极培养学生参与到竞赛中，并取得了优异的成绩。同时首师大附中作为该项赛事北京赛区的唯一考点，在历次比赛的组织中做到平稳有序、积极协调，获得了中国科协、北京数学会与广大考生的一致好评。

我校组织全国高中数学联赛

姚璐老师与联赛后的同学们

（1）专业的数学竞赛团队。

首师大附中的数学竞赛团队成立已久并不断壮大，在胥庆与姚璐两位教练的带领下，现还有李洋、王硕、刘宇航、王道兴、孙浩然、王一、刘鑫焱共9位教练负责各年级的数学竞赛辅导工作。在教学过程中，教练们充分展现了数学人的钻研精神，相互学习、不断成长，在课程建设与学生培养上持续贡献力量。同时，数学组的全体教师与竞赛教练团结一致、通力配合，为竞赛生的培养提供了多角度、多方面的补充与帮助，使学生真正做到全面发展。

（2）丰富的数学竞赛活动。

在学校的充分支持与数学竞赛团队的组织下，学生不仅可以学习到更为丰富、深入的数学内容，还有机会与校内外的数学爱好者进行切磋交流。春季，学校和数学竞赛团队组织首师大附中及各集团校的学生进行"青牛杯"数学竞赛活动，帮助学生跨校区、跨年级地沟通数学，针对北京赛区的预赛进行演练。夏季，派代表队赴闽浙赣参与中国东南地区数学奥林匹克，感受我国不同地区的数学文化，开阔眼界，为全国高中数学联合竞赛做最后准备。秋季，承办全国高中数学联合竞赛，让学生在热爱的数学赛场上奋力拼搏，交上一份满意的答卷。冬季，组织学生对全国高中数学联合竞赛进行反思总结，并邀请往届在高联中获奖的学生进行宣讲，使数学竞赛生在交流中查漏补缺、扬长避短。

为数学竞赛生过生日

组织数学竞赛讨论班

（3）优异的数学竞赛成绩。

近十年，在学校的支持、数学竞赛团队的努力和数学组教师的帮助下，多名学生参与全国高中数学联合竞赛并获奖，多位教练被北京数学会普及委员会授予"优秀教练"荣誉称号。2016年，刘鑫焱获一等奖并进入北京队，在全国中学生数学奥林匹克竞赛（决赛）中摘得银牌，充分展现了我校的数学竞赛培养水平与学生风采。2023年，郭兴桐在高一首次参加全国高中数学联合竞赛便获得一等奖，初高中贯通培养的数学竞赛课程体系已见成效。

除了竞赛课程之外，数学组还开展了强基计划。

强基计划的教学，比竞赛要困难很多。很多没有竞赛基础的学生都非常有意愿在强基计划中取得一个好的成绩。针对学生的需求，组内教师积极备课，从零开始，设计出了适合学生的教学内容。

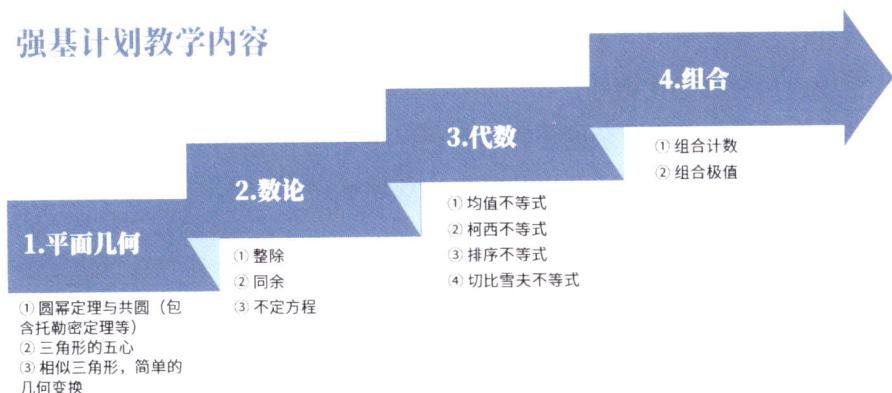

强基计划教学内容

1.平面几何
① 圆幂定理与共圆（包含托勒密定理等）
② 三角形的五心
③ 相似三角形，简单的几何变换

2.数论
① 整除
② 同余
③ 不定方程

3.代数
① 均值不等式
② 柯西不等式
③ 排序不等式
④ 切比雪夫不等式

4.组合
① 组合计数
② 组合极值

3. 自主研修课程

数学世界开放且深入，数学组的自主研修课程为学生提供在教师指导下探索常规课程之外的高级主题的机会，并形成了学生展示研修成果的平台，部分学生研修成果如下：

（1）双曲函数的由来与应用。

神秘的双曲函数：起源于物理上关于悬链线轨迹方程的推导，以及伽利略的猜想、伯努利向数学界发起的挑战。简洁的方程：e^x 与 e^（-x）的相加减，与欧拉公式和三角函数是否有内在联系？广泛的应用中，双曲函数在数学、工程、金融和物理狭义相对论上发挥了怎样的作用？学生分享了双曲线函数的由来和实际应用。

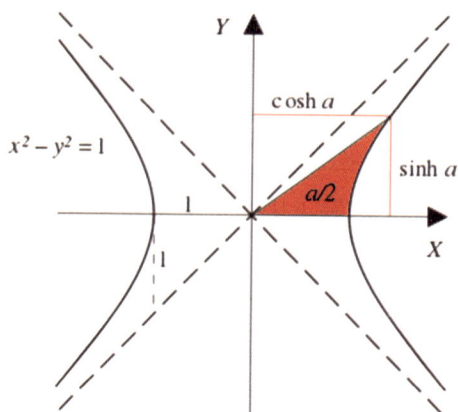

学生作图

（2）几何直观视角下的线性变换。

线性代数是数学的一个重要分支，其研究对象是向量和向量空间。线性代数广泛地应用在抽象代数和泛函分析中，同时对自然科学也有着重要的作用。但是，本次讲堂将抛开繁杂的公式和理论，尽量利用可视化的动画，对矩阵及向量空间进行直观的展现，利用几何来直观理解线性变换，从而激发同学们对于线性代数的兴趣和讨论。

线性变换　　Linear transformations

$$\begin{bmatrix} 1 & -3 \\ 2 & 4 \end{bmatrix}\begin{bmatrix} 5 \\ 7 \end{bmatrix} = \begin{bmatrix} (1)(5) + (-3)(7) \\ (2)(5) + (4)(7) \end{bmatrix}$$

学生制作的动画

（3）微分学中的三大中值定理。

三大中值定理虽然从证明和道理上来讲都很简单易懂，但是这三大定理是学习微分学必不可少的工具，而我们现在学习的导数中一些较为复杂的题目中也有它们的影子。因此，我们利用20分钟的时间带领同学们简单了解一下这三大定理，加之一些对定理的应用，增进同学们对微分学基础定理的理解，也为同学们课内复杂的导数题目的解答提供一条捷径。

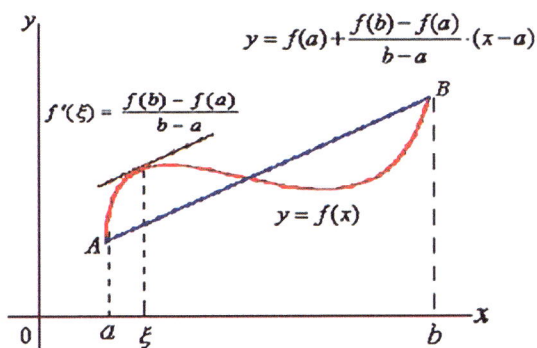

$$y = f(a) + \frac{f(b) - f(a)}{b - a} \cdot (x - a)$$

$$f'(\xi) = \frac{f(b) - f(a)}{b - a}$$

$$y = f(x)$$

学生作图

（4）双曲函数与闵氏几何。

双曲函数为何双曲？又如何与三角函数相关呢？我将带你深入地了解双曲函数的由来，带你一起从零建立出双曲函数，体会创造的乐趣，不再是一味沿着前人建立的高楼攀登，而是收获自己为数学大厦添砖加瓦的自由体验。在这个过程中你将告别往日做题时的拘束，大胆地发挥想象力，由做题家转变为数学家。

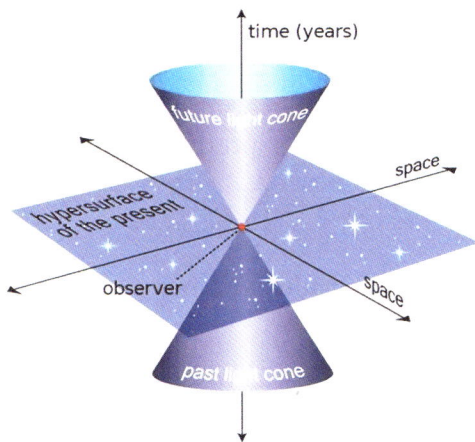

学生作图

（5）泰勒展开的介绍与推导。

你是否想过面对一个复杂的函数，如何用简单的函数近似表达？是否对自变量进行有限的加减乘三种运算便能够求出它的函数值？一阶导数决定了函数的斜率，二阶导数决定了曲率，更高阶导数可能在更高维度的世界存在着相应的几何意义，控制着函数图像的走向。那么我们便可通过一个点的函数值及各阶导数值推导出整个函数图像。这就是泰勒公式，从中或许你可以感受到为什么数学被称为宇宙的语言。

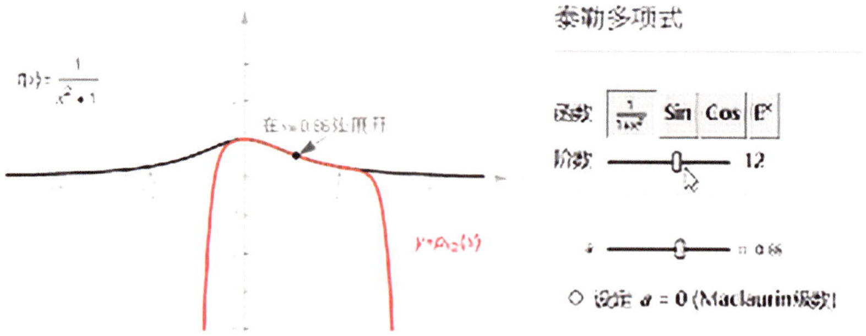

学生探究过程

（6）圆周率隐藏的秘密。

π 与素数，这两个看似毫无关系的概念，在复平面上却形成了一种相当有趣的关系。我首先观察坐标系中整点与圆面积的关系，通过将整数拆分成高斯素数，并进行排列组合，得到整点数量与圆半径的关系，再利用费马小定理推导出费马平方和定理，从而求出任意圆半径对应高斯素数数量，再使用莫比乌斯函数的性质将圆内整点数量表示出来，最终推导出了 π 的表达式。

Euler product

$$\zeta(s) = \prod_p \frac{1}{1 - p^{-s}}$$

Euler number

$$E_{2n} = 2(-1)^n (2n)! \left(\frac{2}{\pi}\right)^{2n+1} \prod_{p \geqslant 3} \frac{p^{2n+1}}{p^{2n+1} + (-1)^{\frac{p+1}{2}}}$$

学生推导过程

（7）排列组合中的分球问题。

人工智能即将改变我们的生活，它的来源是一个个算法模型。其实算法与数学有着紧密的关联：数学知识可以被用来构建算法，而算法亦可以用来解决数学问题。分球问题是一个常见的排列组合数学问题，可是有的分球问题是简单的排列组合无法计算的。神奇的是，如果数学融入了算法的思路，将递推的算法运用到这类问题中，分球问题便可以迎刃而解了。

小球个数　●　●　●　●　●

盒子个数

学生作图

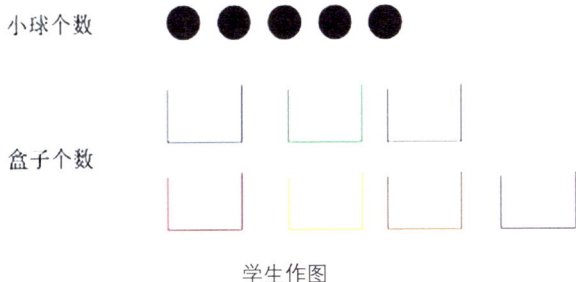

4.兴趣选修课程

数学组开设了丰富的兴趣选修课程。

（1）《走进数学家》。

　　早在半个多世纪之前，数学家克莱茵提出数学文化原理："知识是一个整体，数学是这个整体的一部分，每一个时代的数学都是这个时代更广阔的文化运动的一部分，我们将数学与历史、科学、哲学、社会科学、艺术、音乐、文学、逻辑学以及与所讲主题的其他学科联系起来，使数学的发展与我们的文明和文化的发展联系起来。"

　　著名数学教育家、华师大教授张奠宙先生在《数学文化的一些新视角》中也指出："数学文化必须走进课堂，在实际数学教学中使得学生在学习数学的过程中真正受到文化感染，产生文化共鸣，体会数学的文化品位和世俗的人情味。"提出将数学文化渗入课程标准、教科书和数学教学的全过程中去。

　　数学文化在当代日益受到人们的关注，让我们一起开始一场跨越1000多年的数学文化探索之旅，感受古今中外的数学文化，特别是中华优秀传统文化，她是中华民族的根与魂，让我们一起弘扬中华优秀传统文化，坚定文化自信，铸就中华文化新辉煌！

 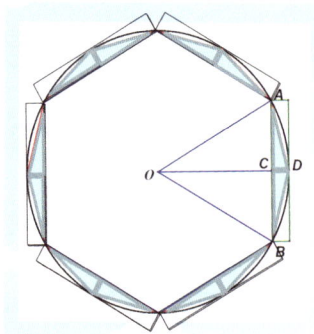

刘徽的重要贡献

刘徽，中国古代数学理论的奠基人，撰写了世界数学经典名著《九章算术注》。

他的主要贡献有：创造了"割圆术"，运用朴素的极限思想计算圆面积及圆周率；建立了重差术；重视逻辑推理，同时又注意几何直观的作用。

刘徽（魏晋年间人）他是继希腊泰勒斯后，世界论证数学的杰出代表之一。

同时，数学家的故事也可以让学生了解古今中外杰出数学家的生平和数学成就，以及背后的感人故事，感受前辈大师严谨治学、锲而不舍的探索精神，激发同学学习数学的动力和学习数学的潜质。

牟合方盖

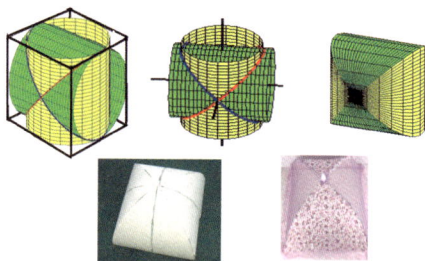

（2）课程统计。

课程名称	授课教师	授课对象
几何画板	常丽艳	高一、高二学生
统计软件	李洋	高一、高二学生
数学文化	王皓	高一、高二学生
博弈论	姚璐	高一、高二学生
数学在经济学中的应用	蒋永刚	初一、初二学生
数学万花筒	吴哲	初一、初二学生
数独——从入门到进阶	李荟	初一、初二学生
数学思维进阶	王坤	初一、初二学生

以上是近年来开设的选修课，之前还开设过《数学史讲座》《数学思想方法的应用》《数学思想方法与开放性问题》《映射》《集合与函数的补充与加深》《不等式的解法（多媒体整合）》《数学思维大讲堂》《几何画板的应用》《漫话

数学》《数学应用》《手持技术的应用》等。这些课程，受到了学生的热烈欢迎，拓展了学生的知识面，增加了学生学习数学的兴趣，对开发学生的创造能力，促进学生树立正确的数学观念，促进学生良好思维习惯的形成起到重要作用，同时为校本课程的建立奠定基础。还有黄凤圣的数学网站、吴哲的百度传课，都为教学的延伸和深入发挥重要作用。通过微信平台，《进修大学讲述》已进行了 35 期，在师生及数学爱好者中产生了良好的影响。

（二）数学核心素养提升

数学的核心素养是会用数学的眼光观察现实世界，会用数学的思维思考现实世界，会用数学的语言表达现实世界。具体表现为数学抽象能力、逻辑推理能力、数学建模能力、直观想象能力、数学运算能力和数据分析能力等。教师们潜心研究，采用了项目式学习和跨学科学习等方式，来提升学生们的数学核心素养

1. 项目式学习

数学组在非毕业年级开展了各式各样的项目式学习活动。通过项目式学习，不仅能够使学生更深入地理解数学知识，还能够培养他们的创新思维和实践能力，提高他们的问题解决能力和创新精神。同时，通过小组合作和展示交流，还能培养学生的团队合作和沟通能力。教师在这个过程中扮演的是引导者和协助者的角色，通过提供资源、指导和反馈，帮助学生在探索和实践中成长。

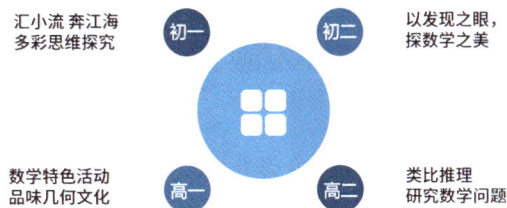

初一年级：

初一年级数学教师在暑假给学生布置了"多彩思维——小课题探究"任务。开学后，经历小组交流，推荐产生班级的小课题优胜作品，班级展示角逐出班级的代表作品，数学教师商议，最终产生了年级的 6 个展示交流作品。多彩思维第一讲，暑假作业小课题研究交流展示活动就这样闪亮登场了。

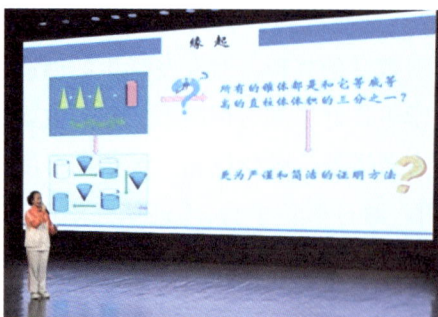

参加暑假作业汇报，我有什么收获？

今天我们在成达厅参加了初一年级"多彩思维"数学暑假小课题展示活动，活动中同学们的精彩分享令我记忆犹新，但最令我受益匪浅的还是黄主任的讲话。通过同学们的分享我对数学思维有了更加深刻的理解。在黄主任讲话之后，我才真正意识到生活中处处有数学，数学中处处有精彩，我们要善于发现生活中的数学，细微差异，多提问题。我们要用数学的眼光去看看生活，用数学的思维去思考生活。

——初一（4）班刘可欣

初二年级：

"青春绿"们在成达厅举行数学小课题展示与答辩，此次活动在"青春绿"中间引发了有关数学的热烈讨论。

学生感想

初二（4）班 孙昊辰

　　这次的数学论文答辩，我看到了许多新颖的观点。比如说，在世界杯与古籍中看数学。从世界杯足球上观察到了顶点、棱与面的关系；还在古籍当中找到了勾股定理这个有趣的话题。

　　还有通过探寻ChatGPT的工作原理找寻现代AI使用大数据的方法，在一个个字节的排列中，自己动手编写程序，以求寻找到真正的答案。

　　在这次的论文答辩活动中，我学会了许多在课堂上学不到的知识，使我收获颇丰。我更加喜欢数学这门学科，也更享受在数学之海中遨游的乐趣。

高一年级：

高一年级开展了"品味数学文化"主题数学活动。全体高一学生在教师的指导下积极参与，认真设计制作。同学们的创作形式多样，色彩纷呈，充分展现了创造性和艺术美。

在后续的汇报活动中，6个小组敢想敢做，通过有内在逻辑的思考产生了研究的问题，通过有方法、有智慧的运算完成了对猜想的判断与证明。他们总结了椭圆的各种产生方法，探寻了各种求轨迹问题构成的系统性和结构性，在这过程中产生了一些新的求轨迹问题，发现了一些新的奇妙有趣的曲线，这其中就有在数学史上有重要地位的卡西尼卵形线和伯努利双纽线等。在研学汇报活动中，同学们展示了出色的数学学习能力和优秀的数学素养。充分展示了"数学的本质在于思考的充分自由"。正如爱因斯坦所说："提出一个问题往往比解决一个问题更重要，因为解决一个问题也许仅是一个数学上的或是实验上的技能而已，而提出新的问题、新的可能性，从新的角度去看旧的问题，却需要有创造性的想象力，而且标志着科学的真正进步。"

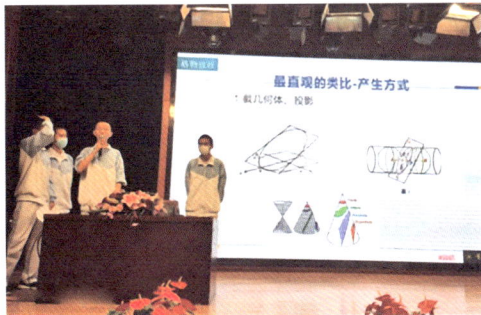

高二年级：

高二年级数学组举办了《用类比推理研究数学问题》论文评比及交流展示

活动。

活动中气氛活跃，同学们用丰富的表现形式，或是美丽的曲线，或是复杂的代数式，或是流畅的表达来阐释和分享自己的研究成果。研究内容涉及解析几何、数列、立体几何等多个数学模块，不仅总结归纳课内内容，还延伸到课外相关知识。此次活动不但引导了同学们做研究性学习的方向，而且使他们对于数学的研究过程有了更深刻的体会，对于数学内容有了更全面和细致的理解，提升了学生的数学核心素养。

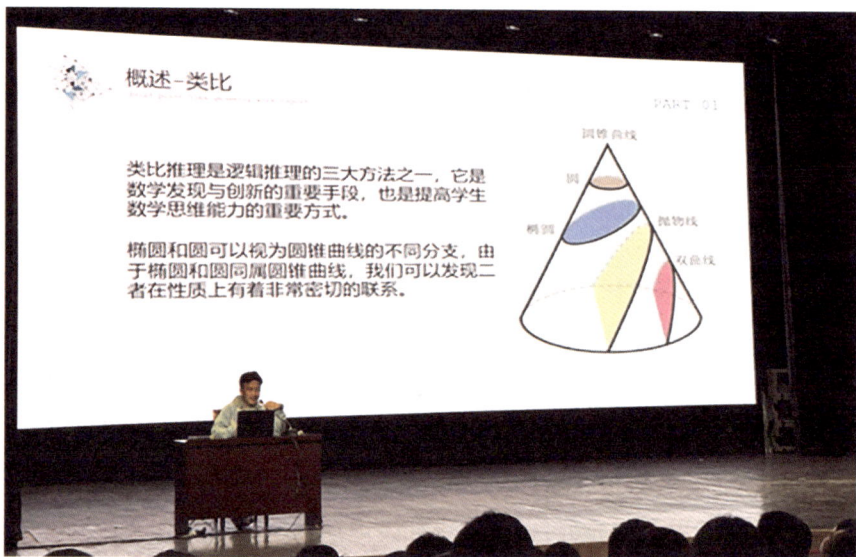

2. 跨学科学习

跨学科融合教学源于 2023 年 5 月教育部等十八部门发布的《关于加强新时代中小学科学教育工作的意见》，提出"创造条件丰富内容，拓展科学实践活动""落实跨学科主题学习原则上应不少于 10% 的教学要求"，这和义务教育阶段课程标准的要求是一致的。另外，"强化年级学段有机衔接"，就是现在经常讲的"贯通培养"。"统筹规划科学教育与工程教育"，任何学科如果想做实践活动，必须要有工程教育，这也体现了实践性、综合性。第二个参考文件是《义务教育课程方案和课程标准（2022 年版）》，规定各门课程用不少于 10% 的课时开展综合性的跨学科主题学习。

2022 年 4 月教育部颁布最新的《义务教育数学课程标准》，新课程标准最大的亮点和看点之一是整合性，凸显跨学科教学的重要性。数学跨学科融合教学是数学课堂教学发展的必然趋势，数学学科与其他学科间知识相互渗透、关联，更能体现全面贯彻党的教育方针和新时代新精神的要求，有效提高学生综合运用各学科的知识去解决问题的能力，为学生的全面发展，个性化发展，终身学习提供更广大、更广阔的空间。

课例1:《AI背后的数学走进校园生活》，人工智能的发展离不开数学的支持。线性代数、微积分、概率论与统计学等数学基础为人工智能算法的设计和实现提供了坚实的基础。只有深入理解和掌握这些数学基石，才能更好地探索和应用人工智能的无限潜力。本节课旨在利用中小学生已有的数学知识，解决生活中的几个实际问题。通过共享单车骑行最优化问题、警报器最优组合问题、公交车等待时间问题、马尔萨斯人口增长问题、最优选址问题来提升学生学习数学的兴趣和利用数学解决实际问题的能力。

课例2:《Shopping中的数学模型》，本节课主要讲解利用函数模型解决生活中的购物交易最优化问题，函数的性质包括分段性质、单调性、奇偶性等，由函数的基本性质可以产生对函数进行分类的方法。本节课通过讲解几个与函数基本特性相关的应用问题——市话费是降了还是升了、外币兑换与股票交易中的涨跌停板、复利连续复利与贴现、出售相同产品的公司为什么喜欢扎堆、这批红酒什么时候出售最好——来说明函数模型在生活中的应用。

课例3:《月饼中的数学问题》在日常生活中我们经常会遇到：同样的产品，对于不同大小的包装，选择哪种较为划算？制作月饼的时候，若出现皮多或者馅多的问题，应该把月饼做得大一些还是小一些才能把多余的皮或馅用完？本节课以制作月饼为背景，探讨制作月饼的数学模型，提升学生的学习兴趣和数学建模能力。

（三）资源库建设

在学校的大力支持下，数学组建立了丰富的资源库。

一是智学网平台，平台本身已经具备海量资源，在数学组教师的要求下，又建立了校本教辅资源，覆盖了现有的各种教辅资料，从基础练习、中档题到综合难题，各个层次应有尽有。为教师们响应"双减"号召，精简练习提供了便利，更为学生们改错制订了专属的错题本，以及针对性极强的错题变式训练，切实减轻了学生的作业负担。

二是慕课平台，平台上数学四修课程应有尽有。数学基础通修课程有数位老师的直播云课程，阳光橙进阶课程，青春绿进阶课程，中美微积分课程，立体几何与空间向量复习等各年级课程；兴趣选修有数学素养养成及能力提高，线上数学思维大讲堂，数学创新题解题策略等课程；专业精修有自主招生选讲，首师大附中数学竞赛，高一数学思想方法，高二数学核心知识与方法培优等课程；自主研修有初三直升课程，初高中衔接课程等。供全体同学根据自己的兴趣和水平自主选择。

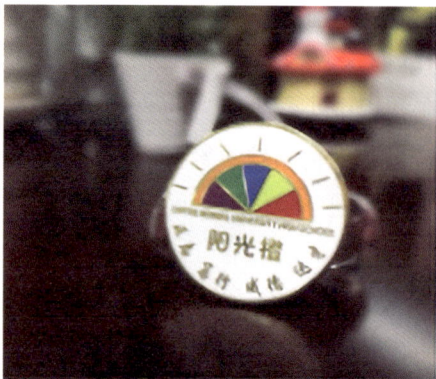

阳光橙进阶课程——数学 　　　　　　　　初高中衔接课程——数学

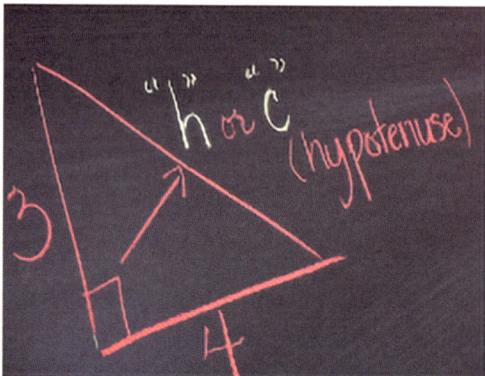

三是FTP，在学校提供的平台上，数学组教师们积极共享自己的资源，例如各年级课件、练习、书籍等。教师们毫无保留地分享自己的智慧，优势互补，思想互动，各备课组之间互相学习，共同为附中培养高素质人才打好基础。

三、教师成长　浇灌爱心

教师是立教之本，兴教之源。在百余年的办学过程中，附中数学组高度重视教师队伍的专业化发展。围绕成达教育的教育追求，附中教师以德立身，以德立学，以德施教，以德育德，形成了一支理念先进，师德高尚，业务精湛，科研创新的教师队伍。在数学组的30余位教师当中，有2位是特级教师，50%以上教师为名校硕博学历，近50%为市区级骨干教师，1/3的教师为海淀区兼职教研员，多次参与北京市高考数学命题工作。

（一）骨干教师风采

1. 刘学升

简介：高级教师，海淀区数学学科带头人，参与国家级、北京市课题，参与海淀区"十三五"重点规划课题。获北京市中学数学教育教学论文一等奖，2020海淀区"风采杯"二等奖，"成达教育论坛"主题报告，指导教师王睿瑶获得"京教杯"一等奖。参与北京市中学教师开放型在线辅导计划，录制北京市、海淀区"空中课堂"。

难忘教育教学事迹：我只能送你到这了，剩下的路你要自己走了。一直往前走，不要回头。

刘学升
"我只能送你到这了，剩下的路你要自己走了。一直往前走，不要回头。"

教师寄语：新形势下青年教师如何更好地工作、学习和成长，我想提三点希望：①既要做知识传授者，更要做灵魂塑造者；②既要做终身教育者，又要做终身学习者；③既要做教育实践者，又要做教育研究者。

2. 章红

简介：高级教师，2005年至今被评为海淀区数学学科带头人，长期承担备课组长工作，近五年参与多项市级课题工作。多篇文章在核心期刊《数学通报》《数学教育学报》《中学生数学》发表，教学成果获海淀区"十三五"优秀教育科研成果一等奖，论文多次获高中数学 B 版全国论文一等奖，北京市中学数学优秀教育教学论文评选二等奖，海淀区"风采杯"一等奖。

难忘教育教学事迹："把所学的知识都忘了，剩下的就是教育。"当一届届毕业的学生回来看我的时候，当学生感谢我对他人生影响的时候，就是我最快乐的时候。

教师寄语：敬业即是责任心，乐业即是趣味。愿用一生追求两者的实现与调和，与学子共勉！

3. 周素裹

简介：忠于党的教育事业，爱学生、肯付出、有情怀。服从学校工作需要，教学高质量，克服自身困难，不间断担任班主任工作。疫情期间完成北京市、海淀区"空中课堂"录制任务，课程视频在全国范围播放上亿次；连续 21 年任海淀区兼职教研员，为海淀教师培训《教材教法分析》逾 50 次；数次支教远郊区县和薄弱校，广受好评。在数学教学上，一直探索知识的核心本质，致力于高效完成教学任务，以建构学生扎实的数学基础，传承灵敏深刻的数学思维为己任，教学效果良好。培养学生创新思维和研究能力，连年举办学生课题研究展示活动，鼓励辅导学生撰写数学论文，命制数学问题，参与国际数学交流，所教学生在核心期刊发表论文多篇。任备课组长，带领年级教师团队研究数学，创新教学，使学生获得较大的发展，所任年级数学成绩优秀。班主任工作中，关爱学生身心健康——建立良好的师生关系，协调生生关系，疏通亲子关系，体现全人的教育理念，促使学生在爱的氛围中自主发展。所任班级学生爱数学，乐于思考；爱学习，讲究方法；爱母校，有归属感，性情舒展，人格健康，成绩优良。多年担任海淀区初中统考数学命题组长，任海淀区数学学科督学，克己奉公，尽职尽责，对海淀区数学教学起到积极影响。

教育理念：与智者在求学时相遇，与成人在少年时相伴。

教师寄语：在波折起伏之间调整自己就是成长，相信自己就是坚毅，成就自己就是优秀！

4. 王静园

简介：高级教师，参与北京市课题工作。获 2021 海淀区"风采杯"一等奖，2022 海淀区优秀班主任称号。参与北京市中学教师开放型在线辅导计划，录制海淀区"空中课堂"，《例谈向量中的三点共线问题》等文章发表在《中学生数学》。

难忘教育教学事迹：教育的意义在于改变，教书近 20 年来对一些学生曾有过一些积极的影响对我来说是人生一大幸事。学生说感谢我带给他的心灵的平静，感谢 3 年来我对他的重视和培养，感谢班级和我带给他的平和和快乐。感谢学生的肯定与热爱，让我深信工作的意义，体会这其中的幸福与快乐！

教师寄语：用心爱学生，用智慧做教师。

5. 张彩萍

简介：高级教师，参加教育部基础教育质量检测中心的教学质量检测工具研制课题，参与海淀区"十三五"重点规划课题。获北京市中学数学学科示范性区教研活动一等奖，北京市基础教育优秀课堂教学设计评选一等奖，海淀区"风采杯"教学设计一等奖，原创试题一等奖。录制北京市"空中课堂"、海淀区"空中课堂"。

难忘教育教学事迹：运动场上一次次的拥抱与击掌相庆，活动中一次次的团结协作与默契配合，课堂上一次次的思维碰撞，课下一次次的交流与谈心……学生的这些成长过程让我难忘。

教师寄语：心向阳光，勇敢奔跑，享受成长，努力成为期待的自己。

6. 尤飞

简介：中学高级教师，班主任龄 19 年。在 2006—2018 年间担任区级学科带头人和兼职教研员，多次开展市区级公开课《解析几何解题策略》《空间中垂直关系》《高三一轮复习等差数列（1）》《圆与圆的位置关系》等。在《北京考试报》发表指导高三学生备考文章十多篇。多次获得教学设计一等奖，2018年获首师大附中成达杯"十佳教师"称号，获海淀区"优秀共产党员""优秀教师""青年优秀教育工作者"等称号。教学成绩突出，在 2014 届所带文科毕业班有两位数学满分（全市共 15 名），2016 届所带文科毕业班有两位数学满分（全市共 4 名）。多年担任备课组长，在培养年轻教师和发挥老教师作用的工作中取得了很好的成绩，带教首师大研究生和本科实习生十多人。在 2016—2019 年所担任的班主任工作中，班级在各项活动和学习中表现优异，学生亲切称呼其"尤爸爸"。

教师寄语：要珍惜学习数学中的小挫折，是它让你变得更加完美；珍惜身边常常"虐"你的小伙伴，是他们激发出你的斗志；和身边的智者和老师交朋友，是他们常常让你脑洞大开柳暗花明。

（二）青年教师成长

青年教师是教研组教师队伍的一个重要组成部分，是教研组可持续发展的后备力量，为了加快促进青年教师的成长，学校和教研组采取的具体措施主要有三个方面：（1）采用师徒结对制，坚持教学工作"传、帮、带"，提高青年教师的教学水平；（2）鼓励青年教师参与校级、区级的教学基本功比赛，在磨砺中成长；（3）鼓励青年教师参加教研活动，以研代学。下面我们来看看数学组的青年教师们的感想吧！

魏雪冰老师：无论在教学上还是与同事、学生的相处上，任何问题师父都会耐心地解答。当接受组内或者学校安排的任务时，师父都会针对我的完成情况给出具体意见，例如，组内安排出题任务，师父会在我出完题之后结合我出题的情况从题目设置难易程度、知识点覆盖情况、题目顺序的设置等方面给出修改意见；校内的公开课或者赛课任务，每一节试讲课只要师父有时间都会来听课，并结合我自身的优缺点以及授课情况，从课堂的整体结构、环节安排、例题设置、教学语言等角度提出修改意见。另外，在与同事相处、学生相处方面出现疑惑时，师父都会从具体出发，指出问题，帮助我同同事、学生建立良好的关系。当我对自身的教学方式存在困惑时，师父会帮助我分析班级情况，帮忙想办法调整教学方式，提高班级成绩。

自上学期起，我共参加了两次公开课，一次"正志杯"比赛，让我认识到了自身在教案书写以及教学实施过程中的不足，在老师们的指导下，我有了进一步改进的方向。

在教案方面，一方面，在课前要仔细研读教参以及课标，把握整堂课的学习目标与重难点，只有大方向把握准确，才能有详有略地设计教学内容，将课堂的重点进一步突出出来，进而帮助学生抓住课堂的重点。另一方面，在学习目标和教学重难点的书写上，需要与课程标准保持一致，结合课标与学情设置课程目标，把握课堂教学的大方向。

在课堂教学方面，作为新教师通过这一个多学期的课堂教学，虽然有了进步，但是还存在很多问题。例如，在实际课堂教学中存在头重脚轻的问题，经常课堂前半部分分析过多，导致后面例题做得不够，从而形成恶性循环。虽然较学期初已经有了改善，但仍需要在教学安排上处理好教学内容的详与略，此外，例题的设置是我成为一名教师以来一直存在的问题，很多时候贪多导致抓不到重点，课上也经常讲不完，虽然较之前已经有了进步，例题设置更加精简了，但确实还需要通过向有经验的老师们请教，以及认真研读教材和教参，来推动例题设置的合理化。

总体来看，公开课和比赛进一步暴露了我在教案书写和课堂教学中的很多问题，我会在今后的学习与工作中进一步改进，希望能尽快成为一名合格的数学教师。

王坤老师：何其有幸，刚入职便以师徒关系结识了周素裹老师。周老师不仅将自己教育教学工作方面的知识和经验倾囊相授，在生活中也给过我很多的帮助。近两年的时间中，在周素裹老师的悉心教导下，我越加清晰如何准备一节课，如何上好一节课，如何养成创新思维；我也学到了如何处理日常遇到的教育问题，如何才能更好地教育学生。更多的是，我从周老师的身上，看到了一位教育"智者"是如何驾轻就熟地处理各种各样的问题，若临秋水，如沐春风，受益匪浅。虽不能至，然心向往之。

近两年时间里，我主要承担了以下一些工作：承担区级研究课一节；获得海淀区中小学新任教师培训优秀学员称号；开展校级公开课 3 节，参加一次校成达杯班主任大赛，参与录制海淀区"空中课堂"期末试卷讲评，录制北京市优质精品课程，参与海淀区学期末数学参考样题命制工作等。

在近两年时间的成长过程中，我开始能够较好地平衡班主任工作和教学工作。当然我深知自己不足颇多，同时也明白做"人"的工作是十分艰难的，需要有"大智慧"，但依旧希望自己能够以一腔热血笃定高山之志。

孙浩然老师：在我加入首师大附中伊始，学校就指派备课组长王静园老师作为我的教学师父。事实上，不仅是王静园老师，整个备课组都是资历深厚、荣誉等身的附中名师。王静园老师为人和善，教学独具风格，深受学生和同备课组老师的好评。在我随堂听课的过程中，我逐渐通过她精心设置的教学环节感受学生学习新知的心理变化，她经常主动与我分享教学中的感受，着重帮助我分析学情，把握细节。在我多次公开课的筹备中，她亲力亲为帮我修改教学设计，仔细斟酌引入案例、习题、小结等教学环节。做人做事方面，王静园老师身正为范，给我树立了极为优秀的榜样，不断鼓舞我向着合格附中教师的目标努力。

在我成长的过程中，我获得了来自整个数学组的鼎力支持，以我近期准备"正志杯"公开课比赛的过程为例：数学教研组主任黄凤圣老师多次找我谈话，指导我的教学设计，他指出，在课程实施中，应尊重学生的主体地位，让学生充分发言，充分讨论。首师大挂职干部、教科研主任王瑞霖老师详细审阅了我的教学设计内容，对非常多的具体细节提出了高屋建瓴的见解，从专业的数学视角帮助我理解数学归纳法的内核，对我的教学设计具有非常大的帮助。我的教学师父王静园老师对我整体的教学设计多次提出具体的指导意见，同时与我详细分享了她在教学过程中遇到的经验和学生认知上的突破点，为我了解学情，设计导入方案提供了巨大的帮助。姚晖老师为我的整体教学设计花费了大量的精力，他不仅积极帮助我对接区教研资源，还亲力亲为，为我分析了不同设计框架的优势和不足，为我迅速梳理出一条课程路径和引入方案。王皓老师主动邀请我旁听她数学归纳法的新课讲授，与我交流她备课、讲课的心得，帮助我分析学生学情。王海平老师为我的引入情境做了多方面的思考和分析，结合学情对我原有的方案指出了问题，并谈了自己的体会。高一数学组的朱朋老师在我同组教师均有课的情况下，主动请缨来为我的试讲把关，课后的分析环节为我提出了大量的有益建议，为我最终的课堂呈现打下了坚实基础。

李霞老师：多么幸运在刚入职就遇到一位有责任心的师父，和王建华老师在一起的日子特别幸福。她以身作则，树立了一位优秀教师的榜样。作为刚入职的新教师，我是迷茫的，有些时候不知道什么该做什么不该做，或是怎么做。王老师总是在我需要帮助的时候及时伸出援手，从生活、教学和教育多个角度给予我无微不至的照顾。同时，她不断地鼓励我，让我在面对班主任和数学教学的困境时，敢于直面一切，因为我知道，她永远是我坚实的后盾！

作为一位青年教师，在附中的这几年，有一些收获：承担区级研究课4节；获得海淀区"风采杯"一等奖3项，二等奖1项，获北京市教育优秀论文一等奖1项，获北京市中学数学示范课二等奖1项，在国家级课题中成为核心成员；参编初中数学教学相关书籍3本；论文发表5篇。感受有两点，一是"三人行，必有我师"，非常庆幸能遇到身边的这些优秀的老师们，无论是他们对问题的追本溯源，还是对待事务极其认真的态度，以及自身所具有的许多高贵的品质——不卑不亢，不妒不傲，都深深地影响着我，让我知道优秀从来都不是通过将就得到的，而是需要一些工匠精神和泰然自若。我们可以在一起聊生活，聊教学，畅所欲言；也可以聚在一次激烈自由地讨论问题，这样的环境可以让我成长得更快。二是"勤思考，常琢磨"，不要放过任何一个疑问，深挖下去，不仅可以解开自己心中的结，同时还能发现更广阔的天空。思考本来也是一件很快乐的事儿，它能让人静下心来，让我们头脑保持清醒，带着逻辑去解决问题，要培养学生的数学核心素养，首先教师应该具备这些素养，所以随时随地带着数学的眼光观察我们所处的世界，用数学的思维思考它，用数学的语言表达它。想必这就是作为一个数学教师的与众不同和有趣之处吧！

（三）教师课堂风采

1. 成达思维课堂风采

（1）张楠老师——《探索图形的画法》。

本节课是七年级《几何图形初步》一章中的专题课。王楠老师在讲授中，使学生经历从"识"到"画"、以"思"助"画"、由"画"及"思"的过程，形成主动分析图形生成过程的习惯，探索具有不确定性的图形的画图思路和方法。以"培养学生思维习惯，提升学生思维品质"为目标，以开放性的活动提供思维发展的土壤，以螺旋上升的问题创造思维进步的阶梯。

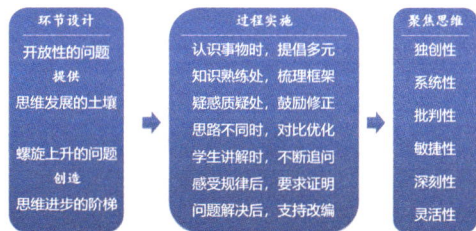

（2）姚璐老师——《数列的递推关系》。

姚璐老师通过"汉诺塔"这一数学游戏，引领学生发现生活中的数列问题，通过枚举和归纳，得到"汉诺塔"数列通项的合理猜想，并体会利用递推思想，发现"汉诺塔"数列的内在规律，对上述猜想进行严格的数学证明。该堂课"润物无声"，学生在游戏中潜移默化地学习数学，逐步提升数学建模、数据分析、逻辑推理等数学学科核心素养。

（3）王硕老师——《求面积》。

王硕老师本堂课核心思路为引导学生通过观察、对比，归纳出解题策略，并借助学生自己计算出的结果，进行猜想并证明，培养了学生直观想象、抽象概括和逻辑推理的能力。以上设计以数学问题为明线、思维发展为暗线，创设适当数学情境，发挥学生主体、教师主导的双主体作用，落实四基、发展四能，渗透了数学核心素养。

（4）孙浩然老师——《数学归纳法》。

在讲授《数学归纳法》课前，孙浩然老师通过小测充分了解学情，在上课时以电影桥段作为背景，引发学生思考，驱动学生建立从实际情境到数学情境的知识迁移。引导学生从完成数列证明的初始任务继续探索，类比这一思想完成其他数学命题的证明，提升学生的逻辑推理能力。通过例题评估学生对数学归纳法一般步骤的掌握情况，并利用错解进一步夯实学生对数学归纳法本质的理解。

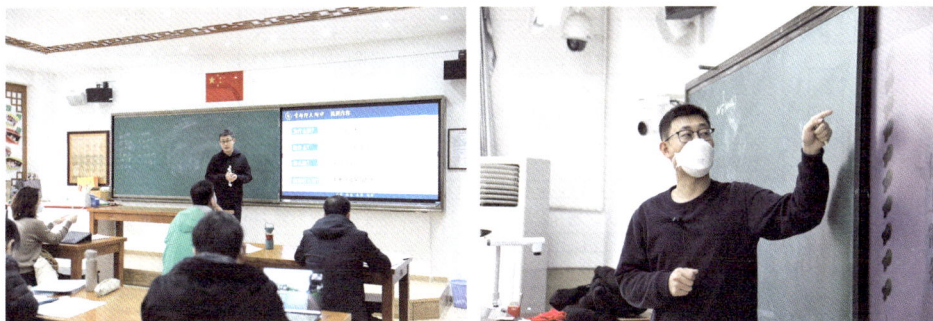

（5）王一老师——《函数的应用——员工激励机制中的数学模型》。

在函数的应用这堂课中，王一老师以学生感兴趣的实际情境为背景，构建了一个学生充分参与的课堂，让学生在学习过程中主动参与、乐于探究、勤于动手。同时，通过设置更加开放的数学问题，由表及里、层层深入，让不同水平的学生都能在数学建模的过程中研究、合作、创新。此外，王一老师在做好学科教学的同时关注学科育人，帮助学生在方案制定上逐步形成正确的价值观，在函数模型对实际生活的应用中增强社会责任感。最终，使学生在本节课真实的探索、积极的交流与主动的展示中，不仅学习知识，掌握方法，更发展能力，提升核心素养。

活动与问题设计

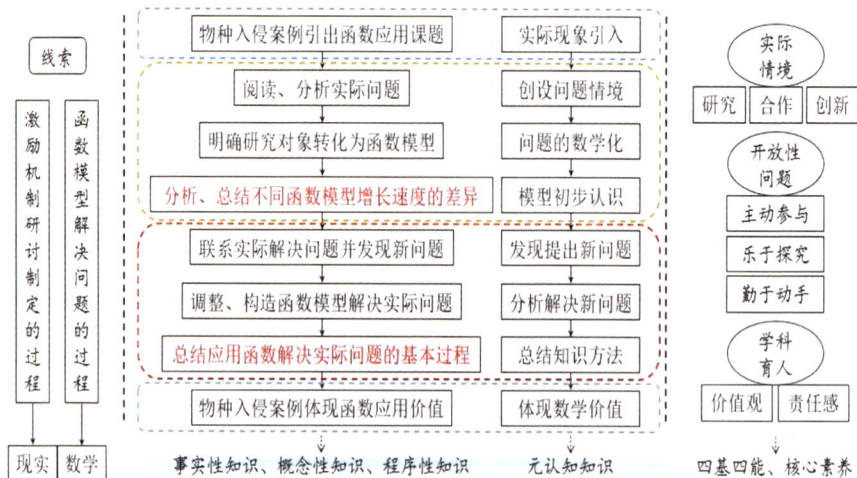

2. 市区级获奖课例

（1）课例名称：实数单元教学（张楠）。

获北京市中小幼第三届"京教杯"青年教师教学基本功培训和展示活动一等奖；海淀区"风采杯"（第四届）中学教师教学成果展示活动数学学科一等奖；北京市中学数学"示范性教研活动"一等奖。

课程介绍：

张楠老师在实数的概念教学上进行了一些新的尝试。先是在有理数单元的学习中做了较为充分的铺垫。然后在"画纸裁剪问题"的问题驱使下，在"数与运算的发展"线索中，引导学生将有理数的研究经验迁移至实数的研究中，自主构建研究框架，完成实数有关内容的学习，努力创设一个探索数学的学习环境。

通过设计一些思考问题和学生活动，使学生在探究问题的过程中亲身经历数学概念的发生与发展过程，从而逐步把握概念的实质内涵，深入理解概念。在本单元的授课过程中，学生感到震撼的是"原来我真的可以自己研究新数和新的运算！"这是本单元的一个亮点。让学生经历"感知—感悟"的过程，对他们理解数学的整体性、感受数学研究的"味道"很有好处。这也是培养学生数学核心素养的极好途径。

另外，本单元教学中非常关注学生的问题意识，每节课中都让学生发现提出一些问题，分析解决这些问题，在每节课最后还会启发学生提出一些新的问题，让思考不止在课堂内，还延续到课堂外，培养学生会思考、爱思考的习惯，关注学生创新意识和创新能力的培养。

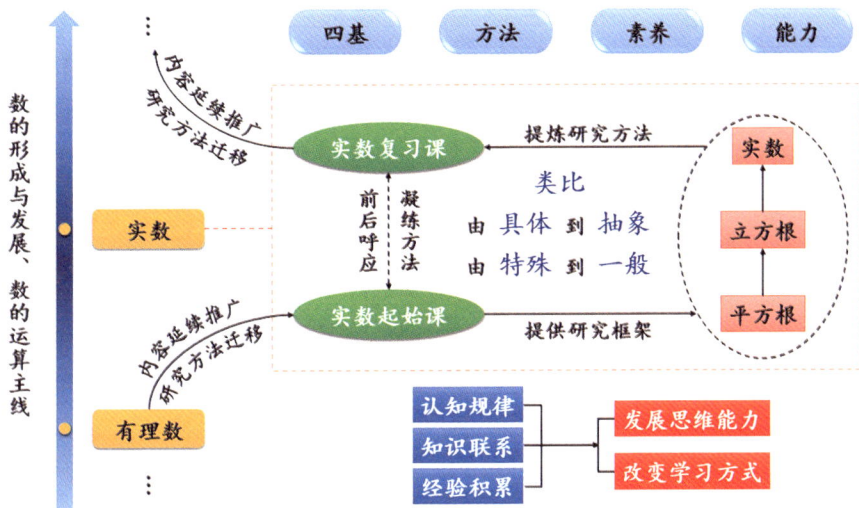

（2）课例名称："取镜借光"——轴对称主题教学（张楠）。

获第十一届中小学数学教师论坛论文一等奖；海淀区第十九届教育科研优秀论文一等奖；收录于《初中数学　跨学科主题学习设计与实施》，教育科学出版社。

课程介绍：

本课例综合运用数学、物理、地理等学科的知识和思想方法，通过项目式学习的方式，将轴对称、全等三角形等有关知识融于"取镜借光"的研究和实践过程中。项目活动以课内、课外交错，研究、实践结合的方式展开。学生以小组为单位经历设计、测量、布置、实施的过程，从中发现规律，提出新的问题，并结合实际思考"取镜借光"应用于生活的方法，在此过程中发展学生的抽象能力、几何直观、空间观念，提升应用意识和创新意识。课例整体凸显了学科融合"适时""适度""适切"的特点。

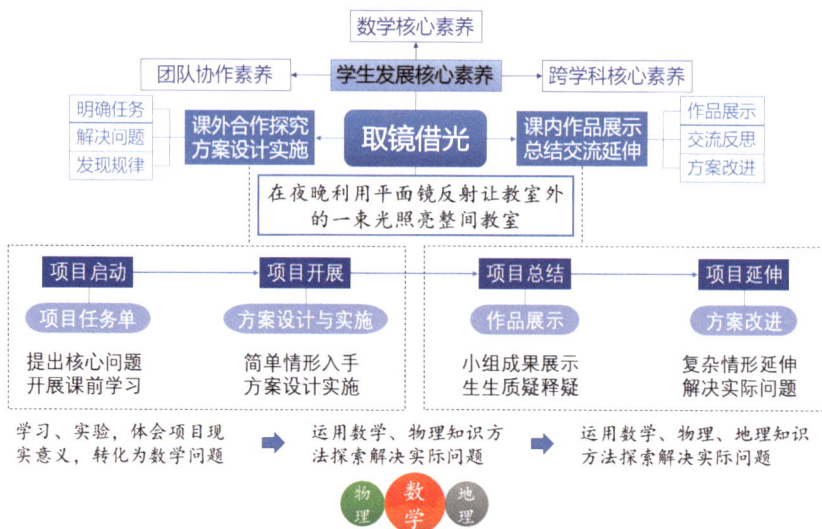

四、团队教研　教学定心

作为研究型教研组，促进教师专业成长研究，除了校内的正常教学工作，教研组的教师们还积极参与海淀区的教材教法分析，承担校内外的公开课、讲座，进行空中课堂和微课录制、与集团校合作进行交流探究、与首师大联合培养研究生等，对全区、全市乃至全国产生了辐射作用。

（一）海淀区兼职教研员情况

教师	区教法分析课题
姚璐	2021年《核心素养的测试与实践——如何讲21题》 2021年《创新题》讲座 2017年《〈计数原理〉教材教法分析》 2018年《提升学生数学思维能力的策略》讲座 2017—2018年海淀区高三上学期期中、期末，下学期期中、期末压轴题试卷讲评

续表

教师	区教法分析课题
常丽艳	2013 年《高三期末文科数学试卷分析》海淀区进修学校 2014 年《高二数学期中复习策略》海淀区进修学校 2015 年《高三数学复数、平面向量》海淀区进修学校 2017 年《浅谈教学论文写作》海淀区进修学校 2017 年《高三数列专题复习建议》海淀区进修学校
胡旭	2023 年区级教材教法分析初一《实数》 2023 年区级教材教法分析初三复习《基于数据分析的概率统计》 2022 年区级教材教法分析第二十章《数据的分析》 2022 年区级教材教法分析初三《概率初步》 2021 年区教材分析《二元一次方程组》 2021 年区级教材教法分析《整式的乘法与因式分解》 2021 年区级教材教法分析《期末复习建议》 2019 年北京师范大学校长培训学院专题讲座《构建以学为中心的课堂》 2019 年区教材教法分析《初一期中建议》 2019 年区教材教法分析《相似》 2019 年区教材教法分析《相交线与平行线》
夏繁军	2019 年高三数学，函数与导数的第二轮提升策略 2017 年高三数学理科立体几何专题复习分析与指导 2017 年高三期末试题分析（理）试卷讲评 2015 年梳理、诊断、提升——期中考试复习指导

（二）公开课

公开课

教师	时间	级别	公开课
夏繁军	2020 年	国家级	中国教师研修网，中国教研网组织的"心系荆楚，名师驰援：百名特级教师公益送教湖北活动"，主讲《直线与圆的单元复习——直线与圆的模型应用》等共 4 节高三复习课
夏繁军	2021 年	市级	北京市教委组织的北京市"空中课堂"，主讲《研究函数性质方法再认识》，《围绕三角函数概念构建知识体系》
夏繁军	2020 年	市级	中国教师研修网举办的"基于核心素养的中学数学教学策略与方法"活动中，主讲必修四第十一章"立体几何初步"第 3 单元:《空间中的平行关系》《平行直线与异面直线》《直线与平面平行》《平面与平面平行》
姚璐	2020 年	市级	《诱导公式（1）》《诱导公式（2）》《诱导公式的应用》

教师	时间	级别	公开课
姚璐	2017 年	市级	《数学竞赛之折线模拟与贝特朗模型》
王硕	2014 年	市级	《方程组的应用》
章红	2023 年	区级	海淀区"空中课堂"《22—23 学年第二学期高三数学期中练习讲解第 20 题（2）》
王建华	2023 年	区级	《海淀高三一模 20 题讲解》海淀区"空中课堂"
夏繁军	2022 年	区级	《立体几何专题学、考关键问题复习提升》
章红	2022 年	区级	海淀区"空中课堂"《北京高考试题精选与分析——数列（二）数列背景创新题》
王建华	2022 年	区级	《数列高考基本题分析》海淀区"空中课堂"
吕亚峰	2022 年	区级	《均值不等式（1）》
张楠	2022 年	区级	《期末复习建议》，海淀区"空中课堂"初二数学《聚魂、筑体、塑形、细琢》
夏繁军	2021 年	区级	《如何认识预备知识》《充分条件，必要条件》《诱导公式（一）》《解析几何串讲》《二次函数图像与性质再研究》
章红	2021 年	区级	海淀区"空中课堂"《三角函数复习（一）》
姚璐	2021 年	区级	《核心素养的测试与实践——如何讲 21 题》《创新题讲座》
王硕	2021 年	区级	《勾股定理的逆定理》《勾股定理的应用》《因式分解法解一元二次方程 1》《因式分解法解一元二次方程 2》
夏繁军	2020 年	区级	《直线与圆单元复习（一）》《直线与圆单元复习（二）》
章红	2020 年	区级	海淀区"空中课堂"《均值不等式的应用》
吕亚峰	2020 年	区级	承担海淀区"空中课堂"资源研发任务，为数学学科做《独立重复试验与二项分布》《随机变量的数字特征》公开课
王建华	2020 年	区级	海淀区"空中课堂"《均值不等式的基础知识》
王静园	2020 年	区级	《基本计数原理》《二项式定理》
姚璐	2020 年	区级	《圆的坐标表达（1）》《圆的坐标表达（2）》《数列综合》《2020 海淀高三一模试卷讲评 3》
夏繁军	2019 年	区级	《函数与导数的第二轮提升策略》
章红	2019 年	区级	《导数的几何意义》
王硕	2019 年	区级	《勾股定理的应用》
姚璐	2018 年	区级	《提升学生数学思维能力的策略》
夏繁军	2017 年	区级	《高三数学理科立体几何专题复习分析与指导》《高三期末试题分析（理）试卷讲评》
姚璐	2017 年	区级	《海淀区高三上学期期中、期末，下学期期中、期末压轴题试卷讲评》《计数原理》
夏繁军	2016 年	区级	《高二数学期中复习建议公开课》《立体几何专题复习分析与指导研究课》
夏繁军	2015 年	区级	《梳理、诊断、提升——期中考试复习指导》
章红	2014 年	区级	《等比数列》《两角和与差的余弦》
王静园	2014 年	区级	《数列的概念》
姚璐	2014 年	区级	《位差和的探究》

（三）课题、成果

教科研情况

教师	时间	级别	研究课题
胥庆 刘学升	2015 年	国家级	《大学附属中学办学特色研究》
夏繁军	2024 年	市级	《提升教师专业素养的学校策略与效能评价研究》
常丽艳	2022 年	市级	《基于思维发展指向深度学习的教学设计实践课例——"导数与函数单调性"教学设计》
张楠 李霞	2022 年	部级	《核心素养导向的学习方式与信息技术融合教学实践》项目课题《基于项目的混合式教学》
夏繁军 章红 王建华 常丽艳 朱朋 王静园	2021 年	市级	《大概念和学习进阶视角下高中数学单元教学实施策略研究》
张楠	2020 年	市级	《基于 UBD 的一次函数单元教学设计研究》
李霞	2020 年	市级	《基于创新能力培养的数学实验教学再研究，做平面直角坐标系》
胥庆 刘学升 张楠	2017 年	市级	《大数据支持下的学生发展性评价研究》
姚璐	2017 年	市级	《大数据与中学生素质评价结合的应用研究》
姚璐	2017 年	部级	《数学 B 版例习题的典型性与易教性研究》
胥庆 章红 王静园	2017 年	市级	《大数据与中学生综合素质评价结合的应用研究》
王道兴 陈双	2023 年	区级	《新形势下年级组管理模式的探索与实践》
常丽艳	2022 年	区级	《基于思维发展指向深度学习的教学设计实践课例——"导数与函数单调性教学设计"》
武会林	2022 年	区级	《"文教结合"视域下基于"M+ 模式"的京津冀考古资源课程》

续表

教师	时间	级别	研究课题
尤飞 涂丹	2021 年	区级	《基于深度理解的"数学大概念"统摄下的单元教学实践研究》
胡旭	2021 年	区级	《基于阅读的初中数学对话式课堂实践研究》
涂丹 陈双	2021 年	区级	《进阶作业及配套微视频》
涂丹	2021 年	区级	《核心素养下思维课堂的构建》
涂丹 王道兴	2021 年	区级	《核心素养下基于能力培养的高三数学校本教材开发与实践研究》
涂丹	2021 年	区级	《基于微课背景下教师教学能力的探讨与研究》
陈双 王建华	2021 年	区级	《深度学习教学改进项目》子课题《基于深度学习的"不等式"主题教学案例》
陈双	2021 年	区级	《"教育教学"视角下数学学科教学改革研究——以中小学"微积分"知识模块为例》
张彩萍	2020 年	区级	《基于学生核心素养的初中综合实践活动课程顶层设计与建设》
夏繁军 胥庆 章红 常丽艳 王建华 尤飞	2020 年	区级	《数学概念的标准、概念和意义》
王静园	2019 年	区级	《数学课堂提问的现状及有效性对策》
涂丹	2019 年	区级	《基于深度学习的"不等式"主题教学案例开发》
邵海磊 张楠 李霞	2019 年	区级	《基于深度学习的初中数学综合实践活动课实践研究》
张楠	2019 年	区级	《学生学习方式变革研究与实践》
李霞	2019 年	区级	《均值定理错题与反思》
张彩萍	2017 年	区级	《基础教育质量检测中心的学生数学学习质量监测工具研发》
涂丹	2017 年	区级	《整体把握运算教学，培养数学核心素养》
张楠	2016 年	区级	《数学史与初中几何教学整合的实践研究》
张楠	2016 年	区级	《学生学业发展水平评价》
张楠	2016 年	区级	《中华优秀传统文化融入中学班级德育教育的实践研究》
张楠	2016 年	区级	《寄宿制中学生心理发展特点及对策研究——以北京市师达中学为例》

（四）市区讲座交流

在扎根于本校工作的同时，我校教师积极开展辐射作用，积极开展讲座交流活动。

讲座

教师	时间	讲座
夏繁军	2021 年	海淀区 2020 年新任教师培训讲座，《基于大概念的视角：如何备好一节课》
夏繁军	2019 年	北京市扶贫办委托的京津冀教育协同发展——赴河北省保定市涞源县支教项目中，为当地优秀教师做专题讲座《关注数学"大概念"，提升学生思维能力》
夏繁军	2019 年	首都师范大学承办的河南省商丘市民权县"卓越教师专业发展"优秀教师培训，做专题讲座《关注数学"大概念"，提升学生思维能力》
朱朋	2018 年	在首届全国课堂教学研讨会做题为《离散型随机变量的分布列》的教学设计墙报展示
夏繁军	2017 年	甘肃省秦安县中学数学骨干教师培训讲座，《如何进行教学设计》
朱朋	2017 年	在海淀区第三次校本培训邀约展示及第二期中学教研组长高级研修现场教学活动中做《融通各学段，联合大教研》发言
夏繁军	2016 年	湖南省安化县第一中学数学教师培训讲座，《理解教学》

（五）首师大学生培养

教师	首师大学生培养
常丽艳	2022 年 4 月首师大实习锁剑屏开展高三学生数学备考辅导工作

（六）集团校交流研修

教师	研修主题
章红	2023 年 11 月首师大教师教育学院承担广西优秀教师高级研修项目指导教师
常丽艳	2023 年 9 月首师大第一分校高中部数学学科指导交流；2023 年 11 月首师大教师教育学院承担广西优秀教师高级研修项目指导教师

（七）"瑶台之路"微信公众号

"瑶台之路"公众号是一个关于数学竞赛，自主招生，中、高考压轴题以及数学文化的公号，旨在支持北京学生和老师的数学学习和教学。公众号自 2018 年创办，目前有上万粉丝，最高文章点击量 7 万 +。

为有天赋的学生搭梯子，为有需要的教师做支持，北京高考最后一题（新定义问题）是北京高考的特色，旨在考查学生学科综合能力，考查学生在新情境下数学语言的阅读能力，数学定义的理解能力，数学知识的运用能力。如何让最有天赋的学生，在新定义问题中取得突破，是高三复习中的难点，也是许多优秀考生备考中的痛点。在网络上，常规问题讲解的资源很丰富，但高考压轴题的讲解资源还比较稀缺，受限于教学研究和整体学情，很多薄弱校的具有数学天赋的孩子，在常规教学中很难获得足够的针对性培养，很多新手教师和薄弱校对此感兴趣的教师，则缺乏相关教研机会。公众号创办的初心，正是为每一个有能力够到这些题目，但受限于常规教学条件而"吃不饱"的学生提供一些帮助，为辐射优质校教育资源，促进教育公平，尽一名一线教师微薄的力量。学生们可以通过公众号学习视频，更好地理解题目，提升素养；教师们也可以通过公众号来获得教育资源，得到一些备课方面的支持和参考。目前，公众号发布了自2007年起历年北京高考最后一题的视频解析，以及一些典型的各区县模拟试题最后一题的解析等，后续将会对已发布资源进行整合和优化，方便需要的教师和同学学习。

近期发表

04月01日 已发表 ∨	[视频 16:22]	2023高考北京 原创	1,252	6	10	0
03月31日 已发表 ∨	[视频 9:34]	2021年北京高考 原创	948	6	13	0
03月30日 已发表 ∨	[视频 24:10]	2019北京高考20题 原创	1,299	7	17	0
02月09日 已发表 ∨	擂台之路	春晚魔术与数学 原创	72,075	748	161	1
01月22日 已发表 ∨	[视频 21:47]	2024年石景山高三年级期末考试21题 原创	1,124	8	11	0
01月21日 已发表 ∨	[视频]	2024年九省高三联考数学第17题	749	7	2	0

（八）落实"双减"

初一备课组：

为推进"双减"政策落实，促进学生全面发展、健康成长，我们初一数学备课组的教师致力于探索更加多元和适合的学习方式，精心设计学习活动，在为学生减负的同时提升学习质量，落实学科素养。具体措施如下：

1. 设计开放作业，提升应用能力

在作业设计环节，我们鼓励学生多思考，主动去寻找生活中的问题，将所学知识与实际应用相结合，不只是将知识的学习停留在做题的层面，更是要在实际问题中灵活运用、理解体会其中的逻辑原理并进一步探究新知，培养学生自主发现问题、提出问题、分析问题、解决问题的能力。

例如：在学习统计调查时，我们让学生从身边寻找适合进行统计研究的问题。学生们从问题中抽象概念建立模型，根据所学知识和实际情况选择合适的统计调查方法，提炼关键问题并制作调查问卷，运用适当的图表和统计量来描述和分析数据，最终给出结论。学生在学习过程中对于抽样调查所需的随机性、不同图表的优点、统计量的含义等问题有了更直接的感受，同时更深刻地理解了在统计调查中用数据说话的重要性。

2. 小组课题展示，激发学生兴趣

按照"双减"政策的要求，在学习方式上应更加凸显学生的主体地位，将课后时间更多地交给学生，为此，我们设计了若干个数学小课题供学生自主选择。创设的富有趣味性的课题激发了学生的研究兴趣，促使学生们在更加开阔创新的环境中进行合作探索和学习，让学生更加有效地进行学科思维的培养，提高自主学习的能力。

例如：国庆假期我们为学生提供了如《探秘二维码》《如何设计营养食谱》等数学小课题，同时也鼓励学生自主提出课题，其中不乏《探秘算盘》《揭秘直角三角形——勾股定理》等很有研究价值的问题。学生们通过分工合作完成对课题的肢解，通过对不同子问题的分析研究完成全面且完整的小课题探究，在轻松愉快的氛围中进行了深度学习，提高了学生学习新知识的效率。

初二备课组：

在"减负"精神的带动下，初二数学备课组的教师们立足学生的长远发展，精心设计作业，探索多种学习方式，为学生减负的同时，激发学生的学习兴趣，提升学习效果，落实数学核心素养。具体措施如下。

1.分层设计作业，减负提质增效

为了帮助不同层次学生精准把握知识脉络，构建属于自己的学习框架，对所学知识进行深入思考，提高学习效率和作业质量，我们对学生的不同学习情况进行分析，围绕学生当前的知识结构、学习水平，为学生设计多元化的作业。

例如《轴对称》这一章，我们将作业划分为基础类、综合类和探究类，引导学生进行针对性的学习。通过对作业内容的层级划分，学生可以对所学知识拥有清晰的脉络认知，建立具有自己学习特点的学习框架。减负的同时，提升学习效果，让不同层次的学生获得相应的发展。

基础类　　　　　　　综合类　　　　　　　探究类

2. 优化教学设计，提升学习效果

"双减"背景下初中数学教学要转变观念，提升数学学习的实效。首先，我们应该明确教学实际目标，依据新课标切实分析学情等实际情况，为学生学习提供多元化的选择；其次，"双减"背景下数学课堂要凸显学生的主体地位，使学生在课堂中通过自主探索提升综合能力；最后，鼓励学生通过积极合作互动，实现对数学知识的深层次探索。

我们尝试开展数学小讲堂，让学生作为小讲师，实现角色转换、通过人人参与开展小组合作等多种方式提升教学效果。

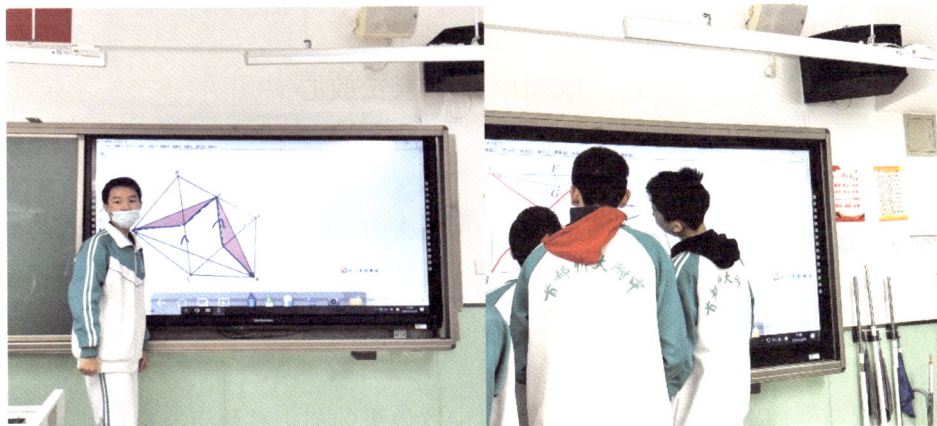

3. 创设实践活动，乐学习善合作

按照"双减"政策的要求，教师应将课后时间交到学生手中，为其创设富有趣味性且有价值的实践活动，促使学生在更为开阔开放的环境中进行探索及实践。让学生把更多时间和精力用于学习兴趣的激发和学科思维的培养上。

例如，我们开展了绘制校园平面图的实践活动。学生分工合作，测量、绘图、设计、总结反思，经历了一个完整的学习过程，在轻松、愉悦的氛围中进行深层次的学习，增强了学生认识真实世界、解决真实问题的能力。

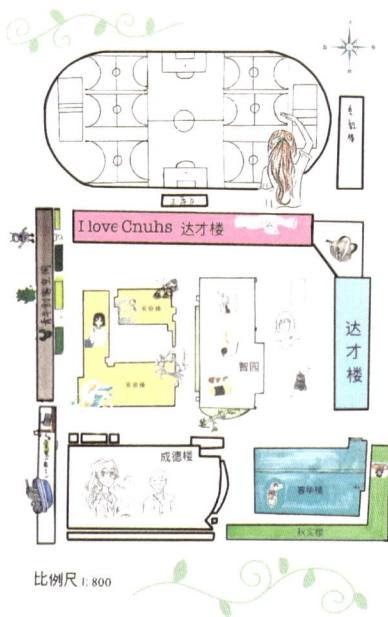

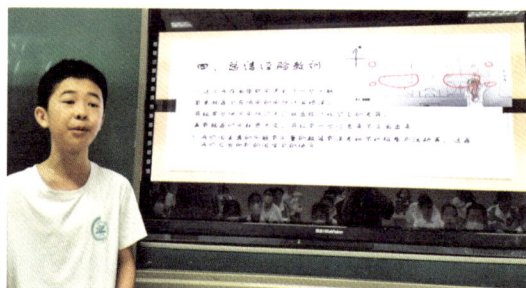

五、成绩卓著　家长放心

（一）丰富多彩的数学学科活动

首师大附中数学组为不同年级、不同层次的学生量身设置了多种素养导向的数学学科活动，在这些活动中，学生不断激发对数学的兴趣，数学思维不断开拓，解决问题的能力也逐步提升，促进了综合素质的全面发展。

1.初中：多彩思维　落实双减

"双减"政策推广以来，首师大附中数学组的初中教研组坚持以"双减"政策为依据，从多方面入手，打造符合初中生数学学习需求的多元化活动平台，有效提升学生知识学习、迁移、运用能力，促进学生数学学科综合素养的发展。

初中代表活动一：暑假小课题研究

为了让同学们"用数学的眼光观察世界，用数学的思维思考世界，用数学的语言表达世界"，初一年级数学备课组精心设计了暑期实践活动：研究一个数学小课题，内容不定，方向不定，课题虽小，重在"自主"。开学伊始，同学们便通过小组交流的方式，角逐出了各班级的代表作品。多彩思维第一讲，暑假作业小课题研究交流展示活动就这样在成达厅闪亮登场。同学们展示出了自己丰富的收获，暑假的收获内化成习惯和能力，研究不辍，收获更多。

初中代表活动二：博识课程论文答辩

首师大附中博识课至今已开展20余年，不仅体现出鲜明的课程特色，也创新了培养学生核心素养的模式，助力学生实现了全面而有个性的发展、自主发展和可持续发展。在这门以项目式研学形式展开的实践课程中，数学组老师积极参与指导学生论文，在博识课程论文答辩中，大量对数学有研究兴趣的同学脱颖而出，为高中数学学习打下坚实的基础。

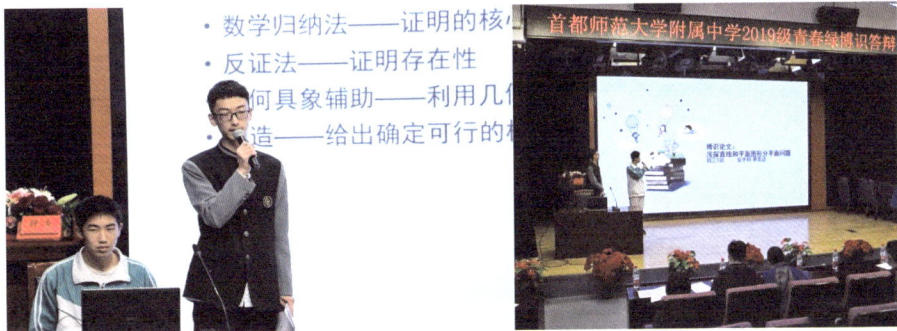

2.高中：项目式学习　素养导向

在高考命题改革背景下，高中数学学科教学面临诸多挑战，为进一步落实新课标对学生数学核心素养的培养，首师大附中数学高中教研组在传统教学模式注重知识传授的基础上，进一步通过项目式学习的方式培养学生的综合能力和创新思维。而项目式学习作为一种新的教学方法，对于解决这些挑战具有重要意义。

高中代表活动一:《品味几何文化》项目式学习

几何学是数学的一门分科，是研究物体的形状、大小和位置间相互关系的科学。古希腊数学家欧几里得写成了《几何原本》。我国秦汉时期成书的《周髀算经》和《九章算术》已对图形面积的计算有所记载。刘徽、祖冲之、王孝通等都是我国古代几何学发展的代表人物。进入近代，笛卡儿利用代数方法研究几何问题，建立了解析几何。十八、十九世纪，由于工程、力学和大地测量等方面的需要，产生了画法几何。二十世纪以来，理论物理，特别是相对论的出现，又促进了微分几何的发展。为了贯彻素质教育精神，提高学生的动手操作能力和空间想象能力，培养学生的创新意识，激发学生学习数学的兴趣，2021年5月24日，首师大附中高一年级开展了数学项目式学习——《品味几何文化》交流、展示活动。创新、求实学部开展立体几何模型大赛；成达学部开展解析几何研学活动。

成达学部：解析几何是数学发展过程中的标志性成果，是微积分创立的基础。通过建立坐标系，借助直线、圆与圆锥曲线的几何特征，导出相应方程；用代数方法研究它们的几何性质，体现形与数的结合，在物理、天文等学科中有广泛的应用。特别是让所有国人为之兴奋、自豪的天宫一号火星之旅，让同学们对其运行轨道产生了浓厚的兴趣。围绕着刚学不久的解析几何，同学们展开了曲线及其性质的探索之旅。

创新与求实学部：利用展开图制作几何体，或将小棍作为几何体的棱，制作出几何体。要求做出正方体、正三棱柱、斜四棱柱、正三棱锥、正四面体的第一类和第二类模型。同时研究几何体的展开图方案，或制作旋转体、创意组合体等。同学们的创作形式多样，色彩纷呈，充分展现了创造性和艺术美。

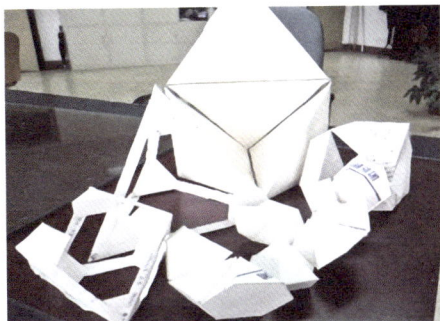

高中代表活动二：高三学生专家指导

针对高三学生时间紧任务重的特点，邀请专家进行学法指导是一种有效的做法。专家可以通过提供科学有效的学习方法和策略，帮助学生更好地规划和利用自己的时间，提高学习效率和成绩。学生通过与命题组成员、阅卷组专家以及区教研员等各专家交流，深入了解一线。

（二）卓著的中高考成绩

近年来，我校学生高考6次获海淀区第二名，文科取得一次海淀区第一名，数学中高考满分同学层出不穷，始终保持海淀区前列。

（三）体系完善的竞赛社团

1. 奥林匹克运动会数学竞赛获奖情况

多名学生在中国数学奥林匹克（CMO）、全国数学联赛、北京市中学生数学竞赛中获奖。

时间	姓名	竞赛奖项
2022年	孙安江	全国高中数学联赛二等奖
2022年	卢雨辰	全国高中数学联赛二等奖
2022年	王一安	全国高中数学联赛二等奖
2022年	刘文珊	全国高中数学联赛二等奖
2022年	何天衢	全国高中数学联赛三等奖

续表

时间	姓名	竞赛奖项
2022 年	郑皓天	全国高中数学联赛三等奖
2022 年	张钟渠	全国高中数学联赛三等奖
2022 年	王佳禾	全国高中数学联赛三等奖
2022 年	叶笑宇	全国高中数学联赛三等奖
2021 年	崔　航	全国高中数学联赛三等奖
2021 年	李　昂	全国高中数学联赛三等奖
2021 年	孙浩然	全国高中数学联赛三等奖
2020 年	梁慧智	全国高中数学联赛二等奖
2020 年	唐梓轩	全国高中数学联赛二等奖
2020 年	欧阳浩然	全国高中数学联赛三等奖
2020 年	何天衢	全国高中数学联赛三等奖
2020 年	陈相龙	全国高中数学联赛三等奖
2020 年	李　昂	全国高中数学联赛三等奖
2019 年	欧阳浩然	全国高中数学联赛一等奖
2019 年	陈相龙	全国高中数学联赛二等奖
2019 年	叶承林	全国高中数学联赛三等奖
2019 年	李肇书	全国高中数学联赛三等奖
2019 年	王晨晓	全国高中数学联赛三等奖
2018 年	陈相龙	全国高中数学联赛三等奖
2018 年	王　菁	全国高中数学联赛三等奖
2018 年	黄逸飞	全国高中数学联赛三等奖
2017 年	朱晓宇	全国高中数学联赛一等奖
2017 年	曹浩轩	全国高中数学联赛二等奖
2017 年	翁翾辰	全国高中数学联赛二等奖
2017 年	马瑞聪	全国高中数学联赛二等奖
2017 年	徐　炜	全国高中数学联赛三等奖
2017 年	马思然	全国高中数学联赛三等奖
2016 年	刘鑫焱	中国数学奥林匹克二等奖
2016 年	刘鑫焱	全国高中数学联赛一等奖
2016 年	曹浩轩	全国高中数学联赛二等奖
2016 年	邰芊琛	全国高中数学联赛二等奖
2016 年	徐　炜	全国高中数学联赛二等奖
2016 年	马思然	全国高中数学联赛三等奖
2016 年	马瑞聪	全国高中数学联赛三等奖
2016 年	刘紫箫	全国高中数学联赛三等奖
2015 年	房凯霄	全国高中数学联赛二等奖
2015 年	刘鑫焱	全国高中数学联赛二等奖
2015 年	邰芊琛	全国高中数学联赛三等奖

2. 其他数学学科竞赛成绩

多人在北京数学知识应用竞赛、美国数学邀请赛（AMC、AIME）、国际数学建模挑战赛（IMMC）中获奖。其中，在 2014 年美国数学竞赛 AMC8 中：

（1）The First Place。

黄逸飞（初二年级），马兰馨（初二年级）。

（2）The Second Place。

李雨薇（初一年级），刘宇麒（初一年级），黄子昂（初一年级），刘宛悦（初一年级），吴疆懿（初一年级），袁奕晨（初一年级），尧保瑞（初二年级）。

（3）The Third Place。

张方芊（初一年级），李容（初一年级），周琰青（初一年级），刘宇尧（初一年级），李予捷（初一年级），韩潇（初一年级），于泽蕙（初一年级），徐睿琪（初一年级），王菁（初二年级），贾悦彤（初二年级）。

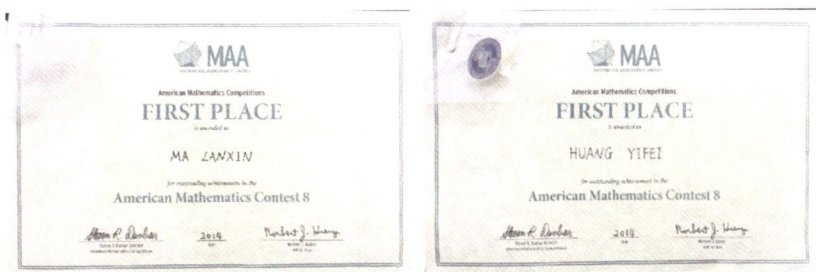

2021 年建模比赛获一等奖情况

姓名	年级
孙安江	高一
郭祐祺	高一
刘润泽	高一
王若朴	高一
王桂彩	高一
傅瑀	高一
蔡伊凡	高二
于梓方	高二
张硕	高二
岳弋菲	高二
郑恺瑶	高二
赵朴坤	高二
邓晓璐	高二
郭彦	高二

3. 校学科活动成绩

在校内特色的"青牛杯"数学学科活动中，普及组、提高组活动中均涌现出大量对数学研究兴趣高、自主探究能力强的同学。

以下是部分学生获奖证书：

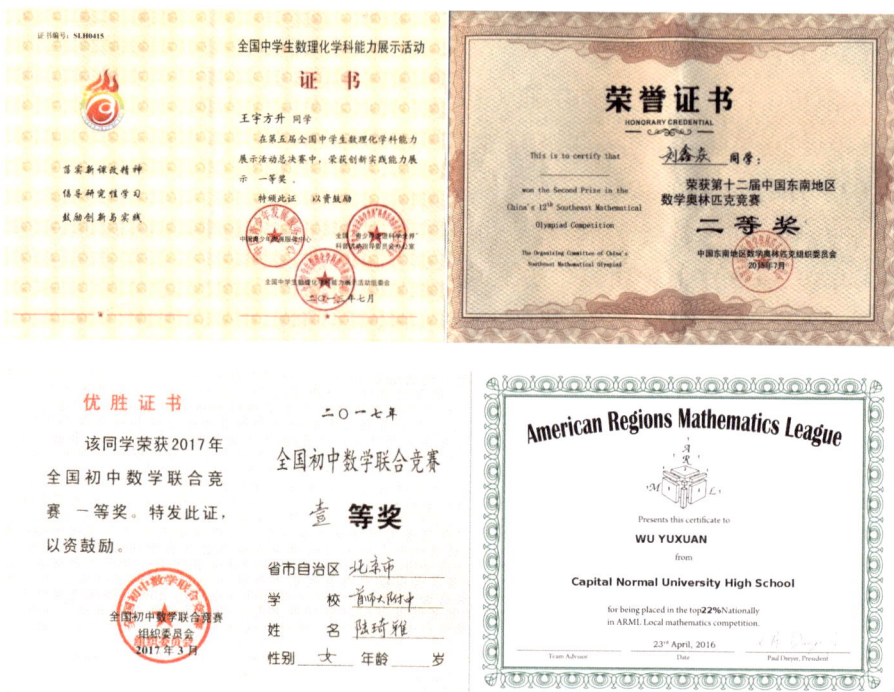

这十年来，数学组全体同人携手同行，创造了一个又一个辉煌的时刻。下一个十年，我们仍将不忘初心，砥砺前行，为附中、为国家培养更多的人才！

附：数学教研组十年大事记

2014 年，首都师范大学附属中学迎来"百年华诞"。我校两名同学在尤飞老师的指导下，取得高考数学满分。

2015 年，数学组在学校的整体规划下，围绕数学学科核心素养，构建起"基础通修、兴趣选修、专业精修、自主研修"的四修课程体系。2016 年，我校学生刘鑫焱在胥庆老师的指导下，获得高中数学联赛银牌。李有容在黄凤圣老师的指导下，取得高考数学满分。

2017 年，我校刘荷等 5 名同学在常丽艳老师的指导下，取得高考数学满分的好成绩。

2018 年，我校成为海淀区中学数学学科教研基地。

2019 年，我校成为首都师范大学数学英才培养基地。

2020 年，疫情来临，数学组初高中教师们全面支持教育部、市、区空中课堂建设，也为校慕课平台录制了许多视频课程。

2021—2022 年，数学组搭建"成达思维"课堂体系，进行作业改革，全面提升学生校内学习效率。

2023 年，数学组建设初高贯通竞赛课程，进一步完善四修课程体系。

成达铸"英"才　妙"语"谱华章

首师大附中百一十年华诞来临之际，英语教研组长雷霞辉、党支部书记杨娜，组织马丽娟、徐静、胡德慧、高洁、席芊函、多昱静、周雅婷、侯彩凤等人依托附中深厚的文化底蕴，结合附中负责任、有内涵、有温度的成达教育理念，回顾、梳理、总结了英语教研组近十年重教、树人、创新的发展历程，展现了教研组有特色、高质量的工作成效。

本章以英语教研组近十年教学理念和教学行为的转变为出发点，呈现了一系列以教学理论为支撑、以新课程改革为契机、以新课程标准的基本理念为指导的体系化的教学、教研活动，体现了英语教研组的工作重心由专注听说读写的英语技能转向引导学生通过实践应用迁移英语并培养学生英语学科核心素养，由专注于教材中的语言知识点转向培养健康阳光、自信坚毅、正志笃行、成德达才、家国担当、胸怀天下的综合创新型人才。

半世风雨润桃李，世纪沧桑诗伟业。回首过去，我们以史为荣，我们为附中英语教研组的业绩而骄傲；以史为鉴，我们为能再续前辈的辉煌而自豪！与时俱进，超越历史，新一代附中人将永远立于时代的潮头！

一、英语教研组简介

首师大附中作为海淀区英语学科基地校，拥有一支爱岗敬业、踏实肯干、锐意进取、乐于钻研、热爱学生的英语教师团队：现有专职教师 39 名，大部分教师具有海外留学或进修经历。其中特级教师 1 人，正高级教师 1 人，高级教师 13 人；北京市骨干教师 1 人，海淀区学科带头人 4 人，海淀区骨干教师 6 人；11 人现任海淀区兼职教研员或中心组成员，5 人曾任；海淀区名师工作站导师 1 人；北师大、北外、首师大教育硕士导师 6 人。

砥砺深耕教与研，匠心传承共创新。经过多年细致探索，英语教研组打造了具有贯通特点的课程体系，开发了特色校本教材及丰富的视频课程资源，并在不断总结反思中，提升教师队伍的专业素养与专业化程度。目前教研组形成了独立的教学特色："三心四精"。"三心"，即温暖人心、凝聚人心、振奋人心，引领教师心怀山河，丰盈自我，踔厉奋发。"四精"即精英团队、精诚合作、精益求精、精意覃思。在《普通高中英语课程标准（2017 年版）》的引领下，学科核心素养的培养日益强调发展思维能力的重要性。首师大附中英语教研组与时俱进，以促进高级思维能力发展为核心目标，积极打造思维发展的课堂、开设丰富多样的课程、举办特色鲜明的活动、取得全面优异的成绩。结合首师大附中提出的"正志笃行、成德达才"的育人理念，英语教研组认真钻研了英语学科在中学教育教学中的作用，牢固树立德育为先、素质教育为重的理念，把教书和育人有机结合，多年来取得了丰盛成果，深受社会好评。

英语教研组结合学校四修课程体系和"三维六阶"人才培养模式，实现了英语学科从学段割裂走向六阶融合的贯通培养规划格局，完善了共建、共研、共享的英语教学体系，稳步扎实地渗透了核心素养教学理念，从整体和全局高度准确地把握和推进建构各年级稳步有序的发展格局，优化整体教学计划，切实提升英语教学的人才培养质量，在自我发展的同时发挥引领与辐射作用，并在实践中不断创新和完善课程体系与人才培养模式。

二、学科理念：深化理解，引领学科前行

（一）核心理念

英语教研组在组长雷霞辉的引领下，秉持着严谨治学的态度，深入研读并紧密围绕《普通高中英语课程标准（2017年版2020年修订）》展开工作，将培养学生的英语学科核心素养作为课程目标的核心定位。在雷组长的创新思路下，教研组不仅关注语言知识的教授，更着眼于学生语言能力、文化意识、思维品质和学习能力的全面提升，从而明确了英语课程在立德树人中的独特育人价值。

经过多年的不懈努力与精心耕耘，各备课组在教学实践中取得了显著的成效。他们成功地摆脱了传统的以语法和词汇为中心的教学模式，将课程的重心转移到引导学生学会用准确、得体的英语表达个人观点，用英语解决实际问题，并讲好中国故事上来。这一转变不仅提升了学生的语言应用能力，更促进了他们知识增长、思辨能力和表达能力的协同发展。

教研组的这一治组特色和创意既体现了时代要求，又符合学生发展的需要。在雷组长的带领下，英语教研组将继续保持创新精神，不断探索更加高效、科学的教学方法，为学生的全面发展贡献更多的智慧和力量。

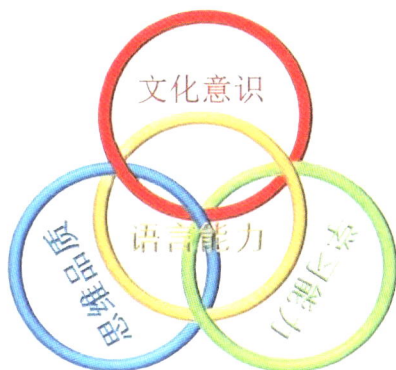

英语学科核心素养目标结构图

（二）体系构想

在推进教研组建设的道路上，英语组致力于打造一个和谐进取、柔中有韧、且思且行的教学团队。这一目标的实现，需要组内各个成员齐心协力，从多个方面入手，共同为提升教学质量和团队凝聚力而努力。

1. 以备课组的建设为基石

长期以来，英语教研组实行备课组长负责制，确保备课工作的有序进行。备课组统一研读课程标准和考试说明，对教学目标了然于心；研究学生的特点、共性及所存在的问题，寻找解决之道；同时，确定教学起点和指导思想，研究教学的基点、难点、重点、疑点、能力点；此外，精心设计听评课量表，建立有效的听课评课制度，促进教师之间的互相学习和交流，做到全心投入，真心研讨和交流，杜绝形式化、敷衍化倾向。

2. 发挥老教师和骨干教师的优势辐射作用

英语教研组传承组内优良传统，坚持以老带新结对子，促使青年教师迅速成长。通过师父对新教师的跟踪听课和重点培养，帮助他们及时改进不足，提升教学水平。同时，鼓励青年教师积极好学，主动拜师，努力提升自身的教学能力和专业素养。

3. 加强英语组云平台资源建设

打造系统、完善的资源平台是分享优势资源、促进团队成长的重要途径。英语组致力于建成具有学科特色的云平台资源库，将优秀的教学设计、课堂实录、拓展资料等存放在资源库中，供教师们参考和学习，同时鼓励教师上传教学反思、听课评课感受等内容，使其成为促进青年教师迅速成长的有效平台。

三、课程建设：精心打造，铸就课程精品

课程建设是决定人才培养、教学质量和教学水平的最基本要素，也是推进教育创新，深化教学改革的重要途径。在学校教育教学改革的背景，以及学校四修课程体系的顶层设计下，考虑到英语学科的特色、英语学科的四大核心素养以及英语学科在教育教学中的作用，英语组将学科教学进行了优化整合，开发并初步制定了英语学科四修课程体系规划，形成具有首师大附中特色、充满活力的英语课程体系和教学模式，促进学生发展，提高教学效益。此外，在四修课程体系的基础上，英语组全体教师凝聚共识，目标明确，发力精准，思考如何做到英语学科的纵向打通、实现初高中的贯通培养，结合学校六年一体化培养规划，构建了"三维六阶"一体化英语人才培养模式，培养具有扎实语言基础和综合实践能力的英语人才。

首师大附中英语教研组经过多年的实践深耕与守正创新，凝结集体智

慧，贯彻英语学科核心素养落地，扎根英语教学教育实景，开发构建了折射首师大附中特色与精神底色的英语学科四修课程体系，即 4S 课程体系，囊括 basic-Skills courses 基础通修课程，Selective courses 兴趣选修课程，Specialized courses 专业精修课程，Self-learning courses 自主研修课程。英语教研组在《普通高中英语课程标准（2017 年版 2020 年修订）》的引领下，结合首师大附中提出的"正志笃行，成德达才"的育人理念，在四修课程体系的基础上思考如何做到英语学科的纵向打通、实现初高中的贯通培养，结合学校六年一体化培养规划，构建了"三维六阶"一体化英语人才培养模式（3D Consecutive Cultivation Model）。"三维"，即自我认知，自然认知和社会认知三个维度；"六阶"，即初高中六年一体化进阶发展，以期打造多维度、贯通式的英语人才培养模式。按照"三个维度""六个阶段"，英语教研组将英语课程体系进行整体规划，打造出一个具有渐进性、层次性、综合性的全新系统，兼顾英语核心素养的培养和多学科能力的融合，遵循学生认知发展规律，同时避免教师重复劳动、各级知识体系无法衔接等情况。英语学科四修课程体系和"三维六阶"一体化英语人才培养模式首先在本部实施，而后在集团校推广、实施、检验，英语教研组在自我发展的同时发挥引领与辐射作用，并在实践中不断创新和完善课程体系和人才培养模式。

（一）英语四修课程体系（4S）

basic-**S**kills courses　01

Selective courses　02

Specialized courses　03

Self-learning courses　04

1. 基础通修课程（basic-Skills courses）

基础通修课程面向全体学生，指向学生基础素养的发展，以教材为载体，实现国家必修与必选课程的校本化实施。英语基础通修课程以课程内容整合为特色，教师依据知识体系、学生学情、时代背景、学习资源等，在日常教学中有目的地进行课程内容整合，包括：教材内部整合、教学资源整合、学科知识间的整合等，体现了教师的能动性与教师对课程内容的深度加工。

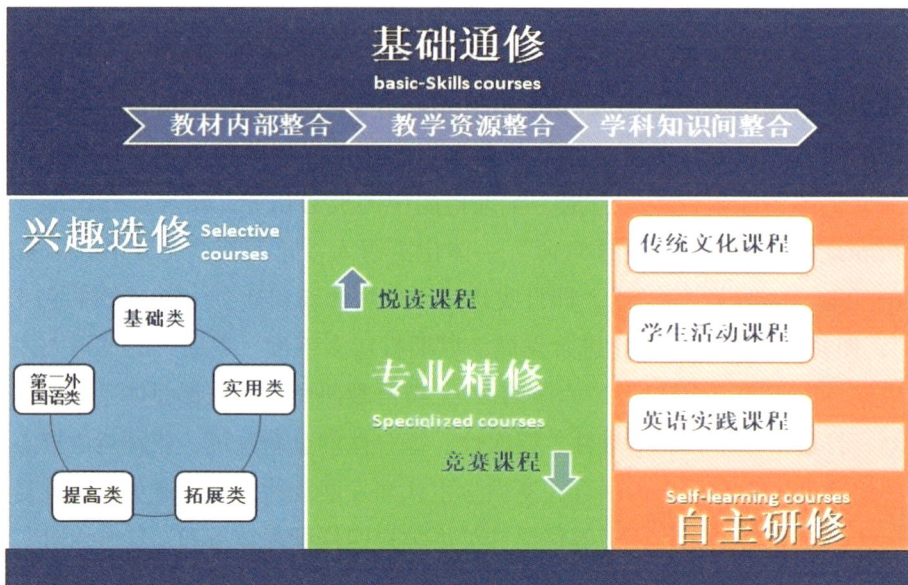

2. 兴趣选修课程（Selective courses）

设置选修课是课程改革的一个重要举措，开设选修课程的主要目的是为学生提供多样化选择的余地和发展个性的空间。开设选修课还有利于扩大学生的知识面，并在一定程度上实现跨学科学习，也为学生规划人生提供实践的机会。英语学科兴趣选修课把语言能力、文化品格、思维品质以及学习能力放在首位，突出趣味性、通俗性、融通性，力保课程对学生的吸引力，使学生在轻松愉悦的氛围下获得兴趣的发展，提高学生的英文和综合素养。

3. 专业精修课程（Specialized courses）

专业精修课程体现了学生的特长发展，满足学生未来专业学习与发展的需求，明确学生的学科专攻方向。英语教研组设计的悦读课程和竞赛课程旨在通过更丰富和专业的材料发展学生的语言能力，提升文化品格，使学生更好地胜任未来更专业化英语学习，为学生未来的学科素养奠基。

4. 自主研修课程（Self-learning courses）

自主研修课程是基础通修课程之外的必要补充，是学生利用自主时间在教师的指导下进行的有目的、有意义的学习活动，满足学生的个性化需求，实现促进学生全面发展的教育目标。英语自主研究课程主要包括：传统文化课程、学生活动课程、英语实践课程。我们整合了校内外及课内外的各类资源，引领学生进行探究性学习，为学生搭建自主学习的平台，将更多的时间还给学生，自主管理、自我展示、开拓视野、应用课堂所学，培养学生的自主学习和探究能力，培养学生的社会责任感、合作精神、创新精神等，进而为学生建立良好的素质结构打下坚实基础。

（二）"三维六阶"一体化英语人才培养模式（3D Consecutive Cultivation Model）

1."三维六阶"

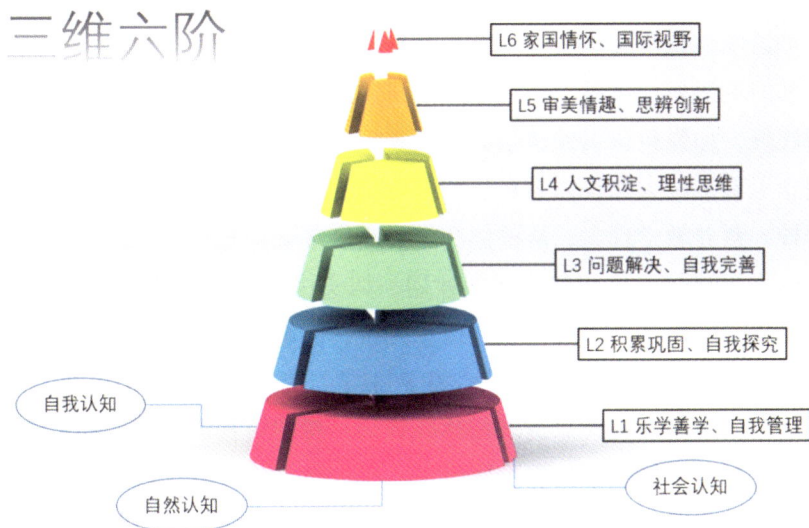

"三维六阶"一体化英语人才培养模式是为有效地促使英语教研组不断更新教育理念、整合教育资源、开发优质课程、完善课程体系的新兴产物。"三维"指向培养一个全面发展的学生所应具备的三种认知能力，即自我认知能力、自然认知能力和社会认知能力，同时也涵盖了英语学科核心素养的三大主题语境，即人与自我，人与自然和人与社会。基于英语学科特点、二语习得发展规律，结合学生身心发展需求、认知水平发展规律，以及学校"正志笃行，成德达才"的育人理念，首都师大附中英语教研组将初一至高三的课程设计为具有"渐进性、连贯性、综合性"的六个层级，从一级到六级依次为：L1乐学善学、自我管理，L2积累巩固、自我探究，L3问题解决、自我完善，L4人文积淀、理性思维，L5审美情趣、思辨创新，L6家国情怀、国际视野，打造了具有前瞻性的学科育人新格局。基于"三个维度""六个阶段"的"横纵双维"

规划路线，英语教研组打造的全新系统能够兼顾英语核心素养的培养和多学科能力的融合，遵循学生认知发展规律，同时避免教师重复劳动、各级知识体系无法衔接等情况，实现了英语学科的精准育人、长线规划与提质增效。

2. 英语课程体系

按照"三个维度""六个阶段"，英语教研组将课程体系进行整体规划，打造一个具有渐进性、层次性、综合性的全新系统。需要说明的是，根据英语学科与时俱进的特点，教研组不断根据学生需要、时代变化，更新授课内容和方式，教研组课程体系处于不断更新和完善状态。

英语学科四修课程体系和"三维六阶"人才培养模式下课程体系的建设实现了英语学科从学段割裂走向六阶融合的贯通培养规划格局，完善共建、共研、共享的英语教学体系。课程体系的研制过程更新了教师教育教学理念，夯实科研底气，加强科研引领教学力度，实现从独立钻研向协同教研的转变。从建构理念上看，两大课程体系在建构前期精准施策，因"级"施教，稳步扎实地渗透核心素养教学理念，从整体和全局高度准确地把握和推进建构各年级稳步有序的发展格局，优化整体教学计划，切实优化英语教学的人才培养质量。两大课程体系历经多年研究探索，逐步完善，能够顺畅高效地完成初高中英语六年的学习，在润物细无声中培养学生自主学习能力和终生学习习惯。

英语教研组是一支锐意进取、热爱教研、勇担重任的团队。经过多年细致探索，英语教研组打造了具有贯通特点的课程体系，开发了特色校本教材及丰富的视频课程资源，并在不断总结反思中，提升教师队伍的专业素养与专业化程度。

四、课堂风采：精彩纷呈，展现教学魅力

课堂是教育的主战场，是教育发展的核心地带。十年来，英语组教师团结一心，凝聚智慧，不断更新教学理念，通过多种方式展现课堂风采。教师们从英语学科核心素养出发，注重学科育人，设计体验式学习、深度学习、教学评一体化的课堂，引导学生自主探究、合作学习，在英语课堂上学习语言知识，发展语言技能，涵养内在精神。

（一）"成达思维发展课堂"优秀课例

授课教师：郭慧盈

授课内容：人教版七上 Unit 6 Do you like bananas? Period 5 Future Food Masterminds Conference

课例简介：

郭慧盈研制的课例"未来食物主理人大会"结合创造性游乐园理论模型探索并实践了中学英语阅读教学中创新思维的培养路径。第一步，设境启思，筹划游乐园，即创编与开发拓展阅读文本，促进创新思维生长。授课教师依据教材话题语境开发了语篇 Food for the Future，为学生提供创新思维生长的学习材料。第二步，互动思辨，到达游乐园，即创设真实任务导向情境，打开创造性探索解决的空间。授课教师以真实情境北京设计周"未来食物嘉年华"导入，请学生化身"未来食物主理人"，依托"FITA"（Food，Ingredients，Target market，Advantages）四方面，遵循设计并展示未来食物产品设计方案，亲历见证一个未来食物产品的设计与孵化。第三步，自主研思，获得游乐园门票，即提取并共建语篇结构化知识，明确支持创造力生发的先决条件。第四步，拓展深思，畅游游乐园，即创造性地重构知识解决问题，形成富有创意的成果。该课例创设"未来食物设计孵化工坊"的结构化情境，最终集群体智慧，融汇学科知识，形成了"Designer 43"创意作品集。"未来食物设计孵化工坊"为学生营造个性化和自主学习的机会，调动了学生的学习情感，从而产生积极的心理倾向。教师通过设计情景化场景让学生感受到英语学科知识的应用型特点，由此提升作业活动的效能以及增强学生对作业价值的认识。"未来食物设计孵化工坊"作业能够运用现实生活中的素材，即北京设计周的"未来食物嘉年华"活动，加以合理地艺术加工，设置为问题情境"未来食物主理人"大会，引发学生探究热情，引导学生体验感悟，提升生命质量，提高综合素质。自主选题的作业能够满足学生多样化的发展需要，激发主动参与意识，产出创新性成果，并积极参与社会实践的过程。

（二）国家市区级公开课获奖课例

授课教师：赵梦琪（第一届"启航杯"北京市一等奖）

授课内容：北师大版高中英语必修 2 Module2 Unit6 Lesson3 Chinese Paper Art

课例简介：

习近平总书记曾发起"提高国家文化软实力"的号召。他提出，"中华优秀传统文化是中华文明的智慧结晶和精华所在，是中华民族的根和魂，是我们在世界文化激荡中站稳脚跟的坚实根基"。本课中提及的"中华文化小大使"活动就是在这一大背景下开展的，旨在为"为中国孩子带来世界、为世界孩子带来中国"，用青少年的力量推进中华优秀传统文化的传承创新与国际化进程。迄今为止已举办六届，北京超过百万名中小学生参与其中，足迹遍布五大洲。这为授课教师课堂情境的设置提供了事实依据和灵感来源。

授课教师在教学实践和反思中总结出 KULPP 文化传承法，即文化传承要经历 Know—Understand—Love—Practice—Promote 五个阶段。了解是基础，理解是关键，喜爱是初心，实践是必经之路，发扬是目的。只有了解传统文化的关键事实，才能理解其内涵，理解之后才会认同并喜欢上它，喜爱不如亲身去尝试、动手去实践，有了第一手经验再去传播和弘扬文化，用个人行动影响他人。

本课体现了以下教学特色：①两条主线，贯穿课堂。明线为"中华文化小大使去 UNESCO 做演讲"这一核心任务，暗线为调查问卷得到的学情。明暗线互相照应，贯穿课堂，实现了阅读输入和口语输出的匹配。②情景渲染，在做中学。教室里精心布置了各具特色的剪纸作品，教师在讲解中也会直观演示特定作品。学生学习中国传统文化，不仅能学到新知，还能感知到美，并在课后动手创作剪纸作品，在实践中体会剪纸的美和剪纸文化的博大。

在教学过程中，教师综合运用了问卷调查、任务驱动、直观演示、讲解、提问、启发等方法，有效推进课堂活动。

授课教师：孙穆新（第六届"启航杯"课程思政单项奖）

授课内容：北师大版新教材 Module 2 Unit 6 Lesson 1 A Medical Pioneer

教学设计：

本节课围绕"立梦·逐梦·筑梦"三大环节展开。

立梦：本节课程的灵感来源于习近平总书记于 2012 年参观《复兴之路》展览时首次提出的"中国梦"的概念。习近平总书记指出，"实现中华民族的伟大复兴，就是中华民族近代最伟大的中国梦。它体现了中华民族和中国人民的整体利益，它是每一个中华儿女的一种共同的期盼"。教师借助屠呦呦、邓稼先、袁隆平等学生所崇拜的科学家的精神品质激励学生，在提升学生英语语言能力的同时，落实学科素养，实现立德树人的根本目标。

逐梦：本节课注重落实学科育人，引导学生在锻炼英语技能的同时学习他人精神品质，明确个人奋斗目标，从点滴做起，追逐梦想。依据新课标，完整的教学活动包括教、学、评三个方面。教学评价要贯穿教学始终，体现在教学各个环节。同时大单元主题为"The Admirable"（令人尊敬的人），教师引导学生在学习本单元时锻炼提取文章或语段主旨的能力，并且积极思考个人价值，以及为国家和社会所能作出的贡献。本课主题定位在大单元背景下，在课堂教学中融入教师评价、学生互评以及自我评价等多种形式。激励学生自我反思，主动学习，相互学习，共同发展。

筑梦：根据教育部发布的《关于深入学习贯彻习近平总书记重要文章〈思政课是落实立德树人根本任务的关键课程〉的通知》，落实立德树人根本任务。英语作为一门跨文化学科，涉及文化意识的交融，多元观念的传播，思政的引导尤为重要。高中阶段，教师可以通过教材中不同单元主题挖掘精神文化意识，不断提高学生思想水平、政治觉悟、道德品质、文化素养，让学生成为社会主义核心价值观的坚定信仰者、积极传播者、模范践行者，实现为党育人、为国育才的根本目标。

本节课结合课文内容，融合思政要素，培养学生正确的世界观、人生观、价值观，引导学生怀着对未来的希望与美好的信念，构筑梦想，为实现"个人梦""中国梦"乃至"世界梦"付诸实践，不断前进。

授课教师：多昱静（第六届"启航杯"课程思政单项奖）

授课内容：人教版七年级下册 Unit 10 Section B Birthday food around the world

课例简介：

《义务教育英语课程标准（2022 年版）》指出，"文化意识指对中外文化的理解和对优秀文化的鉴赏，是学生在新时代表现出的跨文化认知、态度和行为选择。文化意识的培育有助于学生增强家国情怀和人类命运共同体意识，涵养品格，提升文明素养和社会责任感"。

本课时为"点餐与饮食文化"单元话题引领下的阅读课，聚焦中西方生日饮食文化。为帮助学生更好地完成核心任务，教师提供多元学习支架，从语言和思维两个角度助力学生达成学习目标。在语言方面，教师及时板书总结课堂生成并追问引导，提供同伴对话、小组合作句型，帮助学生提炼并巩固语言表达；在思维方面，教师设置问题链引导学生对比文化差异、学习文化寓意，并思考传播中华文化的途径。

本课时体现了以下亮点：①创设文化交际的真实情境。教师创设真实情境（帮助我校外籍教师，为其中国朋友准备生日美食），邀请外籍教师提前录制视频，情境生活化、贴近学生生活，能够激发学生探索文化的兴趣；创设向外籍教师介绍美食、制作海报宣传中国生日美食的情境任务，使学生更具代入感，增强其对中华文化的认同和传播中华文化的意识。②合理运用图示。教师根据学生的生成及时板书，使用 Venn 图展示中英两国生日饮食文化的异同；在阅读环节，教师引导学生运用思维导图探究中国特色生日美食的寓意；在总结回顾环节，教师通过进阶图帮助学生理解文化差异、学习文化寓意并传播中华文化。进阶图既反映了本课时思政教学的设计思路，也符合学生文化思维发展的路径。

授课教师：周雅婷（第七届"启航杯"综合一等奖）

授课内容：北师大高中英语必修三 Unit 8 Green Living Lesson 2 Greening the desert

课例简介：

本课为听说课，介绍了沙漠拓荒者易解放为了完成儿子遗愿创立 NPO-Greenlife 组织，在中国北方荒漠植树造林的故事，通过本课的学习，希望学生能够探究易解放种树动机的变化 —— 从完成儿子遗愿的决心（小我）到保护环境的责任（大我），体会她通过环保改变自我的过程，并能够意识到每个人都可以发挥主观能动性对环境有所作为。本课涉及的听力技巧为 Note-taking，希望学生能够了解并运用缩写、符号、图表等速记技巧有选择性地记录所听到的长文本。

本课采用差异化任务单分层教学，引导学生动态调整：充分考虑学情以及学生的畏难情绪，不论是教学活动设计还是作业设计，都采取了分层教学，使用挑战版和简单版两套任务单。学生通过自评选择既不囿于自己英语能力又具有挑战性的学习任务，从而激发学生的内在潜能和学习激情，有针对性地促进学生全面成长。教学过程中，引导学生根据完成上一任务的难易程度，动态选择、调整自己选择的任务单版本。

授课过程中，教师采用任务单、板书搭建结构化语言支架：本课基于学生在听力理解、口语表达方面的学情，教学活动设计尤其重视引导学生在已掌握的听说技能和新技能之间、在阅读记笔记策略和听力记笔记策略之间建立联系。教师在课堂中设置层层递进的听说任务，利用任务单和板书给学生提供结构化的语言支架，训练学生语言使用技巧，并指引学生有依据地进行口语表达。

此外，为本课中的结伴活动、小组活动、班级讨论提供批判性、创造性思维支架：教师引导学生进行任务式合作学习（如个人班级展示速记笔记、结伴复述易解放故事、小组讨论展示有关环保先锋的心得收获），交流观点，了解他人对同一问题的不同认知、做法，在填补信息沟，获取更多的表达，完善认知体系的同时，锻炼批判性和创造性思维能力。

（三）其他优秀课例

1. 在小组合作中实现体验式学习

　　课堂上教师巧妙地采用学生们熟悉的老师在微信上打卡学习的记录作为引入，使学生们自然而然地体会到本课主题——终身学习无时无刻不发生在身边，拉近师生距离，体现了体验式学习和深度学习的理念。

　　北京市名师发展工程展示课。从"文字、文学、文化"层面解读文本，逐层深入设计课堂活动，注重引导学生主动参与、乐于探究、勤于动手，旨在培养学生评判性阅读能力以及合作探究能力。

本节课为整本书阅读课，选材Jane Eyre。学生阅读后，进行小组合作分析文本和人物情感并再创结局，中间持续进行师生评价和生生评价。体现了教学评一体化、合作学习、深度学习理念。

2014年10月，北京教育学院举办的国培项目中，阅读课堂上采取小组合作学习的方式。

初三关于学生探究式学习的研讨课。

　　在课文复述阶段，采用小组合作的方式，不同的学生之间可以互补；同时考虑到学生的英语差异性，设置不同的 level 供学生选择，让不同水平的学生都能获得成就感。

博识课带领学生到世界花卉大观园学习花卉相关的知识。小组合作学习，现场体验学习。

采用小组合作的形式，通过阅读圈的学习方式进行深度小组学习讨论。

2. 在问题探究中培养学生思维

区别于选择题的方式和角度提问学生，确保学生对文本有更深入的理解；同时补充阅读话题相似，结论角度不同，极大地挑战学生的思维惯性，培养学生的思辨能力，同时引导学生基于文本答题的意识。

全国部分大学附中教学协作体公开课。教师运用问题梯度链引导学生深度思考，开展思维课堂教学。

学生正在用课堂所学的框架结构和场景化语言向人们介绍一款汽车来吸引顾客，通过应用实践活动体现了新课标的"学思结合、用创为本"。

3. 以学生为主体，注重学科育人

2021年6月2日，海淀区名师工作站第五期导师制研修中学英语组课堂教学研讨活动在首都师范大学附属中学成功举办。李寒老师开展了一节题为"Dealing With Conflict"的研究课，用创新方法把听说教学与提升学科育人能力相结合。

通过英文原著小说阅读，引导学生提高英语水平、提高阅读能力，并在阅读中欣赏语言的美感，既能拓宽生活的宽度，也能增添生命的厚度。

本节课充分体现学科育人的理念，紧密围绕单元话题"美"和主题意义，从韵律美、意境美、色彩美和情感美的角度引导学生对诗歌进行鉴赏，将英语语言与美育有机结合，助力学生英语学科核心素养的提升。

关注学生，以学生为主体，给学生充分输出语言的机会。

　　每节课上，教师为学生提供展示机会，让学生有机会站在台前，表达自己的想法，练习用英语输出思想和见解。教师尽量为学生的展示提供有针对性的点评和改进意见，让学生在每次展示中获得新的进步。

以学生为主导的课堂公开课。

　　把课堂交给学生，放飞他们的想象，给他们足够的时间进行思考和表达，多鼓励，少批评，在倾听中培养学生的思辨能力和表达能力，引领学生不断成长。

本节课是高三试卷讲评课，以学生为主体，结合试卷中非谓语的语法特点引导学生在写作中正确使用非谓语，从而丰富句式，增加写作亮点。

为贵州省遵义市凤冈县天桥镇柳塘校区录制英语课程。让偏远地区的孩子一样拥有享受优质学习资源的机会，和城市里的孩子们共同进步。

4. 基于主题意义的深度学习

本课是典范英语八上《Titanic Survivor》，在"what a hero is"这一主题意义引领下，以语篇为依托，通过以学习理解、应用实践、情感体悟为一体的活动，帮助学生整合性地学习语言知识，发展语言技能，涵养内在精神，践行了英语学习活动观，培养了英语学科核心素养。

该课堂是核心素养的教学落实展示：以润物细无声的方式渗透正确的情感、态度、价值观，在感受多元文化的同时增强文化自信；以话题为载体，带领学生提炼内容，从不同角度思考和解决问题；通过小组讨论、风采展示、同伴互评等引导学生概括、推断、评价，进行思考、批判和创造。

本课为京剧（Beijing Opera）主题的听说课，学生通过同伴讨论、小组合作等探究学习的方式，了解京剧方面的知识，欣赏京剧的四大角色，感受"唱、念、做、打"相结合的京剧表演艺术，从而达到将听说课和生活实际相结合、在传统文化中学习英语的目的。

本节课题为"Apart from a poet, who is Su Shi？"通过阅读提炼、小组探讨、教师引导，学习苏轼积极入世、忧国悯民，坚毅不颓、坚韧顽强，以及面对挫折泰然处之，将苦难化为诗的从容与豁达。助力学生身心健康成长并讲好中国故事。

五、教师发展：专业成长，铸就教育精英

教师发展是学生发展的重要前提之一。长期以来，英语教研组全体教师贯彻党的教育方针，凝聚教育信心，践行教育理想，规范职业行为，培育厚德博学的创新人才，在教书育人的神圣事业中实现个人成功与社会价值。

（一）教师教科研成果

1. 优秀课程建设

姓名	奖项名称	时间	颁发单位
雷霞辉	第五批北京市中小学名师发展工程	2017 年	北京市教育委员会人事处
	海淀区基础课程建设优秀成果二等奖：《基于主题语境下的"多元一体"英语学科成达课程建设研究与实践》	2022 年	海淀区教育科学研究院
李军华	主编的《正志笃行　成德达才》课程建设周期成果获北京市第四届基础教育教学成果一等奖、首届基础教育国家级教学成果二等奖	2017 年	北京市普通高中自主课程实验工作组
杨娜	海淀区义务教育学校区级学科带头人，骨干教师培训展示活动中荣获一等奖	2016 年	海淀区教育委员会
徐静	北京市首届科研课题录像课（教学基本功）一等奖	2017 年	北京市教育学会
高洁	北京市中小学优秀研学旅行课程开发成果一等奖	2021 年	北京教育科学研究院基础教育课程教材发展研究中心
李玉华	《典范英语 7》Noisy Neighbors 获北京市科研课题研究课教学基本功一等奖	2019 年	北京市教育学会
袁慧	初中英语学科的作业设计《人教版七年级下册 Unit 6 I'm watching TV》，在"北京市义务教育阶段优秀作业案例及作业设计征集与展示（2021—2022 学年）"活动中获一等奖	2022 年	北京教育科学研究院基础教育教学研究中心
容姗姗	第十四届全国高中英语课堂教学优秀课展评现场实录课二等奖	2020 年	中国英语外语教师协会
石小春	《Unit 15 Lesson2 Different Schools》获北京市第三届科研课题研究课（教学基本功）评比二等奖	2019 年	北京市教育学会
席芊函	海淀区第三届"风采杯"中学教师教学成果展示，获得综合一等奖、英语学科教学设计一等奖、学科同步作业展示一等奖	2019 年	海淀区教育委员会基础教育二科
刘丹	海淀区风采杯一等奖、"一师一优课　一课一名师"一等奖、第十四届全国高中英语优秀课堂教学优秀课展评一等奖	2019 年 2020 年 2021 年	海淀区教育委员会 北京教育网络和信息中心 IATEF TEFL CHINA

续表

姓名	奖项名称	时间	颁发单位
罗伟	教育部人文社会科学重点研究基地"十三五"重大项目——《中国外语教育理论与实践创新研究》"第十届全国基础英语素质教育实验基地学术交流研讨会"教学课例一等奖	2017 年	北京外国语大学中国外语与教育研究中心
顾瑀	北京市基础教育优秀课堂教学设计评选优秀课例二等奖	2017 年	北京教育科学研究院基础教学研究中心
霍毓	教育部人文社会科学重点研究基地"十三五"重大项目——《中国外语教育理论与实践创新研究》"第十届全国基础英语素质教育实验基地学术交流研讨会"示范课特等奖	2017 年	北京外国语大学中国外语与教育研究中心
赵梦琪	北京市中小学新任教师第一届"启航杯"教学风采展示一等奖	2017 年	北京教育学院
孙穆新	北京市第六届"启航杯"教学风采展示课程思政单项奖	2022 年	北京教育学院北京市特级教师协会
多昱静	北京市第六届"启航杯"教学风采展示课程思政单项奖	2022 年	北京教育学院北京市特级教师协会
闫安琪	首师大附中第六届"正志杯"综合三等奖	2021 年	首师大附中
阮佳玮	北京市第七届"启航杯"教学风采展示综合二等奖	2023 年	北京教育学院北京市特级教师协会

2. 荣誉称号

姓名	荣誉称号	时间	颁发单位
李军华	海淀区优秀班主任；海淀区名师工作站优秀导师	2018 年 2019 年	海淀区教育委员会德育科
童湘晖	2021—2022 学年海淀区优秀班主任	2022 年	海淀区教育委员会德育科
李寒	海淀区"四有"教师	2019 年	海淀区教育委员会
徐小燕	海淀区"四有"教师	2017 年	海淀区教育委员会
刘莉	海淀区"四有"教师	2017 年	海淀区教育委员会
马丽娟	海淀区"四有"教师	2019 年	海淀区教育委员会

3. 优秀论文

姓名	奖项名称	时间	颁发单位
蔡晶	基础教育科学研究优秀论文一等奖	2018 年	北京教育科学院基础教育科学研究所
李培红	2016—2017 学年度基础教育科学研究优秀论文一等奖	2017 年	北京教育科学研究院基础教育科学研究所
冯琪	2017—2018 北京市年度基础教育科学研究优秀论文一等奖	2018 年	北京教育科学研究院基础教育科学研究所
胡德慧	北京市优秀论文一等奖	2018 年	北京教育科学研究院基础教育科研研究所

续表

姓名	奖项名称	时间	颁发单位
岳琛	《中外合作1+1初中英语阅读教学优势》获北京市第五届智慧教师教育教学研究成果一等奖	2016年	北京市教育学会
马丽娟、袁慧、苏洪、阮佳玮、郭玉玺	《〈跨学科英语阅读〉专业精修课程研究报告》获北京市基础教育科学研究论文征集活动优秀成果	2023年	北京教育科学研究院基础教育科研研究所

4. 优秀辅导教师

姓名	奖项名称	时间	颁发单位
柳东梅	"外研社杯"全国中学生外语素养大赛全国总决赛优秀辅导教师奖	2020年	北京外国语大学
李军华	指导李歆伊、安景陶在全国中学生英语能力测评中获二等奖，指导祝时语、刘京菁、王妍菲、吕芮宁获三等奖	2020年	国际英语外语教师协会中国英语外语教师协会
杨娜	指导卢星宇同学获得2020年全国中学生英语能力大赛全国一等奖	2020年	国际英语外语教师协会中国英语外语教师协会
李玲	"外研社杯"全国中学生外语素养大赛优秀指导教师奖	2020年	北京外国语大学和全国基础外语教育研究培训中心
王冬丽	高校招生全国创新英语大赛特级辅导老师	2018年	全国创新英语大赛组委会
庞艳	优秀指导教师奖	2022年	阅读之星全国青少年阅读风采展示活动北京组委会
苏洪	"未来外交官"市级决选优秀指导教师奖	2018年	"未来外交官"英语风采展示活动北京组委会
罗伟	指导学生在"未来外交官"英语风采展示活动中获北京市初中组特等奖、北京总展示中获得一等奖	2020年 2021年	北外文创研究院；"未来外交官"英语风采展示活动北京组委会
马丽娟	指导学生王秦宇、丰和寰、王一州参加全国中学生英语能力测评，分获全国一、二等奖	2020年	中国英语外语教师协会
冯琪	指导学生获2020年度"希望中国"青少年文化素养青少年风采展评活动北京地区特等奖，获优秀指导教师奖	2020年	"希望中国"双语文化艺术节组委会；中国管理科学院素质教育研究所教育评价中心
徐静	指导学生在2019"未来外交官"英语风采展示活动中获北京市高中组特等奖、全国高中组银奖，获优秀指导教师奖	2019年	北外国际商学院、中国科学院复杂系统管理实验室、"未来外交官"组委会
席芋函	指导学生在第九届阅读之星全国青少年阅读风采展示中获得北京市一等奖、全国三等奖，获优秀指导教师奖	2022年	阅读之星全国青少年阅读风采展示活动北京组委会
高洁	"未来外交官"北京地区市级总展示优秀指导教师奖	2022年	北外文创研究院；"未来外交官"英语风采展示活动北京组委会

5.优秀课题

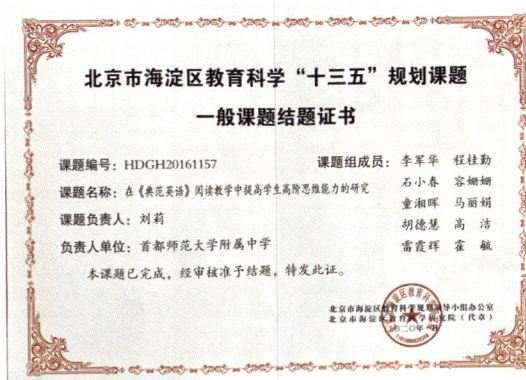

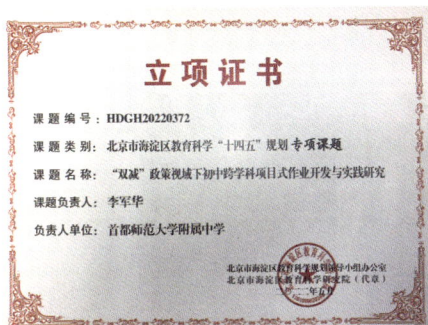

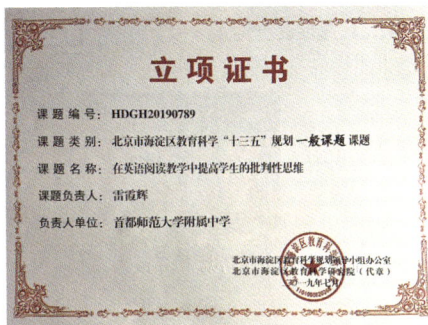

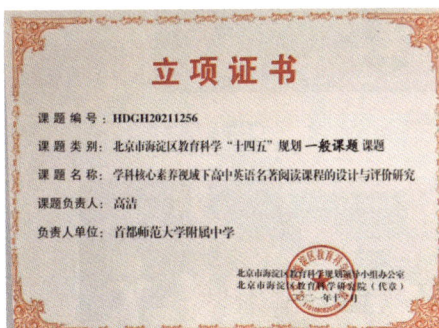

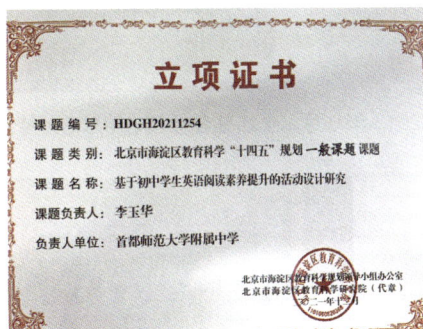

（二）青年教师成长

高质量教师是高质量教育发展的中坚力量。英语教研组重视对教师的培养，力求让每一位教师由初职走向成熟、由成熟走向卓越。组内教师通过自主学习、实践探究、师徒结对等多种途径提升自身专业素养，突破各阶段瓶颈，固化教育教学成果，逐步成长为专业型教师。

1.师徒结对

在海淀区第五期名师工作站活动中，李军华老师与李寒老师师徒结对，指导李寒老师开设了区级展示课，获海淀区一等奖。

2015 年 9 月，李培红老师与胡德慧老师结为师徒。

2016 年 6 月，学校召开新教师培训结业典礼暨拜师仪式，徐小燕担任赵梦琪和闫安琪的教学师父。

徒弟闫安琪为师父徐小燕颁奖。

徒弟赵梦琪和师父徐小燕教师节合影。

2021年9月，英语组徐静、雷霞辉、袁慧分别与青年教师孙穆新、郭玉玺、多昱静结为师徒。

徒弟孙穆新和师父徐静合影。

2022 年 9 月，马丽娟、童湘晖、李寒分别与青年教师阮佳玮、周雅婷、侯彩凤结为师徒。

徒弟周雅婷与师父童湘晖合影。

徒弟侯彩凤与师父李寒合影。

2. 中小学名师工作站

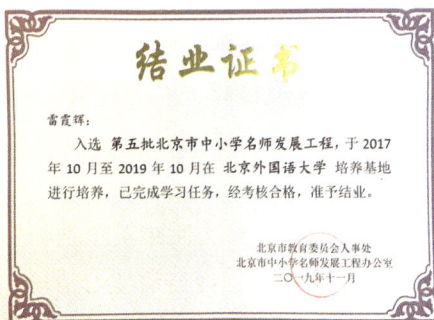

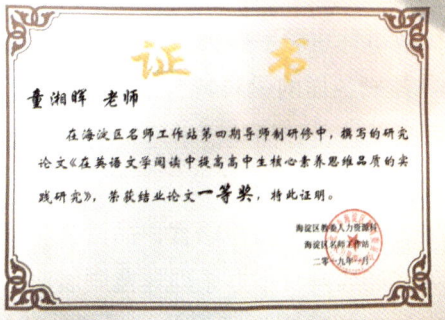

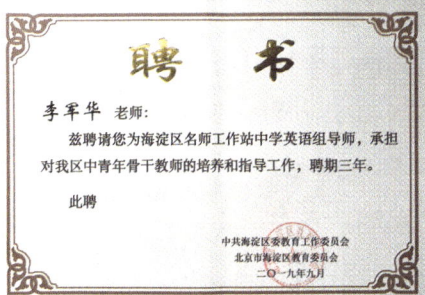

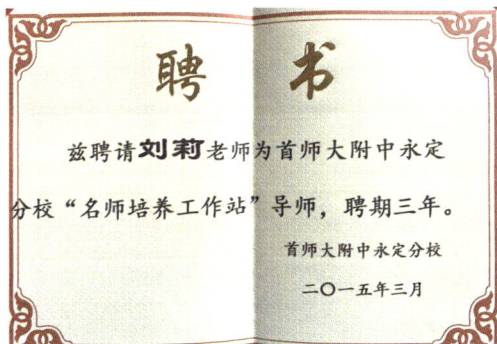

六、学生成长：全面培养，点亮未来之星

（一）学科好习惯培养

附中遵循"以学生发展为中心"的价值观，让每个孩子实现全面而有个性发展、自主发展和可持续发展。为全面培养学生的英语学科核心素养，激发学生学习英语的兴趣和热情，英语教研组凝聚集体智慧、精心设计并组织多种形

式的英语学习活动，助力学生的发展。如：英语戏剧节系列展演，spelling bee 单词拼写大赛，英文名著读书分享会，英文演讲比赛，课文背诵比赛，"讲好中国故事"主题手抄报设计，英文书法大赛等。

各式各样的学科特色活动为附中学子搭建了锻炼自我、展示自我的平台，有助于营造良好的英语学习氛围，培养学生的英语感知能力和思维习惯。

1.典范剧展演活动

为激励学生习得语言，品读文化，启智润心，首都师大附中英语教研室依托英文经典剧目举办系列典范剧展演活动。该活动充分创设英语学习情境，融合了纯正的英语口语及英语思维能力，提升了学生的公众演说与团队协作能力，充分展现了学生阳光自信的精神风貌。

2.英语配音大赛

3. 英语读书分享会

4. 英语书法大赛

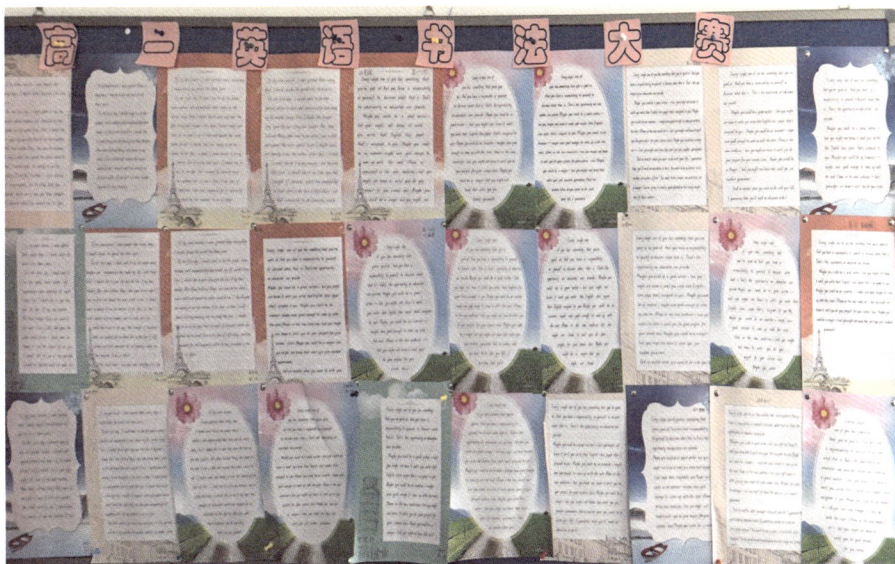

5. spelling bee 单词拼写大赛

6. 课文背诵大赛

7. 其他自主研修活动（英文经典电影分享会，教师节英文感谢信，传统文化英文手抄报等）

（二）学生对英语学科的回忆与评价

初一（2）班　徐王同：

我认为学习英语的主要方法就是记忆和背诵，但没必要专门找一本单词本来背。我时常读一些英语的文章，如果中间有一些生词或难以理解的短语，我就查字典或者百度，把它们整理到一个生词本上，再根据一些背记的技巧来背。这样对于我来说是高效的。我在小升初阶段时，就读了大量文章，从中积累词和短句。英语本身并不难，重要的是对它的态度——如果抱着同学汉字同样的态度来认识单词，英语就特别简单。总之，别有太多压力，也别抱有什么幻想，英语是一步一步积累的，没有什么捷径。

初二（1）班　余天晴：

学习英语，不是用来应对考试的，而是要把它变成生活的工具，让我们的生活更精彩，更多元。在附中学习英语，使我对英语的实际应用有了更丰富的体验。课上，老师不仅会教课本上的既定内容，也会基于日常生活加以拓展。

这样，我不仅更快地记住了要学习的知识，还让英语变成了生活中实际可用的工具。除此之外，学校还组织了形式多样的学科活动，如唱歌比赛、配音秀、典范剧表演……这些活动让我们把英语变成了展示自己的途径，也是大家互相交流、借鉴的平台。英语学习的路还很长，希望能在附中学到更多实用的英语知识！

初三（1）班　胡沐子：

我认为学习任何一门语言都是一个循序渐进的、动态的过程。在附中的英语学习让我收获了知识，开阔了视野，感受到多元的文化魅力。学英语需要练习和反复，同时也需要思考和拓展，并在灵活的场景下运用。课堂上，老师鼓励我们发散思维，注重培养我们跨文化交流的能力和解决问题的能力，增加理解世界的新方式。通过引入不同的话题锻炼阅读和写作，提高我们的表达能力。除此之外，年级还组织了丰富多彩的英语活动，如典范剧表演、配音秀等，它们有趣又富有挑战性，为思维的碰撞与交流提供平台，无形中促进了我们的自主学习。相信今后可以在附中学到更多。

高三（3）班　朱梦仪：

英语学习不仅是一个学习语言的过程，更是一个提升能力、培养思维、发展自我的过程。老师们为我们每个单元的学习都设置了多元而真实的情境，让我们在兴趣的推动下全面发展听说读写的能力。老师们用心选取课外补充材料，充实我们的学习内容。听说课堂给我们带来文化的交叉体验，鼓励我们无负担地开口表达自己。丰富的学科活动，如典范剧表演、读书分享活动，集趣味和学习为一体，为我们提供了交流和自我展示的平台。英语学习是一段绚丽多彩的旅程，我们一路上用英语讲述着中国故事，也记录着自己的成长故事。

高二（1）班　李家桐：

不同于很多人通常认为的"不会什么就练什么"，附中对英语的教授是全方位而日积月累的。譬如学习句式和短语，我们不是机械地拿起文章就背诵，而是在平日的阅读、写作和听说中，了解每一种表达的用法和意味，借此不断地 gain insight into expressing proficiency。这种学法让我受益匪浅，因为这既是一种全面提升英语素养的好方法，又是一种更加切合于语言学习规律的路径。

高三（2）班　傅璐：

附中的英语教学始终秉持有温度、有深度的教育理念，教师们既有很高的业务水平和专业知识，又有百年学府立德树人的理想情怀。自初中入学以来，从英语学科温馨的课堂氛围，到典范英语剧、读书分享等多样的主题活动，再到高三备考时的严肃认真、严谨专业，都深深打动着我。课下教师们亦师亦友，肯与同学们谈话交流、倾听心声，对学生总有包容和大爱。教研组亦团结和睦，备课时集思广益，新年联欢更以一曲《夜空中最亮的星》点亮全场。

百年树人，值此附中建校 110 周年之际，我辈高三学生定不负学校教师们的栽培，为附中的百十华诞献礼，也祝愿英语组在新的征程上勇毅前行，再创学科教学、学生发展新的辉煌！

七、教研辐射：引领创新，共筑教研高地

教研共提升，辐射促发展。十年来，伴随着首师大附中集团校的进一步发展和完善，附中形成了教育集团资源共享、相互促进、优质发展的新格局。为促进教育集团各成员校间的深度融合，切实提高课堂教学效率、提升科研水平、助力教师成长，附中本部和其他成员校共同开展联合教研活动，进一步扩大优秀教育资源辐射，不断向外输送先进教育理念和优秀师资力量，以点带面促进教育公平。

英语教研组紧跟学校步伐，以课堂教学为主阵地，以资源整合为主要任务，以课例研究为主要渠道，以课题研讨为重要方式，发挥英语组引领、辐射推广的作用。

（一）党建引领，协同创新

为响应首都师大附中教育集团"资源共享、协同创新、优质发展"原则，促进集团教师之间互相借鉴、互相交流，实现以教促研、共同提升，将党员的辐射带动作用落到实处，英语组党支部每年定期在首都师大附中分校开展教学交流活动，积极发挥引领带头作用；认真参与听课观摩学习活动，在观摩中找寻问题，在研讨中调整改进，以点带面促使分校教师业务同步提升，以下为具体课例介绍。

2022 年 4 月英语党支部和北校区党支部中考复习备考交流会

教而不研则浅，研而不教则空。2022 年 4 月 12 日，英语党支部党员听取了北校区初三年级曹瀚文老师的一节公开课，主题为学习阅读理解中的词义探寻技巧及运用（Search for word meaning），直击中考重点题型，将知识学习和技能发展融入课堂。在教学过程中，曹老师运用头脑风暴、小组讨论等形式，通过各区县中考模考真题片段展示，鼓励学生讨论并总结词义探寻的解题策略，如近义词、反义词、因果关系、下定义、举例子等，并及时进行相关联系巩固所学。听课观摩环节之后，由授课老师进行说课，梳理了教学环节、活动和思路，并进行了教学反思。在评课环节，党支部书记杨娜、支部委员李军华老师针对课例进行了详细的点评，肯定了曹老师扎实的功底、用心的设计、紧凑的环节和得体的教态，也提出了改进措施，例如，关注学生笔记情况、跟进测试、作业设计，应该体现追踪，有助于学生进一步消化和应用所学。

英语教研组以党支部为核心，发挥引领带头作用，促进党员争先听课评课，用初心使命画出"同心圆"，既是教师之间相互交流、相互研讨、相互学习的过程，同时也为优质教育资源共享、教师专业成长搭建了平台，建立了互帮互助的教研热线，掀起了教学研讨热潮，实现了集团校的互惠共赢。

（二）辐射引领，聚力同行

为了进一步扩大优秀教育资源辐射，促进教育集团各成员校间的深度融合，切实提高课堂教学效率、提升科研水平，近年来首师大附中不断向外输送先进教育理念和优秀师资力量，发挥了本部对集团校的引领作用，集团化办学效果明显，各分校生源质量和学业水平有明显提升。

英语教研组积极响应学校号召，急学生之所急，解分校之所难。针对昌平分校高三年级学生的具体需求，精心开发了"昌平分校英语提优系列课程"，每学期由本部高中英语教师全员参与其中，深度分析昌平分校高三学生的具体学情和切身需求，结合高考考点和教学重难点，毫无保留地跨区到校、送课助研，为学生排忧解难，以下为部分课堂剪影。

柳东梅老师——词汇与阅读技能

高洁老师——高考英语听说专题讲座

课堂是教育发展的核心地带。通过送课教学教研活动，教师们紧抓课堂这一核心地带，长达两小时的课程，教师们精心准备、全心投入，有效调动学生参与，巧妙处理现场生成，获得了分校教师的一致赞许和好评，并一致期盼将送课助研活动继续保持下去。

为此，英语教研组精心设计了本学期昌平分校英语提优课安排，内容涵盖七选五方法与实践、应用文写作、高考听说指导、阅读表达策略、完形填空答题技巧、阅读理解 CD 篇答题策略、阅读与表达精练等重要考点，切实急学生之所急，解分校之所难，可谓是雪中送炭。

单丝不成线，独木不成林。"昌平分校英语提优系列课程"目前已延续多年，搭建了本部和分校交流学习提升的平台，加强了教师之间的交流。唯有交流与合作，方能不断学习，博采众长，积淀教学素养和效果。

在今后的教育教学工作中，英语教研组将继续发挥辐射、示范和引领作用，凝心聚力，同行共进，贯彻落实首都师大附中"成德达才"教育理念，积极支持集团校各分校建设，互鉴交流共提升！

本部分在"正志笃行、成德达才"的核心育人理念的指导下，立足英语组十年的发展现状，围绕英语组学科理念、课程建设、课堂风采、教师发展、学生发展和教研辐射等方面展开。

回首十年发展历程，英语组坚定落实"立德树人"根本任务，不断彰显"成德达才"教育理念。英语组始终牢记为党育人、为国育才的初心使命，坚持社会主义办学方向，全面贯彻党的教育方针，努力培养担当民族复兴大任的时代新人。英语组推动改革创新，有效赋能"成德达才"。基于英语学科特色，历经十年的不断努力，英语学科建设了思政特色课程群，并形成了"三维六阶"特色课程。英语组汇聚教育发展保障要素，全力夯实"成德达才"。基于学校的"青蓝工程"，英语组聚焦立德树人、专业提升、骨干培养、体系建设四个方面，努力打造一支高水平教师队伍。依托集团校的特色办学优势，英语组多次前往昌平等地开展教研活动，为分校发展助力。依托海淀教研平台，英语组多次为"空中课堂"录制课程。十年感恩奋进、砥砺前行；十年各美其美、美美与共。

本部分由首都师范大学附属中学英语教研组主导修订。在英语教研组长雷霞辉和党支部书记杨娜的带领下，由徐静、胡德慧、席芊函，高洁，多昱静、周雅婷、侯彩凤进行编写。编写过程中，得到了英语教研组各位教师的大力帮助和支持，在此向首师大附中的各位英语教师表达最诚挚的感谢和问候！

悠悠我心，拳拳之意，尤若磐石，念念无期。英语教研组对教学工作的这颗挚爱之心，烙印在记忆里，流淌在血液里，绽放在教学里。新时代、新征程，英语组将始终围绕"正志笃行、成德达才"的核心育人理念，贯彻党的教育方针，落实"立德树人"根本任务，深入推进新时代教育综合改革，进一步推动教育高质量发展，全力办好人民满意的教育。

附：英语教研组十年大事记

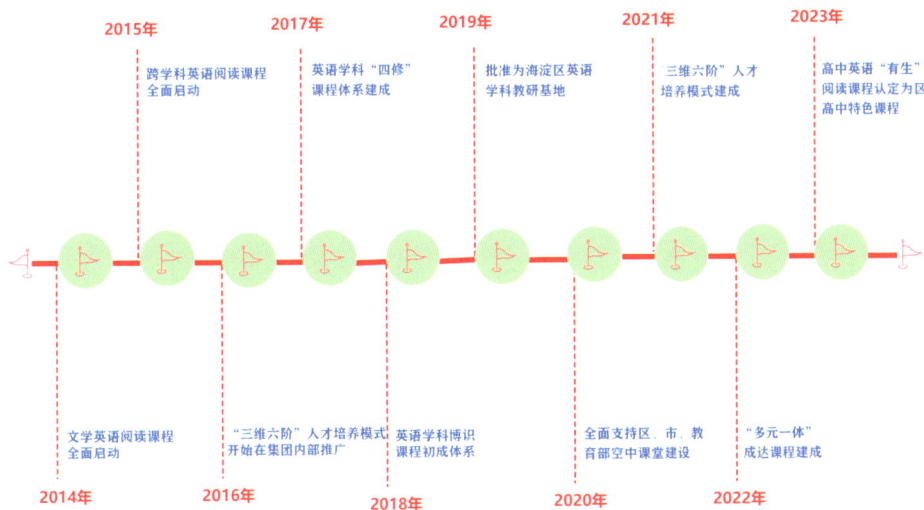

格物致理　笃行启智

　　物理教研组作为学校教学科研的重要组成部分，一直致力于提升中学物理教育的教学质量和教研水平。十年来，在学校的正确领导与大力支持下，在物理教研组所有成员的共同努力下，通过不断探索和创新，取得了一系列令人瞩目的发展建设成果，在教师队伍建设、中学物理学科特色课程建设、实验教学资源开发，以及实验室建设等方面取得了突破和进展。

　　建设高水平的教师团队是提升教学质量的基础和前提。在过去的十年中，我们通过定期培训，邀请优秀的物理教育专家教师进行示范课程展示和专题讲座，使教师们不断学习和成长。同时，教研组还鼓励和支持教师参加各种物理教育学术研讨会和培训班，提高他们的教学和科研水平；组织教师积极开展教学研究，致力于教学模式的改革与创新，深入探索问题导向的教学方法，注重培养学生的高阶思维能力和实践能力。教师们通过认领科研项目，积极研究先进的教学方法和教学资源，开发出一批高质量的教学案例，为学生提供了更有趣、互动性更强的学习环境。教师们的众多研究成果在国家级、省市级获奖，教科研论文在国家级核心期刊发表。与此同时，作为首师大附中教育集团的龙头教研组，积极开展对集团内其他分校教研组的交流指导活动，将优质的教育理念、教学方法向全教育集团辐射。近年来，教研组不断完善人才招聘流程，建立人才招聘专家团队，遴选优秀毕业生，为他们提供广阔的发展平台和机会。此外，教研组还在全国范围内引进了一批具有丰富教学经验和科研成果的优秀教师。这些新引进的教师不仅带来了新的教学思路和方法，也带动了整个教研组的进一步发展。具有丰富教学经验的老教师坚持发扬"传帮带"的优秀传统，对优秀的年轻教师倾囊相授，促进青年教师迅速成长，逐渐形成了一支年龄职称结构合理、学历高、专业功底扎实、素质过硬、经验丰富的教师团队。在这支优秀的教师队伍中，涌现出多名在市、区中学物理教育领域具有广泛影响力的名师。

　　物理学科课程建设是开展高水平物理教育的必要保障。在学校的整体设计和构思布局之下，通过物理教研组全体教师的共同努力，在课程建设方面取得了一系列的创新成果，完成了物理学科的四修课程体系建设，用全方位、多层次的优质课程内容满足不同特点学生的学习需求，是"因材施教""综合性培养"的具体实践。我们积极引入新的学科理念和教材资源，不断优化教学内容和教学方法，合理安排教学计划和课程设置，使得中学物理学科能更好地适应社会发展的需求，培养学生的创新思维和实践能力。在这些年里，教师们基于自身工作实践，结合本校学生特点，持续开发独具本校特色的校本教学资源，编纂了大量学习辅助材料，制作了完整的体系化教学幻灯片，拍摄了大量供日常教学使用的高质量物理实验视频短片，逐步形成我校自主开发的物理教学资源库。

2013 年，物理教研组敏锐地抓住北京市建设中学重点实验室项目这一有利契机，积极参与项目申报并顺利获批。在学校的大力支持下，历时两年完成实验室概念设计、项目审批、内部装修及设备选购等全部环节，于 2015 年建成北京市首屈一指的中学物理实验室。通过与高校合作交流，我们积极引进了一批先进的实验设备和仪器，并建立了一支专业化的实验室管理团队。一流的实验室和实验设备，为教师提供了更好的实验教学环境和条件，为中学物理教学质量的提升提供了强有力的硬件保障。在实践中，教研组不断完善实验室的标准化教学管理，提高学生的实验技能和创新能力，并积极组织学生参加各类科技竞赛和活动，取得了一系列的优异成绩。

综上所述，过去的十年里，物理教研组充分发挥集体智慧和团队精神，以教师队伍建设、中学物理学科课程建设，重点实验室开发建设等为重点，取得了一系列成就。同时，我们也清醒地认识到，成绩只是一个新的起点，物理教研组仍然面临许多新的挑战和任务。我们将以过去的成绩为鞭策，继续加强教研团队的建设，持续优化教学内容和手段，进一步提升学生的实践能力和创新意识，为培养更多的物理人才作出更大的贡献。

物理教研组全组合影

一、物理教研组简介

首都师大附中物理教研组师资队伍结构合理、人员稳定、教学效果好、科研成果丰富。组内现有教师26人，其中正高级教师2人，特级教师2名，具有高级职称教师15人；博士3人、硕士12人；北京市、海淀区学科带头人，骨干教师13人；北京市高考物理命题专家库专家1人；海淀区兼职教研员5人；多人获得全国模范教师、北京市劳动模范、北京市师德先进个人等荣誉称号。近几年来，教师科研成果丰富，共发表核心期刊论文20余篇；获得国家级奖项3项，北京市级奖项5项；完成北京市级课题3项。

物理组通过建构课程体系，将物理学科核心素养中包含的观念、思维、探究过程和态度与责任转变为符合学生年龄特点、实际认知水平和个人发展需求的具体内容，力争将物理学科核心素养落到实处。

秉承成达育人和思维发展的教育教学理念，物理学科教研组加强教研，不断吸收新的教育教学理念，探索新的教学思路，通过对课程的反复打磨，呈现出了一堂堂聚焦思维发展的优质好课。

二、学科理念：凝心聚力，共谱育人新篇

（一）核心理念：合作、学习、研究

坚持立德树人，以为党育人、为国育才为根本任务，在日常教育教学工作中将教育改革落到实处，切实减轻学生负担。紧跟海淀区教育教学研究热点，进行教学和学习规律的实践研究。实施以素养为导向的物理教学，促进学生深度学习。践行成达教育基本理念，以成达思维发展课堂为载体，培养科技创新人才，促进学生思维全面而有个性发展、自由发展、可持续发展。建设学习型、合作型、研究型教研组。物理组的建设和发展从问题导向出发，在青年教师成长，教学实践与教学研究相互促进、团结协作等方面着力改进。目前已初步确立学科组的发展目标，即把物理学科组建设成一个合作型、学习型和研究型的教研组。

（二）物理学科课程体系构想

在过去十年里，我们始终站在教学改革的前沿，不断探索和实践新的教学理念和方法。我们从传统的以教师为中心的教学模式逐步转变为以学生为中心的探究式学习，极大地提高了学生学习兴趣和积极性。同时，我们还引入信息技术和多媒体教学手段，使物理教学更加生动、直观，有效地提高了教学效果。

《普通高中物理课程标准（2017年版2020年修订）》提出，物理学科课程应在义务教育的基础上，进一步促进学生物理学科核心素养的养成和发展。通过高中物理课程的学习，学生应达到如下目标：

（1）形成物质观念、运动与相互作用观念、能量观念等，能用其解释自然现象和解决实际问题。

（2）具有建构模型的意识和能力；能运用科学思维方法，从定性和定量两个方面对相关问题进行科学推理、找出规律、形成结论；具有使用科学证据的意识和评估科学证据的能力，能运用证据对研究的问题进行描述、解释和预测；具有批判性思维的意识，能基于证据大胆质疑，从不同角度思考问题，追求科技创新。

（3）具有科学探究意识，能在观察和实验中发现问题、提出合理猜想与假设；具有设计探究方案和获取证据的能力，能正确实施探究方案，使用不同方法和手段分析、处理信息，描述并解释探究结果和变化趋势；具有交流的意愿与能力，能准确表述、评估和反思探究过程与结果。

（4）能正确认识科学的本质；具有学习和研究物理的好奇心与求知欲，能主动与他人合作，尊重他人，能基于证据和逻辑发表自己的见解，实事求是，不迷信权威；关心国内外科技发展现状与趋势，了解物理研究和物理成果的应用应遵循道德规范，认识科学—技术—社会—环境的关系，具有保护环境、节约资源、促进可持续发展的责任感。

党的二十大报告强调，"教育、科技、人才是全面建设社会主义现代化国家的基础性、战略性支撑"。为贯彻党的二十大精神，物理教研组积极响应国家着力提高人才自主培养质量，着力培养拔尖创新人才这一重大战略任务的号召，在日常工作中，一是坚持立德树人。我们坚持用习近平新时代中国特色社会主义思想铸魂育人，推进大中小学思想政治教育一体化建设。二是加强人才培养研究。通过参加中学生英才计划、强基计划、基础学科拔尖学生培养计划等推进拔尖创新人才培养。

三、课程建设：求真务实，彰显学科特色

我们根据国家教育标准和学生的实际需求，不断完善和优化物理课程体系，进行物理学科的特色课程建设。我们注重物理知识与现实生活的联系，引入了大量的实验和实践环节，让学生在亲身体验中感受物理的魅力和价值。同时，我们还加强了物理与其他学科的交叉融合，培养了学生综合素质和跨学科解决问题的能力

十年来，物理教研组从未间断物理学科课程体系建设的进程，物理特色课程体系建设的总思路从未改变，那就是课程要服务于育人目标，因此我们先思考通过物理课程要培养什么样的人。物理学科在自然科学中有着重要的地位和悠久的历史，开创了理论推导加实验检验的近现代科学思想方法，改变了世界，也深刻地影响了人类的命运。学习物理对于发展学生的科学思维有着不可替代的作用。通过学习物理，我们希望学生成为对事物能"求真务实"，对生活能"实践创新"，对世界能永远保持热爱、"探索求知"的人。

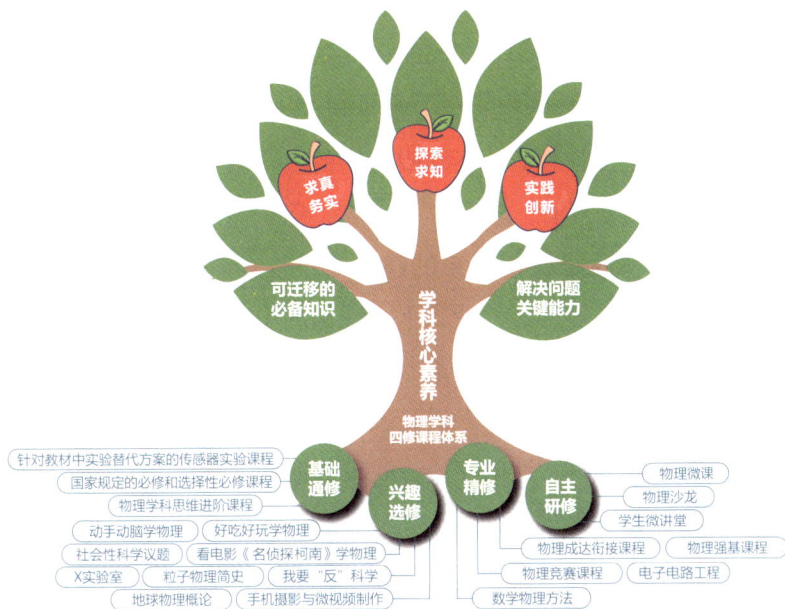

物理特色课程体系树形图

育人目标：探索求知；求真务实；实践创新。

达成通道：物理学科核心素养。

必备要素：可迁移的必备知识；解决问题的关键能力。

培养路径：格物致知；明辨笃行；评价促进。

植根的土壤：物理学科四修课程体系。

培养学科核心素养是达成育人目标的途径，在教学过程中，通过使学生具备物理学科中的可迁移的必备知识和解决问题的关键能力，来逐步形成核心素养。而知识和能力的获得基于物理学科的四修课程体系。其中基础通修我们开设了国家规定的必修和选修课程、与必修和选修内容相匹配的《物理学科思维进阶系列课程》、作为教材中替代实验方案的《传感器物理选修课程》；兴趣选修是根据教师个人的专长和兴趣设置，初中有《动手动脑学物理》《好吃好玩学物理》，高中有《看电影学物理》《社会性科学议题》等；专业精修针对学有余力的学生，开设《成达初高中衔接课程》《物理强基课程》《物理竞赛课程》等；自主研修是以学生为主体的课程，有学生自制的《物理微课》《物理沙龙》《学生微讲堂》等。

物理教研组通过建构四修课程体系，将学科核心素养中包含的思想、内容和过程转变为符合学生年龄特点、实际认知水平和个人发展需求的具体内容，力争将物理学科核心素养落到实处。秉承成达育人和思维发展的教育教学理念，物理学科教研组加强教研，不断吸收新的教育教学理念，探索新的教学思路，通过对课程的反复打磨，呈现出了一堂堂聚焦思维发展的优质好课。

（一）物理学科四修课程体系的建设

在科技高速迅猛发展的时代背景下，我们的中学物理教学究竟应该给学生什么？按照普通高中物理学科核心素养的内容要求，物理课程应使学生在学习知识的过程中，逐步形成适应个人终身发展和社会发展需要的必备品格和关键能力，内化带有物理学科特性的品质。我校的四修课程体系，很好地将物理学科核心素养落到了实处。

按照首师大附中基础通修、兴趣选修、专业精修、自主研修的四修课程体系，物理组全体教师精心钻研设计，经过多年的探索和总结，开发了符合本组实际，突出物理学科特点，适合各年级学生能力水平和实际需求，又具有学科发展连贯性的物理四修课程体系。这是一套从激发学生科学兴趣入手，帮助学生体验物理学的研究过程，辩证认识科学的本质，深入学习物理学科知识等，从不同角度、不同层次开发的立体化、全方位的课程。

1. 基础通修：认真学习，根基扎实——看见更大的世界

（1）按照新课标的课程进度要求完成各年级教学（全体物理教师）。

初中：乘着"物理探索号"扬帆远航，走进物理世界——通识物理知识。

①初二：《八年级（上、下）》。

学习物理——从认识物质开始：物态及其变化、物质世界的尺度、质量和密度、物质的简单运动。

有声有色的物质世界——声和光：声现象、光现象、常见的光学仪器。

从现象到本质——相互作用与能量：运动和力、压强与浮力、机械和功、机械能、内能及其变化。

②初三：《九年级（全一册）》。

物理学使生活更美好——电与磁：简单电路、欧姆定律、电功和电功率、磁现象。

永恒的探索——信息、粒子、宇宙：怎样传递信息（通信技术简介）、粒子与宇宙。

高中：以经典牛顿力学体系为基础的物理学，渗透近代物理学观点——初步建立"物理学大厦"。

③高一：《必修1》《必修2》：运动的描述、匀变速直线运动的研究、相互作用、牛顿运动定律、曲线运动、万有引力与航天、机械能守恒定律。

文科《选修1-1》：电场、电流、磁场、电磁感应、电磁波及其应用。

④高二：理科《选修3-1、3-2、3-3、3-4、3-5》：动量守恒定律、静电场、恒定电流、磁场、电磁感应、交变电流、传感器、机械振动和机械波、光、电磁波、波粒二象性、原子结构、原子核、相对论简介、分子动理论、气体。

（2）高一入学开设课程：《走进高中物理课堂》（范鸿飞老师）。

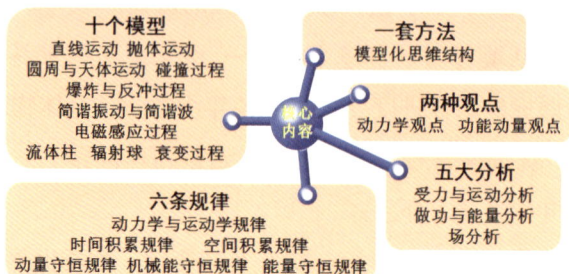

What? 高中物理核心内容是什么？

十个模型
直线运动 抛体运动
圆周与天体运动 碰撞过程
爆炸与反冲过程
简谐振动与简谐波
电磁感应过程
流体柱 辐射球 衰变过程

一套方法
模型化思维结构

两种观点
动力学观点 功能动量观点

核心内容

五大分析
受力与运动分析
做功与能量分析
场分析

六条规律
动力学与运动学规律
时间积累规律 空间积累规律
动量守恒规律 机械能守恒规律 能量守恒规律

在这个课程中，范鸿飞老师将枯燥乏味的"高中物理学法指导 + 物理学概述"，生动地从物理学在现代科学体系中的地位和物理学中运用的科学研究方法入手，向学生介绍了什么是物理以及物理在现代科学发展中的重要性，使学生坚定学习物理是必要的。范鸿飞老师将高中物理的核心内容高度概括为"一套方法、两种观点、五大分析、六条规律、十个模型"，并为学生打造了"知识成网、方法成套、习题成精、立规成习"的"武功秘籍"，为高一学生呈现了精彩的第一节物理课。

2. 兴趣选修：贴近生活，科学探索——让生活变得更美好

（1）初二课程：《舌尖上的物理》《好吃好玩学物理》。

冰箱、蒸锅、煮锅、馒头、饺子、玉米粒都成了学生物理课上的实验器材，做冰激凌、煮饺子、纸锅煮鹌鹑蛋、爆米花都成了物理实验的内容，既是实验又是生活，日常生活中竟隐藏着探索不尽的科学道理，"小生活、大智慧"，物理教师的睿智怎能不让我们佩服！

（2）高一课程：《力学传感器》《传感器物理实验》（杨石）。

这是利用开放实验室传感器，根据高一学生物理课教学进度开发设计的一系列力学选修课，具有电脑测量准确，采集处理数据、图像生成方便快捷等特点，高效率、多角度再次研究力、运动、运动和力的相关问题，使学生对速度、加速度、牛顿运动定律等问题有了更深入的理解，学生的实验能力、图像分析处理力等有明显的提高，对利用数学工具处理物理问题有了更深入的认识。

（3）高二课程：《物理探究实验》（张至骞）、《物理与影视》（杜以梅）。

杜以梅老师在轻松的电影时光里，带领学生从物理学家的角度看电影，展开愉快的讨论，从中发现问题，形成头脑风暴，引导学生找出与物理问题相关的

理论或实验依据。老师将学生分成 6 组，分别对电影《金刚狼》《碟中谍 4》《环太平洋》《阿波罗 13 号》《独立日》《金蝉脱壳》《洛杉矶之战》等电影进行分析。

（4）高一、高二共有课程：《我要"反科学"》（杨光）。

什么是科学？我们一直在学科学，用科学，但要给科学下一个定义，似乎很困难。科学真的如我们平时认为的那样，是经过验证的、正确的知识吗？我们关于科学的看法，可称为"缺省配制"，科学主义是我们的缺省配制。我们要反思关于科学的固有观念，了解科学的负面效应，跳出科学重新审视科学。

杨光老师带领学生探寻科学的真谛，主要探究了："中医是不是科学？""我们为何喝牛奶？"等问题。学生查找资料，提出自己的观点看法并在课上做展示，展开研讨，妙趣横生。

（5）高二文科的文理兼修课程：面对会考后文科学生的物理课程。

文科生这部分内容更侧重物理学与社会学和人文科学的融合，强调物理学对人类文明的影响，因此这部分课程设计使学生从凌乱的记忆、计算中解脱出来，强化科学素质的培养；更重视借助知识的"窗口"让学生了解物理学发展的前沿和现状，增加交叉学科的知识，体现课程设计的时代性；更注重发掘物理学史在物理教育上的功能，突出科学历史观、正确的哲学思想、科学美学思想、科学价值观等人文教育特色。

3. 专业精修：踏上物理学家的探索之路——拓展生命的宽度

（1）初三课程："高中先修课程"之高中物理专题选讲（范鸿飞老师）。

对于高中将要学到的"运动的描述""力的研究""恒定电流""波动学知识"等专题，范鸿飞老师让学生体验由实验入手展开科学研究的过程，其主要目的在于让物理程度较好、对物理学习有浓厚兴趣的初三学生对高中知识先行"预热"，为高中进一步提高学习的深度和广度打好基础。

（2）高二课程：物理综合解题思想方法训练。

（3）高三课程：物理思想方法应用与提高。

（4）初三："初中应用物理知识竞赛"辅导课程（贾素珍）。

（5）高中各年级：针对"全国中学生物理竞赛"的专业指导课和实验操作考核训练课程（于万堂、詹凯、郑丙彦）。

对于各年级物理竞赛，物理组教师有丰富的训练经验，他们根据课程目标制定周密的课程计划，对参加物理竞赛的学生进行训练。在学校的大力支持下，高端实验室可以实现高中参加"全国中学生物理竞赛"的 34 个实验的操作训练，保障我校学生在各级比赛中均取得优异的成绩。

此外，高端实验室还为北京五中和景山学校参加实验复赛的同学提供实验操作训练。

（6）高端物理实验选修课程。

高端物理实验室里有很多很高级的实验仪器，利用它们可以实现一些平时常用实验仪器不能实现的实验，比如新型落球法测重力加速度实验、声波测距实验、磁阻尼和动摩擦系数实验等，也有一些在中学很少开展的实验，如测量液体表面张力系数实验、落球法液体粘滞系数测定、杨氏模量的测定、温度传感器测金属温度特性的实验等，这些都需要在一定的专业知识储备的基础上，边实验边研究。用好这些实验，可以为学生打开另一个有趣的物理世界，也是对平时物理课堂教学很好的补充。

4. 自主研修：走出校园，看看外面的大世界——充实丰富的人生

（1）北京市初中开放性科学实践活动课程（全体初中教师）。

在落实北京市初中开放性科学实践活动课中，全体初中教师按照教材要求完成大量的有趣实验：神奇的干簧管、无尽头灯廊、公道杯的秘密、巧借地球引力、神奇的大气压、神奇的两心壶、神奇的滚筒、听话的笑脸、惊险的平衡等。学生在这样一个长期连贯有目的的培养训练过程，动手动脑，探索创新，对于学会的力学、电路的实验方法、实验技能以及热熔胶枪、剥线器、尖嘴钳子等常用工具的使用，都能很方便地运用到解决生活实际问题中去，这样的受益是终身的，非常符合物理核心素养的理念。

（2）在日常的物理课堂教学中开展实践活动。

初中物理课上讲到声音的传播时老师和同学们一起做"土电话"，讲到磁场对电流的作用时学生们组装小电动机，以及制作水火箭并展开发射竞赛等。高中物理课上讲到电源电动势和内阻时老师和同学们一起研究水果电池，不仅要探究哪种水果做电池能让小灯泡更亮，还要对这个水果电池进行电动势和内阻的测量；讲到电容和电容器时，用生活中常见的锡纸、保鲜膜、牛皮纸等材料制作出"体积超大"的电容器等。

（3）参与高中生综合社会实践活动。高二年级参加中国科学院组织的走进北京交通大学物理实验室，参观学习并参与实验，开展了《有趣的物理课》《物理组成的世界》的主题活动。

（4）初二年级博识课走进科技馆参观学习，开展《有声有色的物理课》。

初二学生正处于活泼好动的年纪，刚刚接触物理学习，对于动手实践多、色彩、声音变化多的感官刺激，更易接受并形成深刻印象。结合他们在课堂上刚学完的光现象和声现象，初二贾素珍老师带领其他物理教师，结合学生情况认真备课，精心准备教学设计，在科技馆为学生上了一节精彩的声、光实践课，开阔了学生的视野，是对平时课堂教学中做不到的实验和不容易看到的声光现象的有力补充。因为课前教师为学生设计了任务单，所以学生除了要在科技馆参观时认真聆听教师授课，还要按照任务单完成好自己的学习任务，紧张忙碌效率高，不虚此行。

（5）走进"第二课堂"——初二暑期社会实践，走进科技馆。

（6）微课、网络课程：方便学生课下学习和复习。

张越老师《电磁学史话》、杜以梅老师《电磁感应》、赵成龙《电磁感应》、任伟然《高三物理试卷讲评》。

（二）物理教研组特色课程建设

叶圣陶先生早在20世纪40年代初就说过："教育的最后目标却在种种境界的综合，就是说，使每个分立的课程及其影响构成一个有机体似的境界，让学生的身心都沉浸在其中。"课程群可以让学生"沉浸其中"，让深度学习真实发生。

在教育由"三维目标"转向"核心素养"的大背景下，基于核心素养的教学改革日益成为基础教育课程改革的一种趋势。今天，学校面临的一个重要任务就是找到核心素养落地的有效载体。显然，课程群倡导"整体学习"的理念，以整体、发展的思路看待学生和课程，对学生形成和提升全面发展的核心素养具有独特的优势与价值。课程群其三大维度、六大核心将成为中小学深化课程改革、优化素养落地的有效载体。

1. 特色选修课的开设全方位培养学科素养

物理学科开设选修课有其独特的学科特点，又可以不受日常教学中教学进度、教学环境和学生层次等诸多因素的限制，为来学习选修课的学生，根据其年龄和知识水平特点，提供更多教学仪器设备的选择。物理特色选修课根据课程内容进行一定的问题设计，给学生留出充分的探究空间去思考和探究，力争多为学生提供机会体验科学家的科研过程。在这个过程中，使学生体验到物理学科"物理观念""科学思维""科学探究""科学态度与责任"等学科核心素养成为自然而然的一件事。

这些年来，全组老师，几乎每人都开过选修课，选修课的内容、形式更是丰富多样，一直深受学生喜爱。

《传感器物理实验》选修课系列课程是利用学校开放物理实验室齐备的传感器，结合实验仪器，根据高一、高二学生物理课教学进度开发设计的一系列选修课。突出传感器结合电脑测量准确、采集处理数据、图像生成方便快捷的特点，能够更加高效、多角度再次研究力、运动、运动和力的相关问题，使学生对速度、加速度、牛顿运动定律等问题有更深入的理解，学生的实验能力、图像分析处理能力等有明显的提高，对利用数学工具处理物理问题有更深入的认识。

例如，高一学生已经学习过有关运动学的内容，知道位移、速度、加速度、时间这些描述运动的物理量和一些相关规律，那么在《传感器物理实验》选修课上，就可以利用位移传感器和光电门传感器，使用朗威®DISLab7.2软件再次研究有关运动问题，通过软件中图像处理和图像拟合功能，以及"计算表格""公式"和"绘图"功能，结合相关的函数知识，对已有物理问题再次进行分析研究。学生做过传统分组实验，经历过传统实验的实验数据处理过程，现在再来体验传感器实验，通过传感器实验强大的数据处理和图像处理功能，短时高效地验证传统实验过程，还可以研究很多其他常见的运动过程并对其进行分析。每次做完实验，学生都会对学过的知识有了更清晰的认识，常常还会感叹："有了新技术就是好！受益匪浅，更加切实地感受到了物理结论的得出过程和意义。"

在上传感器物理实验课的同学们

再比如，几乎每年，初二老师们都会开设选修课程《舌尖上的物理》和《好吃好玩学物理》。

丰富多彩的选修课堂

冰箱、蒸锅、煮锅、馒头、饺子、玉米粒都成了学生物理课上的实验器材，做冰激凌、煮饺子、纸锅煮鹌鹑蛋、爆米花都成了物理实验的内容，既是实验又是生活，日常生活中竟隐藏着探索不尽的科学道理，"小生活、大智慧"，物理教师的睿智怎能不让我们佩服！

再比如高中选修课程《物理与影视》，在轻松的电影时光里，老师带领学生，从物理学家的角度看电影，展开愉快的讨论，从中发现问题，形成头脑风暴，引导学生找出与物理问题相关的理论或实验依据。学生分组进行研究分析，分别对电影《金刚狼》《碟中谍4》《环太平洋》《阿波罗13号》《独立日》《金蝉脱壳》《洛杉矶之战》等电影写出报告，谈出自己认识的电影中的物理知识。

2. 竞赛、强基课程辅导助力学生勇攀成长高峰

（1）物理竞赛和强基课程辅导在物理教研组是一项有计划、系统化的日常工作，在各个年级有条不紊地开展。

高中竞赛教练：岳腊生、于万堂、李文莹、詹凯。

初中竞赛教练：贾素珍、杨光、侯婷婷。

强基教练：王永、陆子贤。

（2）竞赛成绩取得重大突破，强基培训如火如荼。

岳腊生老师多年从事高中物理竞赛辅导工作，荣获北京市首届"市级奥赛金牌教练员"称号。岳老师辅导竞赛以拔尖创新人才培养为目标，为国家强基计划做准备；宗旨是："以竞赛辅导为手段，不唯竞赛而竞赛"；理念是："学习力、思考力、竞争力的提升"。他总是这样鼓励竞赛生："要勤奋地去练习，只有这样你才能发现，哪些你理解了，哪些你还没有。坚持下去你就是成功者。"2023年，岳腊生指导训练的陈奕豪同学代表北京队在全国决赛中取得银牌。

岳老师与第39届全国中学生物理竞赛复赛获奖同学的合影

郑丙彦、于万堂、詹凯老师带领附中高中物理竞赛队伍多次取得多项优异成绩。

在第26届全国初中应用物理竞赛北京赛区决赛中，我校初三学生在指导老师的精心指导下，取得了以下优异成绩：一等奖（7名）、二等奖（6名）、三等奖（19名）。其中，柴源同学由于成绩突出，直接获得第29届北京市高中力学竞赛北京赛区决赛参赛资格。指导教师是贾素珍、彭志锋、张跃。

（3）年轻的竞赛教练在成长。

2023年6月，入职不满一年的李文莹老师设计的竞赛课《流浪地球——地球逃逸加速方案设计》，参加北京市"启航杯"及海淀区区级研究课评比，获得"启航杯"思政单项奖。

3."双减"背景下核心素养的培养更显学科特色

推进"双减"，意义重大，影响深远。不仅事关落实立德树人根本任务和深化教育领域综合改革，而且事关学生全面发展健康成长。我们物理教研组，聚焦"双减"政策，在学校给教师赋能的培训和整体理论学习的基础上，从具体的教育教学工作出发，落实减负，提高课堂效率，提升课后服务，从而促进教育教学提质增效。

（1）初二物理备课组：起始年级精心设计，激发学习兴趣，转变学习方式，特色减负。

在"减负"精神的带动下，我们初二物理备课组的所有老师们进一步致力于激发学生兴趣，让学生爱上物理；立足于学生的长远发展，精心设计，探索与转变多种学习方式，为学生减负，同时提升教育教学质量。具体的措施如下：

①作业设计多元，激发学生兴趣。

例如：在寒假中，我们设计了让学生结合所学知识，动手进行小制作的作业。学生在做中学，培养了跨学科实践能力，并且感受到学习物理的乐趣与用处，培养了学习兴趣，让学生从生活走向物理，从物理走向社会。

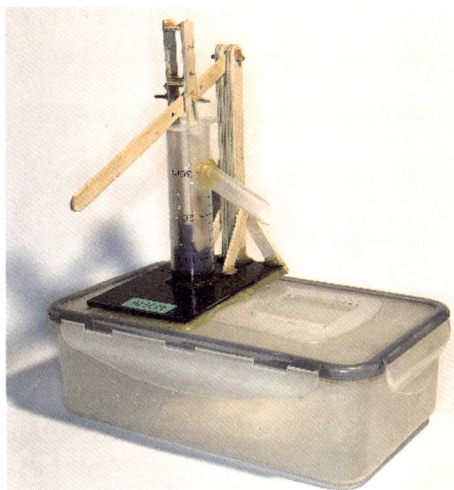

初二寒假物理作业：小制作活塞式抽水机（倪云信制作）

②特色课程开发，助力双减落地。

我们备课组老师开设了丰富的选修课，在初二上学期，开设了《好吃好玩学物理》，初二下学期，开设了《动手动脑学物理》，侧重兴趣激发，提升核心素养，依托项目式学习，实现五育并举。

（a）激发学生潜能，鼓励资源共建。

对于优秀和学有余力的学生，鼓励学生录制讲题视频、制作课件（比如，学生陆可鑫制作了课件《打篮球之凸透镜成像规律动态变化》）。通过这种学习方式的转变，学生将所学的知识进一步深化、活化、成品化，调动了学生的能动性，使得他们的学习更高效、对学习更有兴趣。他们的成品，更贴合学生的生活和兴趣，所以在课堂上使用，易于与其他学生产生共鸣，利于接受，也促进了高效学习。同时，这样的学习指导，也共建了教学资源，增进了老师与学生的情感。

（b）转变学习方式，提升学习质量。

将传统的"老师教，学生学"的学习方式，转变为以教学目标重难点为中心，学生开展课前调研、实验探究，带着成果和疑问开始学习的方式，为课堂学习奠定了坚实基础。针对学生调研和探究的情境，以及该过程中产生和发现的问题开展教学，在课堂上引导学生探究、解决问题，在增加学生课堂参与度与培养学习兴趣的同时，也提升了学习效果和质量。

综上所述，我们初二物理备课组，在作业设计、课程开发、学法指导等方面，实现为学生"减负增效"的目标，为起始年级的物理教育教学工作打下了坚实的基础。

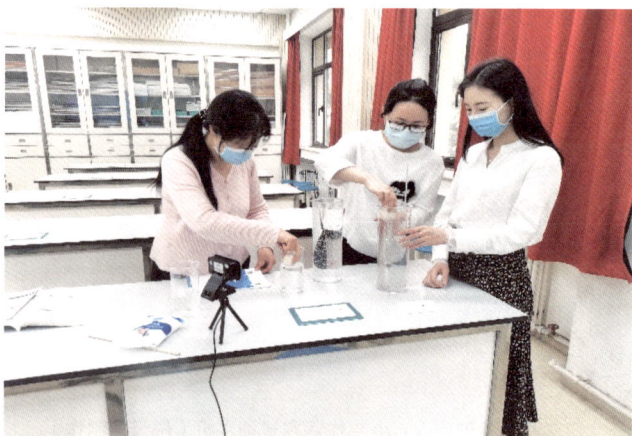

疫情期间备课不停歇，初二备课组自觉到学校集体备课，网课时直播实验

（2）初三备课组：立足学生实际，中考复习力争"精、透、准"，措施具

体不盲目。

初三备课组在备课

在中考前的复习过程中，通过初三全体教师通力协作、精心设计，做到知识系统化、练习专题化、专题规律化。利用这一阶段的教学，把书中的内容进行归纳整理，复习不遗漏，检测要跟上，重视补缺不嫌烦。

备课组随时关注学生情况，注意以下几个问题：

第一，必须扎扎实实地夯实基础。

第二，不搞题海战术，精讲精练，举一反三，触类旁通。"大练习量"是相对而言的，它不是盲目地大，也不是盲目地练，而是有针对性、典型性、层次性、切中要害地强化练习。

第三，定期检查学生的作业，及时反馈。教师对于作业、练习、测验中的问题，应采用集中讲授和个别辅导相结合的方式，或将问题渗透在以后的教学过程中进行反馈、矫正和强化。

第四，立足一个"透"字。一个题一旦决定要讲，有三个方面的工作必须做好，一是要讲透；二是要展开；三是要跟上足够量的跟踪练习题。切忌面面俱到式讲评，切忌蜻蜓点水式讲评，切忌就题论题式讲评。

第五，留给学生一定的纠错和消化时间。教师讲过的内容，学生要整理下来；教师没讲的，学生解错的题要及时纠错；与之相关的基础知识要再记忆再巩固。

第六，注重思想教育，不断激发学生学好物理的自信心，并创造条件，让学困生体验成功的喜悦。

（3）高一备课组：量身定制实验视频，扬长避短效率倍增。

高一备课组在备课

在过去的物理教学工作中，高一备课组的所有教师们一直在积极探索如何减轻学生负担，同时提高教学效果。为此，备课组采取了一系列措施，取得了显著的成效。

首先，通过组内集体备课，对教学目标、重点、难点、方法尤其是教学细节做了一次梳理，相当于让大家都做了一次彩排，尤其使第一次教课的新教师做到了心中有数。

其次，使用录制视频这一全新的教学方式。通过录制伽利略斜面、水流星、小球过山车等实验，再用慢镜头播放，从而在较短时间内完成教学内容的传递。这一方式不仅能省却教师大量语言表述的时间，同时也实现高质量的课程输出，让学生更好地观察细节，掌握知识。

最后，在作业方面进行了调整，在课后练习和习题的基础上，采取"少而精"的策略，减少了作业量，重新整理了适合本校学生的作业，并跟课堂教学有机结合起来。适当补充的习题，也重在提高学生对知识点的理解和应用能力。不但能减轻学生的压力，也帮助老师更好地了解学生的掌握情况，及时反馈。

总之，通过以上一系列举措，高一备课组确实实现了"减负增效"的目标。同时，这些措施也得到了师生们的一致好评，并在实践中不断优化。我们深信，只有在不断创新、积极探索的基础上，才能更好地为学生提供优质教育资源。

（4）高二备课组：兼顾课堂内外、师生双方，"四个强化"是亮点。

高二备课组在备课

"双减"给中小学的办学生态带来巨大变化。加强学校教育的主战场地位，无疑会使教师肩负更大的责任和更高的职业要求。尽管"双减"的工作量略有增加，但也促使教师思考如何提高作业质量，如何进一步优化课堂，这就是"双减"对教师的积极影响。

减负的核心是学生的作业问题，高二备课组通过四个强化来进行作业管理。第一，强化总量控制，每天物理作业的完成时间控制在15分钟左右。第二，强化作业提升，鼓励分层作业，根据学生不同的情况分别进行作业的设计。第三，强化课堂效率，减负的核心在于高效率的课堂，学生只有掌握了课堂教学的内容，作业才能高效率完成。第四，强化师生关系，以作业为媒介，加强答疑，加强师生之间的交流沟通。

高二物理组设计了学案和相应的作业，年级统一印刷，使得学生的学习目标明确，努力有方向，同学们对物理组的作业的量和时间非常满意。

（5）高三备课组：不回避个体差异，心中只有学生，"小讲义"解决"大问题"。

团结向上的高三备课组

高三物理学科已经进入全面复习阶段，物理学科高考要求内容较多，为避免学生进入题海，高三物理备课组在以往高三教学的基础上，一直坚持集体备课，集思广益，不断对教材、考点和考题进行凝练、整合和优化，编写最适合本年级各层次学生的校本练习。同时加入新的内容，如：教材阅读后的问题总结等，高效带领学生回归教材。

9-1 磁场基本性质 磁感应强度、磁感线、磁通量

班级_____ 姓名_____ 学号_____ 日期_____

重点内容

1. 磁感应强度 B 定义 $B=F/IL$ 的含义。
2. 磁感应强度、磁感线对磁场的描述。
3. 永磁体的磁场、电流的磁场（安培定则——右手螺旋定则）
4. 磁通量：$\Phi=BS\sin\theta$。

阅读思考

1. 阅读课本 P81 看图 3.1-4，回答地磁场的相关问题。
（1）一种观点认为地磁场源于地球自转，假如这种说法成立可推知地球表面应该带有哪种电荷？
（2）画出"北半球"、"南半球"、"赤道附近"相对地面的磁场方向。

2. 阅读课本 P87：图 3.3-5、图 3.3-6，说说"安培分子电流假说"的内容？

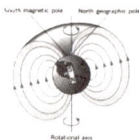

§11-1 磁场的描述

【知识点 1：磁感应强度】

1. 【A 类】（必修三 P128 A 组 4）下列有关磁感应强度的说法错在哪里？
（1）磁感应强度是用来表示磁场强弱的物理量；

（2）若有一小段通电导体在某点不受磁场力的作用，则该点的磁感应强度一定为 0；

（3）若有一小段长为 l、通以电流为 I 的导体，在磁场中某处受到的磁场力为 F，则该处磁感应强度的大小一定是 $B = F/Il$。

§10-1 磁场的描述

一. 知识深化

问题 1：磁场来源于什么？

问题 2：磁场的基本性质是什么？

问题 3：磁感应强度 B 是如何定义的？磁感应强度由什么因素决定？

高三备课组精心设计复习讲义

制作完成的校本复习讲义

高三备课组整合制作校本复习讲义，接下来还将进一步精心设计，将这项工作变成可延续、可发展、可持续发挥使用价值的一份校本练习：

①每年进行题目的增添，把过时的题目更换为新题；

②做好统计工作，针对学生易错的题目，制作成小视频，上传学校慕课平台，节约高三答疑的时间，更加有效地答疑。

"双减"工作，要减小老师和学生的工作量，同时学习效果和效率不能变，还要有提高。制作讲义只是我们这届高三的第一步，后续的高三工作一定会有更多创新和发展。

为了在"双减"背景下更好地落实核心素养的培养，物理教研组群策群力，研究相应的培养模式，重视知识的形成、设计多样化的实验、开展探究活动等。从作业上有集体的分层设计，也有针对性的个性化研究，到课堂实施中的实验设计和录制到学习内容的整合，再到从课后服务的实验重现、专题研究、难点辅导等方面，让学生更好地理解理论知识，提升探索知识的能力，树立责任意识，最重要的是培养学习兴趣，进一步提升学生物理学科的核心素养。

4.组内特色课程案例

（1）初中物理学科综合实践课程。

课程名称：物理学科综合实践课程。

课程类型：A.国家课程校本化。

开设年级：八年级、九年级。

2022 年 4 月教育部颁布《义务教育物理课程标准》，明确了以素养为导向的课程目标。课程内容中新增了一级主题"跨学科实践"，其中包含三个二级主题：物理学与日常生活、物理学与工程实践、物理学与社会发展。旨在引导学生从生活走向物理，从物理走向社会。

首都师范大学附属中学为使学生成为"全面而有个性发展的人"，依托学校文化、四修课程体系、综合实践活动和成达思维发展课堂，对学生进行培育。物理学科组设计和开发了综合科学实践课程，以国家课程的高质量校本化实施为目的，构建与学生内在发展需求相一致的，有利于学生夯实学科基础、提高核心素养、形成自主能力的校本化精品课程。

物理学科综合实践课程旨在促进学生核心素养的养成和发展，引导学生学会观察、学会思考、学会合作、学会生活，为学生终身学习和终身发展奠定基础。

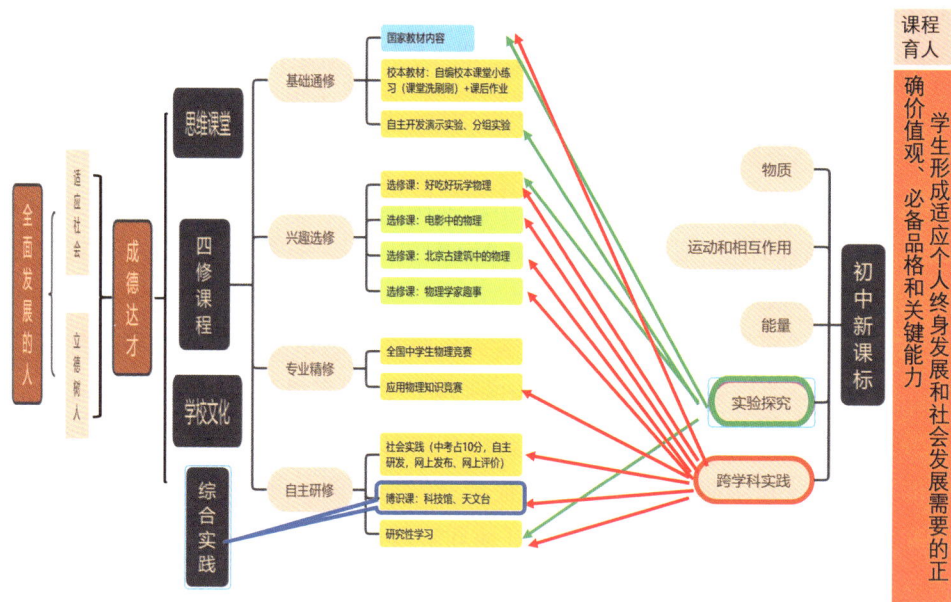

物理学科综合实践课程与四修课程体系及初中新课标的关系图

（2）李文莹老师设计的适合中学生的《中学地球物理概论课程开发》。

中学地球物理概论课程开发

——上九天揽月，下五洋捉鳖

1 中学地球物理概论课程开发的背景及意义

物理学是一门基础科学也是一门实验性学科。在理论上物理学研究的是物质的基本结构、相互作用以及运动规律等，与此同时，物理规律的发现和验证要在实验和实践中进行。中学物理传授学生科学知识，培养学生科学思维，发展学生科学精神和创新能力。开发物理特色课程是物理教育改革的发展趋势，是科学文化发展的迫切需要。在一个信息化的时代，学生对物理课程的学习不再满足于中学物理课程本身，物理知识在生活中的实际迁移与应用，与多学科之间的融合贯通可以极大地丰富拓展学生对物理的理解。

地球是人类赖以生存的家园。地球物理学是一门将物理学知识实际应用于地球内部探索、地表自然灾害救灾减灾、地球上方大气空间航空航天技术研发的兼顾理论与应用的学科。地球物理学也是一门以物理学为基础，融合

课次	中学物理知识点	内容安排
1. 地球物理概论介绍*	声光热力电综合	地球物理学定义、研究对象、研究意义、研究内容、研究特点、研究方法及应用 兴趣科普
大气物理		
2. 全球气候变暖*	水循环	1. 中学水循环 2. 全球气候变暖的起因、影响 学生活动
固体地球物理		
3. 重力均衡补偿与地壳结构**	1. 浮力 2. 压强	1. 中学浮力与压强计算 2. 重力均衡补偿假说 学生活动 3. 地球地壳区域分层
4. 重力密度异常探测***	1. 重力加速度 2. 万有引力 3. 密度	1. 中学重力加速度 2. 联系重力加速度与万有引力的关系探究密度与重力的关系 学生活动 3. 与海拔高度探究引力 4. 反复验情况下的重力加速度计算 学生计算
5. 地震波场与自然灾害**	1. 波的性质 2. 惯性及牛顿运动定律 3. 力学综合	1. 中学波的性质 2. 地震波的概念 3. 设计简易版简易地震仪 学生活动 4. 地震波产生在自然灾害中的实际应用
6. 地震波场与地球内部结构**	1. 波的传播 2. 折射与反射定律	1. 中学波的传播性 2. 利用地震波射线反演确定地球内部分层结构 兴趣科普
7. 固体地球物理软件**	1. 波的性质 2. 力学综合	1. 将中学物理软件应用于地球物理 学生活动 2. 简单数据分析处理 学生活动
遥感		
8. 遥感系统原理*	电磁波	1. 中学电磁波的产生与性质、黑体辐射 2. 反射比、吸收比 3. 光和颜色 4. 传感器
9. 地理信息系统应用***	参考系、地理空间坐标系、测距定位	1. 中学参考系、坐标系选取 2. 测距定位 学生活动 3. GIS地理信息系统应用 兴趣科普 4. GPS卫星定位 兴趣科普
地质		
10. 大陆漂移与板块构造***	运动、力学综合	1. 大陆漂移学说 2. Wilson旋回 兴趣科普 材料阅读、学生活动 3. 地震、火山灾死成因分析

李文莹老师为学生精心设计的拓展课程

5. 硬件保障不手软：实验设备的更新、整理和研发

（1）2013—2015 年完成物理实验室装修改造，建成开放物理实验室。

为落实《北京市中小学建设三年行动计划（2012—2014 年）》"2012 年至 2014 年，重点支持 70 所左右特色高中学校建设"和"遴选 50 所优质高中，依托学校建成一批市级高中开放式重点实验室"的要求，安排市级经费进行建设。

2012 年 12 月 18 日，初步命名为"高中物理自主探究实验室"项目，并由项目负责人、首都师范大学附属中学科技中心主任丁伯华和物理学科主任范鸿飞，代表项目申请小组对北京市教委进行项目答辩。

首都师范大学附属中学 2013 年高中开放式重点实验室建设项目主要建设内容包括：①实验室改造、装修：（a）实验室的楼地面，内墙，吊顶等内装修；（b）给排水工程；（c）电气工程；（d）楼宇智能。②仪器设备。③仪器使用培训。

2014 年 7 月开始，各级款项陆续到位，实验室改造、装修施工单位于 2014 年 11 月进场施工。按照施工方组织设计方案组建立了施工项目部，施工监理全面配合，装修改造工程于 12 月 15 日完工。

仪器设备供货单位于 2014 年 11 月 18 日开始施工，2014 年 12 月 24 日完成所有项目。

2014 年 12 月 24 日，由实验室改造、装修建设单位，仪器设备供货单位，

监理单位和我校负责人对装修改造工程组织了验收。工程质量符合有关法律、法规和工程建设强制性标准，符合设计文件和施工合同要求。

经过一个寒假的整理调试，实验室于 2015 年 3 月正式投入使用。

物理实验室整体设计思想贴合学校实际需求，不浮夸，不虚荣，广泛听取意见，确定方案，精打细算进行建设。物理实验室的装修改造，不论是看不见的水电改造，还是看得到的实验台、仪器柜，从款式要求到位置摆放等，每个细节都透露出设计的精心。

我校开放性物理实验室从最初接受任务，申报项目进行答辩准备工作开始，就饱含附中领导和物理组全体人员的心血。在校领导的密切关心和领导下，致力于建成一个符合当前先进物理教学理念需求、适合本校师生物理探究、创新实际情况的物理实验室。经过反复调研、考察，听取多方专家意见建议，最后确定了当前的建设方案。因此从实验室施工改造到仪器设备购置，都是按照最初的建造设计思想，统筹规划，精打细算，严格按要求进行的。

我校开放性物理实验室主要是为满足初高中日常教学中演示和分组实验、物理实验选修课和物理竞赛学生学习训练三方面的需求。自投入使用以来，充分发挥其设备仪器的先进性，运行良好，已成为本校物理教学研究中不可缺少的一部分。开放性实验室每年接待本校和分校学生上课及实验超过 4000 人次。

为此，开放性物理实验室实验员针对日常教学中用到的演示和分组实验编写了相应的实验情况和操作使用注意事项说明；针对物理实验选修课主要开发了《传感器物理实验》课程，已在有选修课的高一、高二年级连续开课 5 年，深受学生欢迎；针对物理竞赛开发了《竞赛实验辅导》课程。

我校开放式物理实验室以日常教学需求和满足选修课开设以及竞赛训练作为最初的设计定位，是切合实际的。从近年来使用情况看，日常教学演示和分组实验的利用率是最高的。经本组教师不断对设备深入开发研究、调试使用，实现了很多传统实验不能达到的实验效果，大大提高了课堂效率。在学校的统筹安排下，选修课和竞赛训练都顺利进行。

在开放性实验室使用过程中，除立足本校，物理教研组还尽最大努力做好资源共享，充分发挥开放性实验室的作用。本组教师参加了北京市基础教育教学研究中心关于高中物理实验项目的研究，为项目研究提供大量实验素材和图片，为高中物理实验创新的推广作出贡献。

开放性物理实验室近年来在学校的统筹安排下，经常接待国内外专家同行、校外学生和家长的参观学习与交流。经过精心设计的演示实验和学生分组实验在本组教师的各级公开课中进行展示，深受好评（市、区级公开课十余节），并于今年10月成功开展国家级公开课6节。本组教师基于高端物理实验室实验设备的先进性，做了很多实验创新和改造，共在核心期刊发表论文9篇。

（2）大量实验器材的自主研发、改造和使用。

经常有外校教师来参观实验室，有好多实验器材介绍起来很令人自豪。让外校教师听起来很羡慕、也是最喜欢听的，就是实验室自主研发和改造的实验器材。这样的器材在实验室里数不胜数、随处可见，小到一颗螺丝、一块木板，大到整套的实验器材能做到全体学生分组。比如光电效应的分组实验，高二教师在上课时吊足了学生胃口，告诉学生，当年爱因斯坦因为光电效应实验获得诺贝尔奖，在全国能让大家看到这个实验的演示过程的地方都不多，更别说在中学了，而在咱们附中却能做到让每一个学生都参与，实现分组实验。

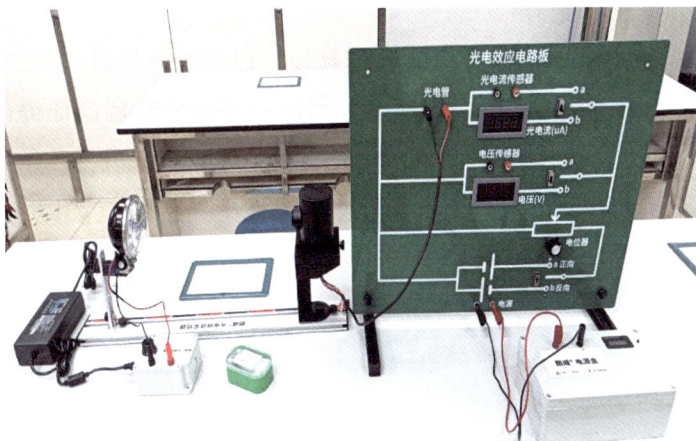

自主研发光电效应实验器

四、课堂风采：有声有色，生活皆是物理

（一）成达思维发展课堂优秀课例

秉承成达育人和思维发展的教育教学理念，物理学科教研组加强教研，不断吸收新的教育教学理念，探索新的教学思路，通过对课程进行反复打磨，呈现出了一堂堂聚焦思维发展的优质好课。

课例1：王静老师

在讲授北师大版八年级物理上册《乐音》课上，王静老师注重创设情境导入新课，引出重要概念。通过设计环环相扣的问题，由表及里、层层深入，引导学生理解和掌握核心知识点，体现了对学生思维能力的训练。此外，对于音色、响度、音调这些知识点都设计了有趣、操作性强的实验，加强了学生对相关知识在生活中应用的理解。

课例2：于万堂老师

在讲述《自感现象及其应用》课题中，于万堂老师设计了3个实验（以小实验"千人震"引入，再开展传统的断电自感实验和通电自感实验），设置"环环相扣，步步深入"且带有挑战性的问题，引导学生积极地进入问题情境，主动参与，解决问题。在传统的自感现象演示实验中，成功地将学生对"一群人为什么会被三节干电池电击"的想法立即转化为一种强烈的求知欲，使学生兴趣盎然地融入整个教学氛围，这种学习的热情甚至延续到课后练习部分。

课例3：李文莹老师

在给竞赛生上课时，李文莹老师创新设计以让地球加速流浪为问题背景，由问题出发进行物理抽象和建构模型。利用物理规律推理论证提出地球"逃逸"方案，解决实际问题并分析解释生活中的现象，以提升学生的物理核心素养。该课堂获北京市"启航杯"课程思政单项奖并作为海淀区研究课案例。

（二）国家市区公开课获奖课例

课例1：赵芸赫老师

课程简介：

在讲授《跨学科实践：自制浮力秤》一节时，赵芸赫老师这节课的设计背景是立足于中考总复习阶段，对于浮力这一核心概念的复习。本节课选取与工程实践相关的素材，通过著名的历史典故曹冲称象作为背景引入，以《浮力秤的制作与应用》作为跨学科实践活动的主题，兼具人文与科学素养的培养。该课程以测量工具的制作为载体，引导学生解决测量过程中的实际需求问题，从而落实学生应用阿基米德原理解决实际问题的能力。在此过程中，既有工程技术方面的困难与问题等待解决，又需结合数学函数的思想进行理论推导分析问题，以及物理原理作为支撑，真正实现跨学科实践，在实践中提升学生的能力。为了发挥学生在教学中的主体性和主动性，在有效把握学生学情的基础上，在实际测量的过程中创设问题，"如何基于浮力现象制作一个质量测量工具"—"如何标定浮力秤的刻度"—"如何提高浮力秤的精度",使得学生在选择、创造和创新中内化知识,感悟方法。

课例2:张跃老师

课程简介:

张跃老师在讲授《设计制作电磁铁》一节时,打破传统教学方式,基于单元教学视角,以设计制作电磁铁任务为驱动,利用自制"魔盒"实验教具进行演示,引导学生认识到电流可能会产生磁场,激发学习兴趣;利用通电直导线和小磁针进行分组实验,探究电流周围是否存在磁场,通过让学生经历真实的探究环节,体验"失败"的过程,感受真实的科学探究精神;通过深入思考增强磁场的方法,探究导线形状对电流产生磁场的影响,了解通电螺线管周围的磁场及磁性强弱,实现从"长直导线"到"螺线管"结构设计的转变,提升问题解决能力;通过探究不同芯材插入通电螺线管后对电流产生磁场的影响,认识到电磁铁设计的核心结构,经历动手绕制电磁铁并进行实验探究的过程,了解电磁铁的磁性强弱及通电有磁、断电无磁的应用特点,从而提升实验探究能力和动手操作能力;通过自制微课视频,重现科学家的历史实验,产生乐于探索的情感及敬畏科学的态度;通过观看大众磁悬浮概念车视频,感受物理学对未来发展的重要性及其重大应用价值。

《设计制作电磁铁》获第九届全国中小学实验教学能手;第四届北京市中小学实验教学说课一等奖;第三届北京市中学物理精品课堂一等奖。

课例3:王静老师

课程简介:

在讲授北师大版九年级《内能》一节时,王静老师以学生为主体,重视探究过程,突破难点。通过探究如何改变铁丝和木块内能,自主分类归纳影响内能大小的因素和改变内能的两种途径。为了更加符合学生的认知,引入创新实验,向放有温度传感器的密封玻璃瓶子中打气,观察现象及温度变化。此创新实验利用传感器形象地观察到了温度随时间变化,使实验更加直观。知识由抽象变为具体,符合学生认知特点。宏观温度变化情况,反映了微观本质,此实验很好地将宏观和微观相联系,在分析问题的过程中,很好地锻炼了学生分析问题和应用知识的能力。这节课还设计了学生体验钻木取火的活动,学生们感受到燧人氏发明钻木取火的重要意义,感受到中华文明对科学发展的贡献;同时,学生感受到了钻木取火的不易,以及科技发展给我们生活带来的便利。激发学生投身于科研事业的热情，为祖国发展作出贡献！

《内能》获北京市中学物理精品课堂教学展示与交流活动一等奖。

五、教师发展：青蓝互促，成就卓越教师

（一）聚沙成塔，教研成果推陈出新

1. 学科特色教学资源的开发成果显著

全组老师精益求精，提高教学效率，开发更适合课堂教学实际需求的视频资源，张跃和贾素珍老师为北京市"空中课堂"录制了所有初中实验。经过几年的积累，范鸿飞老师设计录制视频 70 多个、赵成龙老师 16 个、任伟然老师 50 多个、杨筝老师 17 个。其中最有特点的是范鸿飞和任伟然老师的视频资料。

范鸿飞老师为了激发学生对物理实验学习的兴趣、进一步提高物理学科实验教学质量、应对疫情对实验教学带来的困难，自 2021 年起，开始拍摄制作中学物理实验系列视频短片，目前已完成近百部短片的制作，几乎覆盖了高中物理的所有章节。这些短片与教学内容紧密配合，作者结合多机位拍摄方式和巧妙的剪辑手法，将实验过程和实验现象更加充分、清晰和高效的展示出来，使学生的实验学习不再受时间、地域的限制，为学生重复多次观看提供了极大的便利。

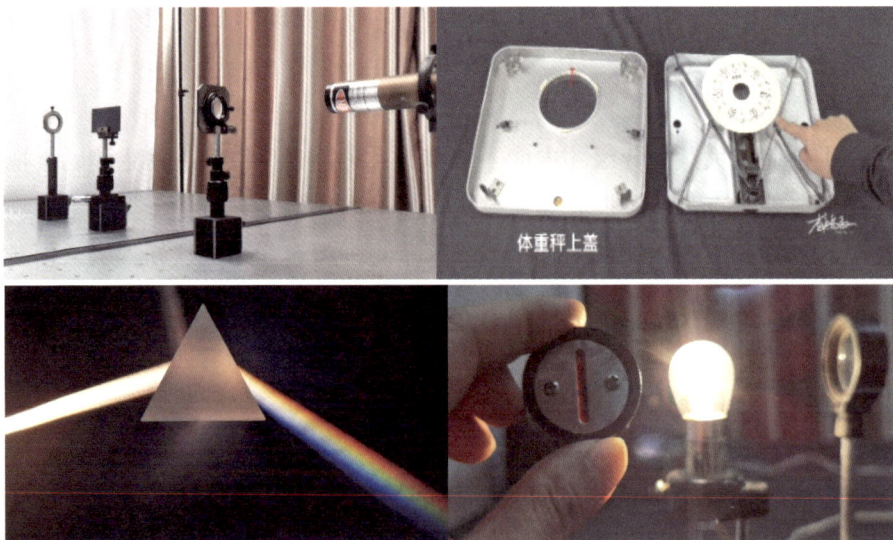

范鸿飞老师拍摄的精彩瞬间

任伟然老师带领组里教师，通过拍摄实验视频，将过去学生只能通过自己脑补的物理动态过程，以清晰且精彩的方式呈现给学生，丰富了学生的感知体验。如《超重和失重》实验，这是一个教学中的重点内容，但学生在生活中却缺乏直观的感受，而视频弥补了这一缺憾。

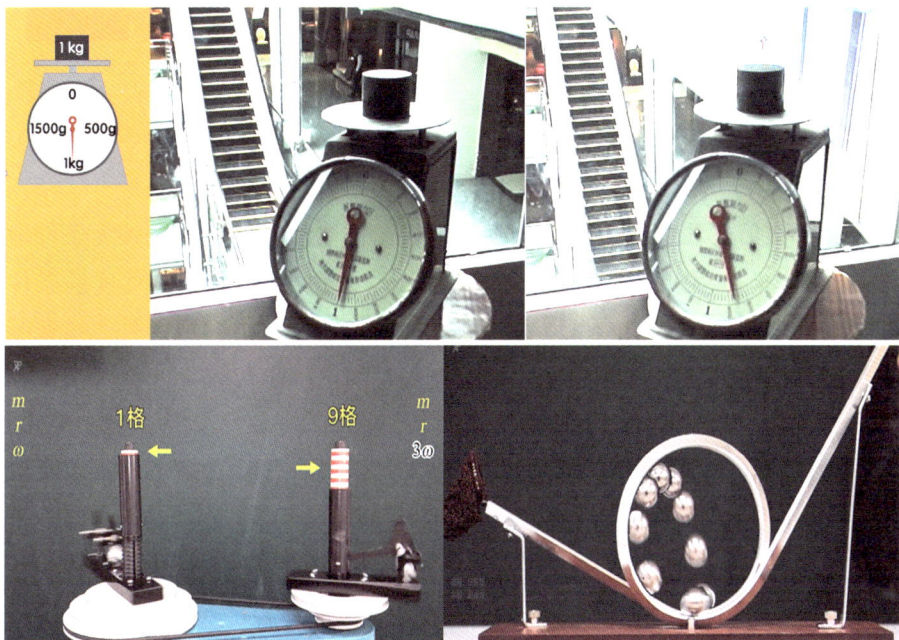

视频中的"慢放"和"放大"极大提升了课堂教学效果

在没有视频《探究向心力规律》之前，利用教材中的器材处理时，总有部分学生看不懂实验，一是器材太小，二是实际操作过程中无法暂停，让学生看清关键状态，而视频却非常好地弥补了以上两点不足。视频《竖直圆运动条件探讨》在课堂教学中也起到了同样的良好效果。

为了更好地激发学生对物理的兴趣，任老师还带领组里老师设计拍摄了很多课本并不要求的实验视频，如《反冲现象》《坠落的鸡蛋》等，制作这些视频需要投入大量的时间和精力，但能换来课堂上学生发自内心的掌声。

任伟然老师团队拍摄的精彩视频瞬间

　　在有了微信"北京高中物理教师群"后，任老师将拍摄的视频无条件地分享给群中的老师，由此可以让更多的教师和学生受益，尤其是那些实验条件相对不太好的学校，学生依然可以看到精彩的物理实验。借助视频号、抖音等传播平台，可以更方便地将视频推广，现在受益的已经不仅仅是北京的学生和老师了。

　　当这些视频在公众媒体上越来越受到关注之后，我们启动了"推出年轻人计划"，帮助青年教师更早地成为名师。如在《引力弹弓》的视频中，我们将实验设计者李文莹老师放在了视频开始部分，希望通过此视频让更多的业内人士关注到她。现在看来这个目的应该达到了，这个视频的观看量已经超过了10万。

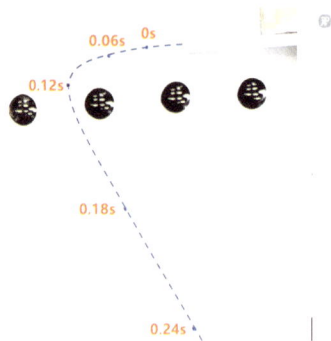

《引力弹弓》视频的实验设计教师李文莹

　　在一次次视频的拍摄中，通过大家的协作和磨合，我们逐渐形成了一支具有奉献精神且高效的创作团队，而且队伍还在不断壮大过程中，这为以后产出更多的优秀作品提供了坚实的基础。（说明：还要特别感谢两位默默奉献的实验员老师：樊国良和杨石，都为视频制作提供了非常大的帮助）。

赵成龙　　李文莹　　刘娅琳　　刘洋　　任伟然

朱星昨　　郝桂杰　　张亚明　　贾素珍

视频创作团队

任伟然老师团队的拍摄花絮

2. 做研究型教师，课题研究成果丰硕

新时代教育不断迎来新的挑战和机遇，教师的任务也变得更加繁重和复杂，随着教育教学模式的改革和数字化技术的不断发展，教师需要不断提升自己的教学水平和专业能力，以适应时代发展的需求。重视并深入开展课题研究，不仅可以提高教师的教学水平和专业素质，也能促进学校教学改革和教学质量的提升。通过课题研究，教师可以深入研究教学中的难点和瓶颈问题，探索有效的解决方法，并将其运用到实际教学中，提高学生的学习效果和综合素养。

作为首师大附中物理教研组的教师，深入探讨在教学中出现的各种问题是大家的日常习惯，组里一直保持着写论文、做课题的好传统，这也成为大家工作的重要组成部分。

（1）课题负责人最新结题课题及取得的成果。

课题负责人	课题级别	课题取得成果情况
张亚明	市级	北京市海淀区教育科学"十三五"规划重点关注课题"初中生物理易错点分析与对策研究"，结题鉴定等级优秀 北京市 2021—2022 学年度基础教育科学研究优秀论文一等奖，海淀区第十七届教育科研优秀论文评审一等奖
王永	市级	北京市教育科学"十四五"规划"双减专项"课题"双减背景下促进学生自主学习的教学探索与实践"，已结题，鉴定等级为优秀

（2）课题负责人带领组内教师正在研究课题情况。

课题负责人	课题级别	课题情况和名称
张亚明	市级	北京市教育科学"十四五"规划 2022 年度一般课题立项"中学物理基于表现性任务的大概念教学实践研究"
张跃	区级	海淀区课题"中学物理微课资源的开发与应用研究"
张跃	市级	北京市物理学会 2022—2023 年度教育科研立项课题"指向深度学习的高中物理原创试题命题研究"
岳腊生	市级	市级课题"基于拔尖创新人才培养的物理课堂教学实践研究"

（3）组内教师积极参与课题研究情况。

物理组目前有市级和区级课题 4 项，在课题负责人的带领下，本组有十多名教师成为课题核心组成员，课题研究气氛浓郁。另外，大家参与非本组课题研究，不完全统计共有 40 多人次。

姓名	参与科研课题情况
侯婷婷	参与海淀区教育科学"十三五"规划课题"中学物理微课资源的开发与应用研究"
于万堂	参与课题"基于课前学习诊断的教学整合模式研究"
赵芸赫	参与中学物理微课资源的开发与应用研究（区级）
	参与北京师范大学未来教育高精尖项目（区级）
	参与 2021 年义务教育八年级物理教育质量监测工具研制（教育部）
	参与过程教学导向下的思维发展型课堂建构——以中学物理为例（区级重点课题）
	参与课题"核心素养视野下科学思维在初中物理教科书中的呈现研究"（人教社）
	参加中小学智能实验教学系统的构建与应用实践研究（教育部）

续表

姓名	参与科研课题情况
郑丙彦	参与课题"新课程下高中物理学科能力的发展与培养策略研究"
张跃	参与国家级课题"大学附中办学特色研究"
	参与省部级课题"中小学课堂学习环境测评的理论与实践研究"
	参与区级课题"促进学生科学思维发展的物理实验教学实践研究"
	参与区级课题"基于学校特色的新教师培训课程建设研究"
	参与区级课题"学生学习方式变革研究与实践"
	参与北京市"十三五"教育规划课题"基于课前诊断的教学整合模式研究"的核心素养诊断性测试题命制工作
	北京市物理学会 2020—2021 年度课题"指向科学思维的诊断性评价研究"核心成员
	北京市物理学会 2020—2021 年度课题"利用物理实验进行思维培养"核心成员
	参与高中物理选修 3 系列实验（活动）可行性研究
	参与北师大高精尖高中物理指标、微测、资源的开发
	参与北京市重点课题"基于学校特色的新教师培训课程建设研究"
	参与中国教育学会 2021 年度教育科研一般规划课题"基于科学思维学习进阶的教学改进实践研究"
	参与北京教育科学研究院"中小学生学习辅助系统开发：基于学习进阶"项目研究的框架建设、命题

3. 组内教师个人教研成果（论文、公开课）情况

研究课获奖

姓名	时间	研究课级别	研究课取得成果情况
贾素珍	2012 年	市级	《光的干涉》教学设计及公开课，在"2012 年北京市基础教育优秀课堂教学设计评选"活动中获一等奖
张亚明	2022 年	市级	北京市第三届"京教杯"青年教学基本功培训和展示活动一等奖
张跃	2018 年	市级	《探究电容器电容的影响因素》获第七届北京市中学物理实验教学评展高中组一等奖
	2017 年	国家级	《直流电动机的应用》获中央电化教育馆举办的"新媒体新技术教学应用研讨会暨第十届全国中小学创新课堂教学实践观摩活动"现场上课一等奖
任伟然	2018 年	市级	《磁感应强度》教学设计及案例获北京市基础教育优秀课程教学设计评选活动一等奖
崔轶斌	2018 年	市级	北京市教委基教一处、北京市教育学会教学研讨会上承担研究课《滑轮》

国培计划

姓名	时间	国培计划级别	国培计划取得成果情况
侯婷婷	2019 年	国家级	示范研究课《电表的改装》
	2017 年	国家级	研究课《通电导线在磁场中受到的力》在全国部分大学附中教学协作体年会上获得教学观摩优秀奖
张亚明	2023 年	国家级	全国部分大学附中教学协作体年会上获得教学观摩优秀奖
杨筝	2019 年	国家级	示范研究课《机械振动复习》
赵芸赫	2020 年	国家级	示范研究课《如何应用智能手机传感器软件进行实验》
杨光	2019 年	国家级	示范研究课《弹力》

论文

姓名	时间	论文	发表期刊
于万堂	2020 年	核心素养视角下热学新旧教材比较研究	中国多媒体与网络教学学报（上旬刊）
张跃	2019 年	指向核心素养的教学改进与创新——以"电容器的电容"教学为例	物理教学
	2018 年	2013—2017 年北京中考物理实验试题的量化分析研究——基于布鲁姆教育目标分类理论	物理教师
	2016 年	初中"电荷"的教学刍议	物理教学
于佳怡	2017 年	基于谐振环的太赫兹宽带偏振转换器件研究	物理学报
贾素珍	2016 年	中考光学专题复习策略	中学物理教学参考
赵芸赫	2024 年	基于测量工具制作过程的初中物理跨学科实践活动的设计——以"自制浮力秤"为例	物理教师
赵芸赫、侯婷婷	2024 年	探索"双减"背景下初中物理科学探究课堂提质增效的有效策略——以"探究平面镜成像特点"为例	中学物理
赵芸赫	2022 年	物理教育期刊对科研原始创新的推动	大学物理
岳腊生	2023 年	基于深度学习理论的物理课堂教学实践研究	高中数理化
	2014 年	北京高考物理实验题考查动向及复习启示	物理教师
杨丛笑	2018 年	振荡管传热对制冷效率的影响研究	第十届全国流体力学学术会议论文摘要集
任伟然、王永	2015 年	一个简单实验带来的教学突破——对《探究弹性势能的表达式》的教学改进	物理教学探讨
任伟然	2022 年	从高考数据看物理教学与课程目标的偏差	中学物理
高行驰	2012 年	浅谈"碰撞模型"的推广应用	高中数理化
	2015 年	大学自主招生"近代物理"部分选析	高中数理化
陆子贤	2021 年	高性能电力电子设计自动化求解器关键因素与解决方法	中国电机工程学报
	2020 年	电能路由器设计自动化综述——设计流程架构和遗传算法	电工技术学报
	2019 年	基于三重移相控制的双有源桥 DC–DC 变换器性能综合优化	清华大学学报（自然科学版）

姓名	时间	论文	发表期刊
李文莹	2023 年	滑坡的摩擦力与正压力力偶的地震波场模拟	地球物理学报
	2018 年	Seismc Inversion of the June 2017 Maoxian Landslide	2018 年中国地球科学联合学术年会论文集（八）
崔轶斌	2022 年	小物和小理的物理对话录 (95)——高中物理中的"场"	高中数理化
	2019 年	"互联网 +"能为促进学生的"学"做什么？——以北师大版初中物理教材《滑轮》一课为例	基础教育课程
	2018 年	"动"起来的物理课	北京教育（普教版）
詹凯	2024 年	利用磁场控制运动电荷的几种方式	高中数理化
	2021 年	从高考评价体系管窥 2020 年北京物理高考——以"四层"视角为例	物理教学
	2019 年	秉承科学育人　强化探究过程　发展思维品质——2019 年北京高考物理试题分析	物理教师
张亚明	2020 年	真实情境下任务驱动式教学实践——以"串联和并联"为例	中学物理
	2017 年	初中物理电学实验与电子信息技术的融合	中小学数字化教学
	2016 年	来"物理吧"	未来教育家

（二）传承助力青年教师成长，教师队伍良性发展

在物理教研组里，经常发生不是师徒胜似师徒的情景，比如各个年级备课组的集体备课，就是由经验丰富的备课组长带领全组教师，除了固定的集体备课时间，还根据实际需要随时随地进行集体备课。每个年级备课组总是会将上课时的每个细节都讨论清楚，将课后每个层次的学生适合哪些习题都讨论到位，最后统一学案和习题，再加上共享教学资源，真可谓不是师徒胜似师徒！而且组内教师的课堂永远是对其他教师开放的，大家都能去想听的课堂中听课，这样长此以往，进步明显。

1. 老教师乐于奉献，勇于承担培养年轻教师的重任

2014 年至今，学校正式颁发证书，与贾素珍老师确定师徒关系的先后就有 5 位，他们是：张跃、杨光、郝桂杰、张至骞、杨丛笑。除此之外，对于王静、赵芸赫、侯婷婷，她也总是不遗余力地帮助他们准备各种公开课和比赛。这些年轻教师很努力，成长得很快，逐渐成为学校教学教育的重要力量，他们在各种国家级、市级、区级比赛中频频获奖，在各级各类公开课中获得好评。

同时，贾老师作为物理支部书记，带领物理支部，把培养年轻人作为支部的一项重要任务。物理支部在党建课题"青年教师的讲台"项目中，获首都师范大学党委党建课题三等奖。

组里还有多位老教师对青年教师的发展作出了巨大的贡献，彭志锋老师指

导青年教师王静参加北京市中小学新任教师第五届"启航杯"教师风采活动荣获一等奖。

2. 青年教师写故事："我和我的师父"

李文莹和师父郑丙彦

作为一名年轻的新教师，我虽有教学热情和激情，但缺乏教学经验，常常不知道如何处理各种复杂的情况。学校物理组让郑丙彦老师担任了我的师父，指导我的教育教学工作，并帮助我尽快成长。

郑老师是一名已经从教近三十年的老教师，是一位备受学生们喜爱和尊敬的老师。他非常有耐心，认真倾听学生的心声，并帮助他们解决各种问题。

作为一名新教师，我很高兴能有这样的机会跟随郑老师学习。师父对新教师非常耐心，会仔细地指导我如何制定课程，如何把握课堂，如何控制课堂纪律等。他还给新教师分享了很多自己的教学经验和教育理念，帮助新教师更好地了解教学工作。师父在细节上的指导也不厌其烦，从每个问题如何设问，如何铺设台阶，每个环节如何引导学生思维扩展，到高阶思维的建立发展，都事无巨细地进行指导。

自己作为一名新教师，难免会出现各种问题，但师父总是耐心地指出问题，并给予建议和帮助。他不仅在教学上帮助我，还经常跟我聊天、倾听我最近遇到的困惑和烦恼，给我以鼓励和支持。

师父有时间还会进班听课，给予我及时的指导。比如建议我更多地使用板书，摆脱对 ppt 的依赖；从细节处着手，指导我在板书设计时区分开保留的板书设计及临时的板书内容；再到结合学生学情，增加对学生课堂上的关注，充分利用好课上的时间掌握学生的学情。

在准备公开课及研究课等期间，师父帮助我对 ppt 逐页修改，帮忙顺逻辑，理细节。在交流沟通的过程中，师父的指导真的令我受益匪浅。

教育不仅是传递知识，更是传承精神，让良好的教育理念代代相传。作为一名新教师，很感谢感激自己能拥有这样的一位职业生涯的领路人。

刘娅琳和师父王永

我于 2022 年 9 月入职首师大附中，并和物理组的王永老师结为师徒。我很感谢学校和物理组给我的这个机会，让我可以向优秀的前辈老师请教、学习。作为一名新教师，我热爱教学、热爱学生，但缺乏教学经验，因此我非常迫切地想得到指导和帮助。刚刚参加教学工作的第一个学期，我在教学、学生管理等方面都遇到了一些问题，比如如何掌握学生的学情，如何根据学生学情去进行教学设计。当我拿着课本去向王老师请教某一节课应该怎么讲时，王老师会很明确地帮我分析，哪个知识点对学生来说比较难，应该怎么讲；哪个地方学生容易有理解误区，应该怎么提醒学生；同时王老师也会提醒我，上课要根据学生的反应和提出的问题，灵活改变自己的教学顺序和问题设置，课堂也是掌握学生学情的一个很重要的环节。除此之外，王老师也非常懂学生，他尊重理解学生，喜欢和学生相处。所以当我为一个喜欢用数学思维去思考物理而经常在课上追问自己问题的学生苦恼的时候，王老师也给我支了一些招，教我如何妥善地处理这类事情而不耽误课堂的进程。

王永老师和徒弟刘娅琳

除了一些日常教学工作中遇到的问题，在我准备公开课的时候，王老师也倾心尽力。虽然王老师目前在高三任教，平时比较忙，下午自习课也有很多学生去办公室找他答疑，但是每次下午我去找王老师讨论教学设计的时候，他都非常耐心地听我表达自己的想法，然后再给我提出改进意见。比如在准备《牛顿运动定律的应用》这节公开课的时候，关于两类问题"已知受力情况确定运动情况、已知运动情况确定受力情况"如何引入，我始终没有想到满意的方案，王老师提出可以从如何快速用乒乓球拍运送乒乓球这个问题出发，设置一些有趣的学生活动，来引入第二类问题。后来根据试讲效果，我又对这个问题进行了加工，最后这个方案也成功达到了启发式引入的目标。今年在准备正志杯比赛的过程中，不管是讲课 ppt 还是说课 ppt，王老师都认真把关，在比赛之前，也一直给我鼓励，跟我说不要紧张，让我放手去做。

我非常庆幸在自己刚开始教学的时候遇到这样一位热爱物理、热爱教学的师父，今后我也会更加努力地向师父学习，精进教学。

杨笋和师父范鸿飞

本人自 2012 年来到附中后，非常幸运地，学校给我推荐了范鸿飞老师作为我的师父，指导我的教学。

本人参加工作后，在原北京市第六十二中学工作了 8 年，自认为教物理还不错。但是到附中后，听了 3 年范老师的课，以及其他老师的课后，深刻感觉到自己的不足，特别是在教学上的不足，急需学习；而且，在之前的教学中也有很多的问题急需改正。

范鸿飞老师倾其所有地给予我在教学上的指导：我的第一节公开课《简谐运动》，从第一分钟到最后一分钟的所有内容都进行了反复"磨课"；去天津参加全国部分大学附中教学协作体主办的公开课——《闭合电路欧姆定律》，同样，磨课、准备实验、试讲、教案的撰写，一个不落地对我开展深度指导。

当然，范老师也不是一味地代劳，慢慢地，随着时间的推移、我自身的成长，范老师也逐渐放手，让我自己去实践，只在一些地方给予我关键性的指导与建议：2021—2023 年，我作为备课组长，从高一干起，进入了海淀区的中心组，不但在学校参加工作，也成为海淀区的兼职教研员，为全区的老师进行各部分的教学建议，复习指导等。当我做完教学建议和复习指导的时候，还是会请师父进行"审查"，提出建议。范老师也会提出自己的建议，让我的内容更加贴近老师的教学，使我获益匪浅。

10 年过去了，范老师的头发变少了，身体佝偻了，肚子有些发福了……但他永远是我的师父，我背后的支柱，永远的精神支柱！

还是 10 年前的那句话：范老师永远是我追逐的目标！！！

杨丛笑和师父贾素珍

和附中结缘始于 2021 年，同年，我和师父贾素珍老师的故事也开始书写。对贾老师的初印象是，她对待工作认真，开学初给备课组安排的教学进度细致、有条理；对待我们新人、晚辈，很细致、平和，办公桌的安排为每个人都考虑周到。随着和贾老师的日日相处，贾老师刷新了我对

"认真""细致"的理解。实验提前设计好方案，实际操作过了，易出问题的地方也注意到了，但这些在贾老师眼中连及格都算不上。听过贾老师的课才知道实验设计方案不止一种，不是只有老师才能设计，在贾老师的引导下，学生可以自己设计实验方案，可以自己发现问题并完成改进，学生在设计和改进的过程中会有千奇百怪的想法，然而都逃不出贾老师的"五指山"。贾老师之所以能做到这种程度，源于其在备课过程中准备的多种方案，而这些贾老师对徒弟都倾囊相授。每次准备实验，贾老师都会带着我把所有能完成该次实验的器材都找出来，每套器材能完成的所有方案都试一遍，过程中出现的问题是什么，问题原因在哪儿，怎么解决……所有这些贾老师早已烂熟于心，但贾老师并不是直接告诉我结论，而是耐心地陪着我一点一点试完，定下最佳方案和器材。

非常有幸在我教育生涯的起点就能得贾老师这样一位名师指点，贾老师就像一头老黄牛，在祖国教育事业的田地上辛勤、踏实地耕耘着，将自己的青春和热血都奉献给了这片土壤，让土壤有了温度，种子生根、发芽、开花、结果，希望我这头尚不谙世事的小牛能将贾老师的品德与情怀传承下去。

（三）党建赋能，支部引领，党员带头，扎实有效提升全组思想水平和业务水平

（1）2023年3月29日，物理党支部暨物理组（包括北校区）参观中国科学院力学研究所，物理组党支部和物理教研组同中国科学院力学研究所党支部首次开展交流活动。

物理支部带领全体物理组教师参观中科院力学所

力学所在国际力学界享有盛誉，为我国航空航天事业及国家经济社会发展作出了重要贡献。该所由钱学森先生向中央提议创建，于1956年建成，并由钱学森先生担任第一任所长，郭永怀先生长期担任力学所常务副所长。老一辈科学家们的革命精神令物理组老师们肃然起敬。

参观"风洞实验室"

大家来到了LHD的"风洞实验室"进行参观。与一般民用风洞研究亚声速（低于声速）的运动不同，力学所的风洞主要研究超声速运动过程中的空气动力学效应。亚声速风洞直接用高功率风扇吹出的风进行研究，但是力学所的风洞需要利用爆炸产生的超高速空气进行动力学研究，因此这里的"洞"也不是传统意义上的洞，而是耐温、耐压的金属管道。物理组老师们对此非常感兴趣。

（2）2019年9月，物理教研组老师和党员们来到兴隆县国家天文台进行参观。

中国科学院国家天文台兴隆观测站位于河北兴隆燕山腹地，隶属于中国科学院国家天文台光学开放实验室，是国家天文台恒星与星系光学天文观测基地，设有大天区面积多目标光纤光谱天文望远镜、2.16米光学望远镜等重要天文仪器。

参观国家天文台兴隆站

最引人注目的当属进门处耸立的郭守敬望远镜，十层楼的高度让人驻足观望。郭守敬望远镜（大天区面积多目标光纤光谱天文望远镜，英文缩写LAMOST）是中科院国家天文台的国家重大科技基础设施，为一架视场为 5 度横卧于南北方向的中星仪式反射施密特望远镜。由于它的大视场，在焦面上可以放置 4000 根光纤，将遥远天体的光分别传输到多台光谱仪中，同时获得它们的光谱，成为世界上光谱获取率最高的望远镜。它使我国天文学在大规模光学光谱观测、大视场天文学研究上，居于国际领先的地位。

六、学生成长：金石为开，培育科技英才

（一）核心素养导向的人才培养及成果

1. 竞赛训练已是常规，成绩优异硕果累累

从 2014 年 9 月开始，在学校对各学科竞赛工作的统筹领导下，附中形成了稳定的物理竞赛团队。最开始竞赛教练只有于万堂、王永和詹凯三位老师，近几年，随着学校对竞赛工作越来越重视，在沈校长的领导下，物理组的教练队伍逐渐壮大，现在已有郑丙彦、岳腊生、李文莹等六位高中教师和多位初中竞赛课教师。这几位竞赛教练不仅理论知识水平过硬，而且具有培训竞赛学生团队的丰富经验，善于打集体"攻坚战"。他们资源共享统筹协调，贡献自己的智慧和力量，齐心合力，编写出各个阶段的物理竞赛学案，使得物理竞赛课程在附中形成了一个完整的训练体系，使得各年级竞赛学生都能有计划有目标地得到充分培养和提高。其中初一、初二阶段：培养兴趣，夯实基础，既能大规模培养数理人才，同时更为竞赛人才的选拔打好基础；初三阶段：正式进入竞赛初赛内容的学习，为参加高中竞赛蓄积力量；高一阶段：开始复赛内容的

学习，并为参加全国复赛打好基础；高二阶段：大学普通物理的学习，鼓足干劲为冲击奖牌和进入省队加倍努力。

这些年一路走来，物理竞赛团队取得丰硕成果：

在 2016 年全国物理竞赛复赛中，于万堂老师辅导的冯思源同学获得省级一等奖。

2018 年全国物理竞赛复赛中，詹凯老师辅导的周思耘同学获得省级一等奖。

2019 年全国物理竞赛复赛中，于万堂老师辅导的郑沛实同学获得省级一等奖。

2020 年全国物理竞赛复赛中，郑丙彦老师辅导的靳佳睿同学获得省级一等奖。

2022 年全国物理竞赛复赛，成绩最为突出，岳腊生老师辅导的陈逸豪同学获得省级一等奖并进入省队，在全国物理竞赛决赛中获得银牌。

2. 借"强基"机遇，共谋学生美好未来

教育主管部门希望通过强基计划，将我国的基础学科做强做大，为我们的原始创新研究奠定一定的基础。

高校希望通过强基计划为学校的数理化、历史、哲学、生物以及古文字学选拔适合就读这些学科的学生。

强基计划是国家针对重大战略需求培养有志服务于国家的综合素质优秀或基础学科拔尖的学生的一项教育计划，与传统教学的培养模式不同，强基计划为教育提供了更多的考核评价模式，给综合素质优秀的学生更多的机会。围绕强基计划开展高中物理教学对学生来讲有重要的意义，有计划地对一部分有成长需求的学生实施物理强基课程的教学，能使他们将来在综合成绩优秀的考生中更具有竞争优势。

我们学校一贯重视自主招生和强基计划的工作。在高一、高二阶段，学校就提前谋划、系统安排了数学、物理等强基课程。物理组也非常重视强基课程，在每个年级相应的学段都安排课程。于万堂老师、王永老师、陆子贤老师等都陆续开设过高中物理强基课程。大约三个学期的课程，内容涵盖了强基计划所要求的物理课内容。经过系统学习的学生能够很好地应对高校选拔的要求，包括北大清华的高要求。当然通过强基计划的，还有相当一部分竞赛学生，这离不开各位竞赛教练的努力，包括郑丙彦老师、于万堂老师、岳腊生老师、詹凯老师等。近年来我校高考通过强基计划进入北大清华的同学约占到30%左右。物理组对强基计划有长期规划，有系统的内容准备，更有认真的落实，为提高学校的清北上线率作出了应有的贡献。

（二）彰显物理学科特色活动，助力学生终身发展

1. "青牛杯"中显身手

2023年2月20日，在"青牛杯"学生比赛中，物理组开展了主题为"极限挑战，纸桥承重比赛"的学科活动，高一的学生踊跃报名，纷纷拿出了自己设计的作品来接受考验。学生在搭建纸桥的过程中，不仅能够锻炼动手能力和团队合作能力，更重要的是通过实践探究物理学的基本原理，提高其物理核心素养。搭建纸桥比赛还能培养学生的创新精神。在实践中，学生们不断尝试不同的结构设计和材料组合，探究其优劣之处，不断改进创新，从而提高桥面承重能力，达到更好的效果。此外，搭建纸桥比赛还能激发学生的竞争意识，激发其自信心和积极性，促进团队合作，提高学生的综合素质。

参与"纸桥"比赛的同学们

2. 初中在科技馆中上物理课，亦物理亦博识

2018年，贾素珍老师带领初三学生去中国科技馆学习物理，在科技馆中上

物理课。我校教师的教学实力和学生的良好素质，倍受科技馆各方欣赏，吸引科技馆积极与我校合作，促成我校成为中国科技馆的"馆校结合基地校"。

博识课是我校初中课程传统特色，物理学科博识课在中国科技馆上的次数也最多。同学们喜欢物理，更喜欢在科技馆中的物理课，这一切深深吸引着一拨儿又一拨儿附中的学生，为学生打开了探索物理学奥秘的大门。科技馆中的大型物理实验为孩子们带来震撼体验，让孩子们终生难忘。

馆校结合基地校牌匾

学生在科技馆中上物理课的情景

3. 高中游学，走进中科院

高二年级在高中生综合社会实践活动中，参加中国科学院组织的走进北京交通大学物理实验室，参观学习并参与实验课程《有趣的物理课》和《物理组成的实验》，使学生大开眼界。

杨筝老师带领学生参加高中社会实践活动和实验课程

4.结交全国朋友，首次参赛，初高中双双告捷

在 2023 年 12 月举办的第十二届中学生趣味力学制作邀请赛中，附中学子组建的高中队、初中队在来自全国各地的 48 支队伍中分别取得高中组一等奖、初中组一等奖佳绩。作为团队的指导老师，贾素珍、杨丛笑两位老师从组队开始，到备赛、比赛，全程悉心指导。

本次比赛积极贯彻落实习近平总书记强调的"在教育'双减'中做好科学教育加法，激发青少年好奇心、想象力、探求欲，培育具备科学家潜质、愿意献身科学研究事业的青少年群体"的重要指示及《中国科学技术协会事业发展"十四五"规划》等相关文件要求。高中组的比赛题目是"发射纸飞机"：仅仅利用一张 50cm×50cm 的密度板组装、制作出带有类似扳机或拔销的弹射装置，并控制橡皮筋，让纸飞机飞得更远；"寻找四叶草"：根据特定方程进行数学运算，找到大圆、小圆的半径和开孔的位置，从而画出四叶玫瑰线。初中组的比赛题目是"隔空接力搬运"：用吹风机"搬运"带有配重的气球；"定位停车"：利用组委会提供的材料设计制作一辆最大尺寸小于 30cm 的小车，依靠橡皮筋动力使小车在特定赛道中前进，要求当小车自然停止时，正好停在定位线上。比赛给了学生们很大的发挥空间，从题目分析到设计方案，到动手制作，再反复迭代以优化结果，需要学生们具备丰富的理论知识和动手实践能力，以及良好的团队协作能力。本次比赛展示了首都师大附中学子们良好的学科素养，并让同学们通过团队合作、动手制作，将书本的知识付诸实践，更深入地了解力学，为今后科学知识的学习打下更好的基础。

（三）学生对附中物理学习的回忆与收获

2022 届 3 班邓一诺：

特别感谢附中为我们提供了很好的学习物理的平台以及教学资源。在附中学习物理的过程中，我明白了物理这门学科的严谨性和实用性，并掌握了逻辑思维能力，培养了良好的科学意识和创新精神。物理实验课程也让我们在实践过程中感受到物理学的魅力。在今后的科研道路上，我将不断学习新知，秉持求真务实的精神为我国科技事业发展贡献力量。

在建校 110 周年之际，让我们共同祝愿母校繁荣昌盛，再创辉煌！

2021 届 7 班朱亦涵：

与物理学科的第一次正式相遇就是在附中。丰富的趣味物理实验和严谨的逻辑思维把初二的我领进了物理学的世界，我开始热爱这门在实验中探索规律、在变化中寻找永恒的学科。到了高中，物理对我来讲充满了挑战，却也充满了完成挑战的满足。在郑老师的循循善诱下，一切问题似乎都能找到答案。我很喜欢郑老师时不时的冷幽默，总能给高中紧张的学习带来一些朴素的快乐。还记得我们做题忽略惯性时，就不慎成为"亚里士多德的忠实信徒"，后来每当我看到亚里士多德的图片，我就会想，千万别忘了惯性。为了帮助我们解决更难的物理学问题，郑老师还会给我们分享一些微积分的知识，当时这些高数知识令我头昏脑涨，但我进入大学才知道，那是我上过的讲解最清晰的微积分课。

到了现在，毕业近三年，虽然很多高中物理的公式我已经记不清了，但是学习物理带给我的科学严谨的思维方式伴随着我的整个学习历程，它帮助我更好地认识和理解世界，是附中的教育给我的最珍贵的财富之一。

2021 届 7 班靳佳睿：

在附中学习物理的过程中，我学会了如何分析和解决复杂的物理问题，这不仅培养了我的逻辑思维能力，还提高了我的解决问题的能力。其次通过实验和观察，我深刻理解了许多自然现象背后的原理，这让我对世界的运行机理有了深入的认识。我认为附中的物理教育不仅让我们在考试中取得好成绩，还激发我们对自然规律的探索和对思维的挑战。

我衷心感谢所有曾经教导和帮助过我的老师们，他们的辛勤付出让我受益匪浅。同时，我也感谢物理这门学科给予我的启迪和收获，它将伴随我一生，成为我不断探索世界的动力和引导。

2015 届范鸿飞老师的学生黄湛雅的微信消息：

2019 年 10 月 29 日 21：50

　　老师您好，我是您高中教过的一个学生，就是高一时候第一次实验报告我没有好好写，被您叫到办公室还哭了的那个女生。有一件非常感谢您的事，我到现在才发现。

　　您在办公室教我的如何画图，以及要充分利用网格等教诲被我记到了现在。

　　直到我在大学的一次实验中得了满分，我才突然意识到这得益于您对我的认真教导，真的非常感谢您。

　　虽然现在才意识到，但我想着至少要让您知道我的感谢，所以就贸然给您发了这条消息。

范老师回信：

2019 年 10 月 29 日 22：16

　　你的微信名很熟悉，可我记不得你的名字了，黄＊雅？不过这不重要，重要的是要谢谢你的留言，你让我感受到了自己存在的价值！！还要感谢你这么多年还记得这件小事！中学时期对你们的要求和训练能在大学时代发挥作用，甚感欣慰！祝你学业有成，让那些洋人看看咱们中国妹子的厉害。

刘子烨：

　　感谢贾素珍老师和杨丛笑老师给了我们这次参赛的机会以及对我们的认真辅导。本次比赛紧张而刺激，从分析需求到建模设计，再到制作验证，整个过程充满了挑战与困难。但是，我们从未放弃，大家各自分工，精诚合作，用我们的实际行动诠释了附中精神！这次比赛，既锻炼了我们的物理知识在实际中的应用能力，也增强了团队的创新合作能力，还让我们增进了彼此间的友谊！热火朝天的制作现场与激动人心的测试环节将成为我们难忘的记忆！

（获第十二届中学生趣味力学制作邀请赛一等奖）

李耘艾：

　　这个冬天，我很荣幸作为高中组的一员参与到趣味力学制作邀请赛中。从规则研究，到学习往年试题，再到参赛机型的搭建，留给我们的时间非常紧迫，经过几周的练习，于 12 月 2 号走进了二中的赛场。上午的比赛重在动手，下午的侧重思考。这次比赛于我来说是一次特别的体验，跳出刻板的记忆，将书本中的理论应用到实践，搭建出独一无二的模型。在这次比赛中我收获颇丰，从遇到困难挫折到充满自信地分析解决，临危不惧、随机应变。学会如何正确对待输赢，胜不骄败不馁。感谢杨老师和贾老师的指导，让我在此过程中学到力学知识和工具使用，增长见闻，受益匪浅。

（获第十二届中学生趣味力学制作邀请赛一等奖）

丛聪：

在附中，于万堂老师在某天下午将我们聚在一起，发下了几十道复杂微积分习题。正是在那次刷完所有习题后，我真正感觉到了高等数学的窍门，也为日后物理竞赛、本科甚至是博士阶段的学习工作提供了坚实可靠的利刃。在探究世界的过程中，生而为人，我们在大多数情况下眼不能见（仅能观测 389—780nm 波长的电磁波），耳不能听（只能接收到 20—20000Hz 频率的声波），所能依靠的唯有严密的逻辑推理与坚实可靠的数学推导，让我们一步一步揭开这个宇宙的神秘面纱。

（2008—2014 年首师附初、高中学生，获第三十届全国中学生物理竞赛一等奖，北京赛区第十七名）

七、教研辐射：资源共享，福泽远山边疆

（一）将优质教研资源辐射更广

（1）本组任伟然、贾素珍、杨筝、詹凯等教师作为海淀区兼职教研员，在海淀区做过多次教材教法分析。

（2）本组杨筝、侯婷婷、杨光、赵芸赫等多名教师承担多次教育部国培计划上课任务。

（3）任伟然老师连续多年为北京各个区做高考数据分析讲座，并常年承担培养首师大物理教育专业学生的责任，为师范生的培养尽心尽责。任伟然老师的课堂永远都可以想听就听，物理组几乎所有青年教师都曾走进他的课堂听课，学习教学经验，对组内青年教师的成长起到重要作用。

（4）疫情期间，北京市教委与歌华有限公司合作，推出了初中物理的系列课程《空中课堂》，贾素珍老师担任主讲 13 节。杨光老师为海淀区录制微课。

使得优质资源辐射更广。

（二）物理支部引领，辐射带动集团校交流和研修

（1）物理支部书记贾素珍老师于 2021 年 10 月—12 月支教集团大兴北校区。

（2）这十年，物理支部经常与集团校老师一起教研。比如王静老师的市级公开课《内能》，就邀请一分校、二分校、北校区、北七家等兄弟学校来磨课；还曾组织邀请集团校的老师共 41 人一起去中国科技馆参观教研；邀请北校区、通州校区、一分校的老师来我校听课研讨。同时物理支部教师也走出学校去集团校指导教学，比如范鸿飞同志去北七家、通州校区做讲座，贾素珍同志经常去一分校、大兴分校给学生开展培优讲座。

（3）为了丰富职工子女的课余生活，让孩子们扩充物理知识，活跃科学思维，提高动手能力，2021 年 11 月 26 日晚 6 点至 7 点半，物理党支部和物理组响应上级"为群众办实事"的号召，举办了"附中爱宝贝，宝贝爱科学"的科学日活动，为全校 58 位教职工子弟提供了一次量身定制的科学盛宴，获得了孩子们和家长们的一致好评。

物理支部和物理组全体老师针对此次活动，专门开发打造了全新的精美课程，具有针对性、手脑结合、趣味性、操作性等特点。课程形式为小制作＋对应的物理知识讲解，使得孩子们的所学形成一个较为清楚和完整的闭环。课程设置小制作 8 个，涉及力热光电 4 个模块。

活动得到了教职工们的热情响应，报名的孩子将近 60 人，年龄跨度从 2

岁到 14 岁。我们把孩子们按年龄分为了 4 个年龄组同时进行，根据孩子们的知识基础和认知特点及能力水平，针对性地分别设置了不同的课程：

学前段（2—6 岁）：无尽的灯廊（平行平面镜）+ 平衡鸟（重心改变）。

小学低年级段（6—8 岁）：听话的笑脸（摩擦力）+ 不用轮子的小车（电动偏心轮）。

小学高年级段（9—11 岁）：神奇的两心壶（大气压）+ 神奇的滚筒（弹性势能）。

初中段（12 岁以上）：简易电动机的秘密（电磁）+ 钻木取火（内能）。

在老师们的精心指导、一对一帮助下，孩子们无一例外都制作成功，体会到了成功的喜悦。通过这次活动，孩子们收获满满，体验到了动手制作和实验的乐趣，观察到了奇妙炫酷的实验现象，学习到了丰富有趣的物理知识。孩子们很兴奋，家长们很满意。活动充分体现了"附中爱宝贝，宝贝爱科学"的主题。

在首师附中 110 周年校庆之时，重温"正志笃行、成德达才"这句传承百年的育人理念，再次理解"笃行"二字，可见于《淮南子·道应》："成形之徒，不可更也，子不若敦爱而笃行之。"意为只有明确的目标、坚定的意志的人，才能真正做到"笃行"。为实现附中每个物理教师的育人理想，必先要"笃行"，一个十年接着一个十年，我们坚守"格物致理，笃行启智"！

愿为杠杆，以教研撬动物理学科组的教学方式变革；愿像牛顿摆，传递正能量，让每一个参与物理教和学的人都获得动力！

附：物理教研组十年大事记

2014—2015 年高端物理实验室设计建设投入使用。

2018 年 8 月，教育部印发了《教育部关于做好普通高中新课程新教材实施工作的指导意见》，提出于 2018 年底完成新课程全员培训工作。从 2019 年秋季学期起，全国各省（区、市）分步实施新课程、使用新教材。我校积极推进"选课走班"教学，"一生一表、走班上课"成为高中教学新形态。

2019 年我校参加北京市学业水平合格性考试（之前本校会考自主命题）。

2020 年《普通高中物理课程标准（2017 年版 2020 年修订）》。

2020 春季学期，受疫情的影响，开学日延期，在教育部"停课不停学"的部署下，在线教学首次覆盖全学段所有学科。物理学科组启动校本作业集编制工作。

2021 年，物理党支部和物理组响应上级"为群众办实事"的号召，举办了"附中爱宝贝，宝贝爱科学"的科学日活动，为全校 58 位教职工子弟提供了一次量身定制的科学盛宴，获得了孩子们和家长们的一致好评。

2022 年颁布《义务教育物理课程标准》，物理学科组实验系列视频录制逐渐体系化，开发作品 60 多个，通过西瓜视频、微信视频号等网络平台对外发布，引起强烈反响。

2023 年线下教学全面恢复，新一轮校本教学资源开发初步完成。

化理精微　学贯自然

化学组以习近平新时代中国特色社会主义思想为指导，坚持为党育人、为国育才，全面贯彻党的教育方针，落实立德树人根本任务，发展素质教育。在首师大附中成达教育的框架下坚持"四三二一"的教育教学改革，积极进行课程教学改革，更新教育理念，转变育人方式，在学生培养、教师发展、课程建设和拔尖人才培养等多个方面均取得了长足进步和优异的成绩。

化学组现有教师 23 人，其中，实验员 2 人，特级教师 1 人，高级教师 10 人；区兼职教研员、中心组成员 8 人；区级学科带头人和骨干教师 7 人；博士 5 人，硕士 12 人；国际竞赛金牌教练 1 人，国家级竞赛金牌教练 3 人。年龄结构合理，硕博学历占比高，教育教学经验丰富，取得了优异的教学成绩。教育教学能力也很突出，十年内有 5 人担任年级组长，4 人担任过年级助理，3 人担任创新教学班班主任，既有德高望重的前辈，又有年富力强的中流砥柱，还有敢拼敢闯的可畏后生。首师大附中化学教研组是一个充满活力、积极向上的团队，坚持"团结合作、资源共享；教无保留、研无止境；和而不同、彰显个性"的理念，甘为育人道路上的孺子牛，上下求索，共同培育全面发展，学有特长的附中学子。

前排从左到右：赵克贤、董阳、高新月、郝秀芳、白艳云、贾喜珍、张立芹、刘亚俊、赵扬、傅雷晓萌
后排从左到右：陈伯瀚、陈建托、赵明哲、滕金铭、尚凡朋、王盛、王崔平、何文杰、王冬松、王锋、翟小溪、冻梅洁、刘天艺

一、理念领航，宏微结合

（一）核心理念

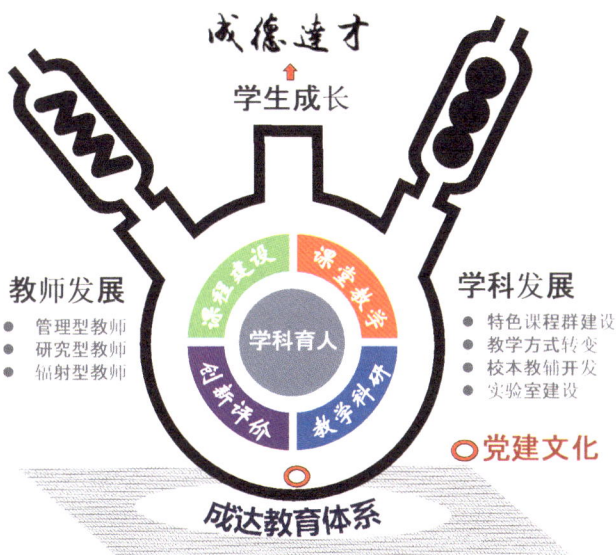

十年来，化学组的建设就像化学实验中的三颈烧瓶一样，以成达教育体系为支撑，通过党建文化赋能，将课程建设、课堂教学、教学科研、创新评价放在烧瓶内，相互促进，不断迭代，反复锤炼，实现学科育人。在促进教师发展的同时，促进学科发展，进而实现学生成长，达到成德达才的教育目的。其中教师发展，以学科组文化为催化剂，我们培养了管理型教师、研究型教师及辐射型教师。每位教师在这个过程中，不断地进行回流，螺旋发展。在学科发展中进行多元化的建设，通过特色课程群建设实现教学方式的转变，同时进行校本教辅的开发、实验室的建设，共同为学科发展服务。最终实现教师、学科、学生全面发展。为蒸馏出既富有个性又全面发展的综合性优秀学生奉献学科组的力量。

（二）体系构想

1. 愿景与目标

建设成为有首师大附中特色的化学学科组，坚持化学教育的新方向，培养具有国际视野和创新能力的化学人才。构建完善的教学资源体系和课程体系，为学生提供丰富多样的学习体验。加强与高校、研究机构的合作与交流，拓展学生的学术视野和实践机会。

2. 团队特色

建设成一支有教育情怀的研究型教师队伍。教师年龄结构合理，梯队层次清晰，具有引领北京化学教育教学的特级教师、学科带头人等一批高素质有热情的教师队伍。加强团队内部的协作与交流，共同研究教学问题、分享教学经验，促进团队整体水平的提升。

3. 教学资源与课程

（1）教学资源：建立完善的化学教学资源库，包括教材、课件、实验视频、题库、学习评价等，方便教师和学生查阅和使用。

（2）课程体系：结合高考要求和学科发展趋势，构建完善的课程体系和有特色的课程群，尤其在跨学科的课程建设上做出品牌。

4. 教学特色

（1）课堂教学：研究教材教法，提质增效，通过成达思维课堂，采用项目式学习、浓度学习等多种学习方式培养学生的化学学科思维和能力。

（2）实验教学：加强实验教学，提高学生的实验技能和科学探究能力，培养学生严谨的科学态度和实验精神。

（3）拓展学习：组织丰富多样的拓展学习活动，如化学竞赛、科研项目、学术讲座等，为学生提供更多的学习机会和挑战。

5. 持续发展与创新

（1）定期组织教师参加专业培训和学习活动，提高教师的专业素养和教学能力。

（2）教学研究：开展化学教学研究项目，进行课题研究，探索更有效的教学方法和手段。

（3）对外合作：加强与集团内成员校、其他学校、企业和研究机构的合作，共同推动化学教育的发展和创新。

二、异彩纷呈，共聚成达

教学方式转变和特色课程群建设相互带动，实验室建设与校本教辅开发相互助力。

（一）特色课程群建设

化学组的课程建设从上届杨晓红学科组长开始就有长远规划，随着何文杰老师担任新一届学科主任，以及首师大附中四修课程体系、成达教育思想的建立和完善，化学学科课程建设的理论化和系统化具有了强大的支撑和方向指引。

通过近十年的思考、实践、总结，首师大附中化学组逐渐形成了基于中学化学核心素养导向、紧密结合首师大附中教育集团四修课程体系，体现思维对课堂的引领，体现学生作为学习主体在学习中的选择权和自主性的富有附中特色的化学课程群。尤其是近年来聚焦于创新拔尖人才培养，我们对校本课程以及配套的评价体系进行了比较系统的思考和梳理，初步形成了建立在正确价值观、必备品格、关键能力基础上的基础通修、兴趣选修、专业精修、自主研修课程体系，并在某些课程的创建和实施过程中感受到了课程跨学科的意义、价值和魅力。特色课程群的组成结构和重点课程介绍如下。

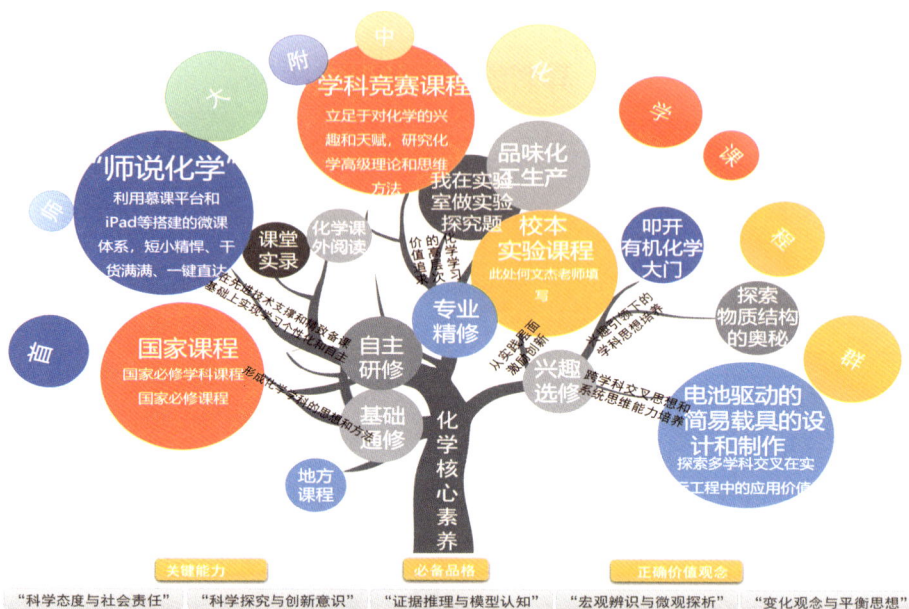

1. 化学学科四修体系简介

首都师大附中四修课程体系包括基础通修、兴趣选修、专业精修和自主研修，将"全面发展"与"学有特长"相统一，达到"通修"夯实学科基础、"选修"激发学生志趣、"精修"促进专业发展、"研修"形成自主能力的目的。附中的兴趣选修课程始终在尝试由学科导向转向学生导向，从学生兴趣出发，开设了丰富多样的选修课程供学生选择。通过课程、活动激发学生潜能，让学生发现自己的长处、发现自己的热爱，为明确志向奠定基础。

2. 化学校本选修课程

首都师大附中化学校本选修课程分为《初中化学校本选修课程》和《高中化学校本选修课程》，是基于《基础教育课程改革纲要》《义务教育化学课程标准（2022版）》《普通高中化学课程标准（2017年版2020年修订）》，立足首都师大附中四修课程体系所开设的选修课程，开设方式分为线下选修课——初中化学实验校本选修课、高中化学实验校本选修课，线上选修课——高中化学线上"慕课平台"选修课。

（1）化学实验校本线下选修课。

①开发理念。

初中化学实验校本线下选修课以发展化学学科核心素养为主旨，结合新中考背景下的化学学科特点，重视开展"素养为本"的教学，培养学生基本的化学观念，科学探究能力，倡导基于化学学科核心素养的评价。

高中化学实验校本线下选修课主要基于化学新课程理念的以下几个方面：以发展化学学科核心素养为主旨；设置满足学生多元发展需求的高中化学课程；选择体现基础性和时代性的化学课程内容；重视开展"素养为本"的教学；倡导基于化学学科核心素养的评价。

②开发目的。

（a）促进学生发展：学生全面可持续的发展才是校本课程开发最根本的目的与价值追求。通过以化学实验为主的多种探究活动，让学生体验科学研究的过程，激发学生学习化学的兴趣，强化学生科学探究的意识，促进学生学习方式的转变，培养学生的创新精神和实践能力。校本课程可以与国家课程的学习相辅相成、和谐共生，将提升学生学习能力作为根本任务。

（b）适应新中考背景下的化学学科改革实践：北京中考在近十年内多次改革，化学考试的分值和计分方式多次改动。尽管如此，对学生的知识及能力要求，尤其是核心知识、科学探究能力的要求没有降低；双减后课时压缩，复习课减少，使考试更多体现的是新授课中学生学习的效果；科学实践的参与程度以及九年积累成果成为拉开学生差距的重要因素。

（c）促进教师专业发展：通过校本课程开发能丰富教师的课程理论知识和课程开发能力，通过校本课程的实践可以促进教师教学方式的转变，同时促进教师教学成果的转化。

③课程目标。

（a）通过了解生活中的化学、以生活中的物品认识化学，激发学生对化学的学习热情，初步构建化学观念。

（b）了解化学实验常用仪器的主要特征和使用方法，掌握化学实验的基本操作，了解化学品的安全使用和实验室一般事故的预防、处理方法，进行物质的检验、分离和提纯。

（c）能根据实验要求做到：设计、评价或改进实验方案；采取适当的方法控制实验条件；描述实验现象和收集有关数据；分析现象和处理数据并得出合理结论。

（d）通过概括关联、说明论证、分析解释、推论预测、简单设计、复杂推理、系统探究等活动任务培养学生实验探究的学科能力。

（e）在自主探究中磨炼学生勇于探索，勇于克服困难的意志品质。发展合作团队精神，客观评价自己在合作集体中的角色、地位和作用，学会合作与分享，并懂得尊重和欣赏他人的观点和劳动成果，进而培养人际沟通与合作中协调角色关系的基本能力。培养学生的科学探究与创新意识，培养学生的科学态度与社会责任。

④课程内容。

化学实验校本线下课程内容

一级主题	二级主题	学段
课本延伸类	水果分子模型	初中
	碳单质的结构与性质	
	蜡烛分层	
	神奇的双氧水	
	燃烧条件探究	
	舌尖上的糖类、油脂、蛋白质	高一
	探究镁与水的反应	
	易拉罐成分研究	
	探究溶解氯化钠的质量（体积）对溶液体积的影响	
	研究盐类物质在水溶液中的行为	
	干电池的结构	高二
	揭秘化学电池——原电池原理初探	
专题类实验	探秘膨松剂	初中
	救生圈实验	
	豆腐的制作	高一
	色谱分离技术的应用	高二
	食醋中总酸度的测定	
	头发中铅含量的测定	
	从植物中提取精油	
	水果中香精和色素的提取	
	蔬果中天然有机物的提取	
	从植物中提取精油	
兴趣类实验	自制维生素 C 泡腾片	初中
	果冻蜡制作	
	手工皂制作	高一
	蓝瓶子实验	高二
	阿司匹林的制备	
探究性实验	84 消毒液性质探究	初中
	探索火箭推进剂的奥秘	
	红砖与青砖成分的探究	高一
	解密反式脂肪酸	高二
项目类实验	防火海报的制作	初中
	低碳行动效果检测与评估	
	粗盐提纯方法设计	
	化学电池小车创客 DIY	高二
	给纪念币穿铜衣	

⑤学生、教师及硬件设施分析。

每年初三有 11 个行政班，高一、高二均有 12 个行政班，每个年级各 500 人左右。根据问卷调查结果显示，愿意参加实验选修的学生占 60% 左右，学生进行化学实验学习的欲望强烈。

目前化学组共有教师 23 人，实验员 2 人。化学组共有实验室 6 个，除了第六实验室专门供竞赛使用外，第一至第五实验室在保证常规教学使用的情况下，均可提供给选修课使用。

⑥实验校本课程开发成果创新点。

（a）五大类实验能够满足不同学习需求的学生。

❖ 课本延伸类实验：针对课本相关内容进行补充，弥补课时不足造成的实验机会的缺失，加深对课本知识的理解和掌握的同时，拓展学生视野。

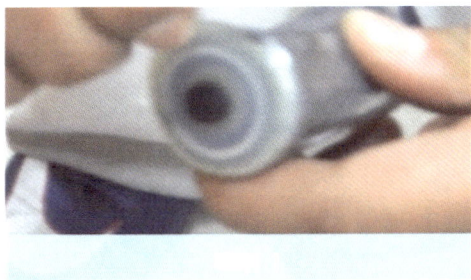

初中课本延伸类案例——碳的物理性质

初中课本延伸类案例——水果分子模型

❖ 专题类实验：针对化学实验中的关键问题，如物质分离提纯等，设计有效的活动和问题，帮助学生重点突破。

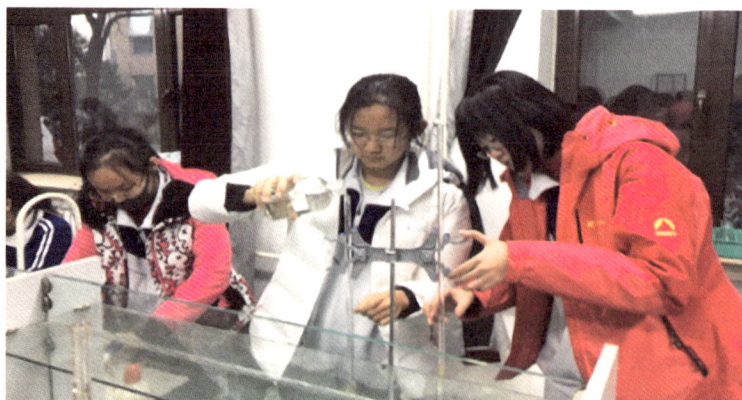

高中专题类实验案例——食醋中总酸度的测定

❖ 兴趣类实验：体现了化学之美，让学生体会成功的喜悦与化学的神奇，也能激发学生对化学学习的浓厚兴趣。

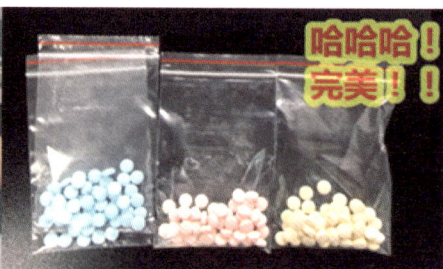

初中兴趣类实验案例——自制泡腾片

高中兴趣类实验案例——自制手工皂

❖ 探究类实验：引导学生通过化学解密生活中的现象，提出问题、获取证据、得出结论，从原理上做出解释。运用比较、归纳、分析等方法初步揭示化学变化的规律，培养学生完整的科学探究思路。

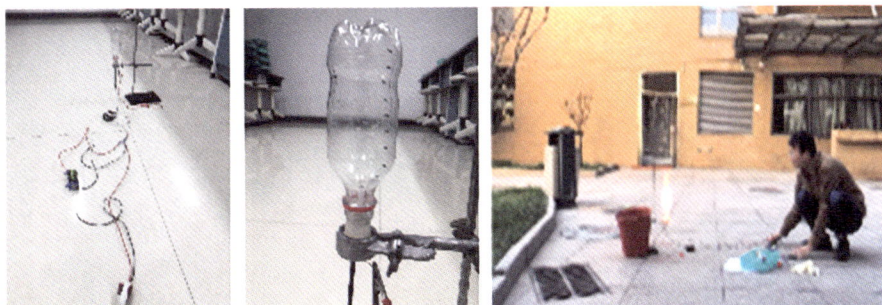

初中探究类实验案例——探索火箭推进剂的奥秘

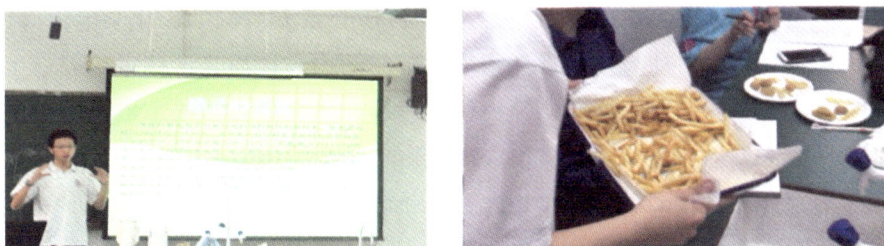

高中探究类实验案例——解密反式脂肪酸

❖ 项目类实验：转变学生学习方式，改进教师常规课堂授课方式，使学生在真实问题解决过程中，深化对学科知识的理解、感受学科知识的应用价值。深化学生对思维模型的理解，提升学生模型建构与模型应用水平。

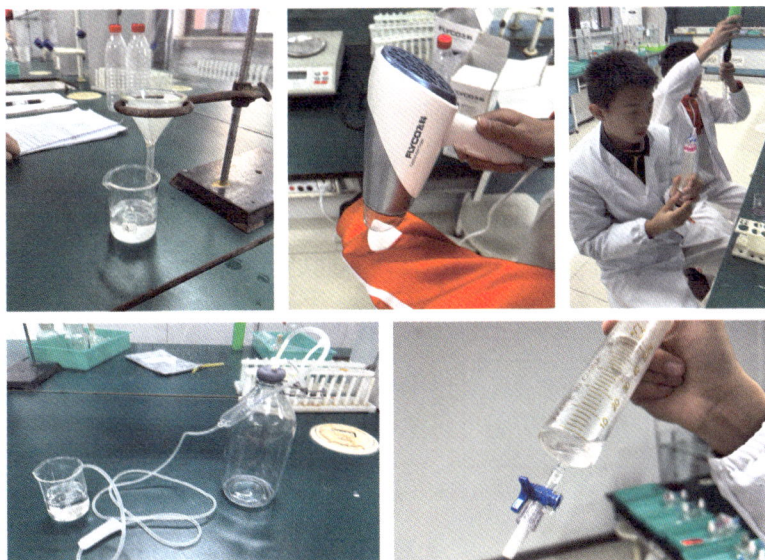

初中项目类实验案例——**低碳行动效果检测与评估**

高中项目类实验案例——电化

（b）结合化学实验，培养学生化学学科核心素养。例如，化学电池等课，侧重培养学生科学精神与社会责任素养；碳的结构与性质等课侧重培养学生宏观辨识与微观探析素养；探究蜡烛火焰分层等课侧重培养学生证据推理与模型认知素养；黄铜渣提取有价产品等课，侧重培养学生变化观念与守恒思想素养；84消毒液性质探究等课侧重培养学生实验探究与创新意识素养。

（c）充分利用大学资源，将高端技术引入中学课堂。如在解密反式脂肪酸课程中，利用色谱图定量分析反式脂肪酸结构；碳的结构与性质课程中，利用电子显微镜拍摄石墨的亚微观结构。使学生了解化学的前沿技术。

⑦实验校本课程开发成果。

（a）根据初三、高一、高二师生使用的选修课程的教学资源、相关教材和实验手册，编写了《化学实验校本教材》一书。

（b）编辑了相关教学过程的资料集，以课堂录像、课堂实录、学生实验报告或学生实验过程照片四种形式呈现。

（c）提炼出《化学实验校本教材》设计的流程：研读课标—研读教材—学生调研—整合资源—课程实施。根据课标的要求，教材的内容精选课题，在课程实施过程中针对不同课题灵活使用不同的教学策略。

探究性实验课题采用策略：

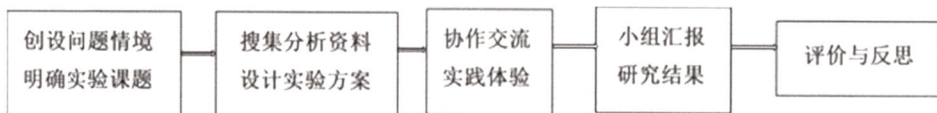

创设问题情境 明确实验课题	搜集分析资料 设计实验方案	协作交流 实践体验	小组汇报 研究结果	评价与反思

项目式实验采用策略：

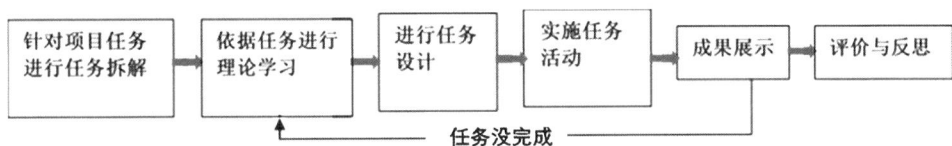

（d）有多篇实验教学论文发表和获奖。

（2）高中化学线上"慕课平台"选修课。

学校在每学期初进行选修课程申报时，除了传统的线下选修课程，还有基于校内慕课平台（http：//ssf.jichu.chaoxing.com/）的线上选修课。线上选修课更侧重于理论知识拓展、实验探究题解题思路等内容。教师每次课需准备不少于40分钟的录播课程（建议两个20分钟的视频），每周内录制完成，学生可自己灵活安排观看时间，学期末进行线上考核，考核内容及形式教师自定。

线上化学选修课程内容主要涉及4种主题：巩固类、先修类、深研类、科技类。

①巩固类，如《高效学习元素化合物——巧用思维导图构建完整内容体系》，可帮助高一、高二学生高效梳理元素化合物知识，将碎片化知识系统化，搭建完整而坚实的知识体系。

②先修类，如《叩开"物质结构"之门》，将高中选择性必修2《物质结构与基础》与竞赛内容相结合，娓娓道来，让有能力的学生能够更早、更精准地接触化学结构本质，有利于学生打开新视角，养成化学学科核心素养。而《高中有机化学基础》更是注重知识的一脉相承，从入门篇到进阶篇，助力学生知识与能力的螺旋式上升。

③深研类，如《探秘化学反应原理》《高考中的化学实验探究》，以生活真实实例、高考真题实验探究为载体，由浅入深，细致剖析，从认识角度到认识思路的形成，提炼解题方法，养成化学独特的思考方式，培养学生解决真实问题的能力。

④科技类，如《做"博古通今"的化学人》《神奇的有机高分子》，介绍化学发展史及前沿科技材料，帮助学生开拓眼界，感受化学的魅力，了解化学在整个社会进步中起到的举足轻重的作用，激发学生未来从事化学研究工作的热情。

高效学习元素化合物——巧用"思维导图"构建完整内容体系

郝秀芳

高考中的化学实验探究

讲解高考实验探究题的试题结构、出题……

王冬松

《高中有机化学基础》（入门篇）

供高中学生自主学习有机化学模块的……

王盛

叩开"物质结构"之门

原子结构-分子结构-晶体结构

王盛

神奇的有机高分子

以《选择性必修3——有机化学基础》中……

赵扬

探秘化学反应原理2

高二选修课

王冬松

《高中有机化学基础》（进阶篇）

供高中学生自主学习提升有机化学模块的……

王盛

做"博古通今"的化学人——化学发展史 & 前沿科技研究简介

郝秀芳

慕课平台部分化学选修课程

线上课程不仅可重复观看，满足不同层次学生的观看需求，而且课程多样化，更能助力学生有机、无机、结构、材料的全方位拓展学习。

（3）总结。

课程建设是学校办学理念的集中体现，也是落实培养目标的重要载体。在长期的课程实践中，化学组结合学校的四修课程体系和化学学科的自身特点，开发一系列适合本校学生特点的线下实验课和线上精品课，实现了线上线下的互促课堂。选修课程的开发与实施不仅促进了学生与教师的双重发展，也对化学组提出了更高的要求。

①促进了学生的成长。

（a）基本实验能力和综合能力全面提升。

（b）养成了思考问题的一般思路，培养应用实验解决问题的习惯、思路和方法。

（c）学科知识上有新的认识和提高。

（d）形成实事求是、严谨细致的科学态度，具有批判精神、创新意识和自我反思的能力。

②促进了教师的成长。

（a）促进了新教师和年轻教师的成长。新教师和年轻教师在专业发展的初始阶段，除了正常的课堂教学以外，探索开展好第二课堂，通过课题研究和实施，给他们搭建了很好的平台，同时也提供了丰富的资源。对教材实验逐一进行研究和解读，并不断开辟新的资源，使他们更好地理解了选修课程的功能价值。

（b）促进了老教师的专业素养提升。课题的开展和研究促进了教师从专业型向研究型的成长和发展。我们的课题研究从立项到开题、中期报告、结题等各个环节，全员参与，加强了教师们的研究意识，提升了总结和反思能力。

（c）逐步养成了及时将实验教学研究成果转化为科研成果，积极撰写论文和教学设计的习惯；同时以科研的方式研究教学，对教学有更明确的规划和设计，提升了教师的教科研水平和教学理论水平。

（4）改进与完善。

为了促进下阶段初高中化学选修课程的开发，仍需在以下四个方面努力：

（a）提升教师专业水平。教师的专业水平直接关系着校本课程开发的质量，是影响校本课程开发成败的关键因素之一。教师的观念、理论水平、实践能力等均要进一步提升。可以聘请专家团队适时指导与规划。

（b）课程开发的系列化与进阶性。开发的课程要适应学生的学科能力及知识水平的阶段性，开发的课程要进行整合与合理安排，针对不同年级和不同学段开设适合学生的课程。

（c）新的课程改革实行选科走班制，从时间和内容上融合好校本课程与基础课程的关系，相互补充相互促进。

（d）建立长效机制保障校本课程的开发与实施。学校要有充分的资源和人力保障实验的正常开展，而非经常受各种学校活动的冲击而取消，要有很好的制度保障和调节机制。

3. 化学学科竞赛体系

在首都师范大学附属中学的化学殿堂，历经岁月洗礼，化学竞赛之花璀璨绽放。遵循"自觉、勤奋、求实、创新"的校训，我们以科学严谨的态度，培养了一批又一批对化学充满热情的学子。如今，回望过去十年的征途，是时候将那些汗水与荣光凝结为文字，书写下首师大附中化学竞赛的辉煌篇章。

（1）附中的化学竞赛模式。

首都师范大学附属中学化学竞赛，自初一便开始铺垫征程。高新月老师引领初一学子迈入奇妙的化学世界；于京波老师为初二学子筑基砥砺；冻梅洁老师则肩负初三至高三的重任，串联起化学竞赛的完整脉络。高中教练们不仅亲自执教，更负责指导初中相应年级的教练，确保了教学内容与竞赛节奏的有序传承。

（2）竞赛成绩总结。

纵观近十年的成绩，首师大附中的化学竞赛团队如同元素周期表上的原子，各安其位，发光发热。从2014年开始首师附中重视以竞赛为突破口的拔尖创新人才培养，通过人才引进、招聘和内部培养等多途径，打造了一支享誉京城的竞赛教练团队。2016年就结出了第一批硕果，7个省一等奖，国决一金一银。2017年、2018年保持稳定的省一等奖和国决获奖。到了近五年，2019年省一等奖3人的辉煌开局，紧接着2020年两人精准突破，虽在2021年暂无斩获，但2022年再次显现锋芒，李重言、张逸凡的名字赫然在列。至于2023年，更是收获满满，10人荣获省一等奖，3人入选北京市队，国决比赛更是摘金夺银揽铜，成就一段佳话。

竞赛获奖情况

年份	学生获奖情况		指导教练
2014年	国初（省一，3人）	金铸伟、张宇轩、周凡	行念东
2015年	国初（省一，1人）	张伯震	行念东
2016年	国决（2人）	周子晖（金牌）、白云柯（银牌）	行念东
	国初（省一，7人）	周子晖、白云柯、宋赫轩、贾宇尘、刘家荣、吴宇航、李涵	行念东
2017年	国决（1人）	刘澜清（银牌）	行念东
	国初（省一，4人）	刘澜清、周昊泽、胡奕、余宗兴	行念东
2018年	国决（1人）	郭逸轩（银牌）	赵明哲
	国初（省一，3人）	郭逸轩、罗莘阳、金彦周	赵明哲
2019年	国决（1人）	王艺霖（铜牌）	行念东
	国初（省一，3人）	王艺霖、董怡君、张奕垚	行念东
2020年	国初（省一，2人）	李润飞、杨婧	王盛
2022年	国初（省一，2人）	李重言、张逸凡	王盛
2023年	国决（3人）	李重言（金牌）	王盛
		牛厚元（银牌）	尚凡朋
		张逸凡（铜牌）	王盛
	国初（省一，10人）	李重言、张逸凡	王盛
		赵无眠	冻梅洁、赵明哲
		牛厚元、胡世豪、韩秉成、蒋明昊、丰和寰、赵滢博、严之栋	尚凡朋

第 30 届中国化学奥林匹克决赛（长沙）合影：周子晖、白云柯和行念东老师	第 30 届中国化学奥林匹克决赛（长沙）金银牌	第 32 届中国化学奥林匹克决赛（济南）留影：郭逸轩

第 37 届中国化学奥林匹克决赛（北京）合影：牛厚元、尚凡朋老师	第 37 届中国化学奥林匹克决赛（北京）合影：张逸凡、牛厚元、尚凡朋老师、王盛老师、李重言

（3）竞赛教练成长。

在人才引进、招聘和培养的策略下，首师大附中化学竞赛教练团队日益壮大。王盛、尚凡鹏、赵明哲、冻梅洁等一级教练，陈建托、滕金铭等二级教练，以及众助理教练共同织就了一张强而有力的教育网。自 2023 年 12 月起，尚凡鹏老师担任总教练，带领团队稳步提升，使首师大附中的竞赛成绩稳居北京市前三甲，且持续保持高水平的势头。

总结化学，这门融合变化与永恒的学科，就如同"金石可镂，勤学不辍"。在首都师范大学附属中学的培育下，一代又一代的化学竞赛选手，如同炼金术士，探索着知识的奥秘，提炼着智慧的精华。他们的成就，不仅仅是奖牌与荣誉的累积，更是对化学这一古老而又现代的学科的深切致敬。正如古人云："千锤万凿出深山，烈火焚烧若等闲。"竞赛路上的艰辛与挑战，犹如千锤百炼，历练出学生们坚韧不拔的意志。展望未来，我们仍将秉承"求真务实，创新图强"的精神，不断推进化学竞赛工作，让首都师范大学附属中学的化学之光，照亮更多学子的梦想之路。

（4）竞赛课程体系。

①初中化学竞赛课程。

（a）课程目标。

初中化学竞赛课程，指向于化学拔尖创新人才的培养和学生化学专业素养的提升，其侧重点不仅在于传授知识，还在于培养学生在科学的思维方法指导下的分析问题、解决问题的能力，特别是创造性解决问题的能力。结合初中学生的知识水平和心理发展特点，制定了不同层次的目标：

❖ 依托"强基计划"的大背景，为国家输送有化学天赋和发展潜力的拔尖创新人才。

❖ 完善学校化学竞赛团队的梯队建设，为高中化学竞赛队培养和选拔优秀学生，为学生在中国化学奥林匹克竞赛获奖打下基础。

❖ 为初中阶段对化学有兴趣的学生提供学习机会和展示平台，让学有余力的学生提早接触前沿知识，提早确定未来发展方向。

❖ 促进学生初中化学和高中化学的学习，为学校中考化学和高考化学成绩的提升作出贡献。

（b）课程内容。

学习主题	主题内容
1. 化学科学与实验探究	1.1 化学科学的主要特征 1.2 物质的量 1.3 科学态度与安全意识
2. 氧化还原反应、离子反应	2.1 氧化还原反应 2.2 电离与离子反应
3. 原子结构与元素的性质	3.1 原子核外电子的运动状态 3.2 核外电子排布规律 3.3 核外电子排布与元素周期律
4. 微粒间的相互作用与物质的性质	4.1 微粒间的相互作用 4.2 共价键的本质和特征 4.3 分子的空间结构 4.4 晶体和聚集状态
5. 研究物质结构的方法与价值	5.1 物质结构的探索是无止境的 5.2 研究物质结构的方法 5.3 研究物质结构的价值
6. 化学反应与能量	6.1 体系与能量 6.2 化学反应与热能 6.3 化学反应与电能
7. 化学反应的方向、限度和速率	7.1 化学反应的方向与限度 7.2 化学反应速率 7.3 化学反应的调控
8. 水溶液中的离子反应与平衡	8.1 电解质在水溶液中的行为 8.2 电离平衡 8.3 水解平衡 8.4 沉淀溶解平衡 8.5 离子反应与平衡的应用

（c）课程实施。

教研组派专人进行教学，按照国家及省级教育行政部门统筹规划的三类课程实施，科学制定化学竞赛课程实施办法，准确落实培养目标、基本原则、课程设置等方面的要求，严把政治关、科学关。立足本校办学理念，制定学校课程实施方案。本课程面向九年级（对化学有一定兴趣的）部分学生，夯实学科基础，使得基本知识、基本技能等能够满足后续进一步研究性学习，还与学生的兴趣、爱好和要求相适应。

在课程实施过程中，坚持素养导向，强化学科实践，推进综合学习，落实因材施教。课程中主要体现核心素养的培养和学科思维的培养，保证学生全面发展、多种素质的达标要求，培养学生的创造性想象能力和创造性思维能力，推动中学素质教育。

课程的课时安排为每周2课时。课程以教师讲授、学生讨论等方式进行，积极开展自主研修和研讨活动。

②高中化学竞赛课程。

首都师范大学附属中学的高中化学竞赛课程，旨在进一步培养和提高学生的化学专业素养，尤其是对化学有浓厚兴趣和优秀天赋的学生。该课程体系不仅注重知识的传授，更强调培养在科学思维方法指导下的问题分析和解决能力，特别是创造性解决问题的能力。

（a）课程目标。

结合高中生的知识水平和心理发展特点，我们设定了以下目标：

❖ 依托"强基计划"的大背景，为国家输送有化学天赋和发展潜力的拔尖创新人才。

❖ 完善学校化学竞赛团队的梯队建设，为学生在中国化学奥林匹克竞赛获奖打下基础。

❖ 为对化学有兴趣的学生提供学习机会和展示平台，让学有余力的学生提早接触前沿知识，提早确定未来发展方向。

❖ 促进学生高中化学的学习，为学校高考化学成绩的提升作出贡献。

（b）课程内容。

初三到高一的暑假：这个阶段，我们将重点复习和巩固初中阶段的化学知识，同时引入一些高中阶段的基础知识，如原子结构、化学键等，为高中阶段的学习打下坚实的基础。

高一上学期：这个阶段，我们将深入学习和探讨无机化学的相关知识，包括元素周期律、化学反应速率、化学平衡等，同时也会引导学生进行一些基础的实验操作和科学研究。

高一下学期：这个阶段，我们将开始接触有机化学的基础知识，如碳氢化合物、官能团等，并逐步引导学生进行有机化学的实验操作和科学研究。

高二上学期：这个阶段，我们将重点学习和研究有机化学的相关知识，包括有机物的结构、性质、反应等，同时也会引导学生进行一些高级的实验操作和科学研究。

高二下学期：这个阶段，我们将进行无机、有机的第二轮学习，并对分析化学、物理化学和结构化学进行拓展深化。我们将通过解析真实的科学问题，让学生在实践中提升自己的科学思维和解决问题的能力。

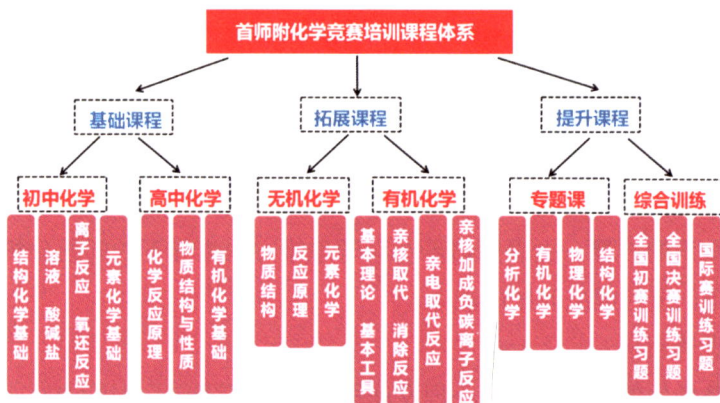

通过这样的课程设置，我们希望能够培养出一批具有扎实的化学知识基础，良好的科学思维习惯，以及强烈的科学探索精神的优秀学生，为他们的未来学术生涯和职业发展打下坚实的基础。

（二）课堂教学方式的转变

教学方式转变为以学生的"学"为主，可以使学生从传统的"要我学"转变为"我要学"，充分赋予学生话语权和表达权，使学生能够充分地表达自己的想法和成果，增强学生学习主动性从而得到更人性化的教育。

1. 深度学习

在教研的过程中，对深度学习的理念有了更加深刻的理解与运用，对引领性学习主题、素养导向的学习目标、挑战性学习任务、持续性评价设计等方面有了进一步的探索，形成了部分成果。如高中学段，结合课标中的教学模块，设计了每一个模块下对应的项目式教学案例，见下表。

项目式教学案例

模块内容	时间与项目名称	教师
必修模块 元素化合物	2021年12月10日，北京市教育科学"十三五"规划一般课题"核心素养导向的高中化学深度学习教学改进区域实践研究"（负责人：陈颖，课题编号：CDDB19221）中，参与研发单元教学案例《离子反应和离子方程式》	赵明哲
	2021年11月"深度学习"教学改进项目实验：研究课《铁泥制备补铁剂》铁元素的单元教学	傅雷晓萌
	2021年11月"深度学习"教学改进项目实验：《科学补铁之补铁剂的选择》	何文杰
	2018年12月《氮家族的前世今生》	郝秀芳
	2020年12月《亚铁盐与铁盐的相互转化》	郝秀芳
选择性必修模块 化学反应原理	2017年11月用平衡图像和平衡原理解决实际问题	张立芹
	2021年10月《沉淀溶解平衡》	郝秀芳
选择性必修模块 有机化学基础	2022年5月《"深度学习"视域下的单元教学实践——以"探秘神奇的医用胶"为例》	赵扬
选择性必修模块 物质的结构性质	2021年元素性质及其变化规律	董阳

2. 项目式学习

项目式学习是一种以学生为中心的教学方法。通过提供关键素材构建一个联系真实世界的情境，由学生小组合作在此情境中解决一个开放式问题或完成一项综合性任务。在项目式学习中，学生解决问题或完成任务的方案不是唯一的。在此过程中，学生与情境持续互动，不断解决问题和创生意义，学科观念、思维模式和探究技能逐渐形成，（跨）学科知识和技能不断结构化。

具体到化学学科的项目式学习，很重要的任务就是培养学生从化学视角解决实际问题的思维策略。通常来说，该过程包括：将实际问题转化为化学问题，从问题中抽提出重要的物质，基于理论知识预测物质性质与反应；通过实验模拟验证理论预测合理性或者可行性，结合数据进行评价和解释；对答案进行评价和反思，意识到实验模拟与实际情况存在差异，并尝试从其他角度提出新的可能性。

首师大附中化学组近十年来紧跟前沿教育理论的发展，应用项目式教学理论，开展了一系列的教学实践。

义务教育学段，结合单元教学内容，基本实现了每一个单元对应一个项目式教学案例，使学生在学习化学知识的同时，深刻体会知识的应用价值，提升学生解决实际问题的能力。

项目式教学案例

教学内容	项目名称	案例简介
第二单元 空气和氧气	设计简易制氧机	以生活中制氧机为素材，研究氧气的性质、制氧机的化学原理，内部机械结构，从而学习氧气的性质和制备方法，以及设计制备气体装置的一般思路
第三、第四单元 分子和原子	寻找物质微粒构成的证据	以寻找物质构成微粒的证据为线索，从物质的物理变化和化学变化两个角度，定性或定量地探寻物质由微粒构成的证据，并以项目式海报汇报的方式引导学生对研究成果进行汇报，从而帮助学生学习分子、原子等核心概念
第五单元 质量守恒定律	自制维生素C泡腾片	以自制维生素C泡腾片为素材，在为学生提供泡腾片工作原理的前提下，引导学生从微观的分子个数比和宏观的物质质量比角度研究调节泡腾片口味的方法，并利用质量守恒定律，研究泡腾片中各成分的大致含量，最终由学生亲手制作泡腾片。帮助学生学习质量守恒的相关知识
第六单元 碳及其化合物	低碳行动	以低碳环保为项目研究的起点，引导学生研究二氧化碳的生成、消耗方法，同时启发学生利用二氧化碳的性质，利用化学手段和信息化手段，对二氧化碳的排放和吸收进行定量的评价，基于以上数据为碳中和提出可行方案，从而学习碳元素的物质转化和实际价值
第七单元 燃烧与灭火	绘制厨房消防安全海报	以绘制厨房消防安全海报为项目引入，引导学生学习燃烧的条件和灭火原理，并对厨房安全问题进行科学调查，研究各类易燃物，如不同种类食用油的着火点，并结合灭火原理对不同灭火方式进行评价，给出指导意见，最终将研究结果制成安全宣传海报
第八单元 金属	从黄铜渣中提取有价产品	以主要含有锌、铜单质的黄铜渣为原料，利用不同金属的化学性质差异，变废为宝。设计制备硫酸锌和铜单质的工业流程，并在实验室里模拟，在实践中优化流程方案，深化对金属性质知识的理解，并理解其应用价值
第九单元 溶液	制作天气瓶	本项目以制作"天气瓶"为主要任务，从了解其组成、工作原理，到动手制作、观察记录、综合应用，逐层逐级、循序渐进，组织学生从化学视角剖析身边的真实物质，充分发挥学生的主观能动性，在实战的过程中习得知识，提升关键能力，发展核心素养。内容涉及溶液的形成、溶解度、溶液的浓度等核心知识，以及配制定溶质质量分数的溶液的基本实验操作。本单元不仅是对混合物及其性质的再认识，并且承载着由定性到定量的进阶能力提升
第十、第十一单元 酸碱盐	从海水到精盐	选取中国古籍文献中的制盐方法，同时参考了现代粗盐精制的工艺方法。对应"物质性质与应用"主题中"溶液"和"酸碱盐性质"相关内容，以及"化学与社会"主题中"化学与技术工程融合"相关内容。通过引导学生设计化学、物理除杂方法以及除杂效果检验方法，动手实践并进行方案评价与优化。帮助学生复习饱和溶液、溶解度概念以及酸碱盐物质性质；巩固配备溶液、过滤、蒸发等基本实验操作；形成除杂、检验的基本思路，并培养学生利用变化观分析、解决、评估、优化工业流程设计的能力

高中学段，结合课标中的教学模块，设计了每一个模块下对应的项目式教学案例。使学生在完成项目式学习的过程中，掌握该对应模块的核心素养和必备能力。

项目式教学案例

模块内容	项目名称	案例简介
必修模块元素化合物	科学使用含氯消毒剂	第一课时以解读 84 消毒液的使用说明为素材，引导学生依据价类二维，宏微结合的思想，依据离子反应，氧化还原反应原理，预测物质的化学性质和变化，设计实验进行初步验证，并能分析、解释有关实验现象。 第二课时以分析 2016 年巴西奥运会绿色游泳池事件发生的可能原因为素材，引导学生，应用第一课时中的思路方法，分析真实、复杂情境中的陌生物质，对陌生物质的可能反应进行分析或推理。 通过两个问题解决的过程培养学生从真实问题情境中提取核心物质，预测性质和反应，并进行验证的能力
	科学补铁	以补铁剂的成分研究和科学补铁方法研究为素材，引导学生从价类二维的角度学习铁元素的转化，并结合补铁剂的存放环境，讨论其成分组成，结合体内消化环境分析补铁剂的转化过程，深化对铁及其化合物性质的认识
	设计一座硫酸工厂	以设计一座硫酸工厂为项目引入，引导学生学习硫及其化合物的性质，根据工业生产的实际要求，选取原料、设计合成路线，并对多种路线进行评价
选择性必修模块化学反应原理	探秘载人航天器中的氧气再生方法	选取探秘载人航天器内氧气再生方法作为复习素材，帮助学生对深化热化学、电化学、水溶液、反应方向限度和速率四个主题的知识内容的理解，建立四个主题之间的联系，形成调用四个主题知识解决真实问题的思路方法。 由于载人航天器是一个物质和能量稀缺的封闭环境，学生需要在这样的工程限定条件下，进行氧气再生方法设计，将项目拆为富集—转化—评价三个子任务，从物质和能量角度，分别定量和定性地进行方案的整合与评价优化。通过这种对热、电、元素转化和循环过程的分析及优化，学生能够建立对能量和物质转化循环认识的更广大图景
	设计载人航天器中的化学电源	通过载人航天器这一特定的使用场景，突出化学电源的实际应用价值。并结合场景的限定调节，引导学生对电池结构进行优化，深化对要素模型的理解，建立原电池模型要素之间的关联，提升学生的模型应用水平。形成分析和设计原电池的一般思路
	给纪念币穿铜衣	以为纪念币镀铜为项目引入，引导学生应用电解电镀的知识和化学平衡移动的概念，设计电镀装置、选取原料和选择电镀条件，并通过亲手实验，对不同方案进行评价。建立电解模型要素之间的关联，提升学生的模型应用水平，形成分析和设计电解池的一般思路
	谁动了我的自来水	以新闻中自来水净水装置打假为项目引入，利用电解原理，研究不同电极材料阴阳极交换后现象的差异，破解新闻中假自来水净水的骗局。建立电解模型要素之间的关联，同时帮助学生深入理解知识的应用价值
选择性必修模块有机化学基础	探秘神奇的医用胶	以 α-氰基丙烯酸酯类医用胶为项目引入，通过体验生活中不同胶水的黏合性能，进而从宏观的"黏"到微观的"黏"来深入分析"黏"的原理，最后基于结构解释黏合性能，三个任务层层递进，帮助学生建立结构—性质—性能的研究思路

3. 课堂风采

（1）成达思维发展课堂。

课例 1：《探索火箭推进剂的奥秘》

授课教师：赵克贤

本节教学内容是人教版九年级上册第七单元《燃料及其应用》的章前整体引导教学。该部分的教学内容涉及燃烧和爆炸的条件及控制以及化学反应中的能量变化。我们以探索火箭推进剂的奥秘为主要项目，将项目拆分成三个子任务：根据动量定理，预测推进剂中的化学反应；根据实验和数据，确定推进剂中的化学反应；控制推进剂中的化学反应。让学生从化学反应的能量转化和物质转化入手，确定反应，根据燃烧和爆炸的条件，对反应进行控制。板书设计及荣誉证书如下。

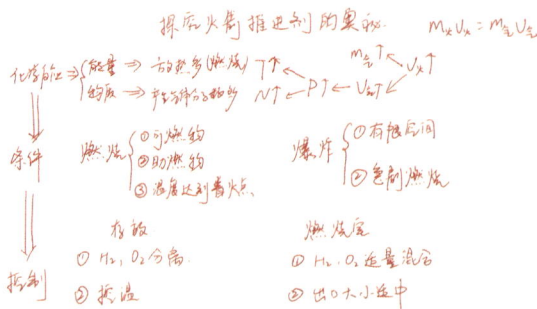

课例2:《铁锅能补铁，是真的吗？——铁盐和亚铁盐》

授课教师：冻梅洁

课例通过对真实问题的分析，引导学生预测并验证了三价铁离子的氧化性，学习了三价铁离子到亚铁离子的转化，并总结了价类二维的思考角度，构建了"价—类"二维图，还形成了实验探究的一般方法。教师带领学生体会，对于有争议的问题，应采用科学的思维和方法进行探究，用实验检验真理，发展创新意识、科学精神和社会责任的学科核心素养。教学流程及荣誉证书如下。

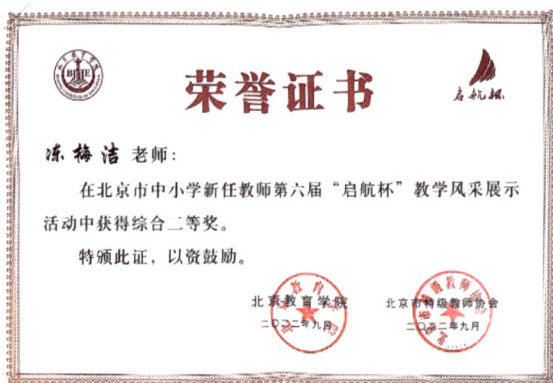

环节	问题	任务	知识	素养
情境创设 核心问题的梳理	一、如何研究铁锅能否补铁？ 1.1 铁锅提供的含铁物质有哪些？ 1.2 铁锅提供的含铁物质能否转变为所需的 Fe^{2+}？	1. 分析问题的研究思路 2. 分析铁锅的含铁物质 3. 基于物质类别分析Fe、Fe_2O_3、Fe_3O_4与盐酸的反应	1. 依据物质类别分类的观念 2. 铁及其氧化物和酸的反应 3. 物质类别间的相互反应规律	分类观 元素观 变化观念
实验探究 Fe^{3+}到Fe^{2+}的转化	二、如何将Fe^{3+}转变为Fe^{2+}？ 2.1 设计实验，预测产物及现象 2.2 实施实验，记录现象得结论	1. 基于元素价态分析Fe^{3+}的氧化性 2. 设计实验验证Fe^{3+}的氧化性 3. 实验实验并得出结论	1. Fe^{3+}的氧化性 2. Fe^{3+}到Fe^{2+}的转化 3. Fe^{3+}的检验方法 4. 实验探究的方法	变化观念 实验探究 证据推理
方法形成 价类二维图的建立和研究思路的形成	三、如何研究物质的性质？ 3.1 构建价—类二维图形成方法 3.2 总结实验探究的一般思路	1. 总结分析物质性质的角度 2. 整理含铁物质及相互转化关系，建立价类二维图 3. 总结研究物质性质的思路方法	1. 依据元素价态分类的观念 2. 铁的价—类二维图 3. 研究物质性质的思路方法	分类观 元素观 模型认知
方法应用 思路方法的应用	四、如何科学合理地补铁？ 4.1 铁锅补铁有何优缺点？ 4.2 使用亚铁型补铁剂时有何注意事项？	1. 总结铁锅补铁的优缺点 2. 分析Fe^{2+}的性质，总结使用补铁剂时的注意事项	1. 科学补铁 2. 研究方法的应用	变化观念 科学态度 社会责任

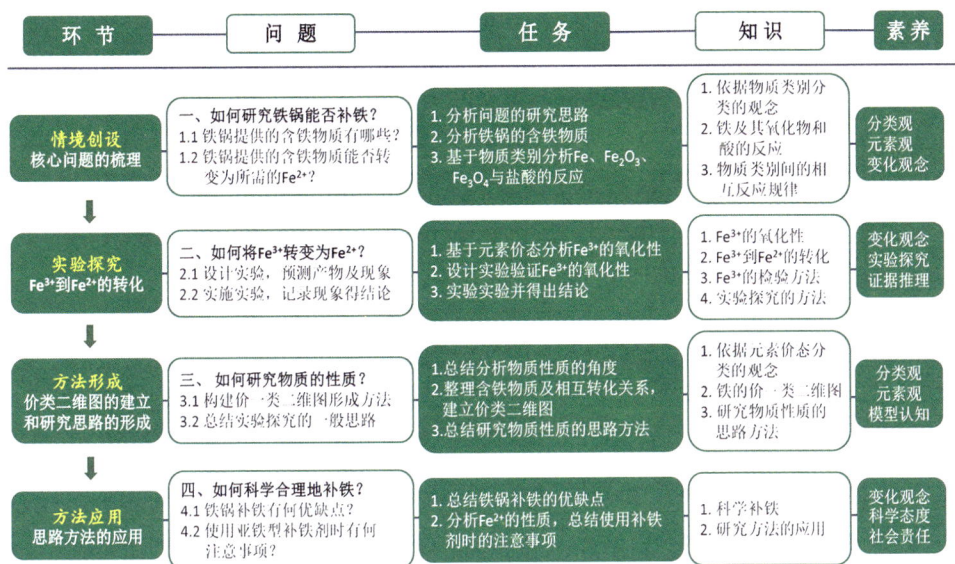

（2）国家市区级公开课获奖课例。

课例1:《科学补铁——基于价类视角认识铁及其化合物》

授课教师：何文杰

本案例的引领性学习主题可以表述为：建立基于物质类别与核心元素化合价研究无机化合物的思路方法，解决不同价态铁元素的转化与检验。其中物质类别与化合价是学生构建的核心认识角度，核心任务是学生从构建价—类两个角度，到应用价—类两个角度，进行性质预测和设计实验，实现不同价态铁元素的性质认识和转化，并在复杂体系中进行迁移应用；核心知识是铁及其化合物的性质以及铁离子，亚铁离子的检验。通过启发学生从氧化还原反应的视角理解转化的实质，学习并巩固用离子方程式表征反应过程，利用"类—价"二维坐标图来总结含铁物质之间的相互转换关系，使学生对铁及其化合物性质的认识更趋完整化、系统化，逐步在头脑中形成认识元素及其化合物的思维模型的雏形。单元教学整体框架如下。

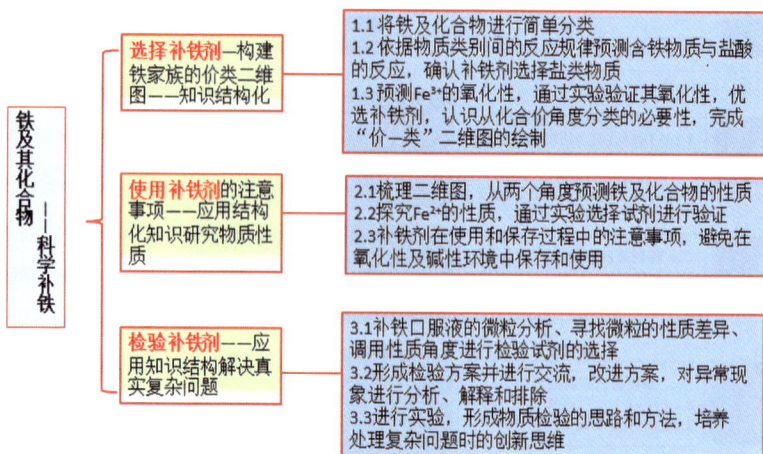

铁及其化合物——科学补铁

选择补铁剂—构建铁家族的价类二维图——知识结构化

1.1 将铁及化合物进行简单分类
1.2 依据物质类别间的反应规律预测含铁物质与盐酸的反应，确认补铁剂选择盐类物质
1.3 预测Fe^{3+}的氧化性，通过实验验证其氧化性，优选补铁剂，认识从化合价角度分类的必要性，完成"价—类"二维图的绘制

使用补铁剂的注意事项——应用结构化知识研究物质性质

2.1 梳理二维图，从两个角度预测铁及化合物的性质
2.2 探究Fe^{2+}的性质，通过实验选择试剂进行验证
2.3 补铁剂在使用和保存过程中的注意事项，避免在氧化性和碱性环境中保存和使用

检验补铁剂——应用知识结构解决真实复杂问题

3.1 补铁口服液的微粒分析、寻找微粒的性质差异、调用性质角度进行检验试剂的选择
3.2 形成检验方案并进行交流，改进方案，对异常现象进行分析、解释和排除
3.3 进行实验，形成物质检验的思路和方法，培养处理复杂问题时的创新思维

科学补铁——基于价类视角认识铁及其化合物教学框架

课例 2：《感受化学定量分析的价值——深度学习理论指导下的质量守恒定律单元教学案例》

授课教师：陈伯瀚　傅雷晓萌

在深度学习理论的指导下，基于学生已有水平，本案例对质量守恒定律单元的学习顺序进行重新整合，以"自制泡腾片"这一挑战性任务实现单元知识的功能价值，并按真实问题解决顺序将挑战性任务拆解为三个深度学习活动：探究泡腾片中的化学反应；确定泡腾片中反应物投料比；测定泡腾片中主要成分含量。本案例通过引导学生主动运用定量分析工具完成挑战性任务，使其深刻感受到化学定量分析的价值。教学流程及获奖证书如下。

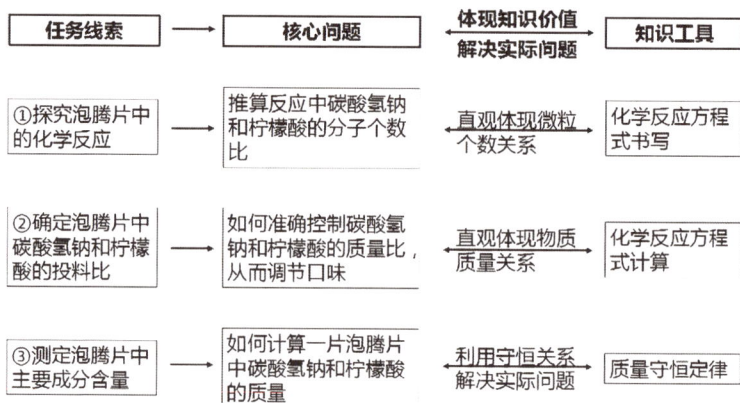

任务线索	→	核心问题	体现知识价值 解决实际问题	知识工具
①探究泡腾片中的化学反应	→	推算反应中碳酸氢钠和柠檬酸的分子个数比	直观体现微粒个数关系	化学反应方程式书写
②确定泡腾片中碳酸氢钠和柠檬酸的投料比	→	如何准确控制碳酸氢钠和柠檬酸的质量比，从而调节口味	直观体现物质质量关系	化学反应方程式计算
③测定泡腾片中主要成分含量	→	如何计算一片泡腾片中碳酸氢钠和柠檬酸的质量	利用守恒关系解决实际问题	质量守恒定律

（三）校本教辅开发

校本教辅开发具有多方面的价值和意义。它可以提升教学质量、促进教师专业发展、培养学生综合能力、优化教辅管理体系实现教学资源共享、完善教学评估机制和提高教学科研水平。因此，化学组重视校本教辅的开发和管理，充分发挥其在教学中的作用和价值。化学组每年都会不断地迭代各个年级的教辅资料。

校本教辅开发情况

学段／模块	已装订成册	
高三	北京高考题分类汇编	化学基本概念基础知识自查
	元素化合物学案	化学反应原理基础知识自查
	有机推断每日一练六十题	有机化学基础知识自查
	物质结构与性质学案	结构化学基础知识自查
	元素化合物基础知识自查	实验化学及工流基础知识自查
	寒暑假、国庆作业	
	练习小篇	
必修一、必修二	钠及其化合物方程式练习	硫及其化合物方程式练习
	氯及其化合物方程式练习	氮及其化合物方程式练习
	铁及其化合物方程式练习	铜及其化合物方程式练习
选择性必修1化学反应原理	化学反应机理专题	水溶液图像专题
	速率视角解决实际问题专题	滴定计算专题
	速率与平衡角度调控化学反应专题	陌生氧还方程式书写专题
	弱电解质的电离	化学电源基础练习
	溶液的酸碱性与 pH 计算	电解基础练习
	盐类水解练习	电化学应用练习
	守恒关系专题	电化学陌生装置应用专题
	沉溶平衡练习	电化学计算专题

续表

学段／模块	已装订成册	
选择性必修 2 物质结构与性质	原子结构与性质专题	分子结构与性质解释说明
	分子结构与性质专题	金属晶体专题
	晶体类型与微粒间相互作用专题	离子晶体专题
	原子结构练习	分子晶体与共价晶体专题
	原子结构与元素周期表练习	晶体结构与性质解释说明
	VSEPR 模型与杂化轨道理论练习	晶胞结构专题
	键角解释说明	晶体计算练习专题
选择性必修 3 有机化学基础	有机化学命名与同分异构专题	有机物羧酸衍生物专题
	烷烃的命名、同分异构体与方程式	有机高分子专题
	烯烃、炔烃的命名、同分异构体与方程式	缩聚专题
	芳香烃的命名、同分异构体与方程式	有机物结构与性质专题
	卤代烃的命名、同分异构体与方程式	石油煤天然气的综合应用
	醇的命名、同分异构体与方程式	有机合成基础学案
	酚的命名、同分异构体与方程式	有机推断基础练习
	醛酮的命名、同分异构体与方程式	常见气体的制备专题
	羧酸的命名、同分异构体与方程式	常见物质的检验专题
	羧酸衍生物的命名、同分异构体与方程式	常见物质的除杂专题
初三	语言表述	基础过关练习
	选择汇编	基础知识过关练习
	科学探究方案设计	高频方程式（1—8 单元）含答案
	基础实验梳理	常见物质的分离提纯
	高频方程式及现象	1—7 单元方程式默写
	1—7 单元实验题专题	期末化学复习（基础部分）专题
	生产实际分析专题	

（四）实验室建设

为落实《北京市普通中学危险化学品安全管理规范》要求，全面加强学校危险化学品使用安全管理，首师大附中完成了以下工作。

1. 新建易制爆药品库房、危化品库房

为确保易制爆危险化学品储存符合 GA1511–2018《易制爆危险化学品储存场所治安防范要求》，保证易制爆危险化学品的治安防范安全，我们把旧有的药品库改建为易制爆药品库房和危化品库房。其中易制爆药品库房配装了高清视频监控系统、出入口控制系统、系列报警系统，并加装了实体防范设施。经城市安全与环境科学研究所检验，于 2021 年获得《易制爆危险化学品储存场所治安防范评价验收》合格报告，依据现行政策安评报告有效期三年，2024 年按照市局要求对软硬件进行整改并取得新一轮的安评检测合格报告。

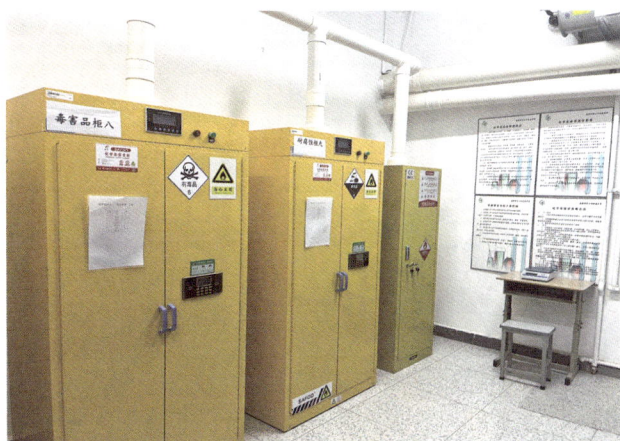

2. 完善各项规章制度

由于原有各项制度不够完善，其中一部分已经不符合当前教育形势的需求，我们对所有的规章制度进行了修订，主要涉及易制毒、易制爆药品，普通危化品，危险废物和实验室常规管理等几方面，包括岗位安全责任制、实验室危险化学品安全管理制度、危险化学品事故应急处置制度、安全设施管理制度、实验室安全培训及准入制度、实验和设备安全操作规程等制度，并严格落实。

3. 危险废弃物无害化集中处置

在市区两级生态环境局的指导下，为达到保护资源环境、提高经济效益和社会效益的目的，我们按照相关规定对我校危废库进行整改并完善相关管理制度，包括危险废物突发环境事故应急预案，危险废物应急演练记录；危险废物管理计划、台账，危险废物委托处置相关合同、转移联单、员工培训记录；危险废物污染防治责任制度等。每次向危废库中放入废固／液后，填写纸质记录并在北京市生态环境局网站进行在线登记。依据相关规定，我校每年与北京金隅红树林环保技术有限责任公司签署合同，委托他方对我校危险废弃物进行无害化集中处置。

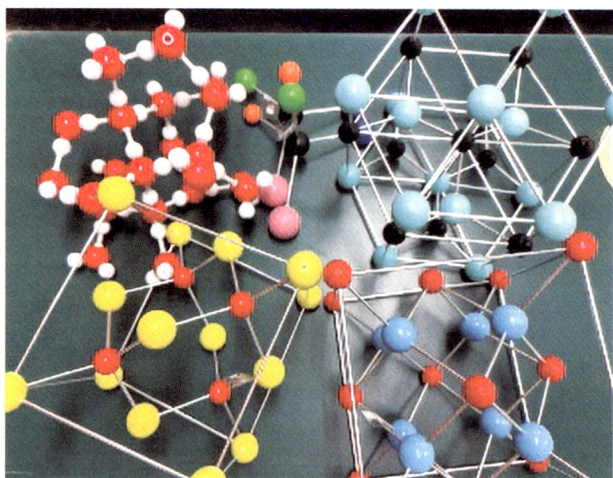

4. 整理实验室的药品

我们根据国家规定对药品进行分类，存放在不同的药品库中，登记入册，严格执行出入账管理制度。

5. 更新换代实验仪器

近年来，课本内外的实验都有所更新，原来的仪器已经不能适应当下的教学工作，我们参考了教材和部分文献资料，小到导管的型号、瓶子的大小，大到整体仪器的结构和实验步骤等都进行了对比，更新换代一批实验仪器。例如，由于教材改革，高中阶段的化学增加了一部分内容，其中，《物质结构与性质》讲的是微观视角下的物质结构，为了让学生能够更好地理解，我们多方沟通并对比之后，选购了南方某厂家的立体结构模型，历经了几次沟通和修改，终于为教师们满意，现在经应用在教学中了。

三、群英加成，厚积薄发

一个人能走得很快，而一群人能走得更远。首都师大附中化学教研组是海淀区中学化学学科教研基地，曾连续两年荣获中国化学会化学教育委员会颁发的"全国基础教育化学新课程实施先进单位"称号。教师发展与教研组发展紧密相关，教师的专业成长对教研组整体水平的提升、合作精神的促进、创新能力的增强、问题解决能力的提高以及持续发展能力的加强等都具有重要意义。过去十年，化学组已经培养出不少管理型教师、研究型教师和辐射型教师。

管理型教师　承担班主任、年级主任、年级助理等工作

研究型教师　主持负责或参与项目课题　发表论文及著作　设计、论文、教学获奖

辐射型教师　学带、骨干　集团校教师交流与培养

课程建设　课堂教学　学科育人　创新评价　教学科研

何文杰 欣赏孩子、相信孩子，他们因自主而发展	贾喜珍 爱每一位学生	王冬松 失败只有一种就是半途而废	王盛 业精于勤荒于嬉，行成于思毁于随	王锋 师者，所以传道授业解惑也
王崔平 任何改正都是进步	白艳云 勤勤恳恳教书 踏踏实实育人	刘亚俊 学为人师 行为世范	张立芹 用真情教书 用真心育人	陈伯瀚 热爱课堂，热爱每一位学生

傅雷晓萌 学为人师、行为世范	赵明哲 对化学感兴趣，探索化学	赵扬 教育是精准指导，是耐心陪伴、激发学生自主生长的过程	陈建托 为党育人，为国育才	董阳 参与孩子们的成长是一种幸福
翟小溪 不求最好，但求尽心	郝秀芳 生命力的意义在于拼搏	赵克贤 爱国进步民主科学	冻梅洁 为祖国健康工作五十年	尚凡朋 成功原本非直线，登峰之路总螺旋
刘天艺 让每个孩子都用自己的方式发光	高新月 学为人师，行为世范	滕金铭 教学要务实		

（一）管理型教师

化学组的教师不仅在课堂教学上表现出色，同时也具备出色的组织和管理能力。不仅能够有效管理课堂，沟通学生和家长，确保教学的高效进行，还掌握了一定的教育心理学、组织行为学和领导力技能。化学组作为教师团队的一部分，拥有丰富的学科知识和教学经验。年级组长在与化学组的合作中，可以获得专业的学科指导，更好地把握教学方向和内容，提高教育教学质量。同时，年级组长也可以通过与化学组的合作，更全面地了解学生的学习状况，为学生提供更全面的指导和帮助。

下面列举部分曾担任年级主任或年级助理老师的感悟。

王锋　2018—2020年任年级副主任、2020—2023年任年级主任

作为高中的年级主任，我的感悟是：扮演着学生成长的引导者、学科建设的参与者、学校管理的践行者的三重角色，以学生为中心，要有仁爱心、责任心和使命感，为学生提供全方位的教育和关怀；要给予学生积极的反馈和激励，帮助他们树立正确的人生观和价值观；要注重学生的学业成绩和身心健康，促进学生的全面高素质发展；要与班主任、教师和家长保持良好的沟通，共同关心学生的成长；要有耐心和智慧，积极参与学校的管理和建设，为学校的发展贡献自己的力量。只有这样，我们才能真正为学生创造氛围，帮助他们快乐地度过高中生活，迎接未来的挑战。

郝秀芳　2021—2023年任年级助理

在一年的实践中，不仅圆满完成了学校和年级交代的任务，对于年级运行机制有了更为深入的认识，也让自身的能力得到了显著的提升，从"我能做"到"我想做"再到"我如何做好"，是一种宝贵的成长，感谢学校和年级给予的宝贵学习机会！

赵克贤　2022—2023年任年级助理

一年的年级助理，使我认识到为学校、老师和学生服务才是工作重点，要想做好服务需要具备几点特质：1.责任心。很多年级主任和领导都具有十足的责任和担当，我也认识到，无论大事小事，凡是需要我负责的，我都一定要尽力完成，做到最好。2.团结协作。如举办活动，就需要年级、备课组、教研组、教育处、教学处、后勤、供应室、信息中心、医务室等多方联系，沟通协作，尤其是大型活动，特别需要各部门的团结协作。3.大局观。对于活动的设计安排，统筹规划很重要，在前期准备过程中，就需要预设很多情况，提前将各环节活动进行合理的布局和规划。

而在工作的细节上需要做到：1.精细化。在处理事情时，要考虑一些意想不到的情况，这就需要在细节上留心，更精细地完成各项工作。2.高效化。因为很多工作都是比较烦琐和重复的，如果能在前期留痕，并且进行总结和整理，就能大幅提高后期工作的效率。3.主动性。在工作时应该积极主动地与领导进行沟通，提前做好安排，更好地为老师们服务。

傅雷晓萌　2019—2020 年任年级助理

2019—2020 年度较为特殊，受疫情影响，常规工作发生很大改变，大量事务需要临时调整，极具挑战性与不确定性，是极佳的锻炼与成长的机会。在协助年级主任开展年级工作过程中，我主要负责协调课程安排、处理考试成绩，组织开展年级日常及特色活动等。在工作中有以下两点深刻的体会：

第一，对待工作要主动思考。埋头干活的同时要往前看一步，看有没有可优化和改善的余地。心中要有大局观，遇事想在前面，提前形成预案，协助年级主任更好地进行决策。

第二，大量的事务性工作让我感受到，想要把事情做好，必须考虑到每个环节的每个细节。伟大的事业都是由一个个细节铸就而成，细节决定着结果的品质。

这两点体会我会运用到以后的工作中，落实到点点滴滴中去，不论是教育还是教学工作。

王盛　2020—2023 年任年级组长

本人从 2020 年 9 月开始担任年级组长工作，在这个过程中，和全年级的老师精诚合作，一方面，对待老师以"服务"和"高效"为管理理念，对学生秉承着以"爱"为内核的成德教育理念和以"思维"为内核的达才教学理念；另一方面，用自己的业务追求和工作态度带领着年级全体老师在工作中积极进取不断拼搏，取得了很好的成绩，希望在基层管理岗位也能实现自己的教育情怀和抱负。

贾喜珍　2006—2012 年、2016—2020 年任年级组长

教育要做到因材施教、立德树人、尊重个性，使学生学有所长、全面发展，培养学生社会责任，兴趣特长，大任担当。通过三十年的教育生涯，我深刻地感悟到：应用真心去关爱每一个学生，促学生成长、成才、发展、学会学习，要承认"学生个体是有差异的"，因材施教、挖掘特长、激发兴趣十分重要；教育者需要不断学习先进教育理念，积极研究教育发展方向，不断更新教育方式，主动适应社会和人的发展，在学习中思考，在思考中学习，做到"学无止境"，保持终身学习的状态；教育发展与社会发展、经济发展必须相匹配，作为教育管理工作者，既要遵守教育规律，又要更新观念，与时俱进。教育的功能是促进公民的素质提高和社会的发展进步，教育管理工作者决策必须具有前瞻性、整体性、科学性、长远性；应有眼界和胸怀，必须要放眼世界、胸怀宽广、关注科学发展前沿和世界变革方向，对我国未来教育发展充满信心。当前，教育改革正向深水区迈进，必须抓住三条主线：一是"育人为本"，学校需创造让每一个学生"个性自由而全面发展"的教育生态，立德树人；二是坚持"公民素养提高"教育，发展"科学、人文、艺术"综合培养，全面提高公民素质；三是要以"课程建设为载体"，通过"思考、体验、领悟"来学习知识，培养学生的"独立、创新、责任"。百年大计、教育为本，国运兴衰、系于教育，教育工作者必须牢记使命，担当责任，爱岗敬业，不断进取。本人充满对教育的热爱和激情，伴着对教育的憧憬和梦想，一定要做让每个孩子感受到温度和幸福的教育，丰富教育发展内涵，使教育为学生终身发展奠基。

王冬松　2017—2020 年任年级组长

我于 2017—2020 年担任高三年级组长，积极适应高考改革，主动思考创新，主导制定了在原有招生模式和新选考背景下走班教学三步走策略，在不增加师资、教室不干扰其他年级的前提下，创造性而有序地推进了本年级选考走班制度以及配套的等级分评价制度，还制定了兼顾学生选考意向、尖子生培养、分层教学的分班模式，让附中的高考改革步子走在了全市前列。疫情期间主导和制定了高三年级线上教学模式和在线考试制度，服务师生的同时提高了自己，收获颇丰。

（二）研究型教师

研究型教师是指具有高水平科研能力并将科研成果运用到课堂教学中的教师。课程建设、课堂教学、教学科研和创新评价是研究型教师工作中四个密切相关的方面。研究型教师通过科研成果的运用和教学实践的推动，提高课程质量和学生的学习效果，同时也推动自身科研能力和学术影响力的提升。每位教师都硕果丰富。

1. 课题情况

化学组近十年参与完成的重点课题

时间	研究课题	级别（国家、市、区或校）	承担人
2018 年	提高高中化学中等生课堂学习效率的教学策略研究	国家级	赵扬
2015 年	深度学习教学改进项目	国家级	陈伯瀚
2015 年	海淀区促进学科能力发展的教学改进	区级	何文杰、陈伯瀚
2015 年	学生学习方式变革研究与实践	国家级	刘亚俊及 7 位化学组教师
2015 年	高中化学实验校本课程的开发与实施	市级	何文杰负责，全组参与
2016 年	高中化学应用模型建构教学培养学生创新思维的实践研究	市级	刘晓军、刘亚俊及 7 位化学组教师
2019 年	新高考背景下的跨学科校本教研策略研究	区级	陈伯瀚、赵克贤、郝秀芳

化学组目前正在进行的课题

课题名称	新形势下年级组管理模式的探索与实践（HDGH20220371）		
负责人	王盛	时间	2023 年 5 月
课题摘要	一、研究主要内容 以首都师范大学附属中学现高三年级组为主要研究对象，进行以下具体研究工作： （一）课题研究的前期准备工作。 查阅课题研究的背景资料，搜集国内本课题相关内容的研究现状，界定本课题研究的核心概念，并查找相关理论依据，为课题研究的开题工作做好准备； （二）探索和实践现高三年级组的"走班个性化""选科科学化""学生自主化"和"课程多元化"管理模式。 二、研究结论、观点 本课题研究以首都师大附中现高三年级组为研究对象，通过对年级组在走班、选科、学生自主管理和课程的角度进行的年级组管理模式相关的多方面梳理研究，发现年级组的管理模式科学，可以让学生个性化走班更加高效，选科更加科学合理，并通过学生自主管理，激发学生积极性和责任感，而多元化的课程满足了不同层次学生的个性化需求和教学的"因材施教"。 在现如今新高考背景下，学生个性化需求越来越高，而年级组必须在管理模式上兼职科学和系统性、流程化，保持连续的传承并不断优化，才能更加有利于学校对年级学生的"扁平化"管理，更加有利于学生在新高考中取得更加优秀的成绩		
参与人员	郝秀芳、刘畅、杨梦醒、赵扬、陈双、王道兴、张立芹、宗琮		

课题名称	核心素养理念下提升高中学生化学思维能力的课堂教学研究		
负责人	赵扬	时间	2021 年 12 月—至今
课题摘要	课题旨在提升高中学生的化学思维能力。总目标可分解为以下具体目标：1. 通过文献研究与教学行动研究，形成思维可视化的系列工具。2. 通过文献研究与教学行动研究，形成思维评价的系列工具。3. 通过教学行动研究，形成发展高中学生思维能力的案例，不少于 15 个。目前已完成课题的中期审核		
参与人员	何文杰、王盛、王锋、王冬松、傅雷晓萌、郝秀芳、陈建托、冻梅洁		

课题名称	高中化学应用模型建构培养学生创新思维的实践研究		
负责人	刘亚俊	时间	2020 年 1 月
课题摘要	课题通过应用模型建构的方法在课堂教学中关注学生创新思维的培养。这一教学模式的构建，可以丰富化学教学领域关于创新思维培养的理论认识，为自然科学——化学教育的转型提供了新的视角；完善创新思维培养的研究实践，推动创新思维培养的研究在化学学科这一领域的开展，促进创新思维培养策略在化学学科教学领域的实践完善		
参与人员	刘亚俊、赵明哲、陈伯瀚、王崔平、张立芹、董阳、郝秀芳、傅雷晓萌、何文杰		

2. 教师获奖及发表论文、著作、教材、教参等情况

姓名	何文杰	入校时间		2004 年 7 月
获奖情况	称号	2020 年获北京市特级教师称号 2016 年首都师范大学优秀党员 2017 年海淀区优秀"四有"教师 2021 年海淀区优秀"四有"教师 2017 年、2022 年被聘为首都师范大学全日制专业学位教育硕士研究生教育实习特聘导师		
	教学比赛	2014 年 4 月北京市高中化学教学研讨暨说课展示与交流活动中荣获一等奖		
发表论文、著作、教材、教参等		2019 年 3 月，论文《红磷燃烧前后质量的测定》于《实验教学与仪器》发表 2019 年 7 月，论文《高中化学实验校本课程开发的实践与思考》于《实验教学与仪器》发表 2019 年 8 月，论文《以三氯化铁蒸发结晶现象作为盐类水解新授课教学素材的尝试》于《化学教与学》发表		

姓名	贾喜珍	入校时间		2004 年 9 月
获奖情况	奖项、称号	2002 年获全国初中化学竞赛园丁奖 2004 年辅导学生获北京市化学竞赛一等奖 2009 年被评为海淀区优秀教师 2009 年所带班级获"北京市优秀班集体"荣誉称号 2011 年获海淀区师德之星荣誉称号 2013 年所带班级荣获海淀区优秀班集体称号 2013 年获海淀区师德之星荣誉称号 2016 年首师大附中感动校园十佳教师 2017 年海淀区"四有"教师		
	论文	2014 年论文《如何把价态二维图转化为学生复习元素化合物知识的思路——以硫及其化合物知识的复习为例》获山西省核心刊物一等奖		
	教学设计	2012 年在全国基础教育化学新课程实施成果评选活动中，"必修二第一章物质结构"获课件二等奖 2015 年撰写的教案《金属的化学性质》在第十届全国基础教育化学新课程实施成果评选及交流活动中获二等奖		

姓名	王崔平	入校时间		2013 年 8 月
获奖情况	称号	2013、2015、2017、2021 年北京市高中化学竞赛辅导表彰 2018、2019、2020 连续三年首都师范大学优秀党支部书记		
	论文	2018 年 9 月《帮助学生树立自信，体验成功——班级教育案例分析》获教育教学论文评选大赛二等奖		
	教学设计	2018 年 12 月《设计一座硫酸厂》获高中化学优秀教学设计评选二等奖		
	教学比赛	2018 年 9 月第十三届"全国基础教育化学新课程实施成果交流大会"现场说课展示一等奖		
发表论文、著作、教材、教参等		参与编写《海淀名师伴你学——高中学业等级考总复习指导与检测》		

姓名	刘亚俊	入校时间	2003 年 7 月
获奖情况	称号	2016 年 6 月首师大附中优秀党员 2018 年 9 月海淀区优秀班主任	
	论文	2021 年 4 月《科学使用含氯消毒剂》教学设计及课例获"北京市基础教育优秀课堂教学设计评选"二等奖	
	教学设计	2021 年 4 月《科学使用含氯消毒剂》教学设计及课例获"北京市基础教育优秀课堂教学设计评选"二等奖	
	教学比赛	2018 年 11 月中国化学会全国基础教育化学新课程实施成果交流大会上展示的现场课给纪念币穿铜衣获特等奖	
发表论文、著作、教材、教参等		2017 年 3 月《电解熔融 NaCl 演示实验设计》一文在全国中文核心期刊《化学教育》第 3 期发表	

姓名	王冬松	入校时间	2010 年 9 月
获奖情况	称号	2019 年感动校园十佳员工 2020 年海淀区"四有"教师标兵	
	论文	2013 年《由电解原理教学引发的对原理教学的思考》获北京市基础教育论文评选一等奖	
	教学设计	2017 海淀区"风采杯"教学设计二等奖	
	教学比赛	2017 海淀区"风采杯"教学展示综合一等奖	
发表论文、著作、教材、教参等		2013 年《氧化还原反应教学设计》发表于《化学教育》专刊 2021 年参与《名师伴你学》部分编写 2017 年任《中等生转化研究》编委 2023 年任《电解原理三课时教学设计》教学设计与指导	

姓名	张立芹	入校时间	2011 年
获奖情况	称号	2017 年青年岗位能手	
	论文	《基础化学课程改革指导下的整体教学设计——二氧化碳制取的研究》于 2015 年全国基础教育化学新课程实施成果教学案例类教学设计评选活动荣获二等奖	
	教学设计	2014 年北京市初中化学教学设计评比中荣获三等奖 2016—2017 学年海淀区"风采杯"高中教师教学设计荣获三等奖 2019 年度海淀区"风采杯"（第三届）中学教师教学成果展示活动中荣获化学学科教学设计展示二等奖	
	教学比赛	2013 年初中教师教学基本功培训和展示活动笔试一等奖 2013 年北京市初中教师实验技能培训与展示活动笔试成绩一等奖 2013 年北京市初中教师实验技能培训与展示活动任课教师组二等奖 2013 年海淀区片区初中教师基本功交流活动一等奖 2014 年北京市"城乡一体化学校"市级培训项目中展示了《二氧化碳的制取》观摩课 2016 年在全国部分大学附中教学协作体第 25 届年会上，执教的《物质的分离与提纯》一课荣获优质课奖 2015—2016 学年度海淀区高一研究性学习优秀指导教师奖 2016—2017 学年海淀区"风采杯"高中教师教学实录荣获一等奖 2016—2017 学年海淀区"风采杯"高中教师说课答辩荣获一等奖 2016—2017 学年海淀区"风采杯"高中教师荣获二等奖 2017—2018 学年海淀区"风采杯"中学教师教学案例展示荣获二等奖 2019 年度海淀区"风采杯"（第三届）中学教师教学成果展示活动中荣获化学学科同步作业展示三等奖 荣获 2019 年教科研成果评选三等奖	
发表论文、著作、教材、教参等		参与海淀区名师伴你学化学总复习检测及辅导的编撰 参加高三化学校本教材的编撰	

姓名	傅雷晓萌		入校时间	2012 年 7 月
获奖情况	称号		2019 年获得海淀区教育系统青年岗位能手称号	
	论文		2016 年 11 月，北京市 2016 年初中化学优秀教学论文评选中获得一等奖	
	教学设计		2016 年 7 月，获全国基础教育化学新课程实施成果教学案例类特等奖 2022 年 6 月，获北京市基础教育优秀课堂教学设计二等奖 2022 年 11 月，获北京市中小学立德树人实践研究交流展示活动主题班会三等奖 2018 年 6 月，海淀区"风采杯"教学案例展示二等奖 2021 年 10 月，海淀区"风采杯"教学案例展示二等奖	
	教学比赛		2016 年 10 月，全国基础教育化学新课程实施成果现场说课比赛特等奖	
发表论文、著作、教材、教参等			《感受化学定量分析的价值》发表于《中学化学教学参考》2017 年第 10 期	

姓名	翟小溪	入校时间	2012 年
论文获奖		论文《对白磷燃烧实验的改进》发表于《化学教育》2016 年第 37 卷 2015 年 8 月 16 日《对白磷燃烧实验的改进》获北京市第七届"京研杯"教育教学研究成果三等奖 2015—2016 学年度教科研成果评选三等奖 2016—2017 学年度教科研成果评选特等奖		

姓名	陈伯瀚		入校时间	2013 年
获奖情况	称号		2020 年度海淀区教育系统青年岗位能手	
	论文		2016 年北京市初中优秀化学教学论文评选一等奖 第七届"京研杯"教育教学研究成果一等奖	
	教学设计		2021 年教育部基础教育精品课遴选部级优课 2015—2016 年教育部一师一优课部级优课 第十五届全国基础教育化学新课程实施成果评选教学录像特等奖 第十四届全国基础教育化学新课程实施成果评选教学录像特等奖 第十三届全国基础教育化学新课程实施成果评选教学录像特等奖 第十二届全国基础教育化学新课程实施成果评选教学录像特等奖 第十一届全国基础教育化学新课程实施成果评选教学录像特等奖 第十届全国基础教育化学新课程实施成果评选教学录像特等奖 2014 年北京市初中化学优秀教学设计评比一等奖 2014 年中学化学优质课评比暨教学改革研讨会（华北区）一等奖 2016 年北京市初中优秀化学教学设计一等奖 2020 北京市基础教育优秀课题教学设计评选二等奖	
	教学比赛		2022 年北京市初中化学复习研讨活动研究课一等奖	
发表论文、著作、教材、教参等			《感受化学定量分析的价值——以"质量守恒定律"单元复习为例》发表于《化学教学参考》 《密闭体系中影响蜡烛燃烧时间的因素的探究》发表于《化学教与学》 《义务教育课程标准案例式解读》华东师范大学出版社出版 《高中选择性必修 1 化学反应原理》山东科学技术出版社出版 《高中选择性必修 1 化学反应原理（教师用书）》山东科学技术出版社出版	

姓名	赵明哲	入校时间		2015 年 7 月
获奖情况	**教学设计**	2017—2018 学年度海淀区"风采杯"（第二届）中学教师教学成果展示活动中荣获教学案例展示高中组化学学科一等奖 2020—2021 学年度海淀区"风采杯"（第四届）中学教师教学成果展示活动中荣获化学学科教学设计展示一等奖		
	教学比赛	2017—2018 学年度海淀区"风采杯"（第二届）中学教师教学成果展示活动中荣获新任教师教学基本功展示高中组化学学科一等奖		

姓名	王锋	入校时间		2016 年 7 月
获奖情况	称号	2021 海淀区优秀"四有"教师		

姓名	董阳	入校时间		2016 年
获奖情况	论文	2018 年 5 月《"燃烧与灭火"项目是学习的教学实践与思考》获得北京市 2017—2018 学年度基础教育科学研究优秀论文三等奖		
	教学设计	中国化学会 2018 年（暨第十三届）全国基础教育化学新课程实施成果征集与评选活动成果《利用原子结构解释物质组成规律》获教学案例一等奖 2017—2018 年海淀区"风采杯"教学案例一等奖 《基于项目教学的教学设计：厨房消防安全宣传》在中国化学会 2017 年全国基础教育化学新课程实施成果课堂教学案例（教学录像）类评选活动中获一等奖 在中国化学会 2020 年（暨第 15 届）全国基础教育化学新课程实施成果征集与评选活动中荣获核心素养导向化学教学的时间案例（教学录像）成果一等奖		
	教学比赛	2017—2018 年海淀区"风采杯"基本功一等奖 2017 年 1 月《利用原子结构解释物质组成规律》获全国说课特等奖		
	发表论文、著作、教材、教参等	《基于核心素养的高中化学——教学关键问题解析》P178—187 课例		

姓名	王盛	入校时间		2018 年 8 月
获奖情况	称号	2020 年 5 月获北京市化学会基础教育贡献奖 2020 年 9 月获海淀区优秀班主任称号 2021 年 7 月获首都师大附中优秀共产党员称号 2021 年 9 月获海淀区"四有"教师标兵称号 2023 年 6 月获首都师大附中优秀共产党员称号		
	论文	《新形势下年级创新德育新模式——"分层、多维、自主、合作"式德育模式实践经验总结》荣获第四届北京市中小学立德树人实践研究交流展示活动——中学创新德育机制二等奖		
	教学设计	2022 年度首都原创课程辅助资源征集评选活动提交的化学教学课件《物质结构与性质》《有机化学基础》被评为一等奖		
	教学比赛	2019 年 12 月《探秘载人航天器中的氧气再生方法》在中国化学会 2019 年（暨第十四届）全国基础教育化学新课程实施成果征集与评选活动中荣获教学案例类（教学录像）成果特等奖		
	发表论文、著作、教材、教参等	参与海淀区教师进修学校组织的教参《海淀名师伴你学》的编写工作，具体负责编写内容如下：①《化学反应原理》分册：原电池；②高三总复习有机化学部分：醇酚、醛酮		

姓名	郝秀芳	入校时间	2018 年 9 月
获奖情况	论文	2019 年 11 月论文《含氮物质的相互转化》获北京市首届教师专业能力"教育教学成果"二等奖 2020 年在北京市化学教学评比活动中教学论文获三等奖	
	教学设计	2019 年 12 月《氮家族的前世今生》在第十四届全国基础教育化学新课程实施成果征集与评选活动中获得教学案例特等奖 2019 年 6 月海淀区第三届"风采杯"化学学科教学设计展示一等奖 2020 年北京市化学教学评比活动教学设计二等奖 2021 年 10 月海淀区第四届"风采杯"化学学科教学设计展示一等奖 2022 年度原创课程辅助资源征集化学教学课件《高中有机化学基础》一等奖 2022 年度原创课程辅助资源征集化学教学课件《物质结构与性质》获一等奖	
	教学比赛	2020 年 12 月第三届北京市中小学实验教学说课优秀展示奖 2020 年北京市化学教学评比二等奖 2020 年 9 月北京市首届教师"基本功与智慧"教育教学研究成果二等奖 2021 年 10 月海淀区第四届"风采杯"化学学科同步作业展示二等奖 2021 年 10 月海淀区第四届"风采杯"化学学科课堂实录展示二等奖 2019 年 6 月海淀区第三届"风采杯"化学学科同步作业展示一等奖 2018 年 12 月校级第三届"正志杯"青年教师基本功大赛综合一等奖 2019 年 12 月校级第三届"正志杯"青年教师基本功大赛综合二等奖、课堂创新奖	
发表论文、著作、教材、教参等		郝秀芳, 何文杰, 刘晓军. 基于思维模型建构的"物质转化"的教学实践——以"含氮物质的相互转化"为例 [J]. 化学教与学, 2020（01）：46-50. 郝秀芳, 何文杰, 刘晓军. 抗疫背景下高中化学特色居家实验设计——以"从植物中提取精油"为例. 中国教育技术装备, 103969/j.issn.1671-489x.2022.01.118	

姓名	陈建托	入校时间	2018 年
获奖情况	教学比赛	中国化学会 2019 年（暨第十四届）全国基础教育化学新课程实施成果征集与评选特等奖	
发表论文、著作、教材、教参等		《2022 年高考电化学真题剖析（高中数理化）》 《价层电子对的几种计算方法（高中数理化）》 《北京市普通高中学业水平等级性考试化学实验探究题浅析（中学化学）》	

姓名	赵克贤	入校时间	2020 年 7 月
获奖情况	论文	2021 年 3 月教学论文《基于"价一类"二维图的任务驱动式教学——以〈硫的转化〉为例》在"2020 年北京市化学教学评比活动"中获得三等奖	
	教学设计	2021 年 3 月教学设计《基于"价一类"二维图的任务驱动式教学——〈硫的转化〉教学设计〉在"2020 年北京市化学教学评比活动"中获得三等奖 2020—2021 学年度海淀区"风采杯"（第四届）中学教师教学成活展示活动中荣获化学学科教学设计展示三等奖	
	教学比赛	2020—2021 学年度海淀区"风采杯"（第四届）中学教师教学成活展示活动中荣获化学学科教学实录展示二等奖 2021 年 9 月北京市中小学新任教师第五届"启航杯"教学风采展示活动中获得二等奖	

姓名	赵扬	入校时间		2021 年 7 月
获奖情况	称号	海淀区优秀班主任		
	论文	《表现性评价促进初中学生化学学科"科学探究"核心素养的生成研究》获北京市 2021—2022 学年度基础教育科学研究优秀论文二等奖 《从学科核心素养出发，命制初中化学原创试题》在中国化学会 2023 年（暨第十六届）全国基础教育化学新课程实施成果征集与评选活动中获评精品成果		
	教学设计	《基于深度学习的教学实践——探秘神奇的医用胶》在中国化学会 2023 年（暨第十六届）全国基础教育化学新课程实施成果征集与评选活动中获评精品成果		
	教学比赛	《初中化学项目式学习读本》在 2022 年首都原创课程辅助资源征集评选中获二等奖		
发表论文、著作、教材、教参等		2022 年 6 月，《基于传统文化的初中化学"生活现象解释"专题复习》发表于《中学化学教学参考》 2023 年 7 月，《以项目式学习，实践跨学科课程》发表于《中学化学教学参考》		

姓名	冻梅洁	入校时间	2021 年 7 月
获奖情况	教学比赛	2023 年 5 月首师大附中第七届"正志杯"青年教师基本功大赛综合一等奖 2023 年 5 月首师大附中第七届"正志杯"青年教师基本功大赛创新课堂奖 2023 年 5 月首师大附中第七届"正志杯"青年教师基本功大赛板书展示奖 2022 年 9 月北京市中小学新任教师第六届"启航杯"教学风采展示综合二等奖 2021 年 12 月首师大附中第六届"正志杯"青年教师基本功大赛综合二等奖	

（三）辐射型教师

随着我国教育制度改革的不断深入，国家与社会对人才要求越来越高，许多年轻的教育工作者虽有着较高的学历，但相关的教育经验不足导致教育成效不高的现象也屡见不鲜，在我们化学学科上也有所体现。因此相关的优秀的学科带头人和骨干教师就起到模范辐射作用，将自己从事教育事业的经验辐射至广大青年教师，共同为教育事业贡献自己的力量。

化学组的优秀教师，教学经验丰富，充分发挥自身的带头作用，不仅在校内通过多种渠道培养青年教师，还主动承担兄弟校、集团校讲座与交流，通过定期（每学期三次）集体大教研、各种教学开放活动以及讲座、研讨等形式，不断加强首师大附中教育集团内以及与海淀区其他学校化学组的交流和互助，促进了共同发展。

何文杰老师：

2018 年与首师大附中二分校化学组教师以师带徒形式进行备课交流；

2019 年与北师大附属珠海中学进行交流；

2021 年与首师大附中一分校教师们进行学科组建设交流；

2023 年与首师大附中长阳分校进行课程建设及学科组建设交流；

2018 年 9 月第十六届"高端备课"项目总结暨新学期项目启动会做"乘高备之风，扬素养之帆"主题报告；

　　2019 年首都师大附中成达教育论坛做"落实核心素养优化教学方式"主题报告。

与二分校交流

与北师大附属珠海中学交流展示

与一分校交流

与长阳分校交流

贾喜珍老师：
首师大附中集团一体化与北校区、西校区进行交流。

与西校区交流

与北校区交流

王冬松老师：

2015年参加首师大二附中尖子班培训课，做《高考化学实验探究从夯实到提高》专题讲座；

指导通州分校教学工作。

王盛老师：

2023年4月与首都师范大学附属中学教育集团北校区交流（高三年级主任交流）；

2022年4月12日在海淀区做了《上下兼顾，攻守兼备——有机教学和复习策略、节奏》的专题交流；

2022年11月5日为高三年级化学学科教师做题为《海淀区高三化学期中考试分析》的教研活动；

2023年4月6日为高三年级化学学科教师做题为《海淀区高三化学一模考试分析》的教研活动；

2023年2月26、27日，作为海淀区高三化学中心组教师，开展"海淀区高三尖子生培养策略"区级备课教研活动；

2023年4月11日，为北京市密云区高中化学教师做专题讲座《学科核心素养下的高三备考策略》，共4课时。

王崔平老师：

2016年9月至今，首都师范大学附属中学通州校区学科指导专家；

2023年2月至今，首都师范大学附属中学一分校学科指导专家。

张立芹老师：

2013年去大兴北校区开展班主任交流；

2016年参与新任教师班主任交流；

2023年7月赴青海玉树第二高级民族中学汇报——《基于思修课程体系化学课程建设》。

赴青海玉树第二高级民族中学汇报

陈伯瀚老师：

2023 年与一分校初三开展教育教学经验交流。

傅雷晓萌老师：

多次与首都师大附中一分校化学教师进行中考交流研讨。

赵克贤老师：

2023 年 6 月与首都师大附中大兴北校区化学教师交流二模后复习策略。

与首都师大附中大兴北校区化学教师交流

董阳老师：

2013 年 9 月开展首师大附中教育集团一体化教研暨新老初三交流研讨会。

教师们通过讲座、组织或参与研讨活动等多种途径充分发挥集团教学的引领辐射作用，不断更新教师们的教育教学理念，实现集团各校间的优势互补、资源共享、合作共赢、协同发展的新态势，促进集团高质量发展。

四、党建铸魂，学科育人

在学校党委的正确领导下，我们团结和带领全体支部党员教师认真深入学习贯彻党的二十大精神，做习近平新时代中国特色社会主义思想的坚定信仰者和忠实践行者，紧紧围绕学校的中心工作，凝心聚力、强化学科、争创佳绩。

（一）学习贯彻党的二十大精神

党的二十大是在全党全国各族人民迈上全面建设社会主义现代化国家新征程、向第二个百年奋斗目标进军的关键时刻召开的一次十分重要的大会，是一次高举旗帜、凝聚力量、团结奋进的大会。习近平总书记代表第十九届中央委员会所作的报告，是党和人民智慧的结晶，是党团结带领全国各族人民夺取中国特色社会主义新胜利的政治宣言和行动纲领，是马克思主义的纲领性文献。党员们结合自己的本职工作，就如何更好贯彻落实党的二十大精神，纷纷谈了体会。大家认为，党的二十大报告高瞻远瞩、思想深邃、内涵丰富，是我们党团结带领全国各族人民在新时代的政治宣言和行动纲领；作为教育工作者，应当在教育教学工作中，全面贯彻落实立德树人的根本任务，帮助全体学生系好人生第一粒扣子，全心全意为党育人，为国育才，为实现中华民族伟大复兴的中国梦贡献力量。

（二）开展主题党日学习

开展"师德师风"主题党日学习活动。全体党员认真学习了《新时代中小学教师职业行为十项准则》，并对其中几点展开讨论学习，结合自身工作进行反思与分享。开展实验室安全教育党日活动。加强实验室安全管理，做好实验室安全防护工作，消除安全隐患，切实维护实验教学过程中教师学生的身心健康，从实验室安全因素、危险品的储存要求、如何做好安全工作等方面向组内教师发出倡议。开展学党史故事主题党日活动。组织党员教师观看《五四怒吼》，了解五四运动爆发前的背景，学习中国共产党北京组织的光辉历史，推动党史学习教育取得扎实成效。

（三）组织党员教育学习活动

开展"走进爨底下，感受红色精神"学习活动。充分发挥了党支部的战斗堡垒作用和增强了团队凝聚力，增强了教师的爱国主义情感以及与党员群众间的沟通交流。"缅怀先烈，不忘使命"，组织党支部教师参观冀热察挺进军司令部旧址，了解了八路军和人民群众在艰苦的条件下顽强抗击日本侵略者的英勇事迹，加强了党员政治思想教育，继承和发扬党的优良传统作风。开展与中国核电工程有限公司党建联建"学百年党史，观大国重器"学习活动。通过交流学习，教师们充分感受到了核电魅力，纷纷为中国核电事业的迅猛发展而惊叹，同时教师们也表示要将此作为教学中的素材带入课堂，让学生们了解更多的核知识，增强学生们的爱国情怀和民族自豪感。

（四）看望退休党员教师

组织支部党员看望退休党员教师。了解退休党员教师的生活状况以及身体健康状况，与退休党员教师促膝长谈，拉家常、话教育，一起回忆附中的发展历程，展望附中的美好未来，并送上祝福。退休党员教师深入了解了学校目前的发展情况，体会到了党和学校的关怀。

（五）发挥党员的先锋模范作用

党员教师爱岗敬业，不断进取，争做教学能手、学科带头人，积极承担学校安排的工作任务，切实发挥党员的先锋模范作用。本支部目前共有党员 17 名，其中，特级教师 1 人，市级学科带头人 1 人，市级骨干 1 人，区级学科带头人 4 人，区级骨干教师 1 人。同时，党员教师中，兼任校级领导 2 人，年级主任 2 人，班主任 7 人，成达教育发展研究院中心主任 1 人，竞赛教练 5 人。多位老师公开发表论文或获奖，积极开设公开课，录制海淀区"空中课堂"，参与课题研究。

（六）积极做好党员发展工作

在党支部的强力感召下，很多教师积极要求进步，向党组织靠拢，并递交转正申请或入党申请书，主动要求支部对其进行考察。召开预备党员转正大会，赵克贤、冻梅洁同志按时转正。召开党员发展大会，接收傅雷晓萌同志为预备党员，为党支部注入了新鲜血液，扩大了党支部力量。

下阶段，我们将不断改进工作作风和方式，解放思想，锐意进取，努力提高自身党性修养，用先进理论武装头脑、指导工作。同时，密切联系群众，加强与周围党员和群众交流，想群众之想，拉近距离，形成合力。进一步增强群众观念，真正提高党员教师的思想觉悟。加强政治理论学习，要把为人民服务意识落实到各项工作中去，以高度的责任感、事业心、勤勤恳恳、扎扎实实地做好教育教学工作。

五、化里化外，启智润心

（一）化学家庭小实验

化学家庭小实验不仅能够提高学生的实践操作能力和化学课内知识理解，还能激发学生的兴趣和热情，促进创新思维发展，增强问题解决能力，增进家庭互动沟通，拓展学习空间与时间，培养科学探究精神。因此，我们化学组根据课程安排，积极开展化学家庭小实验，为学生的全面发展创造更多机会。学生参与热情高涨，以 PPT 或视频形式与同学进行分享。

初三（2）班付荣宸

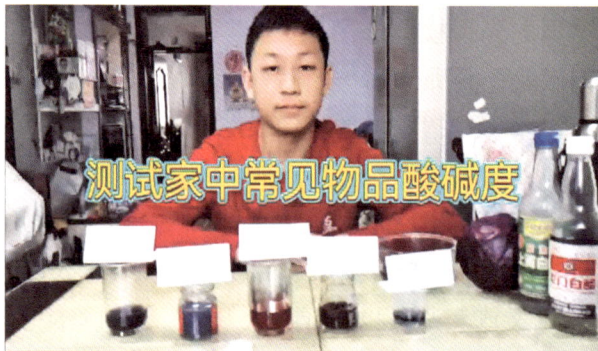

化学寒假优秀作业展示　　初三（1）班 王淇萱

· 滴入柠檬汁后混合物呈红色

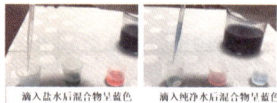

滴入肥皂水后混合物呈蓝绿色　滴入食用碱后混合物呈绿色

滴入盐水后混合物呈蓝色　滴入纯净水后混合物呈蓝色

紫甘蓝溶液遇酸性物质变红色，碱性物质变蓝绿色，中性不变色

· 肥皂水和食用碱为碱性物质
· 柠檬汁为酸性物质
· 盐水和纯净水为中性物质

化里化外，启智润心

化学寒假优秀作业展示　初三（5）班　朱啸宇

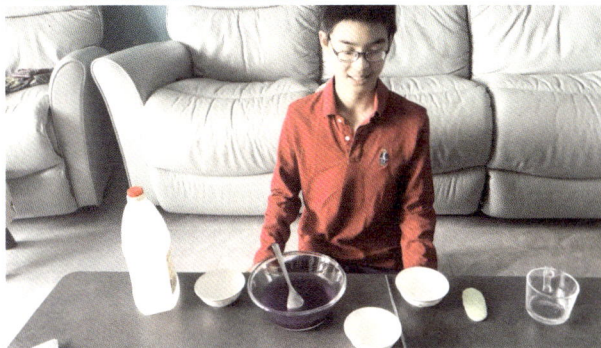

化学家庭小实验

（二）学生对首师附化学课程的回忆与评价

我们的学习是化合反应，老师您的教导是分解反应，分解您的知识，一丝不剩。我们感谢您的分解，也会好好利用您的分解去化合更大的成功。

愿您如氧气一样活泼，如蒸馏水一样纯净。教师节快乐！

初三四班　全体同学

To: 王盛老师：

"气氛氛，弘天地正气；钾钙镁，镕英雄本色。究天机，乐与有机无机做伴；培学子，巧同原子分子周旋。"王老师，感谢您生动诙谐的课堂，感谢您耐心细致的讲解，祝您教师节快乐！

王珺珩

2019.9.8

学生对首师附化学的回忆与评价

附：化学教研组十年大事记

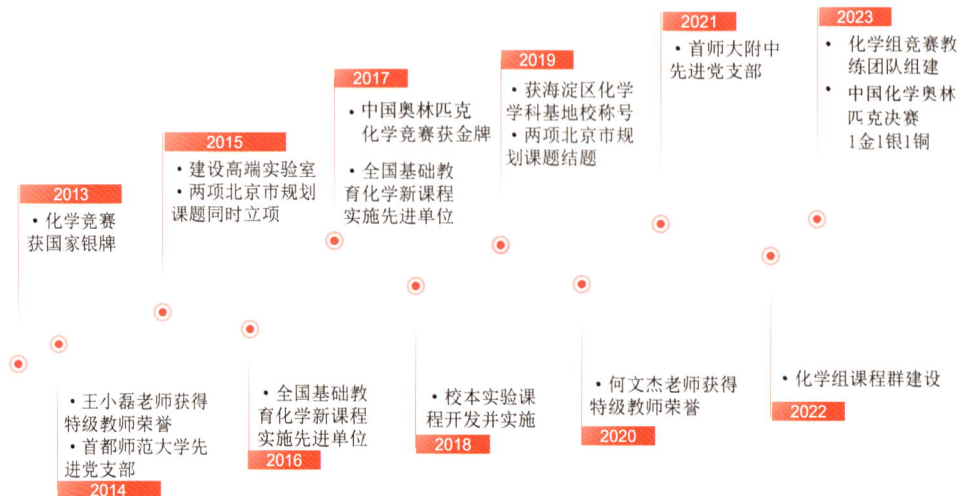

2013
- 化学竞赛获国家银牌

2014
- 王小磊老师获得特级教师荣誉
- 首都师范大学先进党支部

2015
- 建设高端实验室
- 两项北京市规划课题同时立项

2016
- 全国基础教育化学新课程实施先进单位

2017
- 中国奥林匹克化学竞赛获金牌
- 全国基础教育化学新课程实施先进单位

2018
- 校本实验课程开发并实施

2019
- 获海淀区化学学科基地校称号
- 两项北京市规划课题结题

2020
- 何文杰老师获得特级教师荣誉

2021
- 首师大附中先进党支部

2022
- 化学组课程群建设

2023
- 化学组竞赛教练团队组建
- 中国化学奥林匹克决赛1金1银1铜

生生不息　物格致和

　　十年间，年轻的生物学科组发展壮大，这里聚集着可爱、智慧的教师们，他们充满热情和活力，谱写着生命的密码。

生物教研组教师团队

一、学科理念：生命为本，启智立新

（一）核心理念

党的二十大报告首次作出教育、科技、人才"三位一体"战略部署，并提出到 2035 年要建成教育强国、科技强国、人才强国。为响应国家号召，进一步助力国家科技创新后备人才的发掘，首师大附中生物教研组始终坚持以人为本，以发展生物学科核心素养为主旨，引领着整个学科的蓬勃发展。生物学科的发展之旅，犹如细胞中的线粒体，源源不断地为学科教育注入能量。这段旅程，凝聚着教研组每一位成员的智慧与心血。

在教学内容上，教研组坚持"以生为本，因材施教"的教学原则，深挖生物学的内在逻辑与美感，将生物多样性的瑰丽与生命现象的奥秘转化为教学中的生动案例，激发学生探索自然的热情。在教学过程中，践行"五动"：动眼，留心观察，善于发现；动手，积极实验，求真实践；动脑，在科学探究中，养成发展科学思维；动嘴，精言细语，学会表达，科学表述；动心，感动自己，感染他人，做阳光善良，感恩关爱，肩负责任的人。在教学方法上，倡导"寓教于乐"，将传统的生物教学与现代技术相结合，打造了富有创新性和互动性的教学模式；跨学科的融合思维，将生物学科与地理、物理、化学等相关学科融合，打破了学科壁垒，让学生在多维度的思考中培养综合解决问题的能力。此外，生物教研组也非常注重拔尖创新人才培养，开展各学段的衔接教学，初中的教师团队下校到小学进行授课，培养生物学习兴趣；高中教师团队开设英才课程，吸引挖掘特殊人才；强大的竞赛团队，助力拔尖人才成长。目前，生物教研组已助力多名学子在国家级、区域性竞赛中斩获佳绩，为国家生命科学领域储备高质量人才。

（二）体系构想

随着时间的流转，生物学这门探讨生命奥秘的学科在中学教育中逐渐展露出生机勃勃的枝叶。近十年的发展过程中，生物教研组以深邃的思考和精心的规划，构建了一套旨在培育学生科学素养和探索精神的教学体系。如同细胞中的遗传密码，我们借助经验与规划编织出一幅幅教育的基因图谱，引领着学科的蓬勃发展。

教师专业发展是生物教学体系的根本动力。老师们如同自然界的筛选机制，不断优化课程结构，注重学科前沿的教学和研究，从实际教学过程中发现问题，不断提升专业能力，确保知识的前沿性与基础性相结合。生物学的每一次突破都是对未知世界的一次远征，将最新的科研成果融入教材，能让学生在探索的道路上与时俱进。

教学方法创新是生物教学体系的核心驱动力。老师们就像细胞中的酶，催化每一堂课的化学反应，使之充满活力。我们运用现代信息技术，将虚拟现实（VR）、增强现实（AR）等工具引入课堂，使学生能够沉浸在微观世界之中，直观感受生命的奇妙。探究式、项目式学习的尝试，让学生在解决实际问题的过程中成长为独立思考者。实验教学是生物教学体系中的重要组成部分，它如同生物学中的实验室，是知识转化为技能的熔炉。确保每一位学生都能在亲身实践中品味科学的严谨与创新，体验科学探究的无穷魅力。

高校生物资源是生物教学体系的重要力量。为帮助学生了解认识生物科学前沿，生物教研组加强与高校、科研机构的合作，如北师大、首师大、北大、中科院等。高校资源共享，为学生提供了更多的学习机会和成长平台；尖端实验室的设备技术，满足学生个性化发展的需求。

跨学科融合是生物教学体系的一大特色。正如生态系统中物种间的相互依存，我们强化了生物与其他学科的联系，根据学生的年龄和认知特点，设计合理、系统的课程内容，让学生在多学科的交汇点上开阔视野，培养综合素养。我们与化学、地理等学科携手，共同构建了一个多元化的学习平台，让学生在探索生物学的同时，也能够理解科学的统一性。

拔尖人才培养是生物教学体系的一大亮点。为了发掘和培养具有生物学特长和兴趣的学生，生物教研组设立了英才班和科研实践平台。在这里，学生们可以接受更高层次的挑战和任务，有机会与国内外顶尖学者进行交流和合作。通过参与国际级、国家级竞赛活动，学生们不仅能够锻炼自己的科研能力和团队协作精神，还能够拓宽视野、增强信心、实现自我超越。

在未来的规划中，生物教研组将继续"生命为本，启智立新"，遵循"适应变化，引领未来"的教育理念，不断调整和完善教学体系。密切关注生物学领域的最新动态，及时将其融入课程，保持教学内容的鲜活度。持续提升教师的专业发展，为他们提供丰富的培训资源和学术交流的机会，让教师成为引领学生走向未来的明灯。

总结这十年的发展历程，生物学科教学体系犹如一棵苗壮成长的树木，根植于坚实的土壤，枝繁叶茂，结出了累累硕果。学生们在体系中汲取知识的养分，成长为具有创新精神和科学素养的未来之星。而生物教研组也将继续在教育的道路上耕耘，期待着下一个十年，生物学的花园将绽放出更加绚烂的花朵。

二、教师团队：博学好思，善教爱生

教师是教研组发展的核心战斗力。这十年，生物教研组稳步发展，组建成一支底蕴深厚、深思好学、教学扎实、心存大爱的教师队伍。

（一）博学笃志

生物组共有专职教师19名，专职实验员1名。在这支团结奋进的团队中，博士研究生5人，硕士研究生9人，研究专业涉及生物教育、医学、动物生理学、生态学、生物统计学、古生物学、微生物学、动物学、植物学、遗传学、分子生物学等，囊括了生物学的主要领域；毕业院校涵盖北大、中科院、北师大、厦大等名校。优质的团队教育背景为生物教研组发展和教师个人发展打下坚实的专业基础。在日常繁忙的工作中，老师们牢记终身学习理念，积极参加教研活动，学习教育论文和专著，不断用先进的教育理念、教学方法武装自己，以期能担当新时代教育新使命。

拧成一股绳，做好传帮带。十年里，生物组教师始终以教研组的发展为己任，资深教师老骥伏枥、壮心未已；中年教师承上启下、砥柱中流；青年教师虚怀若谷、踏实奋进。在经验丰富教师的倾囊帮助下，年轻教师迅速成长，成为学校教育教学的中坚力量，并将这种互帮互助的精神传递给新的年轻教师。青蓝相接、薪火相传，打造高质量团队，助力学校高质量发展。

生物组是善做善成的队伍，也是善亲善美的家庭。十年来，组长朱老师和支部书记刘老师都会组织生日会活动，教师都会在生日当天收到大家的美好祝愿，在每个欢乐的生日会上收获温暖和小确幸。大家欢聚在一起，聊生活、谈工作，蛋糕甜蜜入口，温情暖人入心。每天从早到晚十几个小时的朝夕相处，我们不仅是同事，更是亲密的家人。

师徒结对

教研组生日会

（二）切问近思

从教书匠成长为教育者，教师的思考是关键。新时代新课程倡导积极主动的学习模式，中学教师的角色已经转变为学生自主学习的指导者、教育教学的研究者。因此，要想不断地提高教学水平和教学实效，教师就必须对教学实践进行经常性的反思和研究，成为学习型科研型教师。生物组充分整合本组资源，建立由科研骨干牵头、中青年教师推进的模式，加速生物教研组教—学—研三位一体化发展。十年里，生物组教师主持或参与国家级、市级、区级课题，公开发表论文，参加各级论文评比；坚持深耕课堂、以教带研、以研促教，成为有思考力的教师，呈现有思维力的课堂。

发表、获奖论文

作者	论文题目	期刊/主办单位	发表时间
李智辰等	传染病的防治	生物学通报	2024 年
刘本举	"鲁宾和卡门实验"常见理解误区及分析	中学生物教学	2023 年
刘本举	"细胞器之间协作"的分析与教学建议	生物学通报	2023 年
李智辰	The use of constructive controversy to improve students' understandings of and attitudes towards animal welfare in China	Journal of Biological Education	2022 年
李硕	物质鉴定实验拓展——打印纸是否含有淀粉	生物学通报	2022 年
刘本举	细胞呼吸科学史的分析及教学建议	生物学通报	2021 年
刘明	生物学试题中长句式作答题型的思维策略	教学考试	2021 年
刘本举	"孟德尔定律"教学的再思考	生物学教学	2021 年
刘本举	"基于资料型探究活动"的教学及反思	生物学通报	2021 年
刘本举	光合作用科学史的分析及教学建议	生物学通报	2020 年
刘明	重在提高学生长句式作答能力的讲评课	中学生物学	2020 年
李硕	Root order and initial moisture status influenced root decomposition in a subtropical tree species Liquidambar formosana	Plant and Soil	2019 年
李拓圮	Homocysteine directly interacts and activates the angiotensin II type I receptor to aggravate vascular injury	Nature Communications	2018 年
刘本举	高中生物"事实性知识"的教学策略	生物学教学	2017 年
刘明	支架式教学中的问题设置	中学生物学	2016 年
刘本举	基于模拟调查的"调查种群密度的方法"一节的教学	生物学通报	2015 年
刘本举	德育不是唱赞歌	教育时报	2014 年
王雯斌	教材中各种酶的小结	生物学通报	2014 年
刘本举	学生需要配合老师吗	教育时报	2014 年
王雯斌	以教材中各种细胞为线索构建知识网络的复习方法	生物学通报	2014 年

续表

作者	论文题目	期刊/主办单位	发表时间
李硕	小兴安岭地区大型偶蹄类植物性可食资源质量的研究	北京师范大学学报（自然科学版）	2014 年
刘本举	生物教学的几个常见误区及分析	生物学通报	2014 年
刘本举	"堂堂清"到底清什么？	教育时报	2013 年
刘明	提高实验教学的有效性	中学生物学	2013 年
王雯斌	浅谈多元评价方式对中考背景下学生生物学素养提升的影响	北京市教育协会	2018 年
王雯斌	探究过程中通过合作学习方式激发学生学习潜能	北京市教育协会	2018 年
王雯斌	性别遗传一节的教学案例	北京市教育协会	2018 年
王雯斌	中考背景下初中生物学探究实验的评价浅析	北京市教育协会	2018 年
李硕	游戏软件在"生物的进化"教学中的应用	海淀区第十六届教育科研优秀论文	2019 年
宗琼	综合素质评价实施中的思考	大兴区教育进修学校	2014 年
宗琼	生物作业布置要能投其所好	大兴区教委中教研	2015 年
宗琼	让学生爱上新课程下的生物作业	北京市教育委员会	2015 年
宗琼	生物课堂中培养科学素养的探索	北京市教育学会	2016 年

主持或参与的课题

主持或参与者	课题名称	级别	时间
李智辰	文教合作视域下基于"M+模式"的京津冀考古资源课程	海淀区	2022 年
郭雪菲、李智辰	基于初中生物核心素养——依托单元的项目式学习的教学方法改革与实践	海淀区	2021 年
李拓圯	以科学史经典文献教学促进生物学科高阶能力培养提升研究	海淀区	2021 年
倪佳	真实情境对学生问题解决能力提升的实践研究——以 Ubd 框架下初中阶段生物复习课为例	北京市	2020 年
李拓圯	基于核心素养的高中生物学业水平考试评价指标体系研究	北京市	2020 年
李硕	基于文献研读和实验探究提升核心素养的生物自主研修课程开发	海淀区	2019 年
李硕	新高考背景下的跨学科教研策略研究	海淀区	2019 年
李硕	京津冀一体化背景下基于 U–M 模式的考古资源转化与应用研究	北京市	2019 年
李拓圯	大学附中办学特色研究	国家级	2017 年
刘本举	生物学课堂教学有效性的研究	北京市	2017 年
郭雪菲	基于学生核心素养的初中综合实践活动课程顶层设计与建设	海淀区	2016 年
王雯斌	高中生物实验教学资源开发与利用研究	海淀区	2014 年
倪佳	在学科教学中进一步探索促进学生发展的有效性教学研究	北京市	2014 年
倪佳	指导学生构建概念的课堂教学研究	海淀区	2014 年
刘本举	基于"同伴互助阅读共同体"的教师专业化成长研究	北京市	2014 年
倪佳	在学科教学中进一步探索促进学生发展的有效性教学研究	北京市	2013 年

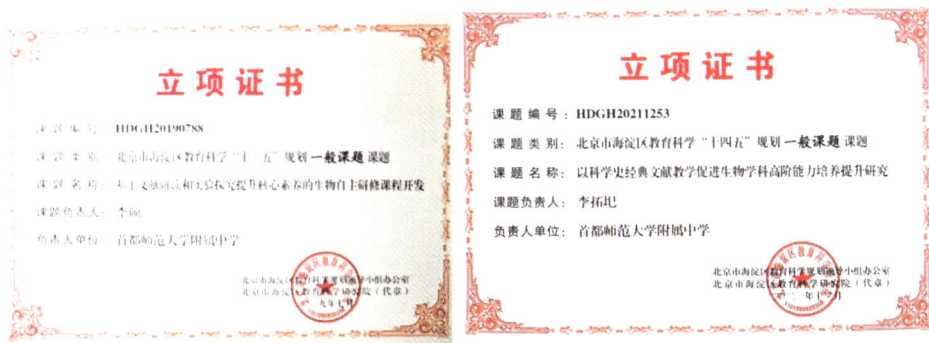

课题立项证书

（三）善教继志

教学基本功展示在提高教师队伍素质中起到引领示范作用。通过大力弘扬工匠精神，进一步激发广大青年教师提高育人实践能力和课堂创新能力，努力造就一支有理想信念、有道德情操、有扎实学识、有仁爱之心的高素质专业化教师队伍，做好新时期"四个引路人"。

生物组教师在教学工作中，以学科素养为导向，以育人方式变革为核心，以课程优化与教学质量提升为重点。通过比赛实践，教师能及时关注、引导、培养自身深入理解教育内涵，能将思维发展课堂理念贯彻到日常教育教学活动中去。把课上好，是教师最本真的初心。开展展示活动更有助于引导青年教师把课上好，练就过硬的教育教学基本功，同时为教师之间的相互学习、切磋、交流与合作搭建一个平台；虽是一个人上课，但代表的是一个团队的智慧结晶，享受共同成长的过程。

教学比赛获奖情况

年份	姓名	级别	内容	等级
2013	倪佳	市级	初中教师教学基本功培训和展示活动	一等奖
2014	宗琼	市级	全国微课优质资源展示	三等奖
2015	宗琼	区级	青年教师技能培训展示比赛	三等奖
2016	宗琼	市级	全国中学生物课堂实验教学展评活动	二等奖
2016	宗琼	区级	大兴区青年教学基本功比赛	一等奖
2017	李拓屺	区级	"风采杯"（第一届）中学教师教学成果展示活动——高中生物组新教师基本功展示	一等奖
2017	宗琼	市级	青年教师基本功展示	一等奖

续表

年份	姓名	级别	内容	等级
2018	李拓坦	市级	北京市中小幼第一届"京教杯"青年教师教学基本功培训和展示活动	一等奖
2018	李拓坦	区级	"风采杯"（第二届）中学教师教学成果展示活动——高中生物组新教师基本功展示	一等奖
2018	李硕	区级	"风采杯"（第二届）中学教师教学成果展示活动——高中生物组教学案例	一等奖
2018	宗琮	区级	"风采杯"（第二届）中学教师教学成果展示活动——高中生物组教学案例	一等奖
2018	宗琮	校级	首师大附中第三届"正志杯"青年教师基本功大赛	二等奖
2018	李智辰	市级	北京市中小学新任教师"启航杯"教学风采展示活动	一等奖
2018	李智辰	区级	"风采杯"（第二届）中学教师教学成果展示活动	一等奖
2018	李智辰	区级	"风采杯"（第二届）中学教师教学成果展示活动——初中生物组教学案例	一等奖
2018	李智辰	区级	"风采杯"（第二届）中学教师教学成果展示活动——生物学科原创性试题展示	一等奖
2019	倪佳	区级	"风采杯"（第三届）中学教师教学成果展示活动教学设计展示	一等奖
2019	倪佳	区级	"风采杯"（第三届）中学教师教学成果展示活动——生物学科原创性试题展示	一等奖
2019	刘明	区级	"风采杯"（第三届）中学教师教学成果展示活动——生物学科原创性试题展示	一等奖
2019	刘明	区级	"风采杯"（第三届）中学教师教学成果展示活动教学设计展示	一等奖
2019	李硕	区级	"风采杯"（第三届）中学教师教学成果展示活动——生物学科原创性试题展示	三等奖
2019	宗琮	区级	"风采杯"（第三届）中学教师教学成果展示活动教学设计展示	一等奖
2019	宗琮	区级	"风采杯"（第三届）中学教师教学成果展示活动——生物学科原创性试题展示	一等奖
2019	李智辰	区级	"风采杯"（第三届）中学教师教学成果展示活动教学设计展示	一等奖
2019	李智辰	区级	"风采杯"（第三届）中学教师教学成果展示活动——生物学科原创性试题展示	一等奖
2019	郭雪菲	区级	"风采杯"（第三届）中学教师教学成果展示活动教学设计展示	一等奖
2019	郭雪菲	区级	"风采杯"（第三届）中学教师教学成果展示活动——生物学科原创性试题展示	三等奖
2020	倪佳	区级	空中课堂资源研发	先进个人
2020	倪佳	市级	中小学"一师一优课、一课一名师"活动	县级优课
2020	宗琮	校级	首师大附中第五届"正志杯"青年教师基本功大赛	二等奖

年份	姓名	级别	内容	等级
2020	宗琮	校级	首师大附中第五届"正志杯"青年教师说课大赛	一等奖
2020	李智辰	校级	首师大附中第五届"正志杯"青年教师基本功大赛	一等奖
2021	李硕	区级	"风采杯"（第四届）中学教师教学成果展示活动——同步作业	二等奖
2021	李硕	区级	"风采杯"（第四届）中学教师教学成果展示活动——教学设计	一等奖
2021	李硕	区级	"风采杯"（第四届）中学教师教学成果展示活动——课堂实录	一等奖
2021	宗琮	区级	"风采杯"（第四届）中学教师教学成果展示活动——教学设计	一等奖
2021	宗琮	区级	"风采杯"（第四届）中学教师教学成果展示活动——课堂实录	一等奖
2021	李智辰	区级	"风采杯"（第四届）中学教师教学成果展示活动——教学设计	一等奖
2021	李智辰	区级	"风采杯"（第四届）中学教师教学成果展示活动——课堂实录	一等奖
2021	李思琦	校级	首师大附中第六届"正志杯"青年教师基本功大赛	一等奖
2021	李思琦	校级	首都师范大学附属中学第六届"正志杯"青年教师基本功大赛作业设计	一等奖
2022	李智辰	市级	北京市中小幼第三届"京教杯"青年教师教学基本功培训和展示活动	三等奖
2022	李思琦	校级	首度原创课程辅助资源	二等奖
2022	孙颖莉	市级	北京市中小学新任教师第六届"启航杯"教学风采展示活动	一等奖
2023	李智辰	区级	海淀区中小学教师技术应用能力提升工程 2.0 信息化教学创新案例评选	三等奖

部分获奖证书：

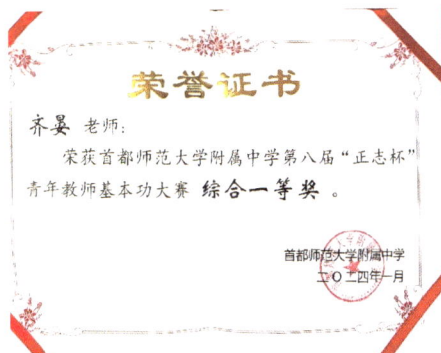

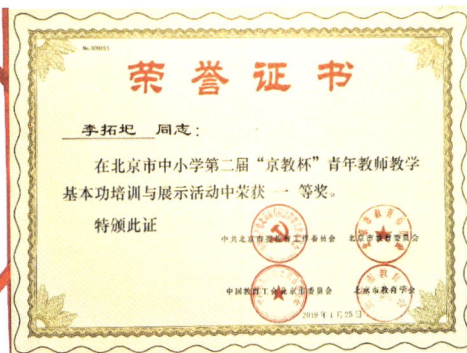

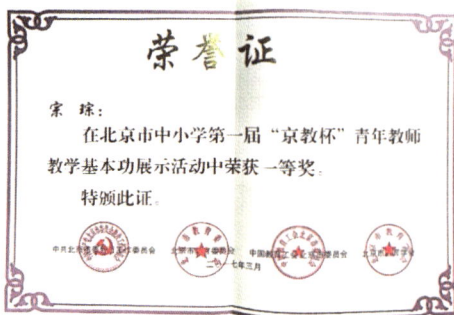

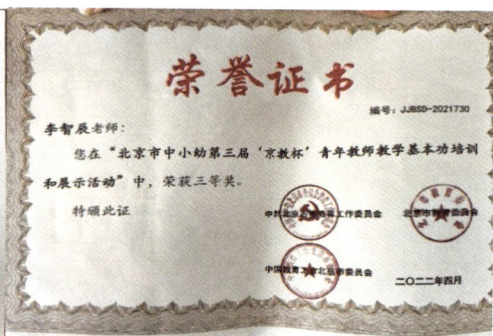

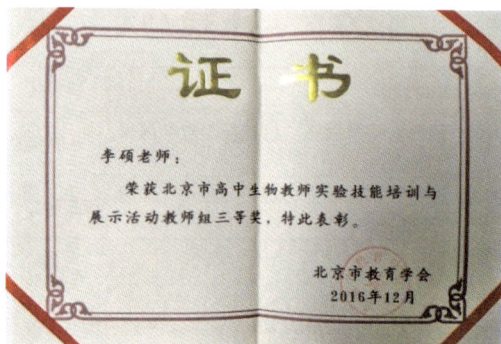

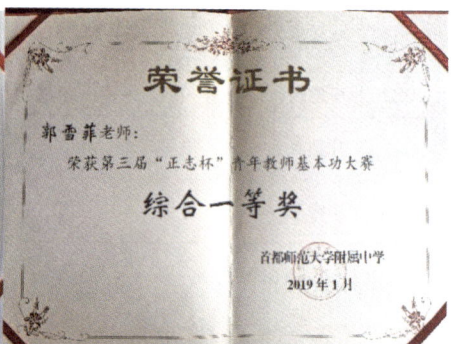

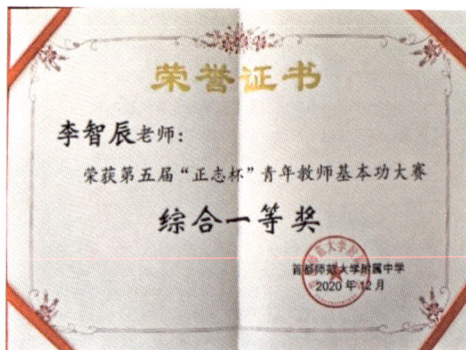

课堂风采：

生物组李拓圯"正志杯"获奖感言：

我在"正志杯"中的感悟第一个关键词是热爱。教学设计就像是一个艺术创作的过程，你先通过阅读去学习和领悟，然后去想象这样好的故事我如何将它讲给学生听，或者我如何让学生和我一起来讲，最后经过反复的打磨和推敲，以 40 分钟的形式呈现出来，我非常喜欢这个创作的过程。第二个关键词是感恩。在磨课的两个月中，我得到了我们组很多位老师的悉心的指导，我的备课组长吴颖老师会来听我每一次的试讲，一共听了四次，我每次试讲老师们都会提出很多好的建议。我的师父朱海燕老师有一次专门在星期六来听我试讲，帮助我梳理框架。她让这节课堂有了种难易的节奏，这样学生就不容易疲劳。我们组的董京平老师知识特别渊博，他在一次听课之后帮我找出动物行为学的书，然后从书中找出跟课堂相关的细节。在比赛之后，备课组又一起把这节课前前后后的内容演绎成了两道题，从设问到材料，都是学生从未见过的全新模拟题，成为全组共享的资源。

生物组李智辰"正志杯"获奖感言：

本次展示课最大的收获是在新冠疫情这一生活情境中，通过问题链的方式引导学生分析青岛疫情新闻案例，并结合居家防疫措施的生活经验参与小组讨论，并将学生的思维过程可视化地展现在课堂之中。有的学生认为戴口罩是保护易感人群，有的则认为是切断传播途径。其实前者是一个错误的潜概念，也是本节课的教学重点之一。学生在课堂上尝试说服对方，以激发学生之间的思维碰撞，从而培养学生分析、批判、归纳的思维品质。在生物组集体磨课的过程也是在培养我的思维品质。所以在此诚挚地感谢朱海燕老师和倪佳老师的细心指导、牛淑芬老师和刘本举老师的中肯建议与鼓励，以及整个生物组的陪伴与支持。

生物组李思琦"正志杯"获奖感言：

感谢生物组教师给了我莫大的支持和帮助，从各个角度为我打开了思路。在保护绿孔雀这个大的单元下，《从种到界》这节课是我们生物组教师集体的智慧结晶，也是我自己学习和成长的一个阶段性成果。最后用我教学设计中的主角，我国的一级保护动物，同时也是我们中国传统文化中凤凰的原型绿孔雀，以它美好的寓意，祝福各位老师在新的一年中能够龙凤呈祥，吉祥如意。

生物组齐晏"正志杯"获奖感言：

本课时依托单元设计"塞罕坝植被的种植与养护"，通过塞罕坝的今昔对比，创设问题情境"为什么松树能在塞罕坝存活？"真实生动的情境能有效吸引学生，让学生真正融入课堂，主动探究学习。本课时利用POE教学策略，通过预测—观察—解释三个环节，层层推进，发展学生的科学思维与探究能力。课程结尾设置对话务林人环节，引起学生情感共鸣，培养社会责任。真实情境的创设、理论知识的指导、与生活实际的联系，有效发展了学生学科核心素养。最后，非常感谢生物组教师们的指导与支持，感谢附中提供的成长平台。

（四）爱生助行

教师不仅传授知识，更是学生成长道路上的引路人和心灵的守护者。爱学生的教师总是以学生的需求为出发点。他们会认真倾听学生的想法和困惑，关注学生的情感和需求。他们相信每个学生都有能力去超越自己，实现自己的梦想。教育的目的不仅仅是传授知识，更是培养一个有道德、有情感、有责任感的人。附中生物组的每一位教师努力成为爱学生的教师，以身边优秀的教师为榜样努力成为学生的榜样。对学生的影响如春风化雨，润物无声，温暖而有力，点燃学生内心的火焰，引导学生走向成熟与自我实现。

1.牛淑芬老师的育人故事

坚守挚爱的岗位，历尽千帆，仍保留做教师的那份初心，专注于学生的培养，为学为师，爱岗敬业，以身垂范，无悔无怨。近 29 年教育教学实践，26 年的班主任工作，曾获海淀区班主任带头人、北京市"紫禁杯"班主任一等奖、海淀区优秀班主任等荣誉；多篇教育教学论文获奖或发表。

牛老师让班会成为学生成长的舞台；在日常小事中唤醒孩子无限的创意；通过许许多多精心设计的活动点燃学生对集体的自豪感和归属感，对国家的使命感和对社会的责任感。《心桥》是牛老师跟她的每个孩子的心灵沟通本，本子里有班级建设的好建议，有感情的困惑，有牛老师的指导，有无以言表的温暖，每带一个班级，这样的点评约十余万字。

"亲爱的牛老师，我们与您的相遇是上帝的安排。抱着心中的那片阳光，您复制了无数份赠给了需要的我们，于是，正义、善良、公理在言传身教中广泛流传于我们之中，诚信、文明、团结在春天的温暖下生根，刚柔并济让我们铭记您的教导，今天我们颁发给您'最牛教师'奖！"这是牛老师的学生亲手写的颁奖词，当她的学生们让她站在讲台上，认真读着他们亲手写的颁奖词，当她聚焦在 36 名青少年的心灵舞台之上，隆重地接受了颁奖，牛老师真正尝到了作为一名班主任老师"自豪的味道"！

牛淑芬老师和学生们的故事

2. 坚守课堂的生命导师刘本举老师

大学毕业后如愿成为一名高中生物教师。从教 20 余年，无论处境如何变化，刘本举老师始终坚持自己的教育理想与信念，总能保持"积极追求"的教育生活状态。从教有用的生物学知识，到探索课堂教学策略、发展学生的各种能力、提高其科学素养，再到领悟生物教学一定要有对生命的尊重与关怀，为一生的幸福奠基——可以说，刘老师的成长轨迹记录着他不断追寻、刷新自我存在意义和生命价值的过程。

刘本举老师和他的优秀班集体

3. 心素若简，恬淡如兰的朱海燕老师

朱海燕老师作为首师大优秀毕业生回到附中工作近 30 年，她常说，能够选择自己热爱并崇敬的职业是一种幸福。她在自己的总结里写道："和孩子们在一起不仅有教学相长，更是和他们一起经历成长的快乐与烦恼、学业的成功与坎坷、情感的丰富与积淀，这种经历是每一节课堂上知识的交流和提高，是每一次答疑试卷分析时的语重心长，是他们喜悦或委屈时带给我的笑脸和泪水，是毕业时在校旗下难言的不舍和最美好的祝愿。"

朱海燕老师和她的学生们

4.将专业学识、生活智慧和人生经验注入导师制活动课堂

2020 年初，一场疫情席卷全球，也为大家敲响了卫生安全的警钟。李硕老师的导师活动，就是通过让学生直接培养手上及周围常见物品上面的微生物，直观感受到这些微小生命无孔不入的生命力，进一步理解卫生习惯的重要性。对于绝大多数同学而言，这可能是他们唯一的一次体验微生物培养、观察细菌菌落的机会，对开拓视野、体验生物的神奇也大有裨益。

因为心仪与合拍，所以同学们得以敞开心扉，增加了师生沟通的机会，更有效地助力学生身心发展，提升育人价值。如果说班主任是"纠错大师"，任课老师是"百科全书"，家长是"疗养师"，他们更像是"第三家长"，从一种亲密而专业的角度给予外力帮助与引导。

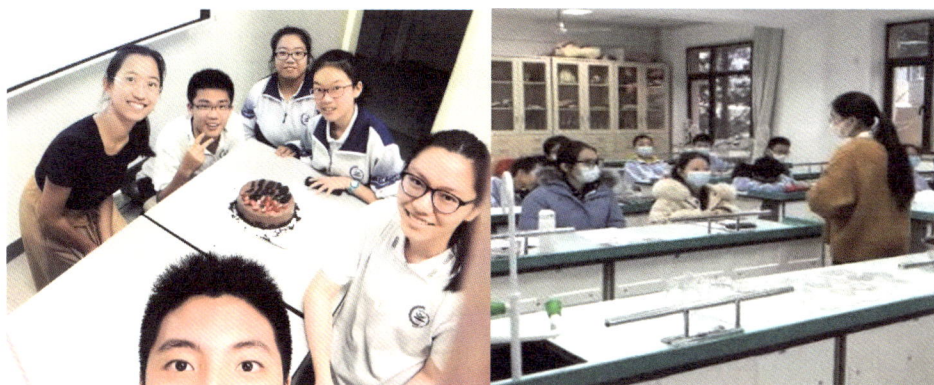

导师课堂丰富多彩

5. 有温度的团队精心浇灌出温暖的学生

生物组是个有温度的团队，老师们对学生充满爱心，耐心细致，让每个学生都感受到了平等和尊重。课堂生动有趣，能够激发学生的学习兴趣和积极性，让学生在轻松的氛围中掌握知识，在严谨的学术氛围中感受到学习的乐趣，助力学生终身学习。老师们更是教学相长，收获了为师为友的幸福和幸运。

毕业生的祝福

三、课程体系：全面发展，学有所长

（一）四修课程体系

1. 基础通修

2011 年首都师大附中正式启动渐进式的"四三二一"教育教学综合改革；《义务教育课程方案和课程标准（2022 年版）》出台时，我校基础教育改革发展已进入新时代。生物基础通修课程是其中的重要环节。

生物基础通修课程建设因地制宜，根据学校特点，充分创造新型学习环境；教学方式开拓创新，根据学生的特点设计、完善教学活动，全面提高学生实践能力、学习能力、合作能力；实验以"生态文明、生命理念、社会责任"为主题，达到科学育人的目的。课程内容突出学科特色，促进学校教育发展，全面服务于学生。生物基础通修课程服务于不同基础、不同能力、不同兴趣的全体学生，旨在全面提升所有学生的生物素养、探究能力以及社会责任。为达成该目的，课程采取分层制，不同水平、不同需求的学生的课程内容、作业、试卷等方面均有所不同，力求使有余力、有兴趣、学习困难、兴趣较差的学生都有所收获。

（1）创新型生物教学环境。

建设创新型生物教学环境有助于加强学生的学习体验，是生物基础通修课堂的有效延伸和补充，能促进生物学科教学方式的改变，提高学生自主能力和创新能力。生物组的老师们尝试从 4 个方面建设创新型教学环境。一是直接利用校园内的环境，让学生从身边学习。如在校园中常见的桃、牡丹、银杏、山楂等植物，作为植物生殖与发育的重要素材。二是重视实验教学，营造科学研究环境。如常规课堂中进行显微镜观察、叶绿体中色素的提取和分离等实验，可增强学生的感性认识；又如专业实验室可供同学们进行各种实验探究，了解科学研究的基本方法。三是营造具有生物特色的知识环境。如实验楼及综合楼的动物标本、化石、生物学家生平等，可供同学们随时参观学习。四是教学中注重课堂氛围，营造创新型生物教学环境。如建立呼吸运动、细胞结构等模型，帮助学生理解抽象的生物概念，提高学生成绩。在李拓圮老师"生物进化"这节通修课程中，将生物组楼内宣传材料作为课程内容，整合学校资源并加以利用，是充分体现生物组利用学校资源完成基础课程的案例。

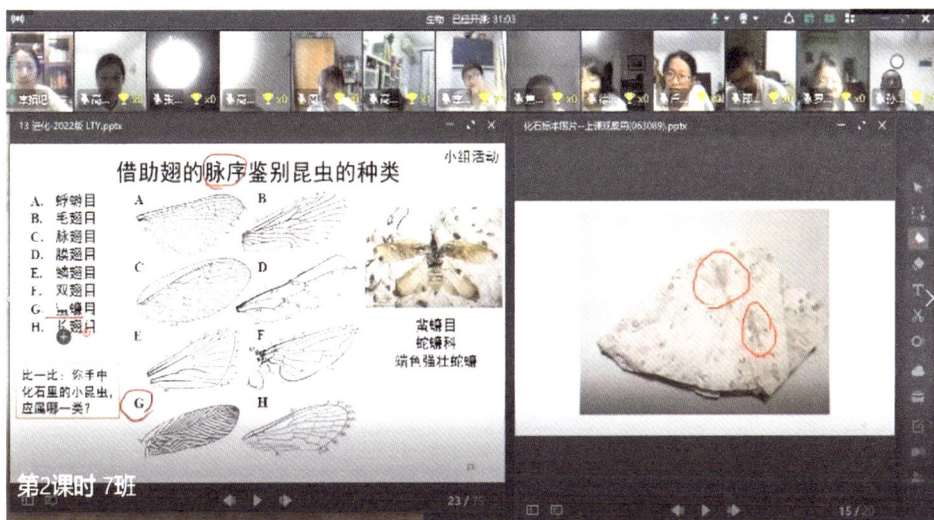

李拓圮老师"生物进化"课程实录截屏

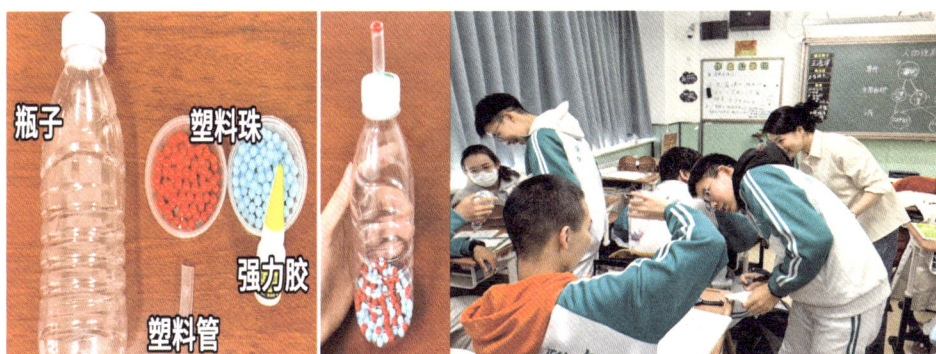

孙颖莉老师自己制作的伴性遗传教具

（2）开发特色生物通修课程。

开发生物通修课程时，教师在学校内根据课程内容进行教学活动设计和教学材料的调研活动，保证所有学生在生物课程基地有所提升，并丰富校园文化。

阶段	时间	课程	特色	生物实践
高中教育阶段	高三	复习整合、能力提升	生物学科人才培养 自主研修	拔尖
	高二	选择性必修三 生物技术与工程 选择性必修二 生物与环境 选择性必修一 稳态与调节	选修课程&社团培养	专业
	高一	必修二 遗传与进化 必修一 分子与细胞	基础知识网络构建	深入
初中教育阶段	八年级	八下：生命的延续及发展、健康生活 八上：生物圈中的其他生物、多样性	多元课程评价体系	基础
	七年级	七下：生物圈中的人 七上：生物圈、生物体、绿色植物	全面基础知识落实	

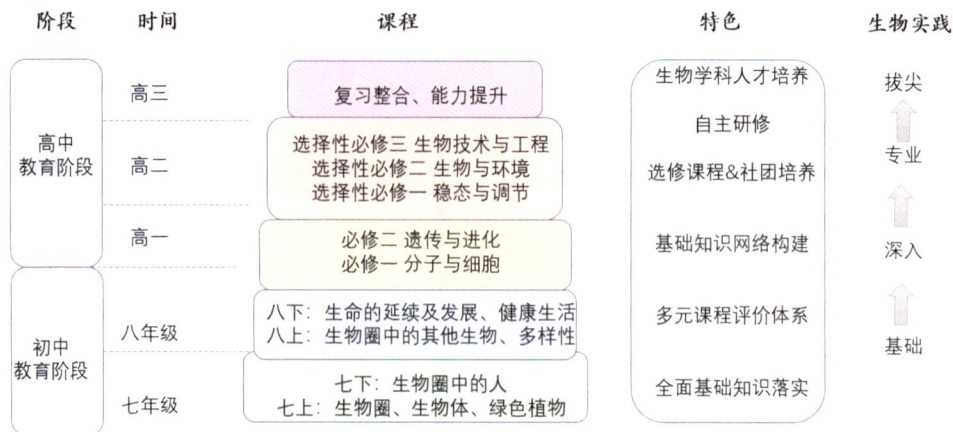

初高中通修课程教材体系

除了常规教材上对应的课程外，另有生物组在学校的支持下自主开发的初中青春期课程、初高中衔接直升课程，对生物教材进行了一定的补充。这些课程提高了学生的综合素质和教师的科研能力，并有助于打造出学校的特色品牌，有效探索了培育人才方式的变革路径。

（3）丰富生物课程资源平台。

生物课程资源平台有助于提升学生信息检索和应用能力，引导学生主动了解生物知识。我们有丰富的线下生物学资源，如校园植物统一挂牌并支持扫码科普、生物标本走廊、高校生物教材资料库等。内容丰富的高校教材资料库，包含生物学各主要分支学科的各种版本最新教材，让老师们在备课时更方便地查阅资料，也可以外借给同学们。

我们更有丰富的线上生物学资源线：依托首师附建设的慕课平台课程建设，包括初高中生物教材、生物课程内容讲解、名师专家讲座、科研最新动态、生活中的生物知识、学校区域的生物介绍、科普视频、电子版图书等。线上教学资源服务于生物课程学习、训练、探究的全过程，可以增强学生兴趣，增加知识储备，弥补学习过程中的遗漏。丰富的课程资源还给了教师很多备课、讲课的素材，促进生物教师专业能力发展。

生物教研组教师在进行基础通修课时都能够依托学校的电脑、平板、绘图板等硬件，并熟练利用 ClassIn、百度网盘、百度文库、学科网、智学网、腾讯会议、钉钉等各种软件或平台辅助教学，形成从资料搜集到备课、上课、反思的多元化、全方位教学模式。同时，先进的科学仪器（二氧化碳检测仪、石蜡切片机、超净台等）等也为教师的课程提供了更多可能性。

孙颖莉老师"耳的结构与听觉的形成"课程中，使用现代信息技术工具，采用丰富生动的视频、图片、实验等，使微观、不易理解的生物内容被轻松攻克。同时利用软件中的小奖杯等工具激发学生们网课期间的学习兴趣。

孙颖莉老师"耳的结构与听觉的形成"课程实录截屏

2. 兴趣选修

在基础通修课程的铺垫下，生物组开设了多门学生兴趣选修课。课程围绕特定的问题或主题，有机融合多门学科知识，建立指向复杂问题的教学模式，提升学生整合运用跨学科思维、知识，全面认识并灵活解决真实问题的能力。该课程模块下拥有相对完整的知识体系，能与学生基础通修的内容有效对接和补充，让学生享有更充足的课程组合。面向不同年级、不同层次、不同喜好的学生建立开放式实践项目，通过一系列高水平、跨学科、挑战性项目训练，提升学生跨学科的系统分析、研究与创新能力。

课程的开设依托于生物组强大的竞赛团队与教师团队，将多年开展专业精修和自主研修课程的经验进一步拓展，为学生开展生物学观察实践类活动以及科学史、实验探究等研究类课程提供学科专业辅导。

"博观而约取，识广而强智"，首都师大附中初中年级开设有博识课，每周固定一天下午外出或在校内进行拓展探究活动，丰富学生的学习生活。生物组充分利用此时段，结合不同场馆的特点设计了生物相关的精美学案，使学生能够个性化地利用相对大段的时间来沉浸探究活动，学习效果也得到显著提升。在以"探秘中国科技馆，铸就科技未来梦"为主题的科技馆之旅中，同学们游走于"探索与发现""科技与生活""挑战与未来"等主题展厅，驻足于丰富多彩的公共空间展示区，探索生命的奥妙，了解科技与生活的密切联系，反思人类对地球家园的守护；在以"人类演化，生命历程"为主题的中国古动物博物馆之旅中，学生们以生物化石为研学载体，系统了解古生物学、古生态学、古人类学以及进化论知识，完善生命认知；在以"自然观察，生命对话"为主题的中国科学院植物研究所之旅中，学生通过观察植物标本、植物种子等，认识植物演化的过程以及每类植物的共同点和区别，感受自然生命的魅力。

学生参与博识课活动

　　青春是一个美好的词汇，也是一段别样的时光。面对青春的迷茫，初中学生如何理性对待自己生理和心理悄然发生的变化呢？生物组教师精心设计了主题为"探秘生命，悦纳成长"的青春期课程，带领学生探索生命诞生的奥秘以及青春期的身心变化，帮助同学们理解青春期成长过程中的种种现象，树立正确的世界观、人生观和价值观，快乐学习，健康成长。

学生参与青春期课程讲座

　　万物多彩，生命可爱。在课后服务时段，生物组教师们还开设了不同的生物选修课，引导学生根据自己的兴趣参与到不同阶段的对生命科学的探究学习中。课程覆盖了从初中到高中的全部年级，既有基于兴趣的简单生物学实验，又有深挖生物学本质的拓展课程，在不同方面满足了不同学生的需求，激发了学生的潜能志趣。

学生参与选修课

多种多样的选修课程

选修课程名称	授课教师	授课对象
博识课——生物部分	倪佳、宗琮、李智辰、韩滨岳、郭雪菲、李思琦、孙颖莉、齐晏、郑家珍	初中学生
青春期课程	倪佳、宗琮、李智辰、韩滨岳、郭雪菲、李思琦、孙颖莉、齐晏、郑家珍	初中学生
趣味科学，趣味实验	倪佳、李智辰、李思琦	初中学生
生物实验大课堂	牛淑芬、郭雪菲、孙颖莉	初中学生
生物基础强化及思维训练	倪佳、李智辰、郭雪菲、李思琦	初中学生
家蚕遗传育种及优势种选育	宗琮	初中学生
卤虫的孵化及饲养	宗琮	初中学生
物候观测与校园植物观察	郭雪菲、邓晨晖	初中学生
趣味生物学实验	宗琮、李硕	高一学生
我身边的魅力生物学实验	朱海燕、侯月薷	高一学生
鸟类学初探	李传海	高一学生
生物学实验拓展	李传海、刘本举	高一学生
我身边的魅力生物学	朱海燕、董京平	高一、二学生
生命科学文献精读	李拓坦	高一、二学生
生命科学史选讲	刘本举	高中学生

3. 专业精修

十年前，附中着力发展五大学科竞赛。在沈杰书记的大力支持下，学校竞赛工作得到充分的发展。学校提供足够的资金和设备支持，还为竞赛制订了详细的辅助政策。学校成立了专门的竞赛团队，负责统筹、组织各项活动。学校出资由图书馆购入了大量生物学科教材，不仅种类齐全，而且紧追不断更新的版本。学校聘请大学生物教授、名校生物竞赛教练走进校园，直接为学生授课，并为本校生物竞赛教练示范。学校还帮助联系、对接全国先进中学，如杭州二中、湖师大附中、雅礼中学等。让本校竞赛团队去外地，面对面地向优秀竞赛教练学习宝贵经验。这些专家、教练不仅提供了丰富的知识和案例，还提供了全面的学科竞赛建议，使附中生物竞赛少走了许多弯路。学校协调各部门出台了许多辅助政策，比如学生竞赛课程可以转换选修课学分，年级组负责协调学生停课期间相关事项，竞赛教练的任期可以转换为班主任龄，特批寒暑假期间竞赛生住宿、用餐等实实在在的优惠，为竞赛师生提供了有力的保障。

生物竞赛中教师的付出功不可没。董京平老师，中科院动物所博士；王雯斌老师，首师大细胞学硕士，他们为了给学生提供更好的平台和机会，倾尽全力来培育每个学生。两位教师投入大量的精力认真备课，为学生选择合适的教材，制作图文并茂的课件，编制难度适中的习题，查找浩如烟海的资料和研究文献，向学生普及广袤的生物科学知识，为学生答疑解惑。他们在教学上积极指导学生，提高生物课的质量，使学生在生物学习中更深入、更全面地掌握知识。同时注意培养学生自学和探究的能力，提高了课堂教学的效果。教师在生物竞赛中担任的角色不仅是授课，更关键的是支持与鼓舞。竞赛与文化课之间的平衡是学生与家长始终的痛点。两位老师凭借丰富的班主任经验，解决学生在学习生活中的心理问题。在学习中督促，在复习时鼓励，在备赛时解压。

生物精修课程体系

时段	课程内容	授课教师
初一	《高中生物必修1》，人民教育出版社 《高中生物必修2》，人民教育出版社 《高中生物选择性必修1》，人民教育出版社 《高中生物选择性必修2》，人民教育出版社 《高中生物选择性必修3》，人民教育出版社	刘明、孙颖莉
初二	《植物学》上册，陆时万、徐祥生等，高等教育出版社，第2版 《植物学》下册，吴国芳、冯志坚等，高等教育出版社，第2版 《普通动物学》，刘凌云、郑光美，高等教育出版，第4版 《基础生态学》，牛翠娟等，高等教育出版社，第3版 《遗传学》，刘祖洞等，高等教育出版社，第4版 《细胞生物学》，丁明孝等，高等教育出版社，第5版	董京平、王雯斌
初三	《人体及动物生理学》，左明雪，高等教育出版社，第4版 《生物化学简明教程》，张丽萍等，高等教育出版社，第6版 《植物生理学》，潘瑞炽，高等教育出版社，第7版	董京平、王雯斌
高一	《微生物学教程》，周德庆，高等教育出版社，第4版 《动物行为学》，尚玉昌，北京大学出版社，第2版 备考复习	董京平、王雯斌
高二	备考复习	董京平、王雯斌

竞赛学生和教练

　　每届参加生物竞赛的学生都满怀对生物学的浓厚兴趣和获得好成绩的迫切愿望。学生与学生间的相互陪伴、鼓励、监督比家长、老师更为重要。上一届竞赛生中的师哥、师姐都热心为下一届师弟、师妹答疑、解惑，分享自己的学习、复习、参赛、面试经历。这些优秀同龄人之间的交流，是老师、家长无法替代的。李蔚钰、张若冰、罗晓凡、行驿采、陈肇森、张闻达、邓琳、王禹嘉，这些经历过国赛的选手，更是一次次主动来给生物竞赛学生分享、指导、鼓励。

2016—2023 年生物竞赛获奖名单

获奖学生	比赛名称	奖项
李蔚钰、张若冰、罗晓凡、张婧雯、张鹤翔、行驿采、高佳颐	2016 年全国中学生生物学联赛	一等奖
孔彤、孙一卓、冯思源、吕西西、祁丛、刘京萱、何萌、汪如琨、张童、梁说今、夏商周、姜宇泽	2016 年全国中学生生物学联赛	二等奖
舒永航、史天悦、郑云熙、王怡初、白皓宸、龚琳、邰芊琛、李振宇、马文涛、张涵	2016 年全国中学生生物学联赛	三等奖
行驿采、马文涛、姜宇泽、郑云熙、吕西西、祁丛	2017 年全国中学生生物学联赛	一等奖
蒋越、曹雨萌、梁说今、李远非、林忻妍、张闻达、马瑞聪	2017 年全国中学生生物学联赛	二等奖

获奖学生	比赛名称	奖项
刘韵钊、王博航、葛元臻、李天凯、史松轩、王可钧、杨琢、孟祥娇、张晗、张嘉仪	2017 年全国中学生生物学联赛	三等奖
张闻达、陈肇森	2018 年全国中学生生物学联赛	一等奖
蒋越、王佳璐	2018 年全国中学生生物学联赛	二等奖
王格涵、王启藻、马金涛、洪杉、吴霜、姚欣怡、刘宛悦、张嘉仪、唐宇杉、李蕾、库怡米、李柯馨、韩英祺	2018 年全国中学生生物学联赛	三等奖
刘宛悦、李柯馨、丁柔	2019 年全国中学生生物学联赛	一等奖
朱亦涵、徐梓宸、张明萱、楚明昀、朱顺尧、许家瑞、李昊清	2019 年全国中学生生物学联赛	二等奖
陈云浩、董津杉、董怡君、陈依诺、李逸凡、孙语彤、刘昊睿、胡佳蕾、陈泓亦、何雨珂、库怡米、姚欣怡、张佳宜、纪奂成、王怡冰、周珺	2019 年全国中学生生物学联赛	三等奖
许家瑞、黎城旗、朱亦涵、邓琳、李家鑫	2020 年全国中学生生物学联赛	一等奖
陈云浩、张明萱、邓北	2020 年全国中学生生物学联赛	二等奖
胡佳蕾、王子业、解汀汀	2020 年全国中学生生物学联赛	三等奖
毕博南、李家鑫、王禹嘉	2021 年全国中学生生物学联赛	一等奖
李乐鑫、刘易杨、朱宸阳、蒋伟力、刘思成、刘曜宁、邱奕菲	2021 年全国中学生生物学联赛	二等奖
王雅文、盛培恩、王怡然、王希月、杨翔翔、张玉洁、刘可心、雷佳朋、刘羿杉、顾逸欣、佟铭、贺博霖、曹锐楠、薛徐涵、孙鹤睿、王靖凯、吉新塬、孔维加	2021 年全国中学生生物学联赛	三等奖
王禹嘉	2022 年全国中学生生物学联赛	一等奖
何天衢、杨佳奇、邓羽涵、葛宇茗、胡一家、杨敏卓	2022 年全国中学生生物学联赛	二等奖
曹天涵、邓昕、郭彦、吉新塬、孔维加、李嘉芸、李若涵、廖友涵、牛昭颖、邱奕菲、吴思逸、吴艾宇、辛天悦、张琳嘉、林悦鹂、王彦翔、王悦然、韦心怡、余东格、朱子杰	2022 年全国中学生生物学联赛	三等奖
杨敏卓	2023 年全国中学生生物学联赛	一等奖
赵君怡、董方冉、周知非、林悦鹂、翟小元	2023 年全国中学生生物学联赛	二等奖
刘建志、王悦然、赵宇阳、邓羽涵、李宇欣	2023 年全国中学生生物学联赛	三等奖

李蔚钰（左二），2016 年联赛北京市第四，全国竞赛银牌，北京理工大学降一本线
张若冰（左三），2016 年联赛北京市第七，全国竞赛银牌，南京大学降一本线
罗晓凡（左一），2016 年联赛北京市第八，全国竞赛银牌，北京理工大学降一本线

行驿采
2017 年联赛北京市第二，全国竞赛金牌，清华大学降一本线

张闻达（右一）
2018 年联赛北京市第一，全国竞赛金牌，入选国家集训队，保送清华大学

陈肇森（左一）
2018 年联赛北京市第四，全国竞赛银牌，清华大学降一本线

邓琳
2020 年联赛北京市第二，全国中学生生物竞赛金牌，入选国家集训队，保送清华大学

王禹嘉
2022 年联赛北京市第一，全国中学生生物竞赛银牌，清华大学科营最优等级认定，高考按照教育部规定给予最优政策，2023 年被清华大学录取

历届全国中学生生物联赛金牌、银牌获得者

这些成绩不是靠运气得来的，而是校领导、师生、家长们通力合作，砥砺前行，不断努力的结果。这艰苦的十年生物竞赛，凭借教练们日夜无私的付出、学生们的热爱和执着，造就了喜人的成绩，培养出了一批优秀人才。生物竞赛为学生的长期发展和未来的职业生涯奠定了坚实的基础，同时，也为学校树立了良好的形象、影响力，为社会贡献了一份力量。附中的生物竞赛将一如既往地致力于发掘学生的潜力，创造学术竞赛的优秀品质，努力成为全市、全国的引领者。

因为竞赛的优异成绩和学科教学理念，2021 年我们获得了首批北大博雅教育基地校的称号，2024 年继续挂牌。

2020 届优秀毕业生朱嘉悦、王怡冰，进入北大生科院深造，并将北大生科院校友协会引进附中生物组，建立合作校关系，让更多附中学子可以在中学阶段走进大学实验室做科研、参加自主营体验大学学习生活，筑梦北大。

沈书记、北大生科院校友协会负责人刘超老师、2020届毕业生和生物组老师们

4. 自主研修

自主研修课程是在基础通修、兴趣选修、专业精修课程的基础之上，对学生加以研究性学习的指导，推动学生自主学习、自主探究的个性化发展课程。课程面向初三、高一及高二的学生，内容包括基础理论知识、文献精读、实验探究三个方面，每学年合计70学时。

基础理论知识囊括生物学的多个主要领域，包括动物生理学、生态学、生物统计学、古生物学、微生物学、动物学、植物学、遗传学、分子生物学，等等。文献精读则是师生对上述领域的一些最新文献及经典文献，按照科学研究的逻辑，共同讨论文献的研究目的、假设、方法、结果、结论，并在此过程中学习文献带来的知识，提升对实验设计的把控力，随时紧跟科研的前沿步伐。实验探究通过指导学生完成资料查阅、课题选定、实验设计与实施、数据分析、论文答辩与撰写的全过程，巩固自身实验设计、科学研究的能力，促进师生共同进步、共同成长。

通过学习该课程，一方面，以教学相长、深度学习、文献研读、小组研究等形式，帮助青年教师在入职后提升学术水平和眼界，研究学术前沿动态，在专业基础上进行生物学各领域广泛的拓展和提升，全面提高教师的科学素养。另一方面，学生可以拓展生物学专业知识，了解生物学文献的检索、阅读及撰写方法，理解生物学的一般研究思路，能提出符合规范的生物学问题，通过自己设计、实施的实验解决该问题，并撰写实验报告或研究论文，全面提升生物学的核心素养。

（二）特色课程

1. 文献研讨自主研修

2022 年 12 月，《基于文献阅读与探究实践的生命科学自主研修课程》获得首批海淀区普通高中特色课程认定。这份认定，既是附中领导坚持不懈大力支持的结果，也是生物组每位教师长达 6 年探索积淀的成果！故事还要从 2016 年讲起。

（1）前期初试。

2016—2017 学年，在解决常规教学问题的同时，我们从仪器设施、研究经费、学生质量三方面考察入手，对在附中开设的自主研修课程进行了可行性调研和初步尝试。

附中生物实验室包含三间普通教学实验室、一间数码显微镜教学实验室、一间无菌室、一间药品室、一间仪器室、一间组培室、一间古生物学研究室以及一间标本室。现有的仪器设备包括无菌操作台、高压灭菌锅、普通 PCR 仪、琼脂糖凝胶电泳设备、细菌培养箱、摇床、显微镜、4℃离心机、分光光度计等。附中实验室基本是围绕教材配套的教学实验配备的，尚不能完全满足自主探究性质的实验，需要在实践中根据具体研究方案进一步完善。

在学校领导的大力支持及朱海燕老师和董京平老师的帮助下，我们申请到了 2017 年专项经费，用于购买一些新的仪器设备和试剂耗材、改造闲置的标本室，用于自主先修实验。同年，李拓圯与刘明老师组建"生物科学社团"，开展小组活动，从当时的高一学生中招募了十几个孩子参与我们的两个研究项目——"探究游泳运动对 II 型糖尿病小鼠的治疗效果"与"中生代蜚蠊目化石研究"。这两个课题从开始到完成用了大约一年的时间，部分学生的论文在北京市中小学生科技创新大赛中获得海淀区一等奖、北京市三等奖。虽不是大奖，但对我们和学生都是很好的鼓励。

两个课题都是李拓圯与刘明老师主导的，学生更多是参与实验、研读、探索成分不足。为了进一步考查附中学生的自主学习能力，李拓圯老师在第二学期开设了一门选修课《自然的馈赠——生命科学探究之路》。在这门课上，她与高二的学生一起分享了诸多科学研究中的故事，同时要求学生分小组进行文献汇报。在文献汇报中，有若干名学生表现出非常强的自主学习能力、很好的英文阅读和理解能力、很好的表达能力。

教师指导学生参与探究实验

　　与此同时，李硕老师也开展了针对研学论文的指导修改工作。研学是我校近年来在高中开展的一项活动，用大约一周的时间在大学或研究机构完成一项小课题并完成论文写作，旨在令学生深入科研第一线，对科研有更感性的认识。但是由于研学时间短，加之大学或研究所的指导教师精力有限，学生最终的论文尚有极大的提升空间。李硕老师经过初步筛选，选择了研学论文集中一些有潜力的文章，帮助文章作者进行修改、润色，大大提升了文章质量，一些比较优秀的文章也在各类学生论文评比中获奖。在此过程中，学生显示出了相当强的文献查阅能力、数据分析能力。由此可见，只要有专业性的指导，学生就能展现出较高的水平。

"登峰杯"参赛学生合影

以上几次尝试为我们自主研修特色课程的开设打下了必需的基础——将来，这样的学生会从课程中获益匪浅。其实，我们的学生从来不缺少兴趣，缺少的是有人引导、发展兴趣。而自主研修课程，恰恰填补了这一空白。

（2）应用情况。

2017—2018学年，开始了对教师自主研修课程的开发与探索。

朱老师把握大方向，给团队提供强有力的各项支持还有无微不至的关怀；刘明老师教学经验丰富，将古生物学的发展史讲述得活灵活现，还给学生做了细致入微的开题报告指导；拓坦老师主要从生理学角度出发，与大家分享糖尿病研究、高血脂研究等领域中跌宕起伏的故事；李硕老师带来自己博士期间的东北虎研究和植物捕获策略研究，让教师和学生都对生态学研究有了感性认识；宗琼老师带我们走进古老又年轻的发酵技术和微生物工程，使得教师与学生对生活中常见的食品、医药、环保等热点问题有了更专业和深入的认知；雪菲老师擅长植物学，带着我们到校园里探索附中的一草一木；滨岳老师结合自己的研究，深入浅出地将基因编辑技术娓娓道来；邓晨晖老师在教学的同时负责全部实验的试剂、实验室安排，为自主研修全部课程保驾护航。

今年已经是团队研修系列课程的第八年。就这样，我们在一学年又一学年的实践中，不断拓展自身的专业知识，同时又紧密联系教学，在实践中不断完善、提高自身的科学素养，拓展课堂的宽度和深度。

A. 研修课程内容。

下面以2017—2018学年研修为案例，讲述附中青年教师自主研修故事。

课程内容介绍

课程模块	课程专题		内容要点
理论知识研修	生理学（李拓坦主讲）	自主研修的意义	（1）为什么要做自主研修 （2）研究案例——血管里的脂质 （3）研究案例——中国人的高血压 （4）阿司匹林药理机制探究
		血管中的脂质——家族性高胆固醇血症的研究历程	
		中国人的高血压——高同型半胱氨酸血症加重血管损害的分子机制	
		阿司匹林的百年传奇	
	生态学（李硕主讲）	文献检索方法	（1）文献检索的意义与手段 （2）东北虎的现状、调查与保护 （3）植物根吸收物质的不同方式 （4）生态学研究现状及研究方法 （5）生物统计学一般方法及应用范围
		东北虎的故事	
		植物根系捕获策略	
		生物统计学常用方法	
	古生物学（刘明主讲）	古生物学研究基本方法	（1）古生物学研究现状、研究内容及其分支学科 （2）化石的保存与研究 （3）生命演化历程
		古生物学研究方法及案例	
	微生物学（宗琮主讲）	微生物发酵工程概述	（1）微生物发酵工程基本概论 （2）微生物工程常见菌种介绍及研究方法 （3）酵母菌对发酵食品风味的改善 （4）肠道菌群如何改善人类大脑记忆
		微生物学研究方法	
		酵母菌在传统发酵技术中的作用	
		肠道菌群影响记忆	
	植物学（郭雪菲主讲）	藻类学研究	（1）藻类生物多样性与水质评价 （2）植物学研究与中学生科普教育 （3）植物分类学研究方法 （4）附中校园植物
		植物学研究基本方法	
		附中芳草	
	动物学（邓晨晖主讲）	动物学研究基本方法 动物的性选择与进化	（1）动物学研究现状、研究内容 （2）动物的命名与分类 （3）动物的进化与自然选择学说
	遗传学（韩滨岳主讲）	遗传学研究基本方法 基因编辑技术简介	（1）遗传学发展史 （2）基因定点编辑技术 （3）实例分析——肥厚型心脏病

续表

课程模块		课程专题	内容要点
文献精读	英文文献（部分）	(1973 PNAS)：Familial Hypercholesterolemia：Identification of a Defect in the Regulation of HMG–CoA Reductase Activity Associated with Overproduction of Cholesterol	
		(1977 JBC)：Induction of HMG Co A Reductase Activity in Human Fibroblasts Incubated with Compactin (ML–236B)，A Competitive Inhibitor of the Reductase	
		(2013 Nature letters)：Mating advantage for rare males in wild guppy populations	
		(2014 Science)：Nutrient computation for root architecture：Plants sense and respond to nutrients using a peptide signaling system	
		(2015 Insight)：Artemisinin (Qinghaosu)：a mesmerizing drug that still puzzles	
		(1994 Science)：The Sverdlovsk Anthrax Outbreak of 1979	
		(2017 Nature Ecology & Evolution)：Temporal niche expansion in mammals from a nocturnal ancestor after dinosaur extinction	
		(2017 Aquatic Toxicology)：Methylisothiazolinone toxicity and inhibition of wound healing and regeneration in planaria	
		(2013 Nature letters)：The rewards of restraint in the collective regulation of foraging by harvester ant colonies	
		(1998 Science)：Flower–associated Brachycera flies as fossil evidences for Jurassic angiosperm origions	
		(2017 Nature Communications)：MicroRNA–92a is a circadian modulator of neuronal excitability in Drosophila	
	中文文献（部分）	（2010《药学学报》）：《芒果苷促进高尿酸血症小鼠尿酸排泄和肾功能改善以及调节相关肾脏转运体的作用》	
		（1997《昆虫学报》）：《褐飞虱的迁入和翅型分化规律的研究》	
		（2014《生态学报》）：《基于植被覆盖度的藏羚羊栖息地时空变化研究》	
		（2007《中国科学》）：《青藏高原高寒草甸植物群落物种组成和生物量沿环境梯度的变化》	
		（2014《中华医院感染学杂志》）：《幽门螺杆菌感染与荨麻疹的相关性研究》	
		（2016《植物研究》）：《空气凤梨叶片蜡质结构及叶表结构研究》	
		（2013 Zoological Systematics）：《道虎沟地区脉翅目昆虫翅斑多样性研究》	
		（2007《药学学报》）：《丹酚酸 B 对脑缺血再灌注大鼠神经细胞损伤和神经发生的影响》	
		（2015《生态环境学报》）：《紫茎泽兰与不同植物群落土壤养分及酶活性差异》	
		（2006《中草药》）：《芦荟多糖对动物实验性胃溃疡的影响》	
		（2006《解放军药学学报》）：《玄参中苯丙素苷 Acteoside 对小鼠高尿酸血症的影响》	
		（2017《吉林大学学报》医学版）：《叶酸联合维生素 B12 对高同型半胱氨酸血症引起大鼠动脉粥样硬化的治疗作用》	
小课题研究与指导	开题报告	确定小课题 完成预实验 指导学生完成开题报告	指导学生参与实验： 小课题选择→实验方案设计→预实验→实验方案修改→开题指导→实验指导→撰写实验报告→小课题答辩
	实验操作	实施实验	
	课题答辩	答辩，完成小课题研究	

B. 研修案例。

本研修始于 2017 年 9 月 1 日，共分为两个学期。2017—2018 学年第一学期主要进行理论知识研修和文献精读，并利用所学理论指导学生完成开题报告；第二学期结合文献精读，指导学生进行科学实验操作，完成小课题研究及答辩。

（a）理论知识研修。

理论知识的学习以课程分享形式展开。研修小组教师成员毕业于不同的专业：生态学、统计学、植物学、动物学、古生物学、生理学、分子生物学和遗传学等，涵盖了生物学的多个方向。教师各发挥其所长，介绍各研究领域的学科背景、研究内容、国内外研究进展、研究方法和研究热点等，在分享中完成对生物学大学科的跨专业研修学习。

除拓展一线青年教师专业知识、丰富教师自身涵养外，对其教学能力的提升亦是不容忽视的重点。一方面，结合教学实践中常见的生物学案例，探究其原理，力争能够在教学中深入浅出地向学生传递生物学知识和方法，从而实现专业能力与教学能力之间的高效转化。另一方面，结合生活中的真实情境，利用生物学知识和方法解决生活中的实际问题，体会和领悟生物学最终能够给学生留下的是什么，我们又该如何设计合理而有效的教学活动，以实现生物学学科对于学生的终身价值。

由李拓圯分享的生理学研究方法，以高胆固醇血症、高血压、糖尿病等常见疾病为引入，讲授病例背后的生理学知识、疾病的研究历程、作用的分子机制及药物的作用机理等。不仅激发了青年教师与学生的学习兴趣，在生活化的情境中习得丰富而专业的理论知识；而且提供了很多鲜活的教学素材，将生物与生活的关系拉得更近；更重要的是，在分享式的学习过程中，增强了每位参与者对自己、家人、患者的客观认知，能够更健康地生活，更好地生活。

李硕设计的趣味科学课程——"东北虎的故事"，以东北虎为切入点，力图为其他专业的青年教师们展现野外动物考察的基本方法、基本规律和基本原则，从而学会全面、系统地评估种群、群落及生态系统。如同一场形象的历史变迁，将东北虎的"近现代史"展现得活灵活现。大家在认真聆听的同时，也提出了各种各样的问题，例如，"东北虎分布在哪""人类是怎么得出东北虎现存数量的""我们能为东北虎的未来做些什么"等。

跟随着刘老师的课堂，我们沿着进化的车辙，细细地描绘着化石中的生命；在郭老师的植物的课堂中，又可一探花花世界里的智慧与传奇；邓老师带领着大家进入动物的世界，去探究达尔文笔下的性别选择，追溯生命繁衍的意义；在遗传学的课堂中，韩老师引导教师去重新体会经典遗传学实验中的思维碰撞……

在研修的课堂里，我们畅所欲言，解答着那些曾经困扰着我们的种种疑惑。或许，这就是生命的魅力。

2019—2020 学年我们不断延续生物学科自主研修这一课程，同时在高一年级和初三年级开设并同步推进了理论知识学习、文献精读和实验课程。在各位导师的悉心指导下，各小组不仅成功开题，且高分通过的小组创意和可行性都有了新的高度。

（b）文献精读。

文献精读是贯穿整个研修的主线之一。文献精读以小组为单位，提前 20 天分享至微信群，供自主研读。课程每周都设有文献精读的集中分享时间。按照"主讲人讲解文献—听众提出疑问—共同讨论—深度研读"的环节，认真阅读每一篇文献。

主讲人制作能够体现文献研究要点的 PPT，按照"摘要—材料与方法—结果—结论与分析"的思路框架，以分析图表为主，呈现一个较为完整的科研故事。听众会提出针对此研究感兴趣的问题，如若遇到文章中未详细解释的问题，大家立即查阅相关参考文献，对问题的答案展开讨论。

文献的主要来源为生物学不同领域中的研究热点及师生的兴趣，并以英文文献为主。在了解和熟悉当下科研方向背景下，把握科研脉搏，强化专业能力，并将专业知识背景转化为教学实践，不断提高教师的学科核心素养，将教学思维从原本的知识传授为主转变为方法的终身教育。引导学生学会文献阅读的基本方法及掌握基本的论文撰写思路，在潜移默化中将科学思维和科学探究的学科精神传递。

（c）小课题研究与指导。

学生在充分完成对生物学各个方向的理论学习之后，根据教师先前所修专业及学生的兴趣爱好，选取可探究的科学问题，查阅国内外大量文献，进行更加系统的针对性学习，做可行性分析及预实验，确定小课题及实验方案，并在第一学期结束前完成开题报告。

例如，2017—2018 学年，部分初三学生在阅读了家蚕遗传学的相关文献后，进行了相关的开题和实验研究。学生们通过文献阅读，不仅了解到了家蚕遗传学的最前沿研究进展，同时也了解到了科学研究对经济发展的重要推动作用。在确立自己的课题和实验研究方面有了更加成熟的看法，能够选择更加经济、便捷、有效的方法。

教师指导学生小课题研究答辩表

2018 年 1 月 6 日（星期六）			
时间	报告题目	报告人	指导教师
8：40—9：00	叶酸对小鼠血管钙化的影响	何雨柯 董怡君	李拓坦
	人类神经治疗药物对涡虫神经再生的影响与作用效果		
9：00—9：15	蜘蛛（皿蛛 Acanoides）气管的保水作用	梁怡然	邓晨晖
9：15—9：30	中国东北中生代晚期昆虫口器类型及其与植物的相互作用	赵可馨 郭紫晨	刘明
9：30—9：45	水稻无氧呼吸产生的乙醇代谢过程探究	陈依诺 刘洋	郭雪菲
9：45—10：00	不同光照颜色对银边天竺葵根茎生长影响	孙婉冰 陈达 李芮昕 李嘉宜	李硕
10：00—10：15	芦荟成分对粉刺痤疮的治疗作用	刘冰然 于瑶	郭雪菲
10：15—10：30	茶歇		
10：30—10：45	皮下注射与口服雌激素对去卵巢小鼠凝血机制的影响研究	李蕾 张丁戈	李拓坦
10：45—11：00	含氧离子对厌氧菌生存的影响	任长俊	韩滨岳
11：00—11：15	葫芦藓对水陆环境的繁殖适应	曾宇彤 颜语甜 管子迎	李硕
11：15—11：30	金边虎皮兰中暗锦化现象产生机制的研究	丛榕 刘美文	郭雪菲
11：30—11：45	游泳及高糖饮食对小鼠药物成瘾的缓解作用	纪夹成 董逸文	韩滨岳
11：45—12：00	总结点评		

在指导学生完成开题报告的过程中，由导师与学生自由安排讨论时间，不断提出问题，查找资料，解答疑惑，使各研究的科学问题逐渐清晰明了，不断提高实验方法在中学的可行性，并持续优化。

第二学期的主要活动是开展实验的主体部分并完成课题答辩。

在与学生共同学习实践过程中，深化教师专业学习、锻炼教师培养学生科学思维的能力、推动思考如何在课题研究过程中设计问题，学生的文本阅读与表述能力、文献综述能力、实验设计与动手能力、自主研修能力也得到了强化锻炼。

（3）实际效果。

（a）2020年北京高考生物满分8人（王艺霖、张恺、盛禹泽、韩潇、周珺、库恰米、徐霈然、楚明昀），其中3人进入北京大学；2020年报考生物、医学相关专业的学生有20余人，其中有朱嘉悦、王怡冰（北京大学生物与科学类）、周珺（北京大学医学部）、任长俊（暨南大学生物科学）、刘宛悦（南京大学生物科学）、陈依诺（中国科学院大学生物科学）、李逸凡（中国农业大学生物科学）、李柯昕（南方医科大学－临床）、董怡君（清华－协和医科临床8年）、向梓轩（北京中医药大学中医学院－卓越中医班），等等。

（b）在中国生化学会年会上，我们的学生课题《探究叶酸缺乏对小鼠血管钙化的影响》荣获二等奖、学生课题《空气凤梨对养分及水分的吸收机制初探》获得了三等奖，同时受到评委老师的好评。部分学生课题在"登峰杯"中获得华北赛区二等奖、三等奖。

部分学生比赛获奖情况

时间	比赛名称	获奖情况	参赛学生	参赛课题
2016年	北京市海淀区青少年科技创新大赛	优秀项目一等奖	周瑶函	游泳运动改善高脂饮食诱导的小鼠的Ⅱ型糖尿病
2018年	北京市生物化学与分子生物学年会	学生课题三等奖	周珺、库恰米、丁柔	空气凤梨根与叶对养分的吸收
2018年	"登峰杯"全国中学生学术科技创新大赛	省级赛区学术作品竞赛二等奖	李纯洋、王雨桐、彭帅奇、张润琪	重金属镉在中国典型土壤中的静态吸附特性研究
2018年	"登峰杯"全国中学生学术科技创新大赛	省级赛区学术作品竞赛三等奖	侯译斐、徐钰霖	不同浓度盐胁迫下冬青植物内丙二醛含量的测量与分析
2016年	"登峰杯"全国中学生学术科技创新大赛	省级复赛学术作品组三等奖	张雅欣、陈贻珈、谷笑远、胡秋玥、钱春圻	探究低氮对狗牙根生长的影响
2016年	"登峰杯"全国中学生学术科技创新大赛	省级复赛学术作品组三等奖	耿佳宇、沈苏昊、刘昕宇	人工饲养母江豚在妊娠与未妊娠状态下呼吸模式差异

（c）"基于文献研读和实验探究提升核心素养的生物自主研修课程开发"这一区级课题已结束，我们已经整理出了历年的教案、学案、文献精读资料、学生课题、学生论文等。2020年初新冠疫情暴发，自主研修课程亦紧跟时事，向同学们推荐了数篇有关新冠病毒的研究文献进行精读。学生通过阅读有关文

献，了解到新冠疫情的最新消息，打消了疫情初期的恐慌情绪，同时充实了自己的生物学相关知识。本次活动反响良好，并在 2020 年底的北京动物学年会进行了分会展示。

（4）课程获奖。

获得海淀区"十三五"时期校本研修案例评选一等奖；入选海淀区"十三五"时期教师培训课程共享资源库；与北京大学建立首批博雅人才共育基地；海淀区普通高中特色课程。

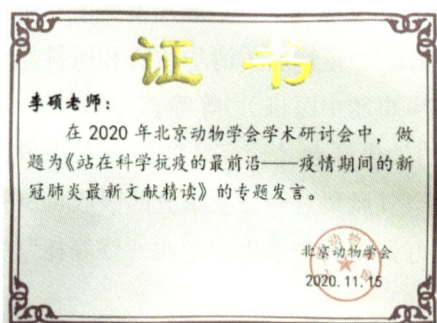

课程获奖证书

2. 动手动脑生物社团

Biosphere 生物圈社团成立于 2022 年 9 月。Biosphere 中文意即为生物圈，我们希望能够聚集一群热爱生命、热爱生物学的同学，组成属于我们的"生物圈"。社团的初衷是希望团员们能够共同创造、维护一片"热爱生物"的沃土，让我们在这片沃土上百花齐放。探索，热爱，坚持与传承正是 Biosphere 生物圈社团的核心理念，让这份热爱，坚持与探索精神随着一代又一代的团员的加入而不断继承发扬下去。

社团从学生的兴趣出发，由学生自行提议，完成了不少课本上没有的实验探究，包括 DNA 分子模型的折叠、提取香蕉中的 DNA、测定自身基因型、改进温度对酶活性影响的实验、禾本科植物胚芽鞘尖端切割、多种水果制果酒、酵母菌吹气球大赛等。这些丰富多彩的活动，既满足了学生的探索欲和求知欲，更培养了学生的实验设计能力、动手能力和协作能力，为学生核心素养的提升提供了一条有效的途径。

同时，社团坚持进行学生之间的知识分享与交流，至今已进行为什么秃顶、初探表观遗传学、肝结构与肝病、大脑结构、生殖隔离原理及表现、海洋发光生物、脑机接口与脑解码、光神经操控、乳糖操纵子、癌症基础知识、脊椎动物演化史泛谈、端粒与衰老、硼中子治疗法、苍蝇的选择等多次分享。学生自己找资料、自己上台演讲进行的知识分享。该分享不仅在社团内部进行，也告知全校同学，有兴趣的同学都可以来一起共享生物学知识的魅力。其中较为优秀的分享，会整理在公众号发表，或制作成海报。海报会在学校的布告栏展示，且随着分享的进行不断更新，平均一学期至少制作 2—3 张海报。往期海报会转移到实验楼二层，目前已经形成了一个初具规模的科普区，相信随着分享的不断进行，这些由学生自主选题、自主设计的海报会越来越多。这些知识分享，既扩充了同学们的知识面，也全面锻炼了学生的知识搜索整合能力、语言组织和表达能力、设计和创意能力，对学生的全面发展起到了非常积极的作用。

自成立以来的第一个春天，社团就进行了校园物候观察，详细记录每日天气数据及校园主要木本植物的花、叶、果实等的生长、成熟等情况，累积了最关键时期的校园物候变化数据。该活动在每个工作日进行，风雨无阻，我们已经搜集了校园植物的状况，也见证了校园中一年的变化，形成了可能是首都师范大学附属中学建校以来的第一份的物候记录。现在这份工作仍在继续，希望待到未来，它能成为首师附历史的一部分，以花草树木的视角，见证学校的点点滴滴。

社团还尝试在校园内进行植物种植。与要求产量的农业种植、要求美艳动人的花卉种植不同，我们的社团注重生物科学研究的方面。其中一项重要的种植是致敬孟德尔——通过种植豌豆（农科院提供的品种）和进行豌豆杂交，重温孟德尔当年的遗传学研究之路。只有同学们亲自动手了，才知道豌豆的种植并不如想象得那般轻松，浇水、施肥、除虫……各项工作都需要投入时间和精力，而课本上讲得非常容易的杂交，在实际操作中也会遇到各种困难。因此，学生对于科研尤其是遗传学实验有了更直观、更切身的认识。另一项重要的种植是种植一些生物竞赛中常见的模式植物，填补生物竞赛实验中的空白，形成教研组内的良性互动，打通各个课程直接的壁垒，做到一举多得。

作物种植

酵母菌吹气球知识分享

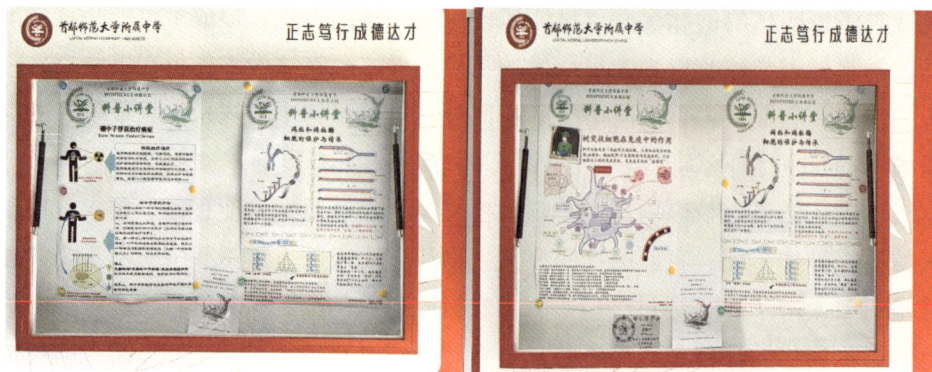

宣传海报

物候观察记录

为贯彻我校"学科立校"和"五育并举"的办学及教育理念，我校生物教研组及生物圈社团与首都师范大学生命科学学院联合，于 2024 年 4 月成功举办"爱鸟周"活动。活动包括百鸟同贺附中百又十年校庆优秀作品巡展、鸟类科普知识展板、鸟类标本进校园——科普知识讲解、校园中的鸟——身边的鸟类知识科普、鸟类知识有奖问答小游戏、鸟类文创周边售卖、爱鸟有我——同祝校庆签名等多个板块。

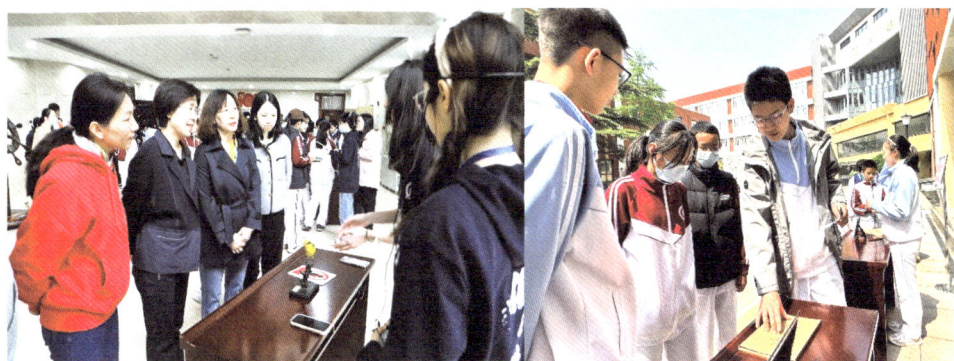

"爱鸟周"活动

初中同学 110 幅精美的鸟类手绘、摄影作品，寓意着附中的百又十年校庆，正有百鸟朝凤、共祝附中百又十年华诞之意。这 110 幅作品形式和风格各异，有的偏重艺术、有的偏重科普、有的写实、有的写实——本次活动的纪念品，正是遴选了其中最醒目的作品为主体图案。另外还有同学提交了自己在全国各地拍摄的鸟类照片，集成了非常精美的观鸟集锦。这些凝聚着同学们对附中的祝福及对鸟儿热爱的作品，成为附中"爱鸟周"最有个性、最独一无二的风景线。

"爱鸟周"丰富多彩的活动内容，吸引了全校师生的目光，不但增强了我校师生对鸟类的了解与认识，更培养了同学们关爱自然、关爱生命的品格，是一次非常有益的课外教育。其实，我们身边不仅仅有鸟，还有各种平时不为人注意的花草树木以及小动物。"爱鸟周"只是一个出发点，我们希望从这里开始，培养同学们关爱自然、关爱生命的情怀，并在未来开展更多、更有趣的活动，让大家能够关注周围点点滴滴关于生命的美好。

3. 双减赋能课后服务

2017 年中共中央办公厅、国务院办公厅印发《关于深化教育体制机制改革的意见》，强调"要切实减轻学生过重课外负担。提高课堂教学质量，严格按照课程标准开展教学，合理设计学生作业内容与时间，提高作业的有效性"。其中高频出现的关键词是"双减"，该政策受到社会广泛的关注。在"双减"逐渐走入民心，走进校园的同时，也给教师的教育教学工作带来了全新的挑战。我们身为一线教师，思想上应该从"约束性的要求"慢慢向"主动性的引导"转变，即，教师要切实理解"双减"意义，贯彻落实"双减"政策，认真采取"双减"行动，积极履行"双减"要求。

　　初中义务教育的重要职责之一是指导、帮助学生成长为合格的社会人，其中如何健康地生活与人息息相关并伴随一生。在减负的大背景下，只有让学生的学习内容与其生活密切相关，将二者有机地结合在一起，才能在减负的同时实现增效。

　　生物备课组充分发挥集体优势，开展了"小"的延时服务，"大"的平台，让孩子们在趣味中收获，在收获中快乐探究的《生物大课堂》。

　　生物大课堂主题内容：

课程目录

物候学	水培蔬果	微观世界的生命	口腔中的消化
做个明白小吃货	餐桌上的鸡翅	带你去看花花世界	叶的全貌
青春你我	年夜饭食谱	植物的神奇力量	果酒果醋
探索人体模型	酒精烟草的危害	血液的流动	叶绿素提取
发酵技术	DNA 提取	家蚕遗传育种	培养基的制作
模拟人工呼吸	解剖蟑螂	课本剧表演	探究生物的变异
性别遗传：黑白棋	水蚤的心率	饮料的制作	观察蒸腾作用

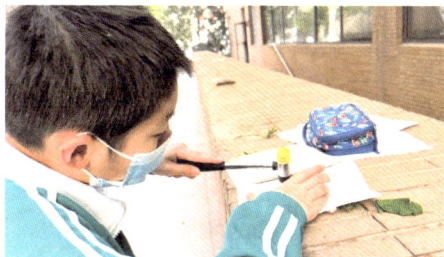

学生上课场景

　　实验探究类的学习对学生极具吸引力，在进行实验操作时，学生非常积极，能够认真学习操作步骤，并尝试解释每一个步骤的意义。例如，在这种生活技能的学习过程中，学生了解了馒头的制作过程，体会到做馒头的辛苦，也深刻地体会到科学来源于生活又为生活服务的真谛。

生活中还蕴藏着无穷无尽的生物学习资源，例如关注老年人的常见病并制订健康食谱、模拟细胞的结构、通过数据探寻臭氧层破坏的情况等。一旦教师将学习资源与课内学习融通起来，学生就能够体会到学习的意义，将自己置身于生物学家的发现历程中，提升生物科学素养。比如，发现新知识和原理，实验可以提供直接的经验证据，帮助我们发现新的生物学知识和原理；验证理论假设，通过实验可以验证理论假设的正确性，从而更好地理解生物学过程和现象；解决实际问题，实验可以解决实际的生物学问题，例如疾病治疗、生态保护等，为人类生活和社会发展作出贡献；培养科学素养，实验是培养学生科学素养的重要途径，通过实验可以提高学生的观察、分析和解决问题的能力，以及培养学生的科学态度和科学精神。

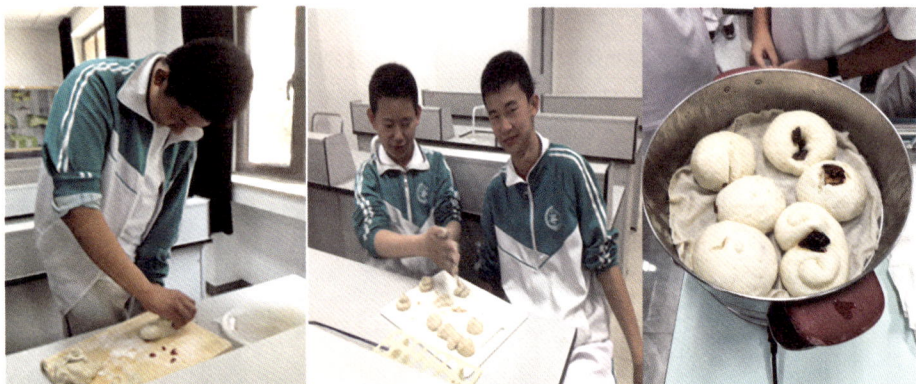

蒸馒头比赛

酵母菌"生气"比赛

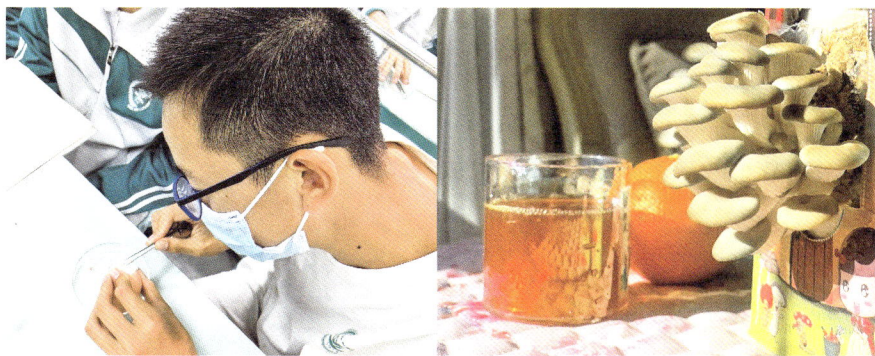

学生实践作品

4. 多元评价人人出彩

（1）学习习惯融入评价，促进学生立规成习。

生物学科从学生在初二最先面临的小中考科目，到变为考查科目不计入总分，对于学生而言，极易产生轻视的心态和松懈的行为表现。但是，只有教育学生认真对待每个学科的学习，未来才能以同样的态度和行为做好每一件事。同时，也是为了给高中生物学科的学习打下良好的基础。因此，课堂上的每一次积极发言、认真记录笔记都成为学生课堂学习效果的体现，对其进行细致的逐一记录和阶段性评价反馈，对学生提高课堂学习效率大有益处。

除了常规课，年级还安排了课后服务时段的学科自主学习，隔周会有一节生物课用于学生在教师的指导下自主完成学习任务。因此，生物学科设计了校本化的学案用于学生对近一阶段学习内容进行落实，帮助学生阶段性地整理并构建知识体系，同时配以练习题加强知识的迁移和应用。

由此，发言、笔记、学案和习题构成了评价课堂学习效率的基本指标，对教师掌握学生的学习态度和习惯，并指导和帮助学生立规成习提供量化的数据支持。

（2）挑战性的实践活动，重在学习过程评价。

在进行单元乃至未来整个学期的整体教学设计时，重视对挑战性学习活动的设计和实施，一方面，让学生在实践性学习过程中积累经验，另一方面，能够对学生的生物学科核心素养中"探究实践"维度给予更为具体客观的评价。

结合初二第一学期的学习内容，在开学前的暑期，对应本学期内容设计多样化、分层次、可选择的挑战性学习任务，并对学生的活动过程和结果进行评价。任务分为必做和选做。

①必做（学生根据生物学科能力水平，选择适合自己的学习任务）。

挑战难度较高：亲自动手制作一种发酵食品，并录制成 3 分钟左右的视频，边制作边讲解操作过程及相关生物学原理。

挑战难度较低：介绍一种喜欢的动（或植）物，并录制成 3 分钟左右的视频，描述其生活环境的特点，及其与生活环境相适应的特征。

周楚乔　酸奶　　　　　张紫涵　甜酒酸　　　　张笑天　馒头　　　　刘馨仪　面包

高佳梦　酸奶　　　　李思辰　馒头　　　　王悦涵　泡菜　　　　　张楚仪　米酒

学生作品展示

②选做（根据学生兴趣方向，结合难度系数，从三项中任选其一完成）。

制作人体某系统或器官的物理模型，并标注出各个组成的结构名称（及各组成的功能）。

难度系数：★★★

调查我国某种濒危动（或植）物的生存现状，描述导致其濒临灭绝的主要原因，及人类目前对其采取的保护措施。

难度系数：★★★★

了解一种人工器官（如：人工心脏、人工肺、人工肾脏、人工耳蜗等），对比真实人体器官，用图片配以文字，介绍该人工器官的结构和功能。

难度系数：★★★★★

在本学期的学习过程中，还会穿插许多学生感兴趣的实践活动。比如：学生讲解生活中不同食品保存方法背后的生物学原理。学生种植可食用大型真菌，并通过拍照进行观察和记录（部分同学在教室内种植，部分同学带回家种植）。学生在实验室观察并学习了鸟卵的结构之后，利用煮熟鸡蛋，采取"吃播"的形式讲解鸟卵的结构。

在这些活动中，有些是学生可以根据自己的能力水平和兴趣爱好进行选择，还有些可供学有余力的同学进更多的探索与实践，并从中发现自己对生物学科的热爱。

（3）以课程群为平台，多角度评价学生特色发展水平。

①通过博识课，考查学生的跨学科实践水平。

以初二年级的"科学之美"博识系列为例，其中囊括了语文、生物、地理等多学科的内容。特别是在第四章"昆虫世界　自然奥秘——动物博物馆篇"中，指导学生从生物、语文和美术等不同学科的视角，探寻有关昆虫世界的奥秘。

②通过选修课，考查学生的综合能力水平。

探究类	实践类	调查类	宣传类
1.探究水蚤心率 2.探究不同运动状态下呼吸频率和心率变化	1.制作细胞模型 2.人类性状遗传变异 3.制作人体器官模型 4.发酵食品制作	1.调查身边生物 2.人类性状遗传变异	1.科学应对疫情 2.介绍濒危动植物 3.介绍人工器官 4.眼耳的卫生保健

学案

③通过竞赛课，考查学生的生物学科精修自学水平。

在初中阶段，一些学生已经萌生出了对某些学科独特的热爱，并致力于挑战更高水平的学科知识难度，在专业竞赛教练的指导下，提前揭开学科知识神秘的面纱。竞赛课给这些孩子提供了展示并证明自己的平台，一方面，通过阶段性的学业水平测试给予学生客观的评价，另一方面，指导学生合理平衡初中课程学习与（高中）竞赛课程学习之间的关系，给出适合其发展的学业规划建议。

学生可以从生物学科的课程群中选择适合自己的课程类型，比如，喜欢动手实践探索生物学科奥秘的同学可以选择实验选修课，向往了解更多生物学科理论知识的同学可以选择竞赛精修课。学生在适合自己的课程中，发挥自己的最大潜能开展学习活动，发现并找到适合自己的学科学习方法，为终身学习打下良好的基础。

④教学评一体化，优化初中生物教学。

评价方式的变革，势必打破之前教与学的常态。这就迫切要求教师作为指导者，尽快构建起更为科学合理的评价体系，从而让教、学、评在螺旋式上升的变革中，保持其和谐统一性，促进学生全面而个性化的发展。

四、交流合作：辐射引领，众行致远

身为首师大附中的教师，每个人的心中都有着成为名师的信仰与追求，并将其付诸行动。生物教研组通过研究课、教材教法分析、讲座等交流研讨以及名师工作室，既提高了教师的教育教学水平，又创造了与其他教师共同探讨、碰撞智慧火花的机会，助力教师团队的共同成长。

（一）三尺讲台守初心，四季耕耘育桃李

研究课作为最具象化的交流形式，可以将先进的教学理念与实践探索进行有机融合，为教师们提供可操作性强的教学范例。在十年时间里，生物教研组教师展示区级及以上的公开课36节。这些教师中，既有生物特级教师刘本举老师，也有李传海、宗琮等中青年教师，更有李拓坦、李硕等年轻教师，体现出了生物教研组的教师们，不论年龄大小、职称高低，都能为了心中那份对教师职业理想追求的初心，在工作中不断学习、在学习中不断实践、在实践中不断创新。每一节公开课都是授课教师乃至全体生物教研组教师集体智慧的

结晶。

研究课的课型包罗万象，不论是新授课还是复习课，都能从学生的认知水平出发，在构建知识体系的基础上，引导学生进一步将其运用到对实际问题的解决中，体会生物学的魅力与价值；线上课和线下课更见证了教师们从"技术小白"发展为能够灵活运用各类线上教学软件的"技术达人"的过程。教师通过甄别与选择，让这些技术真正服务于教学，不论是课堂上的互动，还是课后的作业评价与反馈，都能有效地提高教学效率。

区级及以上的公开课情况汇总

序号	姓名	时间	级别	项目内容
1	李传海	2022 年	海淀区	2022 年高三生物学二模练习 21 题
2	李传海	2021 年	海淀区	必修二第二章　基因与染色体的关系
3	李传海	2021 年	海淀区	指向深度学习的素养进阶课程　第七单元　动物生命活动的调节课单元研究课
4	倪佳	2015 年	海淀区	了解生物圈公开课
5	倪佳	2017 年	海淀区	细菌真菌和病毒研究课
6	倪佳	2018 年	海淀区	初三生物二轮专题复习 3——生命的延续研究课
7	倪佳	2019 年	海淀区	基于学生核心素养提升的课堂教学实践——专题复习
8	倪佳	2021 年	北京市	尝试对生物进行分类
9	倪佳	2020 年	教育部	用药和急救
10	李智辰	2020 年	海淀区	人的生殖
11	刘明	2013 年	海淀区	激素调节
12	李拓圯	2016 年	海淀区	基因的表达
13	李拓圯	2018 年	海淀区	杂交育种
14	李拓圯	2021 年	海淀区	一模试卷讲评
15	李拓圯	2022 年	海淀区	生物的进化
16	李拓圯	2023 年	海淀区	胚胎工程的应用
17	李拓圯	2020 年	海淀区	基因工程应用复习课
18	李拓圯	2022 年	海淀区	神经调节复习课
19	李硕	2018 年	海淀区	现代生物进化理论
20	李硕	2019 年	海淀区	传统发酵技术
21	李硕	2020 年	海淀区	动物细胞工程与单克隆抗体
22	李硕	2020 年	海淀区	种群基因组成的变化与物种的形成
23	李硕	2020 年	教育部	植物生长素（国家中小学网络云平台视频微课）
24	李硕	2020 年	教育部	生物进化的证据（北师大版教材同步微课资源建设）
25	李硕	2021 年	海淀区	动物生命活动的调节（细胞免疫复习课）

序号	姓名	时间	级别	项目内容
26	刘本举	2020 年	教育部	教育部示范课："国家中小学网络云平台"课程内容设计及讲授"其他植物激素"
27	刘本举	2020 年	教育部	辅导 5 位骨干教师参与"国家中小学网络云平台"课程设计，课程已面向全国展示
28	刘本举	2016 年	教育部	"国培计划（2016）"——乡村教师访名校项目，为学员讲授"中学教师专业标准解读及教师专业化成长"课程
29	宗琼	2014 年	海淀区	生物的性状
30	宗琼	2017 年	海淀区	科学探究
31	宗琼	2020 年	北京市	细胞核的结构和功能
32	宗琼	2020 年	海淀区	传染病与免疫专题复习
33	宗琼	2019 年	海淀区	生物多样性保护
34	宗琼	2021 年	海淀区	基因与染色体的关系
35	舒珣	2022 年	海淀区	生物的进化
36	舒珣	2023 年	海淀区	单克隆抗体制备

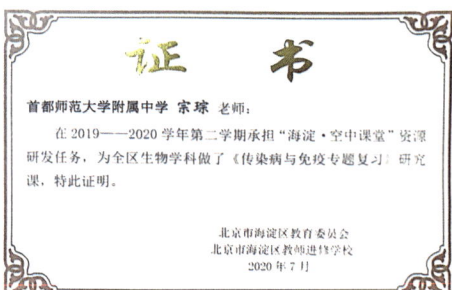

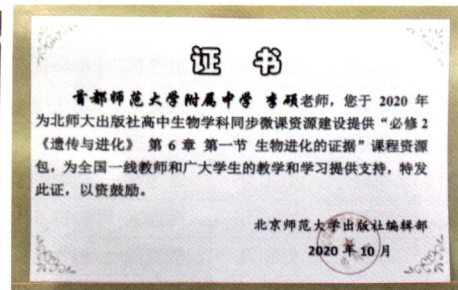

公开课证书

教师讲授公开课

（二）不甘只做教书匠，争当教研有心人

在以培养学生的生物学科核心素养为目标的教学设计过程中，从单元整体教学，迈向深度学习，进而发展为项目式学习，把握教学理念发展的最新动向，并不断地将这些理念进行落地，渗透到以大单元为单位的教研教法分析中，将个人对这些理念的解读及在实践中的探索分享给更多教师，成为教学改革的先行者和推进者。十年间，生物教研组进行了29项区级及以上教研教法分析等交流。

区级及以上的教研教法分析情况汇总

序号	姓名	时间	级别	项目内容
1	李传海	2023 年	海淀区	必修二第二章教材分析
2	倪佳	2016 年	海淀区	生物的多样性及其保护
3	倪佳	2019 年	海淀区	初三年级基于概念构建的复习策略（生物体的结构层次）
4	倪佳	2020 年	海淀区	基因在亲子代间的传递
5	倪佳	2020 年	海淀区	生物的变异及其原理的应用
6	倪佳	2020 年	海淀区	从生物与环境关系的角度分析沙漠蝗灾的成因
7	倪佳	2020 年	海淀区	从生物多样性的角度科学应对沙漠蝗灾
8	倪佳	2020 年	海淀区	生物圈中绿色植物

续表

序号	姓名	时间	级别	项目内容
9	倪佳	2021 年	海淀区	健康生活与生物多样性
10	李硕	2020 年	北京市	京津冀博物馆进校园示范项目暨京津冀馆校教育论坛发言：求同存异——传统理科与考古资源的融合
11	李硕	2020 年	海淀区	长程作业展示
12	李硕	2020 年	北京市	北京动物学年会论坛发言：站在科学抗疫的最前沿——疫情期间的新冠肺炎最新文献精读
13	李硕	2021 年	海淀区	2021 年高二区统考试卷讲评
14	刘本举	2017 年 2019 年 2020 年	海淀区	新入职教师培训辅导课：《教学反思与微课题教学研究》（2017.6、2019.6、2020.6 共三年辅导课程）
15	刘本举	2017 年	海淀区	分子与细胞专题复习
16	刘本举	2018 年	海淀区	动物和人体生命活动的调节
17	刘本举	2019 年	海淀区	光合作用及细胞生命历程复习指导
18	刘本举	2020 年	海淀区	一对等位基因的分离
19	刘本举	2020 年	海淀区	必修一第五章教材与教法建议
20	刘本举	2021 年	海淀区	必选一第五章教材分析及教法建议
21	刘本举	2023 年	北京市	北京市骨干教师培养项目指导教师
22	刘本举	2022 年	海淀区	指向深度学习的素养进阶课程：动物生命活动的调节教材教法
23	刘本举	2023 年	海淀区	指向深度学习的素养进阶课程：必修二第一章遗传因子的发现教材教法
24	刘本举	2023 年	国家级	教师日常教案如何转化为教学论文
25	刘本举	2024 年	国家级	高考备考：简答式填空专项突破
26	刘本举	2024 年	国家级	教学案例：科学史实验的课堂教学策略
27	宗琼	2014 年	北京市	家蚕的生殖和发育
28	宗琼	2019 年	海淀区	人体生命活动调节
29	宗琼	2020 年	海淀区	生命起源、生物进化及健康生活

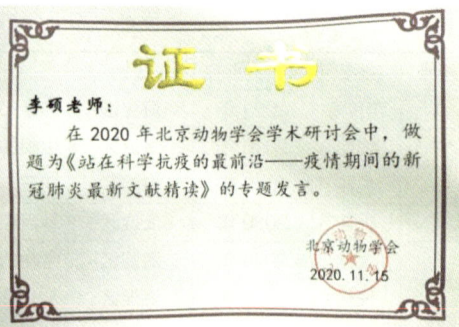

李硕老师在北京动物学年会论坛发言

生物组的特级教师——刘本举老师将名师的引领和示范作用不断扩大，不仅担任了北京市"海淀—延庆结对协作项目"延庆区高中生物学科工作室实践导师（负责人），还是海淀区名师工作站生物组导师、北京市特级教师工作室实践导师以及北京市名师培养项目实践导师。并且，在教育部"国培计划（2016）"——乡村教师访名校项目中，为学员讲授"中学教师专业标准解读及教师专业化成长"课程。在由《生物学通报》主办的线上交流平台上，进行了题为《教师日常教案如何转化为教学论文》《高考备考：简答式填空专项突破》和《教学案例：科学史实验的课堂教学策略》共 3 次系列讲座。

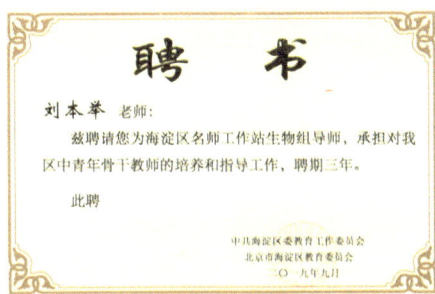

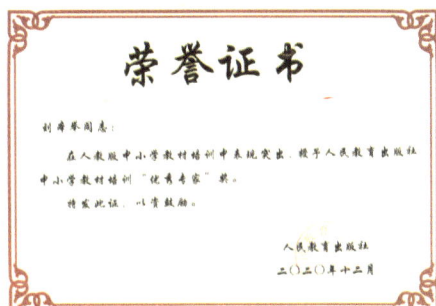

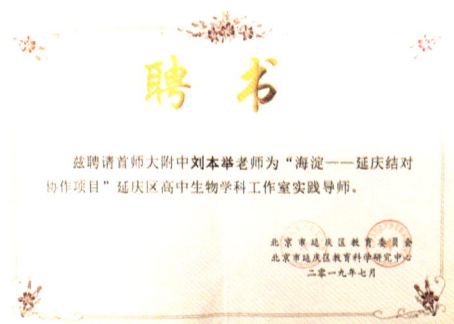

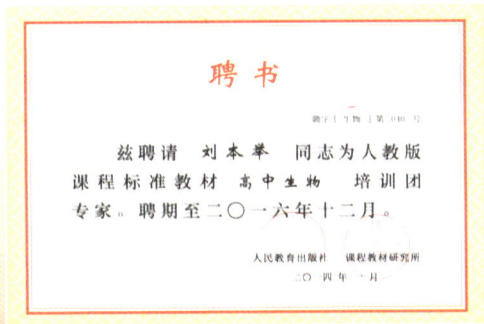

刘本举老师的聘书、讲座海报

（三）教学智慧齐碰撞，多校连心促共赢

除此以外，生物组的青年教师们还积极参加校外交流和支教活动。比如，吴颖、李拓坦等教师在全国部分高校附中协作体年会活动中进行课例展示和交流活动；李拓坦、郭雪菲、李硕、宗琮等教师分别奔赴陕西、山西、成都、西双版纳等全国各地开展教研活动；宗琮老师前往贵州开展支教活动；朱海燕和倪佳老师多次前往首师大附中一分校、永定分校等多所分校，进行听评课、作业设计指导等多种形式的教学研讨交流活动，促进了附中教育共同体的沟通与合作，为集团校的建设贡献智慧与力量。

宗琮老师的证书

青年教师分赴全国各地参加培训、展示

董京平老师、宗琮老师分赴贵玉树、贵州教研、授课

与北校区进行教学研讨

与育鸿中学进行教学研讨

与拉萨中学、玉树二高跟岗教师进行教学研讨

五、实践资源：探索生命，寓教于实

（一）生命长廊——引领生物探秘的窗口

首都师大附中的生命长廊，无疑是一处令人眼前一亮的地点。它坐落于实验楼的二层，如同一扇通往生命奥秘的窗户。这里，生命的演化、微生物世界的奇趣、化石的形成，以及生物学科学史中那些熠熠生辉的科学家们，都被精心地呈现于眼前。而综合楼的四层和五层，更是生物多样性的绝佳展示场所，植物化石、哺乳动物、鸟类、昆虫标本等一应俱全，为学生们打造了一个沉浸式的生物学习体验。

生命长廊

　　漫步在长廊之中，"科学大咖"区域以图文并茂的方式，讲述了列文虎克、达尔文、珍妮·古道尔、袁隆平、胡锦矗等中外生物学巨匠的传奇人生与卓越贡献。这些科学家的故事，不仅让学生们重温了科学史，更在潜移默化中激发了他们对科学的浓厚兴趣与无限热情。这些先贤们的智慧与探索精神，成为学生们心中不灭的灯塔，指引他们勇往直前，探索生命科学的无尽奥秘。

　　"微生物大世界"展区则带领学生们走进了一个肉眼难以窥见的奇妙世界。大肠杆菌、病毒、立克次氏体等微生物的电镜照片，让人们惊叹于自然界的鬼斧神工。学生们通过观察这些照片，不仅了解了微生物的形态特征，更对它们在生态系统中的作用有了深刻的认识。引导了学生们对微生物世界的关注和探索，传递人类对未知事物的渴望和求知欲。这一部分还深入探讨了微生物与人类健康的紧密联系，以及它们在制药、酿酒、生态修复等领域的广泛应用。这既可以激发学生探索微生物应用的创新力和想象力，又让学生们深刻体会到，微生物虽小，但它们的力量却足以改变世界，唤起对自然的尊重。

学生在课余时间充分发挥他们的创意和热情，制作了一系列与课堂知识紧密相关的宣传海报。这些海报内容丰富多样，不仅涵盖了课堂上学到的"癌症的疗法"等专业知识，还结合了生动的图解和易于理解的文字说明，旨在让同学们在课后能够更深入地了解和掌握相关知识。这些精心设计的海报被张贴在生物长廊的显眼位置，不仅美化了环境，更成为一道道亮丽的风景线，吸引了众多同学驻足观看，共同学习和交流。

"生命的演化"部分以地质历史年代为脉络，清晰地展示了生命的起源、寒武纪生命大爆发、无脊椎动物的繁盛、古爬行动物称霸中生代、哺乳动物的崛起以及人类的起源等重大历史事件。同时，学生们还可以看到一些真实的化石，如三叶虫、狼鳍鱼、蜚蠊等物种。这让学生们在校内就能够近距离观察这些古老的化石，从而更好地了解地球亿万年的沧桑历史，提升学生对地球历史和生命奥秘的好奇心和探索欲。

"化石的形成"展区则以文字与实物相结合的方式，生动地揭示了化石形成的奥秘。学生们在这里可以目睹到真实的化石，感受到地球历史的厚重与沧桑。同时，展区还介绍了我国独特的热河生物群、澄江生物群等化石群，让学生们为我国在生命演化领域的贡献感到自豪。在长廊的另一侧及综合楼四层展示了很多植物化石和昆虫化石，让学生了解到地球上曾经存在过的物种的多样性，激发学生对生命多样性保护和生态文明建设的关注和责任心。学生们可以通过观察这些化石了解植物进化的历程和生态系统的变化，引导学生认识到化石是地球历史的见证者。

化石展品：辽宁枝、三叶虫、狼鳍鱼

动物标本长廊

在综合楼五层还设有动物标本长廊，展示了穿山甲、黑熊等哺乳动物标本、红嘴相思鸟、红腹锦鸡等鸟类标本，扬子鳄、森蚺等爬行动物标本，树蛙、蟾蜍等两栖动物标本以及蓝闪蝶、竹节虫等昆虫标本，丰富多样的动物标本使学生可在课间休息时放松心情，也有利于学生在校内感受不同生态系统中的物种多样性。动物标本长廊传递了人们对自然和生命的欣赏和尊重，以及对文化、科学和环境的关注和支持，加深学生对自然界和生命的认识和理解，让他们更加关注和珍视自然界中的奥秘和美。

附中的生物长廊，不仅是一处学习生物知识的场所，更是一处感受生命之美、激发科学探索精神的圣地。在这里，学生们可以近距离地领悟生命的奥秘，感受大自然的神奇与魅力。相信在未来的日子里，这里将继续为学生们带来无尽的惊喜与收获。

（二）实验平台

生物是一门实验性科学。在生物学科教学活动中基于实验室活动的教学是一个重要的组成部分。我校生物组实验室建设以课标要求的课本实验为主线，在满足基础通修课程要求的基础上，为生物兴趣选修、专业精修及自主研修课程提供平台。实验室秉承"边建设边运行"的方针，以课标要求为根本，结合不同层次学生需求，从分子、细胞、个体、生态多水平开展经典和创新实验课程。力求全面提高学生的生物科学素养，培养其学习生物学的兴趣，加深其对生物学基础知识的理解，使其掌握生物学实验的基本技能。在构成并加深学生生命观念的基础上，培养其科学思维，以及科学探究的方法。

我校生物组实验室管理有序，实验室规则细致全面，为学生开展实验活动创造安全良好的环境。并配备具有生物学专业技能的专职实验室管理人员，配合任课教师准备实验，协助指导学生实验活动。以下是实验室完善的多水平专题研究实验平台。

1. 分子实验平台

为满足高中必修课程模块 1 分子与细胞、模块 2 遗传与进化，选择性必修课程模块 3 生物技术与工程的课标要求，本实验平台支持多项生物化学与分子生物学实验，包含 1 间分子实验室和 1 间无菌室。短期实验课程如 DNA 粗提、PCR、琼脂糖凝胶电泳等，系统性综合实验课程如质粒构建、蛋白质纯化及酶活性测定等。加深学生结构与功能生命观念，掌握试剂配制、离心技术、分光光度技术、电泳基本技术等生物化学科学探究能力，培养查找文献资料、设计实验、分析问题、合理安排时间的科学思维。

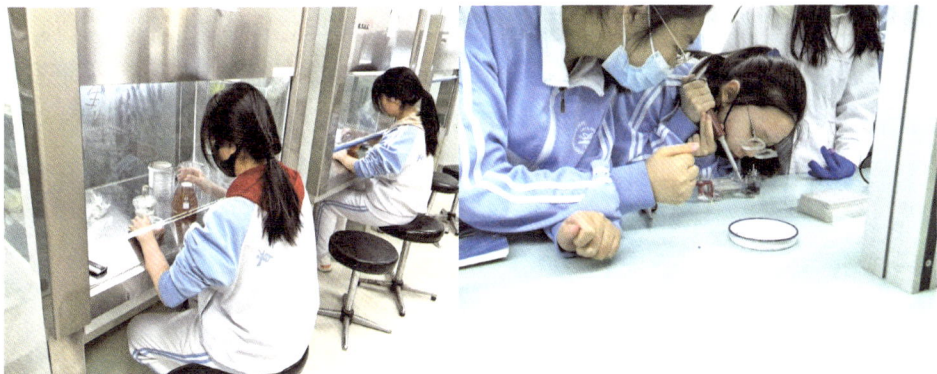

学生实验

2. 细胞实验平台

细胞实验平台开设有多项细胞与显微技术实验与微生物学实验。观察类实验如草履虫、口腔上皮细胞、酵母细胞、胞质环流、质壁分离显微观察实验，培养学生使用实验仪器、器具和药品的动作技能；采集、处理和观察实验材料的动作技能。培养类实验如微生物培养、感受态细胞转化、果酒发酵、泡菜制作等实验使学生实际应用课本所学理论，加深对课本内容的理解。

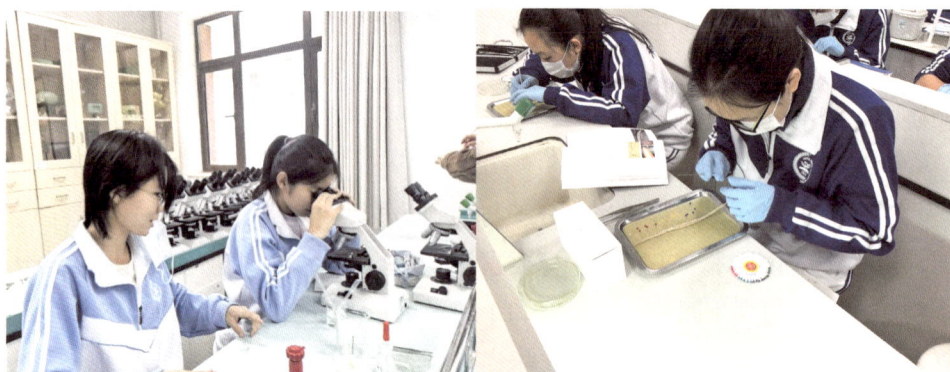

学生实验

3. 动物及植物生理学实验平台

本实验平台包含一间生理学实验室和一间植物学实验室，有丰富的实验材料和先进的实验设备。实验材料涵盖多种植物、昆虫、软体动物、鱼类等，并有先进的双筒数码显微镜与体式镜，便于开展形态学、解剖学实验。组培室可以开展组织培养等植物生理学实验，培养学生生理及生态实验的动作技能。

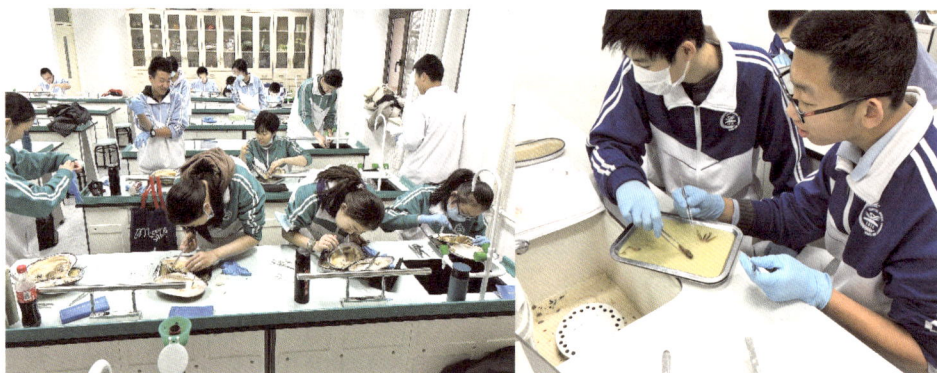

学生实验

实验室开展的实验

年级	题目	
初中	植物根尖徒手切片	鸟卵结构观察
	叶表皮徒手切片	细菌、真菌细胞观察
	花结构解剖观察	缢蛏解剖观察
	光对鼠妇分布的影响	眼结构模型解剖
	物候观察	心脏结构模型解剖
	内脏结构模型解剖	人体内脏结构模型解剖
	草履虫观察	酵母细胞观察
	口腔上皮细胞结构观察	耳结构模型解剖
	种子结构解剖观察	草履虫观察
	植物细胞结构观察	鸟卵结构观察
	双目显微镜的使用	唾液淀粉酶消化作用的鉴定与比较
高中	DNA 粗提取	淀粉的应用
	PCR	细胞模型制作
	琼脂糖凝胶电泳	永久装片观察
	分光光度计的使用	质壁分离复原
	血细胞计数板计数	胞质环流观察
	微生物培养（平板划线与稀释涂布）	光合作用检验
	果酒、果醋制作	物质鉴定
	蒸饺制作	光合色素提取与分离
	泡菜制作	大蒜根尖有丝分裂观察
精修	蚯蚓解剖观察	酶活性测定
	河蚌解剖观察	革兰氏染色
	蝗虫解剖观察	SDS-PAGE
	小龙虾解剖观察	质粒小提
	田螺解剖观察	质粒转化
	柔鱼解剖观察	植物形态结构比较解剖

　　在学习生命观念、科学思维，培养科学探究核心素养的基础上，将马克思主义辩证唯物主义及哲学的理论融入专业课程教学，使学生在学习专业知识的同时，树立唯物主义世界观及正确的科学观，具备诚实、严谨、求真务实的科研素质，及一定的创新思维和社会责任感，为学生终身学习和发展打下基础，为学生步入社会、择业和确定进一步学习的专业方向提供帮助。

（三）精品课例

　　基于生物实验室平台的建设，教师们开展设计了多堂市区级的优秀实验课例。

李拓圯老师设计的《叶绿体色素的提取与分离》，在课本实验的基础上层层递进，引导学生深入思考叶绿体色素提取的实验原理和叶绿素的特性。对学科知识不止于理解，更加以应用，并与物理组合作实验，实现多学科知识的融合。

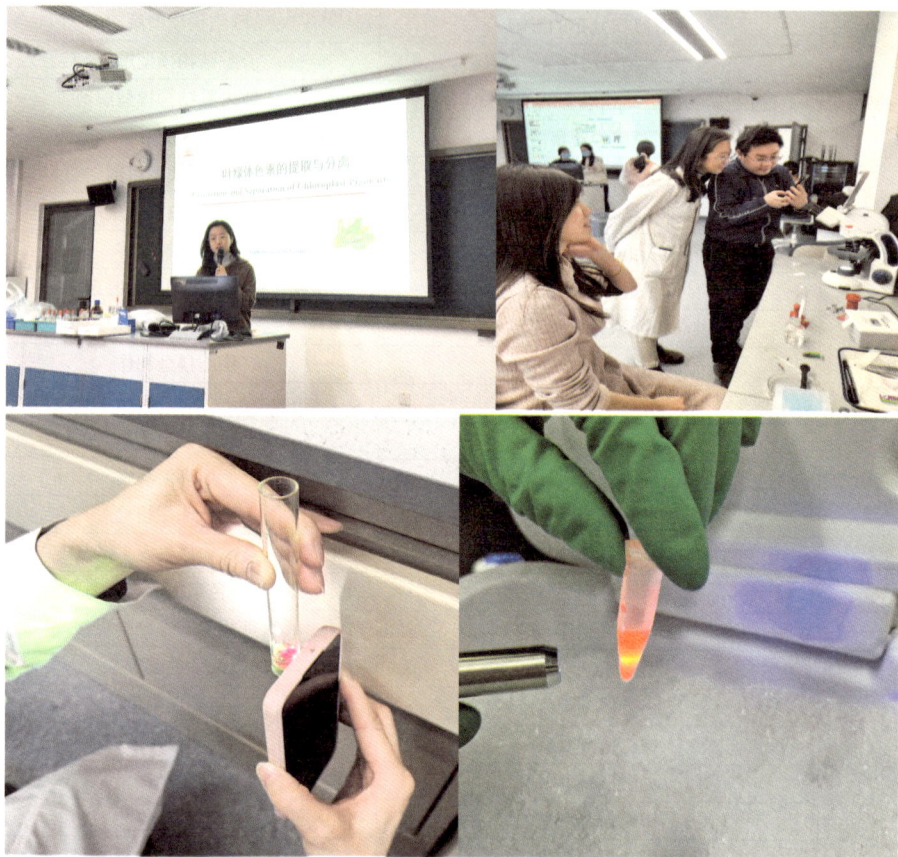

李拓圯老师、邓晨晖老师分享实验教学经验

新入职教师侯月蕾参与了清华大学现代生命科学实验教学中心与 AMGEN（安进）公司合作开展的 ABE 生命科学实验室体验课程，用生产实践推动对学科知识的理解和应用。

侯月蕎老师参加清华大学和安进公司合办的 ABE 项目

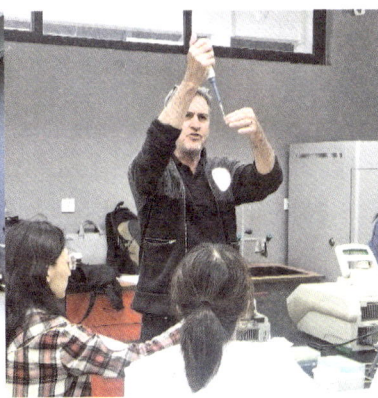

侯月蕎老师参加北大附中与冷泉港 DNA 中心合办的实验培训

侯老师还参与了美国冷泉港实验室在北大附中分享的《DNA 条码》与《检测"苦味基因"》项目式学习课题设计与实验设计，为未来学生的项目式学习提供了新方案和新技术。

十年，似乎转瞬即逝，但在我们每个人心中都装满了难忘的回忆。在即将迎来附中百又十年校庆的时刻，我们更加感恩附中，致敬前辈组长马振生、唐红老师和诸位同事，是他们毕生的奉献谱写着生物教研组的历史，让我们传承、接力续写美好的乐章。

马振生老师　　　　　　　　　　　　唐红老师

我们势必肩负更神圣的使命，在生命观念下探真知，科学思维中寻线索，推理演绎中析问题，探究实践中得规律，家国情怀中思责任。

我们会一直探索科学之真、崇信生命之善、享受生物之美。

我们的生物科学教育，致力于形成终身受益的科学精神品质：自由公正、理性温和、睿智善良、敬畏生命、珍爱家园，成就优雅、智慧的人生。

至善至美，未来可期，你我共勉。

附：生物教研组十年大事记

2015 年，首师大附中生物组构建具有生物学科特色、符合学生认知规律的四修课程体系。

2016 年，生物专业精修课程建设取得历史性突破，在全国生物学联赛中斩获三银；生物自主研修课程进入实施阶段。

2017 年，经过两年的升级改造，生物实验室以崭新的面貌投入使用；初中生物纳入中考科目，初中生物备课组积极调整教学策略，在中考中屡创佳绩，并荣获附中优秀备课组称号。

2018 年，以王雯斌和董京平为主教练的竞赛团队带领学生在全国生物学联赛中再创辉煌，取得一金一银，首师大附中跻身生物竞赛名校之列。

2019 年，生物自主研修课程获评海淀区高中特色课程。

2020 年，北京大学生命科学学院授予附中"北大博雅基地校"；牛淑芬老师获评北京市紫荆杯优秀班主任，所带班级获评北京市优秀班集体。

2022 年，首师大附中生物党支部成立，开启党建和中心工作融合发展的崭新篇章。

2024 年，首师大附中成为首批"生命科学拔尖创新人才培养基地校"，生物教研组和多学科教研组共同建立融合课程体系，致力于为党育人、为国育才，培养生命科学人才；2 月再次挂牌"北大博雅基地校"；4 月在沈书记大力支持下，全组教师团结协作，生物社团和首师大生科院团委成功举办"共护生态，同庆附中百又十年"大型爱鸟周活动；5 月生物组校友助力，与国家自然博物馆合作建设博物馆课程；7 月在卢校、杜校协调下，生物组恢复首师大生科院教育教学实习基地并挂牌。

历阅千载　史实求真

首师大附中百一十年历史，历经风霜，锐意进取，由内而外散发着勃勃生机，历史学科组犹如这一肌体上的细胞，灵动而深刻。附中历史人在历史的长河中思接千载，视通万里，打造素养本位、个性多元的四修课程体系；坚持实践导向、综合培养的实践课程；精于教育发扬工匠精神，专注教学研究与教师专业成长；关注学生特色成长，打造初高中异彩纷呈的研学活动；注重以学生为主体，发展历史特色社团；多元发展，专业引领，强化学生素养的培育与深化。

十年来，教研组重视组内教师梯队建设，组内现任教师 15 人，94% 以上拥有硕博学位，100% 毕业于双一流重点院校，75% 以上担任或曾担任区级兼职教研员、学科带头人、骨干教师以及其他各级各类学科专家、督学、研究员等，多人获得"优秀共产党员"称号。全体历史教师各尽其职，人尽其才，"历"久弥新，"史"终有爱，为附中发展贡献力量，奋力谱写学科组建设新篇章。

一、学科立校　树魂立根：打磨历史特色教研品牌

师者，当如蝉蜕嚣埃之中，自致寰区之外。以传道授业解惑为本，以修身养性树人为志，不可沽名而忘。沉浮喧嚣之中，守得本心，难能可贵。

如今的历史教育，形形色色，众说纷纭。有言灵活于形为重，有言深究于内为重；有言当以"教"为重，有言当以"史"为重。各有利弊，各有论派。历史教育本就是"人"的学问，难以统一，也属正常。教师若肯深入钻研，以人为师，孜孜不倦，便终会得心应手，融会贯通。

"正志笃行、成德达才"是附中在教育改革最前沿所依旧秉持发扬的最朴素，最赤诚的理想与追求。在校领导的带领下，附中历史人团结协作、勇于思索，发引人深省之言，创行有深意之新，担启发民智、传道树人之责。在学科教学方面秉持着"以课堂为阵地、以研究为引领"，打造特色教研品牌，提升学科影响力；在学生成长方面秉持着"以学生为主体、以发展为目标、以成人为核心"，提升学生学科核心素养，落实立德树人；在教师发展方面秉持着"吸引一批人、带动一批人、激励一批人、提高一批人"的理念，谋求学习型、研究型的高品质、高品位教研组发展。

十年来，学科组注重探索将学科核心素养与成达思维发展课堂相结合，创造出"唯物史观下探真知、时空观念中寻线索、史料实证中得真理、历史解释中鉴古今、家国情怀中思兴衰"的方法，培养学生思维的灵活性、创新性、批判性、敏捷性、系统性和深刻性；十年来，学科组立足本校、聚慧共享、着眼未来，精心打磨专业的四修课程体系、初高中衔接课程与历史综合实践课程体系课程，三大课程体系相辅相成，立足于学科核心素养培养、促进跨学科思维训练、最终实现学生的综合全面发展；十年来，学科组立足六年贯通培养，研发以初中项目式学习、高中深度学习为核心的特色资源库，目前已形成150余万字的资源库，内容从基础知识、思维导图、时空观念、核心概念到问题式复习、经典例题解析、特色开放性作业、项目式学习，全方位提升学生素养。

十年来，学科组积极为老师们营造团结、协作的教研组氛围和专业、前瞻的成长空间。从富有创意的元旦联欢，到定期组会的互助畅聊；从研学路上的扶持相伴，到落入常规的补助困难教师；从日常备、听、评课到大型活动的精

细打磨；从特色精品课程的研发到专业课题的研究；从"正志杯"教学大赛到"启航杯""风采杯"各项赛事；从青年教师到各级骨干、学带、督导；从立足校内集团到成长为市区各级专家指导……每位教师结合各自专业和兴趣所长，都已形成各具特色的教学风格和深耕的专业领域。

正志笃行、成德达才，学科立校，历史人一直在前行的路上；"历"久弥新，"史"终有爱，历史人一直在奔赴爱的路上。

二、素养本位　个性多元：打造历史四修课程体系

根据首师大附中"四三二一"教育教学综合改革思路，历史组结合本学科情况，充分开发四修课程在落实学科核心素养中独有的平台功能，以培养和提升学生的时空观念、唯物史观、史料实证能力、历史解释能力和家国情怀为目标，制定了相应的历史四修课程体系，即历史基础通修课、历史兴趣选修课、历史专业精修课、历史自主研修课，四维一体进行多层次历史教学。

历史四修课程体系的设置如下图。围绕五大历史学科核心素养开发四套课程："基础通修"即国家课程方案，旨在夯实学生学科基础；"兴趣选修"旨在激发学生潜能志趣；"专业精修"旨在促进学生个性化发展；"自主研修"旨在使学生形成自主学习能力。这四修的关系是从基础通修沿顺时针方向循序渐进、由浅入深，逐步达到学生自主生发问题、自主解决问题的目标。

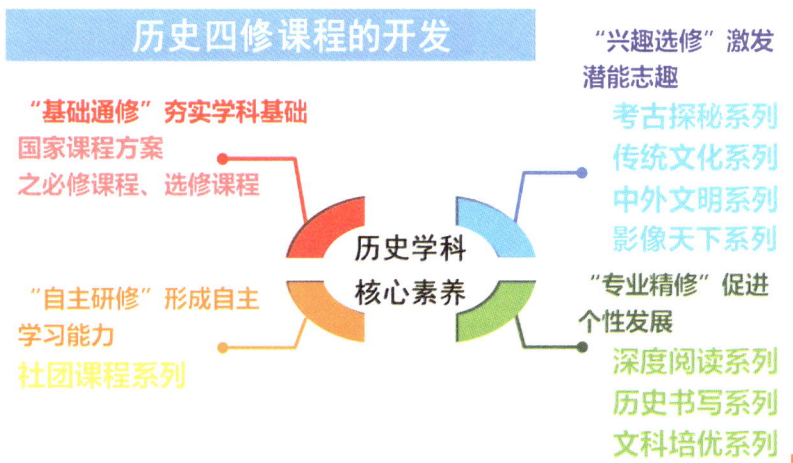

历史四修课程体系的开发

（一）历史基础通修

历史基础通修课程包括由教育部组织编写的人教版初中课程和高中必修、选择性必修课程。历史教研组并不仅仅按照国家课程标准机械执行，而是将我校成达思维发展的理念贯彻进每个年级、每一堂历史课。"正志笃行、成德达才"是附中在教育改革最前沿所依旧秉持发扬的最朴素、最赤诚的理想与追求。在沈杰校长的带领下，附中积极创新，逐步形成具有鲜明特色的"成达教育体系"——以人为本，追求学生个性化发展、自主发展与可持续发展的教育体系；其中又以成达思维发展课堂为重点实践形式。成达思维发展课堂是以促进高级思维能力发展为核心目标的新型课堂形态，担负着活化知识与发展思维的双重使命，进而培养学生良好的思维品质。而思维品质能力最核心的关键点有六，即思维的灵活性、创新性、批判性、敏捷性、系统性和深刻性，它们都是学生思维全面发展所不可或缺的要素。历史学科作为人文学科的关键组成部分，对于学生人文素养的提升、感性思维的建设以及理性思维的培养都十分重要。附中历史教研组将《普通高中历史课程标准（2017 年版 2020 年修订）》与成达思维发展课堂相结合，创造出一套独特的思维培养方法。课程标准提出中学历史五大核心素养分别是唯物史观、时空观念、史料实证、历史解释、家国情怀。

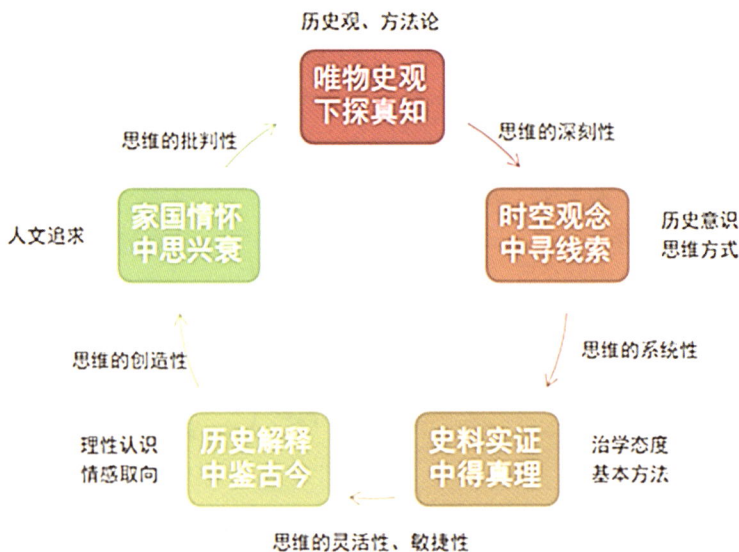

历史学科成达思维发展体系

　　第一，"唯物史观下探真知"即通过辨析历史观与方法论培养学生的批判性思维；第二，"时空观念中寻线索"即通过培养学生的时空纵横思维模式以加深学生思维的深刻性；第三，"史料实证中得真理"即强调历史学科重视史料的态度、论从史出的方法，从而培养学生思维的系统性；第四，"历史解释中鉴古今"即传授历史解释与逻辑的推理方法，使学生理性认识本学科，培养学生思维的灵活性和敏捷性；第五，"家国情怀中思兴衰"即着重引发学生由历史本身对个人、国家和社会价值意义的思考而形成正确的价值观，在三观形成过程中思维的创造力也得到了锻炼。这便是历史学科五位一体的成达思维发展课堂方法论。

　　以常规课为例，钱月老师在九年级下第四课《日本明治维新》一课中，使用了多种形式的史料，既丰富了课堂内容，调动了学生兴趣，也全方位锻炼了学生的思维能力，同时加强了学生深度分析历史问题的能力。通过学生合作和教师指导，学生一方面对明治维新有了更加深刻形象的认识，另一方面也提高了学习效率，提升了思维的系统性和深刻性。以阅读课为例，刘雪峰老师在《县制起源三阶段说》一课上，引导学生梳理文章结构，分析作者论证的过程，学习说理的方法；区分作者选择不同史料的依据，提高史料实证素养，养成证据意识；尝试让学生对作者观点提出质疑，培养批判精神。以专题学习为例，史少卿老师在高二年级寒假期间，参照选考学生学情与统编新教材编写精神，为学生布置了配套阅读资源。除精读历史书籍外，还围绕中国史中的若干重要主题设计了专题阅读。不同种类、不同要求的阅读任务，让学生得以建立起更加扎实、广博的思维体系，从而对历史问题产生更加深刻的理解。

（二）历史兴趣选修

　　历史兴趣选修课程包括四大系列课程：考古探秘系列、传统文化系列、中外文明系列和影像天下系列。四大系列共十余门课程，都是由历史教研组的教师们依据自身学术背景精心设计而成。兴趣选修开课范围覆盖从初中到高中的各个年级，满足了学生的兴趣、培养了学生的探索精神、扩展了学生视野、激发了学生思维的活跃性。

课程类别	课程系列	课程名称	授课教师
兴趣选修	考古探秘系列	20世纪重大考古发现	史少卿
		模拟考古	夏艳芳
		中国考古发掘	严正达
	传统文化系列	风云帝都北京史	夏艳芳
		成语典故	严正达
		博物馆中的历史	王强、赵海艳
	中外文明系列	修学回来品欧洲	袁峥
		失落的古代文明	张静华
		重回古希腊	黄小洁
		正面战场的抗战	张英
		三国风云	王宁
		北宋后宫	乔楠
	影像天下系列	图像中的历史	王墨飞
		博物馆里看世界	王聪

历史组兴趣选修开设情况

（三）历史专业精修

历史专业精修课程包括三大系列课程：深度阅读系列、历史书写系列、文科培优系列；三大系列共十余门课程，基于学生较薄弱的能力方面采取个性化指导，锻炼了学生的文笔与逻辑，培养了学生思维的深刻性。

历史组专业精修开设课程（部分）

课程类别	课程系列	课程名称	授课教师
专业精修	深度阅读系列	《史记》研读	张英、史少卿
		从传记看名人	袁峥
		史学名著读书会	史少卿、夏艳芳、乔楠
		无韵离骚	夏艳芳
		主题史料阅读	史少卿、乔楠、夏艳芳
		历史学科思维培养	刘芳芳
	历史书写系列	"燕园杯"历史写作辅导	全体老师
		历史阅读与写作	乔楠
		近代历史人物画册	黄小洁、王墨飞
		图文说史	黄小洁、王墨飞
	文科培优系列	觉醒课堂	夏艳芳、徐圣洁
		历史地理	王墨飞

（四）历史自主研修

历史自主研修课程以历史社团为基地，以社团课程为依托，包含数门课程，激发了学生深入探究的自主性，培养了学生思维的创造性。自主研修作为针对部分学生开设的特殊课程，构成了历史四修课程体系的最后一环。

课程类别	课程系列	课程名称	授课教师
自主研修	社团课程系列	辩论的技巧 历史剧本创作与表演 佛像艺术研究 主题活动研学	夏艳芳 夏艳芳、黄小洁 黄小洁 严正达

历史组自主研修开设情况

在基础通修、兴趣选修、专业精修和自主研修这四种阶梯递进的课程中，历史教研组将学科五大核心素养按适当比例分别融合，以通过四维一体的历史课程使学生逐步形成具有历史学科特征的正确价值观念、必备品格与关键能力，从而适应终身发展和社会发展的需要；实现"为党育人、为国育才"的教育目标。

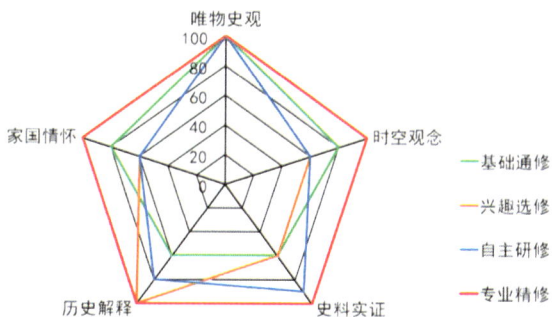

历史四修课程与五大核心素养的关联网

（五）高中特色课程与学科组特色资源库

学科组在四修课程基础上，结合老师们的兴趣专长与北京地方特色，设计研发了"'考古问今北京城'历史综合实践"课程、"'觉醒课堂'跨学科文史融通"课程，并成功申报为北京市普通高中特色课程和海淀区普通高中特色课程。

"'考古问今北京城'历史综合实践"课程是首都师范大学附属中学在综合实践课程和地方史课程探索开发过程中，基于历史学科专业特色和项目式学习理论，依托校内外课程与实践资源，面向全校高中生开放的考古实践体验式课程。课程通过在具体而鲜活的历史情境中，综合运用地理、历史、考古、艺术等多学科内容，探究北京地方史起源、演进、发展的基本图景与内在机制，以多种形式将探究思考的过程转化为实践成果，并进行分享与汇总，从而拓展视野，提升学科素养和综合素养，既有益于学生准备高中学业等级考试，也培育了学生爱家、爱国的情怀，同时也一定程度上为我国考古和历史研究事业培养和储备了创新能力强、具备国际视野的新鲜血液。

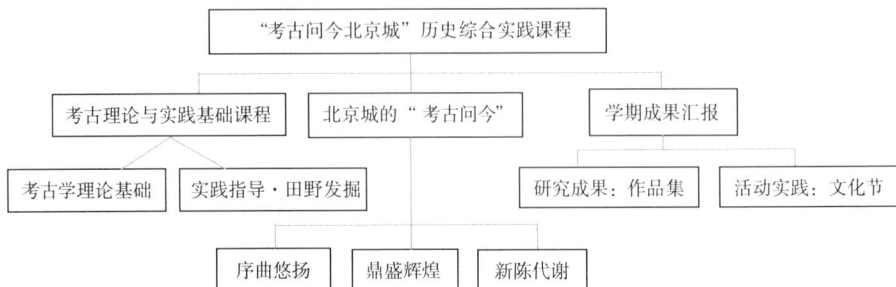

```
                "考古问今北京城" 历史综合实践课程
                              │
        ┌─────────────────────┼─────────────────────┐
   考古理论与实践基础课程      北京城的 "考古问今"     学期成果汇报
        │                     │                     │
   ┌────┴────┐                │              ┌──────┴──────┐
考古学理论基础  实践指导·田野发掘          研究成果：作品集  活动实践：文化节
                              │
                   ┌──────────┼──────────┐
                序曲悠扬    鼎盛辉煌    新陈代谢
```

教学内容计划

课程结构	单元教学内容	具体课题	课时	时长	融合学科
实践课程指南	理论与实践基础课程	考古理论与田野发掘实践	4课时	2周	历史、考古、地理
北京城的"考古问今"	第二单元：序曲悠扬	远古：追根溯源北京人	理论1课时＋实践4课时	2周	历史、考古、地理
		先秦：礼仪中华西周燕都	理论1课时＋实践3课时	2周	历史、艺术、考古
		隋唐：民族交融法源寺	2课时	1周	历史、地理、艺术
	第三单元：鼎盛辉煌	元明清：都城变迁北京城	2课时	1周	历史、地理、考古
		明清：皇权至尊故宫	理论1课时＋实践4课时	2周	历史、地理、艺术
		先秦—明清：民族符号长城	理论1课时＋实践4课时	2周	历史、地理、语文
	第四单元：新陈代谢	近代：民风民俗史迹及建筑与实践	理论1课时	1周	历史、考古、艺术、新闻
		近代：近代蜕变实践课	实践4课时	2周	历史、美术、考古、新闻
学期汇报：综合实践活动	学期汇报：考古问今文化节学生作品集		4课时	2周	历史、考古、艺术、新闻、政治、传统文化

课程设计主要体现以下特色：让史料带动结论——提高史料实证意识，课程回归了历史研究的本原，让学生在"做"中"学"，从而有效提高史料实证素养；让北京开口说话——充分利用乡土资源，课程在时间线上串联起北京的发展脉络，丰富了乡土资源社会教育的维度，联结了学校教育与博物馆教

育，拓展了乡土资源开发的前景，让学生自主探究——复现历史学家研究，学生在开放的氛围中获得如历史学家一般的探究体验，也在教师引导下得出相对科学的学术式结论；让历史见微知著——从北京史看中国史，课程补充了国家课程体系因宏大叙事产生的留白空间，凝华了北京乃至中国的历史线索；让课堂拓展延伸——探索校本课程模式，课程探索出符合课程改革趋势的、可推广复制的课程模式，从而更好培养具有创新精神和社会责任感的人才；让历史延展——探索跨学科融合共进，课程将历史、考古、地理、艺术、新闻、传统文化等学科和内容有机结合起来，通过实践性的学习方式，将各类知识交叉融合，锻炼综合思维能力与问题解决能力，将动手、动脑、动情结合，处理真实、具体、复杂的问题，从而使学生能够更全面、更深入地理解和探究北京乃至中国的历史文化，提升人文素养、创新能力与批判性思维，为传承发展中华民族优秀传统文化作出贡献。本课程的评估体系也体现了跨学科特色，采用多元化的评价方式，包括课堂讨论、实地考察报告、社会调查报告、艺术作品展示等多种形式，全面评价学生的学习成果和综合素质。

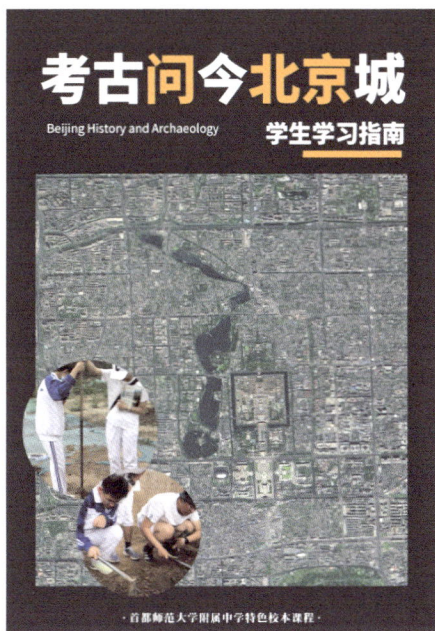

"考古问今北京城"学生学习指南及学生作品集

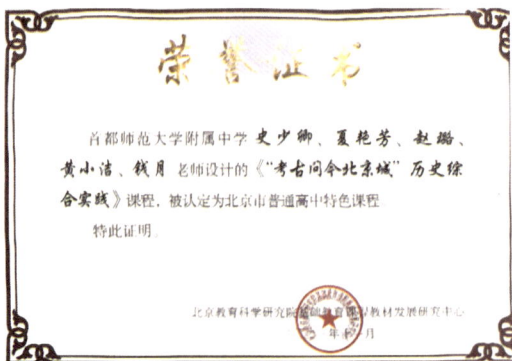

"'考古问今北京城'历史综合实践"获评北京市高中特色课程

学科组依据高中新课程、新课标、新高考的发展方向，集合团队力量，设计研发了高一至高三的一系列校本资源，从基础知识夯实—主题史料阅读—专业书籍精读—拓展资源；从课标—地图—阶段特征—思维导图—问题式复习—经典习题，形成了认知知识、理解知识、运用知识的完整学习思维链，也全面渗透了历史学科思维的培养。

学科组研发高中校本资源（部分）

截至2024年初，学科组共设计研发出7本校本练习册，共计100余万字，目前高三配套校本教材和练习册也正在研发中。

三、实践导向　综合培养：历史综合实践课程体系

历史综合实践课程体系以五大核心素养为核心，旨在通过博物溯源、实地考察、校园寻味、自主探究等手段实现学生的全面发展，包括主动求知、积极改变、终身发展、合作共处和学会做事。

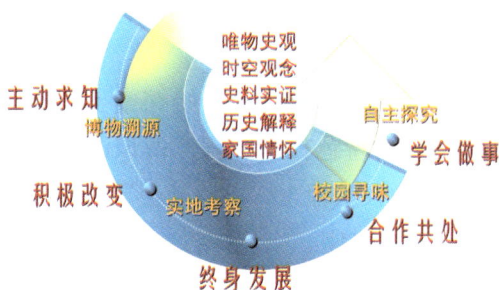

历史综合实践课程体系的开发

历史学科的综合实践课程可分为三个组成部分：初中历史综合实践课程、高中历史社会实践活动和传统活动进校园。三个部分有机结合，实现从初中到高中的全覆盖，是一套面向全校的实践课程体系。

（一）初中历史综合实践

1. 课程研制的依据

（1）政策要求。

初中综合社会实践活动自 2015 年 9 月启动实施，是北京市深化基础教育综合改革，落实《北京市中小学培育和践行社会主义核心价值观实施意见》（京政办发〔2014〕52 号）、北京市教委《关于本市中考中招与初中教学改进工作的通知》（京教计〔2015〕35 号）等文件精神，切实提高学生综合素质的重要举措。旨在促进学校坚持立德树人的正确导向，强化实践育人功能，引导学生积极、主动参与社会实践，在实践中开阔视野、学习知识、培育情感、增强能力，提高人文素养，切实培育和践行社会主义核心价值观。

初中综合社会实践活动坚持"实践导向、综合培养、过程参与、多元评价"的原则，结合初中思想品德、历史、地理等学科，落实"中小学各学科平均应有不低于 10% 的课时用于开展校内外综合实践活动课程"的要求，围绕"国家、社会、个性发展"等三个层面和"加强国家认识"等 32 项考核要点及 62 个主题活动开展，活动形式不拘一格、灵活多样，学校和学生可以自主选择。

按照《初中综合社会实践活动考核实施意见》要求，初中每位学生每学年应完成不少于 10 次的综合社会实践活动；学生每参加一次活动，在"北京市初中综合社会实践活动管理服务平台"上登记、提交证明材料，经指导教师确认后计 1 分，原则上每学年累计 10 分，初中三年共计满分 30 分，学生参加综合社会实践活动的情况纳入中考评价。本学年，初中综合社会实践活动的参与对象是七年级学生，逐年滚动至全体初中学生。

（2）本校办学。

首都师范大学附属中学从2001年开始探索实践教育的课程化，开发了旨在提升初中生综合素质的特色校本课程"博识课"。附中博识课程一直秉承"博闻广见、卓有通识"的教学理念，以"社会"为课堂，不断把学生"请出"校园，通过参观访问、专家讲座、交流探讨、实践操作、论文撰写等环节，将自然科学与人文科学融为一体，兼有学科融合、研究性学习、社会大课堂性质的综合校本课程。博识课将教学的重心由教材移向学生，希望培养学生多看、多听、多思考、多实践的习惯，在此基础上积累常识、习得知识、增长见识、锻炼胆识、学会赏识。课程内容建设目标一直定位于紧密贴合学生需要，解决传统课程体系中存在的问题，促进学生学有专长、全面发展。

（3）实践经验积累。

以历史为主题或与历史相关的博识课程，占博识课程总数的一半以上。十几年来，首师大附中历史组的教师，积极参与到各年级博识课程的设计、组织与教学工作中，积累了大量的素材与经验，逐渐形成了较为完整的历史学科社会实践课程体系的基础。列举部分历史学科相关博识课程如下。

部分历史学科相关博识课程

地点	学习主题
恭王府	晚清史
国家博物馆	"四个一"参观，100件文物中的世界史
国子监	孔子生平、科举制
沙滩红楼	新文化运动、五四运动、共产主义早期传播
抗战馆	勿忘历史，缅怀先烈
首都博物馆	北京建城史
宣南文化博物馆	城南旧事：老北京的风土人情
故宫	从故宫看明清
颐和园	古代皇家园林
农业博物馆	农业发展史
电影博物馆	中国电影史
汽车博物馆	汽车发展史
中国古代建筑博物馆	中国古代建筑
旧宫考古工地	解密考古学
圆明园	中国近代史
清华大学艺术博物馆	清华简，达·芬奇

（4）探索创新。

近年来，在原有经验的基础上，在各年级的支持下，历史组的教师进一步丰富、完善原有的课程方案。在已经较为成熟的课程体系下，能够充分利用北京的人文资源，利用北京的历史遗迹、博物馆，创建丰富且多样的综合社会实践活动；能够有意识地在课程中，利用直观的文物、遗迹及相关的文献资料，指导学生进行自主探究，撰写报告，进行展示，初步掌握历史研究的方法；能够兼顾学生社会实践活动的广度与深度，充分尊重学生的科学认知水平，具有梯度性。初步形成了一套较为规范的备课、授课、评价、展示流程，使整个博识课，已经从初级的外出参观，上升为一门由教师主导的，有引导性的教学活动。在原有课程的基础上，进一步改进，学案更加充实，内容更加贴合课本，鼓励跨学科融合，增加户外动手实践活动等。每一学年，都会推出至少一个总结性的充分准备的精品博识课程，如"故宫——时空流转·生生不息""考古——兴衰迭起·千古探寻""圆明园——沧海桑田·休戚与共"，以对一学年的学习成果加以检验。

精品博识课程：故宫、考古、圆明园

2. 课程目标

（1）学生通过课程，形成对自然、社会和自我的整体认识，亲近自然，了解社会，尊重他人，培养强烈的社会责任感。

（2）学生以积极投入的态度，亲身体验实践过程，积累生活经验和学习经验。

（3）学生通过学习探究问题的基本方法，获取基本信息，对信息进行分析处理，提出自己的观点，独立完成有价值的实践成果。

（4）学生通过小组分工协作，及时总结，分享反思，提高团队合作能力和领导力，为实现共同的团队目标不懈努力。

3.课程内容

初一年级教授古代史，因而实践课程的内容与课本靠拢，开展的活动也均与古代史相关，即梳理大的历史脉络，关注历史细节，考察地方史，感悟乡土情怀。主要参观地点有首博、国子监、颐和园、宣南文博等，最后在学生积累一定知识和经验后，以故宫作为收尾，在故宫组织一次大型活动。由于已经有一年的锻炼，这时会增加一些难度。教师在事先踩点后，以历史为主，融合多个学科，设计多个主题，让学生自主选择，按小组活动，完成学习任务。在获取知识的同时，锻炼小组合作的能力。

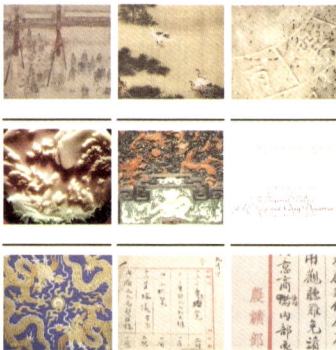

故宫学案示例

初二年级教授近代史，实践课程多与近代史相关，除了教授知识外，还会着重树立孩子正确的价值观，会组织参观沙滩红楼、抗战馆、圆明园等。且随着学生的成长，学习任务会带有更多的挑战。初二年级会带领学生去考古工地亲身参与发掘工作，还会组织学生进行社会调查，分析改革开放以来的社会生活巨变。在学生有所收获后，组织学生结合实践进行历史剧的展演，展现对近代史的感悟。

考古现场

历史剧展演

4.课程实施

一次博识活动可分为行前、行中、行后三部分。从教师角度来说，行前，要提前踩点，制定教学计划，编写学案；行中，要指导学生，现场教学；行后，要引导学生完成学案、课题和展示。

从学生学习的角度看，根据任务不同，其学习过程有以下三种：

（1）实践性任务，如考古发掘。行前，通过网课，学习基本理论，通过学案完成纸面上的理论性的模拟。行中，到达现场后，先观察老师的示范发掘，而后分组分工实践。行后，根据现场的记录，整理信息，完成报告。

（2）调查性任务，如改革开放的社会巨变。

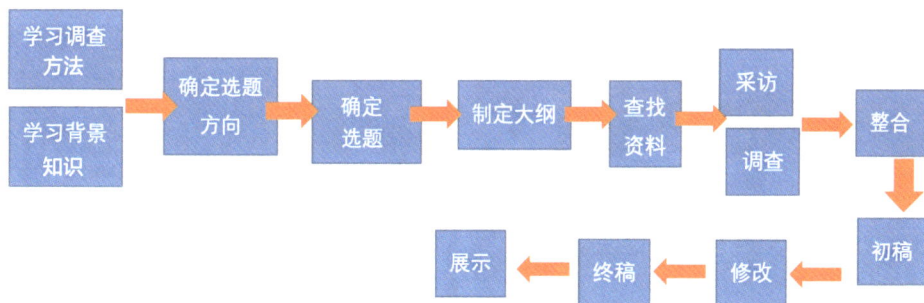

（3）探究性活动，如故宫博识、圆明园博识等。

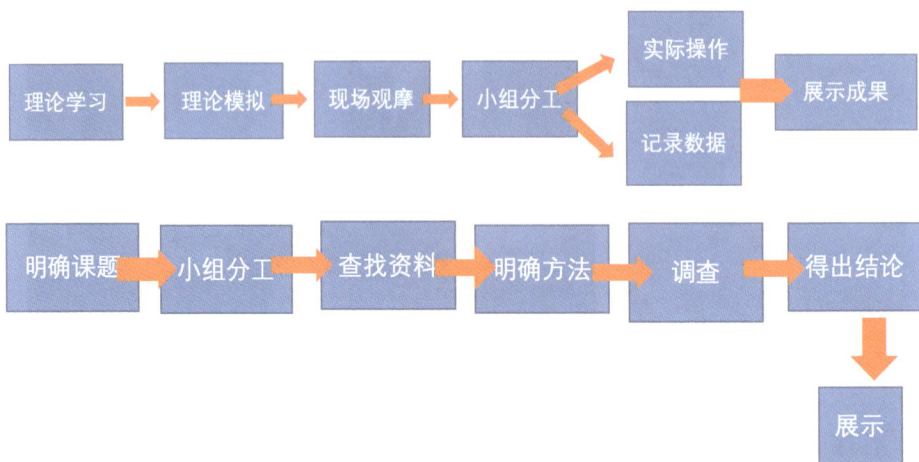

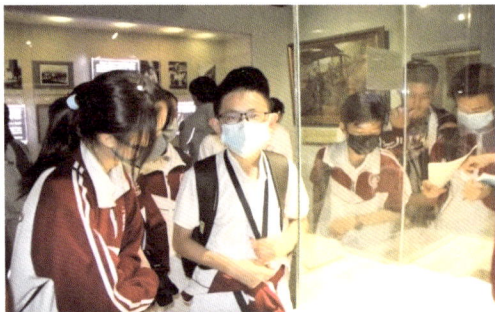

```
理论学习 → 理论模拟 → 现场观摩 → 小组分工 ⟨ 实际操作 → 展示成果
                                      记录数据
```

```
明确课题 → 小组分工 → 查找资料 → 明确方法 → 调查 → 得出结论
                                                      ↓
                                                    展示
```

学生在宋庆龄故居参观学习

历史组教师在圆明园博识课程中为学生作讲解

学生依据故宫博识学案任务采访外国友人

初二博识课程汇报：历史知识竞赛

5. 课程评价

（1）学生独自或分组完成分发的学案，教师收集，加以评价。

（2）学生独自或分组完成手抄报，教师收集，择优展示。

（3）学生分组分工完成调查或研究报告，教师指导，进行汇报。

（4）以班级为单位进行戏剧展演，教师进行评选。

序号	过程评价（60分）					成果评价（40分）			总评得分
	小组分工合作（5分）① 无人员分工安排，0分；② 分工到人，但有人未完成任务，1-2分；③ 每一个成员认真完成各项任务，3-4分；④ 团队成员认真负责相互支持及时反思调查，5分。	编制调查计划（15分）① 未编制调查计划，0分；② 编制调查计划，书写规范，1-5分；③ 书写规范，结构完整，6-10分；④ 计划条理清晰，指导性强，11-15分。	问题结构设计（15分）① 无问题结构，0分；② 紧扣研究主题，设置具体问题，表述清晰，1-5分；③ 问题层次清晰，逻辑合理，6-10分；④ 问题设置有创新，11-15分。	运用调查方法（10分）① 无具体调查方法，0分；② 明确调查方法，1-2分；③ 有效运用调查方法，3-6分；④ 多种调查方法相结合，7-10分。	整理调查数据（10分）① 无调查数据，0分；② 有原始调查数据，生成数据报告，1-5分；③ 调查方法运用规范，数据应用，6-10分；④ 对调查数据进行分析总结，11-15分。	辨析调查信息（10分）① 无参考文献，0分；② 有参考文献，1-3分；③ 利用参考文献，对调查信息进行分析，4-7分；④ 结合教材内容，对文献资料与调查数据进行对比互证，8-10分。	撰写调查报告（20分）① 未生成调查报告，0分；② 生成调查报告，书写规范，1-5分；③ 论证紧扣主题，逻辑条理清晰，6-12分；④ 论据充足，体现实证精神，结论合乎历史发展规律，13-20分。	深化历史认识（10分）① 未生成小组的历史解释，0分；② 生成小组的历史解释，但未体现调查后的思想深化，1-3分；③ 体现调查后的思想深化，且有思辨精神，4-7分；④ 在深化基础上，体察家国情怀，8-10分。	
1									
2									
3									
4									
5									
6									
7									
8									
9									
10									
11									

"新中国70年来生活巨变"评价表

6. 课程效果

（1）在唯物史观的培养方面，传统教学往往十分抽象，"物"往往成为一个摸不到、看不见的东西。对古代经济基础、生产力的认识，往往只存在于书本与想象之中。但在综合实践中，经济基础、生产技术往往能够以实物的方式呈现，并且能够动手实践，更加直观，更加具体，印象也更加深刻。比如参观农业博物馆，面对古代工具与文物，同学会对古代农业的生产形成直接的认识。在雕版印刷与拓片的实际操作中，学生能够进一步体会到古代技术的局限性。而经济基础正是在这一系列的生产技术上形成的，这些技术也会影响上层建筑，影响社会生活的方方面面。因而，综合实践无疑对唯物史观的培养有积极作用。

（2）在时空观念的培养方面，尤其是对较小范围内的时空观念，综合实践有较好的效果。在实践中，学生置身遗址或遗迹之中，对周围的环境及建筑的布局有更为清晰的了解。比如，在故宫之中进一步明确军机处与寝宫间的距离，了解其与皇权的紧密联系。又比如在名人故居中，体会当时的生活状态。

（3）在史料实证的培养方面，外出综合实践也是重要的组成部分。传统课堂所能提供的史料，多是文字史料或图片史料，难以提供实物史料的展现，而遗迹、遗物等实物，是史料重要的、不可或缺的组成部分。借助现场的展示、讲解，无疑能增强学生辨析史料，运用史料的能力。

（4）在历史解释的培养方面，社会调查报告的写作无疑是最为全面的锻炼。无论是采访，还是报告撰写，都包含对史料的搜集、辨析、整理，对历史事件的排列、描述、编辑，对因果关系的分析、建构、解释，对事件与人物的评价。初中阶段的各种类型的作品展示也是对历史解释的一种训练，历史小报或者对老物件的介绍，可能没有学术论文那样逻辑严谨，但也能训练学生将身边的具体史料与书本中的抽象知识联系起来。

（5）在家国情怀的培养方面，教室内的常规教学，无论如何生动，都是在营造情景。而在实践中，在天安门前、圆明园内、卢沟桥边，情景是真实的，不需营造，家国情怀油然而生。家史方面的写作，也会引导学生主动去了解长辈、故乡的往事，明白今天幸福生活的来之不易。在这方面，综合实践有着不可替代的作用。

> 调查选题：
　　通过零食方面的变化展现新中国70年的巨变。选题因兴趣而做，这使我们的调查过程十分顺畅。

> 调查过程：
　　这是我们第一次做历史跨度这么大的调查，在访谈过程中，我们学会了许多有用的调查技巧和方法；
　　调查过程中，我们也时刻注意将教材、文献和访谈分析三方进行比对。由此，我们对历史的宏观和微观都有了更深切的感受。

> 调查结束：
　　这次调查拉近了历史和我们生活的距离，让我们对历史有了更鲜活的感知，在日常的点点滴滴中都能发现历史的身影。

感触 & 认知

学生进行社会调查后的感想

附：部分学生博识感言：

　　这次博识课我故地重游，再次来到故宫博物院。起初，我认为这次的博识课会毫无新意，但很快我便发现，故宫还有很多值得探索的地方，不必说结构规整的太和殿，也不必说端庄大气的乾清门，单是这些建筑所拥有的古老名称，就有无限奥秘。从建筑的名字和结构，便能看出古人对天地间基本道理的彻悟，对为人处世法则的深刻理解。当然，最难忘的部分还是对外国旅客的采访，让我们既锻炼了勇气，挑战了自我，又提升了英语的口语能力。离开故宫时，发现建筑名称奥秘的欣喜、进行采访时的忐忑，还有那难忘的一抹阳光橙交织在一起，构成了我对故宫的最新印象。

——2021届　岳宇晗

舞榭歌台，风流总被雨打风吹去。1860年10月18日，英国勋爵额尔金一声令下，3500余名士兵用火焚毁了这座宝贵的园林，抢走了许多文物；161年后的今天，我们来到了这里，看着这倒地的残垣，满含热泪，我不愿意追忆你往昔的繁华，只想抚平刻在你身上的民族的伤痕。

——2024届　廉欢郦

百年前，在三天三夜的大火中，这"用大理石、用玉石、用青铜、用瓷器制造的一个梦，用雪松做它的屋架，给它上上下下缀满宝石，披上绸缎，这儿盖神殿，那儿建后宫、造城楼，里面放上神像，放上异兽，饰以琉璃，饰以珐琅，饰以黄金，施以脂粉，请同是诗人的建筑师建造一千零一夜的一千零一梦"，化为了灰烬。如今，在经历了百年的磨难洗礼后，中华民族终于再一次屹立于世界强国之林。居安思危，发愤图强，作为新时代的青少年，我们更应该坚定信念、树立目标、团结协作、向上求索，以成为堪当民族复兴重任的时代新人为己任，在实现中国梦的历史进程中放飞青春梦想！

——2024届　刘天煦

综合实践活动作为跨学科教育的载体，充分锻炼了学生的综合能力。学生需要结合各学科的背景知识，运用各学科的素养，完成学案中五花八门的任务。在社会调查与小组分工中，学生需要锻炼自己的沟通能力、组织能力、动手能力、协调能力以及语言文字的表达能力。因而，综合实践课程能够实现全面育人的目的。

（二）高中历史社会实践课程

近十年来，历史教研组依托学校初中年级的博识活动和高中年级的外地游学社会实践活动，以历史学科为基础、以贯彻历史学核心素养为目标，为学生设计了丰富的学习和评价方案，历史学科已成为首师大附中高中游学社会实践课程的重要组成部分。主要活动涵盖了感恩社会系列、博物馆系列、校内实践系列和外出游学系列四大门类，具体情况如下。

1."走进 _____，感恩社会"的系列活动

（1）走进石景山颐养年养老院。

（2）走进顺义太阳村。

（3）走进昌平智星打工子弟学校。

（4）走进四季青行知打工子弟学校。

（5）走进成都郊区窑房村张洹小学（留守儿童为主）。

（6）走进门头沟沿河城村。

2. 走进博物馆，探讨博物馆在文化传承中的作用（寒暑假、研究论文）

3. 校内开设与游学、博物馆相关的选修课，将教师引导与学生实践活动相结合

4. 高中外出游学活动（四川、甘肃），设计系列实践探究活动

学习地点		学习主题（历史）
甘肃	甘肃省博物馆	丝绸之路与"一带一路"
	八路军办事处	八路军在兰州的抗战事迹
	会宁红军长征胜利纪念馆	红军长征的革命历史
	会宁一中	了解老区的当代教育，感受革命传统
	莫高窟	了解敦煌的历史和艺术价值，增强文物保护的责任感
	嘉峪关	从历史、地理学科探讨嘉峪关的重要作用
四川	杜甫草堂	草堂的历史沿革与杜甫的个人命运
	武侯祠	了解"君臣合祀"祠庙的建筑格局，感悟诸葛亮的人生智慧和辅国功业
	三星堆博物馆	了解古蜀文化，对比中原文化与古蜀文化的差异
	都江堰	劳动人民的智慧与"天府之国"
	锦里	寻找成都非物质文化遗产；"我看成都历史文化街区的保护与传承"
	青城山	青城山与道教文化

高中外出游学活动设计

成都古蜀文明游学

走进昌平智星打工子弟学校

走进成都郊区窑房村张洹小学
（留守儿童为主）

走进四季青行知打工子弟学校

八里庄墓葬挖掘现场参观

凤凰卫视访学

周口店游学

参观海淀博物馆

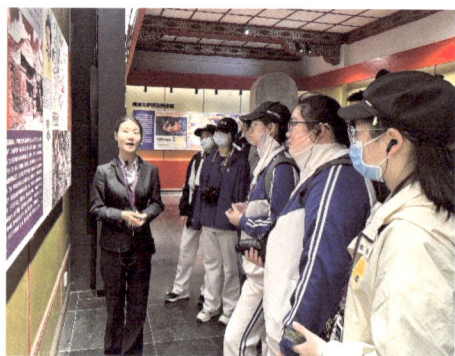

河西走廊游学——参观武威白塔寺

河西走廊游学——参观敦煌莫高窟

河西走廊游学——参观西路军纪念馆

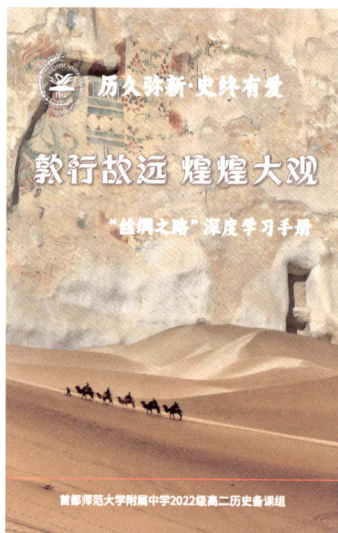

目 录

行前——课外阅读：边疆、丝路入眼帘…………3

行前——课内阅读：知识、体系存心间…………32

行中——经典考古：沧桑、兴衰一瞬间…………38

行中——博闻强记：感慨、激昂涌心田…………41

行后——经典例题：巩固、升华保领先…………42

行后——创作延展：奇思、妙笔回味甘…………57

经典例题参考答案…………58

丝绸之路研学手册

这些活动针对性强，旨在从核心素养出发，为学生的课题研究等专业能力提供支持。例如高中的论文写作，对学生的史料实证、历史解释、唯物史观等能力有集中的锻炼。高中论文写作中，问题意识往往是选题的开始，如西北游学中，敦煌莫高窟为何建窟而非建寺？乐僔梦佛而建窟可信吗？最后的守护者为何是道士王圆箓？通过查阅史料，解释现象的缘由，并将问题与论证有机串联起来，形成主旨鲜明、话题灵活的论文。写作中，学生不断领会史料的重要性，培养起史料实证与历史解释的能力，明确史料来源的多元性、去伪存真的必要性、合理阐发的严谨性等。而在论文写作过程中，更是要自觉贯彻唯物史观，从时代背景、历史条件来看待问题，如探讨商鞅变法、秦始皇统一六国，不能仅从个人才干出发，而要从所处的时代，从政治、经济、军事、文化等多重因素加以考虑。高中论文写作是对历史学科核心素养的贯彻与深化。历史组在指导学生论文写作过程中，取得了丰硕的成果，2017届高二同学的《青城道——青城山与道教的渊源及发展》获得海淀区研学优秀课题征集与交流评选一等奖。2017—2020年，学生在国家级赛事"燕园杯""登峰杯"上斩获大奖，并成功参与北师大举办的中学历史国际论坛。

（三）自己的学科文化节

在初高中博识、游学之外，历史教研组组织学生进行了极具历史特色的传统节日活动，如端午节宣传活动，学生一起包粽子、做香包，跟随老艺人学习面人儿手艺；又如中秋节、重阳节宣传活动，学生以历史社团为主体，邀请汉服社、民乐社一同参与，打造古韵风情。

传统文化进校园之端午宣传活动

传统文化进校园之中秋宣传活动

这之中，最具学科智慧的是两年一度的历史文化节活动。

1. 2018年历史文化节

2018年举办了第二届历史文化节，本届文化节包括昆曲意境、空竹往事、考古与盗墓、深度阅读和面塑沧桑五大主题活动，同时展示学生的历史作品，包括历史小报展、古建筑摄影展、家中老物件的介绍。本次活动在组织、设计过程中，充分吸收了其他活动的经验。

（1）在教学形式方面：本次文化节形式多样，既包含拓片制作、竹简书写、兔爷绘色、捏塑面人等传统手工艺的制作活动，也包含昆曲艺术、抖空竹等专家讲述与互动演示同时进行的趣味讲座，又有针对学生兴趣专门进行讲授的考古讲座。同时，考虑到场地与时长的限制，充分且集中地利用午休时间，将各场地活动时长控制在 40 分钟左右，人数定在 50—80 人。

第二届学科文化节之昆曲艺术进校园

（2）在课程内容方面：注重在实践中，将书本中较为抽象的知识变为可听见、可触摸、可参与的趣味活动。在实践中培养学生对传统文化的热爱与认知，在潜移默化之中，实现家国情怀的熏陶。同时，动手操作也是对探究能力的一种培养，探究历史的能力不仅仅在于头脑中的抽象思考，也隐含于双手之中。学会拓片、简牍的制作，也是对史料实证、历史解释能力的另一种锻炼。

（3）在成果展示方面：注重锻炼学生史料实证与历史解释的能力，引导他们搜集身边的实物史料，通过对古建筑与老物件的观察与研究，揭示并解释其背后的历史。同时，在这一过程中，他们会对自己家人的过去与故乡的历史有进一步的了解，在潜移默化中，培养他们的家国情怀。

历史综合实践课程的成型，不仅仅别出心裁地培养了学生的历史学科五大核心素养，更丰富了全校学生的课余生活，营造了良好的学习氛围，提高了学生的人文修养，增强了学生的动手能力。充分体现我校深厚的历史底蕴和人文情怀。

受疫情影响，文化节在中断后于2021年举办了第三届历史文化节，此次历史文化节的主题是"考古"。"求木之长者，必固其根本；欲流之远者，必浚其泉源。"中华优秀传统文化是中华民族的精神命脉，文化自信首先需要文化的自觉自知，而考古，则是形成科学的文化自知的必由之路。考古是我校历史学科组的特色。学科组中不仅有专业的考古人才，而且在四修课程体系建设中、在学生社团活动中、在综合实践学习中都不断开发与考古相关的课程资源与活动方案。不仅如此，为了提升学术性与专业性，历史学科组还与多所大学、研究所的专家学者建立合作，力图将真实的考古研究工作展现在学生眼前。

"开幕式——且行且思共芬芳"。作为开幕式的重头戏之一，校古风社的三位舞者倾情出演，为大家带来了一支中国风气息满满的舞蹈《苏幕遮》，给本就以中国历史为主题的文化节进一步增添了传统文化的因素。曲毕，任海霞校长助理作为我校校领导代表发表讲话，表达了学校对本次盛会以及历史学科不断发展，蒸蒸日上的支持与期望。开幕式在同学们热烈的掌声中结束，而丰富多彩的活动才刚刚开始。

"趣考古——一沙一土见真情"。正值三星堆考古发现取得重要进展之际，"考古"作为本次历史文化节的主题之一也备受瞩目，毕业于北京大学考古文博学院的严正达老师负责的考古展位不出意外地吸引了许多同学驻足。经我校青牛创客3D打印技术的加持，严老师风趣幽默又学富五车的实力在微缩化的考古模型上得以展现。通过彩色纸板模拟考古地层，严老师把考古工作现场的基本原则与施工内容讲解得深入浅出，生动形象。加深了同学们对考古工作认识的同时，也成功引起了许多同学对考古的兴趣与向往。考古现场固然惊喜不断，但将刚出土的历史遗存"打扮"成我们在博物馆中所见之精美文物，考古专业的"后援团"，文物清理与保护等后勤人员也发挥了不可替代的作用。除了对考古现场的微缩呈现，十几个灰头土脸的"陨石"也吸引了同学们的目光。这些石块原来暗藏玄机，在夏艳芳老师、程钧铭老师的引导下，同学们锲而不舍地切割，打磨，内部隐藏的一个个仿真小文物终于现出了真面目。看着同学们开心满足的眼神，想必文物"后勤"们也正是为追寻这一瞬的幸福而忍受着旁人眼中的寂寞吧。

"扮姝容——笔墨纸砚巧琢磨"。盛唐文化给我国古代史留下了无比华丽的一章，也备受今人推崇和喜爱。以重现大唐风采为主题的活动占了足足三个展位，它们分别以临摹绘画，面具仿妆和唐俑上色为主题，钱月老师、赵璐老师和刘雪峰老师带领同学们以 DIY 的形式创作了自己独属的唐人物画，唐三彩俑和唐胭脂妆面具，不仅表达了自己对唐文化的憧憬，体会了一把翰墨追风的酣畅淋漓，也以创新的形式让传统文化焕发了新的活力。

"指迷津——点石成金启青年"作为第一场学术讲座，由北京市知名特级老教师李秉国先生主讲。讲座以世界近代史的教学方法为主题，在通过图示教学法捋清课程结构的基础上，梳理了世界近代史的若干重点问题并潜移默化地将唯物史观这一历史核心素养贯穿全课。李秉国老师学贯中西，对历史地图、中外文献信手拈来，深刻地解释了关键概念，深入浅出地解决了疑难问题。在被讲座无比精彩的内容折服之外，听众无不为李秉国老先生年逾八旬仍能全程站立三个半小时讲演而震撼。整场讲座老先生精神矍铄、中气十足、台风稳健，全然不似已离开讲台多年。讲座终了，掌声经久不息；与会者皆受益匪浅，敬仰于李老先生深厚的学术积淀以及与时俱进的专业精神。

"三星堆——多元一体显华威"。黄金面具、大口尊、青铜神树、丝绸遗痕……时隔 35 年，被誉为"20 世纪最重大考古发现之一"的三星堆遗址又"上新"了。连拆 6 个"盲盒"，出土 500 多件文物，三星堆再次震惊四方。是谁造就了这样一个神秘绚烂、规模巨大的古文明？是外星人的遗迹，还是外来文明的产物？本次历史文化节有幸邀请到了首都师范大学博物馆发展研究中心副主任范佳翎教授，为同学们展现真实科学的三星堆考古。范教授用生动幽默的语言，带同学们进入真实的考古世界。在"三星堆遗址的研究历程和主要认识环节"中，范教授结合三星堆遗址的自然地理位置，介绍了其考古挖掘工作。她没有仅仅局限于三星堆本身就事论事，而是以更宏大的格局，从考古学本身和我国考古事业发展历程的双重角度来审视三星堆考古。在"中华民族'多元一体'格局和三星堆遗址"环节，范教授结合学术界的权威成果，介绍了我国考古区系的知识，揭示了中华文明满天星斗、多元一体的起源特点，将三星堆文明置于整个中华文明发展史中去看待，增加了同学们对于中华民族起源的认识。最后，在"为什么要了解、学习考古？"环节，范教授结合习近平总书记对于考古工作的重要指示，向对考古文博工作感兴趣的同学进行了专业的普及以及研究方法的介绍。相信范教授富有魅力的讲座一定能激发同学们对考古探究的热情。

"青铜范——梦回三代耀古今"。本次历史文化节还邀请到了中国现代考古学之父李济先生的后人，首师大历史学院硕士生导师、商周考古艺术史青铜器研究知名专家陈北辰老师，为同学们讲解"青铜铸造和冶炼模拟"。陈老师不仅通过细致入微的讲解为同学们分享了青铜铸造冶炼实验的艰辛，还利用墨鱼骨，让同学们在教室中感受了一把制范工艺。通过使用砂纸、铁丝、刻刀，同学们在一点点的打磨中体会了古代匠人的不易与伟大。

2. 2023 年历史文化节

2023 年又成功举办了第四届历史文化节。我们以"求真向远，'史'情话意"为主题，以打通历史和同学们之间的界限、让同学们更好地感受历史为宗旨，举办了为期一周的历史文化活动。

第四届历史学科文化节开幕式

（1）丈量北京中轴线，打开中国古建史。学生们在李光老师的指引下，丈量北京中轴线，于经纬之间探求龙脉之根源，翻开中国古建史的扉页。"建筑是石头的史书"，这是同学们第一次全方位地了解我国古建文化，并且与廉洁文化、工匠精神这些文化精神内涵相结合，古建筑在同学们心中"活"起来了。

李光教授《丈量北京中轴线，打开中国古建史》专家讲座

（2）史料实证素养的育成。研究历史离不开通过史料实证发掘史实的过程。我们追随首都师范大学张汉林教授的脚步，从基本观念、主要类型以及分析方法三个角度，不断递进、一步步学习有关历史学科五大核心素养之史料实证的相关理念。张老师用形象贴切且丰富的史料，一步步引导同学们从不同视角解读史料，探索求真求实的历史：精选史料、提取信息——鉴别分析、评估证据——设计问题、启发思维——多元印证、重现历史——"历史学就是史料学"，在实证中抽丝剥茧，于严谨与温情中书写感性与理性……

张汉林教授《史料实证素养的育成》专家讲座

（3）小先生讲坛——赳赳大秦与南明王朝。于正志厅，我们随着李昱辰同学，穿越至烽烟四起的战国，见证秦军封侯拜爵；于学术报告厅，在陈子尧

同学的带领下，于大明王朝一息尚存之际，走进了南明政权的风云变幻。同学们在这个过程中感受历史的变迁。同学们踊跃参加、热情高涨，讲座现场座无虚席。

《史海双楫》学生讲座

（4）史家铺子文创集市。同学和教师原创自制的文创作品在以畅"邮"古今、叩问三星、幻旅诗画、朕的一天、觉醒年代、摩诃历史、金榜题名为主题的7个专柜开售。附中师生原创文创有趣有料：学生提供创意，师生共同实现；学生动手制作，学科组提供平台展示；学科组教师原创研发的练习册封皮摇身一变为文件夹、帆布包，继续服务同学们的学习日常；自刻印章、自提扇面也能瞬间一抢而空；在红彤彤的许愿卡的映衬下，在"爱历史、爱附中是我们共同的宣言"声中，第四届历史学科文化节完美收官。

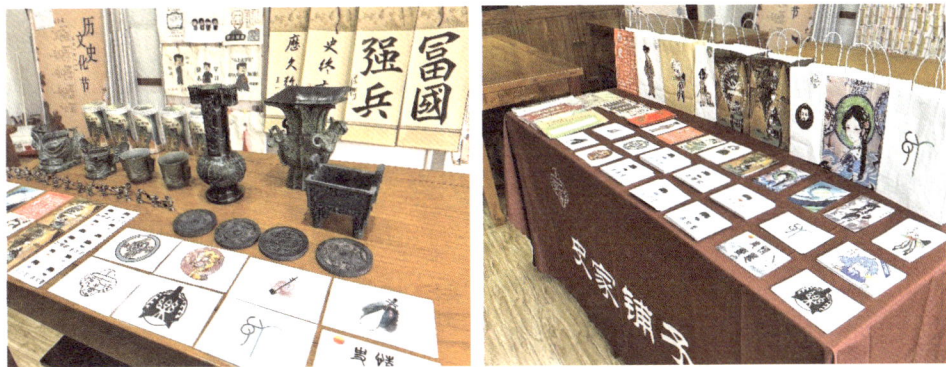

学科文化节文创集市

历史文化节将传统文化带入校园，丰富了全校学生的课余生活，营造了良好的学习氛围，提高了学生的人文修养，增强了学生的动手能力，充分体现我校深厚的历史底蕴和人文情怀。

四、精于教育　工匠精神：教学研究与教师专业成长

首师大附中在教育教学改革中形成的一整套教研制度，对各学科组的教学研究工作起到了引领规范作用。例如"师带徒"是学校延续多年的教学传承制度，由富有强烈责任心、经验丰富的名师收徒，从点滴开始，手把手指导青年教师的教学工作，包括教学重难点的分析、教案的规范撰写、教学课件的制作、师父把关，监督徒弟上好每一节课等。老教师做出表率，节节课都以公开课的标准，敞开大门供青年教师学习观摩。他们的教学资料无私分享，教学技巧当堂示范，教学心得倾力传授，教育情怀深刻感染。历史组老教师大气磅礴的胸怀和无私奉献的精神总是激励着一拨又一拨青年教师努力进取，以饱满的工作热情，虚心的学习态度投入工作。亲和的师生关系，师徒间的相互合作，学术上的推陈出新，生活中的彼此关怀，不仅使青年教师很快适应了教学环境，更是形成了学科教研的良性循环。

（一）多元的教研方式

（1）自主教研。首师大附中为历史组的自主教研提供了极其宽松的环境和便利的条件。首先，斥资建立了历史专业教室，古香古色的学习氛围，生动逼真的教学模具，使学生具备了历史专业化学习的环境。其次，学校每年花费巨

资配齐历史专业书籍和期刊，在专业教室和教研组都设立了专门的图书角，供教师们自主学习。最后，大力支持历史教师的外出进修学习。2016年10月，夏艳芳参加了首都师范大学历史学院"学科核心素养和初中历史教学论坛"，做客首师大杨朝晖教授的"青年教师成长沙龙"；刘芳芳参加北京教育学院"卓越教师工作室"项目培训；严正达加入了北京大学主导的群体课题"学习科学素养提升项目"；黄小洁报名参与了"第三届全国高校非物质文化遗产教育教师培训班"系列课程学习；王宁应北京市基础教育研究院郭井生教研员的邀请，在全市做了"探究新技术下课程设计"的主题发言；乔楠将自己在"批注式阅读"领域的教学研究心得与海淀区教研员和教育名师们进行了分享。青年教师的好学上进，进一步带动了历史组的教研氛围，学术气息愈发浓郁，研究性教研活动愈发拓展。

（2）专家引领。历史组充分利用学校的优质资源，为在改革中及时更新教育教学理念，几年来先后邀请了大批专家学者入校做专业指导和培训。2016年邀请了教育部历史课程标准修订委员会专家、首都师范大学历史学院徐蓝教授，介绍高中历史课程标准修订工作以及历史学科核心素养的内涵和界定依据；同年邀请了高考命题组专家、首都师范大学历史学院董增刚教授，直接指导高中文科历史复习工作的教学改进；2016年邀请了北京师范大学历史学院宁欣教授指导中国古代史经济专题教学工作，宁教授将父亲——隋唐史研究领域专家宁可先生生前的很多藏书捐献给历史教研组，支援学科组发展建设；2017年邀请了北京师范大学历史学院郑林教授，指导"促进学科能力发展的教学改进"项目工作。2018年邀请了首都师范大学历史学院的邓京力教授，为高三文科生作了"近十年高考试题命题趋势与学科素养的关联"分析报告；2019年邀请了北京市教育学院吕蕾博士就教研组课题研究问题进行了要素解析指导……在专家的引领下，历史组的教育改革观念迅速更新，教学研究眼界更加开阔，教学方法和手段有了改变，教研组整体的教学质量和教学水平得到提升。

宁欣教授开展讲座及捐献宁可先生藏书

区教研员指导教研

教师指导学生命题研究

（3）校本集体教研。历史组为提升全员专业素质和教学水平，制定了详细的学年工作计划，责任到人，定期检查，高效有序地完成校本集体教研任务，使人人业务娴熟，门门课程精彩。

学年工作日程单

工作时间段	目标任务	负责人
每学年	备课组教学研讨：教学创新点，教学活动主题，国家课程与校本课程配置等	各年级备课组长
每学期	各备课组总结经验，梳理成果，交流心得，或申报课题	教研组长
	撰写教学案例、专业论文、校本教材等	每个成员
每个月	首师大附中教育集团大教研：下校听评课，或参与本部集体培训，课程与教学研讨，公开课集体备课等	教研组长
每隔一周的周四下午	教研组统一研修：初高中打通交流学科内容、教学方法；或全组集体备课，或课题研究，或聆听专家讲座	教研组长
每周五上午	全员参与海淀区教师进修学校系列课程学习	每个成员
每周固定半天	分年级集体备课，制定可行的教学计划，统一安排教学进度，集体研磨教案课件，分享各自的教学资源	各年级备课组长

教研组历史读与写专题研讨

香港中学校长教研交流

（二）教研成果与教师专业发展

历史组正按照规划的路线稳步前进，通过专业学习和教研活动，成员进步明显，教育教学成果卓著，全组完善了四修课程体系，建立了综合实践课程，教育教学改革推动了教师们积极进取，尽职工作，带毕业班就带出顶尖的成绩，带初中生就充分激发他们的历史学习兴趣，带高中生就夯实历史学科素养……我们遵循着为每一位学生的终身发展负责的理念，在教育教学改革的路上一路辛勤耕耘。

近十年来，首师大附中历史组承担和参与了多项国家级、市区级教育研究课题，参与撰写、出版、发表了众多教育教学研究专著和论文，参与和承担的市区级教学研讨、交流任务之多令人瞩目。青年教师的参赛水平有很大提升，多人次斩获各类各级别奖项。全组成员几乎都是海淀区教师进修学校兼职教研员或见习教研员，为海淀区历史教学工作奉献了大量智慧和宝贵经验。组里老教师们教学功力深厚，所带初高中毕业班的历史模拟成绩均稳居海淀区前列；青年教师教育创新能力强大，"信息技术与历史学科深度融合""中学生历史专业写作指导""历史社团的建设与成长"等新课题、新事物在探索中越来越成熟和规范……历史课程普遍受到学生的欢迎和家长的认可，历史教师都能成为学生的良师益友，历史学习将是许多学生未来终生的兴趣所在，是学业成功体验的基石。

教研组部分成果展示

成果类别	获奖情况
荣誉称号	2020 年海淀区"优秀督学"；海淀区学科带头人；海淀区骨干教师；海淀区优秀"四有"教师；普通高等学校招生考试评卷工作优秀阅卷员；"燕园杯"中学生家史写作活动优秀指导教师；"感动校园"十佳教职工
课题申报	北京市教育学会"十四五"课题主持人；海淀区教育科学"十三五"课题主持人；海淀区教育科学"十四五"课题主持人
重要奖项	2020—2023 三个学年连续记功表彰；北京市教育教学科研成果一等奖；北京市原创资源一等奖；北京市教育教学论文一等奖；北京市京教杯论文一等奖；北京市义务教育征集一等奖；北京市教师培训优秀论文一等奖；北京市研学资源课程一等奖；首都原创课程辅助资源一等奖；海淀区名师工作站特等奖；海淀区风采杯一等奖；首都师范大学高等教育成果奖一等奖 北京市高中特色课程；海淀区普通高中特色课程 第三届"燕园杯"中学生历史写作活动中荣获全国特等奖
参编著作	参编教师教学用书、古代文明书系；参编《海淀区义务教育学业标准与教学指导（历史 7—9 年级）》；参编《澳门历史教材·试行版 中国历史教师教学用书 初二年级 上册》；参编《中外历史纲要（必修）》下册历史地图册和填充图册、《选择性必修 3》历史地图册和填充图册；参编《义务教育教科书教师教学用书 中国历史 七年级下册（专用版）》；参编《海淀区义务教育学业标准与教学指导（历史 7—9 年级）》；参与编写少民族地区历史教参；参编《核心素养视域下的学科育人实践（文科卷）》
论文发表	《史料实证素养落地的逻辑性思考》发表于《历史教学》；《古希腊城邦的特点》发表于《中学历史教学》；《一叶一乾坤，〈中外历史纲要（下）〉中的宋瓷成就》发表于《历史教学》；《此心安处是吾乡：苏轼的禅之友与禅之游》发表于《国家人文历史》；《物我两忘：悟道之路与道友之情》发表于《国家人文历史》
课程开设	教育部"国培计划"国家级骨干教师高级研修班系列公开课；北京市"一师一优课"年度优课；北京市大单元设计公开课等

参编书籍及发表文章

市级课题

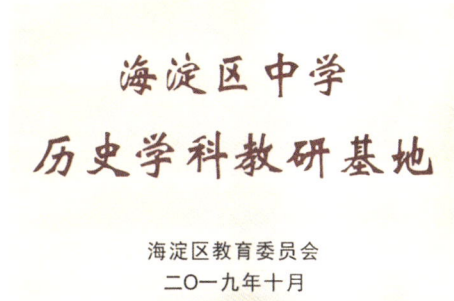

教研组部分成果

（三）教研辐射助力教育集团

首先，教学研究的目的不仅在于提升本教研组的教学水平，更需注重教学研究成果的推广与共享。随着首师大附中教育集团化办学进程的加快，历史组的学科优势首先在集团校中突显出来。跨校大教研成为我们的一项重要工作。加强交流，互通有无，取长补短，共同提升。本部与各分校间的联系在研讨中加强，各校经验在交流中推广。十年来附中历史组在跨校大教研工作中起了重要的示范主导作用，较快带动了集团各分校历史组的发展。其次，打破"同门""师门"界线，鼓励历史教师参与市区的教研活动和相关课题研究，教研组积极争取"教研开放日"研讨，主动申请开设公开课、研究课、观摩课及教材教法讲座等教学研究工作，推出组内优秀青年教师，推广附中教育教学经验，推进与周边学校、兄弟学校间的成果共享。最后，依托"全国部分大学附中教学协作体"这一我校独有的教学展示平台，将附中历史组的成绩推向全国，在加强与来自全国不同地区大学附中间的教学交流中，学习借鉴各地区历史教学经验，开拓思路，丰富我们自身的研究成果并加以推广，以形成在省外的影响力。

近十年跨校大教研的工作任务示例

学校名称	负责教师	跨校教研内容
北京工业职业技术学院	袁峥、张静华	承担高中历史会考课程授课任务
	张静华、史少卿	听评课、会考培训，培养教师王丽荣等
首师大附中通州分校	张英、袁峥、张静华、史少卿、刘雪峰、黄小洁、钱月	备课、听课、评课，指导青年教师李鹏、王鑫、郭晓梅、王琦、车广辉等
首师大二附中	袁峥	听评课、集体备课，教学研讨，指导历史学科组建设
首师大附中大兴北校区	张静华	初三工作交流，指导青年教师钱月等
首师大附中永定分校	袁峥、史少卿	听评课、集体备课，教学研讨，指导教师王强、赵永康等
首师大附中北校区	袁峥	参与公开课备课、听课评课活动，推动教学课题研究，指导青年教师赵海艳等
全国部分大学附中教学协作体第二十四届年会	夏艳芳	代表学校赴长沙交流，期间承担公开课、说课和教学研讨活动
北京交大附中	乔楠	专题讲座《唐宋变革论的中学视角》，与交大附中教师面对面学术交流
首师大附中第一小学	乔楠、王墨飞、严正达	小升初衔接课程

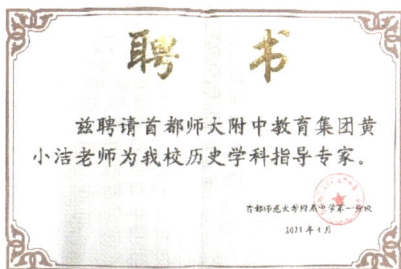

部分教师进行校外指导

黄小洁老师指导珠海横琴子期学校历史教学　　史少卿老师指导贵州务川二中历史教学

五、学生主体　自立自新：历史社团的创建与发展

历史社前身是 2013 年由历史组夏艳芳老师创立的考古社，后于 2016 年改名考古问今历史社。创建至今，历届社员在历史组教师的指引下，开展了形式多样的社团活动，在传播历史知识、弘扬优秀传统文化的同时，丰富了学生的课余生活、拓展了学生的文化视野。

考古社社标

（一）社团常规活动

学生讲座：社员结合自身兴趣喜好，选定历史主题开展讲座。2017 年 11月，历史社成员徐颂同学做了一场关于《唐代主食》的讲座，吸引了很多社内外的吃货小朋友。他用心地为来听讲座的同学准备了稻香村的点心，从现在的点心引出唐朝主要有哪些主食，非常生动。

徐颂同学讲座：《唐代主食》

新年茶话会：为了增进社员之间的相互了解，加强团队建设，历史社曾多次开设新年茶话会。茶话会上气氛融洽，社员们有着共同的兴趣爱好，从年俗到民国，再到一战二战，话题不断。

教师讲座：历史组教师人才济济，专业研究方向涵盖中国古代史、中国近现代史、世界古代史、历史学与历史理论、考古专业等，能够为学生提供更专业的学科指导。因此，历史社每学期会邀请一两位历史组老师来开办讲座。其中，黄小洁老师的《古希腊史》为同学们打开了古代欧洲历史文化的大门；严正达老师的《考古是什么？》为学生们揭开了考古学的神秘面纱；乔楠老师就如何进行研究选题、怎样从专业的角度搜索历史资料等方面进行分享，提高社员们的专业素养。

乔楠老师《历史研究方法》讲座　　　　　黄小洁老师《古希腊史》讲座

严正达老师演示拓印与活字印刷　　　　严正达老师《考古是什么？》讲座

（二）校园活动

　　历史社以中国传统文化节日为主题，举办了多届校园传统文化节活动。以中秋节为例，社员们组织了画灯笼、画兔儿爷、缝桂花香包、写对联等活动，吸引了众多师生、校职工的注意力。尤其是画兔儿爷，历史社专门邀请了非物质文化遗产的继承人来到校园里，手把手教孩子们怎么上色。同学们学得非常认真，画出来的作品也有模有样。坚守传统文化的阵地，不经意间种下热爱传统文化的种子，也许有一天就会萌芽。

此外，历史社还曾和古风社、汉服社的同学一起组织端午节活动。烈日炎炎的校园里，同学们热情参与端午知识竞答、包粽子等活动，很多同学得到了五彩绳的奖励，也借此把端午祈福的心意带给同学们。端午节活动当天，还邀请了首师大青年考古人学社的大学生们来到首师附校园。他们带来了更加专业的设备，指导附中的同学们认识各种青铜器、用泥条盘筑法制作陶器、拓印瓦片当纹饰、认识古人类骨骼的特点等。其中，高二年级一位女生立志要学考古，现场问了很多非常专业的问题，令大学生们刮目相看。

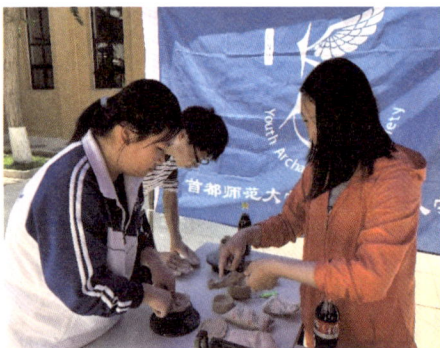

学生制作陶器

学生拓片

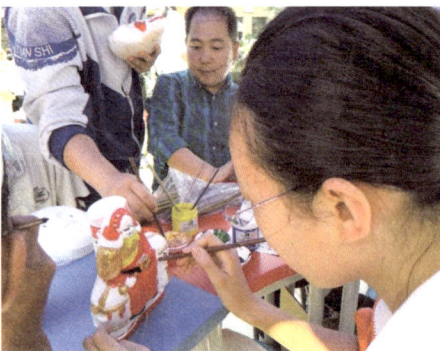

学生手绘兔儿爷

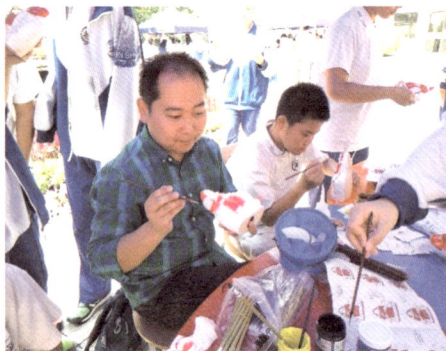

非物质文化遗产的继承人来校指导学生

学生手绘灯笼

学生缝制香包

（三）校外活动

为了进一步开拓学生视野，深化学生对历史学科的认知，历史社还走进了考古工地、博物馆和大学，观赏文物风貌、聆听教授风采。为拓展学生的学科视野，提高学生的人文素养，培养学生的文物保护意识和积极性，考古社团特与北京大学公众考古与艺术中心合作，组织学生赴房山田野考古实践基地参加模拟考古挖掘活动。有人说，当代人类对手机和网络的依赖越来越重，即使在逛博物馆的时候，"永远可以探囊取物，却也永远都是两手空空"。在参观国家博物馆的《秦汉文明》展览时，老师让孩子们纷纷关掉手机，只用纸和笔记录文物的形状，用最质朴的方式寻找现代人与古代人在审美上的共情、共通。历史社还曾走进首都师范大学，听王志伟老师讲《宫里宫外话乾隆》。在历史与学术的浸润中，孩子们不断探索如何将懵懂的兴趣发展成理性的认识，如何用历史的思维认识历史中的人物与当代的社会。

历史社成员参观考古工地

历史社成员参观北京大学赛克勒考古与艺术博物馆

学生认识古人类骨骼特点

学生包粽子

历史社成员走进大学听讲座

历史社成员走进国博参观《秦汉文明》展

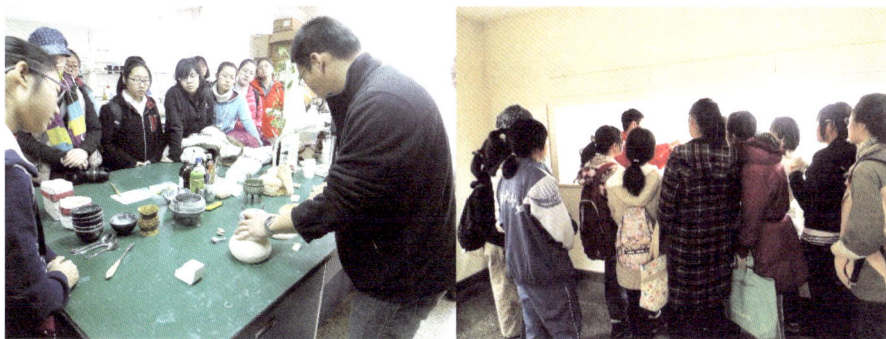

考古社走进北京大学考古文博学院

　　近十年来，考古问今历史社志在以文化热点为对象，增强社团责任；以志愿服务为契机，传播历史知识；以校园活动为平台，弘扬传统文化；以社团成果为依托，联结中学高校。历史社努力承担校内示范作用，以敬畏历史、弘扬文化为己任，不仅自美其美，也与其他社团美美与共。同时，面对新课改的要求与任务，历史社通过探索校外引领的育人新模式，帮助初高中学子深入且高效地了解历史专业，提升自身史学素养，明确未来发展方向。

考古问今历史社开展活动情况

时间	地点	活动内容
2016.9.4	校园	中秋节活动：答题、画灯笼、做兔儿爷
2016.10.4	北大赛克勒考古与艺术博物馆	参观北大赛克勒博物馆中原古代音乐文物展和敦煌壁画艺术精品展
2016.10.13	历史教室	新社员会议
2016.10.14		讲座：中国古代墓葬（上）
2016.10.20		讲座：古罗马与马略改革
2016.11.11		讲座：中国古代墓葬（下）
2016.11.17		讲座：赤壁之战背景
2016.11.18		讲座：双手合十的诱惑——高僧佛印传奇
2016.12.1		讲座：赤壁之战
2016.12.2		讲座：三国漫谈
2016.12.16		讲座：雍城拾遗（北大考古系学生主讲）
2016.12.26—12.29		初一年级历史知识竞赛
2017.4.13		讲座：衣食住行
2017.5.30	校园	端午安康——传统文化校园活动
2017.5.30	历史教室	讲座：抗日战争

六、多元发展　专业引领：学生素养的培育与深化

学生核心素养的培育和综合能力的发展是一个阶段性的过程。教师需要结合学生成长的阶段性特点设计教学与实践活动。近十年来，历史组教师通过组织学生进行历史剧创作与展演、项目式学习、史料研读与论文写作等活动，激发学生的创造活力与专业潜力，继而助力学生的全面发展，提升学生的专业能力。

（一）历史剧展演

历史剧是以某一时期历史事件和人物为蓝本进行的艺术创造。这一形式有助于学生以历史史实为基础，深入挖掘历史人物的性格及命运，了解和感知历史人物背后的社会特色与时代风貌，继而建立文化自信、树立爱国信念。

初中阶段，学生通过学习逐渐形成对历史学科特点的基本认识，对历史人物以及历史事件表现出浓厚的兴趣，初步掌握了分析历史人物与历史事件的视角与方法。基于此，历史组教师以培养学生兴趣为先导，以增强学生历史思维能力与创新能力为宗旨，带领学生进行过多次历史剧创作与展演活动。

在历史剧创作过程中，教师通过指导学生阅读史料、创作剧本和展演作品，帮助学生深入理解历史知识、掌握运用唯物史观分析历史的能力，同时培养学生的家国情怀，进而达成发展学生核心素养的目标。学生在排练、修改的过程中可以培养组织能力、合作能力与表现能力，最终实现自我完善与发展。无论是参演者，还是观看者，学生都可以从中感悟历史人物的精神品格，回望中华文明的历史长河，最终实现立德树人的教育目标。

学生历史剧创作及排练

学生现场展演

（二）项目式学习

项目式学习（Project-Based Learning）是以学科原理为中心内容，使学生在真实世界中借助多种资源开展探究活动，并在一定时间内解决一系列相互关联的问题的一种探究式学习模式。这一模式强调以学习者为中心，引导学生学会与不同层次的同学合作，对真实而重要的主题进行深刻思考，以此培养学生的主体性和自主性，提高学生的自主学习能力、分析和解决问题的能力以及批判性思维能力。面对近年来如火如荼的项目式学习热潮，首都师大附中历史组敢为人先、身体力行，做出了有益尝试。

程钧铭老师以"改革开放以来的社会巨变"为主题，指导学生采用社会调查方法，探究改革开放以来中国社会的发展与变化。

| 学法指导 | ➡ | 寒假作业 | ➡ | 讨论探究 | ➡ | 完善创新 | ➡ | 汇报展示 |

| 导引课
1课时 | | | | 探究课
2课时 | | | | 展示课 |

项目式学习实施过程

"新中国70年来的生活巨变"评价表

序号	过程评价（60分）					成果评价（40分）			总评得分
	小组分工合作（5分）①无人员分工安排，0分；②分工到人，但有人未完成任务，1-2分；③每一个成员认真完成各项任务，3-4分；④团队成员认真负责相互支持及时反思调整，5分。	编制调查计划（15分）①未编制调查计划，0分；②编制调查计划，书写规范，1-5分；③书写规范，结构完整，6-10分；④计划条理清晰，指导性强，11-15分。	问题结构设计（15分）①无问题结构，0分；②紧扣研究主题，设置具体问题，表述清晰，1-5分；③问题层次清晰，逻辑合理，6-10分；④问题设置有创新，11-15分。	运用调查方法（10分）①无具体调查方法，0分；②明确调查方法，1-2分；③有效运用调查方法，3-6分；④多种调查方法相结合，7-10分。	整理调查数据（15分）①无调查数据，0分；②有原始调查数据，生成数据报告1-5分；③调查方法运用规范，数据报告规范，6-10分；④对调查数据进行分析总结，11-15分。	辨析调查信息（10分）①无参考文献，0分；②有参考文献，1-3分；③利用参考文献，对调查信息进行分析，4-7分；④结合教材内容，对文献资料与调查数据进行对比互证，8-10分。	撰写调查报告（20分）①未生成调查报告，0分；②生成调查报告，书写规范，1-5分；③论证逻辑清晰，6-12分；④论据充足，体现实证精神，结论合乎历史发展规律，13-20分。	深化历史认识（10分）①未生成小组的历史解释，0分；②生成小组的历史解释，但未体现调查后的思想深化，1-3分；③体现调查后的思想深化，且有思辨精神，4-7分；④在深化基础上，体现家国情怀，8-10分。	
1									
2									
3									
4									
5									
6									
7									
8									
9									
10									
11									

项目式学习评价表

学生项目式学习记录单

项目式学习展示

可见，通过此次项目式学习，学生了解了我国在科学技术、文化事业方面取得的成就，通过衣食住行用等各方面的变化，了解了经济的快速发展和人民生活水平的提高。在学习过程中，学生通过设计调查问卷、统计分析调查问卷、访谈等方式，掌握社会调查的基本方法，提高研究问题的能力；通过创新形式呈现调查结果，提高论从史出、史论结合意识，提高历史解释的素养。通过调研，学生真正走进社会生活，通过社会调查、创新演绎，感受社会变迁，提高民族自信心，涵养家国情怀。

（三）论文写作

历史论文写作讲求史论结合，"有一分史料说一分话"。在论文写作过程中，学生通过对史料条分缕析，对某一人物和事件形成客观辩证的认识，有助于在时空观念、唯物史观、史料实证和历史解释方面获得能力提升。并且，在将人物和事件还原于历史洪流的过程中，学生不由地会与历史人物产生共情，感悟他们的壮怀激烈与爱国雄心，感叹他们的功败垂成与壮志未酬，感慨中华民族伟大复兴的来之不易与指日可待，家国情怀油然而生。鉴于此，历史组青年教师针对初高中学生的不同特点，为其提供论文写作指导，旨在从专业角度培养学生历史思维，提升学生史学素养。

近十年来，历史组教师指导了多位同学发表历史学术论文；指导了2023届初中生周士弘在第四届"少年历史论坛"论文比赛中获得优秀；指导了第二届、第三届和第五届"燕园杯"全国中学生历史写作大赛，取得令人瞩目的成绩：我校获奖学生共37人，国家特等奖1人、一等奖2人、二等奖4人、三等奖4人，北京市一等奖8人、二等奖12人、三等奖7人。

第二届"燕园杯"中学生历史写作大赛获优秀组织奖

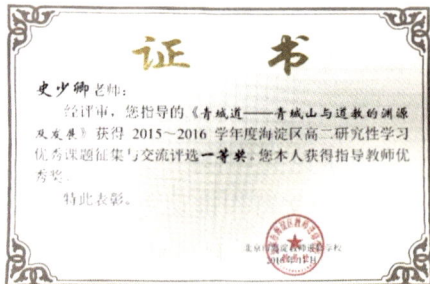

历史组教师指导学生论文获奖情况

历史写作指导讲座

部分获奖学生合影

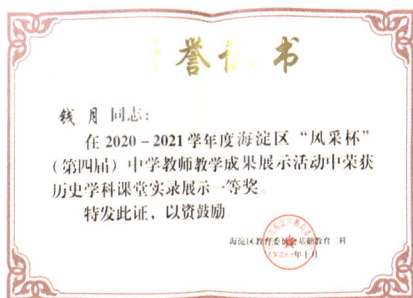

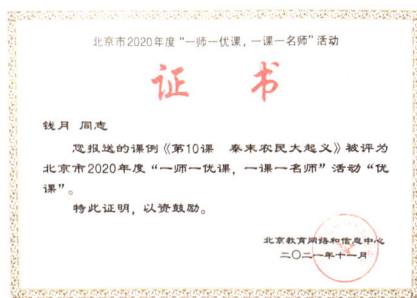

部分教师获奖情况

历史的车轮缓缓向前，首都师大附中已经走过了她百余年的风雨岁月。近十年对她而言，是一节新续写的年轻篇章。其中书写着的，是学生们砥砺奋进、踔厉奋发的模样，是教师们春风化雨、立德树人的力量，是师生们继往开来、再续辉煌的展望。

十年来，一代代的历史人团结奋进，坚持以学生为中心，创新教学模式，改进教学方法，开展丰富多彩的社会实践活动与细致深化的专业指导，帮助学生博闻强识、履践致远，深化思维、增强素养，助力学生梦想远航的新篇章；亦是历史人凝心聚力、传承创新、相互托举、彼此成就、共同成长的携手之路，最后，特别鸣谢已退休的教研组长张英老师的坚实奠基，致谢历史组所有一起奋斗、努力的教师们！

成德达才、立德树人、为党育人、为国育才，附中历史人，永远在路上……

历史文化节文创设计

附：历史教研组十年大事记

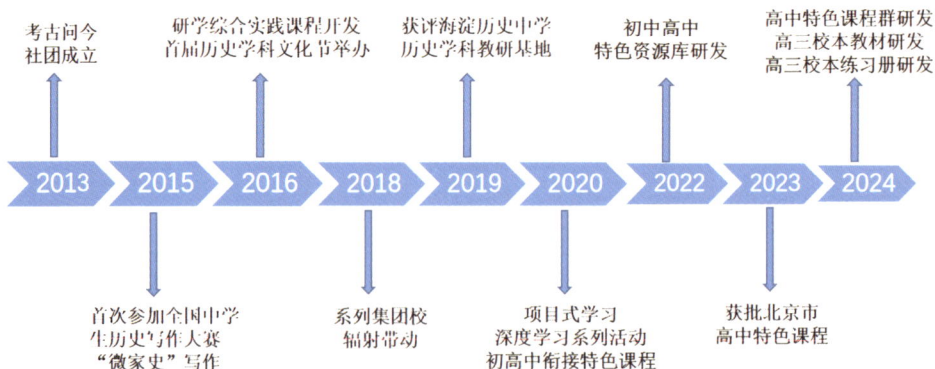

考古问今
社团成立

研学综合实践课程开发
首届历史学科文化节举办

获评海淀历史中学
历史学科教研基地

初中高中
特色资源库研发

高中特色课程群研发
高三校本教材研发
高三校本练习册研发

2013　2015　2016　2018　2019　2020　2022　2023　2024

首次参加全国中学
生历史写作大赛
"微家史"写作

系列集团校
辐射带动

项目式学习
深度学习系列活动
初高中衔接特色课程

获批北京市
高中特色课程

地舆载物　理在广博

首师大附中地理教研组十年来始终秉承学校"正志笃行、成德达才"的育人理念，始终坚持以实践求真知，以创新谋发展，打造了专业的教师团队，构建了以实践为特色的课程体系，形成了特色鲜明的学科文化，引领了海淀地理教育改革的浪潮。

实践是地理学科最突出的特色，是落实学科核心素养的重要途径，一切地理知识都来源于实践，也必将用于指导实践，因此重视实践是附中地理组始终坚持的理念。创新是附中地理组不断发展的秘诀，作为一个年轻的团队，地理组在教育教学实践中大胆创新、勇于开拓，创造了一个又一个的第一。

2016 年被评为首批唯一的一所"海淀区地理学科教研基地"，为附中地理组十年的发展奠定了坚实的基础。

2018 年 9 月建成的"地理信息与空间技术创新应用实验室"，是北京市最早的中学地理学科创新实验室之一，成为很多学校建设地理实验室的模板。为附中学生提供了更为科学、全面、专业的地理学习和实践活动平台。

地理组首先建设并形成了首师大附中地理学科四修课程体系。2018 年《基于学校四修课程体系的地理实践活动建设》被评为北京市基础教育课程建设优秀成果二等奖。

2020 年地理组大胆创新，开辟了首师大附中"成达守望农场"，开始了"成达校园农耕"课程的建设。

2022 年 11 月"成达校园农耕"课程被评为北京市特色课程；2023 年 9 月被评为海淀区基础教育课程建设优秀成果一等奖。

实践是地理人不变的特点，创新是地理人永恒的追求。学校良好的文化环境、领导教师们的大力支持，是我们不断前行的动力之源。地理教研组必将精诚团结，锐意进取，不忘初心，踔厉奋发，为学校下一个百年育人的宏伟目标不懈奋斗。

一、以百年校史为文化基因，坚守创新学科理念

首都师范大学附属中学地理组，以学科核心素养为导向，以学校四修课程体系为载体，通过精心设计的课程建设，以及教师成长发展为依托，致力于为学生提供优质而深入的地理教育。

（一）以学科核心素养为导向的课程建设

我们的课程建设始终围绕地理学科核心素养进行，旨在培养学生的地理实践力、区域认知能力、综合思维和人地协调观念。

在地理实践力的培养上，我们注重通过地图、图表等直观教学材料，帮助学生建立空间概念，提升空间定位能力。在区域认知能力的培养上，我们设计了丰富的区域地理课程，引导学生深入探究不同区域的自然和人文特征，形成对区域的全面认知。在综合思维能力的培养上，我们鼓励学生运用多学科知识，综合分析地理问题，提升解决问题的能力。在人地协调观念的培养上，我们注重通过案例教学和实践活动，让学生深刻认识到人类活动与地理环境之间的相互关系，树立可持续发展的观念。

此外，我们还注重课程的时代性和创新性。我们关注地理学科的前沿动态，及时将最新的研究成果引入课堂，保持课程的先进性和前瞻性。同时，我们鼓励教师创新教学方式和手段，运用现代信息技术，打造高效、生动的地理课堂。

（二）以教师成长发展为依托

我们深知教师的成长发展对于学科建设的重要性，特别是在教师成果方面取得的显著成绩，为我们学科组的发展注入了强大的动力。

在教师的专业成长方面，我们地理组拥有多位海淀区和北京市的学科带头人。这些教师不仅在地理教学领域具有深厚的造诣，还积极投身于学科研究和课程改革，为我们的学科组带来了丰富的教育资源和先进的教学理念。他们的存在，不仅提升了我们地理组的整体教学水平，也为年轻教师的成长提供了宝贵的榜样和引领。

地理组的教师们积极参与各类课题研究。他们结合教学实践，针对地理学科的核心问题和前沿领域，提出了一系列具有创新性和实践意义的课题。同

时，地理组的教师们也注重科研论文的撰写和发表。他们结合自己的教学经验和课题研究成果，撰写了一系列高质量的科研论文。

在公开课方面，我们的教师也取得了显著的成果。他们多次在海淀区、北京市乃至全国范围内开设公开课，展示了我们地理组的教学特色和优势。这些公开课得到了同行的高度评价。

此外，我们地理组的教师在班主任等教育工作方面也取得了显著的成果。他们不仅关注学生的学业成绩，更注重学生的全面发展和个性成长。他们通过班会、家访、心理辅导等多种方式，深入了解学生的需求和困惑，积极引导学生树立正确的人生观和价值观。

这些成果的取得，离不开地理组对于教师成长发展的高度重视和大力支持。我们为教师提供了多种学习和提升的机会，如定期组织教师参加专业培训、学术交流活动，鼓励教师参与课题研究、编写教材等学术活动。同时，我们还建立了完善的评价和激励机制，以激发教师的教学热情和创造力。

展望未来，我们将继续倾注心血于学生的成长与发展，为他们铺设更宽广的学习之路，开启更丰富的发展之门。让教师们在教学之海中遨游，教研之峰上攀登，教育之园中耕耘。我们深信，在全体教师的不懈追求与共同努力下，首都师范大学附属中学地理组将绽放出更加绚烂的光彩，为学生的全面发展播撒智慧的种子，为社会进步筑起坚实的基石。

二、以协同发展为主导思想，发展壮大教师队伍

教师队伍的总体水平是教研组教学和教科研水平的基础，优秀的教师队伍才能培养出优秀的学生。

（一）人员组成

目前，地理组现有教师 15 名。从年龄构成上看，35 岁及以下的青年教师占比达半数；从职称结构上看，高级职称占三分之一，一级以上职称占 60%；从学历结构上看，11 名教师具有名校硕博学历。近十年来，地理组教师队伍不断扩大，逐渐形成一批素质强、学历高、爱岗敬业、教学经验丰富、以青年教师为主的创新型教研团队。

地理组人员简介

姓名	年龄	学历	毕业方向	入职时间	教学理念
赵韬夫	44	本科	地理教育	2018.7	教育的最终目的是教会学生如何"幸福"生活
付迟	44	本科	地理教育	2002.9	师者如光，微以致远
石丽丽	50	硕士	课程与教学论（地理教育学）	1996.7	教育，是一个心灵点燃无数心灵
王文鹏	44	本科	地理教育	2001.7	用心点亮未来
冯春艳	37	硕士	自然地理	2011.7	纳百川，容学问，立德行，善人品
王佳	38	硕士	人文地理学	2012.9	扎扎实实做学问，认认真真教书
宋丽芳	36	硕士	课程与教学论（地理教育学）	2013.7	有教无类，爱无差等，扬长发展
杨倩	35	硕士	城市与区域规划	2013.7	业精一分汗千滴，爱心一颗花万朵
程子序	34	硕士	课程与教学论（地理教育学）	2014.7	积极探索　勇于实践　尽我所能　不留遗憾
常海洋	31	硕士	学科教学（地理）	2016.7	用心教书，用爱育人
徐丹蕾	29	硕士	自然地理学	2019.7	因爱而生，为梦远航
张新悦	28	硕士	自然地理学	2019.7	教育者，非为过往，非为现在，而专为将来
王翀	29	硕士	人文地理学	2020.7	静心为师，尽心为生；静以修身，德以育人
潘红梅	34	硕士	自然灾害学	2021.7	没有爱就没有教育
王丽冰	28	博士	地球物理学	2022.8	用生命影响生命，与学生共同成长

（二）承担教育工作

教研组教师在深耕地理教学工作的同时，积极承担学校的教育工作，教育处主任、团委书记、年级主任、班主任、社团指导教师、年级主任助理、副班主任等岗位上均有地理教研组老师的身影。

付迟老师班主任龄长达 12 年，连续 10 年担任年级主任工作的他有很强的年级管理能力，培养出团结向上的年级教师队伍，培育一批又一批的优秀班主任和青年教师。连续多年获评为学校优秀年级组长，曾荣获海淀区"四有"教师、班主任带头人、首师大师德标兵等称号。荣誉的背后是付老师扎根一线的辛勤付出，虽然身兼数职，但他依然乐观对待每项工作，他曾说过："如果让我再选一次职业的话，我依然会选择教师，选择那滚烫的人生。"

赵韬夫老师作为"首师大优秀共产党员"，跟随着"教育的最终目的是教会学生如何'幸福'生活"的理念，承担班主任工作 12 年，通过自己的言行给学生树立最好的榜样，深入浅出的人生哲理以润物细无声的方式感染着学生。

王文鹏老师担任 4 年教育处主任和多年团委书记工作，班主任龄长达 17 余年，多年在教育处的工作经验让他在育人方面有着丰富的经验。王老师对待学生耐心且包容，教育方法适切有效，深受学生爱戴。

2023—2024 学年，地理组共 8 位老师承担班主任或者年级主任助理工作。

三、以教学改革为创新平台，多维建设课程资源

2010 年 7 月，第四次全国教育工作会议召开，发布《国家中长期教育改革和发展规划纲要（2010—2020 年）》，对教育教学提出了新的要求。《普通高中课程方案和课程标准（2017 年版）》和《义务教育课程方案和课程标准（2022 年版）》，强调教学应关注学科核心素养的培养，最终达到立德树人的根本目标。结合我校思维课堂，地理组分别从四修课程、初中课程群、高中特色课程、课后服务等方面多角度尝试教学创新，并建设地理专业教室、录制相关微课，积累课程资源，助力教学改革。

（一）四三二一教育教学改革

1. 基础通修课程——整合内容，增加课堂实践活动

基础通修课程包括国家规定的初、高中地理必修课程，高中文科学生的必选课程，以及我校特色的高中理科文理兼修课程。在实施过程中，地理组结合教学实际和学生情况将教学内容有机整合，通过开展实践类、实验类的课堂活动，将国家课程校本化。

在基础通修校本化的过程中，我们努力在课堂教学中开展地理实验活动。地理实验活动开发的目标是运用地理信息技术和其他工具，通过简易观测、模拟演示、模拟实验等方法，展现大尺度、复杂情况的自然地理现象和过程。

在实践过程中，初中年级地理必修课中开创了行政区拼图、气象和物候观测、绘制专题地图、校园定向越野、水土流失演示实验等；高中年级地理必修课中开设了模拟火山喷发、探究泥石流成因、土壤类型简易鉴别、大气热力环流形成过程、地球圈层结构、地球的宇宙环境、锋面系统形成、水循环模拟等课堂实验。

这些实验、实践类活动进入课堂教学，大大地提高了学生学习地理的兴

趣，调动了课堂气氛，也使学生直观感受地理事实或原理的形成过程，大幅度提高了课堂教学的效率和学生的学习效果，受到学生的一致好评。

2. 兴趣选修课程——拓展学习领域，丰富课程方案

在完成基础通修课程的基础上，地理教研组贴近学生的生活实际设计了五大系列的地理校本选修课程，对基础通修课程起到了很好的补充作用。具体情况如下表所示。

地理组选修课情况

系列名称		校本课程名称
探索自然地理奥秘	天文系列	天文爱好者
		天文探索者
	气象系列	气象观测
		气候变化
	地质系列	宝石鉴赏
		地质灾害
感受人文地理魅力	旅游系列	乐游北京
		环球博览
	文化系列	遗失的文明
		大国博弈
		老北京文化
		北京历史地理

我校所开设的兴趣选修课程涵盖了地理学的主要分支学科，教学内容的选择上贴近学生的生活实际，让学生切实感受和深入了解生活中的地理问题和现象。学生在兴趣选修课程的学习方式多样，主要包括实际观测、角色扮演、亲身体验、辩论、手工制作、查阅资料、小组探究等，通过多样化的学习方式培养学生的好奇心、想象力、观察力，激发并发展学生在地理方面的兴趣、挖掘其潜能，使学生在实践活动中学会交流与合作，增强创新意识与能力，提高地理实践能力。

3. 专业精修课程——关注特长，培优创新

针对学有特长的学生开设形式多样的精修课程，使学生更加深入了解和认识感兴趣的领域，使学生学有特长，在专业特长上有所建树。具体课程设置如下。

天文方向：天文竞赛课程、天文专家校园讲座、野外天文观测。

地质方向：地质专家校园讲座、宝石鉴定加工实践。

气象方向：气象竞赛培训、气候变化研究课程、气象观测。

遥感方向：遥感图像解读、遥感研究课题、遥感专家讲座。

以我校天文精修课程为例，该课程针对有较好的天文知识基础背景的学生，以国际天文奥赛为载体，通过天文观测、天文摄影、天文知识、撰写天文论文等四大方面着力培养学生在天文方面的专业发展。授课教师通过每周的天文社团活动时间和天文奥赛课时间对学生进行以实践为主的培训课程，主要有专家讲座、实地观测、小组探究等授课形式。每次课程围绕一个主要的专题开展，让学生在实践的过程中不断深化对天文学相关理论的理解。通过增加天文摄影和观测的实践活动，让学生在实际操作中不断提高摄影和观测水平，积累技巧，最终在天文观测方面取得专业突破。

4.自主研修课程——指导调研，引领探究

地理自主研修的实践课程与我校特色的高中校本社会实践活动、初中博识课相结合完成，学生在京内、外的各项实践活动中发现问题、解决问题，完成相应的课题，提升了学生的综合地理素养。自主研修课程主要分成两类。

类别1：野外自然地理实践课。对真实情境中的岩石矿物、地形地貌、气象气候、河流水系、土壤等地理现象做出科学解释，如判别岩石与矿物、判断地貌类型和特点、看云识天气等，通过实践能够比较熟练地应用观察、调查、数据分析等方法。

类别2：社会人文地理实践课。利用所学知识，解释身边、区域或国家社会生活、经济生活中出现的一些地理事物和现象，如人口分布、农业和工业生产、交通运输布局等，学以致用。

目前，相对成熟的自主研修课程案例如下。

①奥林匹克森林公园定向越野实践课程。结合地理学科地图学相关知识，在奥森公园举办定向越野实践活动。

②高碑店污水处理厂水资源综合探究课程。结合中国水资源状况及水资源的回收利用相关知识，组织学生参观高碑店污水处理厂。

③爨底下古村落地质地貌人文地理考察。结合聚落与环境关系的相关内容，带领学生参观京西古村落，近距离感受自然环境对聚落的影响。

④北京市城市规划馆历史地理综合考察。结合北京城市发展及城市规划相关知识，在北京城市规划馆中探寻北京城市发展的历史与未来。

⑤甘肃省区域地理野外考察。我校高一年级文科学生前往甘肃地区进行社

会实践，通过观察、访谈等多种手段，充分考察当地的自然地理环境特征、地域文化特征、教育现状等。在实践过程中发现问题，解决问题。

⑥成都区域考察。我校高二年级文科学生前往成都地区进行综合社会实践，充分考察当地的自然地理环境和地域文化特征，走访并了解当地教育现状，结合高一年级的实践内容进行专题纵深研究。

（二）选修课与课程群建设

1.选修课建设

地理组负责开设的选修课达20余门，其中每学期开设选修课数量不少于5门。从内容上看，选修课分为三大系列，包括"探索自然奥秘""感受人文魅力"和"实践出真知"，分别对应自然地理、人文地理和实践活动。每个大系列中包含不同的子系列。

地理组选修课情况统计

系列名称		课程名称	授课教师
探索自然奥秘	天文系列	天文爱好者	冯春艳、王佳
		天文奥赛入门	王佳
		走进天文	王丽冰
	气象系列	气象科普与观测	程子序
	地质系列	宝石鉴赏	宋丽芳
	灾害系列	自然灾害	杨倩
	区域系列	世界地理	赵韬夫
		小视频大地理	王文鹏
		自然地理	冯春艳
		世界地理	冯春艳
		大自然在说话	徐丹蕾
感受人文魅力	旅游系列	旅游地理	杨倩
		带你去旅行	徐丹蕾
		环球旅行家	宋丽芳
	文化系列	老北京文化	宋丽芳
实践出真知		成达农场农业耕作体验项目式学习课程	程子序、常海洋、宋丽芳、张新悦

2.初中课程群建设

为了进一步建立健全校本课程，形成一个层次、结构分明的课程体系。2022年，初中地理备课组整合曾开设过的选修课程以及教学、教师资源，以教育部颁布的《义务教育课程方案（2022年版）》和《义务教育地理课程标准（2022年版）》（以下简称《新课标》）为政策理论依据，聚焦学生发展核心素养，建设了以"地理空间之旅"为主题的课程群。

初中课程群结构示意图

（三）北京市特色课程建设

2022年11月，由赵韬夫老师指导，程子序、张新悦、宋丽芳、常海洋和王翀老师基于我校成达守望农场开发的"成达校园农耕"课程被认定为北京市普通高中特色课程。

1.课程目标

课程以树立正确的劳动观念和科学观念（价值体认），培养劳动品质、人地协调观及社会责任感（责任担当），在真实情境中综合运用地理等多学科知识解决问题（问题解决），并以积极的态度分享劳动成果及推进劳动成果转化（创意物化）为总目标，并从价值体认、责任担当、问题解决和创意物化等四个维度分解目标。

2.课程设计思路与基本原则

本课程遵循三维一体的设计原则，第一维度是实践层面的实践育人与劳动育人融合，第二维度是理论知识层面的理解应用与迁移创新并重，第三维度则是在贯穿理论与实践的基础上实现学科层面基础性与综合性共存。设计思路如图所示。

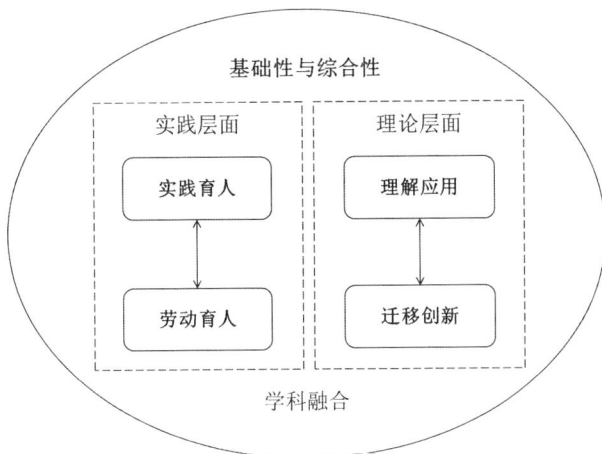

特色课程设计思路

3. 主要内容

课程以农作物生长规律为线索，围绕农耕文化、农耕知识与农耕体验等三方面内容开展，设计"识粮知农""育粮务农""护粮爱农""收粮兴农"四个单元，以项目任务为基础构建内部结构，课程内容涉及地理、生物、劳动等跨学科知识，实现劳动教育与多学科整合。

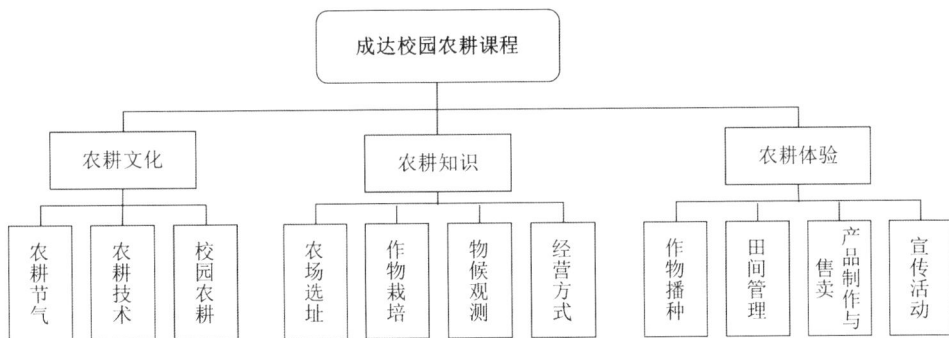

课程结构

4. 课程实施情况

课程实施以农作物生长规律为线索设计整体实施流程，以项目任务为基础构建内部结构，以实践活动贯穿课程始终。引导学生在真实情境中进行项目式学习，经历"农业区位选址—粮食播种—培育—收获—产出"的完整"项目"过程，全过程体现知行合一。每学年开设 36 课时，课程实施流程如图所示。

第一单元：识粮知农 ⇒ 第二单元：育粮务农 ⇒ 第三单元：护粮爱农 ⇒ 第四单元：收粮兴农

项目任务	问题提出	问题提出	问题提出	问题提出
	选择何种作物？如何遵循农时？	如何保障作物优质高产？	作物长势状况？病虫害状况？	如何处理作物？如何提高节粮意识？
理论学习	小组研讨	知识储备	知识储备	小组研讨
	制定耕作计划商讨经营方式	田间管理相关技术要领学习	自主学习鸟害、病虫害防治方法	制定作物处理与售卖方案、科普宣传方案等
实践体验	实地考察	实践体验	实践体验	产品制作与实践
	调研校园环境农场选址及依据	开荒除草、开沟播种、出苗期田间管理、物候观测	制作驱鸟设施生物防治虫害	产品售卖秸秆无害化处理科普宣传活动
阶段评价	成果展示与评价	成果展示与评价	成果展示与评价	成果展示与评价
	相对完善的农场耕作及经营方案	作物出苗与长势	农场基础设施改进作物高产稳产	科普展板产品销量反思与改进

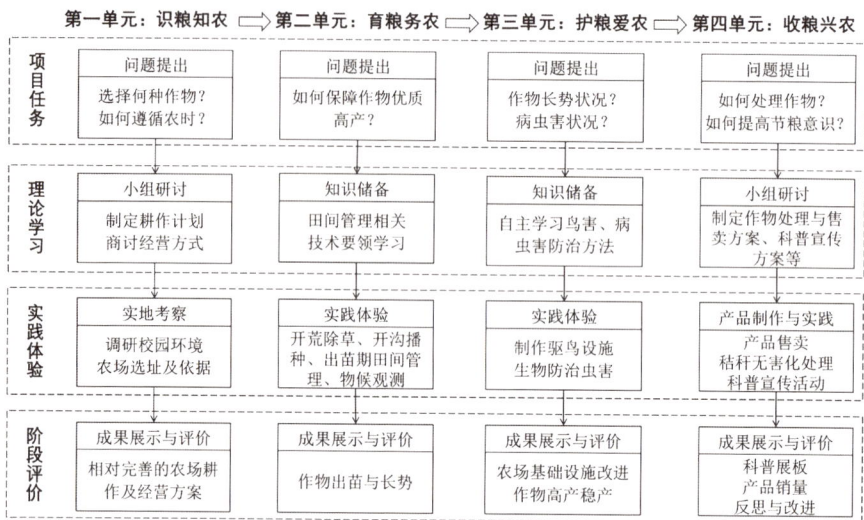

"成达校园农耕"课程实施流程

（四）专业教室建设

2016 年，地理教研组在学校的大力支持下自主设计地理专业教室，为学生开展深度地理学习提供助力，为教师的专业发展保驾护航。

中学地理专用教室是中学地理课程的重要资源，是落实《新课标》的重要保障。2006 年北京市教委颁布《北京市中小学校办学条件标准细则（试行）》，要求建设地理教室。《普通高中地理课程标准（2017 年版 2020 年修订）》也指出，学校应高度重视校内外课程资源的开发，逐步建设地理专用教室，逐步配备专门适用于中学的"水、土、气、岩、化石"标本，逐步配备野外实践的基本工具。首都师大附中高度重视地理学科的建设，为北京市海淀区首批唯一的地理学科教研基地校。2018 年 9 月，占地面积 123 平方米的地理教室在教学楼顶层建成。

首都师大附中地理教室外景

同期建成的还有学科走廊以及校园气象站。项目投入合计 194 万余元，涵盖教室基础装修、硬件设备购置、配套系统软件等方面。

教室第一批配备了数字星球、交互地图教学系统、地理 AR 沙盘、全息教学系统、北斗导航实践应用系统等现代化教育装备。第二批购置了罗盘、手持风向风速仪等传统考察设备，覆盖天文、地质、气象、水文、土壤等多个领域。

实验室分为教学区、探究区、标本展示区、学生作品交流展示区、阅读区等，并与室外校园气象园及卫星数据接收系统相连接，方便获取一手地理空间信息资料。

教师依托地理教室，根据不同学生的学习层次和能力，开展了适合高中学生的探究型实验、模拟实验以及自主研修课程等。截至 2023 年 7 月，教室为近千人次学生提供了学习空间与探究的场所，接待了市区各类兄弟院校教师200 余人次的参观交流学习，起到了引领示范带动作用。

四、以研修实践为生长基点，全面锻炼教师能力

"水之积也不厚，则其负大舟也无力。"研修是教育工作者终身学习的重要组成部分。随着教育不断发展和新知识的涌现，教师需要不断学习，没有研修的教师将无法掌握最新的教学方法和教学技能。教师进行研修的方式多种多样，近年来，从新教师培养到青年教师教科研能力提升，再到资深教师进一步发展，地理组形成了一套完整的研修体系，保证教师能力持续进步。

（一）师徒结对

为每一名新入职教师配备教学师父，开展丰富的师徒活动，相互听评课，使新教师在较短时间内，成长为可以把控课堂、站稳课堂，成为学生喜爱的地理教师。

付迟老师作为程子序、杨倩老师的师父，悉心教导、温情引导。他们延续了付老师广袤的胸怀、热情的情怀、严谨的态度，怀揣着"业精一分汗千滴，爱心一颗花万朵"与"积极探索、勇于实践、尽我所能、不留遗憾"的教育理念奋斗在一线教师行列。

王文鹏老师作为王翀、王丽冰老师的师父，总能在徒弟困惑时，及时地指点迷津，引领两位年轻教师在各类级别的公开课和教学比赛中取得优异成绩。

如同王文鹏老师"用心点亮未来"的教育理念，他正用一颗热忱的心为新教师点亮前方曲折的路。

石丽丽老师作为徐丹蕾、王佳老师的师父，严谨细致、温柔平静，犹如一汪清澈的泉水，将自己所学所感所悟，毫无保留地、源源不断地向徒弟倾倒。

宋丽芳老师作为常海洋老师的师父，为人真诚热情、做事干练果敢、待人宽容谦和，将自己工作和教学经验毫无保留地传授给新教师，言传身教、率先垂范。

（二）课题研究

课题研究是教师专业发展的重要组成部分，有助于教师实现专业成长。课题研究可以帮助教师深入课堂，对教学的实践过程有更深入的理解；可以让教师更准确地了解学生的学习情况，以便更好地满足学生的学习需求。

十年来，地理教研组承担 2 项北京市重点课题，分别是"基于学校特色的新教师培训课程建设研究"和"基于区域教育资源整合的学区特色课程建设研究"；12 项海淀区重点课题，包括"通过遥感实践活动促进学生创新能力培养课程资源开发的研究""通过天文实践活动促进学生创新能力培养课程资源开发的研究""通过气象实践活动促进学生创新能力培养课程资源开发的研究""基于有效性课堂的高三文综教学实践探究""基于有效性课堂的地理课程教学模式探究""地理专用教室的建设与使用研究""基于学校特色的中学地理实践活动课程体系建设研究""地理课堂中学生活动设计的研究""基于学生核心素养的初中综合实践活动课程顶层设计与建设""提升学生区域认知水平的教学策略研究"等。

地理教研组把教育科研工作和教研活动开展相结合，从实践出发，解决实际问题，将教育教学实践中遇到的问题进行梳理，形成相关研究课题。组内所有教师广泛参与，以理论指导实践，采用案例分析、中期小结、教学反思、论文撰写等多种形式开展广泛的研究，让教师理论上得到充实，理念上得到更新，并通过多种形式的活动提高教师的综合素质，开拓教师的事业，促进教师的专业成长。

（三）论文发表

十年来，地理组的教师们在学科教学实践探索的过程中不断思考、凝练教育教学智慧，在各类国家级、省级期刊发表论文近百篇，近 50 篇论文获得国家级、省市级奖项。其中，发布在国内核心期刊的论文共有 84 篇，涉及 8 人次，论文主题包含民族团结教育等思政内容、深度学习与项目式学习等学科教学方法、以学生为中心的课堂教学改进等，包罗万象，百花齐放。

地理组发表研究论文情况

教师姓名	发表核心期刊论文数量
冯春艳	63
程子序	10
宋丽芳	3
石丽丽	3
常海洋	3
杨倩	2
付迟	1
张新悦	1
潘红梅	1

教研组的论文数量不仅多，而且影响力极强。程子序老师发表于中文核心期刊《中学地理教学参考》的《中学地理实践活动的素材从何而来》一文被引用16次；程子序、常海洋老师发表于中文核心期刊《地理教学》的《初中综合实践活动与学科教学整合的实践与思考——以首都师大附中博识课"攀底下村"实践活动为例》一文被引用7次；潘红梅老师发表于中文核心期刊《地理教学》的《以问题为导向的高中地理概念教学策略初探》被引用7次……地理组的教师们在教育教学研究中，不断落实立德树人的根本任务，并将先进的教育教学理念落实到实践中。

（四）公开课

2014年至今，地理教研组各教师共开设市级公开课8节，区级公开课24节，校级公开课5节，其中不乏海淀区和北京市精品公开课，听课教师人数众多，影响力强，示范作用好，受到了社会各界的一致好评。所开设的公开课教学设计创新，具有可重复性，推广性强的特点，成为海淀区教师研修的对象，为区、市级的地理教学提供可参考的案例。

自2019年起，我组教师积极推进线上教学、线上线下结合教学等，取得了丰富的成果。为海淀区教委、北京市教委、教育部中小学"空中课堂"课程、中央电教馆、北京电视台等提供类型丰富、内容翔实、形式新颖、情境多样的公开课，极大地丰富了市、区基础教育课程资源。

公开课类型包括各年级新授课、复习课、活动/实践课，课程的内容有展示课、研究课、示范课等。各位教师充分展现出扎实的教学功底，高品质的精品课堂闪耀着智慧的教学育人光芒，为深化教研，提高教研实效提供了翔实的课堂资料，凸显了新课程改革背景下的新理念、新思考、新教法。

多样的教学方式与丰富的教学内容，尽显课堂的独特魅力。教师们在授课过程中不仅让学生们多看、多学，而且积极引导他们多思、多悟。在教师的引领下，学生们神情专注、积极互动，用心、用脑感悟教师们精心准备的教育教学内涵。师生之间的精彩互动与思维碰撞让课堂效率极大提升，知识与视野广阔拓宽，灵感与智慧激情迸发。其乐融融又内涵丰富的课堂，彰显着教师们为打造精品课堂而努力钻研的智慧。

"教而不研则浅，研而不教则空"。精彩纷呈的公开课，极大地帮助教师们准确把握新课程、新教材的新精神、新要求，领会新课程、新教材的核心要义，明确地理学科育人价值；引导教师们做好新旧教材使用的过渡，围绕核心素养转变评价方式，促进教学内容与教学方法改革的有机融合。积淀丰富的公开课，集中凸显出地理教研组蓬勃向上的奋进面貌，彰显了深厚积淀的育人底蕴，激励着教研组所有教师在下一个十年中向着辉煌的教学育人目标，永不停歇，勇毅前行！

地理组教师近十年开设公开课情况

教师姓名	时间	公开课名称	级别
杨倩	2020 年	北京市教委中小学"空中课堂"《极地地区》	市级
	2020 年	海淀区初中"空中课堂"《地球仪》《农业一》《农业二》《香港和澳门》	区级
	2020 年	海淀区高中"空中课堂"《地球的圈层》《海水的温度》	
	2016 年	《旅游调查》	
	2016 年	《长江的开发》	
	2014 年	《我们需要洁净的空气》	
	2014 年	《北京》	校级
	2014 年	《行政区划》	

续表

教师姓名	时间	公开课名称	级别
程子序	2017 年	《黄土高原的水土流失》	市级
	2021 年	《常见天气系统》	
	2015 年	《欧洲西部》	区级
	2016 年	《黄土高原水土流失》	
	2018 年	《认识土壤》	
	2020 年	《自然灾害》	
	2020 年	《环境问题》	
	2021 年	《运用尺度思想·解决地理实际问题》	
	2021 年	《试卷讲评研究》	
潘红梅	2020 年	北京市教委中小学"空中课堂"《地球所处的宇宙环境》《协调人地关系与可持续发展》《不同地区城镇化的过程及特点》	市级
	2021 年	《葡萄酒圣地——利马里谷》	
	2023 年	《黄土高原山川易容记》	区级
	2017 年	《交通运输方式和布局变化的影响》	
	2017 年	《地表形态对人类活动的影响》	
	2018 年	《"一带一路"契机中的中国能源安全》	
	2019 年	《地理信息技术在防灾减灾中的应用》	
	2020 年	《气象灾害——台风》	
冯春艳	2013 年	《常见的天气系统——锋面》	协作体
	2014 年	《登月之谜》	市级
	2022 年	《区域可持续发展案例研究》	区级
	2014 年	《常见的天气系统》	
常海洋	2018 年	《中国的降水》	区级
	2021 年	《偏远山村的脱贫之路——地形对人类活动的影响》	
徐丹蕾	2021 年	《了不起的长城》	区级
	2023 年	《茫茫北大仓 满满中国粮》	
王翀	2021 年	《从成达守望农场瞭望美国农业》	区级
	2023 年	《水润京城泽古今》	区级
	2023 年	《千年古都话黄河》	校级

续表

教师姓名	时间	公开课名称	级别
王丽冰	2023 年	《为地球降温》	区级
	2023 年	《把脉江河，安澜永定——洪涝灾害的治理》	校级
	2023 年	《跨越山河，繁荣与共——中老铁路和中南半岛》	
	2022 年	《透过冬奥看地形——等高线地形图的判读与应用》	

（五）兼职教研员、学科骨干和带头人

近年来，地理组教师们相继在海淀区兼任教研员，负责出题等工作，助力海淀区地理教学。除此之外，多位教师被评为海淀区地理学科带头人以及北京市地理学科骨干教师。

赵韬夫老师专业素养过硬，教学经验丰富，自 2015 年起一直担任海淀区高中地理兼职教研员，2017 年被评为北京市地理学科骨干教师，2021 年被评为海淀区地理学科带头人。赵老师为海淀区和北京市的高中地理教学作出了突出贡献。

石丽丽老师教学经验丰富，专业实力过硬，2016—2019 年担任海淀区学科带头人。

程子序老师创新教学形式，教学、教科研两手抓，2019 年被评为海淀区地理学科骨干教师，2021 年被评为海淀区地理学科带头人，2020—2021 年担任海淀区高一年级地理学科兼职教研员。

宋丽芳老师初中和高中教学经验均很丰富，她教学风格鲜明，专业素养扎实，曾担任海淀区初、高中各年级地理兼职教研员，2021 年被评为海淀区地理学科骨干教师。

杨倩老师拼搏进取，守正创新，2015—2020 年一直担任海淀区初中地理兼职教研员，为海淀区的初中地理教学贡献力量。2019 年被评为海淀区地理学科骨干教师。

王文鹏老师初中地理教学经验丰富，教学细心严谨、勤勤恳恳，2023 年担任海淀区初中地理兼职教研员。

五、以多彩活动为舞台，赋能添力协同育人

地理学科具有很强的实践性，也是一门综合性很强的学科，与许多不同领域有着紧密联系。学生可以通过各种活动和实践方式更好地探索地理知识，实现"在做中学"。近十年来，依托于附中的平台，地理组举办了一系列学科特色活动，并且建设了天文社和耕耘社两大社团，助力学生的全面发展。除此之外，在初中博识课程、学生竞赛中都有地理组的积极参与。

（一）学科特色活动

1. 实践调查

2022—2023 学年度寒假，为了提升学生的地理实践能力并为新学期课堂学习做准备，初中教师们带领初中地理兴趣小组开展了北京水体数据调查与北京市居民生活满意度社会调查，并完成了相应的调查报告。

北京市水体数据调查：在教师的指导下，学生在北京市统计局、生态环境局搜索水体数据，用 EXCEL 统计数据，并制作曲线图等统计图表，反映水体质量和水资源数量随时间的变化。最终撰写成一份数据分析报告，其中包含水环境质量分析、水资源数量分析、结论与建议等内容，图文并茂，具有一定逻辑性。

北京市居民生活满意度调查：北京市居民生活满意度社会调查共发放问卷334 份，学生与教师共同设计问卷，学生利用问卷星在网络或现实生活中发放调查问卷，调查各类人群在北京生活的满意度。利用 EXCEL 或问卷星后台功能统计数据，制作统计图表（饼状图、柱状图等），分析图表，撰写一份图文并茂、数据翔实的调查分析报告。报告截取如下图所示。

	生活影响因素（工人）	占比	生活影响因素（农民）	占比	生活影响因素（政府/机关工作者）	占比
环境质量与美化程度		15.79%		36.36%		46.15%
交通便利程度		81.58%		56.82%		65.38%
居住状况		71.05%		54.55%		65.38%
北京文化底蕴		23.68%		29.55%		26.92%
市政管理与服务		55.26%		50.00%		61.54%
其他				2.27%		

	生活影响因素（专业技术人员）	占比	生活影响因素（商业服务）	占比	生活影响因素（离退休人员）	占比
环境质量与美化程度		43.8%		57.14%		52.38%
交通便利程度		74.71%		67.86%		52.38%
居住状况		66.67%		53.57%		40.48%
北京文化底蕴		14.94%		25.00%		28.57%
市政管理与服务		74.71%		35.71%		52.38%
其他		1.15%		3.57%		

	生活影响因素（全体样本）	占比
环境质量与美化程度		41.8%
交通便利程度		66.86%
居住状况		58.72%
北京文化底蕴		24.71%
市政管理与服务		60.17%

（图表：生活影响因素的重要性——工人、农民、政府/机关工作者、专业技术人员、商业服务、离退休人员）

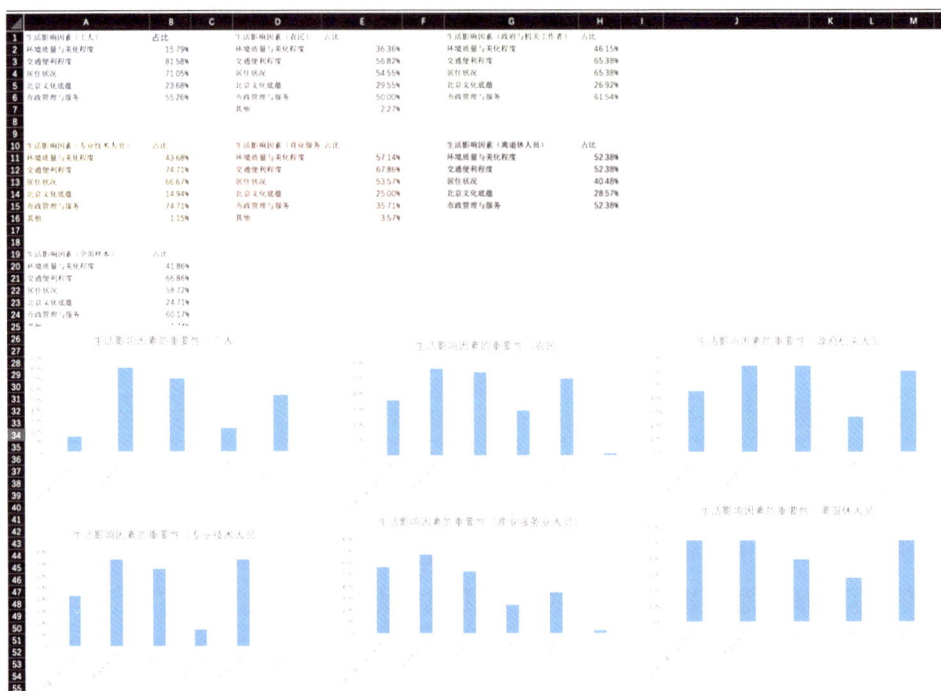

初二 9 班 陈炴瑶 高炜宸 武知霖 董一阳 施宇童

"在京生活年限"统计结果如下：近半数（48%）的被调查者在京生活 20 年以上；约 38%的被调查者（包括 18 岁以下未成年人）在京生活 10-20 年；另有 14%的被调查者在京生活 10 年以下。

被调查人群中，10 年以上居住者为主，在京生活时间较长，对北京的了解更为全面，具有代表性。另外，被调查人群涵盖 10 以下至 20 年以上的居住者，覆盖范围较广，具有一定的全面性。

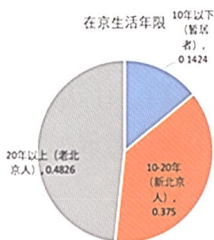

在京生活年限
- 10年以下（暂居者），0.1424
- 10-20年（新北京人），0.375
- 20年以上（老北京人），0.4826

北京市居民生活满意度调查报告截图

实践调查结束后，将相关内容录制成视频，并在开学初的"青牛杯"初二地理学科竞赛中进行播放。学生根据视频进行竞赛答题，既推广了调查小组的实践经验，又开拓了参与学生的地理视野。

通过开展活动，学生收获很多，增强了各学科综合能力（数学、计算机、地理、语文）、团队合作能力、社会实践能力，开拓了眼界，获得了切实的研究成果。

2. 绘制专题地图

近年来，为落实核心素养，培养学生的地理实践力，锻炼学生综合运用地理知识能力，强化读图用图能力，初中地理备课组积极开展引导学生绘制专题地图的系列活动。从宇宙到世界，从世界到中国，从国家到自己所在的小区等，让学生通过绘制各式专题地图，感悟空间尺度变化，达到在地图中标记地理信息，在地理情境中学习探索，在绘制过程中熟练掌握各式地理工具的目的。

（1）我心中的祖国——中国专题地图绘制。

初二地理备课组在学习中国地理部分知识时，组织学生绘制各式专题中国地图。地图专题包括疆域、政区、地形、气候、干湿区、农业特产、特色美食、旅游文化等类型。通过专题地图的绘制，让更多学生关注了中国地理中的主要分区，重要划分界线，点状、面状、线状地理信息的分布规律等，引导学生思考这些地理现象与自然环境和人类活动之间的紧密关系，从而更加深刻认识和理解地理要素之间的联系。

（2）足不出户，环游世界——世界各国地理手册绘制。

初一备课组于2023年开始尝试一个新的地图绘制系列活动，即世界各国地理手册绘制。每人选取一个国家或地区，以手绘加文字的形式全面介绍该国家或地区的地理位置、自然环境和人文特征。该项活动的价值是，通过绘图，让学生掌握运用经纬度位置、海陆位置等常见地理位置表示方法，来体现区域的地理位置特点；通过介绍该区域的自然环境特征，发现该国的主要区域特征，并了解国家因地制宜发展经济的主要途径和经验教训；通过绘制各国家介绍手册，并集中进行表彰和展示，充分开拓学生视野、培养对学生地理学习的兴趣。

（3）我的家在这里——基础区域地图绘制。

学生对陌生区域地图的读取能力，在刚开始学习地图时存在明显不足。如何准确熟练使用地图三要素，轻松判读普通平面图，就成为最基础的读图训练。为此，初一备课组开展了绘制自己家所在小区的平面图的活动。

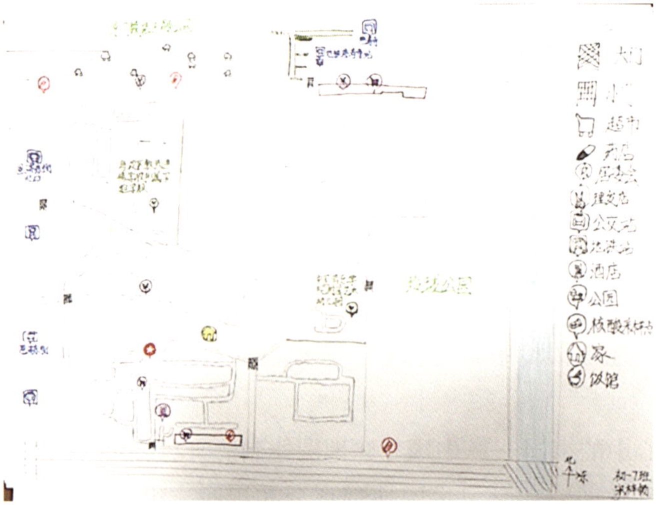

学生作品平面图

（4）地球在宇宙中——太阳系示意图绘制。

这是一次体现地理学科宇宙观、空间观的地理绘图活动。该活动要求学生绘制出地球在太阳系位置的示意图，是一次颇为浪漫的绘图活动。活动要求学生严格体现天体之间的位置关系、天体的大小、远近。部分学生还将地球的运行规律仿照教材绘制示意图，这也很好地激发他们进一步学习地理的兴趣。

学生作品太阳系示意图

3. 手工制作地理模型

地理学科具有很强的实践性，地理教研组的教师们在日常的教学中充分调动学生积极性，利用地理模型制作等实践活动来进行教学，揭示地理现象的原理、规律及成因，激发同学对地理学习的兴趣。

在制作过程中，教师引导学生变废为宝，使用废弃纸箱、彩纸、橡皮泥等身边随处可见的材料制作出了极有创意的地理模型。这些实践活动，既培养了学生的创造思维能力，又丰富了课余文化生活。同学们体会到了地理学习的快乐，在轻松愉悦的氛围中掌握了知识。

（1）等高线地形图模型。

初一年级学生是初次接触地理学科，为了让学生们更直观地感受各种地形特征，初中备课组设计了用常见材料制作地形立体模型的特色作业。

学生作品　等高线模型

（2）地球圈层结构模型。

了解地球的内部圈层结构有助于更好地理解地球的构造，有助于地质学家和地球物理学家对地球构造的进一步研究，也有助于预测和模拟地球运动，从而更好地预测和应对地震、火山爆发等自然灾害。但地球内部圈层结构远离学生生活环境，不利于学生学习和深刻理解，因此高一备课组布置了由学生设计制作地球圈层结构模型的校本作业。

学生作品　地球圈层结构模型

（3）地球仪模型。

为了便于认识地球，人们仿照地球的形状，按照一定的比例缩小，制作了地球的模型——地球仪。学生通过制作地球仪模型，不仅能够了解地球的基础知识，还可以提高动手能力以及空间想象能力，为后续学习地球的运动奠定基础。

学生制作地球仪模型作品

（4）地球昼夜长短变化模型。

全球昼夜长短变化是中学地理教学的重要内容，但内容比较抽象，对空间想象能力要求较高，学生在短时间内很难完全掌握。为此，高二地理备课组让学生选用身边的材料，自制昼夜长短变化的模型。通过亲自动手制作和演示，将抽象的学习内容变成形象具体的模型，锻炼了学生的动手能力、合作意识，辅助教学效果显著。

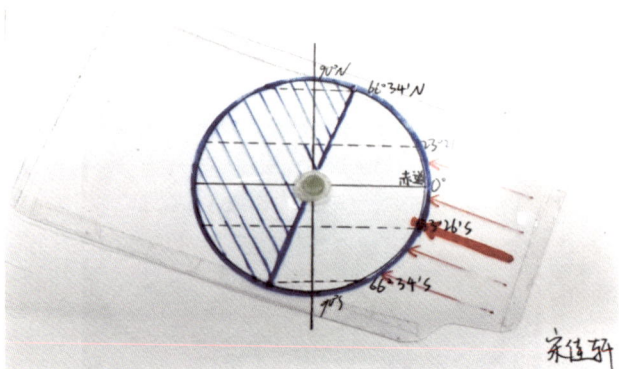

学生作品　地球昼夜长短变化模型

（5）太阳系模型。

在太阳系中有许多除地球以外的行星的存在，很多同学难以理解行星的运动过程，以及月亮、地球、太阳的关系。首先，准备一张蓝色的大纸板，先将星系的轨迹画在纸板上，其次，用不同的橡皮泥捏出各行星分别放在轨迹上，注意行星轨迹的形状，以及每个星球的大小，最重要的是月球与地球的轨迹，以及太阳的位置。最后，移动这些行星的位置演示行星的运动。

4. 地理观测

如何设计和组织地理实践活动和如何在实践活动中引导学生深度学习，是中学地理教学工作亟待解决的问题。地理组充分依托校园环境及教学设施，引导学生自主观测，提高了学生的地理实践力素养。

（1）太阳视运动观测活动。

太阳视运动规律是以观察者为中心观察太阳的周日和周年视运动规律，它是理解地球运动原理的手段之一，有助于学生构建地理事象的时空观念，实现生活经验和地理原理相互转化，并进一步解释生活中的地理现象。观察者视角的变化和复杂的时空动态变化，使该内容成为地球运动部分教学的难点。

为此，地理组设计了"立竿见影"的太阳视运动实践活动，力求通过教师引导的实践活动帮助学生进行时空的转换和构建，从而更好地理解地球运动的基本原理。

学生观测"立竿见影"照片

（2）认识日晷观测活动。

日晷，是人类古代利用日影测得时刻的一种计时仪器，又称"日规"。利用日晷计时的方法是人类在天文计时领域的重大发明。地理组老师带领学生认识校园中的日晷，亲自感受日晷的神奇以及古代中国先民的智慧。

认识日晷观测活动

（二）社团活动

地理组在 2001 年和 2020 年相继成立天文社和耕耘社。其中，天文社在 2014 年被评为金鹏科技团天文分团，并带领爱好天文的学生们在市级、国家级和国际天文奥林匹克竞赛中获得优异奖项。耕耘社依托地理组建设的成达守望农场，带领学生体验农耕活动，在劳动中落实地理素养，培养惜粮美德。

1. 天文社

首都师大附中天文社是我校的传统专业社团之一，自 2014 年起被认定为北京市金鹏科技团天文分团。自认定为金鹏科技团至今，社团为全校学有所长的同学开辟了一个开放的、共享的学习通道，依托北京市、全国乃至更高级别的天文知识竞赛（原天文奥赛）、科技创新大赛等赛事，培养和锻炼学生们的实践能力、理论学习能力，搭建了从兴趣爱好到专业精进的成长平台。

天文社成员合影

在学校"四三二一"课程体系建设的指导下，社团通过兴趣选修课、专业精修课、自主研究课等多种方式，为学生提供学习支持。

社团定期组织观测活动，除常规的校园观测外，同学们的观测足迹深入学校周边、北京市周边和邻近省份，在每一个静谧夜空的观测和拍摄过程中体会宇宙之美。

部分学生拍摄作品

社团组织同学们在每一个重大天象日进行观测，老社员为新社员架设天文望远镜、讲解天象原理，共享学习成果。

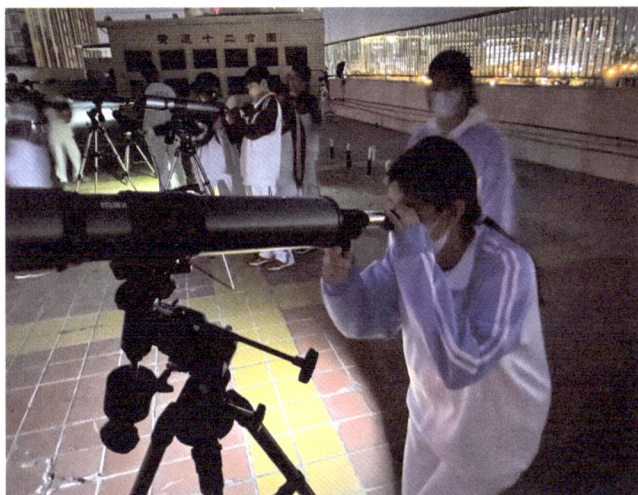

2020 年火星大冲天象观测

自认定市金鹏科技团以来，社团共计在全国中学生天文知识竞赛中获得 3 金 2 银 7 铜，同时，近年来，依托北京市人才培养计划，社员在科技创新类项目上也屡有斩获。2021 年，尤志滨（中美 12 年级）同学的项目《短周期红矮星双星的质量计算方法研究》入围"全国明天小小科学家"决赛，并在终评中表现出色。2022 年，胡了了（高二 8 班）同学的项目《银河系不同环境对云核形成效率的影响》入围当年中科协国际科技交流项目冬令营终评，在北京市青少年科技创新大赛中获得一等奖。

2019 年全国中学生天文知识竞赛，获得两金（左 2 徐衡仡；左 3 王子宸）、一铜（左 1 楚明昀）、一鼓励（右 1 赵守中）

伴随着社团的发展，社员们也在更高更强的平台上收获了成长，继王昊天、王子铭在自主招生中获得青睐入学北京师范大学天文系之后，2022 年，社长尤志滨同学成功申请约翰斯·霍普金斯大学物理专业。

2. 耕耘社

（1）社团概况及历史沿革。

为了深入贯彻落实中共中央、国务院在 2020 年 3 月印发的《关于全面加强新时代大中小学劳动教育的意见》精神，贯彻习近平总书记对制止餐饮浪费行为作出的重要指示，同时响应"双减"政策号召，增加课外实践课堂，并传承百年附中"成德达才"的育人理念和推进成达五育育人体系，耕耘社因此应运而生。

耕耘社是一个年轻的社团，2020 年 8 月成立，以农业实践和劳动教育为主。每年耕耘社成员约为 40 人，由全校各年级共 5—6 个生产大队组成。

（2）社团特色及主要活动。

耕耘社有丰富的系列特色活动，其中以下三个系列比较经典。

系列1：农耕重传统，绿色进农场。

为了传播中国传统文化，我们认真学习二十四节气和农耕文化等相关知识，社员以节气为主题展示自己的耕作日记和农场摄影作品，在农业生产中体会与实践传统文化，并在本学期的升旗仪式中进行惊蛰节气的演讲，传播优秀传统文化。

活动中，我们积极贯彻科技创新精神和践行科技引领、绿色节能的理念，通过安装太阳能驱鸟装置以及秸秆还田堆肥等行动践行"藏粮于技"的国家战略和"绿色环保"理念，也为学校申办"绿色校园"贡献了力量。

学生活动图片

系列2：躬耕获真知，我是农场主。

社团开展农业耕作体验全产业链活动，通过学生主动探索和解决耕种、收割、制作售卖产品、观光采摘、秸秆还田堆肥等环节中面临的现实问题和挑战，提高学生解决实际问题的能力。

学生活动图片

系列 3：实践进课堂，学科社团齐联动。

为了响应"双减"政策与《新课标》要求，地理组在课堂中融入实际问题与实践经历，做中学、学中做。加强与生物、艺术、劳技等学科的融合，邀请其他学科老师组织讲座，也邀请记者团等社团进行分享交流，加强社团之间的合作与分享。

学科社团联动

（3）社团影响与主要成果。

①提高了学生的核心素养，发挥辐射带动作用。

参与社团的学生对农场和社团具有浓厚的感情，学生普遍反映参与社团活动对德智体美劳及综合能力均有提高。今年，社团在校园内发挥更强的辐射带动作用，调查显示，全校学生几乎均进入过农场内部参观、观察，一周到访 2 次及以上的师生占 1/3。社团外的同学也作为志愿者积极参与到劳动中，体会劳动的艰辛与幸福。

②促进师生良性互动，激发学生对学校的感恩之情。

同学们通过教师节美食献礼、新年拍摄视频送祝福等形式，表达对教师、同学和学校的感激之情，激发学生爱师、爱校的情怀。同时，守望农场作为"正志杯"等公开课素材，强化了思政教育，促进师生良性互动。

农场成果与文创产品

③促进家校合作，提升校园文化知名度。

耕耘社活动常吸引家长亲自莅临指导，为同学们示范劳作过程。家长也积极关注公众号、频繁留言互动，既进一步传播了劳动教育成果，也提升了校园文化的知名度。

家长示范劳作

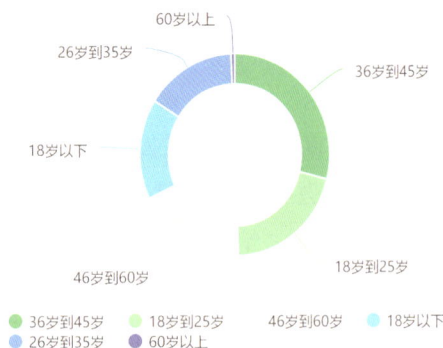

公众号粉丝年龄分布情况

④引发各界高度关注，产生良好社会反响。

目前，耕耘社相关事迹已被《现代教育报》以及海淀区教育学会相关公众号报道，引起热烈反响。随着耕耘社相关文章的推送，"悦行地理"公众号关注人数不断攀升，已超过 1000 人。很多路人纷纷驻足观看我们的劳作过程，兴趣浓厚。耕耘社也被学校作为典型案例，通过宣传展板、招生宣传资料向社会宣传。同时北洼路成达守望农场已经被高德地图、百度地图等 App 收录为地名，有效提升了附中的知名度和社会影响力。

探索五育融合，首师大附中"校园农耕课程"开创教育新模式

媒体报道

六、以支部建设为引领，坚定教师育人初心

为了提升教师的思想水平，地理组在 2020 年成立了党支部。地理党支部以加强党的领导、发挥党员先锋模范作用、服务地理教育为职能，积极开展各项工作，为地理组的建设和发展提供了坚强的组织保障。同时，地理组党支部也通过各式各样的党员活动为广大教师提供了一个交流和学习的平台，促进了地理组的团结，发挥了地理组党员教师的模范带头作用。

（一）队伍概况

地理党支部共有在职教师 15 人，其中党员 14 名，是首都师范大学附属中学各教研组中党员比例最高的部门。在性别比例上，女党员 10 名，占党员总数的 71.4%；在年龄层次上，35 岁以下党员 7 名，36 岁至 45 岁党员 6 名，46 岁以上党员 1 名；在学历结构上，具有博士研究生学历的党员 1 名，具有硕士研究生学历的党员 10 名，具有大学本科学历的党员 3 名。

地理党支部全体党员思想状况积极稳定、健康向上，具有较强的大局观，在重大政治实践面前，立场坚定、方向正确。党员素质较高，组织观念较强，能够按照党章的要求和党员标准，充分发挥党员的先锋模范作用，带头执行党和国家的各项方针政策，带头宣传党的路线，带头履行党员义务，对党的最新理论知识积极学习并在实践中贯彻执行。

（二）理论学习

地理党支部对理论学习高度重视。在支部书记付迟老师的带领下，积极开展各项学习，发挥党员先锋模范作用。

（1）以"读党史，知国情"为主题的党史学习教育。2021—2022 年，党支部积极响应党委号召，开展了读党史学习活动。每名党员挑选著名党史事件或先进模范党员事迹，进行认真研读，并以支部交流学习形式，分享学习心得体会，畅谈读后的内心感受，提升了思想认知的境界，激励了奉献教育的育人情怀，深感所肩负的历史使命重大。

（2）举办党史知识竞赛，提升理论学习热情。在 2021 年建党百年之际，为激发党员教师学习党史的热情，党支部号召开展了线上党史知识竞赛。知识

竞赛涉及范围广，党员教师利用课余时间积极备战，活动效果良好，学习热情高涨。

（3）以学习党的二十大重要精神，以及"习近平谈治国理政""习近平关于教育方面的重要讲话"等为主要内容，举办党员学习心得交流分享活动。每次交流由一名党员教师负责分享学习体会，其他教师畅谈感受、所思所想。交流活动不拘一格，紧密结合身边时事，密切贴合教育故事，对所有党员教师都起到启发和提升作用，活动效果良好。

地理党支部的理论学习不拘泥于形式，重在内容和质量，重在心中有信念，身体有行动。进一步紧密团结了地理教研组的全体党员教师，起到了先锋模范作用。

（三）外出实践学习

地理党支部自从文综组党支部独立出来后，开启学科支部建设、学习，支委会根据学科特点，结合党员教师的实际工作需要和工作特点，相继开展了丰富且有特色的、符合党员自身发展的外出实践学习活动，具体如下：

1. 定期外出参观学习，学习党史党课

（1）2021 年 11 月 26 日上午，地理党支部组织党员参观"'不忘初心、牢记使命'中国共产党历史展览"，深情回顾党的百年奋斗之路，上好党史学习教育的重要一课，激励自强精神。

（2）为庆祝中华人民共和国成立七十二周年、中国人民志愿军抗美援朝出国作战七十一周年，铭记党的光辉历史，深刻缅怀抗美援朝的革命先烈，传承和弘扬英雄们的艰苦奋斗精神和无私奉献精神，进一步扎实推进党史学习教育，我们地理党支部全体党员于 2021 年 10 月 15 日前往影城，统一观看重大革命历史题材影片《长津湖》。

（3）地理支部召开了观看《为了和平》纪录片学习交流会，全体党员结合自己的党员教师身份，依次做了发言，谈自己学习体会，谈这段历史的启示，谈党员教师如何发扬抗美援朝精神在本职工作中做先锋代表。这是每月一期的党员学习活动。不断加强党内学习，增加学习交流是实事求是地贯彻做学习型政党的具体体现。

（4）2021 年 11 月 6 日，地理党支部组织党员前往香山双清别墅进行了参观学习。在前往参观学习之前，支部内就学习内容进行了充分准备，参观当日，分别由张新悦、徐丹蕾、王翀、王文鹏同志，对双清别墅的历史、中共中央进驻双清别墅的原因、毛泽东指挥渡江战役、筹备中国人民政治协商会议的光辉历程进行了介绍，并朗诵毛泽东同志的著名诗篇《七律·人民解放军占领南京》。随后，支部党员集体参观了双清别墅陈列展。

（5）"铭记伟大胜利，捍卫和平正义———纪念中国人民志愿军抗美援朝出国作战 70 周年主题展览"在军博展出，地理党支部全体党员参观学习，缅怀 70 年前保家卫国、奔赴疆场的英雄儿女，坚定不管外界面临多大挑战和威胁，胜利终将属于伟大的中国人民和祖国的正义事业的信念。

2. 结合学科教学需要，野外学习实践探索

（1）2023 年 4 月 16 日，地理党支部携手青年教师教育教学研究会赴门头沟斋堂镇灵水村开展主题党日活动。此次党日活动让党员们收获颇丰，在灵水村，我们了解了依托古繁荣的商道的北方民居、传统文化村落的布局，知道这是一处人才辈出的古村落，涌现很多参与辛亥革命的仁人志士，以及了解了在党的引导和关怀下，这处村落的农业生产结构正经历转型升级。

（2）2021 年 12 月 11 日，地理支部全体党员利用周末时间参观了门头沟社会主义新农村的建设，了解了门头沟地区煤炭产业发展历史，参观了矿区抗日及解放战争中的革命纪念亭，了解了我党早期的地下工作情况和成绩。同时，感受到了改革开放 40 年来农村的巨大变化，坚定改革之路和党的正确领导。

（四）特色党员活动

孩子是祖国的花朵，民族的希望。为了让边远山区学生享受社会更多的关爱和温暖，地理党支部建立起了长期的对口帮扶捐赠机制，目前已经先后开展对四川省雅安市雨城区碧峰峡镇中心校、陕西省安康市平利县洛河镇中心小学的捐赠活动。该项活动由地理党支部发起，共青团、少先队组织积极参与，不再局限于教师党员，更是通过引导少先队员、团员参与服务的形式，引导青年学生积极参与社会实践，关注祖国山区发展现状，引领青年风尚，帮助青年树立正确的世界观、人生观、价值观，坚定他们对马克思主义的信仰、对中国共产党的信赖、对中国特色社会主义的信念、对中国梦的信心。

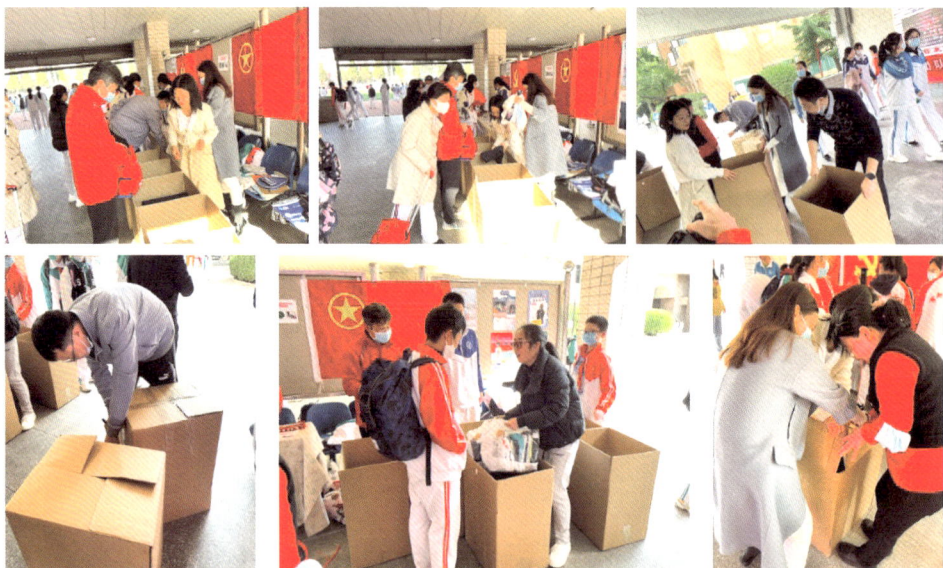

捐赠活动现场照片

　　为践行马克思主义劳动观，贯彻落实习近平总书记关于劳动精神的重要论述精神，以实际行动巩固拓展党史学习教育成果，地理党支部将立德树人的根本任务落实到劳动育人工作中，聚合支部之力、党员之力、学生之力，切实发挥教师党员先锋模范作用，引领学生听党话、跟党走，教育学生形成正确的劳动价值观。如在冬小麦的时令，指导学生到成达守望农场参与劳动实践。

地理党支部教师参加劳动实践

七、荣誉成绩催人奋进，实现个人成就团队

　　十年砥砺奋进，守正创新，资深教师把握方向，青年教师迅速成长。2014年至今，在全体教师的努力下，地理教研组以及多位教师个人取得了多个校、区、市、国家各级别荣誉称号，引领海淀地理教学的发展。

（一）个人荣誉称号

赵韬夫老师以鲜明的教学风格、独特的个人魅力得到了学生和同组教师们的赞誉，荣获 2022 年首都师范大学优秀共产党员称号和 2023 年海淀区优秀"四有"教师称号。

付迟老师作为北京市骨干教师，凭借超高的专业能力和管理水平，在教育和教学领域都取得了一系列成绩。他曾一举夺得海淀区教师教学基本功大赛高中组"四项"一等奖，获得北京市"育人先锋"称号、海淀区"优秀教师""四有"教师标兵等光荣称号。

石丽丽老师精通地理教学，善于将理论与实践相结合，被评为"全国地理科技大赛优秀指导教师"和"全国优秀科技辅导员"。

王文鹏老师在首师附从教已有 20 余年，为地理组和学校作出了突出贡献，荣获"首师大师德先进教师"和"首都师大附中感动校园十佳教职工"称号。

冯春艳老师从教十余年来，坚守职责，勤勤恳恳，全身心投入在教育一线，荣获首都师范大学优秀共产党员称号。

2012 年入职的王佳老师，课堂高效活跃，深受学生喜欢，荣获"感动校园十佳教职工"称号。王佳老师所带领的天文社团，在历次天文竞赛中斩获佳绩，王佳老师荣获"全国中学生天文竞赛优秀辅导员"称号。

2013 年入职的杨倩老师在十年间荣获首都师大附中"青年岗位能手"和"优秀班主任"荣誉称号，不仅如此，她还荣获海淀区"空中课堂"资源研发"先进个人"、"全国地理科技大赛优秀指导教师"和"全国优秀科技辅导员"称号。

宋丽芳老师作为优秀的青年教师，学科教学有方法，班主任工作有成效，荣获"青年岗位能手"和"四有教师"称号。

程子序老师在教学上关注培养学生地理核心素养，经常组织学生开展实践活动，荣获"2017—2018 学年度北京市基础教育学生综合素质评价工作先进个人"称号。不仅如此，程老师曾担任学校团支部书记，任职期间兢兢业业，经常组织集体活动，荣获"海淀区教育系统优秀团干部"称号。

（二）集体荣誉称号

2015 年，本组荣获教育部首都师范大学课程中心与首都师范大学附属中学合作共同体联合举办的"科学年"教研组建设特色展示评比活动二等奖。

首师附地理教研组在原教研组长马丽萍老师带领下精耕学科教学，依托地理专业教室和天文教室，在 2016 年获批海淀区首批唯一的地理学科教研基地。

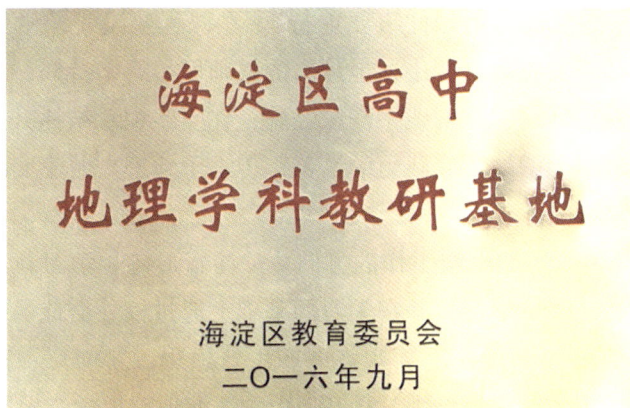

地理组获批海淀区首批唯一的地理学科教研基地

2017 年，本组的《首都师大附中"四三二一"教育教学综合改革框架下的地理学科课程体系的构建和实践》荣获首都师大附中教育教学成果评选特等奖。

2018 年，宋丽芳、常海洋、程子序、杨倩和王佳老师在 2017—2018 学年度北京市基础教育课程建设优秀成果评选活动中提交的《基于学校四修课程体系的地理实践活动建设》被评为二等奖。

2023 年，程子序、张新悦、宋丽芳、常海洋、王翀老师在赵韬夫老师的指导下创立校园特色农耕实践课程，经多轮教学实践不断对课程进行完善和创新，该课程于 2023 年申报北京市特色课程获认证。

2023 年，在赵韬夫老师的指导下，程子序、张新悦、宋丽芳、常海洋、王翀老师进一步总结特色课程成果，将成果提炼为"成达校园农耕"课程，在北京市基础教育课程建设优秀成果评选活动中获评二等奖。

回顾过去的十年，地理教研组成功申报并成为海淀区首批地理学科示范基地校，首先建设并形成了首都师范大学附属中学地理学科四修课程体系，建设了高水平地理信息实验教室和专业的天文教室，取得了中高考成绩、天文竞赛成绩、教师教育教学竞赛成绩的辉煌与突破，更为重要的是逐步形成了一支年龄结构合理、爱岗敬业、专业过硬的教师队伍。

总结过去十年地理组的工作，我们不难找到其成功的密码，那就是"实践"与"创新"。

"纸上得来终觉浅，绝知此事要躬行"。在课程建设、课堂教学改革、地理实践活动设计与实施等过程中，地理组的教师们始终坚持知行合一，脚踏实地，在实践中发现问题，在实践中获取经验，在实践中总结提升。同时，教师们也非常注重对学生的地理实践力的培养，传承了地理人敢于实践、勇于实践的精神。

"创新"则引领了地理组工作的方向。关注新形势、学习新理论、领悟新思想，地理组始终坚持学习，并在学习的基础上通过校外交流、头脑风暴、设立创新小组等方式不断地制造新观点、产生新想法、新创意。正是有了这些"新"，附中地理组才能一直作为学科基地引领海淀地理教学的发展。

展望未来，我们充满了期待和希望。附中地理人必将不忘初心，永远坚持实践求真知、创新谋发展的理念，笃行实践、大胆创新，在附中这片教育的沃土上创造新的辉煌。

附：地理教研组十年大事记

十年来，地理组团队精诚合作，锐意进取。

2014年，由地理组王佳老师执导的天文社团被认定为北京市金鹏科技团天文分团。

2015年，在教育部首都师范大学课程中心与首都师范大学附属中学合作共同体联合举办的"科学年"教研组建设特色展示评比活动中，地理组荣获二等奖。

2016年，地理组被评为首批"海淀区地理学科教研基地"，这一荣誉为附中地理组在接下来十年的稳健发展奠定了坚实的基础。

2017年，"首都师大附中'四三二一'教育教学综合改革框架下的地理学科课程体系的构建和实践"荣获首都师大附中教育教学成果评选特等奖。

2018年9月，经地理组自主设计的"地理信息与空间技术创新应用实验室"全面建成，该实验室是北京市最早的中学地理学科创新实验室之一，成为众多学校建设地理实验室的参考模板。

2019年，天文社学生在全国中学生天文知识竞赛中斩获两枚金牌。

2020年，地理组结合校园特点，锚定学科特色，大胆创新，开辟了首师大附中"成达守望农场"，并开启"成达校园农耕"课程建设。

2022 年，"成达校园农耕"课程凭借独特的教学理念、独具创意的教学方式和显著的教学成效，荣获北京市特色课程称号。

2023 年，地理组进一步总结农耕课程成果，"成达校园农耕"课程被评为海淀区基础教育课程建设优秀成果一等奖。

政启十年　治铸未来

党的二十大明确提出："全面贯彻党的教育方针，落实立德树人根本任务，培养德智体美劳全面发展的社会主义建设者和接班人。"

首师大附中政治组十年中始终秉承着"为党育人、为国育才"的教育理念，牢记习近平总书记对思想政治理论课教师提出的"六要"标准，勇毅前行；十年中我们始终坚持学生发展与教师个人成长同步推进的理念，打造出教师乐教、学生乐学的良好师生模式，行稳致远。

2014 年，我们首推"首师附政能量"公众号，既为学生开辟了思想政治学习的新平台、新媒体，也为教师成长开辟了新空间、新舞台。十年间，此公众号持续传递着首师附"政能量"和"好声音"。

2017 年，我们首次推出了成达法治文化节和成达创业创新大赛两项具有影响力的实践活动，我们通过连续 6 年的成功举办令成达法治教育和成达创新教育落地生根、开花结果。

2018 年以来，我们持续加强对集团校的辐射带动作用，我们多次到集团校指导一线教学，同时，在我们的带动下，多所集团校开始举办法治文化节等学科特色活动。

2019 年 8 月，被评为海淀区中学政治学科教研基地，是对我们在全区的示范引领作用的肯定。

2020 年初，被评为北京市中小学知识产权教育试点学校，是对我们在知识产权教育实践探索的肯定。

我们十年间的发展，得益于学校的大力支持，得益于学科专家对我们的专业引领，得益于我们将活动转化为课题的教研探索。我们在成达四修课程体系之下成长、在课题牵引下进步、在活动育人中发展。

一、发展理念：谋今思远"源动力"

（一）学科素养为导向

学科素养是一门学科的精华和核心，是我们政治组组织和开展教学活动的导向。

初中道德与法治课程要培养的核心素养，主要包括政治认同、道德修养、法治观念、健全人格、责任意识。政治认同是社会主义建设者和接班人必须具备的思想前提，道德修养是立身成人之本，法治观念是行为的指引，健全人格是身心健康的体现，责任意识是对担当民族复兴大任时代新人的内在要求。

高中思想政治学科核心素养具体包括政治认同、理性精神、法治意识以及公众参与等四个要素，各要素之间相互交融、相互依存。政治认同主要是认同国家与认同自己的国民身份，关乎学生成长方向和理想信念的确定；理性精神就是要辩证地看待问题，对问题进行理性的分析，培养学生理智、自主、反思等良好思维和品质；法治精神是对法律的认可和尊崇，即相信法律、具备法律意识、遵法守法、重视法律思维培养，引导学生能够知法守法；公众参与就是积极参与公共生活、公共事业管理，乐于为人民服务，有助于培养学生的合作、沟通能力，为学生今后步入社会奠定基础。

（二）法治教育为主线

法治教育在初中道德与法治、高中思想政治课程中占据着重要的位置，法治教育是思想政治教育的题中之义，也是我们开展教学活动的主线，更是首都师大附中政治组的一大亮点、创新点。

初中道德与法治课程承担着初中生法治教育的主要任务，通过对《道德与法治》中法治教育内容的学习，能够帮助初中生了解基本的法律知识，增强法治意识，并初步具备依法维护自身权益、参与社会生活的能力。高中思想政治教学引导学生自觉提高用法能力，依法维护自己的合法权益，懂得人民权益要靠法律保障，法律权威要靠人民维护，努力成为社会主义法治的忠实崇尚者、自觉遵守者、坚定捍卫者。

我们通过四修课程形成法治教育课程体系，还兼有围绕"成人礼主题"的宪法及公民教育、围绕"国家宪法日"主题的法治文化节、宪法晨读等仪式性课程。

（三）课程体系为依托

在首都师大附中成达教育理念指导下，以基础通修、兴趣选修、专业精修、自主研修四大课程体系为依托，政治组建立初、高中特色课程群，使得政治学科的课程体系日臻完善。"无课程不特色、无特色不自主"，以课程为核心凝练政治学科特色。

四大课程体系内容充实，既各具特色，又相互支撑。基础通修夯实学科基础，以课堂基础知识为体，包括生命安全与健康教育、法治教育、中华优秀传统文化教育、革命传统教育、国情教育，建立起基础通修课程群；兴趣选修激发学生志趣，包括国际风云、时政热评、趣味法律电影与案例、学生公司等，建立起专业精修课程群，以兴趣为导向满足差异化需求，对接多样课程巧用社会资源；"专业精修"促进专业发展，由习近平新时代中国特色社会主义思想学生读本课程、经济学拓展阅读课程、宪法教育校本课程、知识产权课程等构成的专业精修课程群，满足学生更高专业发展的需求；自主研修形成自主能力，"时事小讲堂"进阶课程、法治演讲课程、博识课程、项目式学习课程，最大限度激发学生潜力，促使综合能力由量变转向质变。

（四）教师队伍为保障

首师大附中政治组是一个爱做梦也敢做梦，敢想更敢拼的团队。一方面，教师队伍人员构成全面。教师队伍涵盖老中青各年龄层，既有丰富的经验，又有创新动力。贯彻学校师徒结对机制，老教师传、帮、带年轻教师，帮助组内形成良好的合作氛围。另一方面，教师队伍素质高，教学及科研能力强。组内既有海淀区学科带头人、海淀区骨干教师、海淀区教研员等专业技能强者，又不乏拥有博士、硕士学位的高学历者；教师专业涵盖马克思主义、国际关系、法学、哲学等，具有较高的学科专业素养。

随着课程改革的推进，教师团队成员在帮助学生成长的同时也不断锐意进取，在公开课、教科研、教学比赛、指导学生获奖、承担市区级任务等方面表现突出，呈现出焕然一新的面貌和欣欣向荣的精神状态。

二、教育教学：创新求实"行动力"

（一）求真务实：课程体系为依托

我校秉持"守正、开放、创新"的发展理念，不断深化四修课程体系建设。政治组教学依托该理念，达到"通修"夯实政治学科基础、"选修"激发学生对于政治学科学习的志趣、"精修"促进专业发展、"研修"形成自主能力的目的。初高中针对基础通修、专业精修、兴趣选修、自主研修的四修课程，形成了政治学科初高中一体化四修课程体系。

1. 四修一体总设计

习近平总书记在学校思想政治理论课教师座谈会上提出："要把统筹推进大中小学思政课一体化建设作为一项重要工程，推动思政课建设内涵式发展。"

教育部出台的《新时代学校思想政治理论课改革创新实施方案》（以下简称《教育部方案》）中提出新时代思政课改革创新的五项基本要求。

中学阶段是学校思政教育承上启下的关键一环，其一体化程度直接影响思政课教育成效。在习近平总书记重要讲话精神和《教育部方案》指导下，首师大附中政治教研组贯彻学校"成德达才"教育理念，以基础通修、兴趣选修、专业精修、自主研修四大课程体系为依托，建立首师大附中思政课初高中一体化特色课程群（以下简称课程群）。

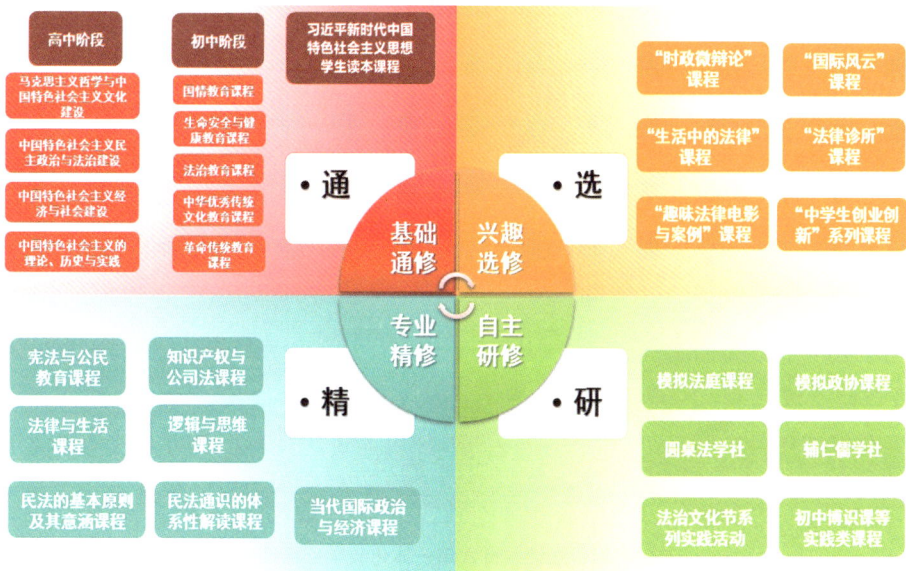

首师大附中思政课初高中一体化特色课程群

2. 四修一体五维度

《教育部方案》要求推进思政课程一体化。"建立纵向各学段层层递进、横向各课程密切配合、必修课选修课相互协调的课程教材体系，实现课程目标、课程设置、课程教材内容的有效贯通。"我校课程群建设在以下五个维度进行了一体化的探索。

（1）关注核心素养的统一，实现教学目标一体化。

课程群建设以课程标准作为基本遵循，以核心素养为重要抓手，以保证初高中课程目标的完整性和连续性。

贯彻《教育部方案》中"把握新时代"的要求，在基础通修课程中，将习近平新时代中国特色社会主义思想学生读本课程有机融入初高中的各门课程中，根据不同学段学生的认知需求和接受能力，循序渐进、螺旋上升地培养学生的政治认同素养，加强四个自信教育。

法治教育是课程群建设的主线，贯彻《教育部方案》中增强思政课"针对性"的要求，我们依据《青少年法治教育大纲》，结合我校教育教学资源及学生的具体学情制定了六年一体化的法治教育教学目标。

首师大附中法治教育六年一体化教学目标设计

该目标的制定突出了初高中学段教学特点，关注不同学段学生心理特点和发展规律，从认知法律现象、学习法律知识、树立法律意识到形成法治信仰，做到层次分明，阶梯递进。

由周杨老师主持，组内多位教师参与的北京市课题"习近平法治思想指导下初高中法治课程一体化创新实践研究"已顺利开题并通过中期报告。

由井东风老师主持，周杨老师执行的海淀区课题"知识产权教育在政治学科课程体系中的渗透途径研究"已顺利结题。

（2）关注初高中教材内容的异同，促进课程内容体系一体化。

初高中教材内容存在相同之处，我们对此进行了梳理。

初高中思政课教材内容相同之处示例

初中	高中
八年级上册第十课"建设美好祖国" 九年级上册第八课"中国人中国梦"	必修1第四课"只有坚持和发展中国特色社会主义才能实现中华民族伟大复兴"
八年级下册第五课"我国的政治和经济制度"	必修2第一课"我国的生产资料所有制" 必修3第四课"人民民主专政的社会主义国家"、第五课"我国的根本政治制度"、第六课"我国的基本政治制度"
九年级上册第三课"追求民主价值"	必修3第四课"人民民主专政的社会主义国家"
九年级上册第四课"建设法治中国"	必修3第八课"法治中国建设"

在初高中教学中，对教材重复之处进行梳理，做到心中有数，以实现课程内容的整体化设计和有效衔接。

例如，八年级下册第五课"我国的政治和经济制度"教学内容比较简单，仅需要学生了解我国基本政治、经济制度的内容及优越性；而高中阶段不仅要让学生掌握这些制度内容，还要求学生掌握形成这一系列制度的原因及如何完善制度。因此，课程群在基础通修部分确立了一个贯穿始终的内容体系，避免出现简单重复"炒冷饭"现象，而由浅入深、由表及里地呈现教学内容的梯度差异，也使学生不会因重复学习而产生疲劳感。

（3）关注"深度学习"的教学过程，推动教学方法一体化。

我校思政课初高中教学中一以贯之的教学思路有两个：一是结合学生生活实践进行教学；二是满足学生核心素养发展需要。马克思说："哲学家只是在用不同的方式解释世界，但问题在于改变世界"，真正解决学生的成长困惑才能提高理论的说服力、战斗力。

在基本教学思路一致的基础上，结合初高中不同学段学生的成长发展规律，探索不同的教学方法。初中学生的理论知识理解能力不足，课程设计以学生生活经验作为逻辑起点，实现从生活经验到理论知识、学科素养的提升。高中学生能力有所提高，但也有更多的成长困惑，高中课程的设计充分利用学生已有的知识和经验同化新知识，将新知识、新情景融入学生知识结构，提高思想政治课整体教学效率。

如在宪法与公民教育课程中，初中学生通过手抄报、演讲、短视频、宪法晨读等丰富的形式展现学习和生活中"宪法条文"或典型的"宪法元素"（国旗、国歌、国徽等）；而高中学生则借助宪法学专家讲座、围绕宪法相关主题的自主探究学习等方式进一步深入了解《宪法》，提升理论水平，完成讲座感悟或研学报告。

（4）关注学生成长，完善教学评价一体化。

教学评价是教学全过程的重要环节。思政课是一门培养学生道德品质、社会责任、法治意识、爱国情感的课程，新课程理念下，思政课必须关注学生全面发展，以学生各方面素质作为评价内容。这要求我们既要注重考查学生对思政课理论知识的理解，又要注重考查学生的知识与理论迁移能力。课程群建设中注重对科学、多元的评价方式的探索，提高评价的真实性和实效性。

例如，在法治主题教育课程中，我们不仅设计了法治知识竞赛，使其继续发挥传统评价方式的优点，还在庭审旁听、法治微电影制作、创新创业大赛等实践活动中，引入了《法治意识自测量表》《组员法治素养互评表》《法治研学参与状况评价表》等多主体、多样化的评价方式，引导学生对自身的法治意识、法治素养和法治实践能力形成全面的认识，促进学生在生活中践行应用法律，实现知行合一。

又如，在创新主题教育课程中，我们创制了《校园创新创业大赛评分表》，从创新性、可执行性、团队合作能力、表达能力、社会责任等方面综合评价学生的学习效果。

国家宪法日法治知识竞赛

校园创新创业大赛

（5）关注集体教研，推动教师发展一体化。

加强集体教研。初高中思政课教师集体备课有助于互助交流，是实现课程一体化的重要抓手。政治教研组开展了系列化、形式多样的集体教研活动，涉及主题包括教材内容、教学方法、活动方案、公开课研讨、青年教师成长、社团选修课经验分享等。制度化的集体备课机制可以有效提高思政课一体化水平。

拓宽知识视野。聘请大学、企业、社会组织的专家学者来校开展讲座，如初中的"知识产权讲座"，高中的"宪法讲座""知识产权和公司法讲座""民法讲座"，拓宽了教师的知识视野，提高了教师学术水平。

建设教学资源库。实现各年级教学资源共享，优势互补，打造初高中教师成长共同体。

开展初高中"同课异构"。如在2023年的首师附"正志杯"比赛中，初高中老师同备一节课，围绕"维护国家安全"主题，从初高中学段特点出发，进行"同课异构"，探索初高中教学目标、教学内容、教学方法、教学评价等方面有效贯通的现实途径。

北大张翔教授开设讲座"宪法与公民"

3. 四修一体全课程

（1）基础通修。

初中阶段是培育道德品格、形成世界观、人生观、价值观的重要时期。本学段学生正处于青春期，独立思考能力和判断能力进一步增强，情绪波动性大，可塑性强。

初中基础通修以生命安全与健康教育、法治教育、中华优秀传统文化教育、革命传统教育、国情教育为学习主题，旨在引导学生正确认识自己，以及个人与家庭、他人、社会、国家和人类文明的关系，了解国家发展和世界发展大势，增强社会责任感和担当意识，立志做社会主义建设者和接班人。

高中基础通修以发展中国特色社会主义为主线，设计必修课程的整体框架，包括四个模块。模块1"中国特色社会主义"，依循历史进程，讲述为何开创和发展中国特色社会主义；模块2"经济与社会"、模块3"政治与法治"、模块4"哲学与文化"，依托模块1的基本原理，讲述如何坚持和发展中国特色社会主义。在基础教育课程的教学中，教师以议题的方式提示课程内容，并提出多种活动建议。

此外，为了帮助学生在课本学习的基础上进一步理解课程内容、增强理论深度、提高阅读能力，政治组在教材的基础上进一步整理延伸了课外阅读素材，供学生进行文本阅读。比如，学生在高一年级系统地阅读《共产党宣言》《中国社会各阶级的分析》《南方谈话》《国富论》《深入理解新发展理念》《一课经济学》《立法法修改的"税率之争"》等相关文献；在高二年级阅读学习《马克思进文庙》《劳动在从猿到人转变过程中的作用》《人是寻求意义的生物》《矛盾论（节选）》《实践论》《世界文化多样性宣言（节选）》《保护和促进文化表现形式多样性公约》《习近平在联合国教科文组织总部的演讲（节选）》《拿来主义》《辩论的灵魂（1）》《习近平：在文艺工作座谈会上的讲话》《乡土中国》等文献；在高三年级深入研读《中国文化的基本精神》《人生的境界》《市场与政府》等相关文本。通过高中三年大量的文本阅读，拓展学生思维的深度和广度，开阔学生的视野。

（2）专业精修。

初中专业精修包括习近平新时代中国特色社会主义思想学生读本课程、经济学拓展阅读课程、宪法教育校本课程以及知识产权课程，旨在加深学生对于专业内容的理解，进一步加强对习近平新时代中国特色社会主义思想、经济学、宪法和知识产权相关内容的理论学习。

高中政治选择性必修课程是基础课程延展的需要，是选择本课程作为学业水平等级性考试的学生应完成的学业，考试成绩计入高校招生录取总成绩。选择性必修课程设置当代国际政治与经济、法律与生活、逻辑与思维三个模块，与必修课程的实施相互配合、相互补充。通过对当代国际政治与经济的学习，学生能够在全球视野中观察不同国家的政治制度，坚定中国特色社会主义道路自信、理论自信、制度自信、文化自信；理解各国相互联系的程度空前加深，全球越来越成为相互依存的命运共同体，懂得和平与发展是时代主题、合作共赢是时代潮流；解析当今世界多极化和经济全球化进程，理解国际组织在国际事务中的作用；明确国家利益和国家实力是决定国际关系的主要因素；具有融入国际社会的积极意愿和开放态度，自觉维护国家主权、安全、发展利益。通过对法律与生活的学习，学生能够结合生活实际，更加全面地认识公民的民事权利与义务；更为具体地理解婚姻家庭中的法律责任，以及与创业和就业相关的法律制度；更为理性地看待生活中的矛盾和纠纷，懂得调解、仲裁、诉讼等不同纠纷的解决机制；进一步提高主动学法的意愿、自觉用法的能力。通过对逻辑与思维的学习，学生能够经历探究过程，明确科学思维的重要意义；学会遵循逻辑思维的规律；把握辩证思维的方法；提高创新思维的能力；提升自己的思维品质；正确运用科学思维方法观察和理解社会，处理学习和生活中遇到的问题。

（3）兴趣选修。

初中兴趣选修课程包括初一年级的政坛风云、时事热点评论、国际风云、国际风云人物、看电影学法律，初二年级的听见你的声音——时政热评、趣味法律电影与案例、时政热评。以上课程内容跟进社会发展进程和法治进程，结合国内外影响较大的时事进行探究分析和分享，将党和国家的重大实践和理论创新成果引入课堂，充分体现马克思主义中国化最新成果。

①政坛风云。

本课程主要是探讨政治领域重要事件、人物和趋势的课程，旨在帮助学生深入理解政治现象、政治体制以及政治人物在其中的角色和影响。通过对国际社会典型的国家的政治体制的基本框架和运作机制的分析，帮助学生理解政治权力的分配和运作方式，以及不同政治体制之间的差异和相似之处。同时，通过对政治领袖、政治家和政策制定者的研究，了解他们的政治理念、决策过程以及对政治格局的塑造，提升学生的政治素养和综合能力。

②时事热点评论。

本课程以初中道德与法治学科知识为基础，借助报纸、期刊、经典理论文章以及典型新闻视频、影视作品等，围绕个人、家庭、学校、社会、国家、世界，关注两会、中外关系等国内外社会时事热点话题，以小组合作探究的方式，运用学科理论分析社会事件，思考社会现象背后的本质问题，拓展学生视野，提升学生分析问题、解决问题的能力，落实学科核心素养，实现理论与实践的统一。

③国际风云。

国际风云课程是一门专为中学生设计的选修类课程，旨在拓宽他们的国际视野，增进对国际时事的深入理解。课程分为对不同热点问题和热点地区的专题讨论，内容涵盖政治、经济、文化等多个领域。学生们将通过案例分析和深入讨论，掌握分析国际形势的基本方法和技能，培养独立思考和批判性思维的能力。通过对这门课程的学习，学生们不仅能够加深对国际事务的认识，还能够提升综合素质和竞争力，为未来的国际交流与合作奠定坚实基础。

④国际风云人物。

国际风云人物选修课程，聚焦历史上的国际关系名人与当今国际政坛的热点人物。通过本课程，学生们将深入了解这些风云人物的事迹及其对国际关系的深远影响。课程不仅拓宽学生的国际视野，更启发他们思考国际关系背后的复杂因素。通过案例分析、文献阅读和小组讨论，学生们将提升独立思考与批判性思维的能力，以更加全面的视角理解国际关系。这门课程不仅是一次知识之旅，更是一次启迪心灵的体验。学习国际风云人物，学生们将更好地认识世界，激发其对国际事务的兴趣和热情。

⑤看电影学法律。

看电影学法律课程以电影为媒介，深入剖析影片中所蕴含的法律知识与精神。课程通过精选经典电影片段，引导学生们从法律的角度观察、分析剧情，探讨其中的法律问题，进而理解法律在社会生活中的重要作用。课程不仅涉及基本的法律原理，还结合电影中的案例，讲解法律的实际应用。学生们将在轻松愉快的氛围中学习法律知识，提升法律素养。同时，课程还鼓励学生发表自己的观点，培养批判性思维，增强法律意识和法律实践能力。通过对这门课程的学习，学生们将能够更深入地理解法律，学会运用法律知识分析和解决实际问题，为未来的职业生涯和社会生活打下坚实的法律基础。

⑥时事锐评：听见你的声音。

此课程融合学科内容，拓宽思维广度，巧用时事素材，活化思政学科核心素养，引导学生以开放之眼，遍观世界之事，以理性之思审视热点话题，看见世界，听见你我的声音。

丰富的课堂

⑦趣味法律电影与案例。

激烈的法庭交锋，深刻的现实思考，在生动的影片中，在有趣的案例里，敲响法治的钟声，教育学生学会用法律的眼光透视点滴生活，以法治的观念解析社会与人生，把枯燥的法律条文和鲜活的人物形象相结合，激发学生心中的公平与正义。本选修课以法律电影和案例的模式，引导学生树立法治意识，学会依法办事，通过在思想上实现"法治意识"的"知"，到在实践中实现"依法办事"的"行"，引导学生做到"知行合一"。

趣味法律课堂

⑧时政热评。

本课程是一门涵盖创新科技、政治、经济、文化、生态等领域最新热点话题的时政分析选修课程。通过该课程，学生深入了解国内外新闻时事，掌握新闻背后的深层次原因和影响。课程结合多个学科知识，让学生全面、深入地认识和理解时事热点。同时，课程注重培养批判性思维和分析问题的能力，提升跨学科素养和综合素质。学习这门课程，学生将开启一扇了解世界的窗口，更好地适应和应对复杂多变的社会环境。

在保证高中阶段学生全面发展的基础上，根据学生个性发展需要，政治组开设丰富多彩的兴趣选修课程，学生自主选择修习，学而不考或学而备考，为学生就业和高考招生录取提供参考。选修课程分为财经与生活模块、历史上的哲学家模块、法官与律师模块、模拟政协、模拟联合国以及互联网那些事儿，从不同领域充分满足学生的学习需求，激发学生的学习兴趣。

①财经与生活。

提供本课程模块，目的是帮助学生在中国特色社会主义新时代，更好地立足于社会主义市场经济运行和社会主义现代化建设的需要，了解经济生活的基本概念和原理，提升学生正确理解和积极参与经济生活的能力，帮助学生进一步树立正确的财富观与人生观，坚持公正、法治的价值取向，践行敬业、诚信的价值准则。

本课程最大的特色在于创新创业课程的研发，其主要依托 JA 学生公司选修课，有对于创新创业的理论知识学习，有对于法律知识的学习，当然更多的是学生动手参与创新创业实践活动，通过参加我校组织的创新创业大赛，进而参加市级和全国范围的创业大赛。

学生在创新创业过程中，一定会遇到关于知识产权和企业创立相关的法律问题，比如需要创办什么类型的企业、人员如何分工、产品是什么、设计的产品是否涉及侵权等具体问题。

我校在举办创新创业大赛的过程中，开展了一系列相关法律问题的讲座，来帮助学生处理创新创业过程中一些常见法律问题。在大赛中还设立了知识产权登记处，引导学生形成知识产权意识。

（a）学生公司选修课。

我校 2017—2023 年连续 7 年与 JA 青年成就组织合作，引进优质课程资源服务于附中学子的创业梦想和创新愿景。选修课在 2017 级高一年级开设，招生一个班共 30 人。以项目式学习为特点培养学生解决实际问题的能力，学生在创新创业过程中遇到法律相关问题也可以向老师请教。

学生公司选修课授课教师为志愿者，志愿者教师们都是具有商业背景或者具有相应丰富经历的从业人员。课程初始阶段需要分组组建公司，志愿者教师会介绍到《中华人民共和国公司法》中明确要求的组织机构，引导学生了解科学的组织机构对于成功创业的重要意义。之后引导学生在开始创新创业过程中注重责任，以责任创业视角进行考量，引导学生要遵守知识产权相关法律和版权保护、具有契约精神、引导学生创造符合质量标准和伦理道德、旨在改善人们的生活的产品或服务。在讲解公司清算内容时重点引入《中华人民共和国公司法》相关法条。课程中显性教育和隐性教育相结合，在讲解学习公司创业内容的同时培育学生的法治意识、公共参与意识等学科核心素养。在学习过程中，学生可以了解发售股票、召开股东大会、竞选管理人、生产和销售产品、财务登记、开展评估、清算公司等相关知识。通过体验组建、运营和清算公司的全过程，帮助学生学会承担责任、把握机会、团队合作，培养创业创新的能力。通过以上的学习和实践，学生不仅能学到商业运行的方式，还能了解市场经济体系的结构和它所带来的益处。

通过学生公司选修课的学习，学生能够在实践中提高多维度的综合能力。例如，在选修课中设置团队合作项目、社会成功创业热点分析等课程，以提高其创业能力；在学生公司比赛过程中，根据学生反馈的创意归属问题，结合政治教研组的法治教育活动，增加创业大赛"知识产权登记"环节，并邀请首都师大专业教师开展知识产权主题的讲座。

中国学生公司大赛荣获一等奖

北京市学生公司大赛荣获一等奖

学生公司大赛荣获创新特别奖

（b）JA 经济学。

JA 经济学在我校高中一年级开设。该课程主介绍微观、宏观和市场经济的基本概念，通过电脑软件模拟商业环境来进行决策，帮助学生了解宏微观经济变量对企业经营决策的影响，进而深入理解经济学原理、管理概念和决策方法，激发学生对经济学的兴趣，扩展更为深入的经济学知识。

JA 经济学选修课

（c）经济社。

经济社主要以模拟经济活动的方式开展，带领学生参观国际公司 GE，参加国内外中学生商业模拟挑战赛，将理论与实践相结合，在实践经验中提升经济素养。

（d）聚创商社。

我校学生社团聚创商社是在创新创业大赛、学生公司选修课的基础上，由对创新创业感兴趣的学生组建，以社团的形式组织创新创业相关活动，在亲身组织体验中将法律知识和创业知识应用于实践，有助于学生自主研修创业知识和养成创业意识及素养。

社团活动展示

（e）职业见习日。

职业见习日主要为我校高中一、二年级学生设计。学生将有机会进入一家公司，跟随一位职员"导师"——企业志愿者，通过观察和与导师面对面交流，深入了解书本知识在实际工作中的运用，体会学校教育的重要性和与未来职业的联系，并为自己的职业发展做好准备。

学生到 SAP 公司见习进行项目讨论

（f）青年理财课程。

青年理财课程在我校高中一年级开设。该课程讲授个人金融理财概念，培养学生规划和管理财富等能力。通过理财课程的学习，学生能够熟悉理财术语和概念，学会如何以最佳的方式为自己理财，建立良好的理财习惯，使之成为自己日常财务生活的一部分。

有趣的理财课堂

②历史上的哲学家。

提供本课程模块，目的是帮助学生更多地了解中外历史上唯物主义与唯心主义哲学流派的代表人物及其核心思想；通过对不同哲学观点进行比较、鉴别和评价，看到哲学的时代价值及其对历史进程的影响；每一个时代的理论思维，都是历史的产物，学习哲学史可以帮助我们提高理论思维水平，更加自觉地理解和掌握马克思主义哲学原理。

（a）辅仁儒学社。

辅仁儒学社，是一个为热爱传统文化、对儒学等有浓厚兴趣的同学打造的一个共同阅读、交流、讨论的平台，"辅仁"取自"君子以文会友、以友辅仁"，意为大家共同以成为君子为自身追求，互相切磋交流、进行自我提升，努力去成为更好的自己。辅仁儒学社开展了四种活动形式：读书会，专题研讨，系列讲座和跨团交流。例如《先秦诸子谈为学》专题读书会、《文化与生活的关系》专题研讨、《天人合一——古人的思维方式》《衣食住行与传统文化》系列讲座、《笔阵图——汉字与书法艺术小讲》《寒食帖鉴赏》跨社团交流活动，让学生在学习交流中提高对传统文化的兴趣和理解。

社团书法活动

（b）先秦诸子的故事。

著名哲学家雅斯贝尔斯说曾经有一个轴心时代，在这个时代各个文明都产生了自己的圣人和智者，苏格拉底、柏拉图、亚里士多德、释迦牟尼、犹太教的先知……他们提出的思想原则塑造了不同的文化传统，也一直影响着人类的生活。中国的轴心时代，便是诸子百家时期。那么，这个时期都涌现了哪些学派的代表人物？各个学派有什么不同的主张，各个学派之间又有什么样的纷争呢？通过本课的学习，带领学生一起走进这个时代，还原先秦诸子的真实面貌，了解各派的真正分歧，感受中国传统思想的丰富多元和博大精深。

先秦诸子故事表演

（c）儒家的人生智慧。

儒家的人生智慧主要结合儒家经典及史书记载来解读儒家思想的原本意味，并揭示其在各历史时期的演变发展脉络。第一，通过对儒家思想在世界文明中的坐标做一概述，使大家能够整体地了解儒家文化的地位和特点。第二，对儒家思想的核心概念如仁、礼、为政、为学等做深入解读，避免学生停留于支离破碎的理解。第三，对儒家思想的演变脉络做大致梳理，从历史的角度把握其发展轨迹。通过本课程的学习，帮助学生在阅读儒家经典中感受儒家思想的本真性意蕴。

（d）中国古代思想史专题：诸子百家、魏晋玄谈、宋明理学。

本课程主要讲述中国古人看待世界的方式；中国思想史发展过程中，每个时期不同思想的生成背景、发展流变、特质和影响；不同时期重要思想家们讨论的一些重要话题；不同流派之间的关系，以及在中国人精神世界中产生的作用。希望和热爱传统文化的同学一起打造一个共同学习、交流、思考古代思想的精神空间，共同开启人生智慧。

智慧课堂

（e）儒家的思想解读：交友之道。

通过阅读部分经典原文，体会文言文的语言特点和表达方式，感受古汉语的魅力，理解其思想表达方式，增长文史知识；通过对儒家经典的研读、思考和讨论，对儒家思想进行深入理解，厘清对儒学的认识误区；通过对儒家思想的领悟，能够审视、思考自己在人生中遇到的问题，并尝试运用儒学的智慧解决问题，指导实践；通过重新构建儒家思想与现实世界的关联，发现儒学在当代社会的价值，形成对儒家文化价值的理性评价和对传统文化的正确态度。

③法官与律师。

提供本课程模块，目的是帮助学生更多地了解法官和律师这两种有代表性的法律职业的不同职责和共同使命；理解法官和律师对于维护公平正义、推动社会进步、满足人民美好生活需要的作用；在建设社会主义法治文化的实践中，不断增强法治意识，进一步提高法治思维和用法、护法能力。

（a）法眼看世界。

该门法律课程在国家级选修课《生活中的法律常识》的基础上，结合当前的社会热点，以及高中学生的生活实际进行相应的增减。通过对生活中的法律基本常识的了解，引导学生运用所学知识简单分析个别社会热点事件，以逐步提高学生的权利和义务意识，提升其辩证分析问题、解决问题的能力，促使其逐渐成长为合格的公民。为了能够更有效地调动学生的积极性，本门课程主要采取案例教学的方式，通过案例导入设置问题，在讲解基本法律知识的过程中达到分析实际案例的目的，再要求学生独立分析新案例，从而巩固基础知识，提升学生能力。该课程教学评价以过程性评价为主，主要记录课堂纪律和回答问题情况、作业完成情况以及小组活动展示（模拟法庭）的分数。

（b）法律诊所。

开法律处方，诊社会弊病。本课程通过"诊断"现实社会问题，用法律"开处方"，引导学生用法律知识分析、解决问题，培养学生的法律思维，增强法律意识，树立法治信仰。

于内，获得学科知识与锻炼思维能力并重。紧跟高中思想政治课程的相关知识进行拓展，为学有余力的同学搭建深入学习的桥梁。在普及法律知识的同时，通过创设情境、话题讨论等方式，使学生的逻辑思维能力、语言表达能力得到训练。

于外，使理论与实践相结合，提升学生参与公共生活实践的学科素养。"法律的生命不在逻辑而在于经验"。法律既是底线，更是武器。课堂会不时补充一些与未成年人利益密切相关的法律小常识，教会学生善用法律武器保护自己。

法律诊所课堂发言

（c）圆桌法学社。

圆桌法学社秉承"以圆桌会友，话法治天下"的理念，以平等的圆桌精神，聚集一群关心社会热点、热爱法律的同学。社团定期召开圆桌法律热点共议活动，并在重大法律相关节日召开专题活动，如疫情期间在国家宪法日举行线上交流活动、"三八"国际妇女节举行"法律视角下的性别议题"活动、3·15 国际消费者权益日举行"消费者权益保护的法律问题"等。"促膝圆桌聚青年，躬行法治始成达"，让学生在法律热点共议中开启法治梦想，提升法治思维，让走出校园的学生能成长为一名具有法律意识和社会情怀的合格公民。

圆桌法学社参加北京市"法育未来"中学生模拟法庭比赛，获得团体二等奖

④模拟政协。

首师大附中模拟政协协会成立于 2022 年 9 月，社团学生在 2023 年全国青少年模拟政协提案征集活动中荣获"北京市优秀模拟提案作品"奖。举办过以"人民政协知多少""模拟提案知多少"为主题的微讲座；组织学生在 2024 年全国两会期间召开"模拟政协会议"对两会期间的热点提案建议进行热烈讨论；组织社团成员观摩北京市政协第十四届一次会议和二次会议；组织学生观摩第十届提案中国·全国大学生模拟政协提案大赛；组织学生参加第九届北京青少年"模拟政协"现场交流活动；组织开展社团内模拟提案交流分享活动；组织学生集体参观清华大学校园等。通过社团活动让学生在项目式学习过程中更好地培养学科核心素养，让学生通过更多的公共参与了解社会生活、以科学精神分析社会现象、以法治意识参与模拟提案活动，以更好增强学生的政治认同感，是学科育人和活动育人的生动体现。

模拟政协社团活动

⑤模拟联合国。

模拟联合国，简称模联，是对联合国大会和其他多边机构的仿真学术模拟，是为青年人组织的公民教育活动。在活动中，青年学生们扮演不同国家或其他政治实体的外交代表，参与围绕国际上的热点问题召开的会议。代表们遵循议事规则，在会议主席团的主持下，通过演讲来阐述观点，为了"国家利益"辩论、磋商、游说。他们与友好的国家沟通协作，解决冲突；通过写作决议草案和投票表决来推进国际问题的解决。在模拟联合国，青年学生们亲身经历熟悉联合国等多边议事机构的运作方式、基础国际关系与外交知识，并了解世界发生的大事对他们未来的影响，了解自身在未来可以发挥的作用；通过多次举办校内中英文模联大赛和参加国内外模联大赛，走访了解大使馆，使学生在实践中了解模联的真实运行流程。

⑥互联网思维：互联网那些事儿。

本课通过对时下红包大战、慕课、互联网＋、大数据等热点话题以及小米、京东、海底捞等公司的经营管理案例的分析，使学生感知并初步理解流量思维、大数据思维、用户思维等互联网思维，为今天的学习、生活提供一些新的思考角度和不同的路径选择。

（4）自主研修。

①初中自主研修课程。

包括"时事小讲堂"进阶课程、法治演讲课程、博识课程以及项目式学习课程，密切联系社会生活和学生生活实际，以学生喜闻乐见的方式，传递富有时代气息的鲜活内容，增强道德与法治教育的时效性、生动性、新颖性。

（a）"时事小讲堂"进阶课程。

通过每节课5—8分钟的课前演讲的形式，让学生就自己关注的话题进行介绍，并表达自己的看法。老师需要在学生准备的过程中进行点拨和指导，并制定相应的评判标准，帮助学生对自己的完成情况进行自判和他判。通过这一活动，不仅可以将学生的关注点引入更广阔的社会生活领域，同时也可以使学生在准备过程中进行有效的思维训练，形成科学的思维方法。

时事课前演讲实况

（b）法治演讲课程。

中学阶段正是学生的世界观、人生观和价值观形成的黄金期，有效的法治教育能令学生获益终生。通过法治演讲课程这一形式进行法律知识的普及，不仅能培养学生法治观念，能运用法律知识分析社会问题，落实"树立法治意识，争做守法公民"主题教育目标，更可以锻炼演讲者的表达水平，在其人生阅历中留下绚烂的一笔。

法治演讲课程

（c）博识课程。

博识课程旨在拓宽学生的知识视野，强化综合素质。博识课涵盖了历史、文化、科学等多个领域，通过丰富的实践活动，让学生在体验中学习，增长见识。博识课与思政课相得益彰，两者相结合，既拓宽了学生的知识视野，又深化了他们的道德认识。在博识课的实践中，学生不仅学习知识，更在思政课的引导下，思考如何将这些知识用于服务社会、造福人民。这样的结合，让学生在全面成长的同时，也坚定了人生信仰和价值追求。

（d）项目式学习课程。

项目式学习系列课程，以培养学生的政治素养、思维能力和实践能力为目标，通过精心设计的项目任务，让学生在实践中学习和运用思想政治知识。课程结合社会热点和时事，设置多样化的学习项目，如政策解读、社会调查、主题演讲等。学生在教师的指导下，分组合作，自主开展研究与实践，通过实际操作，加深对思想政治理论的理解和掌握。课程注重培养学生的创新思维和解决问题的能力，鼓励学生在项目学习中提出自己的见解和方案。同时，课程还注重培养学生的团队合作精神和沟通能力，提升学生的综合素质。通过对这一课程的学习，学生将能够更好地理解社会、参与社会、服务社会，为未来的成长和发展奠定坚实的基础。

②高中自主研修课程。

高中开设自主研修课程，帮助学生在已有知识的基础上进一步提升自身的综合素养和能力。在自主研修课程中，我们邀请了大学教授为同学们带来"法治文化节"系列讲座；邀请了人大代表与学生面对面交流，让学生深入了解人大代表的工作和职责；通过创业大赛的真实体验，让学生在实践中打通所学知识和现实经验；通过仪式性课程的开展，带领高三学生在成人礼中感受公民教育，更好地搭建从高中迈向大学的桥梁。

（a）法治文化节系列讲座。

每年12月国家宪法日前后，我们都会邀请北大法学院张翔教授为高二年级学生进行"宪法与公民生活"的主题讲座，已经进行了3年。这一讲座主要内容包括：解读习近平法治思想、解读宪法基本理念、讲解公民的基本权利与义务等。

历次讲座都在学生中引起了很好的反响，以下文字摘自学生课后感想："无论是宪法还是其他法律，只有得到了人们的尊重与重视，才能更加有效地实施并保障各方利益，而宪法作为国家的根本法，它关乎的已不仅是个人的利益，而是整个国家的秩序与发展方向。这样的一部法律，应当得到每一个中华人民共和国公民的尊重，而不仅仅是部分同学与老师。希望今后会有更多的人能够感受到宪法的温度，感受到法律与规则的温度。"

此外，在法治文化节期间，针对不同年级的学科内容和学生需求，有针对性地开展专家讲座。如在高一年级，结合创业创新教育，邀请民法青年专家、首师大政法学院蒋言老师进行《民法典时代创新创业的法律风险防范》和《公司法和知识产权法》主题讲座；在高二年级，邀请首师大政法学院刘兰兰教授进行"国旗、国徽和国歌"主题讲座，邀请北大法学院青年学者彭錞老师进行《法律是什么》主题讲座；在高三年级，结合民法典的学习，邀请蒋言老师进行《民法基本原则及其意涵》讲座。

2023 年 12 月 4 日是第十个国家宪法日，首都师大附中开展第七届法治文化节，我们有幸邀请到中国政法大学罗翔教授为同学们进行主题为《培育我们的法治信念》的讲座。本次讲座设主会场和分会场，同时开放教室直播，引起了同学们的强烈反响。在长达一个半小时的讲座中，罗翔老师幽默风趣、深入浅出地与同学们探讨了法治的要义。最后，罗翔教授鼓励同学们："每个人做出的微小努力，都可能影响世界。"

系列讲座对高中法治相关国家课程进行了深度和广度上的拓展，对法律条文进行更加专业的解读，对法治理念进行了更加深刻的阐释，有利于学生对相关课程的理解和精修。

罗翔教授的讲座

学生为罗翔教授赠送礼物

（b）法治文化节知识竞赛。

各年级积极参与学校宪法知识闯关竞赛，并举办线上线下法治知识竞赛活动，帮助学生夯实宪法基础知识，树立宪法法治意识，弘扬宪法精神，增强法治观念，凝聚法治共识，争做尊法、学法、守法、用法的新时代少年。

（c）人大代表座谈交流会：与叶培贵代表面对面。

为了让学生更好地理解人民代表大会制度，感受人民当家作主是社会主义民主政治的本质特征，政治组邀请人大代表叶培贵来到学校，与学生进行面对面的交流座谈。学生在学习相关知识的基础上，围绕自己感兴趣的问题和疑惑点向叶培贵先生进行请教，在深入交流和充分互动过程中，学生能够进一步了解人大代表的评选过程和标准、人大代表的工作和责任、人大代表的名额分配等问题，同时对我国人民代表大会制度有更深刻的认知，拉近学生与政治生活的距离，获得更好的体验感和参与感。

（d）项目式学习课程。

为更好满足高三学生的学习需求，高三备课组根据学生实际情况，有针对性地开展项目式学习，整合大单元教育内容，以主题的形式对知识进行整合深化，结合高考题目帮助学生完善知识体系，提升思维能力，进一步落实深度学习。

（e）竞赛类课程：创业大赛。

首师附政治组以活动型学科课程的理念来指导教学，在提供学生经济生活基本知识和学科思维的基础上，举办了"奔跑吧青春——创新创业大赛"。在校园告知栏、班级思想政治课堂、自媒体公众号平台上发布赛程信息和赛事奖项设置。

比赛共包括两个赛段，第一赛段主要评价商业计划书的创新性、可信性、团队合作等；第二赛段主要评价实施商业计划书的各个环节及最终成果。第一赛段包括初赛筛选（递交商业计划书）和复赛角逐（商业计划书答辩）。初赛中年级共有近百支团队参加比赛递交了商业计划书，经过校内外老师们的评审后共有近十支创业团队脱颖而出并参加了第一赛段复赛的比拼。

赛前政治教研组供给参赛学生的资源是，校外的企业从业者和校外专家老师来到学校，以讲座的形式对学生商业计划书的撰写进行指导。复赛中，专家老师们对商业计划书进行评审，并对学生的PPT展示进行点评。在比赛宣传方面，政治教研组依托学校供给学生校园展销的场地和宣传媒介，同时借助公众号的投票平台来评选出最具人气奖，借助网络直播平台对比赛现场进行直播，以此给比赛增加热度、提高影响力和参与度。更重要的是，学校在最大程度上供给学生锻炼和展示的舞台，并支持创新创业教育的开展。

（f）仪式性课程：高三成人礼公民教育课程。

在高三年级学生毕业典礼上，由政治备课组教师为高三毕业生上最后一课是我校传统，也是政治组法治教育课程的重要内容。这一课以"成年公民的责任和担当"为主题，由以下教学环节组成。

第一，教师通过校史故事，以榜样的事例阐释"公民参与对于推动社会进步、建设美好时代的重要意义"。

第二，学生代表结合自己参与公共事务的故事，阐释"公民责任"内涵。故事丰富多彩，包括通过学生自治体验民主管理，通过走进社区体验社会治理，通过走进社会体验公民责任，通过民主监督，体验公民参与，等等。例如，2018届毕业生姜晗雪同学讲述了她和学生会权益部的同学通过多方努力革除旧校服弊端，推出了更加舒适和美观的新校服的故事。从进行问卷调查了解同学需求，到协调学校有关领导争取支持，到与供应商沟通确认各项要求并核定价格，终于推出了令各方满意的成品校服。她在总结这一过程中说道："在这个给校服带来一点点改变的过程里，我得到了很多人的帮助。最大的困难不是来自外部，反而是那些'我以为'，我以为我的能力不够，我以为同学们并不关心，我以为学校是我的对立面。然而当我真正开始实施之后，那些我以为的阻力都变成了帮助我的动力，这些帮助使最终的结果远远超出了我的预期。改变世界听起来困难重重，但也许那只是我们以为。"

第三，教师解读宪法法条中关于公民基本权利和义务的规定，鼓励成年的同学们肩负起时代的责任。

第四，面对宪法进行成人礼宣誓，"学习、宣传宪法，遵守宪法和法律，正确行使权利，自觉履行义务，维护宪法权威，践行宪法精神，做合格的共和国公民！"

第五，学生在走过成人门后，在写有誓言的展板上庄重签下自己的姓名，并合影留念。

在学生人生的重要节点——成人仪式上进行宪法和公民教育，是政治组坚持了多年的传统。这一活动有助于唤醒学生内心对公民参与的价值认同和参与热情，有助于引导学生更加积极主动地参与到公共事务的管理中去，在社会建设中实现自我价值。

2022 年高三成人礼：《十八岁与宪法》

2018 年成人礼：《责任》

2021 年成人礼：《参与·改变》

2018 年宪法宣誓

（二）特色创新：法治教育为主线

党的二十大报告提出，"全面依法治国是国家治理的一场深刻革命"。全民守法是法治的前提条件和社会基础。全民守法的实现，需要开展全面系统的法治教育，其中最关键的就是青少年法治教育。

为顺应国家法治发展的需要，初高中政治课新版教材中都突出了法治教育的内容。这对我们提出很大挑战，例如，法治教育如何实现理论性和实践性的统一？如何实现专业性和趣味性的统一？如何实现主导性和主体性的统一？围绕这些问题，结合各年级教学特点和实际需求，在政治教研组全体教师参与下，开发本系列课程。

1. 四修筑根基，课程一体开新局

首师大附中法治教育六年一体化教学目标设计

2. 部门法融合，课程实施谋新篇

法治教育校本实施的整体设计概览

课程分类	具体课程	授课教师	面向学生
宪法与公民教育课程	相关国家课程	教研组全体教师	全体
	宪法与公民生活讲座	北大法学院张翔教授	高二年级全体
	宪法日活动	教研组全体教师	全体
	宪法晨读	初一、初二备课组	初一、初二
	高三成人礼公民教育	高三备课组	高三年级全体
知识产权与公司法课程	相关国家课程	教研组全体教师	全体
	知识产权讲座	首都知识产权协会专家	初一、初二
	创新创业相关法律课程	首师大政法学院蒋言老师	高中部分学生
	创新创业实践中的法律应用	高一备课组	高中部分学生
民法总论课程	相关国家课程（选必2）	高三备课组	高中部分学生
	民法基本原则及其内涵	首师大政法学院蒋言老师	高中部分学生
以案释法课程	法律诊所	谭姝颖	高中部分学生
	趣味法律电影与案例	陈祯卿	初中部分学生
实践类课程	法治演讲比赛	初二备课组	初二全体学生
	法治微视频、手抄报制作	初中各年级备课组	初中全体学生

3. 法治结硕果，课程建设显成效

国家宪法日活动

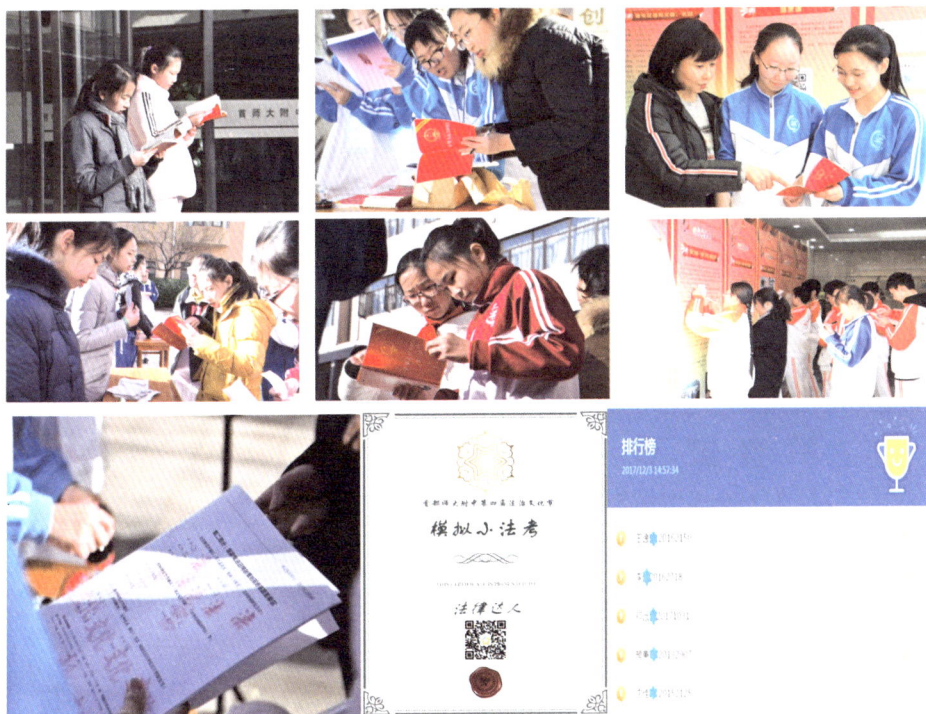

线上线下法治知识竞答

感受法治的温度

宪法晨读

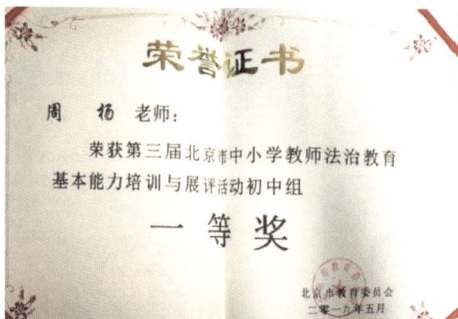

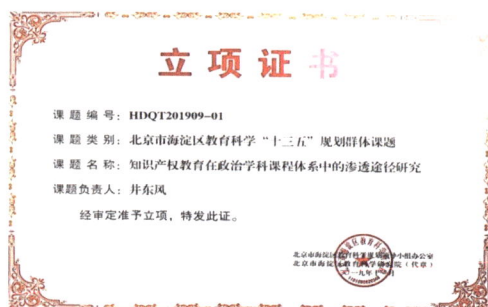

部分法治比赛教师获奖证书

我校承担全国中小学法治名师培育工程任务

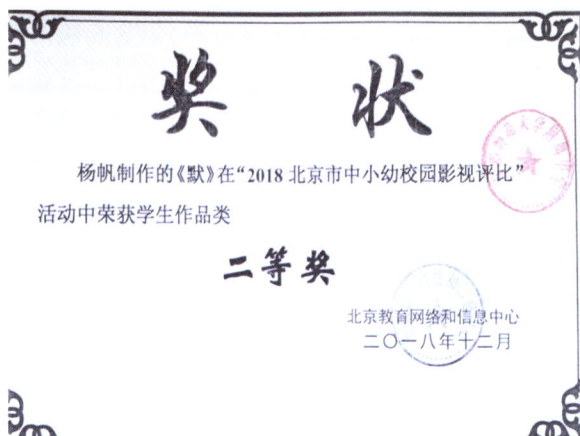

法治短剧《默》引起社会反响

重回不惑之法诞生"宪"场文献史料云展览

4.公众号传法，指尖普法创新路

开拓创新，为共和国之精神；敢为人先，乃政治组之特色。为落实法治教育，除了校本课程的实施外，首师附"政能量"微信公众号横空出世，这是我们顺应互联网时代的特点，对课堂所做的拓展和延伸。

政治组于2014年创建首师附"政能量"微信公众平台，本着分享与交流、多元与宽容、互助与感恩的理念，依托政治学科教学，拓展人文知识，开阔学生视野，培养人文精神和情怀，弘扬校园正能量。

平台设置了热点微评、非凡理财、阅古知今、一路高考、墨香传递、人物声音、新鲜搜罗、百天行动、附中微帮、原创天地、好文推荐、周末荐碟等丰富多彩的栏目，涉及经济、政治、文化、哲学、法律、心理、国际关系等多个领域，吸引不少学生、家长和教师的踊跃参与。

该公众号自创办至今，关注人数已近3000人，深受学生的喜爱和家长的好评。

阅读原文

知识产权|《非诚勿扰》因商标侵权或将更名？

阅读原文

一路高考|傻傻分不清"居委会"和"街道办"的孩子们看过来！

一路高考|财经热词：供给侧改革——显示高层经济思路的重大变化

新供给学派的中国经济"药方"——2013年《21世纪经济报道》

管清友、朱振鑫：应对当前经济形势的八条对策

我们的情书，让这个秋天不再寒冷——初二政治课三行情书选

一路高考|傻傻分不清"居委会"和"街道办"的孩子们看过来！

阅读原文

一路高考|需求侧改革：2015年，正在转向的投资（1213央视《朝闻天下》）

阅读原文

知识产权|在美被诉专利侵权，小米要爆发还是会爆炸？

阅读原文

公众号经典栏目部分截图

（三）与时俱进：提质增效为核心

作业是课堂教学的复习与巩固，是课堂教学的延续和补充，也是检验学生独立完成学习任务的主要形式。设计与批改作业是教学流程中不可忽视的重要环节，是教学过程的有机组成部分。为了扎实推进"双减"工作、提质增效，政治组初高中年级都进行了特色作业的设计、批改、评比和展示活动。

1.三行情书诉心声，韵律间绘真挚情

（1）作业内容。

围绕亲情、友情或师生情的主题，写一首三行诗。三行体诗从古至今都有人在作，见诸各诗人手笔。其中，文艺复兴时期诗人但丁的《神曲》是应用三行韵律最多的诗歌。三行诗，它的本质必须是诗。既然是诗，就要有诗的对象、诗的要素、诗的特征和诗的功能。所以，我们必须在有限的三行内，拓展出无限的空间；在三行的限制中，让精神自由地飞翔。

（2）设计意图。

亲人的爱时时刻刻陪伴在我们身边。这爱像阳光，像雨水，滋润着我们，浇灌着幸福的花朵茁壮成长。朋友不是书，其比书更绚丽；朋友不是歌，其比歌更动听；朋友应该是诗——像诗一样飘逸，像诗一样意味深长。三五个知心知意的好友，让我们在人生的道路上不再孤单。师生情是一条路，跳动的音符唱出你美丽的故事和人生的拼搏；师生情是一絮棉，让你的心即使在凛冽寒风中也能感到丝丝温暖。师恩绵长，这情谊无论你走到哪都将一直相伴相随，给予你勇气和力量。希望通过三行诗的作业，引导同学们用心去感受、用眼去发现，体会真情的美好。

（3）优秀作业展示。

> 星星还没有下班
> 城市还没有睡醒
> 但家里的那盏灯亮了
>
> ——陈逸阳（亲情）

> 小时候您买给我的棉花糖
> 那糖，已不在了
> 那甜，却柔和地留在了我心
>
> ——司秉轩（亲情）

> 石头，剪刀，布
> 你总是晚出
> 我总是赢
>
> ——韩璐文（友情）

> 烦的是你
> 嫌的是你
> 但陪我这三年的还是你
>
> ——袁宇宸（友情）

> 作业纸上老师添加的辅助线
> 帮我找到了

现实和理想之间的最短距离

——王若兮（师生情）

人生路漫，您只陪一程、我只留一阵

相遇时短，您句句教诲、我遍遍回味

暮色里的身影，孜孜不倦、一往如初

——李博轩（师生情）

2. 生命关怀绘蓝图，计划温暖万物始

（1）作业内容。

请选择一个对象（人、动物或植物），开展一项生命关怀计划，写明你的关怀对象、关怀计划，说明实施过程（以文字或图片的形式呈现），并阐述不少于200字的总结感悟。

（2）设计意图。

我们对待他人生命的态度，表达着我们如何看待自己的生命。当我们能够与周围的生命休戚与共时，我们就走向了道德的生活。通过生命关怀计划，引导学生尊重生命、关怀生命、敬畏生命，树立正确的人生观和价值观，热爱生活，追求生命高度，成就幸福人生。

3. 历史长河探真知，情境再现思发展

（1）作业内容：穿越历史情景再现，探究社会发展密码。

班级：　　　　　组长及组员姓名：

同学们，经过一段时间的政治课学习，我们了解了人类社会各个形态的基本状况，那么，在人类社会发展的一般进程的背后体现了哪些社会发展的规律呢？让我们通过以下活动做进一步的探究。

①纵向对比各社会形态，总结人类社会发展的一般规律——统一性。

要求	内容	分工
1. 看书p1—11，查阅相关资料，在原始社会、奴隶社会、封建社会、资本主义社会四个社会形态中选择一个，编写历史剧，在其情境中要体现该社会形态的生产力、生产关系（经济基础）和上层建筑特点 2. 总结该社会形态特点，进行客观、全面的评价 3. 看书p66—67，总结社会发展的一般规律	我们选择研究　　　　社会	组长：
	查阅的资料及出处	查阅人：
	情景剧本（故事主要情节及体现该社会生产力、生产关系和上层建筑特点的细节要写清楚，人物及人物关系清晰，200—500字）：	编剧：
	生产力： 生产关系： 上层建筑： 评价：	总结人：
	将生产力与生产关系、经济基础与上层建筑的关系用一张图表示	绘图人：

②横向对比不同国家或地区，体会人类社会进程的差异——多样性。

要求	内容	分工
1. 看书 p65，查阅相关资料，选择横向对比两个国家或者地区的社会形态更迭，进行探究 2. 看书 p67，思考与总结	我们选择对比的是 和	组长：
	查阅的资料及出处	查阅人：
	对比概述两个国家或地区社会发展进程的不同	撰写人：
	探究影响该两个国家或地区社会发展进程不同的因素有哪些： 各社会发展的多样性是否违背了一般规律？	总结人：

（2）设计意图。

教材中关于生产力与生产关系、经济基础与上层建筑的相关理论是针对人类社会发展历程总结出的抽象规律，与学生生活较远，理解起来较为困难。因此，通过"穿越历史情景再现探究社会发展密码"的作业任务，让学生在查阅相关资料的基础上编写特定社会形态的历史情景剧，认识和比较各种社会形态，了解人类社会发展的进程，真切地感受不同社会历史时期的生产力和生产关系特点，以及当时人们的生活方式和生活状态，能够帮助学生深入理解人类社会发展规律在社会形态更替中发挥的作用。

4. 家史撰写传千秋，血脉相连情更浓

（1）作业内容：悠悠家史，告白时代。

"人人都是他自己的历史学家"（卡尔·贝克），对每个普通人而言，最需要了解的不是遥不可及的宏大历史，而是带给自己生命的涓涓细流；最需要铭记的也不是往圣先贤，而是那一个个赋予其生命，塑造其人格的普通人。此刻，你就是他们血脉和精神承继者，书写他们的故事，是对家人、家乡的惦念，记录每一段家史，是对国家的献礼，对时代的告白。

请从各自的家庭（家史）、社区（邻里往事）、学校（校史）入手，通过实际采访和资料研究，了解先辈们（父母等家族长辈、邻居、党员、普通群众、校友等）的经历，挖掘爱情婚姻、家风家训、家族兴衰、战争历史、衣食住行、迁徙创业，探索自己生命的源头，成长的空间，能够严谨、有趣地讲述一个真实的历史故事。

采访人：		采访对象：	
访谈问题提纲	可以从基本信息、家庭成员、日常事务、幼年饮食穿着、与父母的关系、家庭活动、时代政治、父母的兴趣爱好、孩子们的闲暇安排、社区生活、学校、工作、婚姻等多方面设计访谈问题。微信公众号"我们的家史"中可以查看往年中学生们写的家史故事。在该公众号中搜索"家史、口述史访谈参考问题"，也能看到访谈参考问题汇总		
家史故事	题目自拟，不少于 500 字，避免虚构或想象		
家史故事与所处时代的关系	分析故事发生的重大历史背景对故事人物及事件的影响，以及人物的选择和努力对家庭、社区、学校乃至时代的反作用		

（2）作业意图。

每个人都生活在自己的时代中，与过往的历史存在时间的隔阂。正因如此，通过让学生采访自己的家人、社区或学校，能够让学生更为深刻地了解过去真实发生过的故事，获得更为真切的情感体验，进而将现实生活与过往的历史建立情感上的关联。在此基础上，运用所学知识分析重大历史背景对人物及事件的影响，以及人物的选择和努力对家庭、社区、学校乃至时代的反作用，进而感受时代对人的塑造。

三、学术科研：精益求精"推动力"

（一）深思笃行研课题，匠心独运筑华章

课题［集体（组内、组外）、个人］概览

姓名	日期	课题名称	级别
周杨等老师	2023 年	习近平法治思想指导下的初高中法治课程一体化实践创新	市级
李政	2021 年	基于学校特色的新教师培训课程建设研究	市级
	2019 年	知识产权教育在政治学科课程体系中的渗透途径研究	区级
	2021 年	中学法治主题教育"六年一体化"的实践与创新	区级
	2023 年	新高考背景下的跨学科校本教研策略研究	区级
吴溪	2019 年	京津冀一体化下 U–M 模式的考古资源应用	市级
	2019 年	知识产权教育在政治课程中的渗透途径研究	区级
井东风等老师	2019—2021 年	知识产权教育在政治学科课程体系中的渗透途径研究	区级
李艳霞	2021 年	中学法治主题教育"六年一体化"的实践与创新	区级
陈雯	2019 年	中学生知识产权教育主题活动设计与实施研究，立项，完成中期	区级
	2020 年	基于学科融合的初中环境教育实践课程探究	区级
	2023 年	面向未来的 1 对 1 数字化学习长效机制研究	国家级
	2023 年	中学生知识产权教育主题活动设计与实施研究	区级
	2023 年	核心素养背景下的思政学科主观题试题命制研究	市级

续表

姓名	日期	课题名称	级别
周丽楠、陈祯卿	2022 年	"双减"政策视域下初中跨学科项目式作业开发与实践研究	区级
周丽楠	2022 年	微公益时代的公民慈善及其实践模式研究	国家
庄雪	2023 年	社会主义核心价值观融入初中养成教育课程群的实践研究	区级
庄雪	2021 年	学校家庭社会协同育人机制研究	区级

（二）翰墨飘香书华彩，论文著作显睿思

1. 论文璀璨映星河

教师个人论文发表、获奖概览

姓名	日期	发表及获奖情况
周杨	2017 年	论文《以"时事小讲堂"促进中学生思维方法形成的课堂教学研究》获北京市"第七届"学习科学研究优秀成果二等奖
	2019 年	论文《在博识课程开发中探索社会主义核心价值观的培育模式——以首师大附中政治博物馆系列课程开发为例》获海淀区"十三五"时期校本研修案例评选三等奖
	2019 年	论文《学生节活动上的知识产权"纠纷"》发表于《法治与校园》
	2020 年	论文《探索学生参与微课制作的自主学习模式》获北京市"邀游计划"课改项目实验校"特殊时期"课程创新工作成果评选活动优秀成果奖
	2020 年	论文《以"讲"助教 以"说"促学》被北京教育科学研究院基础教育课程教材发展研究中心评为北京市抗击新冠肺炎疫情特殊时期课程创新实践与研究优秀成果
	2020 年	论文《一场特殊的"空中"辩论会》发表于《法治与校园》
	2021 年	论文《"敬畏生命"教学设计点评》发表于《思想政治课教学》
井东风	2021 年	论文《党的十九届六中全会精神学习探究》发表于《时事》（高中版）
李政	2018 年	论文《"就文论文"教学相长》发表于《中学时事报》
	2019 年	论文《新时代中学生创新创业教育初探——以首师大附中为例》发表于《才智》
	2019 年	论文《活动型学科课程探索——以"其实我可以更懂你"系列活动为例》获北京市 2018—2019 学年度基础教育科学研究优秀论文三等奖
	2021 年	论文《如何应对学生与课堂无关的问题与言论》收录于校本教材《青年教师指导手册》
	2018 年	论文《教学新探：企业的经营之"我要创业"教学设计》获北京市第六届"智慧教师"教育教学研究成果三等奖
	2022 年	论文《四季沐歌，青春礼赞——指向学生终身成长的班级建设》获海淀区第十八届教育科研优秀论文评审三等奖
	2023 年	论文《国务院机构改革方案经表决通过》发表于《中学时事报》
	2023 年	论文《党的十八大以来北京高考政治试题的发展研究》获北京市基础教育 2023 征文课程教学类优秀论文

续表

姓名	日期	发表及获奖情况
陈雯	2017 年	论文《1 对 1 数字化学习在初中思想品德教学中的应用》获得海淀区第十四届教育科研论文一等奖
	2018 年	论文《初中思想品德中考复习策略初探》获北京市第六届"智慧教师"教育教学研究成果一等奖
	2018 年	论文《新中考　新定位　新实践》发表于《思想政治课教学》
	2018 年	论文《冲刺的利剑——论初三一模成绩分析》获得海淀区第十五届教科研论文一等奖
	2019 年	论文《党员微党课，党建工作的新形式》获 2018 年度海淀区教育系统党建研究成果三等奖
	2019 年	论文《用心灌溉，用爱滋养——浅谈班级特殊家庭学生的管理》获北京市基础教育科研优秀论文三等奖
陈雯	2019 年	论文《学校及其周边小区垃圾分类研究报告》获得海淀区第十六届教育科研优秀论文一等奖
	2019 年	论文《从"敬畏"到"热爱"教育科研》获第五届海淀教育科研种子教师论坛征文一等奖
	2019 年	论文《初中道德与法治综合社会实践活动初探》获北京市首届"教师专业能力"研究成果三等奖
	2020 年	论文《落地生根开花结果》获得海淀区"十三五"优秀教育科研成果三等奖
	2020 年	论文《〈走近老师〉教学设计及反思》获得北京市中学道德与法治教学论文和案例评选三等奖
	2021 年	论文《技术融入课堂，智慧绽放云端——浅谈疫情下的道德与法治教学》发表于《中小学数字化教学》
	2021 年	论文《北京中考法治类主观题探析》获北京市基础教育科研论文二等奖
	2021 年	论文《中学生知识产权教育主题活动设计与实施初探》获海淀区十七届教育科研论文二等奖
	2022 年	论文《"双减"背景下的初中道德与法治教学探索》获北京市基础教育科研论文三等奖
	2022 年	论文《多维度寻找道德与法治试题的落脚点——以 2022 年北京中考第 23（3）题为例》发表于《中学政治教学参考》
	2023 年	论文《高考政治"综合性"考查类试题分析》发表于《思想政治课教学》
	2023 年	论文《专题微课护航初中道德与法治教学》发表于《中小学数字化教学》
	2023 年	论文《守护绿水青山　共建美丽家园》发表于《中学时事报》
何垠	2022 年	论文《大中小思想政治教育课程体系化建设思考》发表于《教育艺术》
李艳霞	2019 年	海淀区"十三五"时期校本研修案例评选三等奖
	2019 年	首都师范大学附属中学教科研成果评选四等奖
	2021 年	海淀区"十三五"优秀教育科研成果二等奖

续表

姓名	日期	发表及获奖情况
陈祯卿	2021 年	论文《大思政视域下的"五美"课堂教学实践》获 2021 年北京市第十四届"美育"教育教学科研成果一等奖
	2022 年	论文《聚焦校园双减，赋能提质增效——初中思政作业设计与课后服务策略研究》获 2021—2022 学年度北京市科研论文三等奖
	2022 年	论文《"双减"背景下道德与法治课程中劳动教育的创新性研究》获海淀区"双减"主题征文一等奖
	2023 年	论文《中小学思政课法治教育一体化实践路径研究》获 2022 海淀区"大中小思政一体化建设"实践与创新主题征文评比活动一等奖
	2022 年	论文《五美课堂：思政课教学美育化的实践路径》发表于《中学政治教学参考》
	2023 年	论文《四策并擎　法制先行》为北京市 2022—2023 学年度基础教育科学研究论文征集活动优秀成果
	2023 年	论文《以劳育美，以美促劳，美劳共生——道德与法治学科中的劳动教育与美育的渗透融合》获北京市第十五届美育教育教学科研论文成果美育综合实践类优秀论文
周丽楠	2021 年	论文《"敬畏生命"教学设计》发表于《思想政治课教学》
	2021 年	论文《网络民粹主义的理性审视、传播过程与积极防范》发表于《思想政治教育研究》
	2022 年	论文《时政热点进课堂》发表于《思想政治课教学》
	2023 年	论文《把握时代脉搏　鉴定文化自信》教学设计发表于《思想政治课教学》
刘跃	2018 年	论文《情感教育及其在初中道德与法治教学中的思考和培育初探》获海淀区"风采杯"中学教师论文成果展示活动一等奖
	2018 年	论文《在博识课程开发中探索社会主义核心价值观的培育模式——以首师大附中初中政治博物馆系列课程开发为例》获海淀区"十三五"时期校本研修案例评选三等奖
	2020 年	论文《试论儒家构建信仰世界时的教化倾向》获 2020 年海淀区中华优秀传统文化教育征文一等奖
谭姝颖	2023 年	论文《"剧本杀"热潮背后的思考》发表于《中学时事报》
陈雯、周杨、陈祯卿、周丽楠	2023 年	论文《初高中知识产权教育一体化创新实践研究》获评北京市基础教育 2023 征文课程教学类优秀论文
周杨、庄雪、陈祯卿	2024 年	论文《习近平法治思想指导下的初高中法治教育一体化校本实施策略——以首都师大附中创新实践路径为例》发表于《北京教育》
庄雪	2019 年	论文《思想政治学科教师教学设计能力的理论思考》获北京市首届"教师专业能力"教育教学成果二等奖
	2023 年	案例《五育融合下的跨学科博识研学项目》在 2023 年海淀区中小学跨学科主题学习典型案例征审中获二等奖

2. 著作瑰丽满芳园

教师参与编写教科书／教学参考书／学术著作概览

姓名	日期	名称及参与内容	出版社
李政	2021 年	《普通高中教科书教师教学用书》（专用版）部分章节的编写工作	人民教育出版社
李艳霞	2018 年	《海淀区中小学德育工作 100 问》	线装书局出版社
吴溪	2016 年	参与《中学开智——家长必读》《中学开智——轻轻松松考高分》《五开无养教育丛书——中学开智》部分撰写	首都师范大学出版社
	2018 年	参与《海淀区中小学德育工作 100 问》"88. 现有的社会实践活动都有哪些"部分	线装书局出版社
何垠	2022 年	《道德与法治教师用书—民族地区专用版—九下部分》	人民教育出版社
刘跃	2020 年	撰写学术专著《〈礼记〉丧祭理论研究》，收录于林庆彰主编《中国学术思想研究》辑刊三一编，第四册	台湾花木兰出版社
	2023 年	辅仁儒学社开展的部分讲座内容经过系统开发形成《给孩子们的优秀传统文化课》系列课程电教教材，分别是《文化与文明》《天文与人文》《语言与文字》《文化与生活》《知书达礼》《心中有数》	河南省文化艺术音像出版社

（三）杏坛传道授真知，公开讲座育英才

1. 讲座发言启心智

教师承担各级培训、讲座、学术发言概览

姓名	日期	课题	级别
井东风	2019 年	教育部中小学法治教育名师培训工程（第四期）讲座:《首师大附中法治主题教育实践探索》	国家
	2022 年	国培计划 2021 西藏自治区中学思政名教师培训工程讲座:《在学生心中埋一粒法治的种子——首师大附中法治主题教育实践》	国家
	2021 年	福建 2021 年高中政治教研组长提升培训班讲座:《打造思政教研特色品牌，建设优秀教研组》	市级
吴溪	2019 年	全国"青年成就中国学生公司创业大赛"嘉宾发言	国家
	2018 年	通州区中教科"高三二轮复习展示课教研活动"政治学科观摩课专家发言	区级
周杨	2019 年	为教育部中小学法治教育名师培育工程人大专题培训讲授《首师大附中法治主题教育实践探索》	国家
	2019 年	海淀区教材教法《做情绪情感的主人》	区级
	2022 年	海淀区教材教法《青春时光》	区级
	2021 年	为怀柔区全体道德与法治教师作《聚焦思维发展　打造高效课堂》专题讲座	区级
	2022 年	为北部进修中心教师作《新课标下的教学策略研讨》专题讲座	区级

姓名	日期	课题	级别
李政	2021 年	高一政治生产资料所有制与经济体制研究课	区级
	2021 年	高二政治"基于时政素养提升的国际形势讲座 4"的教材教法辅导	区级
	2022 年	说课展示:《人民民主专政的本质：人民当家作主》	区级
	2022 年	《法律与生活》第四单元教材教法讲座	区级
	2022 年	《经济与社会》第三课教材教法讲座	区级
	2023 年	经济全球化教材教法讲座	区级
陈雯	2020 年	区级知识产权教育教学实践分享《让知识产权教育助力学生成长》	区级
	2017 年	海淀区九年级道德与法治《中考复习案例分享》的课标及教材教法分析研究课	区级
	2018 年	海淀区新媒体新技术背景下的课题学习研究课《师生交往》	区级
	2018 年	海淀区教材教法分析初三政治二轮复习（一）：道德、法律专题研究课	区级
	2019 年	海淀区七年级道德与法治《友谊的天空》课标及教材教法分析研究课	区级
	2020 年	海淀区七年级道德与法治"空中课堂"《青春萌动》	区级
	2020 年	海淀区八年级道德与法治"空中课堂"《坚持宪法至上》	区级
	2020 年	海淀区七年级道德与法治《走进法治天地》课标及教材教法分析研究课	区级
	2020 年	海淀区七年级道德与法治《我与他人》教材教法分析	区级
	2021 年	海淀区八年级道德与法治《崇尚法治精神》课标及教材教法分析研究课	区级
陈雯	2022 年	海淀区八年级道德与法治《理解权利义务》课标及教材教法分析研究课	区级
	2022 年	海淀区九年级道德与法治《时事专题一》课标及教材教法分析研究课	区级
	2022 年	海淀区九年级道德与法治《和谐与梦想》教材教法分析研究课	区级
	2023 年	《数字化在道德与法治教学中的应用》参与高等教育出版社教师培训国培项目	国家级
	2023 年	海淀区九年级道德与法治《2023 年北京市初中学业水平考试道德与法治试题评析》教材教法分析	区级
	2023 年	《深耕课堂，以教促思——学科教学渗透知识产权教育的实践研究》用于中国知识产权远程教育平台	国家级
周丽楠	2022 年	"四步走"助力青年思政课教师行稳致远——从入职后的压力与动力谈起	区级
陈祯卿	2022 年	思想政治课教师专业成长经验分享——谈青年教师之"想为、勤为、敢为、智为"	区级
	2022 年	2021—2022 学年海淀区教材教法分析《聚焦学法指导　夯实学科素养——八年级下册一二单元专题复习》	区级
	2023 年	知识产权培训中心国家示范课程建设讲座《教育实践"三步法"，播种知产"新未来"》	国家级

续表

姓名	日期	课题	级别
庄雪	2017 年	海淀区八年级《道德与法治》学科教师做"维护国家安全"说课交流	区级
	2018 年	北京市初中道德与法治学科中考复习教学研讨活动承担教材解读与分析展示工作	市级
	2022 年	《单音与和声》案例视频和文本资料由教育部"国培计划（2022）"远程培训项目录用	国家级
	2022 年	承担海淀区"名师讲堂"《主观题解题思路及策略》研究交流	市级
	2022 年	《原因类试题的解题策略》研究课在 2022 年北京市初中道德与法治学科复习教学研讨活动中做全市交流展示	市级
	2022 年	课例《单音与和声》被评为北京市 2021 年度"基础教育精品课"遴选活动"精品课"	市级

2. 公开课程显智慧

教师公开课情况概览

姓名	日期	课题	级别
井东风	2020 年	"国家中小学网络云平台"资源建设（课程内容设计与讲授）：《世界是永恒发展的（第二课时）》	国家
周杨	2020 年	教育部录课《敬畏生命》《生命可以永恒吗》	国家
	2021 年	教育部精品课《敬畏生命》	国家
	2020 年	海淀区"空中课堂"《坚持依宪治国》《一场没有硝烟的"战役"》	区级
李政	2020 年	《使市场在资源配置中起决定性作用 –1》	国家
	2020 年	《使市场在资源配置中起决定性作用 –2》	国家
	2021 年	《法治政府》	市级
	2021 年	《人民民主专政的本质：人民当家作主》	市级
	2023 年	《建设现代化经济体系》	市级
	2017 年	《基于核心素养的课堂教学改进——企业的经营》	区级
	2019 年	高二政治必修 2 复习（一）：民主政治、国际关系区级研究课	区级
	2021 年	《情境解读与问题分析 2》	区级
陈雯	2020 年	国家中小学网络课程七年级道德与法治公开课《和朋友在一起》	国家
	2020 年	国家中小学网络课程七年级道德与法治公开课《深深浅浅话友谊》	国家
	2020 年	国家中小学网络课程七年级道德与法治公开课《专题：我与他人》	国家
	2020 年	北京市"高校信息化服务平台在线资源开发建设"项目优质微课《数据分析模型的应用和评价》	市级
	2020 年	北京市"高校信息化服务平台在线资源开发建设"项目优质微课《学生信息道德培养》	市级

姓名	日期	课题	级别
陈雯	2023 年	海淀区"空中课堂"《九年级上道德与法治期末 22 题讲评》	区级
	2024 年	海淀区"空中课堂"《2023—2024 学年第一学期期末学业水平调研第 24（3）题讲评》	区级
张晔	2021 年	海淀区高三一轮复习教材教法《选必三　逻辑与思维》	区级
	2021 年	海淀区"空中课堂"《十九届五中全会专题》	区级
	2022 年	海淀区"空中课堂"《高三期末考试试题讲评》	区级
杨舒涵	2023 年	中国知识产权培训中心公开课《著作权与生活》	区级
李政	2018 年	海淀区教材教法分析初三政治二轮复习（一）：道德、法律专题研究课	区级
陈祯卿	2021 年	知识产权培训中心中小学知识产权培训课程建设《我们与法律同行》	区级
	2023 年	知识产权培训中心《法在我心　与法同行》	区级
周丽楠	2023 年	北京市海淀区《把握时代脉搏，坚定文化自信》	区级
	2023 年	中国知识产权培训中心《法律保障生活》	区级
李艳霞	2020 年	初一政治下第四课第一框《青春的情绪》	市级
刘跃	2020 年	教育部录课，高二《哲学与文化》第三课《把握世界的规律》第二框《世界是永恒发展的》	国家
庄雪	2017 年	承担初一道德与法治学科区级研究课《单音与和声》	区级
	2018 年	在海淀区承担初三政治区级研究课《参与民主生活》	区级
	2019 年	2018—2019 学年在海淀区承担初三政治中考说明解读之一：成长中的我及一轮复习的策略研究课	区级
	2020 年	在 2019—2020 学年第二学期承担海淀"空中课堂"资源研发任务，为全区道德与法治学科做《成长中的我（认识自我）》研究课	区级
	2020 年	2019—2020 学年在海淀区承担初一政治第四单元《生命的思考》研究课	区级
	2020 年	参与"国家中小学网络云平台"资源建设（课程内容设计与讲授）	区级
	2021 年	在 2020—2021 学年承担海淀区初一政治七上第四单元《生命的思考》研究课	区级
	2022 年	2021—2022 学年承担海淀区"空中课堂"资源研发任务，为九年级政治学科做《海淀区一模试题评析》研究课	区级
	2022 年	为海淀区七年级《道德与法治》学科教师做题为《师长情谊》的研究课	区级
	2022 年	2021—2022 学年在海淀区承担初三政治 2021 年北京市初中学业水平考试道德与法治试题评析研究课	区级
	2023 年	为海淀区七年级《道德与法治》学科教师做题为《青春时光》的研究课	区级

四、教师成长：薪火相传"凝聚力"

（一）群英荟萃扬风采

1. 人数

专职教师人数统计表

初一	初二	初三	高一	高二	高三
2	2	3	5	2	2

2. 构成

教师学历、性别、职称构成

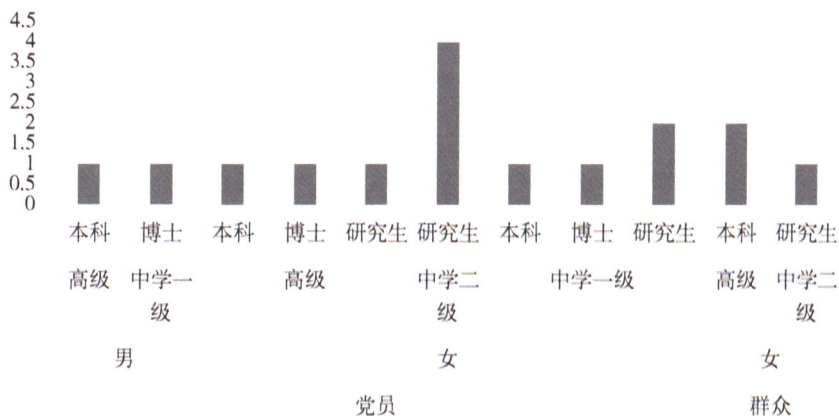

教师风采

（二）勤勉工作显担当

教师承担教育教学工作详表

姓名	时间	承担教育教学工作
吴溪	2017—2019 年	班主任
	2015—2023 年	备课组长
井东风	2018—至今	海淀区学科带头人
	2018—2021 年	政治组教研组长
	2021—2022 年	高一、高二第一学期备课组长
张晔	2021—至今	政治组教研组长
周杨	2024—至今	北京市市级骨干
	2023—至今	北京市学校思政课"青年名师工作室"周杨工作室
	2014—至今	海淀区兼职教研员
	2021—至今	海淀区学科带头人
	2018—2021 年	海淀区骨干教师
	2013—2014 年 2019—2021 年	班主任
	2021—2022 年	年级组长
李艳霞	2016—2022 年	班主任
	2021—2022 年	备课组长
陈雯	2015—至今	海淀区兼职教研员
	2021—至今	海淀区骨干教师
	2020 年	海淀区第一届教育科研种子教师
	2021—2022 年	备课组长
李政	2015—2022 年	班主任
	2022—至今	海淀区骨干教师
庄雪	2019—至今	年级助理
	2016—2019 年	副班主任
	2017—2022 年	海淀区道德与法治学科兼职教研员
	2022—至今	一分校高中部政治组备课组长
陈祯卿	2022—至今	班主任
周丽楠	2023—至今	班主任

注：包括教学（教研员、骨干、带头人、教研组长、备课组长）、教育（年级组长/副组长、班主任/副班主任）

（三）师道传承志为梯

1.青蓝工程

师徒结对表

师父	徒弟
井东风	谭姝颖
周杨	陈祯卿、杨舒涵
李艳霞	庄雪、周丽楠
吴溪	庄雪、庄馥璘
李政	杨懿

师徒结对合影

2.硕果累累

学科、教研组集体获得奖励统计表

日期	奖项
2018 年	获第二届北京市中小学教师法治教育基本能力展示活动法治教育特色奖
2018 年	微电影《默》获海淀区中小学校园影视作品评比一等奖
2019 年	获评海淀区中学政治学科教研基地
2021 年	中学法治主题教育"六年一体化"的实践与创新，获海淀区"十三五"优秀教育科研成果二等奖
2023 年	首师大附中优秀初中备课组

个人获得奖励统计表

姓名	时间	获得奖励
井东风	2019 年	第十五届北京青少年公益电影节全国青少年原创影片大赛中获优秀指导教师奖
	2019 年	首师大附中被评为海淀区政治学科基地校，作为首席教师参评
周杨	2013 年	海淀区初中教师学科教学基本功片组展示活动一等奖
	2013 年	海淀区初中教师教学基本功交流展示活动一等奖
	2014 年	北京市初中教师教学基本功培训和展示活动中获教学展示一等奖
	2014 年	《以"时事小讲堂"促进学生思维方法形成的课堂教学研究》研究报告在海淀区初中《学法指导》专项研究成果评审活动中获一等奖
	2016 年	《我的人生舵盘》在"2016 年北京市高中生涯课程教材实验项目"海淀区子项目的课例征集中获一等奖
	2017 年	担任《正志笃行 成德达才——首都师范大学附属中学自主课程建设的创新探索》编委，此成果获首届基础教育国家级教学成果二等奖，获北京市第四届基础教育教学成果一等奖
	2018 年	海淀区"风采杯"中学教师教学成果展示活动教学案例展示一等奖
	2018 年	海淀区第二届"风华杯"班主任基本功现场展示活动二等奖； 教学案例《"心中有法"复习课》在 2018 年首都原创课程辅助资源征集评选活动中获二等奖； 教学课件《我们的人身权利》在 2018 年首都原创课程辅助资源征集评选活动中获二等奖
	2019 年	第三届北京市中小学教师法治教育基本能力培训与展评活动初中组一等奖
	2019 年	海淀区"风采杯"中学教师教学成果展示活动原创试题展示二等奖； 海淀区"风采杯"中学教师教学成果展示活动教学设计展示二等奖
	2019 年	海淀区优秀班主任称号
	2019 年	北京市中小学道德与法治学科教师教学基本功培训与展示活动笔试展示一等奖
	2019 年	入选北京市中学法治教育名师工作室成员
吴溪	2014 年 2018 年	校级选修课比赛二等奖
	2017 年	校级教科研比赛一等奖
	2018 年	第七届海淀青少年微电影节优秀辅导教师
	2019 年	第六届北京中学生社会实践挑战赛创意创新类二等奖指导教师奖
	2019 年	北京市青少年公益电影节全国青少年原创影片大赛优秀指导教师奖
	2019 年	优秀党员
	2020 年	青年成就中国"企业与社会责任"全国中学生征文比赛优秀指导教师奖
	2020 年	北京市学宪法讲宪法系列活动优秀指导教师奖
陈雯	2014 年	北京市初中教师教学基本功培训和展示活动笔试一等奖
	2015 年	《防范侵害，保护自己》在 2015 年首都特色优质原创课程辅助资源评选活动中获一等奖
	2018 年	教学案例《实施科教兴国战略》获海淀区第二届"风采杯"中学教师教学成果展示一等奖
	2019 年	《网上交友新时空》获海淀区第三届"风采杯"中学教师教学成果展示一等奖、同步作业设计《网上交友新时空》获海淀区第三届"风采杯"中学教师教学成果展示一等奖

姓名	时间	获得奖励
李艳霞	2021 年	海淀区"风采杯"课堂实录展示一等奖
李政	2017 年	《企业的经营》在全国部分大学附中教学协作体第二十六届年会上荣获教学观摩优秀奖
	2021 年	北京市高中思想政治学科教师基本功展示活动现场展示一等奖
	2015 年	2014—2015 学年度首师大附中新教师演讲比赛一等奖
	2015 年	青年班主任主题班会课评比二等奖
	2018 年	2017—2018 学年度"社会主义核心价值观"班主任基本功展示三等奖
	2023 年	"大中小学思政课一体化建设研讨会"优秀论文三等奖，清华大学马克思主义学院
	2023 年	第二届全国中学思政课教学基本功大赛一等奖
	2017 年	2016—2017 学年海淀区"风采杯"高中教师教学成果区级展示活动中荣获思想政治学科教学设计、教学实录、综合成绩一等奖
	2018 年	2017—2018 学年度首师大附中教科研成果评选二等奖
	2022 年	海淀区第四届"风华杯"班主任比赛三等奖
	2021 年	JA 学生公司优秀教师奖
	2018 年	JA 全国 16 强指导教师奖
	2023 年	全国青少年模拟政协提案征集活动"北京优秀模拟提案作品"指导教师
	2018 年	2017—2018 学年度海淀区"风采杯"（第二届）中学教师教学成果展示活动荣获新任教师基本功展示高中组思想政治学科一等奖
庄雪	2017 年	海淀区中小学新任教师培训优秀学员
	2018 年	海淀区"风采杯"（第二届）新任教师教学基本功展示初中组道德与法治学科二等奖
	2019 年	《在博识课程开发中探索社会主义核心价值观的培育模式——以首师大附中初中政治博物馆系列课程开发为例》海淀区"十三五"时期校本研修案例评选三等奖
	2019 年	海淀区"风采杯"（第三届）道德与法治学科教学设计展示、同步作业展示分别获一等奖
	2019 年	《探究生活案例，提高民主参与能力》教学案例获中学道德与法治、思想政治教学案例评审活动一等奖
	2019 年	论文《思想政治学科教师教学设计能力的理论思考》获北京市首届"教师专业能力"教育教学研究成果二等奖
	2020 年	北京市学宪法讲宪法系列活动获优秀指导教师奖
	2020 年	第五届全国学生"学宪法　讲宪法"活动全国赛获知识竞赛团体二等奖指导教师奖
	2021 年	《中学法治主题教育"六年一体化"的实践与创新》获海淀区"十三五"优秀教育科研成果二等奖
	2021 年	海淀区"风采杯"（第四届）道德与法治学科课堂实录展示、教学设计展示、同步作业展示分别获一等奖
	2022 年	《如何理解中国开放的大门只会越开越大？》案例在 2021 年北京市中学道德与法治学科时事述评展示中获得一等奖
	2022 年	"北京市中小幼第三届'京教杯'青年教师教学基本功培训和展示活动"荣获二等奖
	2022 年	首都原创课程辅助资源征集评选活动《参与民主生活》获二等奖

续表

姓名	时间	获得奖励
周丽楠	2021 年	北京市中小学新任教师第五届"启航杯"教学风采展示活动中获一等奖
陈祯卿	2021 年	北京市中小学新任教师第五届"启航杯"教学风采展示活动一等奖
	2021 年	2020—2021 学年海淀区"风采杯"中学教师教学成果展示活动道德与法治学科课堂实录展示一等奖、2020—2021 学年海淀区"风采杯"中学教师教学成果展示活动教学设计一等奖
	2021 年	首都师范大学附属中学第六届"正志杯"青年教师基本功大赛综合二等奖、作业设计二等奖
	2023 年	八里庄学区"学习二十大，争做好队员"少先队活动课展评活动获一等奖
	2023 年	海淀区"中小学知识产权教育"实践研究先进个人
	2023 年	海淀区少先队活动课例评选活动获海淀区二等奖
	2023 年	首师大附中第六届"成达杯"班主任基本功展示活动二等奖
	2023 年	第五届北京市中小学立德树人实践研究成果征集评优活动获中学主题班会特等奖
杨懿	2023 年	北京市"启航杯"一等奖
	2023 年	全国思政课基本功大赛一等奖
谭姝颖	2023 年	首师大附中"正志杯"青年教师基本功大赛二等奖
何垠	2024 年	第三届初中道德与法治教学设计大赛二等奖

五、社会责任：辐射带动"影响力"

十年来，在各级领导的大力支持和全体政治组成员的共同努力下，首都师大附中政治组在集团化、区域化、全国化办学方面不断探索。通过育人理念深度融合、课程建设创新发展、教育资源交流共享等多项方式，坚持"资源共享、集中优势、保留特色、科学整合、协同创新、优质发展"六条基本原则，包括教材教法辅导、校际学区间大教研（交流、集体备课、辅导、听课评课、出题等）、跨学区工作等不断丰富，促进了区域教育发展水平快速提高，使得成达教育思想获得广泛传播，产生了巨大的辐射带动作用，始终为承担着自己的社会责任不懈努力。

个人发挥辐射带动作用统计表

姓名	日期	级别	工作内容
陈雯	2021—2022 年	区级	海淀区道德与法治初二年级兼职教研员，担任区初二年级道德与法治期末试题命制
	2021—2022 年	区级	担任海淀区初三年级道德与法治期中、期末、一模、二模试题命制
	2021 年	市级	参与北京市初中学业水平考试道德与法治学科测试试题命制工作
	2022—至今	区级	担任海淀区初三年级道德与法治期中、期末、一模、二模试题命制

续表

姓名	日期	级别	工作内容
陈雯	2021—2022年	校级	初二年级道德与法治备课组组长
	2021年	校际间	指导首都师范大学马克思主义学院实习教师陈思如、吴雨暄、张简，教学设计撰写、课件制作、说课、讲课、评课指导
	2023年	国家级	知识产权教育分享讲座
	2022年	区级	海淀区九年级道德与法治《和谐与梦想》教材教法分析
	2022年	区级	海淀区九年级道德与法治《时事专题一》课标及教材教法分析研究课
	2022年	区级	海淀区八年级道德与法治《理解权利义务》课标及教材教法分析研究课
吴溪	2015—2016年 2019—2020年 2022年	校际间	承担北京工业职业技术学院的指导教师和集体备课、出题工作
	2019—2020年	市级	承担北京市教委实培计划大学生科研训练计划深化项目校外导师
	2018年	区级	承担通州中教科举办的高三二轮复习展示教研活动专家指导
	2022—2023年	集团校间	承担首师大附中西区高中政治备课指导
庄雪	2017—2018年	区级	担任海淀区道德与法治学科初一年级见习教研员
	2018—2019年	区级	担任海淀区道德与法治学科初三年级兼职教研员
	2019—2020年	区级	担任海淀区道德与法治学科初三年级兼职教研员
	2020—2021年	区级	担任海淀区道德与法治学科初一年级兼职教研员
	2021—2022年	区级	担任海淀区道德与法治学科初三年级兼职教研员
	2017—2023年	区级	参与海淀区初一、初二、初三试题的命制工作
	2020年	校际间	担任首都师范大学马克思主义学院2020年教育实习指导教师（政治学科指导教师）
	2017年	区级	承担初一年级道德与法治学科区级研究课《单音与和声》
	2017年	区级	为海淀区八年级道德与法治学科教师做题为《维护国家安全》的说课
	2018年	区级	承担海淀区教师进修学校初三政治区级研究课《参与民主生活》
	2018年	市级	北京市初中道德与法治学科中考复习教学研讨活动教材解读与分析展示
	2019年	区级	在2018—2019学年在海淀区承担初三政治中考说明解读：《成长中的我》及一轮复习的策略研究课
	2020年	国家级	参与"国家中小学网络云平台"资源建设（课程内容设计与讲授）
	2020年	区级	在2019—2020学年第二学期承担海淀"空中课堂"资源研发任务《成长中的我（认识自我）》和《成长中的我（心中有法）》
	2020年	区级	2019—2020学年在海淀区承担初一政治第四单元生命的思考研究课
	2021年	区级	2020—2021学年在海淀区承担初一政治七上第四单元《生命的思考》研究课
	2022年	区级	承担海淀区"名师课堂"研究课，授课主题：《主观题解题思路及策略》

姓名	日期	级别	工作内容
庄雪	2022 年	国家级	《单音与和声》案例视频和文本资料由教育部"国培计划（2022）"远程培训项目录用
	2022 年	区级	2021—2022 学年第二学期承担海淀"空中课堂"资源研发任务，为九年级政治学科做海淀区一模试题讲评
	2022 年	市级	承担初三政治 2021 年北京市初中学业水平考试道德与法治试题评析研究课
	2022—至今	集团校际	担任一分校高一年级助理，承担教育教学工作
陈祯卿	2022 年	区级	八年级下册期末考试调研出题
	2021—2021 年	校际间	担任首都师范大学马克思主义学院教育实习指导教师
周杨	2019 年	国家级	承担教育部中小学法治教育名师培育工程公开课《首师大附中法治主题教育实践探索》
李艳霞	2022 年	集团校际	教育集团一体化中考复习备考交流：与一分校老师研讨命题趋势、中考复习备考规划和策略
何垠	2023 年	区级	公民的基本权利研究课
	2023 年	国家级	参与人教社教师教学用书编辑撰写
李政	2019 年	区级	高二政治必修 2 复习（一）：民主政治、国际关系研究课
	2021 年	区级	高一政治生产资料所有制与经济体制教材教法
	2021 年	区级	高二政治"基于时政素养提升的国际形势讲座 4"的教材教法辅导
	2022 年	区级	说课展示：《人民民主专政的本质：人民当家作主》
	2022 年	区级	《法律与生活》第四单元教材教法讲座
	2022 年	区级	《经济与社会》第三课教材教法讲座
	2017 年	国家级	全国部分大学附中教学协作体第二十六届年会上讲授《企业的经营》、说课交流
	2023 年	市级	北京市第二届素养导向研讨讲授《建设现代化经济体系》、说课交流
	2022—2023 年	跨区域	指导一位新疆和田地区思政教师
	2021 年	集团校际	为首师大附中昌平学校高三学生授课
	2022—2023 年	区级	为海淀高三期中、期末、一模提供考题
	2021 年	区级	与海淀区教研员集体备课《人民民主专政的本质：人民当家作主》
	2023 年	市级	与市区级教研员集体备课《建设现代化经济体系》
张晔	2022 年	集团校际	首师附昌平学校授课
	2022 年	区级	选必 3 教材辅导

续表

姓名	日期	级别	工作内容
井东风	2021 年	区级	为首师附教育集团昌平学校高三年级授课，进行考前串讲辅导
	2015 年	集团校际	组织首师大附中和二附中教师进行集体学习，邀请海淀区进修学校政治教研室副主任任兴来老师指导初高中教学
	2016 年	区级，首师附教育集团（海淀、昌平、通州、大兴等区分校参与）	组织来自各区的首师附教育集团全体教师集体学习，邀请北京市基础教育研究中心政治学科主任王礼新老师做讲座——《对考试评价的一点认识》
	2017 年	区级	邀请东城区教研中心张志忠老师为高三学生做考前串讲指导，全体高中教师参加学习
	2020 年	区级	在海淀区进修学校做《素养导向的高考专题复习：政治生活》讲座
	2020 年	市级	参与国家中小学云平台资源建设课程内容设计与讲授及课程内容设计与指导
	2022 年	区级	在海淀区进修学校做《指向审读学习的必修三第三单元教学建议》讲座
	2018 年	区级	带领二附中、一分校、昌平分校、通州分校共同开发法治文化节实践课程
	2017 年	区级	2017—2018 年，指导首师大附中通州分校崔松鹤老师教学，到通州分校听评课多次

百年首师附精神亘古长存，十年政治组硕果桃李不言；十年间，我们在"为党育人、为国育才"教育理念引领下，汇聚谋今思远"源动力"、创新求实"行动力"、精益求精"推动力"、薪火相传"凝聚力"、辐射带动"影响力"，落实好立德树人的根本任务，在中高考成绩中屡创佳绩。

展望未来，我们信心满满，因为我们有清晰的指导思想、有明确的发展方向、有成熟的实践路径、有坚实的学校支持，最重要的是我们有胸怀梦想又脚踏实地、敢想敢为又善作善成的教师队伍。我们会为百年附中持续贡献力量、继续铸造辉煌！

附：政治教研组十年大事记

首推"首师附政能量"公众号

持续加强对集团校的辐射带动作用

被评为"北京市中小学知识产权教育试点学校"

2014 — **2017** — **2018** — **2019** — **2020** — **2024**

首次推出了成达法治文化节和成达创业创新大赛

被评为"海淀区中学政治学科教研基地"

首次推出模拟政协提案大赛

育人以美　“艺”彩纷呈

艺术教育是实施美育的主要途径，有助于引领学生树立正确的审美观念，陶冶高尚的道德情操，培养深厚的民族情感。首师大附中艺术组秉承百年附中"正志笃行、成德达才"的教育理想，在"以美立校、以乐育人"美育宗旨的引领下，齐心协力、勇毅前行。十年来，各类艺术社团蓬勃发展，在各级各类艺术展览赛事中崭露头角、屡次夺得头筹，如曾获国际青少年艺术节金奖、北京市学生艺术节器乐展演金奖、北京市学生艺术节舞蹈展演金奖、全国中小学生书画大赛一等奖、全国中小学生师生藏书票设计比赛一等奖等，为学校赢得殊荣。

我校 2013 年、2016 年两度被评为北京市中小学艺术教育特色学校。2017年被评为北京市学生"金帆书画院"和"金帆艺术团"，再一次证明了我校艺术工作取得了显著成效。近年来，我们在继承已有教育经验与成果的基础上，守正创新，在坚守教育理念的同时，顺应改革形势，不断探索、完善艺术教育教学方法。依托我校资源优势，不断丰富艺术四修课程体系，将活动与课程有机融合，重点打造非遗特色艺术课程，努力构建艺术层面的"成达思维课堂"，逐步构建成熟完善的附中特色、丰富多彩、优质高效的艺术教育体系，为附中"成达教育"增砖添瓦。

一、集思广益：组织管理体系全

（一）制度建设

艺术教研组作为学校艺术教育工作的主要承担与开展部门，依据学校和上级要求，不断完善各类规章制度，包括《首都师大附中艺术特长生招生办法》《首都师大附中艺术特长生管理条例》《首都师大附中学生竞赛（艺体类）奖励标准》《首都师大附中金帆团管理制度》《首都师大附中金帆书画院管理制度》等，内容合理完备、可操作性强，工作中严格遵照执行，做到有据可依，有据必依。各个艺术社团也有相应的工作制度与管理办法，有专人负责。学校定期组织检查，及时发现问题、解决问题，不断完善档案资料管理。

（二）规划计划

依据学校《首都师范大学附属中学"十四五"发展规划》中关于艺术教育的要求，明确艺术教育阶段性发展目标。根据市区各级艺术教育文件要求，并结合学校实际发展情况，制定了《首都师大附中艺术教育工作"十四五"发展规划》，规划内容全面、体例规范，其中明确了艺术教育工作的实施策略。

同时，每学年艺术中心组还围绕学校总体发展规划，制定切实可行的本年度艺术教育工作计划，内容全面、体例规范。计划任务均一一落实。

二、保驾护航：支持保障有力度

（一）师资团队

10年来，我们的教师队伍不断壮大，艺术师资力量日益雄厚，其间，在校本部及北校区供职的专业艺术老师共有20余人，目前校本部及北校区在编专业艺术教师18人，其中音乐教师7人，美术教师6人，舞蹈教师3人，书法教师2人，为本校以及教育集团的艺术教育发展奠定了坚实的师资基础。

艺术教师合影

音乐老师

石泉，2002 年入职，现任首都师范大学附属中学音乐教师，艺术中心主任。北京市学科带头人，首都师范大学音乐学院、教师教育学院校外研究生导师，湖南出版集团教材宣讲专家，教育部音乐学科深度学习改进项目中心组成员。出版个人专著《戏曲进校园》，参编湘教版高中音乐必修教材《音乐与戏剧》、选修教材《戏剧表演》。

赵霞，毕业于中央音乐学院，曾经在大学任教 7 年、中学任教 16 年，2016 年 7 月入职首师大附中。获"国际雅马哈双排键电子琴演奏 5 级证书、国际雅马哈钢琴演奏 5 级证书"，录制"全国音乐家协会电子琴考级乐曲"示范演奏五至八级。

刘文栋，2012 年入职，乐队指挥硕士，师从李刚教授。现任首师大管乐团音乐总监、首师大附中管乐团指挥。中国音乐家协会指挥学会会员，北京音乐家协会管乐专业委员会秘书长，北京音乐家协会指挥专业委员会副秘书长，京津冀管乐艺术联盟副秘书长。国庆六十周年天安门广场现场乐队分指挥，国庆七十周年天安门广场合唱分指挥团队专家组成员。多次获得最佳指挥奖。

张鹏，毕业于首都师范大学音乐学院乐队指挥专业，硕士研究生。2016 年入职首师大附中，二级教师。主要担任学校初中音乐课程教学及合唱团排练与管理。

黄辉，2018 年入职，毕业于中国音乐学院音乐教育系，中学一级教师，海淀区骨干教师，见习教研员。深耕教育教学工作，参与多项科研课题，撰写的教案、论文多次获奖。

耿静，2019年入职，澳大利亚昆士兰大学音乐学硕士。北京音乐家协会指挥专业委员会会员。主要研究领域为音乐教育，参与多项市区级艺术类科研项目，带领附中学子多次参与艺术实践与音乐类专业赛事并获得奖项。

崔铃羚，2023年入职，毕业于中国传媒大学戏剧专业。曾以全国排名第三的成绩，考入中国传媒大学2016级表演本科班；并以本科综合测评分数全班第一的优异成绩，保送本校戏剧专业研究生。

美术老师

温红，1995年至2023年任职于首师大附中。毕业于首都师范大学美术教育专业，高级美术教师。曾就读于北京画院研修班，师从郭石夫先生学习水墨画。曾为海淀区美术学科带头人、骨干教师，海淀区名师工作站学员，海淀区美术兼职教研员。曾获北京市教师基本功大赛一等奖，教学设计比赛一等奖，海淀区教师基本功大赛一等奖，教师教学课堂风采大赛一等奖，教学创新奖等。

万璐璐，2011年至2021年任职于首师大附中，高级教师。北京市学科教学带头人，海淀区教科院美育研究中心科研员，海淀区教科院台头未来实验小学科研副校长，海淀区美术学科督学，人民教育出版社培训专家，全国高校教师网络培训中心基础教育教师培训专家组成员，北京师范大学网络培训专家库成员。参与教育部国培计划培训，参与录制国家中小学智慧教育平台初中美术课程、北京大学网络培训课程、北京师范大学网络培训课程。曾获得教育部主办的第四届全国美术优质课（现场课）一等奖。

任文艳，2014年入职，毕业于首都师范大学美术学院国画专业，硕士研究生。负责美术教学、金帆书画院国画和烙画社团指导。参与北京市区课题研究多项，承担区级课题一项，教学设计在市区比赛中多次获奖，辅导学生参加北京市学生金帆书画院展览、海淀区非遗优秀作品展及各类比赛多次获奖，2020年参与录制国家中小学智慧教育平台课程资源工笔花鸟课与人物创作课，2022年参与海淀区教科院美育中心美育微课堂录制。

徐禹，2016年入职，毕业于首都师范大学美术学院美术教育专业。参加录制海淀区空中课堂中学美术课程、国家中小学智慧教育平台课程。参与编写人教版2020版高中美术选择性必修《工艺》，录制人美版义务教育美术教材配套教学资源，参与市区多项课题研究。

刘佳，2017年入职，毕业于首都师范大学美术学院国画专业，硕士研究生。中学一级教师。北京市美术家协会会员，北京工笔重彩画会会员。

周凯斌，2019 年入职，毕业于清华大学美术学院版画专业，硕士研究生。作品曾入选"工业 4.0：转型的力量——2018 中国工业版画三年展""第二十二届全国版画作品展""全国大学生美术作品展"等多项展览，部分画作被湖北美术馆、科尔沁版画艺术中心等机构收藏。参与国家中小学美术课程资源录制，获 2021 年北京市学校美育改革创新优秀案例一等奖等。

裴珊，2019 年入职，毕业于首都师范大学美术学院美术学专业（油画），一级教师，海淀区中学美术学科兼职教研员，海淀区非遗教育工作坊组长，一直从事非遗保护和传承工作。

韩嘉琦，2023 年入职，毕业于中央美术学院壁画专业，硕士研究生。指导学生考入中央美术学院附中与工艺美术学院附中等多所专业院校。指导学生完成艺术留学作品集，申请进入伦敦艺术大学，纽约视觉艺术学院，罗德岛设计学院等国外高校。

舞蹈老师

刘亚丽，1999 年入职，毕业于北京舞蹈学院舞蹈教育专业，高级教师，海淀区学科带头人，海淀区舞蹈学科兼职教研员。《东北秧歌之鼓相》《走进彝族烟盒舞》等获北京市优秀课堂教学设计一等奖。参编人教社义务教育教科书《舞蹈》《中学舞蹈艺术教程》《中学形体艺术修养教程》等舞蹈相关教学用书。担任北京市金帆舞蹈团指导教师，指导编排的舞蹈多次获市、区级金奖，多次被评为北京市优秀辅导教师。

卢江涛，2014 年入职，中央民族大学舞蹈学院舞蹈编创硕士。曾荣获第五届华北五省市舞蹈比赛表演金奖，第十届"桃李杯"舞蹈比赛文华艺术院校奖。多次参加全国大型文艺晚会表演，并代表中国舞蹈家协会赴台湾参加海峡两岸青少年舞蹈交流会。参编《中学舞蹈艺术教程》《音乐与戏剧教师用书》。参与全国教育科学"十三五"规划 2019 年度教育部重点课题"面向教育现代化 2035 中小学体育与健康课程开发研究"。

董雪，2018 年入职，毕业于北京体育大学舞蹈表演专业。获海淀区优秀艺术辅导员称号。北京市第十二届舞蹈比赛表演一等奖，北京市青年舞蹈大赛银奖等荣誉，参与"十二五"国家课题"舞蹈课程对于体质影响"的研究等。多次参加国家大型文艺晚会表演，参与编写《音乐与戏剧表演》教师用书等。

书法老师

李天天，2015 年入职，艺术学（书法）博士，师从欧阳中石、解小青教授，中国书法家协会会员，（全国）教育书画协会基础书法教育分会会员，海淀区中学书法学科兼职教研员，海淀区美育兼职科研院员。

李长虹，2020 年入职，北京师范大学书法学专业毕业，硕士研究生，现为首师大附中北校区书法教师，兼任学生发展中心职员。在"启航杯"等市区级比赛中多次获奖。

在艺术组专职教师团队中，高级教师 3 人，一级教师 5 人。博士学位教师 1 名，硕士学位教师共 11 名。1 位教师为北京市学科带头人，5 位教师任海淀区兼职教研员，2 名教师为海淀区骨干教师。除专任艺术教师之外，还有稳定的艺术兼职教师团队，以保障艺术四修课程的顺利实施。教师的专业方向涉及管乐、舞蹈、合唱、戏剧、配音、曲艺、陶艺、烙画、油画、国画、版画、工艺制作、书法篆刻等。

（二）专业教室

艺术教育是美育实施的主阵地，专业教室又是艺术教育的重要场所。目前，本部设有美术专业教室 2 间，书法专业教室 1 间，音乐教室 2 间，舞蹈教室 2 间；另设特色专业教室，如烙画教室、扎染教室、国画教室、版画教室、电脑音乐制作教室、双排键教室、管乐排练厅等，供特色美术课及选修、社团课使用。学校有各类场馆、校园艺术角、社团活动室等固定的活动场地及展览场所。

舞蹈教室

陶艺教室

扎染教室

版画教室

烙画教室

书法教室

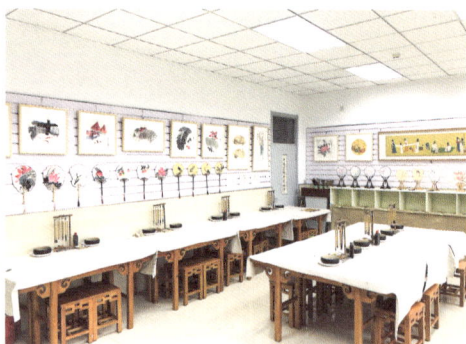

国画教室

（三）社会资源

依托于金帆承办校的优势，有效利用校外资源单位的场地、设施等，开展面向各类学生的艺术教育活动。

　　例如借助炎黄艺术馆、山水美术馆等参展契机，组织学生观摩学习；带领学生前往园博园采风写生；组织乐团、合唱团欣赏金帆音乐厅、国家大剧院、解放军军乐厅等场馆的演出等。另配有管乐、合唱、舞蹈、戏剧、陶艺、烙画等校外专家团，专家团涉及高校教师、非遗传承人以及音乐、美术文化领域的专家，特邀他们不定期进行专业艺术项目的指导。

"让园艺融入自然，让自然感动心灵"——首师大附中书画院
北京世界园艺博览会采风活动合影

管乐团参加海淀区器乐专场演出

金帆舞蹈团专场出演《旗帜》

2012—2022 年首师大附中主要校外专家来访指导活动情况

序号	专家姓名	专家职称与简介	来访活动名称	活动年份
1	靳苗苗	北京舞蹈学院副教授	舞蹈团原创作品交流指导	2013 年
2	季顺	非遗传承大师	DIY 艺术季指导交流	2016 年
3	潘志涛	原北京舞蹈学院教授	舞蹈团原创作品交流指导	2017 年
4	姚晓静	"泥人张"泥塑非遗传承人	"传统文化进校园，民间艺术进课堂，传承技艺成特色"活动	2018 年
5	胡远	首师大陶艺教授	磁州窑技艺传授	2019 年
6	苏娅菲	中央民族大学舞蹈学院副教授	编创舞蹈作品《桃李行》	2019 年
7	于大雪	首都师范大学音乐系副教授	中学舞蹈团发展指导交流	2019 年
8	于晓雪	北京舞蹈学院教授	舞蹈团原创作品交流指导	2019 年
9	魏思佳	国家一级编导	编创舞蹈作品《曙光》	2021 年
10	陈硕	中国歌剧舞剧院青年演员	特长生招生工作评审指导	2022 年
11	柯书剑	中央民族歌舞团导演	特长生招生工作评审指导	2022 年
12	袁佳	北京舞蹈学院副教授	特长生招生工作评审指导	2022 年
13	周莉亚	国内知名舞蹈编导	对话《只此青绿》	2023 年
14	缪伯刚	曹氏风筝第四代传承人	非遗公开课指导	2018 年
15	廉毅翔	北京市火绘葫芦非遗传承大师	烙画选修课指导	2022—2023 年
16	胡远	首都师范大学教师	陶艺选修课指导	2022 年

三、异彩纷呈：实施途径多样化

（一）课堂教学

1. 艺术四修课程体系

十年间，我们在开齐开足国家课程的基础上，不断探索艺术课堂的教学策略和方法，丰富各类艺术课程，形成独具附中特色的"成达教育艺术四修课程体系"，见下图。

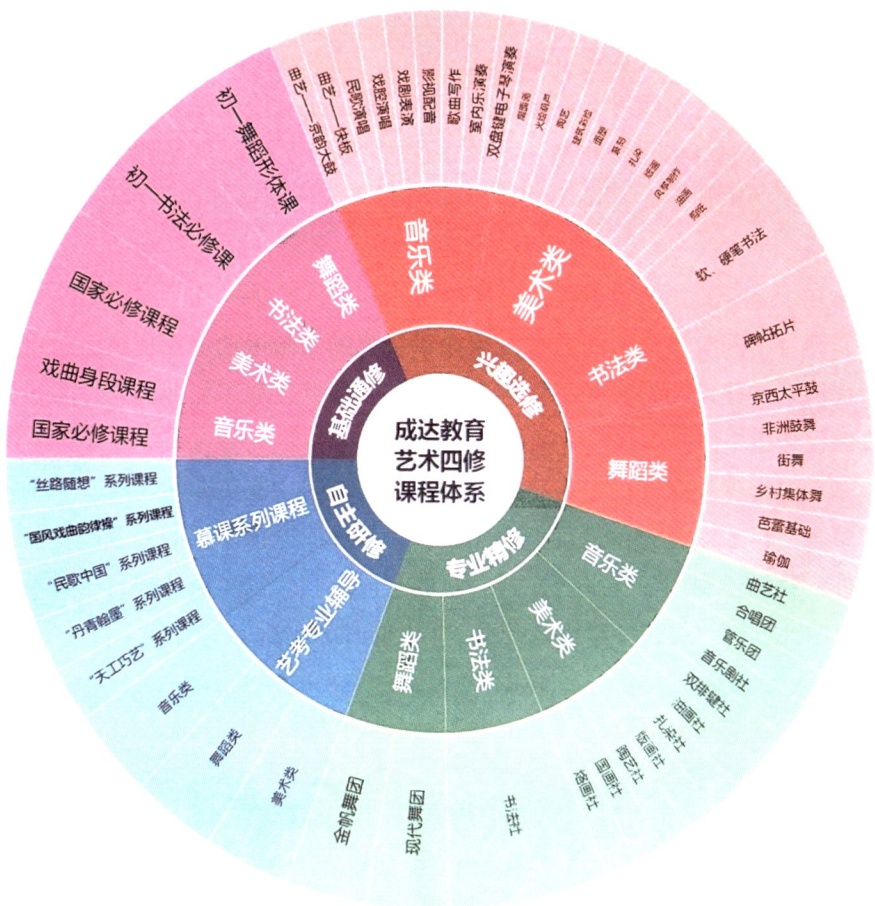

成达教育艺术四修课程体系

以培养学生艺术学科核心素养为基本理念，进行课程内容、学习方法、评价方式及教学资源开发与编写，开展模块教学，制定学业质量水平评价体系，强调基础性和选择性，满足个性需求。课程建设的总目标是以国家课程的高质量实施为基础，精品特色校本课程的开发为补充，以落实学科核心素养作为学校课程建设的宗旨，以弘扬中华优秀传统文化为目标，以递进式的四修课程体系为框架结构，五育并举，融合育人，从而满足不同潜质学生德、智、体、美、劳的发展需求，培养学生自信坚毅的品格和责任担当意识、勇于探索精神、团队合作精神、自主学习能力、动手实践能力、创新思维能力，同时促进教师专业化发展。递进式四修课程体系的搭建，着眼于每一位学生的发展，从学生的内在需求出发，以激发学生志趣为核心，兼顾学生的全面发展和兴趣特长，为学生的每一步发展搭设阶梯。

2."非遗"艺术校本课程

在构建成达艺术四修课程体系的同时，我们也着眼于附中百年名校的特色与底蕴，重点围绕构建"非遗艺术校本课程"（以下简称"非遗课程"）展开。此课程方案曾汇成《首都师大附中"非遗"艺术校本课程研究报告》，荣获海淀区奖励。

自2015年始，"非遗课程"已实施近八年。课程面向初、高中六个年级的学生，针对不同阶段学生的需求，依托于首都师大附中四修课程体系，围绕艺术课程体系的建设与资源开发，分类开设基础通修课程、专业精修课程、兴趣选修课程和自主研修课程。

基础通修课程是在国家教材的基础上，将教材中有关非遗传统文化的内容集中整合，再加以补充，进行大单元教学，是面向全体学生的普及类课程。除此之外，我们还利用慕课平台，开设戏曲身段课程。以年级为单位推广戏曲韵律操。与此同时，在初一年级还开设了必修的书法和民族舞课程。

初一年级书法必修课　　　　　　　　　高中国画选修课

兴趣选修课程是基础通修课程的拓展和延伸。我校在初中课后服务时间和高中选修课时间开设了丰富多彩的"非遗"传统艺术选修课。现有选修课包括书法、烙画、扎染、陶艺、扇面画、建筑彩绘、篆刻、面塑、京剧、民歌、京韵大鼓、快板、太平鼓等多种经典的、优秀的非遗艺术门类。其中书法、烙画、扎染、陶艺、扇面画、建筑彩绘使用的都是我校自主研发的校本教程。选修课程覆盖初一、初二、高一、高二四个年级。教师团队由校内教师和外聘专家团队共同组成。

专业精修课程是在基础通修、兴趣选修基础上的再深造。我校是金帆书画院和金帆艺术团的承办校，也是海淀区非物质文化遗产教育基地。在兴趣选修课中脱颖而出一批致力于将非物质文化遗产动态传承的优秀学生，组成了国画社、书法社、陶艺社、扎染社、曲艺社等专业社团。社团覆盖全校六个年级，进行大量实践类课程的深入学习。除此之外，社团还会定期组织各种演出、展览等活动。

管乐团训练演出

陶艺社团学生正在创作

自主研修课程分为两部分，一部分是针对希望报考专业院校的初、高三学生开设的精、专指导课程。这部分学生多来自前面提到的专业社团。他们自主学习的意愿强烈，目标清晰。教师会根据每个学生的情况给出专业指导。另一部分则是丰富的慕课资源。教师们将学生可以自主学习的很多内容，录制成多个系列的非遗传统艺术课程，学生可以反复观看，大大提高了学习效率。

课程构架图如下：

国家课程的整合与补充
戏曲身段课程 — 音乐类课程
国家课程的整合与补充 — 美术类课程
初一年级必修书法课 — 书法类课程
初一年级民族舞蹈课程 — 舞蹈类课程
— 基础通修

曲艺——京韵大鼓
曲艺——快板
民歌演唱
戏腔演唱 — 音乐类
扇面画
火绘葫芦
陶艺
建筑彩绘
面塑 — 美术类 — 兴趣选修
篆刻
扎染
风筝制作
剪纸
软、硬笔书法
碑帖拓片 — 书法类
京西太平鼓 — 舞蹈类

首都师大附中"非遗"艺术课程

书法社
陶艺社
扎染社
国画社
曲艺社 — 专业精修

艺考专业辅导 — 自主研修

"天工巧艺"系列课程
"丹青翰里"系列课程
"民歌中国"系列课程 — 慕课系列课程
"国风戏曲韵律操"系列课程
"丝路随想"系列课程

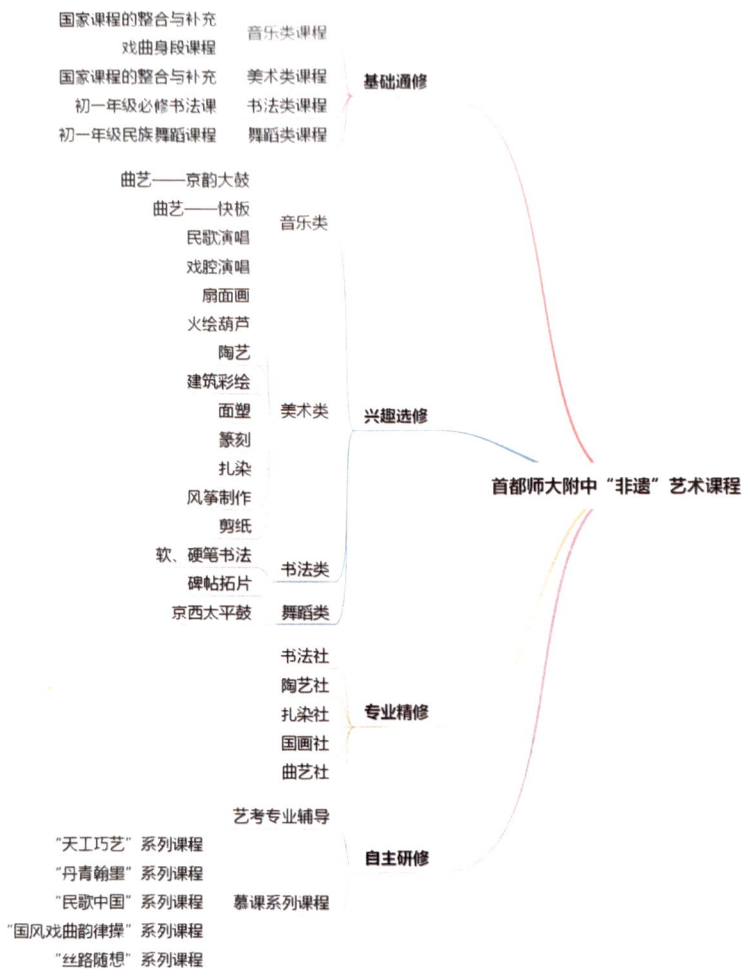

首师大附中"非遗"艺术课程列表

在"非遗艺术校本课程"的实施过程中，我们同样关注课程评价。在学校制定总体评价标准的基础上，结合非遗艺术学科的特点，制定个性化的评价量表。评价中坚持素养导向，关注学生真实获得。坚持以评促学、以评促教，将评价与教学进行一体化设计，在实践中探索出了过程化评价、多元化评价、自主性评价、单元化评价等新模式，对学生的学习态度、过程表现、学业成就等进行全面、准确的评价。

（二）实践活动

艺术实践活动也是播撒艺术种子，促进美育展开的良好方式。我们努力将实践活动与课堂教学紧密结合，一方面，以课堂教学带动实践活动，再通过活动来展示教学成果；另一方面，我们把实践活动纳入课程体系，将课堂教学与实践活动融为一体。在课程体系的构建中，以实践活动融入课程之中，以活动开展促进课程实施，从而实现教育教学目标、方法、过程三位一体的艺术课程资源建设。

十年来，在每年一届的校园艺术季活动中，学生在美术课堂上的作品得以大力展示，作品数量和质量都逐年提高，还配合相关活动举办过学生陶艺、烙画、书法、风筝、面塑、扎染等市区级现场会。金帆书画院 2018 年扬帆，持续举办开展围绕"非遗"传统文化的主题展览、公益展览、国内外交流以及各类线上云展览等活动，累计展示作品 5000 余件，获奖作品数近 300 件，参与学生总数逾万人次。

"喜迎华诞"演出照片

在每年学校举行的"红五月""春之声""秋之韵"等音乐主题活动中，突破以往此类传统单一的合唱形式。经过集中策划统筹，突出原创，由各年级各班结合课堂所学，进行诗词歌曲的创作，配以合唱、舞蹈、朗诵等多种形式进行展演。从准备到正式演出历经两个多月，不仅让同学们真切地感受到学习的知识用于实践的成就感，也提升了大家的综合素质。

学生以年级、班级、社团、个人等为单位，参与到活动中来，在课程中学会活动，在活动中学习课程。从这些活动课程中，学生得到了理论联系实际的机会，从而激发更多学生对传统文化艺术的热情，也提高了学生接受美育熏陶的主动性和积极性。

（三）文化建设

艺术展品装点并丰富了我校的校园文化建设。校舍内的摄影、美术、书法等各类展品，都是师生们在艺术课堂上积累的硕果。值得一提的是，2018年建成的非遗教育博物馆，以非遗艺术名目为主，陈设有世界级国家级等非物质文化遗产的展品，还有学生们动手创作的非遗工艺品。

非遗教育博物馆

通往音乐教室的楼梯上有可弹奏的黑白键，校园的一角有可以敲击出校歌的木琴，还有书架前的三角钢琴，这些都是同学们在校园中展示与交流的舞台。

这些艺术装饰与创意设施的建设均集结了我们的智慧与审美，通过艺术浸润的方式让学生感受美、表达美、探索美，从而温润他们的心灵，使他们成为更幸福的人。这也正是艺术对教育的贡献。

（四）展示展演

我校校园艺术季活动迄今已连续举办十二届。成功举办过学生书画展、师生摄影展、学生个人美术特长风采展、学生手工艺品展，还配合活动举办过学生陶艺、绘画、书法、扎染等现场会展。承办金帆书画院分院（2018年）至今，各类主题展览、公益活动、国内外交流共计50次，展示作品数量共计5000余件，获奖作品数300余件，参与学生数达到15000人次。

"初绽"书法·陶艺联展

舞蹈团演出活动照片

　　管乐团获 2021 年北京市学生艺术节器乐展演金奖，金帆舞蹈团获得 2021 年北京市学生艺术节展演金奖。金帆舞蹈团遵循"以普及促进提高，以提高带动普及"的原则，《旗帜》专场演出近百名参演学生中三分之二都是非舞蹈特长生。以乐舞课程、乐舞社团并行成就学生美丽人生。

　　同时每年还以年级活动的方式组织全体学生进行艺术展演，关注艺术教育的普及。艺术季展览都来源于常规美术书法课的作业，汇集了学生一学期甚至是一学年的成果。在 2021 北京市中小学庆祝建党一百周年书法教育实践活动中，大量学生参与其中；又如几乎每位学生都参与了《摇篮》《我心中的西南联大》等戏剧展演活动。通过展演活动来落实艺术教育"以美育人、以德育人"的根本任务。

四、百花齐放：艺教工作成效显

（一）艺术获奖

十年来，艺术组师生及各专业社团在各类艺术展演、美术书法展览比赛中都取得了骄人的成绩。一方面，在高水平专业级的赛事中取得佳绩，例如多次在北京市学生艺术节获得展演金奖，在全国中小学书画大赛中获得一等奖，在全国藏书票比赛中获得一等奖，在国际青少年书法大赛中入展获奖。另一方面，鼓励更多的学生参与艺术展览与比赛，以展示展演带动持续性学习，以艺术实践激发兴趣爱好。例如在市区级艺术节、展演中各个项目的报名人数都在逐年增加。

2012—2022 年首师大附中部分艺术类学生获奖（市级一等奖以上）

学生姓名/团队名称	获奖项目	获奖情况	指导教师	获奖时间
于瞳、吴佳霖、汪锦荷、霍达、刘婉依、王宜楠、王欣达	全国中小学第九届师生藏书票大展	一等奖	温红	2014 年
刘博文、钱安琪	第35回世界书艺大赛大展（韩国承办）	入展	李天天	2016 年
管乐团	第十二届"中华杯"示范乐团	荣誉称号	刘文栋	2018 年
管乐团	第十五届"中华杯"示范乐团	荣誉称号	刘文栋	2022 年
崔佳滢、程婉琪、田晏然、李欣笛、黄之宜、徐纳梅、马智勍、张逸凡	"崇德尚艺　绘美生活"——2018北京市学生金帆书画院教育教学成果展示活动	一等奖	任文艳	2018 年
姚禹、郑景瑞、李欣蕙、韩雨芊	"崇德尚艺　绘美生活"——2018北京市学生金帆书画院教育教学成果展示活动	一等奖	徐禹	2018 年
梁子瑄、焦远喆、朱震菲、王子桐、张京泽	"艺术与科学"北京市学生金帆书画院作品展	一等奖	徐禹	2018 年
董音侨	海外"桃李杯"第十届国际舞蹈大赛	一等奖	卢江涛、董雪	2019 年
卢世东	第十一届全国中小学师生藏书票大展	一等奖	温红	2019 年
徐琪、陈依诺	第十一届全国中小学师生藏书票大展	一等奖	万璐璐	2019 年
范泽明	全国第六届中小学生艺术展演活动北京赛区艺术作品征集	一等奖	温红	2019 年
韦煜	北京市中小学生"绘东奥·展精彩"美术、书法作品征集活动	一等奖	温红	2019 年

学生姓名/团队名称	获奖项目	获奖情况	指导教师	获奖时间
葛一良	北京市中小学生"艺·校园"摄影作品征集	一等奖	任文艳	2019年
张逸凡、李兆涵	"中国·色彩"北京市学生金帆书画院师生教学成果展	一等奖	任文艳	2019年
康家鸣	北京市中小学生"艺·校园"摄影作品征集活动	一等奖	万璐璐	2019年
张润心	第九届"兰亭杯"北京市中小学生书法大赛	一等奖	李天天	2020年
徐博优、宗安宁、郝蔚翔	第三届中国青少年雕塑大展	入展	温红	2020年
刘金睿	"携手未来"北京市学生金帆书画院书画作品征集活动	一等奖	李天天	2021年
仲述言、何苗、姚清瀚	第二十五届全国中小学生绘画书法作品比赛·书法类	一等奖	李天天	2021年
首都师大附中	"携手未来"北京市学生金帆书画院书画作品征集活动	优秀组织奖	美术组	2021年
黎佳盈	全国第七届中小学生艺术展演活动	入选全国展演	任文艳	2022年

（二）探索创新（评价体系、课题等）

1.探索学生艺术素养综合评价机制

近年来，艺术组不但重视教学研究和实践，还在学校的统筹领导下，结合学校实际，承担艺术课程评价指标体系的建设工作，加强艺术课程评价育人导向。为确保育人全员化、普适化、常态化，兼顾学生的个性化需求，我们不断完善"基础指标""学业指标"和"发展指标"组成的"三位一体"课程指标。各学科测评指标总分为110分，其构成权重分别是基础指标40%，学业指标50%，发展指标20%，得分90分以上为优秀，75—89分为良好，60—74分为合格，60分以下为不合格。

"基础指标"指向开足、开齐、开好艺术课程，依据学生对课程的完成度进行评价。"学业指标"将艺术学科核心素养作为评价内容，分别从审美感知、艺术表现、创意实践、文化理解四个方面对学生能力进行评价。"发展指标"重在普及，促进更多学生对艺术学习的参与。通过招新、宣传以及特长生选拔等方式，鼓励学生参加各类艺术社团，让学生体会在社团中的艺术学习与实践过程，不仅是审美能力与美术表现技能学习与实践，还可促进其智力发展、完善其情感表达、培养其学习习惯、塑造其良好品格、提升其组织合作能力、培育其艺术通觉、发展其创新意识。

对参加"金帆书画院"和"金帆艺术团"的学生评价，注重人文性、灵活性与综合性。这极大地激励了学生对艺术的热情，对于不断吸纳优秀的社团成员有重要作用。在对社团成员的管理过程中，注重建立并妥善保存学生的学业档案，能使学生在呈现出优秀作品的同时，看到自己平时的点滴进步。

2. 艺术素养评价建议

课程坚持素养导向，坚持以评促学、以评促教，将评价与教学进行一体化设计，在实践中探索出了过程化评价、多元化评价、单元化评价、课堂教学评价等新模式，对学生的学习态度、过程表现、学业成就等进行全面、准确的评价。

（1）过程化评价和多元化评价。

随着教育教学改革的不断推进，在"双减"的大背景下，"非遗艺术校本课程"对学生的评价由对学生作简单化终结性评价变更为以学生学习过程为主的过程化评价和终结性评价相结合的综合评价，由单一的师生间的评价调整为多元化评价，更及时、更全面、更科学地了解学生动态表现和真实水平。

学科课程评价的基本内容：

①学生期中、期末成绩由过程化评价成绩和终结性评价成绩合计构成，所有科目均采用四六制积分原则；学期成绩＝期中（40%）＋期末（60%），学年成绩＝上学期成绩（40%）＋下学期成绩（60%）。

②过程化评价具体指标（占成绩评定60%）。

i.出勤（默认5分，两日计入并反馈）：减分制，迟到一次0.2分，缺勤一次0.5分，累计不超过5分，教师只需通过网络过程化评价平台记录出勤次数。

ii.课堂表现（默认6分，最高10分，最低0分，一周记录并反馈）：加减分制，基础分6分，课堂表现视情节每次可以有0.1—0.5分加减分，教师记录次数。

iii.阶段作品或表演（20分，期中、期末前记录）：n次作品或表演的平均分，依据各科实际情况，由任课教师确定；

iv.学科任课教师有5分到10分的加减分权限，加减分要有明确的理由，并经备课组研讨通过。

③终结性评价即期中、期末考试成绩（占成绩评定40%）。

学生评价成绩构成如下图所示：

第一学期 40% | 学生全年成绩 | 第二学期 60%

期中 40% 期末 60%

1. 出勤（默认 5 分，两日计入并反馈）
2. 课堂表现（默认 6 分，最高 10 分，最低 0 分，一周记录并反馈）
3. 阶段作品或表演（20 分，期中、期末前记录）
4. 学科任课教师有 5 分到 10 分的加减分权限，加减分要有明确的理由，并经备课组研讨通过

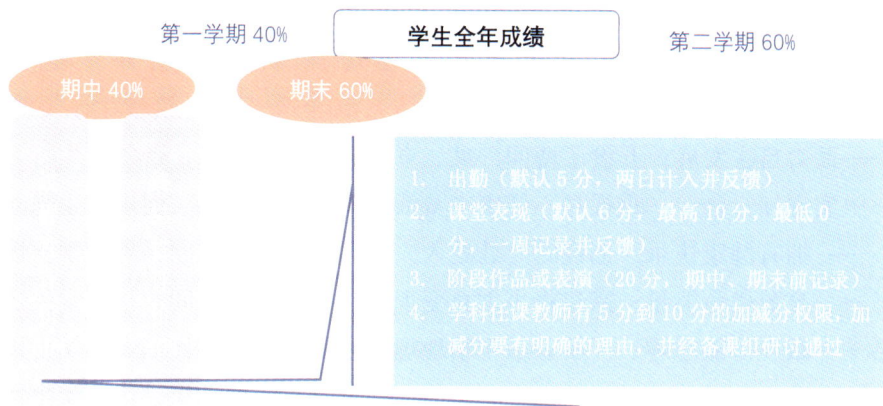

首师大附中学生评价成绩构成图

过程化评价的实施督促学生更加关注学习的过程，包括课堂表现、作品和表演质量及考勤情况等，比终结性评价更有益于提升学生学习的积极性，极大地提高了教学的时效性。

（2）单元化评价。

单元化评价是伴随着新课标、新课程、新教材深度学习而适时凸显出来的评价新标准。针对大单元教学，依据学科特点制定切实可行的学科评价标准。此标准依旧突出过程评价和多元评价，形式更加灵活多样。如基础通修中，音乐学科是基于民歌单元教学设计下的评价体系，兴趣选修中故宫彩绘是基于任务群下的评价体系，等等。总之，新的评价方案，一定是基于学科特点、利于科学诊断的，它借助技术手段既便于教师操作又能激发学生潜能，形成具有学科特色的规范化的体系。

（3）课堂教学评价。

课程评价是教学的重要组成部分，做到得体准确要靠多样灵活科学的方式方法。课堂教学评价量表是其中的一种方式。学校制定总体评价标准，各个学科又结合学科特点制定个性化的评价量表。课堂有评价也是关注学生习得情况的体现。

3. 参与并承担美育课题研究及美育教学实践的探索

艺术组积极参与海淀区教科院组织的"中小学美育体系构建与实施的研究"群体课题实践与研究。2022 年我校沈杰校长在北京市教育学会首届基础教育发展论坛美育专业委员会分论坛上进行发言，总结了我校艺术教育理念及实

施情况。

"成达"教育有教无类、因材施教、人尽其才，科学赋能育万千英才——让世界更美好。构建递进式的四修课程体系综合改革，引领学生求万象真知——助力自主发展；开设了博闻广见、卓有通识的博识课，带领学生行万里路——实现知行合一；重视身心健康丰富活动落实立德树人，促进学生强万家身心——拥有健康快乐；创设时时处处人人爱阅读的书香校园，熏陶学生读万卷书——充盈生命能量；搭建将小创意变现实的青牛创客空间，指导学生造万件品——激发潜能志趣；开放展示生物地理标本历史的老物件，影响学生悟万物灵——促进和谐共生；建设魅力非物质文化遗产教育博物馆，培育学生传万代情——坚定文化自信。

在学校"成达"教育大力发展的进程中，学校美育特色突出，成果显著，也是对艺术组工作的肯定与鼓励，同时也为我们指明了奋进的目标。

（三）学生成长

艺术组大力组织学生参加各类与艺术有关的实践活动，在金帆书画院主办的各项美术主题展览活动中，上交的作品特色鲜明，具有良好的艺术表现力。同时还积极参与现场展示，接受采访时落落大方，体现了新时代中学生的精神面貌，颇受好评。

除此以外，每年在国家级、市、区级各级各类美术比赛中，学生们积极参与的同时也取得了优异的成绩。例如在全国中小学藏书票活动中多名同学斩获金奖，在市区级美术展览中频频入展获奖。

北京市学生金帆书画院教育教学成果展现场展示

通过这种系列实践活动的宣传与带动，在校园间营造出了浓郁的艺术文化氛围，有助于熏陶更多的学生，使学生具有健康的审美感知和价值取向，具有一定的发现美、欣赏美、表现美、创造美的能力，这正与我校的美育宗旨相互契合。

首师大附中欢乐合唱团展演

五、扬帆远航：教师发展谱新篇

十年来，艺术组教师潜心育人，踔厉奋发，在艺术教学业务与专业发展上勤勤恳恳、努力钻研。

（一）课程开发

艺术组教师十分关注学校艺术教育的实现形式——课程，在国家课程课标的范围内，全组群策群力，积极研发适用于本校教学的系列课程，形成教程视频、教案集等成果，大力充实完善了艺术四修课程体系。例如有"民歌中国"系列课程、"丹青翰墨"中国书画系列课程，其中许多教学设计、教学论文在各类刊物上发表，入选各类教研课题资源库。

1. 教学实践

"丹青翰墨"系列课程

"丹青翰墨"系列课程是由首师大附中艺术学科美术、书法教师，带领集团内多位教师集体教研，共同录制的系列课程。课程主要涵盖书法、中国画等非遗文化内容，以培养学生核心素养为目标，遴选优质美育素材。该课程为集团内共享资源在不断更新中。

"天工巧艺"系列课程

"天工巧艺"系列课程是由首师大附中艺术学科美术教师，带领集团内多位教师集体教研，共同录制的系列课程。该课程包含多种传统手工艺门类，如陶艺、烙画、印染、建筑彩画等。该课程为集团内共享资源，在不断更新中。

"天工巧艺"——中国传统工艺系列课程

"丹青翰墨"——中国传统书画系列课程

"民歌中国"系列课程

"民歌中国"系列课程是由首师大附中艺术学科主任石泉老师，带领集团内多位教师集体教研，共同录制的系列课程。该课程为集团内共享资源，涉及众多民歌非遗项目，如赫哲族民歌"嫁令阔"、左权"开花调"、靖边"信天游"、蒙古族长调等。现有课程 13 节，课程还在不断更新中。

"国风戏曲韵律操"系列课程

"国风戏曲韵律操"系列课程是由中国戏曲学院王志苹老师授权，由我校艺术学科主任石泉老师补充录制的适合我校学生特点的戏曲身段普及性课程。该课程在线上面向高二年级全体学生开放，"国风戏曲韵律操"作为年级固定的健身操，深受师生喜爱。

"丝路随想"系列课程

"丝路随想"系列课程是由刘亚丽、卢江涛、董雪三位舞蹈老师共同开发的多学科融合课程。其中《唐三彩的奇思妙想》将美术类的非遗项目和舞蹈学科相结合，讲述了中西文化交流对舞蹈艺术影响。

国风戏曲韵律操

"中国民歌" 系列课程

课程章节
1 《黄土情——陕北民歌》 1.1 第一课时
2 《鸿雁——蒙古族民歌》 2.1 新建课程目录
3 《西域古道——新疆民歌》 3.1 新建课程目录
4 《格桑拉——藏族民歌》 4.1 新建课程目录
5 《小拜年——东北民歌》 5.1 新建课程目录

主讲教师：石泉、赵跞、刘文珠、张鹏、耿敬、黄辉

"丝路随想" 系列舞蹈课程

课程章节
1 《唐三彩的奇思妙想》 1.1 《唐三彩的奇思妙想》
2 《带你走近中国古典舞》 2.1 《带你走近中国古典舞》
3 《壮族蚂拐舞》 3.1 壮族蚂拐舞体验
4 满族舞蹈体验 4.1 满族单鼓舞《鼓舞声声》
5 《品翘袖折腰 舞汉唐遗韵》 5.1 《品翘袖折腰 舞汉唐遗韵》第一讲

主讲教师：刘亚朋、卢江涛、蔺雪

2. 课程读本

《丹青翰墨》校本教程

《丹青翰墨》校本教程内容主要涵盖了书法和国画艺术两大领域，经过多年来反复实践与总结，形成了适合本校学生学情的学习教程，致力于提升学生的艺术素养和审美能力。该课程被纳入海淀区教育科学"十四五"规划一般课

题"中学书法校本课程的美育实践研究""中学国画校本课程的美育实践研究"的成果。

《天工巧艺》校本教程

《天工巧艺》校本教程主要涵盖了陶艺、烙画、印染、建筑彩画、风筝、面塑等工艺美术内容。体现我校美术教育的特色，是多年来教学实践沉淀的结果。课程内容丰富，特点鲜明，具有时代校园特色。

美苑拾阶
首师附成达非遗美术教育校本课教材　上卷

天工巧艺

目　录

第一章　中国传统工艺 陶艺
第二章　中国传统工艺 烙画
第三章　中国传统工艺 印染
第四章　中国传统工艺 紫禁城的雕梁画栋

《中学民歌教学指导手册》

《中学民歌教学指导手册》的编纂，将初高中一体化统筹规划，整体布局推动专题科学梯段教学。更为注重的是立足传统文化，以民歌为窗口融入非遗传统文化，同时促进多学科融合，提高学生核心素养。该成果为在学校推广民歌教学、传承优秀的非遗文化提供了参考经验。

以上系列课程全部配有校本教程，其中还包括国家、市区级各类优秀展示课、研究课等。例如温红老师的经典陶艺课《沙燕家族——曹雪芹创作的扎燕风筝》《彩灯戏墨——灯笼上的书法》《八仙过海——火绘暗八仙》《从蓝出发寻找蓝色美学——蓝夹缬》《亦神亦仙——话兔爷儿》《怎样看京剧》系海淀区非遗特色展示课，《黄土情——陕北民歌》《隶书乙瑛碑中的衤字旁》获市级教学设计一等奖；《奋斗青春、强国有我——校园标语书法学习与创作》《出水芙蓉绘制》《自画像》获海淀区美育微课堂微视频评审活动一等奖。

（二）论文专著

艺术组的许多教师结合多年的艺术教育工作，及时总结整理，撰写论文专著，例如：温红老师编写的陶艺教材《校园陶艺》；石泉老师的《戏曲进校园》是由湖南文艺出版社出版的校园京剧普及类图书。《中学音乐教育中的欣赏与创造能力培养研究》一书是由刘文栋老师编写，中国国际广播出版社出版的音乐普及类图书。书中涉及很多中国传统音乐的鉴赏内容，为集团内教师们备课提供了支持。

也有许多教师参编各级各类教程、教参等，例如：李天天老师参与编写《欧楷基础教程》《书法经典读本》并任副主编等。

2012—2022 年首都师大附中艺术组部分教师论文（论著）发表情况

序号	论文（论著）作者	论文（论著）名称	发表或获奖年份	出版单位、发表刊物或获奖情况	备注
1	温红	校园陶艺	2017 年	北京华文出版社出版	专著
2	温红	义务教育教科书·美术教学参考·多媒体资源	2015 年	人民教育电子音像出版社出版	参编
3	温红	中国古代雕塑·陵墓雕刻	2015 年	北京市中小学第八届京美杯论文二等奖	作者
4	温红	《土与火的艺术》教学视频	2014 年	人民教育电子音像出版社出版发行	作者
5	温红	课堂导入的重要性	2015 年	全国美术中小学论文评比一等奖	作者
6	石泉	我对中学教案设计的思考	2013 年	发表于《儿童音乐》	作者
7	石泉	以美育人　做真正的艺术教育	2014 年	发表于核心期刊《人民论坛》	作者
8	石泉	戏曲进校园	2022 年	湖南文艺出版社出版	专著
9	石泉	唱响百年：爱国主义原创歌曲集	2022 年	人民教育出版社出版	参编
10	石泉	音乐鉴赏同步练习册	2021 年	人民音乐出版社出版	参编
11	石泉	集团户化办学模式下的中学戏剧教育实践研究	2020 年	获得北京市中小学第十三届"京美杯"征文一等奖	作者
12	石泉、黄辉、耿静	基于音乐学科素养的中学民歌教学实践研究——以首都师大附中教育集团为例	2021 年	获 2021 北京市学校美育改革创新优秀案例征集评选活动二等奖	作者
13	石泉	读《亲圪蛋，唱开花调的人们》	2021 年	获海淀名师工作站 2020 年"书香文化"活动"优秀读书论文"一等奖	作者
14	刘亚丽	走进中国古典舞，感受舞蹈的魅力	2012 年	获北京市中小学音乐教育教学论文评选二等奖	作者

序号	论文（论著）作者	论文（论著）名称	发表或获奖年份	出版单位、发表刊物或获奖情况	备注
15	刘亚丽	中学舞蹈教育之我见	2013 年	在全国《音乐舞蹈教学创新》论文评选活动中获一等奖	作者
16	刘亚丽	舞蹈课之课堂导入	2014 年	获中国梦、全国优秀教育教学论文一等奖	作者
17	刘亚丽	唤醒舞动的青春	2014 年	获北京市中小学音乐教育论文三等奖	作者
18	刘亚丽	中学生也需要种美——舞蹈	2015 年	在海淀区艺术教育论文评比中获二等奖	作者
19	刘亚丽	关于中学舞蹈教育的思考	2016 年	荣获北京市参加全国第五届中小学生艺术展演活动艺术教育科研论文评选二等奖	作者
20	万璐璐	海淀区义务教育学业标准与教学指导	2018 年	北京师范大学出版集团北京师范大学出版社出版	参编
21	万璐璐	义务教育阶段美术教科书	2023 年	人民美术出版社义务教育阶段艺术（美术）教科书	参编
22	万璐璐	火绘新语	2021 年	校本教材，用于学校非遗教学	作者
23	赵霞	音乐歌唱表演中怯场心理的克服	2017 年	获北京市论文比赛三等奖	作者
24	赵霞	浅谈艺术歌曲发展中的规律	2018 年	获北京市"京美杯"论文比赛三等奖	作者
25	赵霞	论艺术歌曲	2018 年	获海淀区"风采杯"论文三等奖	作者
26	任文艳	初中美术中国画教学实践与反思	2015 年	获北京市第七届"京研杯"教育教学研究成果三等奖	作者
27	李天天	浅论兴趣发展对教师心理成长的意义	2016 年	获海淀区"教师心理素质提升实践"论文评比一等奖	作者
28	李天天	中学书法课堂教学有效性提升途径初探——基于书法学科核心素养培育的研究	2017 年	获 2017 年北京市中小学书法教师教育教学论文征集评比二等奖	作者
29	李天天	隶书《乙瑛碑》中的"礻"字旁	2019 年	书法教育杂志	作者
30	李天天	小荷初绽——首师大附中高中书法选修课学生作业批改一瞥	2019 年	书法教育杂志	作者
31	李天天	书校园之声 写家国情怀——标语书法作品的学习与创作	2022 年	书法教育杂志	作者
32	李天天	《刻在甲骨上的文字》课程方案	2022 年	美育教师用书（七年级下），人民美术出版社	作者
33	李天天	惜时如金·为自己的书法书写一幅草书作品	2022 年	入选《北京市义务教育书法学科教学指导意见》教学案例与分享	作者
34	李天天	优秀传统文化中书法校本课程研究方案——以首师大附中为例	2020 年	北京市中小学第十三届"京美杯"征文二等奖	作者
35	董雪	戏剧表演教师用书	2018 年	湖南文艺出版社出版	参编
36	刘亚丽 卢江涛	中学舞蹈艺术课程（初中）	2019 年	教育科学出版社出版	参编

续表

序号	论文（论著）作者	论文（论著）名称	发表或获奖年份	出版单位、发表刊物或获奖情况	备注
37	卢江涛	音乐与戏剧教师用书	2018 年	湖南文艺出版社出版	参编
38	刘文栋	中学音乐教育中的欣赏与创造能力培养研究	2020 年	中国国际广播出版社出版	合著第一作者
39	刘文栋	流行音乐在中学音乐课堂中的教学策略	2020 年	《新智慧》2020 年 24—25 期	第一作者
40	刘文栋	中学生乐团及合唱团视奏及视唱能力的培养	2015 年	北京市中小学第八届"京美杯"征文三等奖	作者
41	周凯斌	疫情下的教学——高中美术课程	2021 年	2021 年北京市学校美育改革创新优秀案例征集评选活动一等奖	作者
42	徐禹	印染工艺——染出自然之色	2022 年	参与北京教育学院 2019 年重点关注课题"基于核心素养的中学美术开放性教学样式研究"	作者

（三）课题研究

艺术组教师积极参与各级美育、艺术教育的课题（项目）研究，并取得了相应的教研成果。

石泉老师作为核心成员带领集团内艺术教师先后参与教育部"普通高中指向核心素养的深度学习教学改进项目"；国家社科基金"艺术教育综合改革项目"。石泉老师主持海淀区教育科学"十四五"规划一般课题"中国优秀传统文化视域下的中学民歌教学实践研究"。裴姗老师主持北京市教育科学"十三五"规划 2018 年度青年专项课题"核心素养下中学美术校本课程开发与实践研究——以非物质文化遗产故宫古建彩画课程为例"。李天天老师参与"十三五"北京市教育学会教育教研课题"优秀传统文化教育中初中书法课校本化实施方案研究"（2020 年 7 月已结题），参与"核心素养下中学美术校本课程开发与实践研究"课题，2021 年 4 月该课题获得海淀区"十三五"优秀教育科研成果二等奖。主持市海淀区教育科学"十四五"规划一般课题"中学书法校本课程的美育实践研究"。任文艳老师主持海淀区教育科学"十四五"规划一般课题"中学国画校本课程的美育实践研究"。除此以外，许多教师都参与了国家、市区级各类相关课题项目，通过课题带动教研，再反哺教学的方式促进了教师个人的专业及职业的长足发展。

2012—2022 年首师大附中艺术组部分教师参与课题情况

序号	课题承担者或参与人	课题名称	立项结题年份	课题级别	备注
1	温红	海淀区义务教育阶段学业标准与教学研究指导	2014—2015 年	区级	参与
2	温红	专家型教师培养及教学影响力研究	2014—2017 年	国家级	参与
3	温红	"非遗"美术课程资源开发与校本化实施方案研究	2019—2020 年	校级	参与
4	温红	新课程标准下高中美术教学模式和教学方法的研究	2012—2013 年	市级	参与
5	石泉	专家型音乐教师培养及教育影响力研究	2011—2016 年	国家级	参与
6	石泉	中小学美育体系构建与实施的研究	2020 年	区级	核心组成员
7	石泉	新时代中小学乐教的实践研究	2020 年	市级	参与
8	石泉	艺术教育综合改革	2022 年	国家级	参与
9	石泉	2021 年度义务教育阶段音乐学业质量检测工具研制	2021 年	教育部	参与
10	赵霞	音乐能告诉我什么	2015 年	国家级	参与
11	刘亚丽、卢江涛	面向教育现代化 2035 中小学体育与健康开发研究	2019—2020 年	市级	参与
12	刘亚丽	小学舞蹈课程教学资源的研发与实践	2013 年	市级	参与
13	刘亚丽	中小学少数民族舞蹈教学资源的研发与录制	2017 年	市级	参与
14	任文艳	中学中国画校本课程的美育研究	2022—2024 年	区级	承担
15	李天天	优秀传统文化教育中初中书法课校本化实施方案研究	2017—2020 年	市级	参与
16	李天天	中学书法校本课程的美育研究	2022—2024 年	区级	承担
17	徐禹	家庭教育课程资源开发与应用研究	2020—2022 年	市级	参与
18	徐禹	"校园生态元素"融入高中美术模块课堂的实践研究	2019—2021 年	区级	参与
19	美术备课组	核心素养下中学美术校本课程开发与实践研究	2019—2021 年	区级	参与
20	美术备课组	首都师大附中非遗美术项目教育实践探索	2019—2021 年	区级	参与
21	徐禹、周凯斌	基于核心素养的中学美术开放性教学样式研究	2019—2022 年	市级	参与

（四）专业成果

除此以外，教师各自艺术专业领域也不断取得进步与发展。例如温红老师的陶艺作品享誉全国，还曾在全国藏书票大赛中多次获得一等奖。石泉老师导演、主持各类大型文艺演出，在声乐演出方面取得了骄人的成绩，还和国内外知名艺术家合作，参与民乐表演。

赵霞老师获"国际雅马哈双排键电子琴演奏级 5 级证书""国际雅马哈钢

琴演奏级 5 级证书"；李天天老师在第四届"笔墨中国"全国汉字书写大赛中获教师组软笔二等奖；任文艳老师、周凯斌老师的画作在中国美术馆展出。

（五）各类获奖

2012—2022 年首师大附中部分教师获奖（市级及以上）情况

序号	获奖人	获奖情况	获奖年份	奖项级别
1	温红	全国中小学美术教学录像课评选一等奖	2013 年	国家级
2	温红	北京市第六届教育研究优秀成果一等奖	2014 年	市级
3	温红	全国藏书票比赛一等奖	2014 年	国家级
4	石泉	《楚乐》获得全国中小学音乐、美术教学录像课评选一等奖	2013 年	国家级
5	石泉	《黄土情——陕北民歌》教学设计及课例获北京市基础教育优秀课堂教学设计评选一等奖	2018 年	市级
6	石泉	指导管乐节目《在那遥远的地方》等获北京市第二十二届学生艺术节金奖	2019 年	市级
7	石泉	课例《回忆——音乐剧〈猫〉选曲》被评为北京市 2020 年度"一师一优课，一课一名师"活动优秀课	2021 年	市级
8	石泉	名师发展工程优秀学员	2021 年	市级
9	石泉	2022 第十五届北京管乐节优秀指导教师奖	2022 年	市级
10	刘亚丽	教学设计及课例《走进东北秧歌之鼓相》在"2012 年北京市基础教育优秀课堂教学设计评选"活动中获优秀课例一等奖	2012 年	市级
11	刘亚丽	教学设计及课例《走进彝族舞蹈之烟盒舞》在"2015 年北京市基础教育优秀课堂教学设计评选"活动中获优秀课例一等奖	2015 年	市级
12	赵霞	《音乐告诉我什么》获全国录像课比赛二等奖	2015 年	国家级
13	赵霞	《音乐能告诉我什么》选入全国教育部课题	2015 年	国家级
14	赵霞	全国第四届新常态中小学音乐教学研讨会录像课《欢乐颂》评选二等奖	2020 年	国家级
15	万璐璐	人民教育出版社培训专家	2019 年	国家级
16	万璐璐	第二十五届全国中小学生绘画书法作品比赛指导工作一等奖	2020 年	国家级
17	万璐璐	北京市中小学学生"艺校园"摄影作品征集活动市级北京学生活动指导一等奖	2019 年	市级
18	任文艳	"中国·色彩"北京市学生金帆书画院师生教学成果展指导教师一等奖	2019 年	市级
19	任文艳	"中国·色彩"北京市学生金帆书画院师生教学成果展教师美术作品一等奖	2019 年	市级
20	任文艳	北京市中小学生"艺·校园"摄影作品征集指导教师一等奖	2019 年	市级
21	任文艳	"崇德尚艺 绘美生活"——2018 北京市学生金帆书画院教育教学成果展示活动指导教师一等奖	2018 年	市级

序号	获奖人	获奖情况	获奖年份	奖项级别
22	任文艳	"崇德尚艺 绘美生活"——2018北京市学生金帆书画院艺术工作坊展示活动指导教师优秀奖	2018年	市级
23	任文艳	北京市第三届中小学生书法作品指导教师奖	2015年	市级
24	任文艳	北京市第二届中小学教师书法比赛三等奖	2014年	市级
25	任文艳	2013年"体验科技北京，畅想世界城市"系列活动之科学与技术创意体验活动指导教师一等奖	2014年	市级
26	任文艳	北京市基础教育优秀课堂教学设计评选优秀课题三等奖	2015年	市级
27	李天天	《隶书示字旁的写法》教学设计及课例，获北京市基础教育优秀课堂教学设计评选一等奖	2018年	市级
28	李天天	北京市中小学书法教师专业技能提升工程·三笔字达标测试粉笔字书写一等奖，并进入"首都百强"	2020年	市级
29	李天天	"兰亭杯"第九届北京市中小学生书法大赛优秀教师	2020年	市级
30	李天天	北京市中小学庆祝建党一百周年书法教育实践活动优秀辅导奖	2021年	市级
31	李天天	"携手·未来"2021年北京市学生金帆书画院书画作品征集活动辅导一等奖	2021年	市级
32	李天天	第四届中华经典诵写讲大赛作品古诗文抄录《秋兴赋》在"笔墨中国"汉字书写大赛中获毛笔类教师组二等奖	2022年	国家级
33	徐禹	北京数字学校首届微课征集与评选活动二等奖	2014年	市级
34	徐禹	首都特色优质原创课程辅助资源评选活动二等奖	2014年	市级
35	徐禹	"艺术与科学"北京市学生金帆书画院作品展教师辅导一等奖	2018年	市级
36	徐禹	"崇德尚艺 绘美生活"北京市学生金帆书画院教育教学成果展教师辅导一等奖	2018年	市级
37	徐禹	指导绘画作品荣获全国第六届中小学生艺术展演北京赛区二等奖	2019年	市级
38	徐禹	指导绘画作品"中国色彩"北京市学生金帆书画院师生教学成果展二等奖	2019年	市级
39	徐禹	指导摄影作品获北京市中小学生"艺校园"摄影作品征集二等奖	2019年	市级
40	徐禹	北京市中小学庆祝建党一百周年书法教育实践活动优秀辅导奖	2021年	市级
41	徐禹	"携手未来"北京市学生金帆书画院书画作品征集活动辅导二等奖	2021年	市级
42	刘文栋	"中华杯"指挥奖	2018年	国家级
43	刘文栋	中欧国际艺术节最佳指挥奖	2020年	国际级
44	刘文栋	北京市艺术节最佳指挥奖	2016年	市级
45	刘文栋	北京市艺术节最佳指挥奖	2018年	市级
46	刘文栋	北京市艺术节最佳指挥奖	2022年	市级
47	刘文栋	第五届大学生艺术节金奖	2018年	国家级

序号	获奖人	获奖情况	获奖年份	奖项级别
48	刘文栋	北京国际管乐节金奖	2022 年	国家级
49	卢江涛	指导舞蹈节目《曙光》荣获北京市第二十四届学生艺术节金奖	2021 年	市级
50	董雪	2016 年度"希望中国"青少年英语教育戏剧大赛北京选拔赛最佳指导教师奖	2016 年	国家级
51	董雪	2016 年度"希望中国"青少年英语教育戏剧大赛全国总决赛一等奖最佳指导教师奖	2016 年	国家级
52	董雪	2018 年度"希望中国"中英双语文化节暨第九届"希望中国"青少年教育戏剧全国年度展评最佳指导教师	2018 年	国家级
53	董雪	指导舞蹈节目《曙光》荣获北京市第二十四届学生艺术节金奖	2021 年	市级
54	周凯斌	"携手·未来"2021 年北京市学生金帆书画院书画作品征集活动辅导二等奖	2021 年	市级
55	周凯斌	北京市中小学庆祝建党一百周年书法教育实践活动优秀辅导奖	2021 年	市级

六、美美与共：辐射示范起作用

（一）辐射作用

近年来，我校不断整合、扩大优质艺术教育资源，带动教育集团内各个成员校不断提升艺术教育教学质量，不断缩小艺术教育校际差距，使更多的学生受益。我校与集团内各分校、艺术教育薄弱学校建立结对帮扶机制。艺术组多位教师和门头沟、大兴、通州、昌平、房山等远郊区县的艺术教师结成师徒，为其答疑解惑。在首都师大附中的引领示范带动下，集团校各分校的艺术教育工作得到跨越式发展。如首都师大附中北校区、第一分校、大兴北校区、永定分校在我校带动下也建立了非洲鼓乐团、管乐团、烙画社、书法社、油画社等艺术社团。

多位教师赴河北进行支教，传递先进教育理念，与当地教师分享教育教学经验，深受当地教育主管部门及同人好评。

（二）示范作用

多年来首都师大附中坚持"资源共享、集中优势、保留特色、科学整合、协同创新、优质发展"六条基本原则，充分发挥示范辐射作用，促进教育均衡发展。作为示范基地多次承办市区级工艺美术教学的现场会、名师论坛（教育教学研讨会）等。积极承担市区级工作任务，石泉老师曾多次荣获海淀区优秀学科带头人称号，多位教师在各级各类专业以及教学比赛中担任评委，多位教师参与国家、市区级在线课程资源的评审研发与录制，担任兼职教研员与艺术工作坊坊主等。

艺术，是人类灵魂的滋养剂，是我们生活中的一道亮丽风景。艺术教育作为新时代美育的主要实施方式，是实现"立德树人"根本任务中不可或缺的一部分。作为艺术组的一员，我们深知自己的使命是传承与创新，通过艺术教育让艺术的光芒照亮更多人的心灵。

艺术组是一个温暖、团结的大家庭，在组长石泉主任的带领下，互相帮扶，攻坚克难。艺术组和附中一同走过砥砺奋进的十年、蓬勃发展的十年、硕果累累的十年。十年来，我们始终牢记百年附中"正志笃行、成德达才"的育人理念，以"立德树人"为根本，大力发展艺术特色教育，以美育人、向美而行，切实提高全体师生的文化艺术素养。我们今天要培养的是担当民族复兴大任的时代新人，不仅仅为了让少数人掌握"一技之长"，而是为了让所有青年以艺术学科为门径，在发现美、欣赏美、创造美的过程中求真、求善、求美，追求有境界、有品位、有价值的人生。

附：艺术教研组十年大事记

2014 年 6 月 13 日　北京高中美术学科工艺模块陶艺教学现场会

　　6 月 13 日，北京高中美术学科工艺模块陶艺教学现场会在我校召开，来自北京各区县的 130 多位美术教研员和美术骨干教师参加了此活动。这是我校第一次承办这样大规模的美术教学研讨活动，沈杰校长致欢迎辞，并代表学校向与会嘉宾介绍了我校教学和科研情况，她的发言精彩、简练，颇有高度又极具亲和力，博得台下热烈掌声。

陶艺教学现场会

2014 年 10 月　首师大附中原创校园歌舞史诗《摇篮》演出

　　首师大附中校园歌舞史诗——《摇篮》是由附中师生共同创作的四幕史诗型音乐剧，时长 1 小时 20 分钟。剧目分为"成就国运""德厚流光""达闻于世""才济天下"四个篇章，将我校百年来所秉承的教育理念"成德达才"进行了深入的解读。

《摇篮》海报

2015年2月3日　我校舞蹈团师生应邀出席在美国纽约联合国总部举行的中美青少年文化艺术交流展演活动

我校舞蹈团代表中国青少年艺术团，在美国纽约联合国总部，进行了专场艺术演出，获得了国际友人、联合国官员的高度赞许。

首师大附中舞蹈团赴联合国总部参加展演活动合影

2016 年 6 月 16 日至 23 日　"爱只因有你——百名乡村音乐教师北京行"公益培训班开班仪式、结业典礼暨汇报演出"我的梦"

本次大型公益培训活动由首都师范大学附属中学、北京大学爱基金、甘肃省乡村教师培训志愿者联合会共同主办。100 余名来自宁夏、四川、甘肃、湖北、安徽、贵州六省的乡村音乐教师参加了此次培训及汇报演出。

活动现场照片

2017 年 6 月 16 日　中小学美术书法学科跨区跨学科跨学段教研现场会

2017 年 6 月 16 日，由海淀区教师进修学校与东城区教师研修中心主办的中小学美术书法学科跨区跨学科跨学段教研现场会在首都师范大学附属中学隆重举行。

参会教师与领导专家合影留念

2018年3月　我校通过严格审查被评为北京市学生"金帆艺术团""金帆书画院"承办校

2018年北京市学生"金帆艺术团""金帆书画院"承办校的名单在北京市教委网站上公示，首师大附中艺术工作喜获"双金"，迎来新起点。

金帆艺术团、金帆书画院授牌

2018年5月31日　2018年春学期中学音乐教学有效性研究现场会

2018年5月31日下午，北京教科院基教研中心中小学音乐教研室在首都师范大学附属中学成达厅成功召开了"2018年春学期中学音乐教学有效性研究现场会"，各区中学专职音乐教研员和骨干教师参加了本次活动。

音乐教学现场会合影

2018年7月　我校与海淀区签署协议，挂牌"海淀区非物质文化遗产传承项目基地""海淀区非物质文化遗产教育孵化基地"

2018年7月5日，海淀区文化馆与首都师范大学附属中学本着"双向服务、双向促进"的原则，海淀区文化馆张胜超书记和我校沈杰校长签署了《北

京市海淀区文化馆 首都师范大学附属中学关于促进非物质文化遗产与学校教育相结合的战略合作框架协议》，这是双方就海淀区非物质文化遗产工作与学校非物质文化遗产教育教学以及文创产品孵化相结合而联手打造的新平台。

海淀区非物质文化遗产传承项目基地挂牌

2018年11月30日 首都师大附中教育集团十周年研讨会暨首师大附中非遗教育博物馆落成仪式在我校举行

首师大附中非遗教育博物馆在校内建成并投入使用，馆内设有书法、烙画、扎染、音乐等非遗艺术专业教室。当天在书法、烙画、扎染等教室内，开设区级公开课，受到区教委以及兄弟院校来访领导、师生的好评。

首都师大附中教育集团十周年文艺汇演合影

2018 年 12 月 30 日 《首师大附中非遗博物馆》设计方案荣获 2018 第十三届中国国际建筑装饰及设计艺术博览会"华鼎奖"博物馆空间方案类金奖

此奖项既是中国建筑装饰协会本年度权威奖项，也是中国建筑装饰设计行业的至高荣誉。专家评委们认为本次获得博物馆空间方案类金奖的《首师大附中非遗博物馆》充分展现了非遗魅力，多元化地利用有限的空间资源，主要遵循了现代简洁艺术风，配合非遗项目的主元素和色调，让每一处设计都能够既简洁又美观，每个板块都环环紧扣，一个灵动的博物馆教育空间完美呈现。

2019 年 6 月 16 日 第八届"兰亭杯"北京市中小学生书法大赛颁奖仪式在我校举行

上午 10 时许，领导、专家进入综合楼大厅，观摩大赛获奖作品，获奖代表及来自海内外的学生书法爱好者在现场泼墨习字。此时，伴随着悠扬动听的音乐响起，附中学子"我和我的祖国快闪活动"拉开帷幕，现场氛围热烈，洋溢着爱党爱国之情。

第八届"兰亭杯"北京市中小学生书法大赛颁奖仪式现场快闪

2021 年 6 月 28 日 艺心绘党 共谱华章——首都师大附中第十届艺术季暨庆祝建党一百周年美术作品展

本次美术作品展由北京市学生金帆书画院首都师大附中美术分院师生精心筹备。展览共设达才楼和成德楼两个展厅，展出作品有绘画、工艺、书法等作品共 400 余件，规模空前，是我校向中国共产党成立一百周年献上的一份诚挚礼物。

"艺心绘党　共谱华章"美术作品展开幕式合影

2022 年 8 月 26 日　第十一届"兰亭杯"北京市中小学生书法大赛颁奖仪式在我校举行

下午 2 时 30 分，领导、专家进入成德楼大厅，开始观摩大赛获奖作品，首师大附中金帆书画院的学生在现场泼墨习字。此时，随着悠扬动听的音乐响起，附中学子"我爱你中国快闪活动"拉开帷幕，现场氛围热烈，洋溢着浓浓的爱党爱国之情。

第十一届"兰亭杯"北京市中小学生书法大赛颁奖仪式现场活动照片

以体育人　成德达才

学校体育是以身体练习为基本手段，以提升学生体育素养为目的，以促进学生身心全面发展为行动理想的教育活动，因此学校体育不仅是教育的重要组成部分，更是实现人全面发展的重要基础。学校体育工作所涉及的范围较广，包括体育课以及以学校为主体组织开展的课外体育锻炼、课外体育训练和课外体育竞赛等，其中体育与健康课程作为初高中课程中基于生命、指向生命、提升生命质量的学科，与生物学、化学、物理学、社会学、心理学、艺术学等学科有着广泛的关联性，对于促进学生身心健康、体魄强健、推进健康中国建设，增强中华民族的旺盛生命力，促进社会文明进步，培养德智体美劳全面发展的社会主义建设者和接班人，都具有不可替代的重要作用。

首师大附中体育学科秉承"无体育，不成达"的教育理念，以课程建设为主线，构建了纵向学段进阶，横向学生发展相结合的"成达阳光体育"校本课程教学体系，并设立 10 门选修课和 9 个体育社团。学生通过课程学习与活动的参与，体现出健康、阳光、自信和坚毅的气质。2019 年，获评海淀区体育与健康学科教研基地称号，2023 年，校篮球队荣获中国三对三篮球联赛全国冠军。2024 年，我校男子篮球代表队已具备金奥运动队，并在积极申报阶段。教师方面，以研究、课程、社团、竞赛、联赛、体活、体测和合格考八大项目为推动力，多个课题获得立项，发表多篇论文和著作，多次在教学比赛中获奖。2023 年，成达乒乓球课程被认定为北京市普通高中特色课程。

一、学科理念：以体育人，砺志铸魂

（一）体育学科核心育人理念

"以体育人，砺志铸魂"学科理念的深入与实施，不仅在于通过体育活动增强学生的体质，更在于通过体育精神和运动技能的培养，锤炼学生的意志品质，培养他们的团队合作精神和领导力。这种跨学科的教育理念旨在塑造全面发展的个体，让学生在体育实践中感受挑战与成就，从而增强自信，提高解决问题的能力，实现自我价值与社会价值的双重提升。

学校体育的发展与革新不仅需要以新课程标准为依据，以发展学生核心素养为目标，也需要注重与学校发展需求和学生内在需求相契合。首师大附中在"以学生发展为中心"的课程理念下，开展了健康教育、田径、体操、球类、中华传统体育及新兴体育等丰富多彩的教学活动，在保证学生基本体能的同时，提升专项技能。

（二）体育学科教育理念革新与实践

党的十八大以来，党中央高度重视学校体育工作，多次的变革与实践让我国学校体育蓬勃发展。在新时代党的教育方针引领下，学校体育被赋予了更高的使命和责任。

在这一时期，学校体育课程与教学改革不断深化，更加注重学生的主体性和实践性，强调体育技能与体育精神的双重培养。2021年6月，教育部办公厅印发的《〈体育与健康〉教学改革指导纲要（试行）》提出要实现"享受乐趣、增强体质、健全人格、锤炼意志"的改革目标，指导如何把握"教会、勤练、常赛"一体化系统性教学思路与方式，促进育人目标的达成，并要求学生应至少掌握两项运动技能，包括田径、游泳、篮球、足球、排球、体操、武术等运动项目。目前我校高中学部以分项教学的形式开设了6个项目课程供学生选择学习，初中学部除了正常开设常规体育课之外，还增设了乒乓球和排球分项课，提高我校学生排球和乒乓球的普及率。

随着课改的深入，课程多样性得以大大提升，课程内容丰富多样，不仅对传统体育项目进行了教学内容的升级，也十分重视与现代体育元素相结合，例如我校高中阶段开设了新兴体育项目，学生可在这一课程中学习飞盘、橄榄球等社会热度较高的运动项目，满足了学生多样化的兴趣和需求，提高了教学效果和学生参与度。

同时，我校还加强了学校体育场地设施建设，为学校体育工作的顺利开展提供了有力保障。

展望未来，我们要继续深化学校体育改革，创新体育教育理念和方法，加强体育师资培养和场地设施建设，推动学校体育工作再上新台阶。同时，还要加强学校体育与社区体育、家庭体育的有机结合，形成全社会共同参与的学校体育发展新格局，为培养更多优秀的体育人才和促进全民健康作出更大贡献。

（三）"成达教育"体系优化，赋能学校体育发展

首师大附中是一所百年学府，始终走在教育改革与发展的前沿，在新时代，依托学校深厚的文化底蕴，倡导办负责任、有内涵、有温度的"成达教育"，其本质就是将"人"的培养放在核心位置，遵循教育规律和人才成长规律，培养健康阳光、自信坚毅、正志笃行、成德达才、家国担当、胸怀天下的创新人才，追求"高品质、高质量、高素质"，让每个孩子实现全面而有个性的发展、自主发展和可持续发展，"成达教育"的内涵是起点的有教无类、过程的因材施教、结果的人尽其才。"四三二一"教育教学综合改革，即四修课程体系（基础通修、兴趣选修、专业精修、自主研修）、三维管理体制（固定班级制、学长学部制、分层走班制）、两项基本原则（尊重个性、因材施教）、一个核心目标（让每一位学生在附中成德达才），让附中育人理念和办学特色得以充分体现。

学校体育是实现立德树人根本任务、提升学生综合素质的基础性工程，是加快推进教育现代化、建设教育强国和体育强国的重要工作。学校立足通过教育的手段培养体育方面的人才，树立正确的体育运动价值观，努力形成价值构建的长效机制，在人才培养过程中实现带动校园特色体育文化建设和全体学生体质健康发展再上台阶。

近年来，学校以社会主义核心价值观为引领，以服务学生全面发展、增强综合素质为目标，在体育实践中坚持"健康第一"的教育理念，积极推动学生文化学习和体育锻炼协调发展，帮助学生在体育锻炼中享受乐趣、增强体质、健全人格、锤炼意志。把学校体育工作摆在更加突出位置，不断突出德育实

效、提升智育水平、强化身心健康、增强美育熏陶、体现劳动实践，坚持构建德智体美劳全面培养的学校教育体系，将五育并举、融通、融合发展作为学校体育具体任务，充分利用学校的教育功能，营造良好的体育运动氛围，大力弘扬体育精神、奥运精神与中华体育精神，积极推广中华传统体育项目，努力形成"一校多品"的学校体育发展新局面。

二、教师发展：教以潜行，百花齐放

（一）团队构成与规模

高中体育教师团队是学校体育教育的重要组成部分，其构成与规模直接影响着我校体育发展质量。我校体育教师团队是由一批热爱教育事业、专业素质高、教学经验丰富的教师组成：①团队规模适中，本部初高中学段现共有 14 名在岗教师，符合国家对学校师资配比的要求；②团队构成多元化，现在岗教师来自不同的体育领域，包括足球、篮球、排球、散打、乒乓球、羽毛球、网球等多个项目，为我校的体育课程多元化发展奠定了良好的师资基础；③团队专业化程度高，体育教师团队成员均毕业于重点体育院校及重点师范院校，团队内共有 3 名高级职称教师、2 名中级职称教师，2 名学科带头人，有 3 名教师为研究生学历，其中 2 名为一级运动员，确保了每位学生都能得到充分的关注和专业的指导，具体教师成员信息如下表。

序号	姓名	个人简介	教师照片
1	李韬	李韬，高级教师，首师大附中体育学科主任。1994 年西南师范大学本科毕业后在首都师范大学附属中学担任教师。北京市学科带头人、北京市中小学特级教师工作室学员、首都师范大学研究生特聘导师、北京体育大学教育学院外聘教师、首都师范大学优秀党员、海淀区优秀"四有"教师、海淀区兼职教研员、海淀区名师工作站第四、五期学员。参与编写《校园篮球课程教学方法改革与运用研究》《体育中考导航》、义务教育《体育与健康》等 8 部书籍，发表《剖析体育常态课　实施有效教学》等 7 篇论文。承担和参与课题研究，主持了国家级课题子课题和区级"十四五"重点课题，参与了多项国家级、市级和区级课题研究，取得了丰硕的成果。在北京市中小学体育教师专业技能展示活动中荣获一等奖。	

序号	姓名	个人简介	教师照片
2	孙丹	孙丹，高级教师，1988 年毕业于体育师范学院（现首都体育学院）。毕业后到首都师大附中进行教育教学工作，并担任校田径社团负责教师，曾带社团荣获海淀区田径比赛第一名数十人次，市级比赛前三名三十余人次。全国比赛前三名五人次。培养一级运动员三人。海淀区教学比赛"障碍接力"一等奖。曾获海淀区五四优秀青年奖。2023 年带乒乓球社团获海淀区乒乓球团体男初女高第一名。开展市级公开课三次。	
3	延向东	延向东，高级教师。1988 年毕业于北京师范大学体育系。从毕业始一直从事体育教学工作。在 36 年的教学生涯中获评优秀教师、最受欢迎课堂等若干次。所带初三毕业班年级取得过海淀区体育中考第一名的成绩。在指导青年教师及实习教师方面成绩显著，有几名已成为所在校体育带头人。另长期兼任工会委员、秘书长职务。	
4	马霖	马霖，共产党员，高级教师。1998 年毕业于首都体育学院，本科学历。2019 年调入附中。国家级社会体育指导员、国家 B 级教练员。 承担海淀区中学新任体育教师篮球技能培训任务，以及高二年级体育学科的区级研究课。所指导的初中男篮在 2021 年北京市篮球冠军赛获第一名、北京市第十六届运动会男子篮球丙组第一名等。 先后被评为海淀区优秀教师、北京市优秀教练员、海淀区"海韵之星"，2016 年获得海淀区"四有教师"荣誉称号。 和同事一起撰写的《首都师大附中体育教学赛季模式的开发与实践》获北京市第二届学校体育科学大会的一等奖。	
5	陈虹洲	陈虹洲，毕业于首都体育学院。高级教师，海淀区体育与健康学科带头人，海淀区优秀种子教师工作站学员。荣获北京市"京教杯"一等奖，北京市中小学体育教师专业技能展示与比赛运动技能一等奖、微格说课一等奖、综合成绩一等奖等。连续三年参加"国培计划"研究课，多次承担海淀区教研活动及海淀"空中课堂"课程录制。多篇论文发表于《学校体育》《体育教学》。获全国体育科学大会论文一等奖、二等奖。参与多项国家级和海淀区课题。	

序号	姓名	个人简介	教师照片
6	田勃	田勃，2014 年毕业于首都体育学院。后在首师大附中承担教育教学工作。中级教师，共产党员，首师大附中体育学科高中备课组长，北京市优秀教练员。曾荣获北京市中小学优秀体育教学课例二等奖；海淀区中小学优秀体育教学课例一等奖；海淀区"风采杯"中学教师教学成果展示体育与健康学科教学设计一等奖。参与北京市教育学院"国培计划"，担任"十三五"国家级课题《青少年体能素质"课课练"持续与拓展研究》子课题负责教师，多次参与市级、区级课题研究，并取得了丰硕成果。在校工作期间同时担任校男子篮球代表队教练一职，曾带领校高中男子篮球队荣获北京市体育传统项目学校篮球联赛冠军；北京市 Jr.NBA 校园篮球联赛亚军；耐克中国高中篮球联赛北京赛区季军。	
7	王逸	王逸，2015 年首都体育学院本科毕业，2021 年 9 月调入首师大附中担任体育教师和初中篮球队教练员。中学一级教师，国家级篮球裁判员，海淀区"四有教师"，北京市教育学院专题培训班优秀学员，海淀区中考体育优秀考务长。参与北京市教育学院"国培计划"；参与中国教育学会教育科研专项重点课题"青少年体能素质课课练持续与拓展研究"；参与跨学科中小学《历史丛书》教材编写；参与北京市教育学院 2022 年课题"义务教育阶段校园篮球一体化教学体系构建与实施策略研究"；参与海淀区"新课标视域下初中体育大单元教学"课题，多次获得海淀区教学设计、优秀课例一等奖。	
8	赵晨轩	赵晨轩，2016 年 7 月毕业于首都体育学院，毕业后在首都师范大学附属中学任职体育教师。中学一级教师，初中备课组长。带头编写《成达体育课程》作为首师大附中课程案例进行评选获得二等奖。在校工作期间担任校男子足球社团教练一职。海淀区优秀教练员，曾带队获评海淀区学区足球联赛初中男子组第二名，高中男子组第二名。	
9	杨晨雨	杨晨雨，二级教师，2018 年首都体育学院本科毕业后在首都师范大学附属中学担任教师。曾获北京市"启航杯"教学比赛三等奖、海淀区"风采杯"教学比赛一等奖、首都师大附中"正志杯"教学比赛二等奖等。参与北京市"国培计划"足球研究课、北京市中小学教师场景式育人课程；跑的组合单元教学研究课等市级研究课。	

续表

序号	姓名	个人简介	教师照片
10	李则良	李则良，中共党员，二级教师。2014年毕业于首都体育学院，本科学历。2018年入职首师大附中。2014年由荷兰皇家足协颁发国际级教练员证书。所指导的初中男篮获2021年北京市篮球冠军赛冠军；北京市第十六届运动会男子篮球乙组亚军；2023年中国中学生三人篮球初中男子组冠军。曾获北京市"启航杯"二等奖；北京市海淀区"风采杯"一等奖等。	
11	杨志秀	杨志秀，毕业于首都体育学院体育教育专业。二级教师，中共党员。2018年入职附中，在工作中积极参加各类教研比赛及展示课，获得"京美杯"征文二等奖；海淀区"风采杯"教学设计展示和课堂实录二等奖等。带领定向越野社团多次获得北京市团体第一名，荣获定向越野优秀教练员称号。	
12	陈少君	陈少君，二级教师。2022年中央民族大学体育硕士毕业后在首都师范大学附属中学担任教师，2023年创建排球社团并担任指导老师。同年4月举办首都师大附中"扣响青春"排球联赛，深受学生的欢迎与喜爱。获第七届北京市中小学"启航杯"综合展示二等奖。参与并录制北京市数字课程建设排球项目课程。承担教育部—联合国儿童基金会《高二排球项目小赛季》教学研究课。	
13	綦敏辰	綦敏辰，本硕毕业于北京体育大学，于2022入职首师大附中，二级教师。曾获北京市"启航杯"二等奖、海淀区教科研论文二等奖。主持过一项海淀区专项课题，北京市乒乓球特色课程获得认定。教学中注重学生创新思维激发，鼓励学生个性化发展，重视激励评价，致力于营造积极向上的体育学习氛围。	

续表

序号	姓名	个人简介	教师照片
14	李云飞	李云飞，国家二级网球运动员，二级教师，2023年北京体育大学研究生毕业后在首都师范大学附属中学担任体育教师。注重学生个性化的培养，发现和培养他们的特长，激发他们的潜能，加深学生对体育知识和技能的理解和掌握，增强学生对体育的兴趣和积极性，促进他们对体育的参与和投入。	

（二）教育教学经验

教育教学经验是衡量一个体育教师团队能力的重要指标。拥有丰富的教育教学经验的团队，才能够更好地指导学生的体育活动，促进学生的身心健康发展。我们的体育教师团队不仅拥有扎实的体育专业基础，更积累了丰富的教育教学经验。他们深知体育教育对于学生身心健康的重要性，因此在教学过程中始终坚持"以学生为中心"的教学理念，致力于激发学生的运动兴趣，培养学生的体育技能和终身锻炼的习惯。

在教学方法上，团队成员通过多年的教学实践，不断探索和创新教学方法。他们运用游戏化教学、小组合作、案例分析等多种教学手段，让学生在轻松愉快的氛围中掌握运动技能，同时培养学生的团队协作能力和竞争意识。

在教学过程中，教师们充分尊重学生的个体差异，根据学生的身体素质、兴趣爱好和运动水平制订个性化的教学计划和教学内容，确保每一位学生都能在体育课上找到自己的价值和成就感。

在教学评价中，初高中备课组长根据课标要求及体育核心素养发展需求拟制了学生体育学习评价标准，这不仅有助于系统地评估学生在体育课程中的学习效果，更能够引导体育教师有针对性地调整教学策略，实现课堂质量的提升和教学效果的优化。

除了日常的课堂教学，团队成员还积极组织和参与各种校内外的体育竞赛和活动。他们不仅担任教练和裁判，还通过赛事组织、志愿者服务等方式，为学生提供更多的实践机会和展示平台。

在教育教学方面，我们的体育教师团队取得了显著的成绩。他们的教学水平和专业素养得到了学生和家长的高度认可，同时也多次在各级教育部门和体育协会组织的评比和比赛中获得荣誉。

未来，我们的体育教师团队将继续秉持"以学生为中心"的教学理念，不断探索和实践新的教学方法和手段，为学生的身心健康和全面发展贡献自己的力量。

（三）团队合作与交流

团队合作与交流是提升体育教师团队整体实力的重要途径。通过有效的合作与交流，团队成员可以相互学习、共同进步，为学生提供更高质量的体育教学服务。体育教研组会定期召开教研组会、各学段备课组会，以分享教学心得和经验，共同解决教学中遇到的问题；也举办过多次体育学科沙龙活动，其中学科论坛和专家讲座活动的举办，不仅加强了教师之间的沟通与协作，更促进了教师的专业成长和学科素养的全面提升，在这样的教研氛围中，体育教学质量得到了有力保障，学生的体育素养也得到了全面发展。

在"首师大附中艺体论坛"中，我们梳理了体育学科组的工作实践和成果，包括课程建设、学生发展、教师发展、学科发展愿景。在教师发展方面，以研究项目、课程教学项目、社团项目、竞赛项目、校内赛事项目、体育活动项目、体质测试项目和合格性考试八大项目推动教师职业发展，这不仅有利于提高教师的教学水平，也有助于培养更多优秀的体育人才。

除此之外，高效的教师培养机制也是促进体育教师团队发展的动力来源。为了促进团队成员之间的知识传承和经验共享，学校建立了师徒结对机制。这一机制不仅为刚入职的教师提供了宝贵的教学经验，助力他们迅速适应从学生到教师的角色转变，前辈教师们在这一过程中不仅扮演着指导者的角色，更是青年教师的引路人和精神导师，而在资深教师们将多年累积的教育心得和教学技巧传授给新人的同时，新教师也为老教师带来了新鲜的视角和创新的思想，形成了教学相长的良好氛围。

（四）体育学科十年发展成就概览

在过去的十年里，我校体育学科经历了飞速的发展与蜕变，不仅在学术研究、教育教学、体育设施等方面取得了显著的进步，还极大地丰富了校园文化和学子的综合素质。

十年间，我校体育学科科研成果不断刷新高度，论文发表数量和影响力在体育学术界逐步攀升。在教育教学方面，我校体育学科积极推进课程改革，更新教学内容和方法，强化学生实践能力和创新精神的培养，同时，通过引进国内外优秀的体育教育资源，提升了我校体育教育的专业化水平，为学生提供了更加广阔的视野和更多的发展机会。在硬件条件上，我校体育设施的更新与升级同样显著，新建的室内篮球馆、乒乓球馆、教师健身房、排球场等不仅满足了日常教学训练的需要，也成为举办各类体育赛事和活动的有力保障；体育设施的开放和共享也极大地丰富了师生的课余生活。此外，体育文化作为校园文化的重要组成部分，在过去的十年中也得到了充分的发展，我校通过定期举办各类体育赛事和活动，极大地促进了校园体育文化的普及和繁荣，通过这些活动，师生们的身心健康得到了极大的促进，团队协作精神和竞争意识也得到了培养。可以说，在过去的十年间我校体育学科取得了令人瞩目的成就。

三、课程建设：博学拓新，实践育人

首师大附中紧跟时代步伐，结合多年教育教学实践，坚持"五育并举"，并形成了完善的"成达五育"育人体系，让每一位学生都能够在首师大附中得到全面而有个性的发展、自主且可持续的进步，并以此为基础，构建了集"基础通修""兴趣选修""专业精修""自主研修"为一体的四修课程体系。四修课程体系强调与学生内在发展需求相一致，"全面发展"与"学有特长"相统一，具有鲜明校本化特色。

在体育学科课程建设方面，教师团队始终秉承着我校四修课程的育人理念，这一理念不仅体现了教育的全面性和深度，更凸显了体育在培养学生综合素质中的重要作用。我们深知，体育不仅仅是身体的锻炼，更是心灵的洗礼，是情感的交流，是意志的磨砺。因此，在构建体育课程时，我们始终以学生为中心，尊重并遵循各学段学生的发展规律，确保课程内容既符合学生的年龄特征，又能满足他们不断增长的运动学习需求。

（一）课程目标

高中体育课程的目标主要包括提高学生的身体素质、培养运动技能和增强体育精神等方面，通过课程的学习和实践，学生能够全面发展身体各项素质，包括力量、速度、耐力、灵敏度和协调性等。同时，我校体育课程的设置不仅注重培养学生的运动技能，使他们掌握一项或多项体育运动的基本技术和规则，更注重学生体育精神的培养，让学生了解体育运动的意义和价值，树立正确的体育观念，培养团队合作精神和竞争意识。

我校体育教学研组致力于坚持课程的革新与升级，坚持以体育课程标准为依据，以学校课程建设为依托，以体育学科核心素养为抓手，合理进行课程开发与实施。目前我校实行的"成达阳光体育"课程体系是基于我校成达四修课程体系，围绕体育学科核心素养、新时代学生体育学习需求进行开发的。成达四修课程体系包括四级课程，即"基础通修课程""兴趣选修课程""专业精修课程"及"自主研修课程"，其课程目标不仅涵盖了高中体育课标对体育课程的实践要求，更彰显了我校学校体育发展特色。其中，"基础通修课程"旨在通过课堂教学夯实学科基础，保证学生全面发展，在学练多种运动项目中，参与展示或比赛的基础上，掌握 1—2 项运动技能；"兴趣选修课程"旨在开阔视野、扩展知识领域、培养学生多方面的兴趣爱好，满足学生个性化学习需求，激发潜能志趣。"专业精修课程"是为了深入学习运动项目，提高技战术运用能力，通过体育学练，能够参与一定水平的展示或比赛，从而促进个人品德塑造，以及个性化发展。"自主研修课程"是以课题为导向，通过自主参与、开展、组织校内外体育练习，分析问题、解决问题，形成研究成果，从而养成体育锻炼意识和习惯，形成自主能力。

（二）课程内容

基于我校 2011 年构建的"基础通修 + 兴趣选修 + 专业精修 + 自主研修"的课程体系，学科团队经多年的研究与实践，秉持共同协作、主动探究、实践出真的精神，构建了高中教育阶段"成达阳光体育"课程模型。

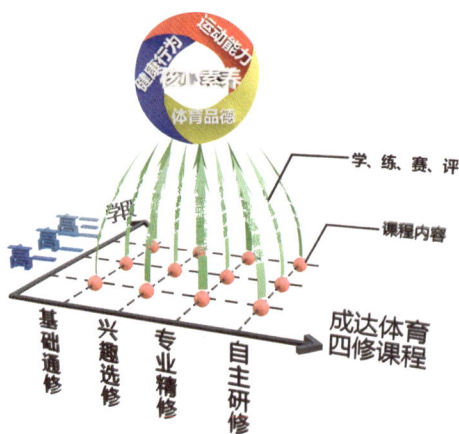

"成达阳光体育"课程模型

成达阳光体育课程从整体上进行设计，在各学段的课程设计中均体现了内容的渐进性、进阶性与满足学生需求紧密结合，形成纵向学段进阶与横向学生发展相结合的高中体育课程体系，课程实施中以"学、练、赛、评"一体化教学促进学生的核心素养形成。

1. 基础通修

成达体育基础通修课程，设置了国家课程，包括必修必学（体能、健康教育）和必修选学（球类、田径类、体操类、水上或冰雪类、武术与民间传统体育类、新型体育类）。

2. 兴趣选修

成达体育兴趣选修课程，设置了兴趣课程和社团活动，如足球、乒乓球、排球、篮球、田径、羽毛球、橄榄球、搏击、飞镖、跆拳道、武术、体育理论、新兴体育（飞盘、街舞、轮滑）等选修课，满足学生个性化学习需求。

3. 专业精修

成达体育专业精修课程，注重初高中体育课程的衔接，开发出俱乐部课程、运动赛事、运动训练课程。成达体育专业精修课程依托篮球金奥运动队足球实验校等，以线代面全面推进普及与提高的整体发展，带动篮球、足球运动在校内的蓬勃开展，培养了大量的体育骨干，同时输送到大学和专业队众多高水平运动员。

4. 自主研修

成达体育自主研修课程，是基于项目式学习解决体育相关问题的课程，课程是在教师指导下的团队自主研修，学习相关知识与运动技能，团队有明确的角色分配，负责人统筹安排、定期活动并向指导教师进行研修反馈。自主研修课程同时包括鼓励学生自主参与社会体育俱乐部，在长期的学、练、赛中提高运动水平、锤炼意志、健全人格，获得了国家级和市级比赛的优异成绩，体现了体育的家校社结合。

（三）教学方法与评价

体育课程的教学方法多样，包括讲解示范、分组练习、比赛实践等。这些方法旨在激发学生的学习兴趣和积极性，提升他们的学习效果。同时，课程评价也是非常重要的一环。在评价过程中，教师会关注学生的身体素质、运动技能、体育精神等多个方面，采用定量和定性相结合的方法进行评价。通过评价，教师可以了解学生的学习情况和进步程度，以便及时调整教学策略，帮助学生更好地发展。

我校体育学科是基于体育与健康核心素养和学校育人目标需要来展开学生评价工作的。在评价主体上，采用学生自评、学生互评和教师评价相结合的多元主体评价办法；在评价内容上，从体育知识与技能、过程与方法、情感态度与价值观三个方面构建评价要素，拓展了评价内容的覆盖面，并以多维考核方法全面评价。

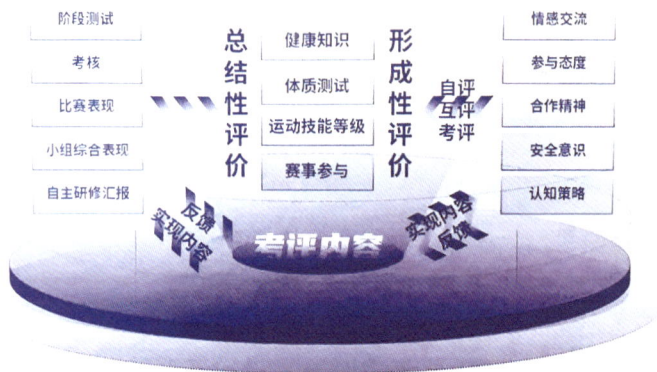

成达阳光体育课程体系教学评价结构图

四、课堂风采：因材施教，创新引领

（一）教学内容的丰富性

体育课堂的独特魅力，其核心之一就在于教学内容的丰富性与多元性。这不仅体现在体育活动的多样性上，更体现在对学生全面发展的关注和引导上。为了营造一个既充满活力又富有教育意义的体育学习环境，我们的体育教师团队在高中阶段实施了体育分项课制度。这一制度充分尊重了学生的个体差异和学习兴趣，同时也充分发挥了教师团队的专业特长。

目前，我们在高一和高二年级开设了6个各具特色的体育课程选项，包括篮球、排球、新兴体育、综合体能、乒乓球和羽毛球。这些课程不仅涵盖了传统和现代体育的多个方面，还注重运动技能和体育精神的双重培养。学生可以根据自己的兴趣和特长选择合适的课程，从而在喜欢的运动项目中发挥潜力、提升技能。

在教学过程中，我们的教师团队不仅注重专项运动技术的传授和训练，还十分注重体育健康知识和运动损伤预防及处理等方面的教育。他们会在课堂上深入浅出地讲解生理学、营养学、心理学等相关知识，帮助学生建立正确的运动观念和生活方式。同时，他们还会教授学生如何预防运动损伤、如何处理常见的运动伤害等实用技能，确保学生在享受运动乐趣的同时也能够保障自己的健康和安全。

　　丰富多样的教学内容，不仅能够激发学生的运动兴趣和潜能，还能够培养学生的团队合作精神和综合素质。学生在这样的课堂中不仅能够提升运动技能，更能够在健康、安全、心理等方面得到全面的发展和提升。这也是我们体育课堂所追求的最高目标。

（二）教学方法的创新性

教学方法的创新性对于提升体育课堂的吸引力和效果至关重要。传统的体育教学方法往往注重技术的传授和体能的训练，而忽视了学生的学习兴趣和主动性。我校体育教师团队十分注重学生的体育学习体验，多次对学生进行学情调研，了解学生不同阶段的学习瓶颈和学习需求，从而及时调整教学方法和手段，尽可能为学生营造出易学的学习情境，同时也不断探索和创新教学方法，如采用游戏化教学、情境教学、合作学习等方式，激发学生的学习兴趣和学习积极性，使他们在轻松愉快的氛围中掌握技能和知识。

善于利用小组互学互练的方法组织教学。互学互练的学习模式不仅可以激发学生的学习兴趣和动力，明确的组内职责分工还能加大学生在课堂上的心理归属感。除此之外，小组学习秉持着同组异质化的分组原则，这意味着在同一个小组内，学生的能力、特长、兴趣等方面都会有所差异，这样的组合方式有助于形成互补效应，让每个学生都能在自己的优势领域发挥所长，同时也能从其他成员那里学习到新的知识和技能。通过强弱帮扶的形式，不仅可以缓解教师在课堂上关注力不足和个别指导时间不够的问题，还能让学生在相互帮助的过程中，培养沟通协作和事务处理的能力，为他们未来的社会生活打下坚实的基础，充分体现了全方位"以体育人"的教学理念。通过小组互学互练的方式，学生可以在实践中学习和体验这些重要的品质，从而实现体育教育的多元价值。

善于运用高科技教具辅助教学。在现代教育技术的助力下，教师的教学方法变得越来越丰富和多样。高科技教具的运用不仅提高了教学的效率，也增加了学生的学习兴趣。在乒乓球和羽毛球课堂上，教师巧妙地运用自动发球机这一高科技教具，为学生带来了前所未有的学习体验。

首先，自动发球机的使用极大地提高了课堂的练习密度和强度，自动发球机能够连续、稳定地发出不同速度、不同角度的球，使学生在短时间内得到大量的练习机会，从而更快地掌握技术要领。

其次，自动发球机具有高度的可调性，可以根据学生的学习水平和需求进行个性化的设置。无论是初学者还是高手，都可以通过调整发球机的参数来找到适合自己的练习难度，使每个学生都能在课堂中得到适合自己的挑战和成长。此外，自动发球机的使用还增强了课堂的互动性和趣味性。在自动发球机的辅助下，教师可以设计更多样化的教学活动和游戏，让学生在轻松愉快的氛围中学习和练习。这不仅激发了学生的学习兴趣，还促进了师生之间的交流和互动。

最后，值得一提的是，自动发球机的使用也为学生提供了更多的自主学习和自我提升的机会。在课余时间，学生可以利用自动发球机进行自主练习，巩固和提升自己的技术水平。这种自主学习的模式不仅增强了学生的学习能力，也培养了他们的自我管理和自我提升的能力。

善于运用问题链展开引入问题式学习。教师在教学设计时，善于设计真实而复杂的真实情境问题，形成一系列相互关联的问题链，引导学生逐渐深入问题式学习，让学生在解决问题的过程中主动探索、合作学习和自我反思。这种学习方式不仅能够培养学生的问题解决能力和团队协作能力，也有助于激发学生的学习热情和探索欲望，更能够培养他们在解决实际问题中的能力和团队协作精神。而最后问题链的结束也并不意味着学习的结束。相反，它应该是学生自我反思和知识整合的开始。通过回顾解决问题的过程和结果，学生可以对自己的学习行为进行反思和总结，从中找出成功和失败的原因，为今后的学习提供宝贵的经验。教师运用问题链展开引入问题式学习，不仅可以为学生创造一个充满挑战和机遇的学习环境，还有助于学生不断提升问题解决能力和团队协作能力，从而更好地适应未来社会的需求。

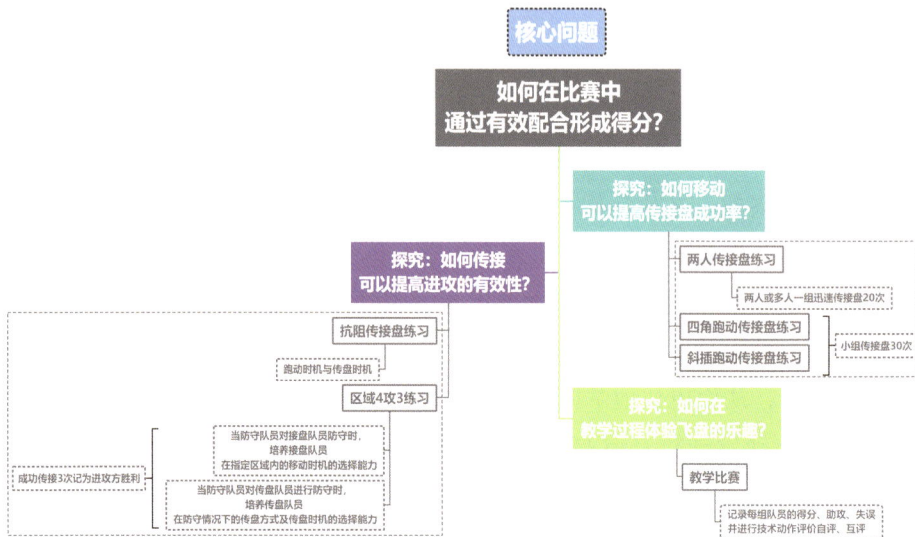

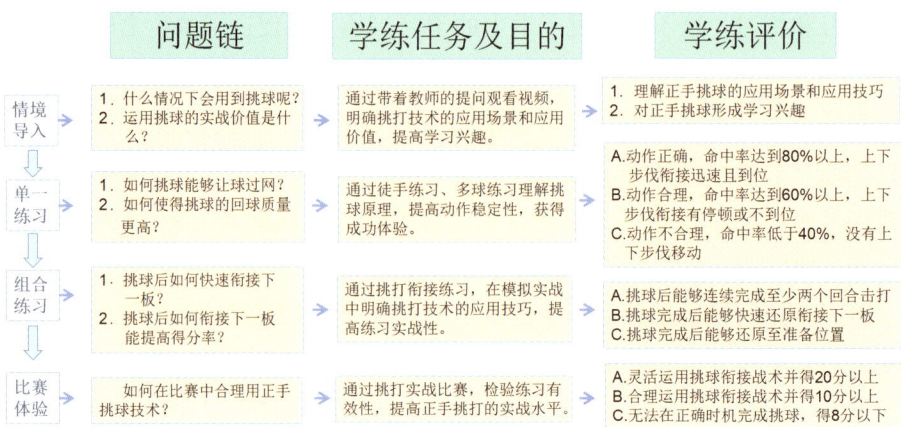

问题链

核心问题

怎样形成
有效进攻?

如何提高扣球
成功率?

如何起跳扣球
成功过网?

比赛中如何运
用进攻技术
得分?

任务

单一练习

任务一：
进阶组：传、垫、扣连续打防
基础组：一打一防
任务二：
进阶组：二传传球上网扣球
基础组："问号器"扣固定球

组合练习

进阶组：①隔网抛球，②用
垫球技术给③（二传），二
传将球传给攻手④利用进攻
技术攻到⑤的位置

基础组：助跑起跳上网扣抛
球进攻

比赛

进阶组：利用扣球技术得分，
记2分，其他技术得分记1分；
基础组：进攻人利用扣球技
术将球攻过网，同时不能让
对手接到进攻，球落到界内
且对方没接到进攻组积1分。

标准

任务一：
进阶组：传垫过程中完成5次扣
球
基础组：扣球人击准5次球；
任务二：
进阶组：扣球成功率85%
基础组：扣球成功率75%

进阶组：配合进攻团队成功85%

基础组：个人成功率75%

进阶组：15分比赛6分进攻得分；

基础组：进攻组每人成功得5分

（三）学生参与的积极性

学生参与的积极性是衡量体育课堂活力与风采不可或缺的重要指标。在一个充满活力的体育课堂上，学生不应是被动的接受者，而应是积极的参与者，他们的兴趣和动力是推动课堂向前发展的核心动力。因此，我校教师团队始终致力于激发学生的学习兴趣，让他们从内心深处愿意投入各类体育活动中，感受运动带来的乐趣与挑战。

为了达到这一目标，我们的教师团队注重学生的个性差异和需求，力求为每一位学生提供合适的学习路径和发展空间。通过多样化的教学方法和手段，我们为学生创造了丰富多样的学习机会，让他们在体育课堂上能够充分展现自我，实现自我价值。同时，我们还特别注重培养学生的团队合作精神和竞争意识，让他们在参与中学会合作，学会竞争，体验成功的喜悦和成长的快乐。

此外，我们还关注学生在课堂中的互动与合作情况，认为这是衡量学生参与积极性的重要指标。一个真正的体育课堂不仅仅是教授技能和知识的地方，更是培养学生社会交往能力和团队协作精神的场所。因此，我们鼓励学生在课堂上积极互动，相互合作，共同进步。

同时，我们也非常注重学生在课堂中的感受与体验。我们努力营造一个愉快、和谐、充实的课堂氛围，让学生在参与体育活动的过程中感受到快乐与满足。我们相信，只有当学生在课堂上真正感受到运动的魅力和乐趣时，他们才会更加积极地投入到体育活动中去。

最后，我们还提供机会让学生展示自己的学习成果。这不仅能够增强学生的自信心和成就感，还能够激发他们的学习热情和动力。我们鼓励学生在课堂上展示自己的技能、才华和进步，让他们的努力得到认可和肯定。

五、学生社团：多元发展，全面育人

学校学生社团作为学生课外活动的重要组成部分，其发展现状不仅反映了学校的教育环境和学生活力，还直接影响着学生的个人成长和综合素质的提升。本节将从社团种类与数量、活动开展与影响、成员参与与满意度三个方面，对学校学生社团的发展现状进行详细的阐述。

（一）体育社团规模及指导老师

体育素养社团建设，涉及整体规划、经费保障、场地设施保障、时间保障等诸多因素，还需要家校社等校内外各方力量相结合，逐步形成规模，百花齐放。

目前学校现有高水平初、高中男子篮球代表队各一个，形成了学校体育篮球专业社团。在其带动下，体育素养社团不断建成，目前共有 10 个体育类社团，形成了体育学科教师均承担指导教师工作的新局面。有的教师还承担两个体育社团的指导工作，体育社团一直以来是我校的特色，具有雄厚的学生基础。学生渴望在社团中精修所喜欢的体育项目，除初、高中男子篮球代表队外，根据学校场地设施设备、课表安排等现实情况，学校现有体育社团如下表。

项目	指导教师	指导学生数及效果
定向越野	杨志秀（1）	10 人、市级获奖
女子篮球	杨志秀（2）	12 人、区级获奖
田径	陈虹洲（1）	20 人、区级获奖
飞镖	陈虹洲（2）	协会获奖
健美操	李丹	20 人、市级获奖
初中男子足球	赵晨轩	20 人、区足球示范校
高中男子足球	杨晨雨	20 人、区足球示范校
乒乓球	綦敏辰、孙丹	20 人、区级获奖
排球	陈少君	选修课阶段
羽毛球	延向东	校内联赛和普及率高
自由博击	李则良	选修课阶段

（二）体育社团发展与成就

1. 田径社团

我校田径社团开展期间弘扬阳光向上体育精神，促进青少年身心健康，强健体魄，全面发展。田径运动培养六大身体素质：柔韧性、协调性、灵敏性、速度、力量、弹跳力。社团现有初一、初二、初三、高一、高二年级队员，共30余人。队员们各有优势，主副项兼修。短跑，是须臾间爆发，拼出生命淋漓尽致的力量；长跑，是体格与毅力的较量，踏出笃定的节拍，奏响不屈的篇章；跳高，是孜孜矻矻的日常磨炼，铸就凌空一跃的矫健轻捷。通过学习和掌握各项运动技能，社员们磨砺出勇于吃苦、意志顽强、团结协作、止于至善的品质。

田径社团学员李静一曾获得全国U18田径锦标赛铜牌、全国中学生田径冠军赛铜牌、北京市运会铜牌；在海淀区田径运动中获得金牌1人次、银牌19人次、铜牌23人次、第四名至第十二名若干；海淀区田径运动会获高中组团体总分B组第二名、AB组第六名、初中组甲组团体第五名等。在教师指导下，社团学生自主参与，组织策划具有项目特色的"成达飞人"挑战赛，为各年级学生提供张扬个性的舞台。

2. 飞镖社团

我校飞镖社团现有初一、初二、高二年级学生共10余名，是一个年轻的社团，但在这几年里，却超常发挥，收获满满。长期参与飞镖运动可缓解学生用眼疲劳，锻炼小肌肉群体，提高身体的协调性，增强专注力。

飞镖社团曾获北京市中小学飞镖比赛第一名3人次，第二名2人次，第三名3人次等；获北京市中小学飞镖比赛初中团体赛第五名。

3. 足球社团

首师大附中校园足球开展已有 7 年时间，目前社团高中男子足球队 20 人，初中男子足球队 20 人。班级足球联赛、足球文化节、足球嘉年华、区 / 市级赛前选拔赛等我校每年都能如期举行，为校园足球奠定了一个良好的基础。在申办"足球实验校"后，我校在足球文化活动的开展、校足球队建设方面进行改进，以此丰富学生课余活动，扩充我校足球爱好者的数量，选拔优秀的爱好者进入校队训练，并加强师资团队建设，从而形成特色校园足球体系。

2016 年海淀区三大球（足球）超级联赛高中组获得第三名；2018 年海淀区三大球（足球）超级联赛初中组获得第四名；2018 年海淀区三大球（足球）超级联赛高中组获得第四名；2019 年海淀区学区足球联赛初中组获得第二名；2021 年海淀区学区足球联赛获得高中组第 4 名。

4. 乒乓球社团

为丰富学生的校园文化生活，满足学生的业余体育锻炼需要，推动我校乒乓球运动的开展，在学校的支持下于2021年成立了首师大附中乒乓球社团。乒乓球社团旨在为学生校园生活提供更好的乒乓球学习平台，提高学校学生乒乓球运动水平，满足不同水平学生对于乒乓球训练需要，营造健康向上的校园体育文化氛围，培养学生的规则意识和体育精神。目前社团由孙丹及綦敏辰两位老师负责组织与管理，社团涵盖各年级学生，主要招收年级为初一初二学生；社团固定成员为28人，其中包含2名社长负责协助教师管理社团事务。每学期社团会举办各类乒乓球年级赛事、校级精英赛事及区/市级赛前选拔赛事，现已顺利举办了四届"成达杯"乒乓球比赛，在第四届"成达杯"乒乓球比赛中，超200人次参赛，学生们共完成了超400场次的角逐。

2023年海淀区中小学生乒乓球比赛，我校乒乓球社团首次亮相竞技赛场，共19名初高中学生参赛，在团体赛上获得了男子初中组、女子高中组的冠军以及男子高中组第四名的好成绩，单项比赛中斩获男子初中组季军和女子高中组季军，成为海淀区的一支新起之秀。

5.女篮社团

我校高中女篮社团组建于 2018 年。旨在丰富校园体育文化，促进学生身体健康发展，培养团队合作精神。高中女篮以高一高二学生为主，一直保持在 10—15 人。通过招新和开设篮球选修课的方式吸引更多喜爱篮球运动的女生加入，不断扩大队伍。

获得 2018 年海淀区中学生篮球联赛第六名；2018 年北京国际 3V3 邀请赛第四名；2019 年海淀区中学生篮球联赛第二名。

6.定向越野社团

我校定向越野社团组建于2018年，社团人员涵盖全校喜爱定向越野运动的各个年级的男女生几十人。定向越野运动指的是借助地图和指北针穿越未知地带到访地图上的若干目标点的运动。该项运动不仅具有休闲普及性，还有极强的专业性和竞技性，近几年在国内各大中小学发展迅速，既考验学生对地图的理解，路线的判断又锻炼学生的身体素质、心理素质、团队配合能力。

曾获2019年北京市体育传统项目学校定运动比赛14岁团体第一名；2019年北京市中小学生定向越野比赛团体第二名；2020年北京市中小学生定向越野比赛高中女子乙组第一名；2020年北京市中小学生定向越野比赛初中男子乙组第二名；2021年北京市体育传统项目学校定向运动赛16岁团体第一名；2021年北京市体育传统项目学校定运动比赛14岁团体第二名。

7. 排球社团

排球社团组建的目的主要是丰富学生的业余生活，提高学生的综合素质，增强学生的团队合作意识和凝聚力，社团成员目前主要以初中（初一、初二）、高中（高一、高二）学生为主。

2023 年 4 月举办了首师大附中第一届"扣响青春"排球联赛，在校园引起了一阵"排球热"，吸引了越来越多的成达学子加入排球运动。

8. 羽毛球社团

羽毛球是深受学生喜爱的运动项目之一，在学校的大力支持下，成立了羽毛球社团，并设定社团口号：附中"羽"你同伴，健康"羽"你分享。

我校羽毛球社团分为初、高中两个组，羽毛球爱好者自主参加。社团同学在练习之余可发挥特长，制作或提供比赛海报、赛事照片、专业技术图片和绘画书法作品等。随着社团发展和作品的丰富，在羽毛球馆创建了羽毛球文化墙。

（三）体育社团活动与赛事组织

社团活动的开展及其影响力是衡量社团活跃度和成效的关键因素。各类体育社团都会定期举办许多丰富多彩的社团活动及比赛，如体育校内比赛、校际交流赛、体育知识论坛、体育明星讲座等，以吸引更多学生参与到社团活动中。这些活动不仅能够丰富学生的课余生活，还能够提高学生的实践能力和综合素质。几年前我校教师团队构建了首师大附中赛季体育教学模式，包括以学校传统品牌赛事为主线的赛季体育教学模式、以运动项目为主体的赛季体育教学模式。

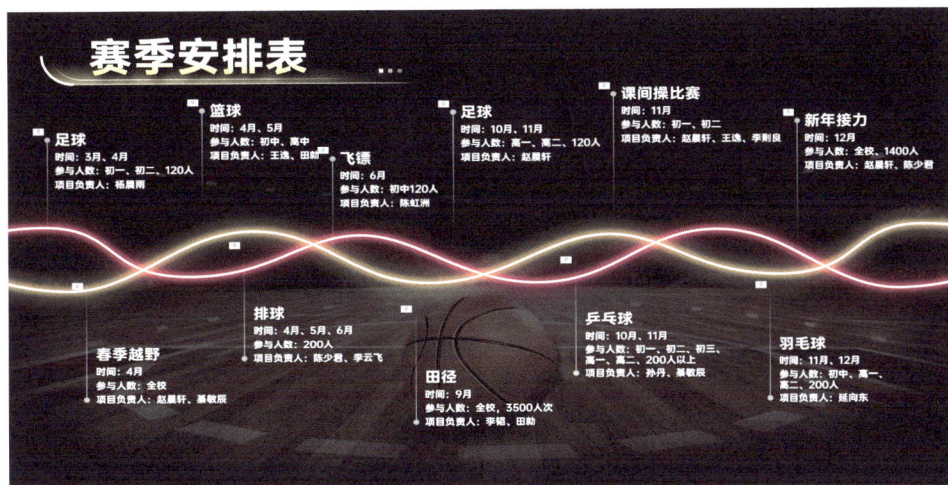

赛季安排表

足球
时间：3月、4月
参与人数：初一、初二、120人
项目负责人：杨晨雨

篮球
时间：4月、5月
参与人数：初中、高中
项目负责人：王逸、田妍

飞镖
时间：6月
参与人数：初中120人
项目负责人：陈虹洲

足球
时间：10月、11月
参与人数：高一、高二、120人
项目负责人：赵晨轩

课间操比赛
时间：11月
参与人数：初一、初二
项目负责人：赵晨轩、王逸、李剡良

新年接力
时间：12月
参与人数：全校、1400人
项目负责人：赵晨轩、陈少君

春季越野
时间：4月
参与人数：全校
项目负责人：赵晨轩、基敏辰

排球
时间：4月、5月、6月
参与人数：200人
项目负责人：陈少君、李云飞

田径
时间：9月
参与人数：全校、3500人次
项目负责人：李韬、田勤

乒乓球
时间：10月、11月
参与人数：初一、初二、初三、高一、高二、200人以上
项目负责人：孙丹、基敏辰

羽毛球
时间：11月、12月
参与人数：初中、高一、高二、200人
项目负责人：延向东

1. 校级联赛

校级联赛是我校体育社团活动的核心组成部分，它不仅是一项竞技活动，更是一次培养学生全面发展的重要机会。通过校内竞技，旨在提高学生的体育技能水平，帮助他们在实际比赛中锻炼自我、超越自我，进而增强团队合作精神。每年，我们都会精心策划和组织多个项目的校级联赛，包括足球、篮球、排球、乒乓球、羽毛球、飞镖等项目，以满足广大学生的不同兴趣和需求。这些联赛通常在学期中进行，吸引了大量学生的积极参与。无论是场上运动员的激烈拼搏，还是场下观众的热情助威，都展现了学生对体育运动的热爱和投入。

为了确保比赛的公平性和专业性，我们制定了详细的比赛规则，确保每个参赛者都能在平等的条件下竞技。同时，我们还配备了专业的裁判团队，负责监督比赛过程，确保比赛的公正和顺利进行。此外，我们还为参赛者提供了必要的场地和器材支持，确保比赛场地设施完备、器材齐全，为参赛者创造一个良好的竞技环境。

校级联赛不仅为学生提供了一个展示才能的平台，更让他们在比赛中深刻体验到体育精神的重要性。通过团队竞技，学生们学会了如何在团队中发挥自己的作用，如何与队友紧密合作，共同为团队的胜利而努力。这不仅锻炼了他们的体育技能，更培养了他们的团队合作精神和集体荣誉感。

2. 校际交流赛

为了加强我校与其他学校之间的交流与合作，我校体育社团始终积极参与并热情组织各种校际交流赛事。这些校际联赛汇聚了来自不同学校的精英运动员，为大家提供了一个相互学习、共同进步的竞技平台。这些联赛的项目设置丰富多样，既有传统的篮球、足球等团体竞技项目，也有乒乓球这类个人竞技项目，满足了不同运动爱好者的需求。

在校际联赛中，我校学生有机会与其他学校的学生进行直接对抗与交流，这不仅锻炼了他们的技能水平，也让他们学会了如何在压力下保持冷静、如何在失败中汲取经验。此外，与不同背景的运动员交流，也让学生拓宽了视野，增强了沟通能力。

校际交流赛不仅仅是一场场比赛，更是一次次文化的碰撞与融合。通过这些赛事，我校与其他学校建立了深厚的友谊，不仅促进了体育交流，还推动了校际间的文化交流，进一步增强了学校的社会影响力。

3. 专业竞技赛

为了培养高水平的体育人才，我校体育社团积极组织学生参与各种专业竞技赛。这些比赛不仅考验着学生们的竞技水平，更代表着各校之间的荣誉较量。通常由专业机构或权威协会主办，这些赛事汇集了来自全区、全市乃至全国的最顶尖选手。我校学生在这些高水平的竞技场上，不仅充分展现了自己的运动才能，而且不断刷新自己的最佳成绩，屡次斩获奖牌和荣誉。

这些成绩不仅证明了我校学生在体育领域的出色实力，更彰显了我校体育教育的质量和效果。同时，我校学生的突出表现，为我校赢得了极高的荣誉和声誉，使我校在全区、全市乃至全国范围内都受到了广泛的关注和认可。这不仅提升了我校在国内的影响力，更在某种程度上提高了我校在国际舞台上的知名度。我们坚信，通过不断的努力和积累，我校的体育事业将会取得更加辉煌的成就。

（四）体育社团文化建设

体育教研组文化建设

1. 外墙文化艺术设计	在体育楼外墙设计体育主题的艺术壁画或雕塑，展示各项体育运动的动感和魅力，营造积极向上的体育文化氛围
2. 内墙装饰与展示	在体育楼内墙设置体育成就展示区，展示体育教研室成员以往的优秀成绩、荣誉证书和合作项目，以鼓励更多学生参与体育活动
3. 主题展览和座谈活动	定期举办体育主题展览和座谈活动，邀请体育界专家、教授和优秀运动员开展讲座和交流，激发学生对体育的兴趣和热爱
4. 大屏幕直播与实况转播	在体育楼内安装大屏幕，播放体育赛事、运动健身教学视频等内容，将体育活动带入室内，让更多人能够观赏和参与
5. 体育社团展示区	在体育楼内设置专门的展示区域，供体育社团展示他们的活动成果、队员风采照片等，加强体育社团之间的交流与互动
6. 活动宣传和推广	在体育楼内设置宣传展板，及时发布体育社团的活动信息和赛事安排，吸引更多学生参与，增加学生对体育的关注度和参与度
7. 互动体验区域	在体育楼内设立互动体验区域，如体育游戏区、体育器材体验区等，让学生可以在休息和自习时间进行体育娱乐活动，促进身心健康
8. 体育教育资源中心	在体育楼内设立体育教育资源中心，收集整理优质体育教育资源、学术著作和研究报告，供师生作为学习和研究的参考
9. 学术展示区	展示教师的学术成果和教学方法
10. 教研室介绍手册	让学生了解教研室的研究方向和课程设置

社团场所文化建设

体育社团名称	主题	方案
男篮球队	迎篮而上助力成达	（1）创设篮球队的宣传墙：球队的荣誉墙、历史成就墙、队员风采墙； （2）创设国旗、校旗墙，标语墙； （3）制作篮球队海报、宣传单和宣传册，宣传篮球队的训练活动和比赛日程； （4）在学校网站和社交媒体平台发布篮球队的精彩瞬间和比赛回顾视频
田径社团	奔跑自由成就成达	（1）设立田径社团宣传展示区，展示社团的成绩、荣誉和队员风采； （2）制作田径社团宣传视频，介绍队员的训练和比赛经历； （3）在校内广播和电子屏幕上播放田径社团的比赛录像和成绩
飞镖社团	集中力量瞄准成达	（1）设立飞镖社团宣传展示区，展示社团成员的比赛成绩和队员风采照片； （2）制作飞镖社团宣传视频，介绍社团的训练和比赛项目； （3）在学校电子屏幕和公共区域播放飞镖比赛的实况和精彩瞬间； （4）邀请飞镖社团成员在学校文艺晚会等重要活动中进行飞镖表演赛，增加曝光度和影响力
足球社团	激情燃烧力量成达	（1）设立足球社团宣传橱窗，展示社团成员的比赛照片和荣誉证书； （2）制作足球社团宣传海报，宣传足球社团的训练和比赛日程； （3）在体育馆和校园周边设置足球社团宣传标语和横幅； （4）在学校校报、校园电视和学校网站上发布足球社团的新闻和活动信息

体育社团名称	主题	方案
排球社团	团结奋进一起成达	（1）设立排球社团宣传板，展示社团成员的成就和风采； （2）制作排球社团宣传栏目，定期在学校广播或校刊上介绍排球社团的训练和比赛情况； （3）开展校内排球友谊赛，邀请其他社团参与，宣传排球社团的实力和团队精神； （4）在学校网站和社交媒体上发布排球社团的宣传内容，吸引更多学生参与排球活动
羽毛球社团	羽翼成长飞跃成达	（1）设立宣传展示区，展示羽毛球社团的特色和成员风采； （2）制作羽毛球社团宣传视频，介绍社团的活动、训练和比赛情况； （3）在校园电子屏幕和公共区域播放羽毛球社团的比赛视频和训练片段； （4）开展羽毛球体验日活动，邀请学生来体验羽毛球运动，并介绍社团的招新信息
乒乓球社团	球拍节奏球技成达	（1）设立乒乓球社团宣传展示区，展示社团成员的比赛成绩和队员风采照片； （2）制作乒乓球社团宣传视频，介绍社团的训练和比赛项目； （3）在校内广播和电子屏幕上播放乒乓球社团的比赛精彩片段； （4）组织乒乓球比赛和表演赛活动，宣传乒乓球社团的活动和社团文化； （5）更新馆内乒乓球文化展板，增加近期热门运动员介绍，增加乒乓球运动小知识、乒乓球文化内涵介绍
女子篮球社团	力量与优雅篮球成达	（1）设立文化墙，展示女子篮球队的历史、球队成员的荣誉等，激励女生积极参加女子篮球运动，为学校争得更多的荣誉； （2）文化墙内还可加入与篮球相关名人名言，提高学生对篮球运动的兴趣和热情
定向越野社团	探索未知冒险成达	（1）设立定向越野社团的宣传展示区，展示社团成员在越野比赛中的成绩和队员训练态度； （2）制作定向越野社团的宣传视频，介绍社团的训练方法和比赛技巧； （3）学校网站和社交媒体平台上发布定向越野社团的比赛成绩和训练成效等信息； （4）邀请定向越野社团成员在学校迎新活动等现场进行定向越野的示范和体验活动，增加曝光度和吸引力

（五）篮球京奥运动队发展情况

2020 年 9 月，国家体育总局、教育部联合印发《关于深化体教融合　促进青少年健康发展的意见》，提出：加强学校体育工作；完善青少年体育赛事体系；加强体育传统特色学校和高校高水平运动队建设等 8 项意见。为加强学校体育后备人才培养工作，坚持普及与提高相结合，充分发挥高水平竞技体育的示范引领作用，努力构建群众性学生体育活动和高水平竞技体育后备人才培养良性互动的长效机制，2022 年我校成功申办金奥运动队承办学校。

（1）学校篮球传统项目工作领导小组高度重视学校体育工作，高效开展领导工作，组织清晰、责任明确，认真将学校体育工作整体发展纳入《首都师范大学附属中学"十四五"发展规划（征求意见稿）》："增进学生体育素养，提升学生身体素质。""认真总结学校体育高水平篮球社团及其后备人才培养的成功经验，推动申请北京市学生金奥运动队增校工作落地。""以篮球高水平专业社团为引领，带动与加强足球、田径、乒乓球、排球、羽毛球、定向越野等更多运动队社团建设。在培养学生锻炼习惯、运动技能、规则意识、合作精神和意志品质的同时，持续推动学校学生体育课余训练工作和高水平体育后备人才培养工作有序、健康发展。"对球队的科学管理、有效训练、成绩提升给予大力支持，为球队的长期建设和持续发展奠定了基础。专门设有一位校级干部（德育副校长）负责"金奥"工作，与教育处、体育学科主任等共同研究"调研立项""球队招生"到"管理运行"等重要工作事项执行办法，并向校长及时汇报。其次，领导小组切实保障在外聘专家、器材购买、场地维修、服装购买等经费上及时落实到位，做到专款专用，管理登记准确，合规合法。

（2）项目团队始终坚持学校自主办队，体教结合，不断探索两个高水平团队建设，一个是学校男子篮球代表队高水平教练团队建设，另一个是学校男子篮球代表队高水平学生团队建设。

①高水平教练团队建设。

我校篮球队是一支热爱学习、团结拼搏、有素养的老牌强队。在社会和北京市各传统校中，具有极好的口碑，众多的优秀毕业生活跃在各行各业，是很多具有篮球天赋的青少年向往的团队。同时也拥有一批高素质教练，他们舍得付出，对球队思想建设和运动竞技水平齐抓共进。

自校男子篮球代表队成立起，学校篮球传统项目学校工作领导小组就明确了球队的定位：奋勇争先、国内一流。

目前学校篮球队拥有篮球专业教师 7 人，外聘篮球专业教练 1 人，专业运动康复教练 1 人。

形成老中青人才梯队，有力地推动了篮球队高水平建设。团队分工明确，球队工作有条不紊进行。初、高中教练员均能根据队伍的发展方向、比赛目标及队员的生理、心理情况进行科学训练，在训练中做到计划完备、记录完整、考勤齐全。球队提前制订每个阶段计划及寒暑假训练计划，在具体训练工作中认真加以落实、改进。各位教练对待工作认真负责、甘于奉献。每个寒暑假训练，总是牺牲个人"黄金时间"，全身心投入球队全员封闭式训练，备战北京市及全国的重要大赛。教练们放弃了休息时间，把球队工作当成自己的事业，为篮球队进步和发展做出了重大贡献。

校男子篮球队代表领队　李韬

校男子篮球队功勋教练　张利

校男子篮球代表队总教练　马霖

校男子篮球代表队教练　田勋

校男子篮球代表队外聘教练　白迪

校男子篮球代表队教练　王逸

校男子篮球代表队教练　李则良

球队多年来始终坚持教练员的多重角色，既是训练的执行者，又是球队的辅导员，更是队员的人生导师。强化教练热爱篮球事业、热爱队员、勇于担当、无私奉献的体育教育者的大情怀。

②高水平学生团队建设。

我校男子篮球代表队分为初中男子篮球队和高中男子篮球队 2 支球队。目前初中男子篮球队本校区初三队员 4 人、北校区初三队员 5 人；本校区初二队员 5 人、北校区初二队员 5 人；本校区初一队员 6 人、北校区初一队员 5 人，共 30 人。目前高中男子篮球队高一队员 8 人，高二队员 10 人，高三队员 7 人，共 25 人。学校注重体教融合，坚持整体推进与典型引领相结合，鼓励篮球队特色发展。在上课形式内容上，特别强调个性化和差异性，针对每个学生不同的基础，安排不同的内容和进度，对高三队员均进行"一对一"的讲解、辅导和答疑。在高强度训练之余，注重学生全面发展。从学生所在年级的年级主任到班级班主任以及学科任课教师，严抓队员文化课学习情况，必要学段学校、年级统一安排老师进行授课，并根据学生需求调整课时比例。

一方面，教练团队高度重视日常训练中对队员基础技能、进攻与防守能力的培养。另一方面，学校也积极帮助队员协调好训练与学业关系，引导队员处理好与同学的关系，努力为队员营造良好的学习、训练及教育环境。学校坚持问题导向，不断强化队员正常上课期间，认真遵守中学生守则和校规校纪，做到认真听讲、专心学习，认真记录课堂笔记，按时上交各个学科教师布置的各项家庭作业意识。学校要求队员在日常学习中，虚心向同学求教，积极参加班级各项活动。在各项体育赛事活动中要充分发挥引领与带动作用，激发周边同学参与体育活动的积极性，不断带动周边同学提高体育竞技水平，从而形成互相带动、互相帮助、互相促进，共同提高的良性生生关系。

（3）学校高度重视服务落实有力的保障团队建设。保障团队由校办公室、总务处、教务处、教育处等不同部门人员组成，形成联席制度。保障团队工作人员积极建设与营造学校体育文化环境与氛围。保障团队注重球队传承性，有明确的篮球特长生招生选才标准与流程。为了强化后备力量的储备，保障团队与球队定期与海淀区具有篮球项目的小学联系，并派教练到小学里为学生提供技术指导，做到"校校联合"，尽早完成小学到初中的队员挑选工作。根据学校政策与导向，每年初中队挑选10人，高中队挑选8人。保障团队依据上级要求的招生流程，确保我校篮球特长生录取工作各个环节严格执行到位，最终报市教委市体育局等主管部门，统一审核测定、统一录取。

（4）在学校特色体育文化建设发展中，学校依照国家法律法规办事，按照行政管理部门要求，严格执行校纪校规，确保球队稳定可持续发展。

学校针对男子篮球代表队出台的相关制度有：《首都师大附中篮球特长生管理细则》《首都师大附中篮球队住宿生管理办法条款》《首都师大附中篮球传统项目规章制度要求》，等等。通过制度对球队队员进行严格管理，使学生在品德修养、学训协调、健康成长方面协调发展，打造了一支纪律严明，作风优良的学校篮球代表队。在体育后备人才培养方面，建立家校社协同育人机制，结合优质体育资源和学校教育资源，开展集约型体育后备人才培养，提高成才率和输送率。我校为专业球队和高校输送众多优秀人才，例如：八一队队员吴谦、胡可；北京首钢队队员常林；北京奥神队崔勇等；培养国家一级运动员10人，国家二级运动员200余人，为大学培养了近200余名优秀高水平篮球运动员，至今，他们进入不同工作岗位后，工作业绩突出，表现出良好的团队合作能力、规则意识、好学肯干的精神以及较强的社会适应能力。这些优秀人才的事迹不仅令附中教师、学子骄傲和自豪，也不断鼓舞和鞭策着附中教师们为培养德智体美劳全面发展的社会主义建设者和接班人而共同努力奋斗。

（5）学校大力保障篮球队训练场地、人员、经费等方面需求，做到保障有力、高效运转。学校对训练场地和设施进行科学合理配置、安装、调配，力争达到使用率最优化状态。根据初、高中训练项目的需求，制定《场馆管理办法》，为高效科学的训练提供硬件保障。学校本部校区及北校区目前有室外篮球场地8块、室内篮球馆3个、健身房5个，还添置了"体能训练器械"，以充分保障体能训练的需要。学校不仅为男子篮球代表队提供一流的训练条件，还专门为队员们聘请校外篮球教练、运动康复教练、体能训练教练定期进行专业指导。近四年来，学校优先保障篮球队的经费投入。球队所需的体育经费列入核定的年度教育经费预算中，专款专用。教练员课余训练的时数根据学校制度计为相应工作量，按照学校相关规定发放训练经费、训练补助，并对开展学生体育活动、培养后备人才做出显著成绩的教练、队员给予表彰和奖励。

（6）学校历年开展的体育活动均有档案记录与留存。体育教研室派有专人负责资料管理。对于学校男子篮球代表队重要资料，根据市区级领导要求，有专人负责并送报上级留存档案。

学校体育教研组及篮球代表队设立档案室、档案柜，对档案编码进行分类别留存，包括：教师档案、训练计划、招生情况、场地器材、经费使用、竞训成果等。建立健全档案，为努力打造一支高水平、高素质、高标准品牌代表队奠定了坚实的基础。

（7）学校充分利用球队优秀老队员等历史文化资源。邀请我校已毕业的优秀篮球队老队员，定期到校做讲座，与队员们进行面对面交流，让队员们在交流中，更加深刻了解球队历史，更好地继承和发扬球队光荣传统，增强"永不言败"的坚韧信心。

六、党建引领：智慧共享，德行共铸

（一）思想建设

在体育教研组的支部建设中，思想建设是核心。这包括加强对党的基本理论、基本路线和基本方针的学习，提高教师的政治觉悟和思想认识。体育教研组的党员隶属我校教育党支部，教育党支部会定期组织党员进行政治学习、座谈交流、主题党日等活动，引导教师深入学习党的教育方针政策。同时，通过组织读书活动、"党员讲党史"活动、微党课录制、《文献中的百年党史》音频录制等培养教师的职业道德和敬业精神，使教师树立正确的教育观、质量观和人才观。

（二）组织建设

组织建设是支部建设的基础。我校教育党支部积极建立健全党的组织机构，明确各级党组织的职责和任务，确保党的组织和工作覆盖面。在体育教研组内，体育学科主任李韬担任教育党支部书记，他充分发挥领导作用，确保党的教育方针在体育学科中得到全面贯彻。高中体育学科备课组长田勃为教育党支部青年委员，他充满活力、拥有创新思维，积极为党支部的发展出谋划策，推动青年教师的成长和进步。组内其余党员也在各自的岗位上发挥着先锋模范作用，他们积极参与党支部的各项活动，认真履行党员义务，不断提高自身的政治素质和业务能力。在教育教学中，他们以身作则，严谨治学，为学生树立了良好的榜样。在课外活动中，他们积极组织、参与各类体育竞赛和健身活动，丰富校园文化生活，推动学校体育事业的发展，我校教育党支部在体育教研组中的影响力和凝聚力不断提升，为推动学校体育工作的开展和学校整体发展作出了积极贡献。

（三）作风建设

作风建设是支部建设的重要保障。我们始终坚持从严治教、从严治学的原则，倡导严谨、务实、高效的工作作风。通过加强内部管理、规范工作流程、严格考核评估等措施，不断提高工作质量和效率。同时，我们还注重加强师德师风建设，引导全体成员树立良好的职业道德风尚，以良好的师德师风推动体育教研工作的深入开展。在体育教研组内，我们倡导团结协作、勤奋进取的工作精神，营造积极向上的工作氛围。不仅注重加强教师纪律教育和法治教育，要求教师严格遵守教育教学纪律和法律法规，规范教师的从教行为，还注重教师的业务能力和专业素养的提升，通过培训、研讨、交流等方式，不断提高教师的教育教学水平和服务能力，为推动体育教研工作的创新发展提供了坚实的保障。我们也将继续以党建工作为引领，不断提升自身的综合素质和业务能力，为实现学校体育教育事业的高质量发展贡献一份力量。

附：体育教研组十年大事记

2014年
- 延向东、李韬两位教师被聘为首都师范大学体育教育硕士研究生导师
- 李韬老师获得北京市2014年中小学体育教师专业技能展示与比赛综合成绩一等奖

2016年
- 被评为海淀区足球实验学校
- 赵晨轩老师参加第一届起航杯并获得二等奖

2018年
- 被评为北京市第十五届运动会突出贡献单位
- 李刘良老师获得第五届起航杯二等奖
- 杨晨雨老师获得第五届起航杯三等奖
- 北京市体育传统校评估一等奖
- 定向越野社团建立

2020年
- 被评为全国三大球特色校
- 获得北京市中小学篮球冠军联赛初中组冠军

2022年
- 金奥高水平运动队申办成功
- 排球社团建立，举办第一届"叩响青春"排球联赛
- 举办第一届校园羽毛球赛

2015年
- 陈虹洲老师获得获得北京市2014年中小学体育教师专业技能展示与比赛综合成绩一等奖
- 足球社团建立

2017年
- 被教育部评为全国青少年校园篮球特色学校

2019年
- 被评为首都体育学院实习基地
- 荣获海淀区中学学科教研基地
- 飞镖社团建立
- 羽毛球社团建立

2021年
- 首次在校内召开秋季田径运动会
- 获得北京市体育传统学校篮球比赛高中组冠军
- 课题"指向深度学习的高中球类项目赛季主题大单元教学研究"获得立项
- 乒乓球社团建立，举办第一届校园乒乓球联赛

2023年
- 李韬老师被评为北京市学科带头人
- 李韬老师被评为北京市朝阳学院"十四五"时期学科教育骨干
- 首师大附中被认定为"朝阳区学校体育发展研究"学科实验基地项目
- 我校荣获北京市教育体育3x3篮球小学冠军
- 孙小雅、吴馨雯老师获得国家级篮球初二等奖
- 2020级学生朱静参加清华大学中学生田径邀请赛第二名
- 我校乒乓球项目被认定为北京市体育传统特色基地
- 李韬老师被评为北京市体育家大学教育学院合作基地
- 2020-2023年北京河北省冠军金牌法获奖，先后取得北京朝阳师范大学的初中学赛金牌获奖教师
- 课题"基于高中语文大单元下的戏剧童研项目化以及教研模式研究"获得立项
- 北京交叉联赛建立，2023体育交叉比赛市级联赛19次，区级8次，市级12次

学思悟践　科技拓新

随着信息技术的日新月异和智能化时代的蓬勃兴起，信息技术和通用技术教育在中学阶段的重要性日益凸显，不仅是新时代青少年应当具备的基本素养，更是推动社会进步、创新发展的关键力量。我校作为科技教育特色示范校，始终站在时代前沿，深刻认识到科技与创新对于青少年成长的重要性。因此信息通技学科组坚守"科技引领未来，创新驱动发展"的教育理念，将培养学生的创新精神和实践能力作为教育工作的核心任务。只有掌握了先进的信息技术和通用技术，青少年才能更好地适应未来社会的发展需求，为国家的科技进步和产业升级贡献力量。

在国家相关课程标准的指引下，不断对信息科技课程和通用技术课程体系进行优化和升级。我们紧密结合时代发展和学生的实际情况与需求，引入前沿的科技知识和技术成果，丰富课程内容，拓宽学生的知识视野，形成了信息通技全员必修的基础通修课程，集趣味与专业相结合的兴趣选修课程，引领学生专业发展的专业精修课程以及结合 STEAM 教育、创客教育联合大学实验室力量的自主研修课程。在教学方法和手段上，我们也进行了大胆的实践，既注重理论知识的学习，也注重实践动手能力和创新应用能力的培养，引导学生主动思考、积极探索。信息通技课程在带领学生学习基础信息技术和通用技术知识的同时，注重对互联网、物联网、大数据、人工智能等前沿科技领域的体验与理解，更加注重培养学生利用现代信息技术工具解决实际问题的能力和利用标准化工具进行设计制作的动手实践能力。通过项目式学习、团队协作等方式，让学生在实践中深化对信息科技以及通用技术知识的理解，提升解决问题的能力。与此同时，丰富多彩的校园实践活动、一学年一次的课程作品展示活动，不仅扩大了教学实践的场景，更是极大地调动了学生学习的积极性。

在不断地探索实践之下，信息科技学科荣获海淀区学科教研基地称号。学生信息素养和创新能力得到显著提升，在各级各类科技竞赛中也屡获佳绩，最为亮眼的当属信息学奥林匹克竞赛。荣誉的获得离不开一支踏实肯干的教师队伍。信息通技学科组拥有专职教师 7 人，具备深厚的学科背景和丰富的教学经验，对学科领域的前沿动态和技术发展有着敏锐的洞察力和深入的理解。此外，特聘请 2 名兼职教师，在专业社团发展上作出了突出贡献，具有丰富的社团管理和实践经验。我们相信，在教师们的共同努力之下，我校科技教育一定会取得更加辉煌的成就。

信息通技学科组

一、学科理念

（一）核心理念：实践育人，在做中学，激发兴趣，提升能力

创客教育是变革未来教育的重要手段，其本质是做中学、创中学，是为了培养具有创新实践能力的跨学科人才，培养学生综合素质，以应对未来国际创新型社会人才竞争的挑战。2016 年 4 月 1 日，我校建成了全国首家中学创客空间——青牛创客空间，以培养学生的创新意识、创新思维以及创新能力为目标，打造体系化创客课程和系列化创客活动，打破传统班级授课为主导的形式，建立灵活、开放、适应学生个性发展的柔性教育体系，以学生为中心、问题为中心、活动为中心的科技创新人才培养模式。

一是倡导开展跨学科项目式学习。项目式学习是以学生为中心，以项目为导向的一种跨学科探究式教育方式，学生通过对真实的、复杂的问题进行探究，学会用跨学科的思维去应对生活中所遇到的问题和挑战。在项目式学习过程中，教师通过引导学生主动探究和生活紧密相关的项目主题，进行跨学科综合学习，解决实际问题，唤醒创新潜能。同时充分借鉴 STEAM 教育理念，鼓励学生把知识真正应用到实践活动中去、融入创新制作里，并将项目式学习贯穿于多项科技创新实践中。如"设计制作公共垃圾桶""电池驱动的简易载具设计与制作""探究游泳运动对 II 型糖尿病小鼠的治疗效果""中生代蜚蠊的化石研究"等项目化学习促进学生能力提升。

二是组织丰富的科学活动。如生动有趣的线上科普小实验由科学教师自行开发与设计，强调知识留白，激起学生探知欲；"寻找和解决生活中的不方便"类探源活动，发动师生与家长共寻创新源泉；"成达英才说·我来做科普"首师大附中青牛智控社团公众号线上科普专栏、"青年草场"青牛创新社校内学生讲坛等，鼓励学生用科普的方式构建自身知识认知体系，实现学习效果外化表达；拆客活动、造物活动助力学生实现从"拆客""仿客"到"创客"的跃迁，等等。在活动过程中，我们鼓励学生坚持问自己"是什么""为什么"，努力把学到的知识转化为智慧，深入思考问题本质，锻炼学生创新思维能力。

三是积极创设科学教育氛围。学校信息学竞赛及科创活动氛围浓厚，为科技教育的开展提供了助推力。每年，首师大附中都要承办市科协组织的科技创

新人才计划选拔与综评活动、全市科创类比赛及天文类知识竞赛现场展评与选拔活动等，尤其在信息学竞赛方面，学校多次积极承办各类区级、市级、全国级信息学科赛事与活动，包括 APIO（亚洲与太平洋地区信息学奥林匹克竞赛）、NOIP（全国青少年信息学奥林匹克联赛）、NOI 省选、海淀区中小学生信息学奥林匹克竞赛等赛事，以及 NOI 教师培训等重要活动。同时，学校发展出了校内具有特色的品牌节日和赛事，如一年一度的"青牛杯"科技艺术创想邀请赛，为校内科技爱好者提供了竞赛平台。

四是构建协同培养系统。首师大附中积极探索中学和大学教育有机衔接，发挥家校社共同体的作用，加强学校之间、校企之间、学校与科研机构之间合作，以及采用中外合作等多种联合培养方式，创建创新潜质人才的协同培养模式。学校充分利用科研机构及校内各学科教师、外聘专家等各方教育力量，对学生展开综合培养。近三年来，学校科技中心与中国科学院、国家天文台、市科协（含其主管的科学中心）、清华 icenter（清华大学基础工业训练中心）、北京天文馆、中国宋庆龄青少年科技文化交流中心、北京大学、北京师范大学、首都师范大学（特别是其中的信工学院和资环学院）建立了良好的关系，通过邀请专家来校指导师生开展科技活动，鼓励社团学生进入到这些单位进行学习、交流与实践，以及在其组建的创客基地交流平台中实现兄弟校际间共享与交流等举措，共同为学生提供了更广阔的平台和发展空间。学校专门设立科技中心负责统筹协调学校科技教育工作，其中科技中心主任全面负责科技创新人才计划工作组织与管理，聘请科技中心教师每人负责一项人才计划并兼任校内指导教师，与实验室导师形成人才计划学员的双导师，参与管理、督促和培养每位学员。借助中国科协、市科协、市教委以及海淀区少科院等各类人才计划，学校每年选拔出近 30 名学有余力的初高中优秀学生进入到高校或科研院所实验室开展课题学习与研究，为学生提供高端学习与研究平台。在各类人才计划实施过程中，我们的老师也从简单的组织、管理的桥梁深入发展成与大学实验室的导师融合一体地培养学生。每年附中参与人才计划的学生利用课余时间在数学、生物、化学、物理、计算机等学科方面深入探索，每届学员参与实验室培养时长一年至一年半。近三年，人才计划学员获得北京市级以上项目比赛（包括全国比赛、国际比赛）奖励的数十人次，在核心刊物发表论文 10余篇。

（二）体系构想：学科发展的整理经验与规划

持续整合校内外科技教育资源、构建科学教育的"无边界"模式。

开展科学家精神进校园活动，邀请从事科技工作的科研人员，成为"科学"导师，定期到校指导学生的科技学习与实践活动。同时，让学生"走出去"，打破科学教育边界。科学教育绝不是传统的应试填鸭式教育，通过参与科学探究活动和实地考察，学生可以亲身体验和实践科学知识，提高实践能力和创新精神。这样的教育方式能够更好地激发学生的科学兴趣和热情，培养他们的科学素养和综合能力。

学科组今后将持续积极承接市区级人才计划（如科协系统英才计划、教委系统翱翔计划、海淀区少年科学院等）专项研究或课程开发建设，市科协信息学竞赛名师工作室工作等任务，积极探索校外科学教育实践基地，如北京市科协、北京科技体验中心、北京市天文馆、中国计算机协会、汽车博物馆、清华大学、北京大学、中科院、华为、百度等校外科普实践基地，与相关科研院所、企事业单位建立良好的科技教育关系，满足学校师生科技教育培训等需求，有计划指导学校开展科技教育活动。

积极持续参与相关科学竞赛项目，结合教育部白名单赛事及强基计划等构建科学教育拔尖创新人才培养赛事平台。在参加相关赛事活动中，锻炼学生学会与人沟通、协作和解决问题的能力，这些能力对于未来的职业发展非常重要。同时在教学过程中充分考虑各学段及课程标准要求，从科普、必修、培优等各个层面匹配相应的国际级、国家级、市区级白名单赛事，积极参与各项活动，既能做到中小学生的科学普及工作，又能实现初高中拔尖人才培养的期望，做到以赛促学，以赛促教，学有所得，学有所成。

1. 持续投入，确保科学教育高质量发展

为了实现人人都能有机会参与科技活动与接受高质量的科技教育的目标，学校将会在科技教育方面持续投入，加大对科技场馆建设（含专业教室）、社团发展、科技创新人才培养、科创教育课程建设与开发等方向投入。联合企业合作与投入，共同推进科学教育。争取科研机构与高校支持，发挥其在科学教育方面的优势和资源，更好地推进我校科学教育的发展。

2. 建立数字资源共享中心，构建科学教育资源服务站

自 2015 年学校慕课平台建设使用以来，通过自主研发课程，同时联合相关合作单位共同开发，经过多年的建设和发展，已经初具规模，逐步形成了融

资源、服务、数据为一体，支持共享、交互、创新的实名制网络学习场所。

后续学校将充分发挥慕课平台的优势，依托学校在科学教育方面的积累与储备，通过"互联网＋学习"的方式，以及基于大数据的精准教学与个性化学习的实践思路，让智慧学习贯穿课前、课中、课后的教学全流程，同时实现"双师"教学，线上线下混合式教学。

计算思维课程完全遵循 2022 年 4 月 21 日教育部发布的最新义务教育信息科技课程标准设计课程，针对标准所强调的"信息科技"的核心内容，我们进行了周密的研究和精准的解读。把"数据与算法"定位为本次课程设计的核心和灵魂，专注于通过算法思维的培养，来提升学生们的科学思维和问题解析能力。同时，也特别关注将这种深刻的理论知识与学生们所处的真实授课环境紧密结合，引领他们在学习过程中能够亲自实践和体验。

课程共计 28 个专题，每个专题有一个算法思维讲解的动画视频、一个编程实践题目讲解。课程内容采用了循序渐进的方式，以算法思维作为教学的指导线索，深入阐释算法原理，如何应用分治算法、差分算法等算法思想，以及如何将这些算法思想灵活运用到归并排序、快速排序这些常见的经典排序方法中。课程不仅介绍了这些算法的基本原理和实际应用，同时还涵盖了数据结构领域中的重要概念，比如树和图的结构，以及它们在各种应用场景中的使用方法。

整套课程设计目的在于培育学生能够用算法思维去解构问题，以及如何利用学过的数据结构和算法来对问题进行抽象和演绎。学生们将被教授如何将这些算法和数据结构的知识运用于解决实际问题，特别是如何将所学能力迁移到平时面对的各类问题上，从而能够全局性地运用信息科技、数学和科学等领域的综合知识，具备跨学科的解题能力。通过这样的方法，不仅增强了学生算法思维的深度，更拓宽了他们的科学视野，为将来解决更复杂的问题打下了坚实的基础。

科学教育资源服务站的建立不仅仅是为了满足本校发展的需求，同时学校还将开展多校联动共享，联合首师大附中各集团校、首都师范大学附属花园小学及市、区学校，开展大手拉小手科技创新资源共享活动，共享首师大附中先进的设备资源和优质的科技类课程，通过师资培训，课程共享，科技示范校资源建设等方面，为集团校及合作校提供更多的支持与服务，持续夯实科学教育创新人才的一体化培养。

二、课程建设

（一）四修课程体系建设

四修课程体系表

难度层次	名称	类别	开课形式	负责教师
基础通修	C++/Python 程序设计入门	程序设计	信息科技必修	杨森林、高一轩
	物联网基础与实践探索	智能硬件	信息科技必修	孙梦嫽、俞忠达
	三视图的识图与绘图	结构设计	通用技术必修	闫祁、朱安琪
	CorelDRAW 绘图基础	结构设计	通用技术必修	闫祁、朱安琪
	创客项目体验	综合制作	创客班会必修	李玲、丁学武
兴趣选修	应用程序设计	程序设计	年级选修	高一轩、孙梦嫽
	产品造型设计入门	三维设计	年级选修	李玲
	榫卯结构的设计与应用	结构设计	年级选修	闫祁、丁学武
	Unity 游戏开发入门	游戏设计	年级选修	朱安琪
专业精修	设备加工基础	加工工艺	社团活动	丁学武
	木梁承重	结构设计	社团活动	闫祁
	智控产品制作	智能硬件	社团活动	李玲
	机器人设计与制作	智能硬件	社团活动	朱安琪
	飞行器设计与飞行训练	智能硬件	社团活动	丁学武
	智能家居	智能硬件	社团活动	俞忠达
	人工智能	程序设计	社团活动	孙梦嫽
	算法与数据结构	程序设计	社团活动	杨森林、高一轩
自主研修	信息素养与文献检索	素养基础	竞赛项目	李玲
	AI 挑战赛	程序设计	竞赛项目	孙梦嫽
	算法与程序设计	程序设计	竞赛项目	杨森林、高一轩
	产品设计与制作	综合制作	竞赛项目	李玲、朱安琪、丁学武

（二）特色课程建设与跨学科特色活动

　　青牛创客空间的课程设计综合考虑了学生兴趣、授课形式以及实用价值等因素。课程内容划分为多个领域，包括程序设计、结构设计、智能硬件、三维设计、游戏设计、加工工艺、素养基础、综合制作等，以满足不同学生的兴趣需求。课程难度层次鲜明，分为基础通修、兴趣选修、专业精修、自主研修以适应不同年龄段和不同层次的学生特点。此外，为了确保课程的落地实施，课程结合了信息科技和通用技术的课程标准以及学校的整体课程实施架构，将授课形式划分为全员必修、年级选修、社团活动以及竞赛项目等。课程设计的目的在于引导学生参与创客活动，培养学生的创造力、动手能力和协作能力，为其未来的发展奠定坚实的基础。

青牛创客空间会不定期举办创新挑战、创意制作、分享交流等活动，培育学生提出问题、研究问题、解决问题、动手制作的综合能力，激发学生的主动探索精神、批判性思维能力、自主创新能力、合作研究能力、语言表达能力、艺术创作能力等，促进跨学科的合作和交流。经过多年的实践，逐渐形成了一系列融合了科学探究、技术制作、艺术创作等内容的具有校园品牌影响力的实践活动。

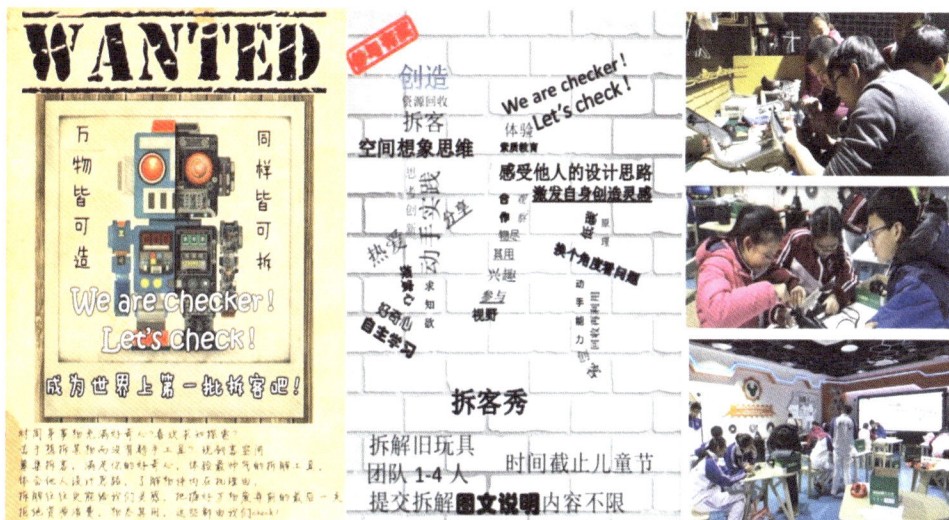

"拆客"活动

"拆客"活动抓住了学生的探索欲望，通过拆解学习背后的原理，将理论知识与实践制作相结合。我们鼓励学生将坏掉的小玩具拿到实验室来，在教师的指导下进行细致的拆解。在此过程中，深入了解玩具的功能原理，进而完成损坏部分的修复或者有用部分的回收再利用。在这个过程中不仅能够让学生体验到拆解的快乐，更能让他们在实际操作中领悟理论知识如何应用于实践，感受到修复和再利用带来的成就感。

创新源于生活，通过"寻找和解决生活中的不方便"活动发动全校师生、家长参与寻找创新源泉。我们引导学生积极观察生活，发现生活中不方便的地方，再将大家的"不方便"的创意点汇总后，在专家的指导下进行论证和理论研究。如果用现有的技术可实现，我们就在校内外专家资源的支持下，指导学生将创意变成现实。活动引导学生关注生活的细节，养成动脑思考的习惯，获得创新的源泉。我们也将这项活动延伸成了一个智慧大仓库系列活动，如"创意大搜索，雨伞也智能""创意大搜索，拖鞋带夜灯"，等等。

"青牛杯科技艺术创想邀请赛"活动以同台竞技的形式邀请各友好学校参与创客马拉松现场制作活动，旨在促进学生在短时间内的高效合作，综合应用多学科领域知识和技能，激发学生的创造力，培养创新、创业意识，促进创新成果的有效转化。学生沉浸式体验从主题公布到方案制定，从设计制作到汇报答辩的完整过程，这考验了他们的创客技术、团队合作能力以及时间、成本、材料管理能力。为学生提供了一个挑战自我、锻炼能力、分享交流的平台，也为他们未来创新、创业奠定基础。

跨学科实践活动需要学生从多个学科角度分析问题，综合运用不同学科的知识和技能来制定解决方案，通过实践操作来解决实际问题，有助于培养学生的创新思维、实践能力和团队协作能力，提高他们的问题解决能力。截至目前，我们与地理、生物学科一起完成了等高线模型、噬菌体、DNA 等模型的制作，帮助学生更好地理解学科知识；在政治学科的学生创业大赛中辅助进行产品原型设计；与历史学科合作的"圆明园里寻陈迹古今联系解新题"项目中负责文创产品的设计与制作。

跨学科实践活动

青牛创客空间为学生的实践活动提供了场地、设备、物料等丰富的资源，促进了学生之间的交流和合作，推动了跨学科的合作与创新。传统教室的固有空间、固定教室的限制在这里被打破，师生能够自由互动、分享、展示和交流。在青牛创客空间里，学生可以在实践中发挥自己的创造力和想象力，为未来的学习和职业发展奠定基础。

信息科技学科为增强学生的学习体验，组织了系列趣味活动。"向世界介绍_____"短视频制作活动是一个半命题制作项目，鼓励学生运用所学的互联网和多媒体知识制作不少于 2 分钟的短视频。学生在实践过程中综合运用了思维导图、Word 图文混排、图片处理、视频剪辑等知识和技能，不仅加深了对这些知识的理解，还锻炼了他们的实际操作能力。Python 艺术作品征集活动旨在鼓励学生巧妙使用计算思维和算法，通过编程控制画笔完成绘画作品的创作。这一活动不仅提高了学生编程能力，还激发了他们对计算机艺术的兴趣，提升了他们的艺术鉴赏能力。人工智能校园科普活动则通过多种方式，例如通过趣味游戏、人机交互、专家讲座以及学长分享等方式，帮助学生了解人工智能，引导他们思考人工智能的利弊，并探索如何更好地利用人工智能为日常生活和学习服务。

系列趣味活动

通用技术学科开展了木偶机的制作、木梁承重和纸箱雕塑等特色活动。木偶机的制作活动希望同学们通过课堂上所学的三视图的绘制、CorelDRAW 设计、激光切割制作等知识与技能完成旋转摇柄带动机械运转联动表演部件的木偶机的制作。木偶机项目综合了数学、物理、计算机技术等多个领域的知识，同时锻炼学生的工程思维和动手能力。木梁承重活动是一项以竞赛为依托，重点培养学生动手能力的活动。项目要求学生使用规定数量与规格的桐木片，用纯手工的方式制作数个梯形木梁，最终进行承重测试。学生需要灵活运用数学与物理的相关知识才能得到满意的结果。纸箱雕塑活动需要学生根据活动主题，使用长宽均为 1 米的瓦楞纸板作为主体材料，搭建出一座高度大于 1.5 米的瓦楞纸雕塑。学生在活动过程中可以培养动手能力、设计能力、团队协作能力等诸多能力。

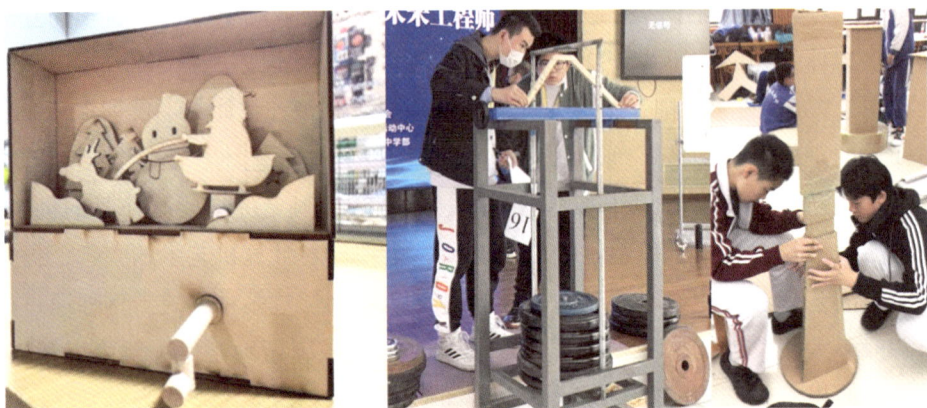

通用技术特色活动

三、课堂风采

（一）"成达思维发展课堂"优秀课例

1. 课例简介

本课例为人工智能技术的入门实践课，面向高一学生，由本学科组孙梦嫽老师设计并教授。

2. 教学设计

"成达思维发展课堂"优秀课例教学设计摘录

教学设计			
基本信息			
姓　名	孙梦嫽	学　校	首师大附中
学　科	信息技术	联系电话及邮箱	18010121164 sunml_thu@163.com
年　级	高一	教科书版本及章节	高中信息技术必修 1 《数据与计算》 第 4 章《走进智能时代》
学习领域 / 模块		利用智能工具解决问题	

续表

单元教学设计

单元学习主题	利用智能工具解决问题

1. 单元教学设计意图

本单元是高中信息技术必修 1《数据与计算》的第四章《走进智能时代》。基于《普通高中信息技术课程标准（2017 版）》要求，我们在人工智能课程的主要目标设定为："通过本模块的学习，学生应能描述人工智能的基本概念，会使用一种人工智能语言解决简单问题，把握其基本点；知道人工智能对人类学习、生活的影响；通过感受人工智能技术的独特魅力，增强对信息技术发展前景的向往和对未来生活的追求。"

本章的教学安排共 3 个课时，分别为感知 AI、浅层实践 AI、深层实践 AI，这样由浅入深的安排，从感知到实践，同时融入编程教育，能最大限度激发学生对人工智能的学习兴趣和感知能力。本章通过两个人工智能典型案例的剖析，让学生了解人工智能技术和智能信息处理的巨大进步和应用潜力，认识人工智能在信息社会中的重要作用

2. 单元教学目标

根据新课标要求，本章对应的学科核心素养目标主要体现在以下几个方面：

（1）理解人工智能的定义及其产生和发展，主动关注人工智能技术发展中的新动向和新趋势，有意识地使用新一代人工智能技术处理身边的问题。（信息意识）

（2）通过典型实例理解人工智能技术，感受人工智能魅力，学会选用适当的编程工具或数字化方法提出人工智能技术问题、分析和解决问题，并迁移到其他相关人工智能问题的解决过程中。（计算思维）

（3）学会使用人工智能工具管理学习过程与资源。掌握利用智能工具解决问题的一般方法。（数字化学习与创新）

（4）认识人工智能技术发展给社会进步和人类生活带来的影响（信息社会责任）

3. 单元整体教学思路

本章分为 3 节，主要内容是认识人工智能，了解人工智能在信息社会中的重要作用和价值，完成简单的人工智能作品，感受智能信息处理的巨大进步和应用潜力。具体的教学结构图如下：

①新革命——人工智能　②人脸识别——看得见的AI　③情感分析——AI读心术

新革命——人工智能
· 人工智能与职业规划

人脸识别——看得见的AI
· 体验人工智能云服务

情感分析——AI读心术
· 深入了解技术原理

第一节从介绍 ChatGPT 这一新技术入手，再讲到曾经的人机博弈，这些容易引发学生兴趣的事件，自然引出人工智能这一改变人类社会的科技革命，讲述其曲折的发展历程和欣欣向荣的现状，并将人工智能的发展与学生未来职业规划联系起来。

第二节教师带领学生体验人工智能常用技术——人脸识别，体验人工智能云服务，思考生活中的人脸识别技术应用场景，引导学生深入思考背后原理，即从使用人工智能成果到思考人工智能技术本身。

第三节即本节内容：深度学习人工智能技术。依托已有的 Python 编程技术，亲历人工智能技术工具解决问题的过程，从情感分析这一现实生活中常用的、学生可以直接感知到的案例入手，深度学习 AI 是如何"读心"的。通过本节开发人工智能小程序的过程，学生更加触摸到人工智能技术的本质，激发出对人工智能技术的学习热情

续表

<table>
<tr><td colspan="2">课时教学设计</td></tr>
<tr><td>课题</td><td>情感分析——AI 读心术的奥秘</td></tr>
<tr><td>课型</td><td>新授课 ☑　章 / 单元复习课☐　专题复习课☐
习题 / 试卷讲评课☐　学科实践活动课☐　其他☐</td></tr>
</table>

1. 教学内容分析

本节课是《走进智能时代》这一章节的最后一节课——利用智能工具解决问题。利用经典案例——情感分析技术，带领学生深度学习人工智能的常用技术之一，从体验到实践，从"买手机，看评价"这一身边情境到"基于词典的情感分析"技术原理，学生通过 Python 分词与数学统计过程，构建起计算思维。本节课以点带面，切入点为情感分析，实际则带动了学生对整个人工智能技术的思考，开启了一扇探索 AI 的大门

2. 学习者分析

知识基础方面，高一学生已经了解过人工智能的相关概念和历史，在生活中体验过若干人工智能的应用场景。已经掌握了基本的 Python 编程技术，能够实现逻辑合理、功能完整的小程序。

能力基础方面，高一学生的抽象思维、逻辑思维能力较强，可以理解基本的技术原理。

心理特质方面，高一学生的学习热情高，对人工智能这一新兴技术充满兴趣，渴望了解技术背后的工作原理。

因此，教学思路有以下几点：强化人工智能原理分析，即情感分析背后的原理；合理设计编程难度，既要引起学生挑战的兴趣，又要考虑到学生的基础水平，设计符合他们学习能力的编程任务；重点提升学生的学科核心素养——计算思维，从浅表学习走向深度学习；帮助学生掌握数据、算法等学科大概念

3. 学习目标与核心学习任务

（1）了解情感分析的概念及其应用领域（信息意识）；

（2）依托各类学习资源，理解情感分析基于词典的研究方法，并掌握文本数值化的过程（计算思维、数字化学习与创新）；

（3）能够根据情感分析文本数值化的过程，使用 Python 完善部分核心代码，锻炼逻辑思维能力（计算思维）；

（4）了解情感分析技术在现实应用中的利与弊，分析人工智能技术的两面性（信息社会责任）

4. 学习重点难点

学习重点：

（1）理解情感分析基于词典的研究方法；

（2）能够使用 Python 完善部分核心代码的编写；

学习难点：

能够使用 Python 完善部分核心代码的编写

5. 学习评价设计

（1）过程性评价：观察学生课上表现，如：

①回答问题情况，观察学生注意力是否完全融入课堂；

②查看代码编写情况，是否认真思考并实践；

③检查任务单完成情况，是否正确计算答案。

（2）总结性评价，以下为评价量规：

学号	姓名	命名正确	任务单	消积分值	总分值	加分 完善词库	得分
满分要求		1	1	1	1	1	4
0128	任致远	1	1	1	1		4
0129	王鹏	1	1	1	1	1	5
0130	王若素	1	1	1	1		4
0131	王思默	1	1	1	1	1	5
0132	温胜寒	1	1	1	1		4
0133	吴铁凡	1	1	1	1		4
0134	吴奕晓	1	1	1	1		4

续表

6. 特色学习资源分析、技术手段应用说明 （1）本课选题新颖，让学生从身边常见的"买手机"这一情境理解人工智能技术的重要领域之一——自然语言处理的分析方法。 （2）将难以理解的 AI 技术，转化为学生可以实现的技术原理，教师所提供的代码支架较为巧妙，既符合学生的认知难度，又能够启发学生的计算思维。 （3）教学活动丰富，学生可直接上手体验科大讯飞 AI 体验平台，充分调动学习兴趣。中间融入数学计算、上机实验编写代码等多种教学活动，多管齐下理解 AI 技术的原理和应用
7. 教学反思与改进 （1）本课优点：内容充实，目标明确，学生能够在 40 分钟内跟上节奏，掌握基于词典的情感分析原理，并完成实践任务，基本达成教学目标。 （2）不足之处与改进：第一，针对情感分析的应用场景举例较少，应当多举例，让学生更有代入感，加强人工智能技术与现实世界的联系。第二，基于机器学习的情感分析技术由于课时限制未能展开教学，在未来的课时安排上可以加一节课专门讲述"机器学习"这一当今热门且有效的算法技术

3. 作业设计

"成达思维发展课堂"优秀课例作业设计摘录

作业设计
一、作业设计理念及作业背景分析

1. 作业设计理念和目的

第一，本次作业设计具有开放性、灵活性和针对性，根据学情分层设计，满足学生不同学力的需求，围绕新课标下的信息技术学科四大核心素养——信息意识、计算思维、数字化学习与创新和信息社会责任进行设计。

第二，本次作业的内容既表现出基础性，体现"双基"，面向全体学生，注重学生基础知识的巩固和复习，使每个学生可以编写出来最基础的"AI"程序，又具有延展性，启发思维，"举一反三"，学以致用；

第三，本次编程作业具有实践性，学生在编程的过程中，培养了计算思维，锻炼了动手和实践能力；

第四，本次作业贯穿课堂教学、课后巩固和复习的环节，包括了当堂完成、当堂达标的原理分析内容，也包括了课后完成，反馈教学效果的编程实践，以学定教，顺学而导，让学生连贯地掌握本节课的知识；

第五，本次作业具有评价性，能够有效反馈学生的知识掌握程度、思维锻炼程度和学习达成度。

2. 教学进程

本单元是高中信息技术必修 1《数据与计算》的第四章《走进智能时代》。基于《普通高中信息技术课程标准（2017 版）》要求，我们将人工智能课程的主要目标设定为："通过本模块的学习，学生应能描述人工智能的基本概念，会使用一种人工智能语言解决简单问题，把握其基本点；知道人工智能对人类学习、生活的影响；通过感受人工智能技术的独特魅力，增强对信息技术发展前景的向往和对未来生活的追求。"

本节课是本章第三节，主要带领学生深度实践人工智能技术。在前面两节，学生对 AI 已有所认知，并且在生活中进行了体验，本节课则可以进行深度实践和编程，依托已有的 Python 编程技术，亲历人工智能技术工具解决问题的过程，从情感分析这一现实生活中常用的、学生可以直接感知到的案例入手，深度学习 AI 是如何"读心"的。通过本节开发人工智能小程序的过程，使学生更加触摸到人工智能技术的本质，激发出对人工智能技术的学习热情。

3. 学情分析

知识基础方面，高一学生已经了解过人工智能的相关概念和历史，在生活中体验过若干人工智能的应用场景。已经掌握了基本的 Python 编程技术，能够实现逻辑合理、功能完整的小程序设计。

能力基础方面，高一学生的抽象思维、逻辑思维能力较强，可以理解基本的技术原理。

心理特质方面，高一学生的学习热情高，对人工智能这一新兴技术充满兴趣，渴望了解技术背后的工作原理。

因此，作业设计重心有以下几点：强化人工智能原理分析，即情感分析背后的原理；合理设计编程难度，既要引起学生挑战的兴趣，又要考虑到学生的基础水平，设计符合他们学习能力的编程任务；重点提升学生的学科核心素养——计算思维，从浅表学习走向深度学习；帮助学生掌握数据、算法等学科大概念

续表

二、作业成效
第一关：几乎 100% 的学生可以正确计算情感分值，掌握了基础原理。 第二关：80% 的学生可以正确注释每一行代码，理解到位，20% 的学生对某句代码的含义理解不到位，写得不够准确。 第三关：70% 的学生可以正确填充情感词典代码，关键部分和课内所学内容差别不大，均为正确答案。剩余 30% 的学生对 Python 掌握不够熟练，经过作业暴露出问题，可继续改进。 第四关：100% 的学生可以用文字展示思路，思路正确。有 20% 左右的学生将思考落地实践为程序语言，并运行正确

三、作业设计反思
本次作业设计围绕教学目标和学科核心素养，体现了作业设计的基础性、层次性、开放性。"重选题""重设计""重评价"是本次作业设计的三大重点。整体而言，学生能够通过完成作业，巩固所学知识，培养创造思维和实践能力，体验跨学科学习经历。 还需要改进的地方主要在单元设计的整体规划上。本单元为人工智能的学习，因此可以将本课时的任务与单元任务合而为一，做成单元项目，效果会更佳

（二）国家市区级公开课获奖课例

本课例为北京市海淀区公开研究课例，面向初一学生，授课教师为孙梦嫽。

国家市区级公开课获奖课教学设计摘录

教学设计			
基本信息			
姓　名	孙梦嫽	学　校	首都师范大学附属中学
学　科	信息技术	年　级	初一
单元教学设计			
引领性学习主题	综合性跨学科项目：创作课文绘本		
课型	新授课□　　复习课□　　习题/试卷讲评课□ 学科实践活动课□　　其他□		
1. 单元教学设计说明 《义务教育信息科技课程标准（2022 年版）》中提出，第四学段（7—9 年级）的课程内容包括互联网应用与创新、物联网实践与探索、人工智能与智慧社会、跨学科主题：互联智能设计四大部分。本单元的项目设计中，融合了"互联网应用""人工智能体验""跨学科项目"三个核心要点，将不同专题内容融入一个综合类项目中带领学生进行探索。 《义务教育信息科技课程标准（2022 年版）》倡导，义务教育阶段信息技术内容设置和选择的原则应以兴趣为起点，以活动为载体，要让学生在"玩中学""做中学"，淡化学科体系，鼓励跨学科活动主题，打破各操作软件之间的界限。本单元项目的实践性强，由教师引领，学生自主完成，融合互联网浏览器搜索引擎、Office 应用软件、短视频网络平台、AI 绘画平台等多个技术软件，让学生在完成项目目标的过程中顺利学会了多种软件操作，同时也将信息技术作为学习工具，推动了信息技术与其他学科领域的整合，实现了信息技术作为学习对象与学习工具的双重价值。			

续表

2. 教学内容分析
本单元贯穿一个项目主题：创作课文绘本。根据项目完成步骤，本单元的教学内容包含如下几个方面： （1）选定"绘本"的文本内容。在这一步骤，学生要学习如何使用浏览器和互联网搜索引擎获取需要的数据，在互联网中筛选和寻找部编版语文教材电子版，基于个人兴趣与理解进行课文选择，同时学会将所需文本整理到本地。 （2）利用 AI 绘画技术进行插图制作。学生学习新兴人工智能技术——AI 绘画——这一令人兴奋的有趣应用。学生掌握 AI 绘画平台的使用方法和绘画技巧，学会提炼课文思想、组织文本语言，令计算机识别并成功画出自己需要的图像。 （3）绘本电子书的编辑排版。在这一部分，学生模拟出版社编辑，通过教师演示与案例学习，学会使用Word 及其他图像软件辅助进行图文排版，初步完成绘本电子版作品制作。 （4）绘本发布与推广。完成绘本制作后，学生需要开展线上"新书发布"，将自己的创意作品进行宣传和推广。鼓励学生自学网络短视频平台的使用方法，完成短视频创作，将自己的绘本作品展示在视频中，推荐给网络上更多的人
3. 学习者分析
（1）一般特征： 进入初中以后，学生在学习上的独立性逐步增强。学生思维活跃，有自主想法，已经具备一定的独立分析、概括、归纳的能力。 （2）智力因素： 学生的思维在不断发展，越来越能理解相对复杂、抽象的问题。能够通过以往的学习经验找到适合自己步伐的学习方式，逐渐形成自己的一套学习策略。 当今社会，各类信息技术应用充斥生活学习的各个角落，学生习惯用技术解决问题，模仿能力较强。但是探究能力较弱，也缺乏主动用技术去创新或研究问题的意识。 （3）知识基础： 作为一个跨学科项目，本单元不仅涉及了信息科技学科内容，也涉及语文、艺术两门学科的内容。在信息科技方面，学生在生活中已经接触过如扫地机器人、智能家居等常见人工智能应用，对 AI 的使用并不算陌生，也对 AI 中不同领域的体验有新鲜感，有能力、有兴趣快速融入课堂对 AI 绘画的体验中。同时，在互联网与办公软件的使用上，他们有兴趣和需求进一步学习；在语文学科方面，本项目摘取的课文均是学生在课内已学过、较熟悉的文章，有能力总结并表达文章思想感情，同时也鼓励了学生对文学作品的反复琢磨和深入思考。在艺术学科方面，学生具有基本的审美能力和审美情趣，能够辨识美丑，能够对艺术作品与文本之间是否契合进行基础的判断，但仍然需要进一步的实践和学习
4. 素养导向的单元学习目标
（1）具有使用 AI 绘画技术完成基本的制图任务的意识，了解人工智能技术在艺术领域的应用，培养生活中使用 AI 技术解决问题的意识和能力；培养正确使用互联网进行数据获取和信息发布的意识。（信息意识） （2）对于给定的综合性项目任务，能将其分解为一系列的实施步骤，能够逐步完成并改进；根据生活与学习需要，合理选用人工智能，了解 AI 绘画技术背后的简单原理。（计算思维） （3）能够通过不同的文本命令制作出不同的 AI 绘图作品，综合发展艺术、语言以及技术能力；能够利用互联网引擎获取所需数据、发布宣传作品，将技术应用到解决问题中；能够熟练应用 Word 文档、PowerPoint 演示文档等办公工具来进行排版；学会使用网络宣传平台如微信公众号、短视频平台等方式进行作品宣传与发布。（数字化学习与创新） （4）了解 AI 绘画技术、文艺类作品发布背后隐藏的风险以及伦理问题，尊重版权，培养信息安全意识与能力，能够遵守信息法律法规，信守信息社会的道德与伦理准则。（信息社会责任） （5）作为跨学科项目，本单元涉及语文、艺术类学科内容，综合性发展了不同学科能力，触及了语文学科核心素养中的"审美鉴赏与创造""语言建构与运用"；也涉及艺术学科核心素养中的"文化理解""创意实践""审美情趣"

续表

5. 单元整体教学规划

根据项目的完成规划，单元整体教学分为 6 个课时，课时规划如下：

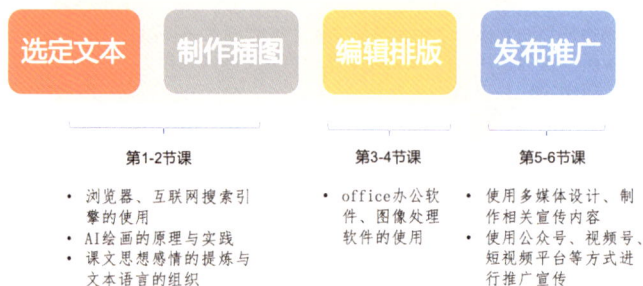

| 选定文本 | 制作插图 | 编辑排版 | 发布推广 |

第1-2节课

- 浏览器、互联网搜索引擎的使用
- AI绘画的原理与实践
- 课文思想感情的提炼与文本语言的组织

第3-4节课

- office办公软件、图像处理软件的使用

第5-6节课

- 使用多媒体设计、制作相关宣传内容
- 使用公众号、视频号、短视频平台等方式进行推广宣传

第 1—2 课时为项目的前两步：选定文本与制作插图；

第 3—4 课时为项目第三步：编辑排版；

第 5—6 课时为项目第四步：发布推广；

每节课教学内容均展示在以上图表中

6. 单元学习活动及任务单设计

项目过程鼓励学生留痕，将每一步的思考与实践过程记录下来，注重过程中的学习收获。因此在单元学习过程中，设计以下项目任务单，要求学生完成，并作为评价参考

《创作课文绘本》项目任务单

步骤	内容（成果）	
1. 文本选择 请将自己选择的课文复制到右方		
2. AI 绘画 请将文本与 AI 绘画结果对应在右方	文本	图像
3. AI 绘画思考 AI 与艺术的融合，我如何看待？		
4. 宣传脚本 请将预计如何宣传（如视频脚本、公众号文字）描述在右方		

7. 平台选择与技术工具准备

（1）电子教材课文来源：国家中小学智慧教育平台 https：//basic.smartedu.cn/

（2）AI 绘画平台：https://openinnolab.org.cn/pjlab/aifrontlab

（3）编辑排版软件：Office 办公软件（Word、PPT）

（4）多媒体制作软件：抖音 App、剪映（可选）

8.评价设计
（1）过程性评价：根据上课听讲情况、回答问题情况、实践情况记录；
（2）结果性评价：根据项目任务单与电子绘本制作产品进行评价

课时教学设计	
课时课题	"创作课文绘本"之 AI 绘画的奥秘

课时学习目标（单元学习目标在本课时的具体表现）
（1）培养学生使用互联网获取所需数据的意识，以及在实际生活中用人工智能技术解决问题的思路。（信息意识）
（2）针对实际问题，学会用步骤和流程分解问题，逐一攻破。在使用人工智能绘画的过程中，通过不断实践和尝试，理解并总结 AI 绘画结果与文本输入命令之间的联系，从而推断 AI 背后的简单原理和对应关系。（计算思维）
（3）学会使用和筛选互联网数字资源（电子课本的选择），有效利用项目学习单来管理项目实施过程，并在 AI 绘画过程中具有创新能力，形成创新作品。（数字化学习与创新）
（4）创作课文绘本时，独立创作，具有尊重知识产权的意识和责任感。认识到 AI 技术应用在艺术领域中的突破性和局限性，了解技术的双面性，从而培养信息社会责任感（信息社会责任）

9.作业设计
（1）项目任务单，见上。
（2）电子绘本成品与宣传方案：以 PDF 格式提交电子绘本制作成品；以视频或网页链接方式提交个人产品宣传方案

10.教学反思与改进
（1）本课特色：首先，本课选题新颖，任务导向明确，在切入点上充分调动了学生的积极性，让学生体验并理解 AI 绘画技术；第二，跨学科项目不仅包含了信息技术，也包含了语文、艺术两门学科，打破学科界限，学生在自主创作的活动中发展三门学科素养，也重点实现了义务教育信息科技课标中的三个主题内容，四个核心素养；第三，本课利用商汤教育平台这样的前沿技术支持，作为教学支架，打开学生视野。
（2）需改进：在细节方面，如学生登录账号、选定课文时，应当提前检查每个学生账号设置的问题，以免上课出现突发情况，无法登录。在教学过程中，要渗透学习方法的指导，重点培养学生基于问题的分析能力

四、教师发展

以下为近年来本组教师所获得的部分成果：

信息通技组所获部分成果汇总表

序号	时间	荣誉称号	项目名称	获奖人员
1	2020	一等奖	2020 年北京市海淀区"风采杯"教师教学展示活动课堂实录比赛	孙梦嫽
2	2020	一等奖	2020 年北京市海淀区"风采杯"教师教学展示活动教学设计比赛	孙梦嫽
3	2020	三等奖	北京市 2020—2021 学年度基础教育科学研究优秀论文《关于后疫情时代下的中小学家校共育思考》	孙梦嫽
4	2020	三等奖	首都师范大学附属中学"正志杯"教学基本功比赛	孙梦嫽
5	2021	一等奖	2021 年北京市海淀区"风采杯"国际课程教师教学展示活动（第一届）教学设计比赛	孙梦嫽
6	2021	三等奖	首都师范大学附属中学"正志杯"教学基本功比赛	孙梦嫽

续表

序号	时间	荣誉称号	项目名称	获奖人员
7	2022	希望信息科学命题金奖	首届"希望少年"计算思维与创意编程挑战活动命题工作	孙梦嬛
8	2019	二等奖	北京市"启航杯"新教师教学比赛	孙梦嬛
9	2023	二等奖	首都师范大学附属中学"正志杯"教学基本功比赛	孙梦嬛
10	2023	优秀辅导教师	北京市"小院士"科技教育活动——项目研究展示	孙梦嬛

五、学生成长

（一）核心素养导向的人才培养及成果（客观录取数据、获奖成就等）

首师大附中科学教育蓬勃开展，培养出一大批科技活动与竞赛的佼佼者，一批批优秀的学生登上了象征荣誉和成就的领奖台。例如，信息学社团学生在各类信息学竞赛中，除省级一等奖人数稳居北京前四名之外，每年都有多名学生进入北京代表队，并获得金银铜牌，多名学生进入国家集训队，保送清华大学和北京大学；科创类社团学生在北京市、全国乃至国际科创类大赛中屡获佳绩，其中突出的是现就读高三的袁正家同学2019年和2021年两度以不同的项目研究成果入选 ISEF 竞赛，并取得优异成绩。

近年我校学生科技竞赛获奖成绩（部分）

序号	奖项级别	获奖时间（年月）	竞赛名称	设奖单位	奖项	获奖人员
1	国际	2019.5	国际科学与工程大奖赛	美国科学社团	荣誉奖	袁正家
2	国际	2021.8	国际科学与工程大奖赛	美国科学社团	四等奖	袁正家
3	全国	2019.10	全国信息学奥林匹克竞赛决赛	中国计算机学会	银牌	欧阳宇鹏
4	全国	2019.10	全国信息学奥林匹克竞赛决赛	中国计算机学会	铜牌	王佳禾
5	全国	2019.10	亚太信息学竞赛（中国区）	中国计算机学会	金牌	欧阳宇鹏
6	全国	2019.10	亚太信息学竞赛（中国区）	中国计算机学会	铜牌	王旭佳等5位
7	全国	2019.10	信息学国家队选拔赛	中国计算机学会	银牌	石宜菲
8	全国	2019.10	信息学国家队选拔赛	中国计算机学会	铜牌	袁奕晨等6位

续表

序号	奖项级别	获奖时间（年月）	竞赛名称	设奖单位	奖项	获奖人员
9	全国	2019.10	全国信息学奥林匹克竞赛冬令营	中国计算机学会	二等奖	欧阳宇鹏等2位
10	全国	2019.10	信息学全国联赛	中国计算机学会	一等奖	汪梁森等43位
11	全国	2019.11	第19届"明天小小科学家"	中国科学技术协会 中国科学院 中国工程院 国家自然科学基金委员会 周凯旋基金会	三等奖	刘星宇
12	全国	2019.11	第19届"明天小小科学家"	中国科学技术协会 中国科学院 中国工程院 国家自然科学基金委员会 周凯旋基金会	三等奖	范泽明
13	全国	2020.8	2020年全国青少年信息学奥林匹克竞赛	中国科协青少年科技中心	一等奖	欧阳宇鹏
14	全国	2020.8	2020年全国青少年信息学奥林匹克竞赛	中国科协青少年科技中心	二等奖	王旭佳
15	全国	2021.9	世界机器人大赛	中国电子学会	冠军	张博轩、高杨人麟
16	全国	2021.5	亚洲和太平洋地区信息学奥林匹克中国赛区	中国计算机学会	二等奖	司睿洋等2位
17	全国	2021.7	全国青少年信息学奥林匹克竞赛（夏令营）	中国计算机学会	三等奖	陈子达等3位
18	全国	2021.11	全国青少年信息学奥林匹克竞赛	中国科协青少年科技中心	一等奖	王旭佳等2位
19	全国	2022.8	全国青少年信息学奥林匹克竞赛（夏令营）	中国计算机学会	三等奖	罗浩桐等2位
20	全国	2022.8	青少年教育项目实验方案征集活动	太空探索实验委员会	优秀奖	胡了了、李语轩
21	全国	2023.11	全国青少年信息学奥林匹克联赛（NOIP2023）	中国计算机学会	一等奖	陈逸轩、王铮等10人
22	全国	2023.11	全国青少年信息学奥林匹克联赛（NOIP2023）	中国计算机学会	二等奖	李佳许等6人
23	全国	2023.11	全国青少年信息学奥林匹克联赛（NOIP2023）	中国计算机学会	三等奖	王识尧等3人

（二）学生对本学科的回忆与评价（学生在附中就读时对本学科学习的回忆与收获）

1. "感谢您牵着我的手"

感谢您牵着我的手，带领我们在信息科学的海洋里遨游，传授我知识；感谢您牵着我的那只手，带领我们克服现实中一个又一个的困难，赐予我勇气；感谢您牵着我的那只手，带领我们从绝望中寻找希望，坚定我信念；感谢您牵着我的手，牺牲自己的时间指导我们，给予我温暖。

那一年，初入校园的我们懵懵懂懂，对电子科技知之甚少却有着浓厚的兴趣。在众多社团中，我报名申请加入了智能控制社团，也就是这时认识了您。从此，您为我们打开了电子科技的大门，是您带着我们学习信息技术和三维建模，让我们了解更广大的世界。犹记得那些难忘的夜晚，您手把手地带领我们在智控社里攻克一个又一个难题，我们欢呼雀跃的同时，也看到您疲惫的脸上露出欣慰的笑容，那时我似乎懂了"春蚕到死丝方尽，蜡炬成灰泪始干"的真正含义，感激和钦佩之情不禁油然而生，视线也不觉模糊起来。那一天，十一月的寒风吹下簌簌的落叶，我们像往常一样来到灯火通明、温暖的社团，您从椅子上转过身来，笑吟吟地对我们说："有一个'火星基地'的电子沙盘比赛，你们有一个月的时间去准备，要不要挑战一下？"于是，我们在您的鼓舞下，开始紧张忙碌地准备比赛。时间过半，我们却只在地上铺了一层基础设施，其他的设施甚至连稿子都没有起草好，我和组员们急得像热锅上的蚂蚁，既紧张又绝望，正当我们垂头丧气准备放弃时，您及时赶到，耐心地鼓励我们，亲自帮我们找到重点所在，手把手地教我们如何制作沙盘、手把手地教我们建模方法，循循善诱给我们传授专业知识，培养我们的动手实践能力。在您的鼓励和带领下，我们从您肯定的语气和坚定的目光中，很快重获了自信和勇气，一切都在紧张有序地进行着。

可是屋漏偏逢连阴雨，就在数据提交的前一天，负责做介绍视频的同学突然说他无法完成任务了。我们几乎要崩溃了，又是您，无私地伸出援手，牺牲了自己的课余时间，连夜加班带领我们一起做视频，鼓励我们要坚持到最后。您牵着我们的手克服了一个又一个困难，望着您瘦小而单薄的身影，我默默努力坚持的同时，心里除了充满了感激，更多的是收获了一种激励，我暗下决心要努力将来也成为您那样的人，能够给别人希望的人。

后来，您牵着我们的手迈过学习中一个又一个的沟壑，不断在知识的大路上越走越远。犹记得信息中考考核前，我们只有两节信息课的准备时间，我因忘记保存文件而浪费了一节课的时间，着急用软件却买不到，又是您，无私地将您的电脑借给我使用，手把手地教我做考核用的海报，为我解答技术方面遇到的难题，让我顺利通过考试。那年暑假，渴望学习的我和同学们一起组织假期社团活动，又是您，延后了自己手术的时间，牺牲了自己的休息时间，来到学校认真辅导我们学习信息和物理知识，让我们又取得了不小的进步。那一幕幕，仿佛就在眼前，我们的手上还有您宽厚手掌的温度，心里永远是温暖的。

终于，北京市"火星基地"电子沙盘比赛的奖状下来了，我们荣幸地获得了三等奖，您看起来比我们还要兴奋，牵着我们的手捧着奖状跟我们一起合影留念，您和我们都面带成功的喜悦、幸福的笑容，这是努力奋斗后收获成果的喜悦。这张照片深深地印刻在我的脑海里，每每想起都能感觉到幸福和鼓舞，同时也让我想起老师牵着我们的温暖的双手。我将深深铭记着这份温暖，并努力牵手更多的人，把这份温暖和激励传递给更多的人！

2. "智控社见证了我的成长"

我与智控社的缘分，始于好奇，长于坚持，成于热爱。智控社位于学校的西侧，偏于一隅，看似远离尘嚣。可是，里面却是热火朝天的另外一番天地，同学们忙忙碌碌的身影，激光切割机、工业机床工作的嘈杂声，一切都那么熟悉亲切。我曾在这里遇到困难，坚持努力，通过奋斗最终收获了知识，获得了成功，实现了梦想。通过努力，我叩开了智控的知识之门。犹记得初一时，我加入智能控制社团，学习神秘而吸引人的编程。"编程也有固定的结构，你需要输入固定的语言，计算机听得懂才会运行……"我听得兴奋异常，迫不及待地开始在电脑上尝试。老师还未讲完，我已目不转睛啪啪地在电脑上"奋笔疾书"，全然顾不得正误。很快敲完了，我满怀期待地按下"运行"键，不料软件弹出了一行红字，我急得满脸通红，不知道怎么办才好。不知道什么时候走到身后的老师，指着红字耐心地说："你看，这是计算机在告诉你没有听懂你的语言，你还需要和它多磨合啊。"我感到很羞愧，一次次做着尝试，紧盯着一个个红字，不断订正错误，反复检查单词是否正确，格式是否合规。双眼如雷达般一遍遍地扫视屏幕上所写的东西。最终，我用鼠标点击"Run"，伴随两行英文和四个尖括号，接在电路板上的小灯泡被点亮，从此也照亮了我对智控知识追求的道路。

不懈坚持，让我的学习之路愈加宽广。犹记得深秋的一个夜晚，外面已经是夜色弥漫、万籁俱寂，可是智控社的窗户却透出昏黄的灯光，我们正热火朝天地奋战。因为要迎接第一次市级比赛，时间过半，我们设计的火量基地智能沙盘项目却是一波三折、屡遭坎坷，只有地上铺了一层基础设施，其他的设施甚至连稿子都没有起草好，我和组员们急得团团转，甚至有些绝望，但还是相互鼓着劲儿坚持着。"我觉得这个办法不行，我们再试试这样""我觉得这块儿还可以加一部分"……大家热烈地讨论着，一起动手反复进行调试。经过许多个夜晚的努力和坚持，我们终于在一个深夜成功地完成了沙盘。望着这个来之不易的成果，我流下了热泪，这里面有太多感慨，而我也欣喜地发现我对智控知识的学习又深入了一步，这是学以致用的新阶段了。成于点滴，学以致用激发了我更加执着的梦想。一场"编程绘画比赛"即将开始。"这次我们需要用到 Python 中的 turtle 库，我们需要学一些新的知识……"我专心地听着老师提到的新程序。"我们只需要一些简单的词汇，如 left、right 等，注意度数和画笔方向就可完成好的编程。"我开始了新的尝试，有时会在开头忘记写笔径、颜色，有时遇到重复性高的程序机械地复制粘贴，不善利用循环结构又忘掉了颜色与度数。随着红字一次次闪过，我不服输地一次次地纠正错误，手眼脑高频同步紧张地进行着。渐渐地，我发现虽然仍有些吃力，但是也越来越熟练了，慢慢掌握了其中的技巧和方法。通过反复试错，屏幕上的红字消失了，那些黑字和尖括号仿佛老朋友向我投来了肯定和赞许。终于，在我的不懈努力下，程序完整地运行出来，连绵的山峦和耀眼的雪峰呈现在屏幕之中，一座座小房子矗立在深蓝色的湖边，一只只牦牛在河边安然饮水。虽然画面略显稚嫩，但在我眼里却闪着珠峰般的光芒，我仿佛看到更高的山峰，更远的理想。

宝剑锋从磨砺出，梅花香自苦寒来。这也是我学习编程的一个深刻体会，从一开始的困难重重，到最后的驾轻就熟，是永不言弃的韧劲儿加上坚持不懈的努力，使我成功克服了种种挑战，更加懂得珍惜来之不易的成功，更遥远更宏大的梦想也在心中悄然生根，茁壮成长。

3. "智控社的美好时光"

我第一次对智控社的憧憬，是在看了招新传单以后，发现创客空间分为好几个部分，不知道选哪个好。最后，机缘巧合之下我来到了智控社，度过了每个周二、周五的美好时光。

第一次去报到的时候，我就被震惊了。只见窗前摆放着琳琅满目的历届学生作品：有 3D 打印的、激光切割的、硬件编程的，这些事物更令我增添了几分对智控社的憧憬。

我对科技类的事务从小就充满了兴趣。我认为，科技的进步引领了人类的进步，而智控社将是我打开科技之门的钥匙。记得第一次来这里时，无论老师还是同学，乃至周遭的环境，对我来说都是陌生的，我显得很拘谨，基本上就是"惜字如金"。渐渐地，与社团的老师和同学熟悉了，便开始畅所欲言，合作也日益融洽了。

于是，每周的社团活动时间就变成了我这一周里美好的时光。我在这里学习模块化编程，老师总会悉心地指导，耐心地询问。当然，学习也不止于老师的教诲，还源于与一起参加社团的同学一起热烈而愉快的讨论。美好的时光里快乐是成功时的一次次击掌，也是失败时的一次次顿悟。

每天的社团生活寓教于乐，时间倏忽就过去了。一天，老师告诉我们火星设计比赛，需要用到我们所学过的知识去制作一个沙盘。于是，我和我的同学组成团队，每周二和周五一起在创客空间里，认真讨论如何制作，享受着研究制作带来的无限快乐。每次我来到活动地点的时候，都幻想着沙盘制作完毕时，舵机的转动，指示灯的闪烁，激光喷头的一次次摆动，和同学讨论时融洽的氛围，以及一件件物品制作出的成就，这些都是我快乐的源泉。犹记得有一次，我和同学因为意见的分歧，闹了不愉快。最后在一点一点的摸索中，我懂得了自己计划上的缺点，与同学握手言和，这种团队的融入和成功分享，是我以前从来没有感受到的。我爱智控社，它让我学习到了知识，让我学会了如何团队合作，让我感到了快乐，让我度过了美好时光。

4．"智控社的灯光见证最美的我们"

智控社那明亮温暖的灯光见证了我们青春的努力奋斗、成长的苦辣酸甜，见证了最美的我们。那是初入学的一个夜晚，我作为初一新生，看起来是那么青涩腼腆，大家齐聚在智控社里，明亮的灯光对于社恐的我来说仿佛过于明亮了，我局促地走到 3D 雕刻机前假装认真地研究起来，试图掩饰内心的紧张。"那位同学，麻烦过来一下，我们开始上课了。"李老师清脆的声音把我拉到了人群里，我尴尬地冲大家笑了笑，听起了老师的介绍。听着听着，大家都像入了迷一样，仿佛跟随老师的讲解走进了神奇的科技世界，每个人的眼睛在灯光的照耀下都是那么明亮，闪着光、闪着希望。这里面也有我，我已经融入这个集体，融入这种氛围中了。

初二年级的九月初，大家兴致勃勃地讨论着教师节送给老师们什么样的礼物，最后决定由我带头利用智控社的工具给老师们制作纸雕灯，接到这个任务的我真是既激动又忐忑，总担心难以胜任，可是同学们的积极热情证实我完全是多虑了。教师节前的那几个夜晚，大家争分夺秒地忙碌着，有的同学聚在电脑前制作程序，有的同学忙碌地准备着材料，有的同学在组装成品，在 3D 雕刻机前忙着切割材料的我感觉心里暖暖的，这里面既有学以致用的喜悦，也有身处这个团结集体的幸福，还有即将成功的激动。这时，智控社里的灯光正柔和地照着这里发生的一切，仿佛一个老朋友一样正向我频频挥手呢！现在，升为初三的我们已经鲜有时间到智控社了，可是有时我还会在夜晚放学时绕道自控社的窗前，驻足并流连于窗前那熟悉的灯光。是啊，正是这灯光，见证了我的一次次成长，见证了最美的我们；它也将成为我人生路上的一盏明灯，指引我不断向前，去迎接更加美好的未来。

六、教研辐射

首先，在科技教育方面，为促进附中本部优质资源与成员校共享，学校积极促进集团校教师、学生之间的交流，举办的一些科技活动都会邀请集团成员校组队参与，如影响力较大的青牛杯科技艺术创想邀请赛、青牛杯"芝士英雄"天文科普赛、青牛杯 Python 创意编程征集活动，已经成为教育集团科技比赛活动，还邀请到北京市创客基地校的学生社团组队参与其中，得到兄弟学校的大力支持和肯定，不仅有效地激发了集团校学生参与科技活动的热情，还带动了成员校科技教育的提升和发展。

其次，学校每年积极承接市区级人才计划专项研究或课程开发建设，市科协信息学竞赛名师工作室工作等任务。例如，荣获"全国模范教师""北京市人民教师"称号的杨森林老师负责承担北京市科协的信息学名师工作室，定期为北京市培养信息奥赛教练，充分发挥优质资源共享、引领全市各学校信息学竞赛蓬勃发展和提高。杨森林、高一轩等教师因竞赛辅导成绩突出而多次被邀请作为全国信息学奥赛教练培训班的讲师。李玲老师被中央电视台邀请成为少儿频道《创意无极限——第二届全国中小学生创意大赛》节目创意导师……他们都在校外各种科技教育活动中发挥了良好的辐射引领作用，为科技教育事业的发展积极贡献力量。

最后，学科组每年积极多次协助市区组织各类科技活动，如承接 2018 年亚洲与太平洋地区信息学奥林匹克竞赛、全国青少年信息学奥林匹克联赛、2018 年两次海淀区程序设计比赛、2019 年北京市第二届 Python 创意编程邀请赛、2020 年 NOI 全国赛北京赛区以及 2017 年、2020 年全国中学生天文知识竞赛预赛等。学校青年创客空间每年也接待了大量来自国内外师生和领导参观交流，为不同学校的创客场馆建设、创新人才培养提供了借鉴和参考，充分提升了学校科技教育及整体的社会美誉度与影响力。

附：科技中心十年大事记

在过去的十年，科技中心就像是校园里的一盏灯，照亮了无数少年的科技梦想之路，让他们的心灵在这片充满可能的土地上生根发芽。在学校成德达才教育理念下，科技中心秉持着"探索未知，启迪智慧，培育未来"的核心理念，不仅见证了无数科技梦想的萌芽与绽放，更在青少年心中种下了科技创新的种子。科技中心十年大事记如下：

2014 年	获评北京市金鹏科技团（天文分团）
2016 年	青牛创客空间建成并投入使用
	承办海淀区中小学生科技节
2017 年	成功举办首届"青牛杯"科技艺术创想邀请赛
	成立海淀区少年科学院航模、天文、信息三个分院
2018 年	成功举办第二届"青牛杯"创客马拉松邀请赛
	承办第十二届亚洲和太平洋地区信息学奥林匹克竞赛
2019 年	海淀区信息技术学科基地申报成功
	通用技术教室升级改造完成
	第三十一届国际信息学奥林匹克中国队选拔（CTS2019）与第十三届亚洲和太平洋地区信息学奥林匹克（APIO2019 中国区）在我校进行
2021 年	杨森林老师荣获第六届北京市人民教师奖
	学生荣获第二十二届全国学生信息素养提升实践活动创意编程作品"创新之星"奖项
	北校区圆满承办第二十一届北京青少年机器人竞赛暨第六届北京青少年创意编程与智能设计大赛
2022 年	计算机机房升级改造完成，计算机专业教室由原来的 6 个升级到现在的 11 个
	科技中心课题组成功申请北京市数字教育研究课题"'双减'背景下人工智能教育在中学阶段的实施策略研究"
2023 年	科技中心课题组完成中国教育科学院 STEM 教育研究中心下属课题"基于首都师大附中四修课程体系下的 STEM 课程开发与建设研究"
	被评为"全国青少年人工智能创新教育特色校"
2024 年	成立首都师大附中教育集团科协、成功举办《科技强国·奋斗有我》科技节
	学生荣获第二十五届全国学生信息素养提升实际活动创意制造作品"创新之星"奖项

　　回首科技中心的十年历程，我们见证了无数科技梦想的启航与实现，感受了知识与创新带来的力量与震撼。这十年，是师生们共同奋斗的十年，是汗水与智慧交织的十年，更是科技之光在校园里熠熠生辉的十年。我们自豪于所取得的成就，更感激每一位参与者的辛勤付出与不懈努力。展望未来，科技中心将继续秉承探索未知、启迪智慧、培育未来的使命，不断推动科技创新与教育的深度融合。我们将持续优化教学设施，丰富课程内容，拓宽学生视野，为师生们提供更加广阔的舞台和更加优质的学习资源。相信在不久的将来，科技中心定能绽放出更加璀璨的光芒，照亮更多青少年的科技梦想之路。

国在我心　际遇风云

首都师范大学附属中学国际部深入落实"立德树人"的根本任务，于 2008 年率先在北京市示范高中校开办中美高中合作办学项目（以下简称"中美项目"）。2008 年美方合作校为德怀特学校，2012 年更换为捷门棠学校。在党建引领下，中美项目建设了一流的教师队伍，培养了 13 届成德达才、心系家国、胸怀天下的附中学子。他们怀着国家强盛、民族振兴的梦想，立志留学报国，负笈海外，学贯东西。自办学以来，中美项目升学结果整体优异、拔尖，每年均有优秀学生升入美国排名前 10 的大学和文理学院，60% 的学生进入了排名前 30 的大学，96% 的学生进入了排名前 50 的大学。学生历年来升入的大学包括：西北大学、约翰霍普金斯大学、杜克大学、康奈尔大学、范德堡大学、圣路易斯华盛顿大学、莱斯大学等美国综合性大学；剑桥大学、牛津大学、帝国理工学院等英国大学；多伦多大学、麦吉尔大学等加拿大大学；斯沃斯莫尔学院、波莫纳学院等美国文理学院；西北大学音乐学院、约翰霍普金斯大学皮博迪音乐学院、伯克利音乐学院、罗得岛设计学院等音乐及艺术学校。国际部作为学校对外交流的窗口，同时矢志不渝向世界传播中国文化，讲述中国故事，展现祖国风采。国际部奋进十年，笃行不怠，不断开创学校国际化发展新局面。

党建引领促发展

国际部党支部深入学习贯彻党的二十大精神，将学校高质量党建引领与国际部发展相融合；教师落实"学科育人"理念、落实课程思政、加强学生社会主义核心价值观教育，开展意识形态教育活动，为党育人、为国育才；支部高质量完成了 2 个党建研究课题及"五个一"活动；教师获得了"四有教师""师德先进个人"等荣誉称号。支部党员在教育教学中均发挥着先锋模范带头作用，引导学生坚定理想信念，锤炼品德修为，将个人理想与民族复兴紧密连接，实现"国之所需，吾之所向"。

业务精深勇攀登

国际部在中外课程融合实践中，形成了一支业务精湛、业绩突出的双语教学队伍，实现了 14 门国外大学先修课程的本土化，开发了高中生托福、SAT 学习等校本课程。学生托福最高分 118 分，年度学生托福平均成绩为 105 分；学生 SAT 最高分满分 1600 分，疫情前毕业年级全体学生 SAT 平均分为 1461 分；11 年级国外大学先修微积分 BC 近 4 年满分率近 100%；国外大学先修微观经济

97% 的同学获得了 4 分及以上成绩；国外大学先修宏观经济 90% 的同学获得了 4 分及以上成绩；国外大学先修物理 87% 的同学获得了 4 分及以上成绩；国外大学先修统计 83% 的同学获得了 4 分及以上成绩；国外大学先修物理 C80% 的同学获得了 4 分及以上成绩。教学之外，教师们勤于思考，潜心钻研，勇于实践，多次在市区级论文、教学设计、课堂实录等比赛中获得骄人的成绩。

勠力同心铸栋梁

国际部潜心立德树人，贯彻学校倡导的办负责任、有内涵、有温度的"成达教育"，追求教育的高品质、高质量、高素质，让每个孩子实现全面而有个性的发展、自主发展和可持续发展的教育理念。十年来，国际部结合课程、活动管理实践、协同具体育人路径开展教育活动，通过搭建学生个性发展平台、完善中西合璧的生涯规划体系以及促进家校合作共育，将德育教育融入教育管理的具体实践之中，承担起培养社会主义接班人重任。项目早期毕业生现在已经在美国哈佛大学、耶鲁大学等攻读博士学位，继续追求学业成就，有部分学生已经回国进入清华大学等知名的企事业单位工作，为祖国的发展贡献力量！

国际舞台放光彩

国际部通过中美高中合作办学项目、国际中文教育项目、中外交流活动等，不断扩大学校在世界舞台上的影响力，向世界展示中国文化的魅力。十年来，开展对外交流活动 60 余次，承办 2 所独立孔子课堂——捷门棠学校孔子课堂和匈中双语学校。美国捷门棠孔子课堂曾于 2012 年、2018 年两次获得全球"先进孔子课堂"荣誉称号。2023 年 1 月 31 日，国家主席习近平复信勉励我校与首都师范大学合作建设的匈牙利匈中双语学校独立孔子课堂学生："努力做传承发展中匈友好事业的使者。"自 2012 年始，我校派出优秀的汉语教师前往各国开展国际中文教育，支持当地汉语言教学与文化活动开展。十年来，先后有 8 位老师在捷门棠孔子课堂任教，另有 6 位老师在其他境外中文学校任教。这不仅推广了中文教育，提升了中国文化在国际舞台上的影响力，培养出了一批具有专业素养和国际视野的中文教育人才，也推动了不同文化之间的理解和尊重，促进了国际间的教育资源共享和合作。

展望未来，国际部将继续秉持"立德树人"的根本任务，深耕细作，勇攀高峰，以更加坚定的步伐，向着更高的目标迈进。我们坚信，在党建引领下，国际部将继续培养出一批批具有家国情怀、国际视野、创新精神和实践能力的优秀人才，为祖国的发展和人类的进步贡献智慧和力量！

一、党建引领促发展

（一）国际部党支部简介

中国共产党首都师范大学附属中学国际部支部委员会简称首师大附中国际部党支部，2010 年建立，现有正式党员 14 人，海淀区优秀班主任、海淀区骨干教师、学科主任和兼职教研员均为支部党员。

国际部党支部合影

国际部党支部带领支部党员和群众深入学习贯彻党的二十大精神，将党建引领与国际部发展相融合，落实"立德树人"的根本任务，通过演讲、参观、戏剧表演等形式进行爱国主义教育，培养学生的家国情怀和责任担当。同时支部带领党员率先将社会主义核心价值观引入课堂教学和实践活动中，引导学生坚定理想信念，锤炼品德修为，将个人理想与民族复兴紧密连接，实现"国之所需，吾之所向"。

高质量的党建引领国际部高质量发展，支部党员主动倾听学生心声，直面工作中的难题，并想方设法协助部门解决问题，自觉将党建工作融入国际部的中心工作中。支部完成了 2 个首师大党建研究课题及"五个一"活动，多次被评为优秀支部，多名支部党员荣获"海淀区四有教师""首师大师德先进个人""海淀区优秀班主任"等荣誉称号。每一名党员都是一面旗帜，在梁宇学副校长和刘佳主任的带领下，国际部班主任党员占比86%，学科组长全部为党员，他们在教育教学中均发挥着先锋模范带头作用。

连辉书记在海淀区代表学校做"社会主义核心价值观"进课程演讲

支部开展"五个一"活动

（二）国际部党支部特色党建活动

1. 学科育人

支部每年开展党员示范课活动，聚焦思维发展，优化育人课堂，发挥党员先锋引领和示范作用。2021年支部开展课程思政活动，在教育教学活动中引领性地开展社会主义核心价值观的实践探索，受到海淀区教委的肯定，对全区课程思政工作起到了示范性作用。支部书记连辉在海淀区2021年国际课程教师领导力教学展示研讨会上做了成果汇报专题报告。2023年6月组织学生完成了"成达学子梦，留学报国心"戏剧表演，以不同时代留学生的真实经历和动人故事，增强了学生对国家和民族的认同感和归属感。

2. 主题教育

（1）2023年支部开展"学习贯彻习近平新时代中国特色社会主义思想主题教育"活动，并录制微党课；参观北京鲁迅博物馆，缅怀伟人精神，坚定理想信念，为祖国教育事业奉献智慧与热血。

（2）2022年支部开设党员先锋岗，开展侧耳倾听活动，发挥党员先锋模范带头作用。

（3）2021年支部开展百年党史知识竞赛活动。

（4）2020年支部组织参观荣宝斋，弘扬中华优秀传统文化，发挥支部思想引领作用，以主题文化活动涵养社会主义核心价值观。联合数学支部开展"加强师德师风建设　践行社会主义核心价值观"主题教育活动。

与西藏中学共建

支部学习"习近平新时代中国特色社会主义思想"

（三）国际部党支部党建成果

1. 党建课题

（1）完成了首都师范大学 2020 年度党建研究课题"以主题文化活动涵养社会主义核心价值观"，13 名支部党员完成课题论文。

（2）完成了首都师范大学 2013 年度党建研究课题"推进学习型党组织创建与坚守共产党人精神追求研究"，13 名支部党员完成向外国师生传播中国文化的"四个一"活动，即设计一份教案、上一堂课、做一个课件、形成一本校本教材。

2. 荣誉奖项

国际部党支部 2011 年获得首师大先进党支部荣誉称号，多次获得校级先进党支部荣誉称号。党员个人方面：梁宇学 2023 年获得首师大优秀纪检委员称号。刘佳 2021 年获得首师大师德先进个人称号；庄绪侠 2018 年获得教育集团"成达杯"优秀教师、2019 年获得海淀区优秀"四有"教师称号；梁宇学、尤春筠、张立刚、连辉、庄绪侠、刘超英、张蕊曾获得首师大附中优秀党员称号。还有很多党员在教育、教学工作中获得优异成绩和嘉奖。

各位党员在各自的岗位上发挥着先锋模范作用

国际部将一如既往地坚持党建引领、砥砺前行，落实"立德树人"根本任务，为国家培养具有国际视野的创新型人才，为中华民族的伟大复兴不懈努力！

二、业务精深勇攀登

（一）国际部中美项目概况

1. 中美项目历史

首都师范大学附属中学中美高中课程合作项目是于2008年经北京市教委批准的首个在北京市示范高中校开设的国外大学先修（AP）课程项目。2008年至2012年美方合作校为德怀特学校，2012年至今为美国捷门棠学校。中美项目课程与美国名校课程无缝链接，中西课程高度融合，兼具国内和国外高中管理理念和优势，同时拥有一支由首师大附中优秀教师与优秀外籍教师、合作校升学指导教师组成的高素质教师队伍，关注每一位学生一生的发展，培养健康阳光、自信坚毅、正志笃行、成德达才、心系家国、胸怀天下的创新人才。

2008年石彦伦校长与美国德怀特学校签订合作协议

2012 年沈杰校长与美国捷门棠学校签订合作协议

2. 捷门棠学校简介

捷门棠学校（Germantown Academy）创建于 1759 年，是美国国父华盛顿创立的第一所非教会性质的独立学校，他的儿子也曾在该校就读。在其 250 周年校庆日，时任总统奥巴马也呈上亲笔贺信。

捷门棠学校社团资源丰富，学校拥有 87 支体育队伍，其中许多都全国闻名。学校的贝尔福瑞戏剧社是美国至今仍活跃的最古老的戏剧社团。学校的《学术月刊》创建于 1885 年，是最古老的美国学生编纂的文学杂志之一。

捷门棠学校师资雄厚，课程严谨，管理有序。学生们在学术上勇于接受挑战，并以多种方式积极参与到课堂中，从而获得学术上的成功。他们毕业时的个人能力远远超出自己的想象，每年都会有学生入读普林斯顿大学、哈佛大学、哥伦比亚大学等美国顶尖大学。

捷门棠学校

mission: GA

GERMANTOWN ACADEMY

inspires students to be...

- ⊕ **Independent** *in thought*
- ⊕ **Confident** *in expression*
- ⊕ **Compassionate** *in spirit*
- ⊕ **Collaborative** *in action*
- ⊕ **Honorable** *in deed*

捷门棠学校使命

3. 中美项目竞争优势

（1）历史悠久　精耕细作。

首个在北京示范性高中校开办的国外大学先修项目，2008 年成立。

专攻国外大学先修课程，高度个性化培养，每年招生 60 人左右。

（2）本部保障　资源共享。

位于首都师范大学附属中学本部，共享全校名师和课程资源、顶尖社团、活动资源及优质硬件资源。

学校天文社、信息社、管乐团、校刊编辑部、学生会等社团或学生组织的国际部学生顺利进入约翰霍普金斯大学、西北大学、牛津大学、剑桥大学等世界顶尖名校。

（3）课程卓越　成绩斐然。

课程设置多元，因材施教，满足学生学术个性化发展需求。

学术成绩优异，成达班托福平均分超过 110 分，国外大学先修考试满分率超过 90%，在多项国际竞赛中获得全球前 1% 的名次。

学生在项目大会上获得学术荣誉

学生参加项目活动

（4）美高体验　"藤校"探访。

学生小学期进入美国捷门棠学校进行沉浸式全英语环境学习，挑战有难度的课程，与该校优秀学生一起进行学科学习和课外活动。

学生小学期入住美国家庭深入体验当地生活，参观历史景点、艺术馆和特色社区进行丰富的本土文化体验。

学生在捷门棠学校升学指导老师的带领下，进行实地大学研究，与常春藤盟校招生官面对面交流，探寻适合自己的最优大学。

（5）生涯规划　私人订制。

项目为每位学生配备一名美国捷门棠学校的专业升学指导老师，高中三年全程全方位帮助学生进行学业规划、升学指导。

项目为每位学生配备一名中教导师，关注学生身心健康发展及综合素质提升，与升学指导老师通力合作助力学生申请世界名校。

（6）多国同申　梦想绽放。

学校从课程设置、活动规划、升学指导等多方面，满足学生美国、英国、加拿大等多国同申需求。

学生进入美国约翰霍普金斯大学、西北大学、康奈尔大学；英国牛津大学、剑桥大学、帝国理工学院；加拿大多伦多大学、麦吉尔大学等名校就读。

项目学生参加毕业典礼

（二）国际部中美项目特色课程建设

1. 文综组

（1）学科组简介。

国际部文综备课组秉承附中"成德达才"的育人理念，立德树人，教学组涵盖语文和政治学科，现拥有组员 3 人。文综组响应时代需求不断进步，通过更新教学内容、创新教学方法、加强跨学科合作、培养实践能力和批判性思维以及参与国际教育交流与合作项目等措施，为学生提供更优质、更国际化的教育服务，实现教师成长与学生发展共同推进。

（2）教学特色。

①以学科核心素养为导向。

学科核心素养是学科育人价值的集中体现，是学生通过学科学习而逐步形成的正确价值观、必备品格和关键能力的主要途径。文综教学组的课程紧密围绕学科核心素养展开。语文教学旨在全面提升学生的语言能力、思维能力、审美能力和文化传承能力。政治学科核心素养包括政治认同、理性精神、法治意识以及公众参与等四个要素，各要素之间相互交融、相互依存。

语文课堂教学追求准、精、美、活，富有特色。准——针对学生情况，准确定位；根据学科核心素养，准确制定教学目标，突破教学难点。精——高效课堂、精彩设计。美——教学语言生动形象、诗情画意。活——因势利导、灵活多样的教学方式。课堂上以提升学生思维能力和培养学生思维品质为目的，通过引导学生深入探讨、研究，让学生学会思考。学生学习方式也由接受学习转变为自主学习、从独立学习到合作学习、从表象学习到探究学习。

政治课程设计追求价值引领、贴近学生，通过深挖教材，明确价值取向，更好地完成立德树人根本任务。与此同时，思政课重视贴近学生，以"小事"见"大道"，引导学生通过学科活动参与、校园生活体验、科学探索与热点思辨活动实现真听、真看、真思考、真感受、真认同。政治课堂注重拓展学生思维、生成核心价值，通过梯度问题链、解决思维冲突的形式使课堂从"独白"走向"对话"。

②以四修课程体系为基本。

在语文教学上追求多元化教学，坚持"素养—养成"的课程基本模式，创新课堂，力求教与学有机统一；组织多种活动，寓教于乐，全面提升学生的语文素养。语文教学以国家课程的高质量校本化实施为基础、精品特色校本课程的开发为补充，形成自主能力的"基础通修＋兴趣选修＋专业精修＋自主研修"课程体系。

在政治教学上，注重通过政治性和学理性相统一的思政课程学习，培养学生政治认同及留学报国的情怀；教学内容多样，以思辨启智，培养辩证思维和科学精神；丰富的学科活动帮助学生在实践中学会有序参与公共生活，以负责任行动促进社区更好发展。

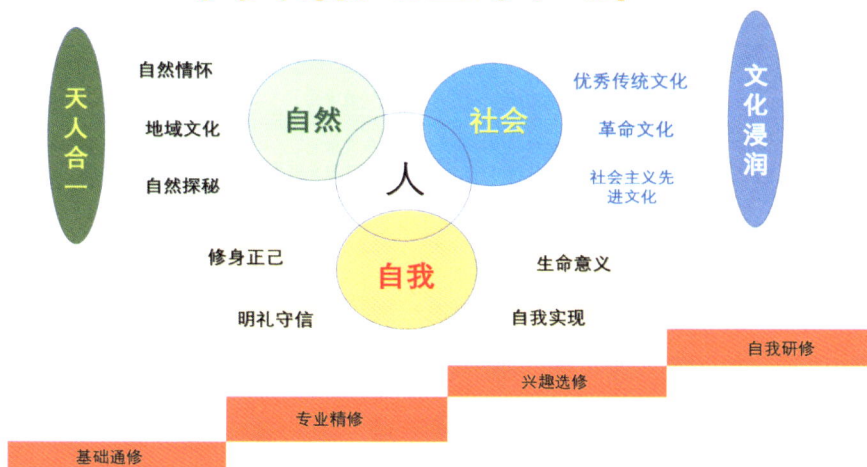

中美语文组课程群

自然情怀　　必修（上、下册）
　　　　　　选择性必修（上、中、下册）

人与自然

名著阅读《乡土中国》

北京文化及胡同考察

地域风光
与文化

　　　　　　京腔京韵——《茶馆》
　　　　　　感受西藏——仓央嘉措的诗
中国各地文化荟萃　壁画和石窟艺术——《道士塔》《北朝 北朝》
　　　　　　泥土芬芳——"山药蛋"派《小二黑结婚》
　　　　　　湘西文化——《边城》

世界风光与文化　毓秀江南——《望海潮》《钗头凤》《黑白苏州》

自然探秘

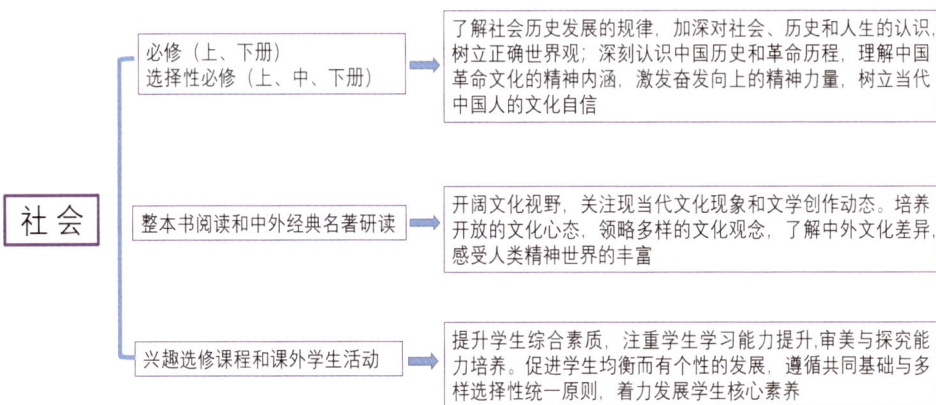

社会

必修（上、下册）
选择性必修（上、中、下册）　→　了解社会历史发展的规律，加深对社会、历史和人生的认识，树立正确世界观；深刻认识中国历史和革命历程，理解中国革命文化的精神内涵，激发奋发向上的精神力量，树立当代中国人的文化自信

整本书阅读和中外经典名著研读　→　开阔文化视野，关注现当代文化现象和文学创作动态。培养开放的文化心态，领略多样的文化观念，了解中外文化差异，感受人类精神世界的丰富

兴趣选修课程和课外学生活动　→　提升学生综合素质，注重学生学习能力提升，审美与探究能力培养。促进学生均衡而有个性的发展，遵循共同基础与多样选择性统一原则，着力发展学生核心素养

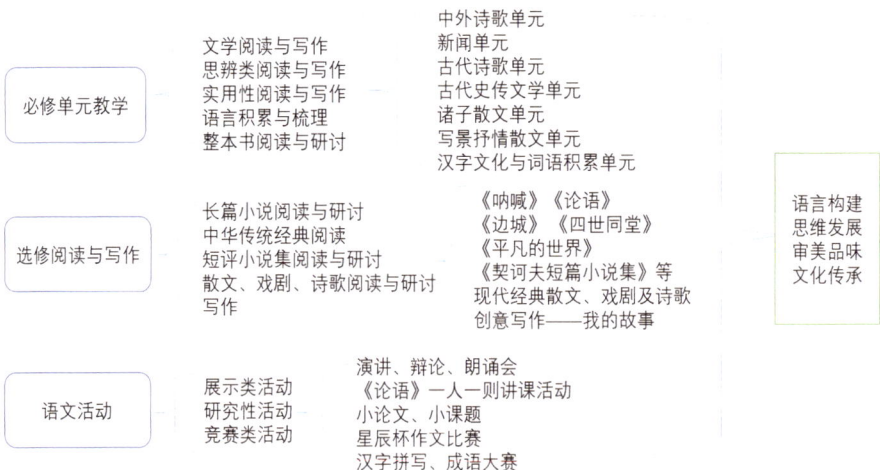

自我

必修单元教学

文学阅读与写作
思辨类阅读与写作
实用性阅读与写作
语言积累与梳理
整本书阅读与研讨

中外诗歌单元
新闻单元
古代诗歌单元
古代史传文学单元
诸子散文单元
写景抒情散文单元
汉字文化与词语积累单元

选修阅读与写作

长篇小说阅读与研讨
中华传统经典阅读
短评小说集阅读与研讨
散文、戏剧、诗歌阅读与研讨
写作

《呐喊》《论语》
《边城》《四世同堂》
《平凡的世界》
《契诃夫短篇小说集》等
现代经典散文、戏剧及诗歌
创意写作——我的故事

语言构建
思维发展
审美品味
文化传承

语文活动

展示类活动
研究性活动
竞赛类活动

演讲、辩论、朗诵会
《论语》一人一则讲课活动
小论文、小课题
星辰杯作文比赛
汉字拼写、成语大赛

A.基础通修：全面体验，提升综合素质。

依托普通高中必修教材，设计必修课程的整体框架，旨在为学生提供全

面深入的学习体验。语文教学包括人教版必修1、2，通过深入学习，提升学生语言运用与表达能力，训练学生思维和创新能力，培养学生文学素养和人文情怀。政治学科必修课程包括四个模块：模块1"中国特色社会主义"、模块2"经济与社会"、模块3"政治与法治"、模块4"哲学与文化"，在基础教育课程的教学中，教师以议题的方式展开课程教学，辅以多元的课堂活动，极大地提高了学生的学习兴趣。

教师风采

B. 专业精修：深入探究，拓宽视野。

依托普通高中选择性必修教材，调动教师的专业优势和教学技能，更新教学观念和方法，整合课程资源，设计开发专题阅读课程整体框架，精选课程内容，旨在使学生能够深入理解某一领域的知识，拓宽视野，提高语文素养和综合能力，厚植文化，深化思维，培养学生健康的身心。课程内容涵盖文学、文化、艺术等多个领域。

（a）中外文学专题学习。

"中国古典诗歌探幽"——《诗经》专题。

文化经典研读：《论语》《老子》《庄子》《大学》《史记》。

中外文学名著鉴赏：小说赏析《红楼梦》《三言二拍》《呐喊》《边城》《棋王》《活着》《老人与海》《额尔古纳河右岸》《追风筝的人》《了不起的盖茨比》《四世同堂》。

戏剧专题：《茶馆》《玩偶之家》《雷雨》等。

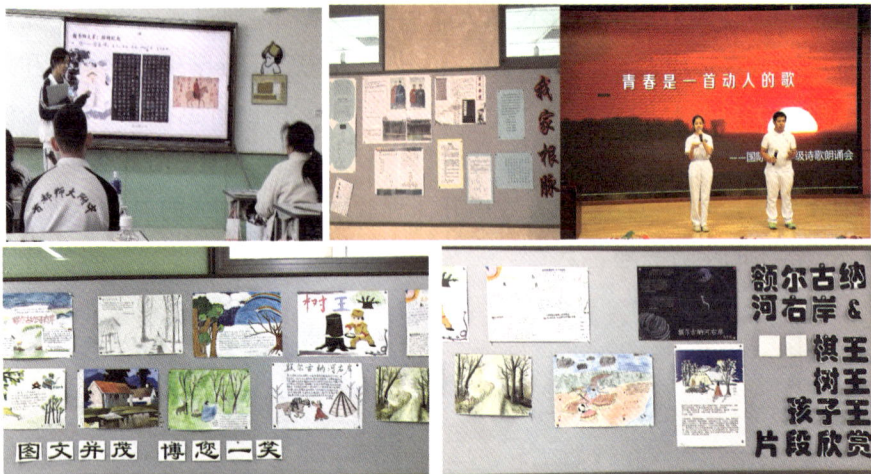

学生活动与学生作品

（b）专项写作训练。

结合国际部学生的实际情况，在高中议论文、记叙文日常写作训练基础上，将写作训练与申请文书写作相联系，解决学生的实际需求，注重个性化指导与实战演练，帮助学生结合成长经历发现自身独特性，搭建文书结构，助力学生撰写出高质量的申请文书。

（c）北京文化主题研究课程。

利用北京文化资源，培养国际班学生语文素养和民族情怀，学生完成了以"北京文化"为专题的研究。

C. 兴趣选修：激发潜能，提供舞台。

文综教学组兴趣选修课程的课程设计与开发，是一个既需要深入考虑学科特点，又需要紧密结合学生兴趣的过程。兴趣选修课程的设置，旨在满足学生对某一特定文科领域的深入学习和探索需求。因此，课程设计应了解学生的文科学习基础、兴趣爱好以及未来发展方向，从而确定选修课程的内容与难度。

这有助于确保课程与学生的实际需求相契合，提高学生的学习积极性和参与度。同时教师发挥专业特长，整合课程资源，设计开发教学活动，注重实践性和创新性。

语文学科开设了诗词欣赏、中国传统服饰及文化、戏剧表演、辩论、影视文学欣赏、趣味文化与体育、对外汉语教程等选修课。政治学科则以模块1"中国特色社会主义"、模块2"经济与社会知识"为基础，开设时事新闻点评、模拟政协等选修课，教师以时事热点为抓手，带领学生运用科学理论分析社会事件，思考社会现象背后的本质问题，落实核心素养，理论与实践相统一。

D. 自主研修：个性化塑造丰富多彩的人生。

开展毕业季主题活动

近年来，语文学科利用学科优势，开展不同主题的毕业季主题活动，学生利用各种现代化工具融入丰富的素材和资源，综合各学科知识，完成自己对校园生活的回顾，表达对成长、青春、未来、生命的理解。例如，语文教师带领学生编创不同主题的毕业剧：2014年向经典致敬、排演莎士比亚《仲夏夜之梦》，2015年编演话剧《镜中人》，通过讲述自己三年校园生活，呈现成长中的困惑、拼搏，展现师生情、同学情；2023年6月组织学生完成了"成达学子梦，留学报国心"戏剧表演，通过演绎不同时代留学生的真实经历和动人故事，再现留学发展之路，增强了学生对国家和民族的认同感与归属感。

创办"星辰杯"作文大赛

作文是学生思维的外显形式，也是抒发情感、表达见解、探讨课题的有效方式，是语文教育中"输出"的重要内容。除了常规作文教学，语文教师还通过组织作文大赛，让学生关注社会热点问题、引导学生思考，用"我手写我心"。老师们将作文大赛命名为"星辰杯"，旨在发掘每一位同学身上的"星光"，用文字记载青春逐梦路上的足迹，并相互映照，开阔视野，提升格局，汇聚成星辰大海。

文化实践，知行合一，文化润心

为提高学生传统文化底蕴，增强学生的文化自信和自豪感，以传统文化为切入点，形成系列化自主研修课程，如传统服饰研究和展示、传统文化活动探究、汉字的奥秘等。

学术活动带动多学科知识融合，培养学生的综合素质

高中学生学术活动是培养学生综合素质和创新能力的重要途径，特别是国际部学生，不仅要提升学术能力，还要加强跨文化交流能力，为未来国际合作和发展奠定基础。

国际部文综组成员全部参与到"'一带一路'背景下国际理解教育实施的

学科活动路径"课题研究，同时在学生层面开展了"同舟共济扬帆起，丝路精神向未来"的跨学科学术研究活动。学生融合不同学科的知识，以全新的视角来解决问题，锻炼了学术研究和写作能力、批判性思维、创新能力和团队协作能力。同时在自主探索中真切地体会到"一带一路"的伟大历史意义和国际影响力。

③科研赋能。

随着教育改革的不断深化，文综教学组教师不仅需要关注学生的成长，也需要在教学科研和创新方面不断探索和实践，更好地提高教学质量和效果。文综教学组通过参与课题研究、撰写学术论文等方式，深入探索文综学科的内在规律和教学方法，探索学科融合，完善课程理念和课程设置，深化课程融合和评价机制。通过探索和实践不断提升自身的教学水平和科研能力，为学生的全面发展和学校的学科建设作出更大的贡献。

④学科成果。

刘超英老师在海淀区"风采杯"（第二届）中学教师教学成果展示活动中荣获教学案例展示高中语文学科一等奖；

文综组积极参与高校汉语实习生项目的工作，指导首都师范大学对外汉语本科生，并与马来西亚等多国师生交流，传播中国文化；

编写校本课程教材，加强优秀传统文化的传承；

积极参与项目课题研究和党支部课题研究，顺利结题。

2. 数学组

（1）学科组简介。

数学备课组成立于2008年。数学备课组以发展学生数学核心素养为导向，充分挖掘数学学科中的育人价值，深入推进成达思维发展课堂，启迪学生领悟数学思想方法。数学备课组为学生奠定了扎实的数学理论和知识基础，培养了学生数学抽象、逻辑推理、数学建模、直观想象、数学运算和数据分析的高中数学学科核心素养，让学生具备了终身学习的能力。

数学备课组教师们兢兢业业地在数学教学中努力钻研，连续多年创造了国外大学先修微积分BC满分率高达90%的优异成绩。连辉老师、张蕊老师、郑亚芹老师连续多年指导学生在国际竞赛中多次获奖，获得"优秀指导老师"称号。连辉老师曾代表学校在全区进行了"社会主义核心价值观进课程"的主旨发言，得到广泛好评。

（2）四修课程体系。

在普通高中新课程标准的引领下，国际部数学备课组立足学校四修课程体系，构建了基础通修、专业精修、兴趣选修和自主研修的国际数学四修课程体系。

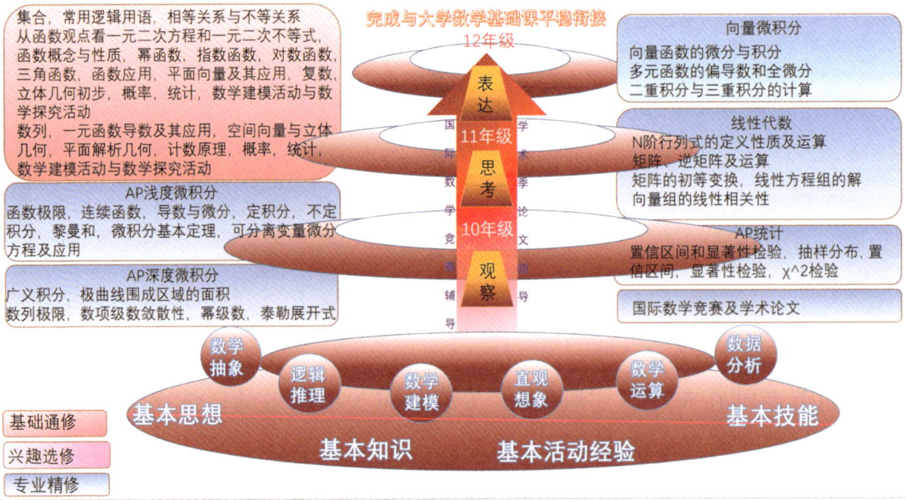

中美高中实验课程项目数学课程群

①基础通修。

A.10 年级教授普通高中数学必修课程，包括预备知识、函数、集合与代数、概率与统计、数学建模活动与数学探究活动。按照新课标的要求完成各部分的教学，为后面的学习打下坚实基础。

B.微积分准备课程（Pre-calculus），包括基本初等函数、矩阵与行列式、数列与级数、概率、解析几何、三维空间与向量、极限及微积分介绍。全英文教材，丰富课堂活动提升学生数学学习兴趣及英文水平。

②专业精修。

A. AP 浅度微积分课程。

课程在 11 年级开设，学习极限、连续、微分及应用、积分及应用的内容。微积分为学生提供了深入理解数学原理的机会，有利于学生开阔思维，提升推理能力，并为进入更高级的数学领域学习奠定了坚实的基础。

B. AP 深度微积分。

在 AP 浅度课程基础之上，增加了泰勒级数、向量值函数、极坐标、不定积分、定积分和微积分方程等。课程有助于有着较高数学水平、想在数学或工程学科领域发展的学生的深入学习，对他们未来在科学、技术和工程等领域的学习和职业发展起到重要作用。

C.AP 统计。

从应用数学的角度，学生系统地学习一维变量分析、二维变量分析、实验设计与抽样理论、概率、随机变量和概率分布、抽样分布、目录数据推断，比例的置信区间与显著性检验、定量数据推断，平均值的置信区间与显著性检验、χ^2（Chi2）拟合检验与同质性检验、回归分析，斜率的置信区间与显著性检验。

③兴趣选修。

A. 向量微积分。

课程在 12 年级开设，学习向量的导数、偏导数、曲线的弧长、曲面的面积以及曲线和曲面的积分等问题。有意愿在大学学习数学、物理、经济、金融的等方向的学生通过课程的学习增强数学学术能力和解决问题的能力。

B.线性代数。

线性代数是未来学习如土木工程、经济管理等专业一门重要的必修基础课程。内容包括：行列式、矩阵及其运算、线性方程组、向量组的线性相关性、相似矩阵与二次型、线性空间与线性变换等。本课程为未来学习相关专业的学生提供更多的学习途径，平稳对接大学基础课。

C. 国际数学竞赛辅导。

为激发学生的学科学习兴趣，开拓学生的视野，提升学生的学科竞赛水平及国际竞争力，在 10 年级开设竞赛辅导课。帮助学生掌握学科竞赛所需的知识和技能，培养学生的创新思维和综合能力。内容以美国数学竞赛题目为例，讲解涵盖主要国际竞赛涉及的数学内容。

D. 牛剑准备课。

课程主要针对有意申请牛津大学和剑桥大学的学生，内容聚焦牛津、剑桥大学入学考试题目，通过讲解帮助学生做好申请准备，助学生申请一臂之力。

④自主研修。

A. 数学学术论文季。

为了给各年级学有余力的同学提供数学研究的平台，发展学科兴趣，中美项目开展了数学论文写作项目。在数学组老师的指导下，从开题、中期汇报到学期末进行论文答辩，同学们在一次次的修改中，出色地完成了论文写作，其中有优秀论文代表如 10 年级贺惟劭、段予晴的《投资理财中同产业类型公司的财务报表分析》等。

B. 数学智慧社团。

数学智慧社团是一个以数学为主题的学生组织，旨在促进学生对数学的兴趣和学习能力。在数学老师的指导下，社团会定期举办各种活动，如数学讲座、数学竞赛、数学建模、趣味数学游戏等，以提高成员的逻辑思维能力和数学技能。社团活动不仅丰富了学生课余生活，还提高了同学们的综合素质。

（3）学科活动。

① π 日活动。

2019 年 11 月，联合国教科文组织将每年的 3 月 14 日定为"国际数学日"，也被许多人称为" π 节"。为了鼓励学生了解数学历史，提高学习兴趣，在 3 月 14 日国际圆周率日，数学组举办了 π 节活动。活动内容包括：圆周率的历史、找到 π 的近似值、测量圆形物体、背诵圆周率擂台赛等，吸引了全校各年级同学的广泛参与。

②斐波那契日。

为了使学生进一步感受数学与生活的密切联系，让每一个学生真正走进数学、感受数学、喜欢数学，在 11 月 23 日斐波那契口，数学组举办了精彩的活动，包括斐波那契数列的发现、找一找生活中的斐波那契数列、斐波那契数列通项公式推导等内容。同学们积极参与活动，不仅增长了知识，还在交流中加深了对斐波那契数列的兴趣，感受到数学的无穷魅力。

π 节与斐波那契日活动

③图形计算器展示活动。

新课程倡导学习方式的转变。随着 AI 技术的发展，图形计算采用一种功能先进的人机交互方式，把信息技术作为构建自主、探究学习环境的重要因素支持学习。学生通过展示图形计算器绘制各种图案，掌握图形计算器实用技巧，探索数学问题，获得成就感。

④ "数学史和科学家精神"展示活动。

数学组在国际部 10 年级学生中开展"数学史和科学家精神"展示活动。学生进行课前演讲，讲述数学历史、再现数学发展的原貌，并对数学成果做出解释和评价，探寻数学科学发展的规律和文化本质；与此同时，介绍国内外数学家、总结科学家精神。演讲后以数学小报的形式对演讲内容进行概括和展示，借此激发学生对数学的热情、激励其学习科学家精神、增强学习动力。

学生演讲

数学小报

（4）学科成果。

①教师科研获奖。

连辉老师论文《中美微积分课程比较与思考》获北京市第六届"智慧教师"教育教学研究成果一等奖；

连辉老师论文《关于微分与积分应用教学中美两国的比较》获得海淀区基础教育国际化优秀成果一等奖；

连辉老师在海淀区"基础教育国际交流与合作——美国大学先修课程本土化的研究"中独立撰写论文获得优秀成果一等奖；

连辉老师在"海淀区基础教育国际化试点研究"中独立撰写论文获得基础教育国际化优秀成果一等奖；

张蕊老师荣获 2020—2021 海淀区"风采杯"中学教师教学成果展示活动教学设计展示二等奖；

张蕊老师论文《问题表面特征对两角和与差的余弦公式迁移的影响》获得海淀区第十三届科研优秀论文二等奖；

郑亚芹老师论文《单变量微积分中的估算思想方法的渗透》在《中学生数学》上发表；

郑亚芹老师论文 *Applications of Integration to Geometry of Area* 在《中小学数学》上发表；

郑亚芹老师为澳门四校联考编写数学电子书。

②学生竞赛获奖。

奖项名称	获奖情况
美国数学测评（AMC10&12）	王雅楠等 9 人获全球优秀奖；孙嘉辰等 5 人获全球卓越奖；汪承延等 2 人获全球荣誉奖
美国高中生数学建模大赛（HIMCM）	陆美含、秦未萌、齐天昊、邱梓轩论文获一等奖 Meritorious
国际数学建模挑战赛（IMMC）	狄杰齐、刘冰雅、朴星宇，赵韵梁论文获得一等奖；王苏浩等同学共同撰写的论文《基于死亡率和其他因素的最佳医院评估模型的研究》获特等奖
约翰斯·霍普金斯大学数学思维挑战活动（JHMT）	王博宇等 2 人获金奖
英国高级数学思维挑战（SMC）	郭伯源等 3 人获得全球金奖
加拿大公开数学挑战赛（COMC）	张瑞霖获得金奖
澳大利亚数学竞赛（AMC）	王允达、李赫等 10 人获得超级卓越奖
袋鼠数学思维挑战（MK）	宋芃睿等 2 人获得超级金奖；张子正获金奖

3. 英语组

（1）学科组简介。

英语学科组成立于 2009 年，目前有 5 位成员。学科组各位老师思维活跃、同心协力，经过 10 余年摸索，建立了支撑高水平 AP 课程的一套提升学生综合素养的英文课程体系——高级阅读、高级写作、英语文学、升学指导、文书写作、英文戏剧、英文演讲等。面对每年新的挑战，教师们用教学研讨等方式"上好每一堂课"，用精心创设的情境让学生获得深度学习的体验和挑战自我的经历。

英语组集体备课

有料：整合资源，解学生之渴

①成为源头活水。英语学习内容包罗万象，涉及科技、艺术、心理、经济

等领域。但是，学生背景知识的匮乏成了文章理解、语言运用的障碍。因此，以艺术类阅读为例，英语组教师在集体备课研讨过程中参考各类资料补充艺术鉴赏知识、构建常用核心词汇网络，请教绘画、文学等科目教师，整合跨学科资源，做学生"问不倒"的教师，在有限时间内充分满足学生好奇心，为开阔学生写作思路打下基础。在"活水"的灌溉下，学生们获得了成长："我通过打开一个世界而爱上了英语"。

②成为学生资料库。英语组在集体备课的过程中，在大量既有的教材和练习中精心选取匹配学生水平的题目和练习，编辑成不同层次的学案资料、练习卷子，根据小班特色、考试反馈、提升需求有的放矢，让学生"学足""学饱"。

有法：灵活具体，提升学习效率

①把握学习类型，做好学情分析。英语组极为关注学生的个体特质，通过学习类型的调查发现，超过三分之一的学生带有"动觉型"属性，此类学习者需要进行小的运动、体验型活动才能够进行有效学习。超过三分之二的学生带有"视觉型"属性，需要明确的图像、图形、图示才能更好地学习。约有一半的同学在"视觉型"属性上附加了"听觉型"属性，需要找到伙伴进行讨论。基于以上调查结果，英语组在备课中要求不同课程必须兼顾讨论、"运动"和思维图示化等方法，扩大海报等学习成果产出比重、设置学生主动求助环节，刺激提升各个类型学生的接受能力。

英语组多样化资料库

②注重反馈，任务张弛有度。为了调动学生参与并获得即时反馈，英语组老师集思广益，设置了多个难易程度不同的游戏，例如单词挑战、小组挑战、小组评价等活动。游戏规则明确、评价体系清晰，计入课程成绩，极大地调动了学生学习的主动性和积极性，使学生在课上的每一分钟都"有事做、有所思"。

③教学评课，众行致远。即使拥有多年的教学经验，英语组的教师们也丝毫不放松自我成长的脚步。校内赛课、项目公开课后，英语组都会安排组会或邀请校长、学科主任进行逐一评课，轮流发言，在相互学习、碰撞出火花的同时，加深教师们对教学理念、课程标准的理解，创新教学目标的落实方式。

（2）四修课程体系。

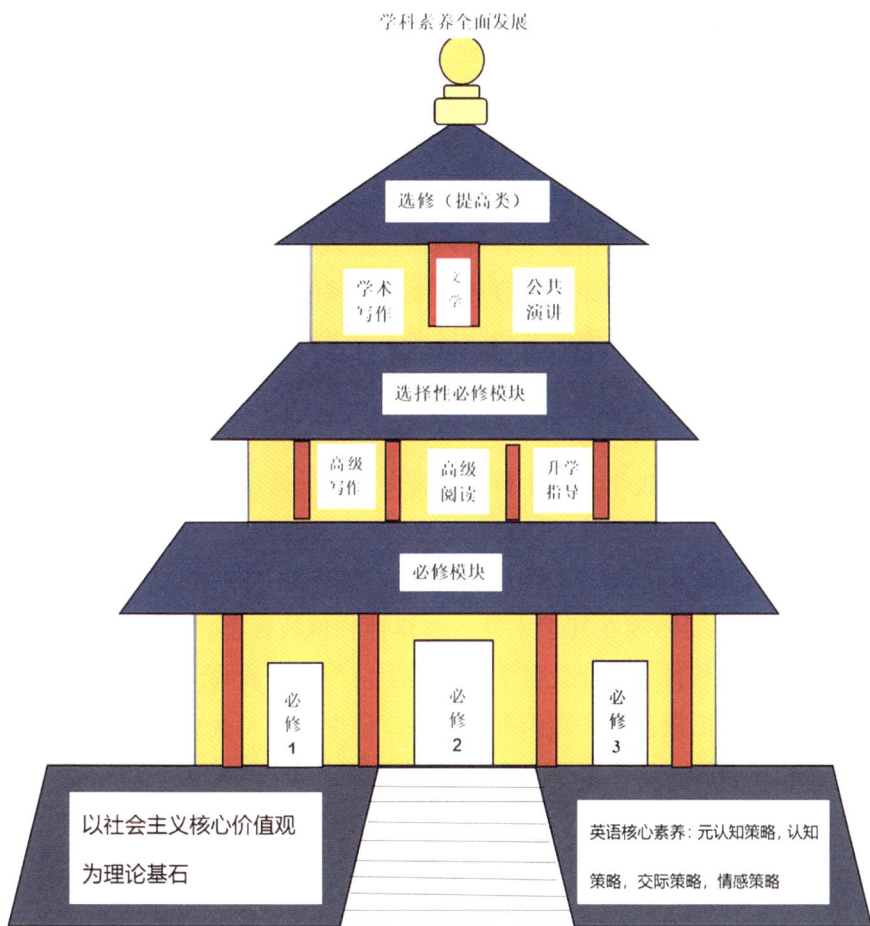

英语组以社会主义核心价值观为理论基石，以英语核心素养为标准，建立了基础通修、兴趣选修、专业精修和自主研修的英语组四修课程体系。其中基础通修我们开设了国家规定的必修和选择性必修课程；专业精修包括高级阅读、高级写作、学术写作和英语文学课程；兴趣选修涵盖申请文书写作、升学指导、公众演讲等；自主研修部分主要开设了国际综合竞赛指导课程等。

①基础通修。

基础通修课程设置为国家必修课程、选择性必修课程，目的是面向全体学生，旨在夯实学生学科基础。其特点在于既注重学科整体的学业基础，又充分体现校本化特色。教师根据教材、教法、校情、学情等，对教材进行整合和加工，落实学科核心素养。

A.必修课程。

注重基础知识的系统性和实用性，涵盖听、说、读、写各项技能的培养。教材内容丰富多样，话题贴近学生生活，有助于激发学生的学习兴趣。同时，课程设计注重培养学生的自主学习能力和合作精神，助力学生全面发展。

B.选择性必修课程。

选择性必修课程深化拓展了必修内容。在必修内容的基础上，引入更广泛的话题领域，以满足学生深入学习和个性化发展的需求；既有传统的阅读、写作训练，也包含丰富的听说活动和项目式学习，旨在全面提高学生的英语综合运用能力。

②专业精修。

专业精修课程体现学生的学科专攻方向和特长发展，目的是促进学生个性发展。高级阅读、高级写作、英语文学和学术写作课程。

A.高级阅读。

课程特点主要体现在其学术性、多样性和挑战性上。阅读材料多为学术性文章，涵盖自然科学、社会科学、人文学科等多个领域，语言正式且结构复杂，对学生的词汇量和语法知识都是挑战。学生进行大量的学术阅读练习的同时，提升信息获取、分析和推理能力等阅读能力和技巧。

学科分类-动物学　✎ 38648
Why Snakes Have Forked Tong...
为什么蛇有叉状舌头　0/10

学科分类-生态学　✎ 31085
Pacific Ecosystems
太平洋生态系统　0/10

学科分类-历史　✎ 34633
Ancient Southwestern Cultures
古代西南文化　0/10

Official68

学科分类-商业　✎ 26833
Salt and the Rise of Venice
盐和威尼斯的崛起　0/10

学科分类-地理学　✎ 29824
Predicting Volcanic Eruptions
预测火山喷发　0/10

学科分类-医学　✎ 24102
Research into Aging and Extendi...
研究老化和延长寿命　0/10

学术阅读话题示例

B. 高级写作。

特点在于其思维表达的逻辑性。课程重点训练学生对某一话题的独立见解和批判性思维，能够清晰地阐述观点，并展开深入的分析和论证，能够运用丰富的词汇和复杂的语法结构来表达思想。同时，注重文章的组织结构和语言表达的规范性。

高级阅读和高级写作课程同时提高了学生应对英语标准化考试 TOEFL、SAT、ACT 的综合英语能力。

C. 英语文学。

课程强调对英文原版文本的深度解析，通过分析作品的情节、人物、主题、语言等要素，帮助学生理解作品的内在含义和作者的创作意图。通过介绍作品的创作背景、社会环境、文化背景等，帮助学生更好地理解作品的时代特色和文化内涵，增强学生对文学作品的感知和理解能力。通过阅读和分析文学作品，学生可以学习并掌握丰富的词汇、句式和修辞手法，提高语言表达能力。

D. 学术写作。

学术写作课程注重培养学生的严谨思维，强调对事实的准确描述和对论点的有力论证。在写作过程中，学生需要尽可能使用精确的语言，避免主观臆断或模糊不清的表述。同时，课程也强调学术写作的规范性，要求学生遵循相应的文献引用格式规范，如APA、MLA等，使学生准确地查找和参考相关文献的能力也得到了训练。

③兴趣选修。

通过开设丰富多彩、多样化的课程，广度上让学生充分挖掘自己的兴趣，激发潜能志趣；在深度上对学生英语能力进行高阶训练，同时为学生日后的大学申请做准备。国际部兴趣选修的课程包括英文戏剧、英文辩论、英文演讲、英文诗歌、英文电影赏析、升学指导、文书写作、实践活动指导等课程。

A.英文戏剧。

英文戏剧选修课以培养学生的戏剧表演和英语应用能力为核心。课程特点在于融合戏剧表演技巧与英语语言学习，通过排练经典戏剧片段，提升学生的英语口语和演技。课程还强调团队协作和创新思维，让学生在表演中展现个性和创造力。经典戏剧片段包括《哈姆莱特》《威尼斯商人》《了不起的盖茨比》《杀死一只知更鸟》《汉密尔顿》《福尔摩斯》《音乐之声》《指环王》《霍比特人》《哈利·波特》等。

英语戏剧表演

B.英文辩论。

英文辩论注重提升学生的英语口语表达能力和逻辑思维能力。课程通过模拟真实辩论场景，让学生学习辩论技巧、了解辩论规则，同时培养学生批判性思维和创新意识。学生不仅能提升语言应用能力，还能增强自信心和团队合作精神。

C.英文演讲。

以提升学生英语表达与沟通能力为核心，注重实战演练与技巧传授。课程涵盖演讲技巧、话题分析、语言表达等多方面内容，培养学生自信、流畅、有逻辑的英文演讲能力，助力学生展现自我、提升综合素质。

D. 英文诗歌。

以赏析经典、感受韵律为核心，深入剖析诗歌意象与情感。课程融合语言学习与文学欣赏，培养学生跨文化审美与创作能力，让学生在领略诗歌之美的同时，提升英文素养与人文情怀。同时加入学生诗歌朗诵表演，用自己的情感去表达诗歌作者传递的情感和内涵。

E. 英文电影赏析。

集视听说于一体，精选经典影片，深入剖析电影语言与文化内涵。课程旨在通过观影实践，提升学生英语听说能力，培养跨文化交际能力，让学生在欣赏电影艺术的同时，拓宽国际视野，增强人文素养。

F. 升学指导。

紧密结合学生实际需求，提供个性化的升学规划与指导，助力学生明确学业目标，制订合理的学习计划。课程重视培养学生的综合素质和应对升学挑战的能力。通过专业的选择、院校填报指导以及职业规划等内容，帮助学生充分发掘自身潜力，提升竞争力，为未来的升学之路奠定坚实基础。

升学指导课资料

G. 文书写作。

注重个性化指导与实战演练。课程紧扣英美大学录取标准，深入剖析文书写作要点，帮助学生挖掘自身亮点，展现独特魅力。同时，课程强调英语表达能力与逻辑思维的培养，通过专业教师的悉心指导与反馈，助力学生撰写出高质量的申请文书。此外，课程还注重文化背景的融入，帮助学生更好地理解美国大学的录取文化，为顺利留学美国打下坚实基础。该课程旨在通过系统的指导和训练，提升学生的写作能力和综合素质。

H.实践活动指导。

国际部学生在完成学校常规课程的同时，还需要完成英美大学申请要求的实践活动，涵盖社区服务、文化交流、学术探究等多个领域，目的是提升学生的综合素质。实践活动指导课程提供升学指导教师的全程指导与反馈，学生通过展示交流与反思，提升自我管理与适应能力，在实践中不断成长与进步，为未来的留学生活做好充分准备。

（3）自主研修。

自主研修课程是学生在教师的指导下进行自主学习和探究，自主研修类课程包括竞赛和大学探索周。

A.国际竞赛指导。

英语组教师指导学生参加了CTB（全球青年研究创新论坛）、NAQT（全国学术问题团队锦标赛）、USAD（美国学术十项全能）、约翰洛克等比赛，并取得了一些成果。

获奖证书与奖牌

学生近年获奖情况

年份	竞赛名称	奖项级别
2021	全球青年研究创新论坛 (CTB)	全国一等奖
2022	全球青年研究创新论坛 (CTB)	全球金奖
2022	美国学术十项全能 (USAD)	个人全能金奖
2022	美国学术十项全能 (USAD)	全国赛单项金奖
2022	美国学术十项全能 (USAD)	区域赛单项一等奖
2023	全球青年研究创新论坛 (CTB)	全球团队展演一等奖

年份	竞赛名称	奖项级别
2023	全球青年研究创新论坛 (CTB)	全国一等奖
2023	全美生物与健康未来领袖挑战 (HOSA)	全国银奖
2023	全美生物与健康未来领袖挑战 (HOSA)	全国铜奖
2023	中美青少年学术知识竞赛 (NAQT)	个人金奖
2023	中美青少年学术知识竞赛 (NAQT)	团队银奖

B. 大学探索周。

通过官方视频介绍、在读校友的视频连线，让同学们对美国大学有了初步了解，再通过小组活动绘制大学海报，增进了同学们对美国大学的地理位置、校园环境、专业设施、课程设置等方面的了解，为同学们的大学申请提供帮助。

康奈尔大学探索周

4. 科学组

（1）学科组简介。

国际部科学组是一个涵盖了物理、化学、生物、计算机等 STEM 学科的团队，由各学科的专业教师组成，旨在为学生提供全面的科学教育。科学组教师密切合作，共同制定教学计划和课程安排。他们注重培养学生的创新思维和实践能力，通过各种实验和项目活动，让学生在实践中学习和掌握科学知识。在国际部科学组的培养下，学生的科学素养得到了显著提高。许多学生通过该课程的学习，不仅在学术上取得了优异的成绩，还为将来的大学专业选择和职业发展打下了坚实的基础。

（2）四修课程之基础通修。

科学组在多年的实践中形成了特色四修课程体系，包括基础通修、专业精修、兴趣选修和自主研修。

基础通修课程旨在为学生打下坚实的学科基础，让学生顺利通过 10 年级的学业水平考试，并为 11 年级的国外大学先修课程做好准备。以下是针对物理、化学、生物和计算机四个学科的基础通修课程以及相关的会考和国外大学先修准备课程的简要介绍。

①基础通修课程。

本课程将全面介绍物理学的基本概念、原理和定律，包括力学、热学、光学和电磁学等领域。通过实验操作和数据分析，学生将掌握物理学的实验方法和技能，提升科学思维和解决问题的能力。选用人教版必修 1、必修 2。

物理国外大学先修准备课程旨在为准备选修国外大学先修物理课程的学生提供必要的预备知识。课程将深入讲解物理学的核心概念，拓宽学生的知识视野，同时加强英文和数学在物理学中的应用，为学生后续的国外大学先修课程学习打下坚实基础。

②化学基础通修课程。

本课程将引导学生探索化学世界的奥秘，包括原子结构、化学键、化学反应和物质性质等内容。通过实验操作和实验报告撰写，学生将提升实验设计和数据分析能力，加深对化学知识的理解。选用人教版必修 1、必修 2。

化学国外大学先修准备课程旨在为准备选修国外大学先修化学课程的学生提供必要的预备知识。课程将深入探讨化学理论和应用，加强对学生实验技能和数据处理能力的培养，为学生后续的国外大学先修课程学习做好准备。

③生物基础通修课程。

本课程将介绍生物学的基本概念、原理和现象，包括细胞生物学、遗传学、生态学等领域。通过实验观察和数据分析，学生将了解生物体的结构和功能，提升生物科学素养和实验能力。选用教材是人教版必修 1，必修 2。

④计算机基础通修课程。

本课程将教授学生计算机的基本操作和常用软件的使用方法，包括操作系统、办公软件、网络基础和编程入门等内容。通过实践操作和项目实践，学生将掌握计算机的基本技能，提升信息素养和解决问题的能力。选用教材是人教版必修 1，必修 2。

（3）专业精修课程。

国外大学先修课程（Advanced Placement Courses，AP）是面向具有潜力、追求卓越、期望发展其个性和兴趣的高中生设置的大学先修课程。这些课程由美国大学理事会（The College Board）主持开发，旨在帮助学生提前接触大学水平的学科知识，并在通过统一的国外大学先修考试后，获得大学学分或相关优势。以下是国际部四修课程之专业精修（国外大学先修物理、国外大学先修化学、国外大学先修生物、国外大学先修计算机）的简要介绍。

①国外大学先修物理课程。

国外大学先修物理课程旨在使学生能够参与大学水平的物理研究。根据文理科学生的不同需求，国外大学先修物理推出了不同的课程选择。例如，国外大学先修物理 B 主要针对物理基本理论的教学，侧重于知识的广度。而在经历课程改革后，国外大学先修物理 B 被拆分为国外大学先修物理 1 与国外大学先修物理 2，这两门课程都是基于代数的计算，与普通高中物理课程的关联程度大。此外，还有国外大学先修物理 C，它基于微积分的运算，与大学物理的关联程度高，难度也比较大。

②国外大学先修化学课程。

国外大学先修化学课程深入探索化学的各个领域，包括原子结构、化学键、化学反应和物质性质等。学生将通过实验操作和数据分析，加深对化学知识的理解，并培养实验设计和分析的能力。国外大学先修化学课程不仅要求学生掌握基本的化学知识，还注重培养学生的科学思维和解决问题的能力。

③国外大学先修生物课程。

国外大学先修生物课程涵盖生物学的多个领域，如细胞生物学、遗传学、生态学等。学生将学习生物体的基本结构和功能，理解生命的起源和演化，以及生物与环境之间的相互作用。通过实验和研究项目，学生将掌握生物学的实验技巧和研究方法，为未来的学习和研究打下基础。

④国外大学先修计算机课程。

国外大学先修计算机课程注重理论与实践相结合，旨在培养学生在计算机科学领域的技能和素养。课程内容包括计算机编程、数据结构、算法分析以及计算机网络等。学生将通过实验和项目实践，加深对计算机科学的理解，并提升编程和解决问题的能力。

总的来说，这四门国外大学先修课程都强调对学生综合能力和思维发展的培养，注重数学方法的使用和实验技能的提升。学生在完成这些课程并通过相应的国外大学先修考试后，不仅可以在申请大学时获得优势，还可以换算大学学分，实现从中学教育到大学教育的顺利过渡。

（4）兴趣选修课程。

四修课程中的兴趣选修部分为学生提供了国际理科竞赛课程和牛剑准备课，旨在让对科学有浓厚兴趣的学生和未来计划选择理科专业的学生有机会深入探讨学科问题，提升其竞赛成绩，也为有志于申请牛津和剑桥等世界名校的学生打下坚实的学术基础。目前已开设了国际物理、化学、生物和计算机竞赛课以及物理的牛剑准备课。国际部学生在国际理科竞赛中获得了出色的成绩并且在牛津入学考试中获得了 93 分（满分 100 分）的好成绩。

（5）自主研修课程。

四修课程之自主研修为学生提供了一个深入学习和挑战自我的平台，通过指导学生参与国际物理竞赛、化学竞赛、生物竞赛、计算机竞赛以及英文学术论文写作等活动，学生不仅能够深化专业知识，还能提升综合能力，为将来的升学和职业发展做好充分的准备，更具竞争优势。

①特色学科实践。

A. 软木桥制作。

该活动旨在让学生通过设计和建造一座软木桥，了解结构力学和材料力学的相关知识。在活动中，学生们需要利用软木块、胶水、绳子等材料，自行设计并制作出一座能承受自己体重的软木桥。通过该活动，学生们不仅可以锻炼自己的动手能力，还能深入理解结构力学和材料力学的知识，并将其应用于实际生活中。

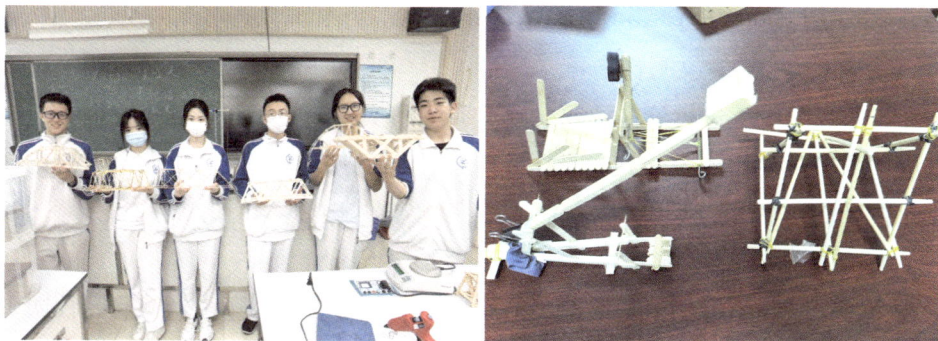

B. 投石机的制作。

该活动旨在让学生通过制作一个简单的投石机模型，探索抛物线运动和弹力学的相关知识。在活动中，学生们需要利用纸盒、橡皮筋、弹珠等材料，自行制作出一个能投射弹珠的投石机。通过调整投石机的设计和参数，学生们可以观察和测量投射距离、弹珠速度等变量，进而理解抛物线运动和弹力学的原理。

C. 计算机应用展示。

学生展示他们在课程中完成的项目。这些项目可以是任何形式的计算机科学项目，如网站、移动应用程序、数据分析等。项目展示不仅让学生有机会展示自己的成果，还可以帮助他们学习如何有效地展示和交流自己的工作。

②科普活动。

该活动的目的是激发更多学生对物理学的兴趣，拓宽他们的视野，并促进全校对物理学及其应用的了解。在该活动中，国际部学生在物理教师的带领下组织了一系列的讲座和演示，向其他年级的学生和教师介绍了国际物理知识和前沿进展，如介绍一些基本的物理概念和原理，并结合当前的科研成果和未来的发展趋势进行讲解；他们还会设计一些互动环节，学生和教师能够亲自动手实验，感受科学的魅力。

③学术研究和论文写作指导。

教师指导学生进行论文选题、确定大纲和撰写论文，并反复修改提高论文质量，很多学生论文发表在了在学术期刊上。例如 2023 届刘亚飞同学的论文在计算机核心期刊上获得发表。

④特色社团指导。

物理组教师指导学生专业社团的发展，如 SPACE CLUB（太空研究社团）、化学社、信息社等，它们各具特色，为学生提供了探索和实践的平台。

在 SPACE CLUB 学生可以接触到最新的太空科技动态，参与模拟太空任务，甚至有机会与航天领域的专家进行交流。通过参与 SPACE CLUB 的活动，学生可以培养对太空科学的兴趣；化学社聚焦于化学学习和实践，社团成员可以参与各种化学实验，深入了解化学原理和应用，此外定期组织化学知识竞赛和讲座，学生更加深入地理解化学的奥秘。信息社则专注于信息技术和计算机科学，学生可以学习编程、数据分析、网络安全等技能，参与各种信息技术项目；信息社还会邀请业界的专家和学者进行分享和交流，帮助学生了解最新的信息技术动态和发展趋势。通过参与信息社的活动，学生可以提升自己的信息技术能力，为未来的学习和职业发展打下基础。

（6）学科成果。

国际部理科组的课程设置展现了其深厚的学术底蕴和宽广的教学视野。不仅涵盖了传统理科的基础知识，更延伸至学科竞赛和学术论文写作等高阶领域，让学生获得更全面和深入的学习体验，也助力学生获得了很多学术奖项。

奖项名称	获奖情况
2023 英国物理奥赛（BPhO）	李赫、柴源获得全球超级金奖
"物理杯"美国高中物理思维挑战（Physics Bowl）	邱怡宸全球排名 18 名，中国赛区第 7 名；刘健坤、刘果熙获得全国金奖，全国排名前 10%
加拿大化学竞赛（CCC）	由天宇、韩仰、张瑞霖获得全国金奖
英国皇家化学学会化学新星挑战赛（RSC3）	王子骏、张瑞霖、徐攸行、韩仰获得全国金奖
英国化学奥林匹克竞赛（UKChO）	于宗瀚获得全球金奖
美国化学奥林匹克竞赛（USNCO）	姚润泽获得金奖
全美生物与健康未来领袖挑战赛（HOSA）	纳森获得全国金奖
英国生物奥赛（BBO）	王一淳获得全球金奖
美国信息学奥赛（USACO）	张宇辰、李赫、刘原辰获得全球金奖
美国计算机科学联赛（ACSL）	刘亚飞获得团队荣誉奖、全明星竞赛奖

这些成果是理科组每位教师辛勤付出和不懈努力的结果，他们不仅在教学上精益求精，更在学生的个人成长和发展上倾注了大量的心血。他们用自己的智慧和汗水，为学生们搭建了一个通往科学殿堂的桥梁，让他们在学习的道路上不断前行，收获满满。他们的专业精神和教育情怀，赢得了学生们的尊敬和爱戴。

三、勠力同心铸栋梁

国际部潜心立德树人，贯彻学校倡导的办负责任、有内涵、有温度的"成达教育"、追求教育的高品质、高质量、高素质，让每个孩子实现全面而有个性的发展、自主发展和可持续发展的教育理念。十年来，国际部努力提升项目教育教学质量，探索基于国际部项目特色和学生特点的德育课程建设，承担起培养社会主义接班人的重任。

（一）深化学生发展指导

1.明确育人目标与构建指导体系

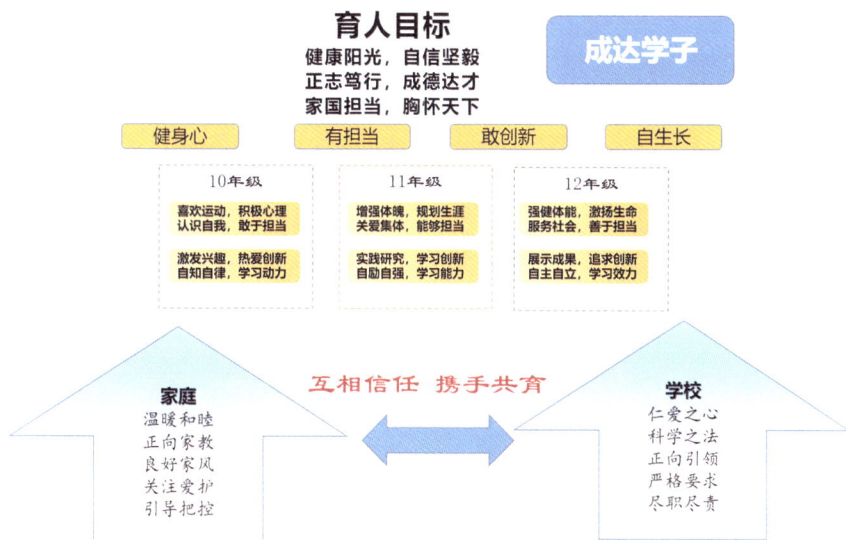

以学校倡导的培养"健康阳光，自信坚毅，正志笃行，成德达才，家国担当，胸怀天下"的成达学子作为总体育人目标，在此基础形成年级建设目标、学生发展目标，以及阶段性年级和学生目标。以成达"五育育人"体系作为顶

层设计，以沈杰校长提出的"四位一体"育人模式作为工作中的有效抓手，坚持年级兴校工作原则，以德育工作典范化、品牌化作为工作重点，培养学生良好的学术及生活习惯、强烈责任感和纪律意识。

2. 制度建设与班主任团队建设

在国际部，我们深知制度建设的重要性。为此，我们修订了项目常规管理制度，明确了学生在校园内的行为规范，使学生能够养成良好的行为习惯。同时，我们制定了星级文明班评比细则，通过班级间的竞争，激发学生的集体荣誉感和积极向上的精神。班主任团队是学生发展指导的核心力量。我们定期召开班主任例会，分享成功案例，讨论遇到的问题，提高班主任的工作能力和效率。此外，我们还注重班主任的意识形态工作，加强对"特殊问题学生"的关注和引导，确保每一位学生都能得到适当的关心和帮助。创新班会活动形式，通过集体教研，我们优化了主题班会课的设计和实施，使班会课成为培养学生综合素质的重要平台。同时，我们还开展了线上小集会等活动，帮助学生克服线上教学的不利因素，增强班级的凝聚力。此外，我们还鼓励班主任在班会上分享各班的创意做法，形成微班会活动锦囊，为其他班级提供借鉴和参考。这些举措不仅丰富了学生的校园生活，也促进了学生之间的交流和合作。

吴冰老师做班主任经验分享

牛淑芬老师做班主任经验分享

3.过程性发展评价与培养

2022—2023学年第一学期活动发展指导课程				
阶段	时间	形式	具体内容	负责人员
认知	7月17日	大会	三年升学规划	项目主任
	7月18日—7月20日	线上讲座	什么是好的课外活动？课外活动在申请中的作用？如何规划？	英语教师
	8月25日	手册	附中生活指南	年级主任；学生干部
	8月30日	讲座	学长学姐经验分享会	年级主任；班主任
体悟	9月2日	项目学生大会	社团活动介绍和招新宣讲会	年级主任；班主任
	9月5日	各年级会	如何开展"好"的活动	年级主任；英语教师
	9月30日	线上家长会	家长沙龙：活动资源与规划	项目主任；英语教师
	11月4日	小组研讨会	活动发展小组讨论会	项目主任；年级主任；班主任；英语教师
收获	11月7日	学案	个人活动手册阶段性资料	班主任；英语教师
	1月5日	成果汇报	学期成果汇报会	年级主任；班主任

我们采用过程性发展评价及管理模式，通过定期的学生表现记录、谈话和追踪，及时发现学生在学习能力和态度方面存在的问题，并提供针对性的指导。这种评价方式不仅关注学生的学业成绩，更重视学生的综合素质和全面发

展。新生适应性课程在招生工作完成后即开始，持续到开学前的新生入学教育，指导学生更好完成由初中到高中学段的衔接，由普高到国际课程的过渡，以及由外校到附中生活的融入。国际部以申请为导向，五育并举打造体系化德育活动。例如根据大学申请的需要，国际部努力打造附中品牌特色活动，着眼于补足学生申请中的活动短板，以系列讲座、小组研讨、个人汇报、个人活动手册等为载体，通过升学指导系列课程指导学生明确什么是好活动，以及如何利用学校资源开展好活动，使学生在名校申请中具备多元化的竞争优势，给学生提供了可参照的申请路径，弥补其在大学申请研究方面的不足，在课程中育人。

国际部学生与香港圣士提友好中学开展
课题研究在线交流

国际部学生艺术展

4. 强化家校联动，共筑育人桥梁

国际部一直秉持着家校共育的理念，深知家庭教育与学校教育是相辅相成、不可分割的。为了加强家校之间的沟通与合作，国际部采取了一系列具体措施，确保家长能够更多地了解和参与学校生活，形成家校联动的良好氛围。首先，国际部建立了贯穿高中三年的家校合作系列主题会议。在开学前，国际部会安排学生家庭一对一谈话，深入了解学生的家庭背景、成长经历和学习情况，为后续的升学成长档案建立提供基础数据。同时，国际部还会定期组织家长会，通过线上和线下的方式，与家长面对面交流，反馈学生的学习情况，指导家长如何更好地配合学校教育，共同促进学生的成长。此外，国际部还注重大学申请阶段的家校联动。在申请过程中，国际部会组织家长共同参加升学指导课，邀请专业的升学指导教师为家长讲解外国大学申请的相关知识，让家长了解申请流程、选校技巧以及材料准备等方面的注意事项。同时，国际部还会

为学优生和学困生分别提供个性化的指导谈话，根据学生的实际情况，制定针对性的升学方案，助力学生顺利申请到心仪的大学。除了以上措施，国际部还积极开展家长导师讲座活动。这些讲座邀请具有丰富职业经验和人生阅历的家长担任主讲人，按话题和项目向学生传授经验、分享案例，指导学生建立职业发展规划。通过家长的分享，学生能够更好地了解不同职业的特点和要求，从而为自己的未来规划提供有益的参考。

（二）搭建学生发展平台

1. 创新管理，学长学部制促交流

国际部为打破传统管理模式的局限，创新实施了学长学部制。该制度将不同年级、不同班级的学生重新编排为三个学苑：耀华学苑、志成学苑、乐群学苑。这一举措不仅打破了班级和年级的界限，更为学生提供了一个较为广阔的交流平台。在这一模式下，学生能够更深入地交流与合作，不仅在学术上相互启发，更在多元的文化背景中得到了丰富的学习和发展机会。学生通过参与学苑组织的各类活动，不仅锻炼了自身能力，还结交到了许多志同道合的朋友，有效拓宽了人脉圈。此外，学长学部制也为学生提供了一个展示自我的舞台。通过各类活动，学生能够充分展现自己的才华和魅力，进一步增强了自信心和表达能力。

学苑分苑仪式

学苑活动：趣味运动会

2. 平台搭建，展现学生风采

国际部致力于为学生搭建多样化的活动平台，以展示学生的才华和实力。每月定期举办的文化节、艺术展览、体育比赛等活动，为学生提供了广阔的展示空间。在大学来访活动中，我们特别邀请了国内外知名大学的招生官和教授来校交流。这一活动为学生提供了与未来学府面对面交流的机会，使他们能够更直观地了解不同大学的特色和申请要求，为未来的升学规划提供了有力支持。社团嘉年华活动则是另一个亮点。通过这一活动，各个社团能够充分展示自身的成果和特色，吸引更多学生的关注和参与。这不仅增强了社团的凝聚力和影响力，更为学生提供了更多的选择和发展机会。

宋庆龄故居研学实践活动

国际部艺术展

3. 活动成果丰硕，助力学生成长

通过学长学部制和项目大型活动的实施，我们取得了丰硕的成果。学生在这些活动中不仅充分展示了自己的才华和实力，还结识到了更多志同道合的朋友，拓宽了视野和思维。同时，这些活动也为学生提供了一个学习和借鉴的机会。他们能够从不同的活动和经历中获得更多的启示和收获，为未来的成长和发展奠定了坚实的基础。

综上所述，国际部通过搭建学生发展平台，为学生提供了更多的学习和展示机会。我们将继续努力，不断完善和创新活动形式和内容，为学生的全面发展创造更好的条件。

国际部丰富多彩的学生活动

（三）大学升学指导体系

中美项目为每位学生配备一名来自美国合作校的专业升学指导教师，高中三年全程、全方位帮助学生进行考试规划、活动规划、选校研究、专业建议、文书打磨、模拟面试、申请陪伴、录后指导，同时为每位学生配备一名中教导师，关注学生学身心健康发展及综合素质提升，与升学指导老师通力合作助力学生申请世界名校。

1. 在线 College Seminar 课

每周五：晚上 8：00—9：10

主题 1：升学指导教师职能

主题 2：学生活动内容及规划

主题 3：全面评估

主题 4：美国大学分类

主题 5：美国大学研究

主题 6：加拿大与英国大学

主题 7：职业 / 专业选择

主题 8：标化考试及规划

主题 9：夏校活动规划

主题 10：CIALFO 升学系统使用指引

主题 11：创建大学申请名单

主题 12：压力管理与心理调适

主题 13：推荐信申请与准备

主题 14：大学申请过程指导

主题 15：小文书写作指导

主题 16：主文书写作指导

主题 17：面试指导及现场模拟

2. 一对一家庭面谈

升学指导教师为学生和家庭提供一对一个性化帮助，其中个性化的一对一面谈是非常重要的面对面交流的机会。学生在指导教师的帮助下，亲自经历整个申请过程，不仅对个人成长进行充分反思，还锻炼了自己独立处事的能力以及应对多重任务的能力。整个升学申请的指导过程教会学生真实做人、自立做事，为学生未来的成长奠定了坚实的基础。

2 月—3 月　指导教师单独与 10 年级、11 年级学生进行一对一面谈，了解学生阶段性学习、生活、活动、标化考试等情况，为学生答疑解惑；

4 月—5 月　指导教师与 10 年级、11 年级学生家庭进行一对一面谈，探讨学习、活动规划，了解学生阶段性成果及对职业、专业的兴趣方向，了解大学选择的因素；

6 月—7 月　指导教师单独与 11 年级学生进行一对一面谈，帮助学生进行文书选题及构思，做好大学申请的准备；

9 月—10 月　指导教师与 12 年级学生家庭进行一对一面谈，根据学生综合素质，确定大学早申名单，做好早申准备；

11 月—12 月　指导教师与 11 年级学生家庭进行一对一面谈，了解学生阶段性学习、生活、活动、标化考试等成果，完善各方面规划。

3. 日常答疑解惑

升学指导教师通过邮件、微信、Zoom 会议等高科技手段为所有学生、家长提供日常答疑解惑，随时为学生解决升学路上的任何问题，并时刻保持与中方教师的密切联系。升学指导教师的三年高中陪伴、美式个性指导，尤其在交流、沟通、学习、生活中体现出的互动细节，能够帮助学生提前适应国际交流、学习、社交模式，为学生顺利升入顶尖大学并快速适应当地学习与生活搭起了一座桥。

4. 中方升学指导团队

除了美籍升学指导教师之外，国际部还配有一直在学生、家长身边的中方升学指导团队。中方导师既包括从入学起就陪伴学生的班主任老师，也有为学生在活动、文书写作等方面提供辅导的英语教师，以及在申请季帮助学生进行各国各类申请表格填写、申请材料准备的指导教师们。中方升学指导团队还为家长提供各类口语、书面翻译、咨询，以及在心理上给予家长各种支持，是学生健康成长、顺利迈入大学、走向人生更高阶段的后方保障。

四、国际舞台放光彩

（一）对外交流异彩纷呈

秉承开放包容的教育理念，我校坚持不懈推进学校国际化进程，积极拓展与世界各地教育机构的合作与交流，不断丰富和深化教育国际化的内涵。师生跨越国界、文化和语言的界限，与世界各地的学校开展了一系列精彩纷呈的交流活动。

1. 地域覆盖的广泛性

十年来，我校的对外交流活动涵盖了广泛的国家和地区，包括美国、加拿大、英国、澳大利亚、新西兰、日本、泰国、马来西亚、俄罗斯、德国、法国、荷兰、瑞士、巴西、芬兰、意大利、埃及、朝鲜、中国香港等19个国家和地区。参与度极其广泛，从校长、教师到学生及学校各部门，我校各层面的人员都积极参与到对外交流中。这不仅提升了师生的国际化素养，也展现了我校开放包容的教育理念。多元化的国际交流网络为我校师生提供了丰富的跨文化交流和学习的机会，让他们能够直接接触和学习不同文化传统和社会习俗，从而拓宽了他们的国际视野。

2. 时间跨越的持久性

我校的对外交流工作源远流长，历经多年的精心培育和不懈努力，已经成为学校文化的重要组成部分。2013年至2024年间，我校不遗余力地推进与各个国家和地区的教育机构间的交流活动，以平均每年至少 5 次的频率长期开展，总计开展交流活动达 60 余次。在 2020—2022 年疫情期间，学校积极适应新情况，及时调整交流模式，不断探索新的交流方式，如线上交流活动，保持对外交流的活跃度。频繁而持久的对外交流活动，使得我校在文化传承方面发挥了重要作用，将世界各地的优秀文化带入校园，同时也将我校的文化特色传播到世界各地。

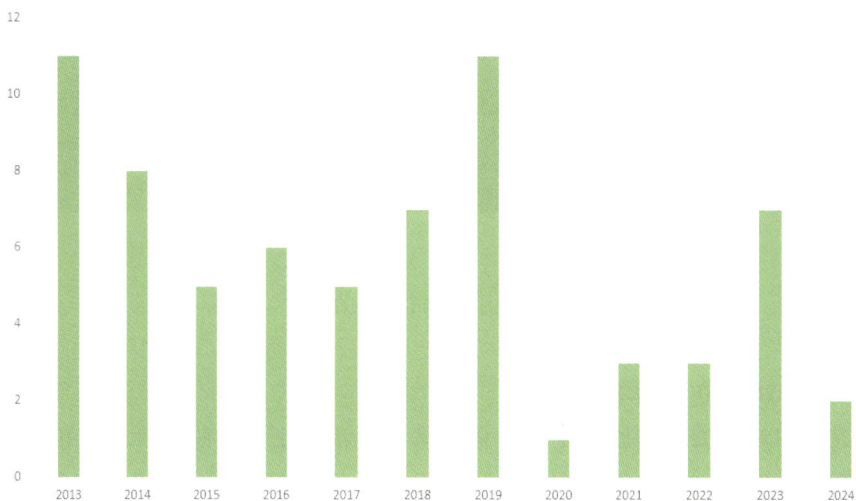

2013—2024 年开展对外交流次数

3. 交流形式的丰富性

在对外交流活动的形式上，我校不断推陈出新，涵盖教育教学、科研合作、文化体验等多个方面，既有传统的师生互访、直接的课堂参与，也有共同开展课题研究、富有创意的文化体验和艺术交流、适应时代变化的线上交流等。此外，我校还积极参与国际项目，如"中美千校携手"项目。这些内容丰富的交流活动，可以让我校师生分享和获取更多的教育资源，如教学方法、课程内容、科研课题等，为师生提供了丰富的实践和学习的平台。我校的对外交流活动不仅关注学术交流，还重视文化的交流与理解，通过艺术表演、文化节庆、传统服饰展示等方式，增进了不同文化之间的相互了解和尊重。

序号	交流形式	内容及目的
1	师生互访	互派师生代表团进行访问，体验对方学校的教育教学环境，开展学术交流和文化体验活动
2	课堂参与	师生深入对方学校课堂，观摩学习，分享教学方法与课程内容
3	课题研究合作	共同开展科研课题研究，分享科研成果，提升科研能力
4	文化节庆参与	参与对方学校的文化节庆活动，如春分、春节等，展示中国传统文化的魅力，增进文化理解和尊重
5	艺术交流	开展艺术表演、交响乐表演等活动，展示艺术才华，促进艺术教育交流
6	体育交流	开展篮球等体育运动比赛，展示学校特色体育项目，如太极柔力球等，师生共同参与学校的体育活动，为学生提供了与不同国家学生互动的机会
7	传统服饰展示	通过传统服饰展示活动，增进不同文化之间的了解和尊重
8	线上交流	利用视频会议、在线课程等手段，开展线上教育教学、科研合作和文化交流活动
9	国际项目参与	积极参与"中美千校携手"等国际项目，拓宽国际交流渠道，提升学校的国际影响力

4. 交流合作的深入性

我校在对外交流工作上不仅展现出了广泛的国际合作网络，而且在合作的深度和质量上也在不断探索和提升，为师生提供了宝贵的国际化学习和成长的机会。例如，与美国捷门棠学校长期的交流机制、定期的师生互访、年度工作会议等，保证了交流的持续性和有效性，有助于双方在教育领域进行更深入的合作和学习。

深入交流活动案例：美国捷门棠学校小学期活动

寒假期间，国际部择优选择15—20名优秀学生在老师的带领下前往捷门棠学校开展为期14天的学习交流活动。学生走进美国顶尖私立名校，挑战难度课程；参与学生活动，融入校园文化；探访顶尖名校，对话藤校招生官；同时深入体验美国本土生活，开拓国际视野，在活动中全面提升意志品质、创新能力、国际理解力和全球胜任力，成为健康阳光、自信坚毅、正志笃行、成德达才、家国担当、胸怀天下的创新人才。

走进美高课堂，挑战难度课程：捷门棠学校教师专门为参与小学期的学生开设文学、社会学、西班牙语、生物、体育、艺术等课程，同时学生也会与捷门棠学伴共同上课，与顶尖美高学生同台竞技，浸泡式英语学习助力学生英语能力和学科能力的双重飞跃。

融入校园文化，传播中国声音：与美国学伴一同参加捷门棠学校的各类学生活动和社团活动，充分融入美国校园文化。在了解多元文化的同时，学生还有机会展示中国特色文化，做文化沟通和传播的使者。

探访顶尖名校，对话藤校招生官：在美方专职升学指导老师的全程引导下，赴藤校普林斯顿大学、宾夕法尼亚大学等顶尖名校参观访问。与大学招生官面对面交流，了解藤校要求，明确申请方向，助力藤校申请。

深入美国家庭，体验本土文化：入住当地家庭，沉浸式体验美国家庭生活，参与丰富多彩的社会活动，如访问著名景点、艺术馆、博物馆；观看体育赛事、音乐剧等。开拓学生的国际视野，提前为留学生活做好准备。

学生感想

这次小学期学习为我提供了多方面的活动机会。充实的两周时间，让我深入地体验到了美国高中生活、家庭生活、大学生活和课余生活。这是我的第二次美国之行，感受比第一次更加深刻。首先是对几所知名大学的访问，加深了我对大学生活的了解，让我申请大学的方向更加明确；其次，我体验了原汁原味的顶尖美国私立高中的生活。捷门棠学生对学习的热情投入让我钦佩。最令我感到难忘的是与当地学生们深厚的友谊，他们以最热情的状态接待我们，敞开心扉与我们交谈，不仅让我了解了当地的文化，也感受到跨文化交流的魅力，还提升了我的英语水平。在小学期结束之际的欢送会上，我作为学生代表之一感谢了两所学校的领导、全程陪伴我们的三位升学指导老师、带队老师和捷门棠的住宿家庭。是所有人的共同努力才让我们有了此次难忘的人生经历。小学期之行增强了我的学术能力、文化意识和综合能力，我也将在新学期更加努力拼搏、成德达才，不辜负学校的期望。

——温景森

这次我们访问了许多顶尖大学，让我印象最深刻的是这些大学的学生导览们。他们利用自己的课余时间自愿带访客参观校园，在众多陌生人面前没有丝毫胆怯。他们的眼中闪烁着自信的光芒，大方地介绍着自己的学习经历和校园生活。在见识过他们的导览后，我希望自己也能突破怯场问题，像他们一样自信地侃侃而谈。

我的住宿家庭学生非常优秀。她的学习生活都极度自律，在和她一同上课的时候，她多次都被老师称赞为负责任的学生。在课余时间，她还积极地在喜爱的生物领域参加各种比赛，也时常练习大提琴并在乐团演出。她的优秀品质深刻地触动了我，我也要努力向她学习，成为一个更加优秀、自律的人，更要成为对社会和国家有用的人。

——陈嘉语

5. 历年代表性交流活动展示

在过去的十年间，我校为推动国际教育合作与文化交流倾注了极大的心力与努力。学校每年开展的对外交流活动数量较多，囿于篇幅，难以尽述，在此于每年挑选一项具有代表性的交流活动予以呈现，窥豹一斑。这也将进一步激励我校在国际教育舞台上发挥更大的作用，在促进跨文化交流与合作方面作出更多贡献。

●2013 年 6 月 30 日—7 月 5 日

获得了 2013 年"美国总统奖"的优秀高中生代表团 12 名学生访问我校，在校内学习汉语言、文化、艺术与体育课程等，并与国际部学生结成对子，入住学生家庭。

●2014 年 9 月 12 日

以著名航天员阿列克谢·列昂诺夫为首的来自俄罗斯、美国和保加利亚的 5 位宇航员来我校参观、访问，并与学生进行了互动、交流。

●2015 年 11 月 17 日

美国各州中小学校长、学区学监及美国大学事会的 41 位外宾来我校进行了友好交流访问。沈杰校长带领国际部师生予以热情接待，来访外宾全面了解了我校的教育理念、教学设置及师生情况，中美双方也就两国教育中的问题进行了深入探讨。

●2016 年 4 月 22 日

澳大利亚彼得沃特中学乐团来访我校，与我校乐团进行了艺术交流。

●2017 年 11 月 2 日

来自圣彼得堡等地的俄罗斯校长们一行 14 人来我校参观访问，来访校长们参观了校园、观摩了课堂，与师生进行了座谈交流。

● 2018 年 10 月 12 日

日本涩谷教育学园幕张高中师生 40 余人访问我校，参与了国际部传统文化及服饰节，与国际部师生开展了丰富多彩的交流活动，中日学生都收获颇丰。

● 2019 年 10 月 13—20 日

荷兰豪达安东尼斯学院师生 20 人访问我校。18 名学生与来自我校初二、高一、高二、中美年级的 18 名学生结成了对子，入住学生家庭体验中式生活，同时在我校走入不同课堂，学习汉语、艺术、体育等课程。中荷师生在相互交流中提高了国际理解力，增长了知识，开阔了视野。

●2020 年 1 月 18—26 日

我校师生 17 人前往荷兰豪达安东尼斯学院进行了为期 9 天的友好交流活动。师生们在学校听课观摩、研讨设计、参观名校、赏析名画、欢度春节、体验异国生活、传播中国文化，收获颇丰。

●2021 年 5—6 月

捷门棠学校 3 位升学指导老师分别与中美项目 11 年级、10 年级学生及家长开展了一对一线上家庭面谈。指导老师详细了解学生及家长的需求，为他们推荐合适的大学及专业，并指导申请整个过程。

●2022 年 9 月 23 日

我校与美国友好校捷门棠学校以线上方式召开了 2022 年度工作会，包括中美合作项目年度会议及捷门棠学校孔子课堂年度理事会，为过去一年的工作进行了总结，也对新一学年的工作指明了方向。

●2023 年 11 月 24 日

以兰达·艾哈迈德·哈菲兹·沙辛司长为代表的埃及教育和技术教育部代表团 5 人来我校交流访问，陪同前来的还有首都师范大学国际文化学院的领导与老师。我校沈杰校长、梁宇学副校长等予以热情接待。双方在教育教学、国际化教育等方面进行了深入交流与探讨。

●2024 年 3 月 28 日—4 月 3 日

香港圣士提反女子中学校长周维珠带领师生 22 人来访我校，共同庆祝两校合作交流 20 周年。我校学生与香港学生一一结对，共同上课，几乎涵盖校内所有科目，共同参加学校活动和校外研学，周末在学友家入住，体验家庭生活。此次活动为两地青年未来的合作与发展打下坚实基础。两校教师通过对比不同地域的教育理念和方法，相互借鉴、取长补短，共同提升了教育质量和水平。

我校的对外交流工作以其异彩纷呈的活动、深远的影响力和积极的效果，成为我校教育国际化的一大亮点。通过这些交流活动，我校不仅为师生搭建了一个开阔视野、增长见识的平台，也为培养具有国际竞争力的人才奠定了坚实的基础。未来，我校将继续不断探索和创新，为构建更加开放和多元的教育环境而努力。

（二）中文教育走向世界

1. 以对外交流活动为载体的汉语言、文化展示

汉语言、汉字、中国文学、中国文化景点等作为中华民族的瑰宝，蕴含着丰富的中国哲学思想、文化传统和艺术审美，而这些也通常是我校对外交流中的常用载体。通过每一次的对外交流，可以让更多的人了解中国语言和文化，增进彼此之间的了解和友谊；可以促进汉语国际化的进程，提高汉语言文学在国际上的影响力，推动汉语成为世界上重要的交流工具之一。

国际部承担着学校对外交流的职能，同时也承担着国际中文教育走向世界的重任，因此在上述十年间每一次的对外交流，每一次的夏令营、冬令营及各

项来访接待、出访活动中，都会加入对中文语言、文化的展示，高度重视学校和国家形象的树立，讲好中国故事，传播好中国声音。

2. 以孔子课堂为载体的国际中文教育

（1）捷门棠学校孔子课堂。

秉承以语言作为桥梁，以民间文化和语言交流的方式传播中华文化，宣传中华民族价值观的宗旨，首都师范大学附属中学于 2009 年 10 月与在美国宾夕法尼亚州费城的捷门棠学校合作建立了费城第一所孔子课堂——捷门棠学校孔子课堂。经过 3 年的筹备，2012 年 9 月，捷门棠学校孔子课堂正式开课，为当地人民提供了前所未有的中文语言文化课程学习的支持。鉴于其优秀的表现，2012 年、2018 年两次获得全球"先进孔子课堂"荣誉称号。

捷门棠学校孔子课堂开幕式

沈杰校长与捷门棠学校孔子课堂学生在一起

2012 年"先进孔子课堂"荣誉

2018 年"先进孔子课堂"荣誉

　　自 2012 年始，我校每年派出一位优秀的汉语教师到孔子课堂任教，至今有 8 位教师先后服务于孔子课堂的教育教学事业。孔子课堂不仅肩负着在费城地区推广中国语言和文化的使命，也承载着两校的深厚友谊。捷门棠学校孔子课堂克服重重困难，取得了骄人的成就：捷门棠的中文教学覆盖了从学前班到高中的所有年级，每年都有百余人选修中文课；家长们热情支持中文学习，主动为各类活动提供支持；课堂承办中文考试，已服务千余考生，成为费城热门的中文考点；课堂开展的各种文化活动，辐射至周边地区，春节已成为最有影响力的中国元素；捷门棠学校孔子课堂已经成为当地中文教育的重要基地。中国语言和文化由此在这里生机勃发，带动了费城地区多元文化的发展和进步。

2012—2013 学年马德玲老师任教
捷门棠学校孔子课堂

2013—2014 学年刘然老师任教
捷门棠学校孔子课堂

2014—2015 学年孙伟老师任教
捷门棠学校孔子课堂

2015—2016 学年刘莉老师任教
捷门棠学校孔子课堂

2016—2017 学年雷霞辉老师任教
捷门棠学校孔子课堂

2017—2018 学年杨素平老师任教
捷门棠学校孔子课堂

2018—2019 学年容珊珊老师任教
捷门棠学校孔子课堂

2019—2020 学年霍毓老师任教
捷门棠学校孔子课堂

2020 年 7 月，捷门棠学校孔子课堂成功转隶，在中国国际中文教育基金会的指导下，由我校给予全力支持，与我校开展更为密切的合作。捷门棠学校孔子课堂依然坚守国际中文教育初心，培养了一批批热爱中国语言与文化的世界公民。

2021 年 10 月，为了更好地建设孔子课堂，支持孔子课堂，使各类教育教学活动开展得更加丰富多彩、原汁原味，我校与捷门棠学校签订了有关合作共建孔子课堂的协议。协议明确了双方的权利与义务，为各项工作的开展提供了纲领与指南。

2022 年 9 月，因疫情原因，我校无法派出汉语教师到捷门棠学校孔子课堂，为解决孔子课堂师资紧缺问题，我校支持捷门棠学校聘请当地中文教师。为保证聘得的教师高标准、高质量完成教育教学等各项工作任务，同时保障教师的权益，我校拟定了详细的有关聘用本土专、兼职中文教师的协议，对我校与捷门棠学校的权利与义务做了详细规定，最大程度保障了所聘教师发挥其应有的作用。在协议框架下，最终经过严格挑选，课堂为初中部配备了拥有 17 年中文教学经验的中文老师 Piyanut（La）Sripanawongsa，进一步提高了课堂的整体中文教学水平，得到了家长们的好评。

2023 年 9 月，我校继续支持捷门棠学校孔子课堂续聘中文教师 Piyanut（La）Sripanawongsa。同时为保障孔子课堂的教育教学活动顺利开展，在各种教学物资供应、活动用品等方面为捷门棠学校孔子课堂提供了全力支持。

（2）美国戈勒姆学区孔子学院。

戈勒姆学区位于美国缅因州，学区设有幼儿园、小学、初中和高中学段，均为优质公立学校。2014—2015 学年，我校派出了高洁老师担任汉语教师，负责戈勒姆高中学段三个班级的汉语课和一个班级的中国文化课，同时到戈勒姆学区的两所小学开展汉语相关教学和讲座。在一年的教学期间，学生的汉语水平从零基础到掌握基本交际用语和语法，从对中国文化知之甚少到了解中国茶文化、传统节日、京剧、学校生活、电视节目、经典电影等。通过孔子课堂这扇窗户，学生用更广阔的视野看待中国，对中国文化有了更深的认同。

2014—2015 学年高洁老师任教美国戈勒姆学区孔子学院

3. 其他学校汉语教学支持

（1）美国英华学院。

英华学院创办于 2006 年，是美国第一所公立中文沉浸式特许学校。英华学院四年级之前的所有学科授课语言都采用中文。该校于 2015 年获得美教育部颁发的"蓝带学校"荣誉称号（蓝带学校为美国教育部授予的特殊荣誉，2015年，明尼苏达州共有2225所学校，获得提名的只有8所。最终，英华学院脱颖而出获此殊荣）。在美国明尼苏达州的多元标准评估体系中，英华学院已经连续多年跻身该州所有公立学校的前1.5%之列。

2023—2024学年，我校已派出首都师范大学附属中学教育集团北校区吴冬侠老师前往该校担任汉语教师，顺利完成汉语教学任务。

（2）英国约克郡公立小学。

2016—2017学年石小春老师任教英国约克郡公立小学

2016—2017学年，我校石小春老师被外派到英国约克郡的Barnburgh Primary School和Toll Bar Primary School两所公立小学，教授1—6年级学生汉语语言和文化。任教期间，她每周开展不同的中国语言和文化主题，带领学生领略十二生肖、山水画、剪纸、动画片、武术等中国文化，还带学生尝试了乒乓球、踢毽子、滚铁环等运动和游戏。在中国的春节期间，她在两所学校组织了庆祝中国新年活动，全校师生进行了制作灯笼和红包、贴春联、包饺子等活动，体验到浓厚的节日气氛和文化特色。她的中文课在学生心里留下深刻的印记，让他们对中国这个遥远的国度产生亲近感，逐渐发展成对中国的向往和憧憬。

（3）苏格兰公立学校。

2016—2017 学年黄晓燕老师任教英格兰学校

英国中学 Forfar Academy School 和小学 Strathmore Primary School 位于风景优美的苏格兰地区，两所学校是当地优质公立学校。2016—2017 学年，学校派黄晓燕老师前往这两所学校任教。在苏格兰教学期间，黄晓燕老师带领学生系统学习汉语拼音，并学习了不同主题的汉语言文化知识。同时，通过举办汉语语言体验活动，让学生了解了中国的服饰、剪纸、太极功夫等文化，通过学生集体用中文演唱苏格兰著名民歌《友谊地久天长》和中文朗诵《再别康桥》，搭建了中英友谊的桥梁和纽带。她的汉语课让英国更多的中小学生了解了中文的多彩魅力，感受到了中国文化的博大精深。

（4）马来西亚汉语教师研修。

我校积极支持马来西亚汉语教师研修工作。自 2008 年—2011 年，先后派出语文教师任海霞、语文特级教师郑晓龙前往马来西亚，作为中国华文教育专家对马来西亚的华语教师进行汉语教学培训，主要内容为文言文及作文的教学法等，马来西亚吉隆坡、雪隆及森美兰地区数百名教师参加。同时，自 2008—2013 年，我校每年接待 20 余名马来西亚汉语教师来华研修团，并为其安排至少两周的汉语教学培训，包括中学语文教学研讨及观摩、中国文化专题欣赏与实践、实地文化考察三大模块，教师受益颇深。马来西亚教育部副部长拿督魏家祥对其进行了亲切接见，并亲自颁发纪念品和证书，高度肯定了郑老师在语文教学上的高深造诣以及对马来西亚汉语教师的有益指导。

任海霞老师在马来西亚培训汉语教师

马来西亚教师在我校进行汉语教学研修

国际部的十年，是一段砥砺前行、充满奋斗与收获的奋进十年。这十年，国际部在附中高质量党建引领下，坚持立德树人，以高质量的教育教学和对外交流工作，赢得了社会的广泛赞誉。

在教学方面，国际部通过中外课程的深度融合，打造了一支业务精湛的双语教学队伍，实现了国外大学先修课程的本土化，开发了一系列校本课程，为学生的全面发展提供了有力支撑。学生在托福、SAT 等国际考试中取得了优异成绩，展现出了卓越的学术实力。同时，教师们在教学研究和实践方面也取得了显著成果，多次在市区级比赛中获奖。

在育人方面，国际部始终坚持德育为先，通过搭建学生个性发展平台、完善生涯规划体系、促进家校合作共育等措施，将德育教育融入教育管理的具体实践之中。项目毕业生不仅在学术上取得了显著成就，更在回国后为祖国的发展贡献了自己的力量，充分展现了国际部培养人才的成效。

在对外交流方面，国际部通过中美高中合作办学项目、国际中文教育项目、中外交流活动等途径，积极扩大与世界各国的联系，推广中国文化，展示中国教育的魅力。十年来，国际部开展了多次对外交流活动，承办了孔子课堂等重要项目，为世界各地的中文教育提供了有力支持。同时，国际部还积极派出优秀的汉语教师前往各国开展教学工作，为推动国际中文教育的发展作出了重要贡献。

站在新的历史起点，国际部将继续在党的领导下，奋勇前行、拥抱变化、深化改革，落实"立德树人"根本任务，在学校"正志笃行、成德达才"理念指引下，积极扩大与世界各国的教育交流与合作，推广中国文化，讲好中国故事，让中国声音在国际舞台上更加响亮，为中华民族的伟大复兴不懈努力！让我们携手共进，以更加开放的姿态，迎接教育国际化的新挑战，书写更加辉煌的未来篇章！

附：国际部十年大事记

2002 国际部成立

2007 我校被原中国国家汉语国际推广领导小组办公室评选为"汉语国际推广中小学基地校"

2008 石彦伦校长与美国德怀特学校校长Stephen Spahn签订中美合作办学协议

2009 石彦伦校长与捷门棠学校校长Jmaes Connor签订协议，合作建设捷门棠学校孔子课堂

2011 国际支部获中共首都师范大学委员会"先进支部"称号；中美项目第一届毕业生即实现1位同学被美国藤校（康奈尔大学）录取

2012 我校被评选为"海淀区基础教育国际化试点研究项目实验学校"；沈杰校长与美国捷门棠学校校长James Connor在我校签署中美两校合作办学协议

2018 我校被中国对外友好合作服务中心评为"对外友好交流示范校"；捷门棠学校孔子课堂再次获全球"先进孔子课堂"称号；国际支部获中共首都师范大学委员会2010-2012年创先争优"先进党支部"称号

2019 中美项目毕业生首次实现牛津大学录取零的突破；我校与首都师范大学签订了联合承办匈中双语学校独立孔子课堂协议

2023 中美项目毕业生首次实现双藤校（康奈尔大学）及剑桥大学录取零的突破；匈中双语学校独立孔子课堂学生胡灵月、宋智孝联名致信习近平主席和彭丽媛教授并获得了习近平总书记的亲自复信